연세경영연구소 총서 시리즈 2019-03

회계문제의
대응과 해법

손성규

박영사

「시사적인 회계이슈들」이라는 저술을 간행한 이후, 1년 만에 다른 저술을 간행할 수 있어서 매우 기쁘다.

2017년 9월에는 외감법이 개정되었고 2018년 11월부터 시행되었다. 또한 2018년 12월에는 한국공인회계사회가 표준감사시간 가이드라인을 공표하였다. 「주식회사의 외부감사에 관한 법률」이 「주식회사 등의 외부감사에 관한 법률」로 개정되면서 유한회사도 외감법에서 규제를 받게 되었다. 매우 급박하게 회계환경이 변화되어 가고 있다.

본 저술은 저자가 기업지배구조원 기업지배구조위원회, 기업지배구조원 등급위원장, 삼정회계법인 감사위원회 지원센터 등의 활동을 수행하면서 학습하고, 또한 실제로 기업의 이사회/감사위원회 활동에 참여하면서 경험한 내용 등에 근거한 저술이다.

내부회계관리제도가 검토에서 감사로, 핵심감사제도가 수주산업을 필두로, 자산규모별로 점진적으로 확대되고 있는 추세이다. 감사인 등록제도가 도입되면서 모든 감사인이 모든 피감사(상장)기업에 대해 감사를 수행할 수 있었던 환경에서 감사인의 자격을 강화하는 감사인등록제 정책 방향을 채택하게 되었다.

외감법 개정도 상당한 논란이 있었지만 통과된 외감법 자체가 너무 개혁적이라서 시행령에서 예외를 인정해야 한다, 예외를 인정하면 입법부의 법 정신이 위배된다는 등의 상당한 의견 대립이 있었다. 회계로 봐서는 2017년/2018년은 무척이나 격변기라고 할 수 있다.

또한 회계분식을 미연에 방지하기 위해서는 기업 내부가 건전해야 하므로 금융위원회는 한국공인회계사회로 하여금 감사위원회 모범규준을 작성하도록 해서 기업 내부를 점검하는 작업을 동시에 진행하게 된다. 사단법인 감사위원회 포럼이 창립되어 기업 내부의 감사 시스템을 점검하는 업무도 강화되고 있다.

이러한 제도 개선에 부응하여 기업에서는 내부감사부서를 독립하거나 외부에 감사업무를 위임하는 등의 변화가 감지되고 있다.

이제까지의 감사 관련된 논의가 외부 감사에 치우쳤지만 기업 내부의 모니터링을 다지는 작업이 강화된다는 점은 무척이나 고무적이며 맞는 방향이다. 이제까지는 외부 감사의 한계를 인지하고도 너무 많은 부분을 외부 감사에 의존하였다고 판단한다.

대우조선해양의 5조원대 분식회계 이후에 분식회계에 대한 여론 및 사회의 관심이 뜨겁다. 아마도 1997년 IMF 경제 위기 당시의 대우의 분식 사건 이후에 가장 큰 분식으로 기록될 것 같다. 또 우리나라의 회계 순위가 64개국 중에 꼴찌라고 하는 어처구니없는 순위에 대해서도 대응하여야 하는 것인지 해답이 없다. 저술이 진행 중에 삼성바이오로직스의 분식회계 감리 건이 이슈가 되면서 일간 신문과 경제신문에서 많은 주목과 관심을 받는 사건이 발생하였다.

회계를 전공하는 입장에서는 무척이나 당혹스러운 회계사기 사건이지만 자본주의가 가장 발전하였다는 미국에서의 2002년 엔론 사태나 일본의 최근의 도시바 사태를 보면 사람 사는 데서는 어디서나 발생할 수 있는 일이다. 2002년 엔론 사태 이후에 Sarbanes−Oxly 법안이 통과되면서 미국에서도 회계 관련된 많은 제도가 개선되는 계기가 되었다. 그 유명한 엔론 사태의 주범인 제프 스프링이 24년 구형을 받고 복역하였다니 미국도 자본주의를 지키는 데는 범법자에 대한 냉혹한 처벌이 필수적이다.

이러한 사태는 회계 전체적으로는 위기이지만 동시에 기회 요인으로 작동되었다. 미국의 회계감독 법안의 기초가 되었던 Sox법안도 결국은 엔론 사태에 이은 의회/감독기관의 대응이었으며 기존의 감독기관으로는 효과적인 제재가 가능하지 않다는 판단하에 PCAOB라는 새로운 감독기관이 태동하는 계기가 되었다.

사회현상은 그 일면만 봐서는 안 되며 그 주위 환경적인 요인도 동시에 고려하여야 한다. 감사인 등록제도 등, 2011년 공청회 이후에 반발이 강하여 수면 아래로 잠겼던 제도들이 이번 분식 건으로 인해서 다시 채택되는 것을 보면 회계/감사와 관련된 제도는 순환(circular)된다고 생각된다. 분식 건이 터지면 강한 제도에 대한 요구가 있고, 이러한 충격이 잠잠해지면 자본주의에서 규제가 너무 강하다는 제도의 단점이 부각되어서 이 제도를 추진하기 어렵게 된다.

예를 들어, 중국기업들이 상장할 수 있도록 문호를 너무 넓게 열게 되면 우량기업들이 상장하는 계기가 되는 동시에 분식회계, 불성실공시 기업들이 상장하는 계기가 되기도 한다. 시장의 자율적인 기능이 작동하지 않을 때, 감독/규제 기관이 감독의 고삐를 더 죄는 것은 당연하다.

지금 현재는 수익성이 좋지 않지만 미래 성장 가능성이 높은 기업들에게 상장의 기회를 주어야 한다는 정책 방향은 옳은 방향일 수 있지만 그럼에도 현재 이익을 내지도 못하는 기업을 어떻게 믿고 상장의 기회를 부여하였는지에 대하여 책임을 물을 수도 있다.

수년전 중국의 기업이 한국거래소에 상장하고 6개월 이내에 상장폐지되면서 해외 기업 상장과 관련된 많은 이슈가 부각되었다. 외국 기업의 국내 상장뿐만 아니라 우리 기업의 해외 자회사의 회계 정보의 적정성과 관련된 내용도 매우 우려된다.

특히나 연결 재무제표가 주 재무제표가 되면서 이러한 문제가 더욱 심각한 문제가 될 수 있다. 특히나 일부의 해외 자회사일 경우는 12월이 결산 시점이 아닌 경우도 있다. 예를 들어 인도는 법정 결산 시점이 3월이라고 하는데 이 경우는 우리의 12월 결산에 맞추어 결산을 하고 제때에 임의 감사한 결과를 보내 주어야 한다.

미국에서 PCAOB가 설립될 때 우리나라에도 독립된 회계감독기관의 필요성이 대두되었지만 회계/회계감사의 품질이 유지되지 않는 것이 별도의 감독기관의 이슈가 아니라는 것으로 정리되었다. 그러나 대우조선해양 사태가 불거지자 다시 한 번 이러한 이슈가 제기되기도 한다. 감사인 등록제가 시행된다면 회계법인의 품질관리 수준이 공개되어야 할 수 있고 그러기 위해서는 회계법인에 대한 평가가 조금 더 세밀하게 진행되어야 할 수 있다.

법안과 관련된 논의가 진행될 때는 확정되지는 않았지만 개정안에 포함된 여러 이슈들도 본 저술에서는 그 내용을 포함한다. 법안이 확정되는 과정에서 제안된 모든 내용들이 우리가 고민해야 할 내용들이며 정부 입법안의 경우는 해당 정책부서의 정책 방향과 철학을 엿볼 수 있다.

회계는 제도이기 때문에 법/규정과 불가분의 관계에 있다.

9대 국회에도 개정안이 상정은 되었으나 회기 만료로 자동 폐기된 입법안이 다수라서 제출된 법안 중, 42.8%만이 통과되게 되었다고 한다. 신문 기사 등도 법안이 제출되면 거의 통과되는 것이 기정 사실인 듯 기사화를 하게 되어서 어느 법안이 국회 안에서 어느 단계에 가 있는지를 가늠하기도 어렵다.

본 저술은 「회계감사이론, 제도 및 적용」(2006), 「수시공시이론, 제도 및 정책」(2009), 「금융감독, 제도 및 정책 – 회계 규제를 중심으로」(2012), 「회계환경, 제도 및 전략」(2014), 「금융시장에서의 회계의 역할과 적용」(2016), 「전략적 회계 의사결정」(2017), 「시사적인 회계이슈들」(2018), 「지배구조의 모든 것 (연강흠, 이호영과 공저)」(2018)에 이은 저술이다.

시사적인 회계이슈, 제도 및 정책에 관심을 가져온 이후 이러한 성격의 저술을 지속적으로 간행하는 저자의 시도가 우리나라의 회계 수준과 감사 품질을 제고하는 데 조금이라도 보탬이 되었으면 하는 바람이 있다.

시사적인 내용을 다루다 보니 저술 작업 중에도 내용이 변경되는 경우가 있었다. 예를 들어, 외감법 개정에 회계학회가 중심이 된 TF에서는 주기적 지정제(TF에서 사용된 명칭은 혼합선임제였으나 최근에는 주기적 지정제로 명칭을 통일)를 제안하였으나 정부 입법 전면 개정안에서는 선택지정제가 제안되었고 국회의 논의 과정에서 다시 주기적 지정제 대안으로 외감법이 정리되었다. 그러나 제도권에서 검토한 내용도 언젠가 다시 채택될 수 있으므로 논의되는 거의 모든 제도에 대해서 검토하였다. 우리가 폐지한 감사인 강제 교체제도를 EU에서 채택한 것을 보아도 제도는 순환되고 있다.

저술을 하는 2018년 5월에 삼성바이오로직스의 감리 건이 많은 주목을 받게 되었으며 이 내용이 별도의 chapter 37로 포함되었다. 저자는 우리 대학 다른 교수들과 같이 삼성바이오로직스에 의견서를 작성하여 전달한 바 있다. 물론 증권선물위원회의 이 분식 건에 대한 판단이 저자와 연구를 공동으로 수행한 교수들의 의견과 상이하였다. 따라서 이 chapter의 내용은 상반된 견해를 가졌던 전문가들도 있었다는 점을 명확히 한다. 일부의 언론에서는 용역 보고서를 작성하였던 교수들이 이러한 사실을 공개하지 않으면서 column을 쓴다고 해서 비판을 하기도 하였어서 이를 명확히 하며 동시에 저자의 이 건에 대한 견해가 한 쪽으로 편향되어 기술되었을 수도 있다는 점을 명확히 한다.

그렇기 때문에 가능한 중립적인 입장에서 이 건을 기술하기 위해서 양쪽 (감독원/시민단체 vs. 기업)의 의견을 지지하는 신문 기사를 다수 인용하였다.

삼성바이오로직스의 이슈는 동일 건에 대해서도 전문가들의 의견이 얼마든지 달라질 수 있다는 점을 극명하게 보여준다. 법정에서 분식회계 건이 다루어질 때도 어느 감정인에게 자문을 구하여 의견을 받는지에 따라서 결과가 달라질 수 있다. 이만큼 회계의사결정은 다양할 수 있다는 것의 반증이다.

본 저술 과정에서 도움을 준 김앤장의 류재영 회계사, 전괄 선명회계법인 품질관리실장님, 삼정회계법인 신장훈 부대표님, 김유경, 최재범 전무, 배정규 전 상무, 상장회사협의회의 정우용 전무님, 한국공인회계사회의 김정은 변호사, 금융감독원의 이재훈 수석, 손기숙 선임, 연세대학교 재단의 김세환 감사실장께 감사한다.

본 저술이 진행되는 동안 연구실에서 같이 연구를 수행한 배창현 박사, 지은상 박사과정 조교에게도 감사한다.

사랑하는 아내 두연이 항상 곁을 지켜 주어 이 모든 것이 가능하게 된 것이니 아내에게 무한한 감사의 뜻을 전하며 우리의 두 아들 승현, 승모가 자신의 위치에서 사회의 구성원으로 건실한 생활을 해 나가고 있으니 감사하며 승현이가 이현정과 가정을 이루고 살아가니 이 또한 너무 고맙다. 부모님과 장모님께서 건강하게 생활하고 계시니 감사하며, 항상 건강하시기를 위해 기도한다.

본 저술의 chapter는 별다른 의미를 갖지 않고 순차적인 의미가 있지 않다. 단, 관련된 내용의 chapter가 다수 있어서 관련된 내용을 각주에서 소개하며 또한 저자의 과거의 저술과 연관되는 부분에 대해서도 각주에서 이를 기술하며 다른 chapter의 내용과 연관되는 경우도 가능한 한 연결고리를 설명하였다.

2019. 4

저자

이 저술은 2018년 연세대학교 연구비의 지원을 받아 수행된 것임(2018-22-0120)

이 책은 연세대학교 경영연구소의 '전문학술저서 및 한국기업경영 총서' 프로그램의 지원을 받아 출간되었습니다.

chapter 01 ｜ 준법감시인

　　준법감시인(compliance officer)의 역할에 대해서 특히나 금융업에서 많이 강조를 하고 있다. 동시에 실무에서는 감사 기능과 준법감시기능이 중복되거나 혼동된다는 어려움이 있다.

　　준법감시는 기업이나 금융기관이 규정 등을 잘 준수하는지를 점검하는 역할을 수행하므로 어느 정도는 사전적인 점검을 하고 있다고 할 수 있고, 내부감사기능은 사후 조치를 하는 것으로 구분할 수도 있는데 기업 내부자들조차도 어떠한 경우는 구분이 어렵다고 한다.

　　특히나 수년 전부터는 법무부가 제안한 준법지원인 제도가 도입되어서 옥상옥의 모습이 될 것이라는 비판도 있었고 논란 초기부터도 변호사들을 위해서 만들어진 제도라는 비판이 있었다. 준법지원인제도를 어느 정도까지 폭넓게 적용할지에 대한 논란이 있었다. 준법지원인제도는 2011년 상법개정을 통해 도입되었으며, 2014년 본격시행으로 2012년 4월에는 자산총액이 1조원 이상인 상장회사만 적용되었고, 2014년 1월 1일부터 자산총액 5,000억원 이상 상장회사로 확대되었다. 상장회사협의회 자료에 따른 2016년 11월 현재 선임 의무가 있는 유가증권시장 상장회사 279개사 중 171개사(61.3%)가 준법지원인을 선임하고 있다.

　　제도가 있음에도 불구하고 이를 따르지 않는 기업들이 있자 준법지원인 선임 의무 강화(미 선임시 벌금 5천만원)를 위한 민병두 의원의 상법개정안이 2017년 4월 발의되기도 하였다.

　　법에서도 준법감시인과 지원인의 성격이 유사하다고 아래와 같이 적고 있고 중복은 피하고 있다.

금융회사는 금융회사지배구조법에 따라 업무의 내부통제 및 준법감독정책을 일원적으로 감시할 '준법감시인'을 두어야 한다. 준법감시인은 금융회사의 내부에서 임직원이 내부통제기준을 제대로 준수하는지 여부를 감시하는 업무를 수행하며, 위반여부를 감사위원회에 보고하는 것이 주된 업무로, 수행기능이 '준법지원인'과 유사하다(금융사지배구조법 제25조).

준법감시인을 둔 금융회사는 상법상 준법지원인 설치의무요건에 해당되더라도 추가로 준법지원인을 두지 않는다(상법 시행령 제39조). 즉, 준법감시인과 준법지원인을 둘 다 둘 수는 없다.

우리는 제도를 도입할 때 너무 과도하게 의욕적으로 도입하는 경향이 있다. 내부회계관리제도가 우리나라에 도입될 때는 처음에는 모든 외감대상 기업이 그 대상이었는데, 이 대상 범주가 너무 과도하다고 하여서 나중에는 축소되게 되었다. 제도가 도입될 때의 외감대상을 정하는 기준이 자산 규모 70억원이었으므로 체계적인 기업의 형태를 갖춘 기업에 내부회계관리제도를 도입하여야 함이 원칙이다. 이에 대한 비판이 제기되자 전체 상장사와 자산규모 1,000억원 이상의 비상장사에 이 제도가 의무화되는 것으로 조정되었다.

어쨌거나 현재로서는 대기업에 내부감사, 감사위원회, 준법감시, 준법지원인 제도가 적용되고 있다. 내부감사는 미국의 내부감사인협회(Institute of Certified Internal Auditor CIA, 내부회계관리사)라는 협회와 관련된 한국 chapter인 한국감사협회가 활동 중이다.

자산총액 5천억원 이상인 상장회사는 준법통제기준을 마련하여야 하고 그 업무 담당자로서 준법지원인을 두어야 한다(법 제542조의13 제1항, 시행령 제39조).

준법지원인은 법률학을 가르치는 대학교수(5년 이상 근무), 기업체 법무팀에서 10년 이상 근무한 사람 등도 가능하며 변호사의 자격을 가진 사람에 한정되지 않는다(시행령 제41조).

제542조의13(준법통제기준 및 준법지원인)

⑤ 준법지원인은 다음 각 호의 사람 중에서 임명하여야 한다.

1. 변호사 자격을 가진 사람

2. 「고등교육법」 제2조에 따른 학교에서 법률학을 가르치는 조교수 이상의
직에 5년 이상 근무한 사람
3. 그 밖에 법률적 지식과 경험이 풍부한 사람으로서 대통령령으로 정하는 사람

「상법 시행령」

제39조(준법통제기준 및 준법지원인 제도의 적용범위) 법 제542조의13 제1항
에서 "대통령령으로 정하는 상장회사"란 최근 사업연도 말 현재의 자산총액
이 5천억원 이상인 회사를 말한다. 다만, 다른 법률에 따라 내부통제기준 및
준법감시인을 두어야 하는 상장회사는 제외한다.

제41조(준법지원인 자격요건 등) 법 제542조의13 제5항 제3호에서 "대통령령
으로 정하는 사람"이란 다음 각 호의 어느 하나에 해당하는 사람을 말한다.
1. 상장회사에서 감사·감사위원·준법감시인 또는 이와 관련된 법무부서에서
근무한 경력이 합산하여 10년 이상인 사람
2. 법률학 석사학위 이상의 학위를 취득한 사람으로서 상장회사에서 감사·감
사위원·준법감시인 또는 이와 관련된 법무부서에서 근무한 경력이 합산하
여 5년 이상인 사람

공인회계사회와 같이 고유 업무가 특화된 자격증이 있고[1] 미국에서는
CPA, CMA(Certified Management Accountant) CIA와 같은 자격증 소지자가 각각
의 영역에서 주어진 업무 활동을 하고 있다. 그러나 CPA는 회계감사라고 하
는 고유 업무를 수행하기 위해 정부 기관이 인정하는 자격증이지만 다른 자격
증은 전문가로서의 자격증이지 이 자격증이 없다고 해서 어떠한 업무에서 배
제되는 것은 아니다. 따라서 CPA 이외의 자격증은 고유의 업무가 있다고 하
기는 어렵다.

금융기관에서 여러 가지 사고가 발생하자 금융위원회는 준법감시인의 역
할을 최근에 와서 크게 강조하고 있다. 일부의 금융기관에서는 준법감시인에

---

1) 고유업무가 있다 함은 공인회계사는 회계감사를 수행할 수 있는 고유한 자격증임을 의미한
다. 반면 내부감사업무를 수행하기 위해서 또는 준법감시업무를 수행하기 위해서 반드시
별도의 자격증이 필요한 것은 아니며 관리회계에 특화된 CMA도 동일하지만, 이들 자격증
은 고유 업무를 위한 자격증이 아니라 전문성을 인정받는 자격증이라고 이해하면 된다.

게 민원을 해결하는 업무도 중복하여 맡겼었는데 이러한 업무를 맡지 못하도록 하는 등이 이에 포함된다.

한국경제신문. 2017.12.29.
금융투자사 '내부통제 품앗이' 준법감사협의회 역할 커졌다

금융투자업계 준법감시인 모임인 준법감사협의회를 통해 내부통제 역량을 강화하는 금융투자회사기 늘고 있다. 금융투자업계 컴플라이언스(준법감시) 실무자들이 품앗이로 부족한 부분을 메워주면서 내부통제 수준의 상향 평준화가 이뤄지고 있다는 게 대체적인 평가다.

준법감사협회의회는 금융투자업계 준법감시 관련 정책을 연구하고 업계 권익을 보호하기 위해 2009년 62개 증권 선물회사가 참여해 설립했다. 준법감시 실무자를 위한 교육 연수 프로그램을 개설하고 회원들의 전문성을 높이는 데 초점을 맞추고 있다. 금융당국이 내년부터 '금융통합감독체계'를 마련하기로 하면서 협의회의 중요성은 더욱 커졌다.

협의회는 올해 준법감시인 전문 교육을 대폭 강화했다. '교육전문성 강화 TF'를 꾸려 실무 중심의 교육 프로그램을 마련해 지난 4월부터 시행 중이다. 교육 프로그램은 –임직원 주식 매매 관련 내부통제 –금융 광고 규제 –시장 교란 행위를 포함한 불공정거래 등 다양한 주제를 다룬다. 내부통제를 담당하는 증권사 실무자들과 금융감독 관련 공무원 등이 강사진으로 나선다.

교육 후 사내 시스템을 개선하는 사례도 잇따라 나타나고 있다. 키움증권은 프로그램 매매시 주문가격이 일정 조건을 넘으면 허수성 호가로 판단해 주문을 거부하도록 전산 시스템을 바꿨다. 키움증권 관계자는 "실무 교육을 통해 다른 증권사의 허수성 호가 적발 사례를 공부한 뒤 적용했다"며 "수작업으로 하던 투자광고의 승인 심사 내역도 전산화했다"고 말했다. 한화투자증권은 휴대폰 주식 매수프로그램의 주문 인터넷프로토콜을 추적해 임직원의 휴대폰 주문 현황을 확인하는 시스템을 추가했다.

협의회의 역할이 커지면서 증권 선물 회사에 머물러 있던 회원사가 자산운용사로 확대되는 추세다. 올해 다비하나인 프라자산운용, 메리츠자산운용 등 6개사가 새 회원으로 가입했다. 설광호 준법감사협회 회장은 "내년엔 협의회를 사단법인으로 바꿔 독립성을 키우고 활동반경도 넓힐 계획"이라며 "금융투자업계에 준법경영 문화를 확산시키기 위한 활동을 강화하겠다"고 말했다.

매일경제신문. 2017.4.20.
상장사 내부정보 통제 5단계로 강화

　한국거래소가 올해 하반기부터 상장 기업을 대상으로 내부통제(컴플라이언스) 컨설팅에 나선다. 지난해 한미약품 사태로 상장사들의 내부통제 부실로 인한 투자자 피해와 시장 신뢰 저하 문제가 도마에 오르자 거래소가 직접 제2의 한미약품 사태를 막기 위한 작업에 나서기로 한 것이다.

　거래소는 기업의 내부통제 수준을 5단계로 나눠 개선 방안을 찾는 '상장기업 컴플라이언스 표준모델'을 개발했다고 19일 밝혔다. 이 모델 개발에 참여한 컨설팅사 프라이스워터하우스쿠퍼스컨설팅에 따르면 대기업을 제외한 국내 상장법인들은 대부분 형식적으로만 내부통제를 하고 있는 1단계 수준에 속한다. 하지만 향후 컨설팅을 통해 기업들의 내부통제 수준을 스스로 실시간 내부통제를 모니터링할 수 있는 5단계 수준까지 높이는 게 거래소의 목표다.

　예를 들어 기업의 정보 중 재무 정보나 법률, 시장 관련 정보뿐만 아니라 경영계획이나 조직 등 비정형정보까지 기업 내부에서 모두 정보 재고 목록을 만든 후 이를 실시간 모니터링할 수 있게 할 계획이다. 기업 내부에서 정보가 처음 만들어질 때부터 관리돼야만 향후 정보가 내부 유통되거나 외부로 공시될 때까지 정보 이동 경로를 추적할 수 있다는 얘기다.

　혹자는 감사위원회의 역할과 책임이 강화되면서 감사위원회도 감사위원회의 역할을 outsourcing하여서 한다는 주장을 하기도 한다. 이는 법에서 감사위원회가 회사의 비용으로 전문가의 도움을 받을 있다는 내용과도 다른 내용이다.

　2017년부터 적용되는 금융회사의 지배구조에 관한 법률의 내용은 다음과 같다. 이 법률은 금융회사만을 대상으로 시행된 법이지만 이 법문에 포함된 일부 내용이 모든 상장기업을 대상으로 확대되기도 하여서 이 법 내용을 유심히 검토할 필요가 있다. 2017년에 개정되고 2018년 11월부터 적용되는 외감법 내용에 있어서의 감사위원회의 내용을 시행하기 위해서 한국공인회계사회 차원에서 감사위원회 모범규준이 제정되었는데 이 규준의 제정 과정에서도 많은 내용이 금융회사의 지배구조에 관한 법률에 적용되는 내용과 일치

하였다.[2]

　　금융회사는 모든 경제활동을 수행함에 반드시 이용해야 하는 필수적인 회사이므로 금융회사에 대한 지배구조가 우선적으로 규제의 대상이 된다. 금융회사가 채택한 제도가 선진적이고 금융회사들이 이를 모범적으로 준수하므로 기업지배구조원에서의 기업지배구조 평가 점수에 있어서도 금융기관들이 높은 평가를 받게 될 뿐만 아니라 이들은 별도의 집단에서 별도로 평가를 받게 된다.

　　금융회사에 먼저 도입되었다가 상장기업으로 확대되는 제도를 든다민 기업이 보고하는 기업지배구조보고서가 있다. 금융기관에는 금융회사지배구조법에 의해서 수년 전부터 의무화되고 있다. 2017년에 상장기업에는 자발적으로 도입되었다. 첫해에 70여 개 기업이 이 문서를 보고하였으며 이러한 자발적인 참여가 미흡하다고 판단하는 금융감독당국은 이 문건을 확대하여 의무화하려고 고민하고 있고, 감독당국의 정책 방향은 2019년부터는 자산 규모 2조를 넘는 기업에는 강제하려고 한다.

　　다음의 금융회사의 지배구조에 관한 법률에 대해서 기술한다.

제25조(준법감시인의 임면 등) ② 금융회사는 사내이사 또는 업무집행책임자 중에서 준법감시인을 선임하여야 한다.

　　이 규정에 이어서 규모가 크지 않은 금융기관에 이 제도 자체가 부담으로 작용하여서는 안 되므로 다음과 같은 내용이 이 법안에 추가되어 있다.

다만, 자산규모, 영위하는 금융업무 등을 고려하여 대통령령으로 정하는 금융회사 또는 외국금융회사의 국내 지점은 사내이사 또는 업무 집행지시자가 아닌 직원 중에서 준법 감시인을 선임할 수 있다.

　　제도를 위한 제도는 의미가 없다. 임직원 수도 몇 명되지 않는 기업에서 준법감시인을 임원으로 선임하라는 것은 爲人設官격이 될 수도 있다.

---

2) 모범규준의 내용은 chapter 24에서 설명된다.

수년 전 수시 공시의 투명성의 문제로 대두되자 공시책임자를 코스닥기업에는 반드시 등기임원으로 선임하는 것으로 강제되었지만 이를 유가증권시장에까지 강제하지는 않았다. 그 이유는 등기한 사내이사의 수가 제한된 상황에서 등기임원들에게 너무 많은 업무 부담을 지우지 않으려는 배려였다. 유가증권시장에 상장한 기업이 코스닥 시장에 상장한 기업에 비해서는 시스템이 더 잘 갖추어진 기업이므로 상장 시장별로 이렇게 제도의 적용을 차별화하는 것이다.

특히나 수년 전부터는 자산 규모 2조원을 넘는 기업에서는 사외이사 수가 전체 이사 수의 과반수가 되는 제도가 강제되면서 자격이 되는 사외이사가 한정되어 있어서 기업들이 이 제도를 맞추려고 사내이사를 오히려 축소하는 방식으로 이 새로운 제도를 충족하게 되었다. 따라서 사내 이사들은 많은 업무를 중복하여서 맡게 되는 일이 다수 발생하였다.

집행이사에 대한 법적인 정확한 표현은 비등기이사이지만, 여러 가지 대안적인 표현이 사용된다. 혹자는 명목상의 이사라는 표현을 사용하기도 한다.

한국경제신문. 2017.12.2. ─────────────────────
사실상 이사의 책임(대법원 2009년 11월 26일 선고 2009다39240 판결)

주식회사 경영의 중심에는 이사가 있다. 이사는 주주총회에서 선임한다. 이사의 성명과 주민등록번호는 회사 등기부에 등기한다. 이렇게 상법 규정에 따라 주주총회에서 선임한 이사를 '등기이사'라고 한다. 이에 비해 상법상 이사는 아니지만 단지 회사가 이사라는 직함을 준 사람을 '비등기이사'라고 한다.

■ 사건의 개요
상부 지시로 허위 재무제표 작성
회사채 매입한 원고에 손해 끼친
회계 부문 임원인 비등기 이사 A
"권한 없는 하급관리자… 책임 없어"
■ 대법판결
"직명 자체에 업무 집행권 있어 '표현이사' A도 똑같이 책임져야"
■ 생각해 볼 점
회사에 대한 영향력 작은데도 직책만 이사인 중간관리자에게 법정이사 수준 책임 물을 수 있나 집행이사는 상법에서 정의하는 이사가 아니다. 등기부에 등기한 이사만으로는 회사에서 진행되는 그 많은 업무를 모두 다 처리할 수 없기 때문에 비등기 이사가 경영활동을 수행하게 된다.

그럼에도 불구하고 명함에 모두 이사라고 가지고 다니기 때문에 외부에서 보기에는 상법상의 이사와 구분이 되지 않는다. 법 지식을 정확히 아는 사람이 아니라면 '당신 등기했냐'고 물어보지도 않을 것이기 때문에 실질적으로 경제활동을 수행함에 있어서는 등기이사나 집행이사를 구분한다는 것이 어렵다. 또한 회사의 임원과 파트너로 업무를 처리하다가 '당신이 법적으로 책임을 질 수 있는 등기한 임원'인지를 묻는 것도 집행임원의 입장에서는 불편한 일일 수 있다. 물론, 거의 모든 회사의 홈페이지에 재무나 지배구조 관련된 공시 내용이 접근 가능하고 특히나 주총 소집 시 주총 안건은 공시하므로 회사 내 누가 등기이사인지는 기업지배구조에 조금만 관심이 있다면 알 수 있다. 그럼에도 기업지배구조에 대한 이해도가 낮은 경제활동인구는 이를 정확히 이해하지 못할 수도 있다. 하물며 모 주요 일간지에서도 삼성그룹 이사회라는 표현을 사용하기도 하여서 기업지배구조에 대한 몰이해가 드러나기도 한다.

집행이사, 표현이사 어떠한 표현을 사용하여도 등기이사가 아닌 이상 법상에서는 이사가 아니다. 그러나 경제 활동을 수행하는 모든 사람들은 이들을 이사라고 또는 상무, 전무, 부사장이라고 부른다.

상법 제401조의2의 내용인 업무집행지시자에 대해서 정의하고 있다.

제401조의2(업무집행지시자 등의 책임) ① 다음 각호의 1에 해당하는 자는 그 지시하거나 집행한 업무에 관하여 제399조·제401조 및 제403조의 적용에 있어서 이를 이사로 본다.

1. 회사에 대한 자신의 영향력을 이용하여 이사에게 업무집행을 지시한 자

2. 이사의 이름으로 직접 업무를 집행한 자

3. 이사가 아니면서 명예회장·회장·사장·부사장·전무·상무·이사 기타 업무를 집행할 권한이 있는 것으로 인정될 만한 명칭을 사용하여 회사의 업무를 집행한 자

② 제1항의 경우에 회사 또는 제3자에 대하여 손해를 배상할 책임이 있는 이사는 제1항에 규정된 자와 연대하여 그 책임을 진다.

등기 여부를 떠나서 회사에 일정한 직을 맡고 있을 경우는 업무집행지시자로 분류될 수 있다. 어느 문건에 보면 삼성전자에는 이사 직함을 쓰는 임원이 1,054명이 넘는데 이 중, 상법상의 이사는 사내/사외이사 포함하여 10인 이내이다.

위의 법원의 판결은 경제활동인구가 상법상의 이사인지 아니면 명목상의 이사인지를 구분하지 못하므로 명목상의 이사들이 수행하는 업무에 대해서도 법적으로 책임을 져야 한다는 의미이다. 너무 많은 경제활동인구가 이러한 차이를 구분하지 못한다면 오히려 집행임원들에게도 수행한 업무에 대해서 법적인 책임을 물어야 한다는 법원의 판단이다.

2017년에 외국 공인회계사들이 감사에 참여한 것이 문제가 되어서 일부 회계법인에서 한국공인회계사가 아닌 경우는 명함에 공인회계사라는 자격증 직함 사용을 금지하기도 하였다.

삼성전자는 2017년 10월 1일 권오현, 윤부근, 신종균 공동 대표이사가 퇴진하며 김기남, 김현석, 고동진 대표이사가 선임될 것이라고 발표하였다. 이 발표 이후, naver에서 삼성전자를 조회하면 대표이사가 김기남, 김현석, 고동진 대표이사로 표시되었는데 수일 후에 naver에서 삼성전자를 조회해 보면 다시 대표이사가 김기남, 김현석, 고동진으로 표시되는 happening이 있었다. 물론, 한 특정 기업 site의 내용에 불과하지만 많은 것을 시사한다. naver조차도 법적인 이사 교체 시점을 잘못 반영하고 언론 발표에 근거하여 이를 web상에 올린 것이다.

이사를 선임할 수 있는 기관은 기업에서는 주주총회 밖에 없는데 2017년 10월 1일에 삼성이 2018년 삼성전자를 이끌어 갈 대표이사를 김기남 등 3인으로 발표했다고 해도 이는 기업지배구조나 상법에 기초한 의사결정은 아니며 2018년 3월에 주주총회에서 이들 3인이 이사로 등기한 이후에 대표이사로 선임하겠다는 것이다. 즉, 신임이사 3인이 내정되었다는 것이지 주총 때까지는 아무런 지배구조의 변화는 없다. 삼성전자는 언론에 인사발령이 된 10월부터 주주총회가 개최되는 3월 중순/말까지 4개월 반 정도는 상법상으로 등기한 이사가 경영의사결정을 하도록 되어 있는데 외형상으로는 이미 내정된 인사가 경영의사결정을 하는 것으로 인지되므로 이러한 애매모호한 기간이 너무 길게 느껴진다. 2017년 10월의 삼성전자의 인사 발표는 법적으로 효력이 없으며 기업 내에서는 내정된 이사가 실질적으로 경영활동을 수행할 수는 있지만 2018년 3월 주총 때까지 법적 실효성은 없다.

대한항공 최대주주의 갑질 논란이 벌어지면서도 대한항공 회장이 딸을 등기임원에서 해임하겠다고 발표한 내용도 옳지 않은 내용이다. 등기임원의 선임 권한은 임원을 선임한 주총에 있는 것이지 대표이사에게 있는 것은 아니다. 물론, 대표이사가 해임하려고 하면 지분 때문에 당연히 해임을 시킬 수 있기는 하지만 그럼에도 지배구조에 부합하지 않는 언사를 공개적으로 하는 것은 옳지 않다. 그 이전에도 롯데의 신격호 총괄회장이 이사회를 하면서 일부 이사에게 당신은 해임이라고 손가락질을 해서 '손가락 해임'이라고 언론에서 비판한 내용이다. 주총이 할 일을 그룹 총수가 하는 절차상의 하자를 범하는 것이다.

과거에 삼성을 포함한 많은 재벌그룹 대부분이 12월초에 인사 발령을 내면서 3개월 반 정도 기업지배구조가 애매한 기한이 있었는데 이러한 기간이 2018년과 같이 이재용부회장 구속과 같은 위기 상황에서 인사발령 시점을 10월에 시행하면서 더 심화된 것인데 모든 경영의사결정을 지배구조와 상법에서 정한 절차에 맞춰 주는 것이 정상적인 경영의사결정 과정이다. 12월의 인사 발령도 문제인제 이를 2개월이나 당기면서 10월초부터 주총이 진행되는 3월 말까지의 거의 반년의 기간이 기업지배구조가 매우 불투명하게 남겨 두는 것이다.

기업의 인사 발령을 주총 timing에 맞추지 않는 것은 다른 기업도 마찬가지라서 기업집단의 인사 발령이 대부분 calendar year 마감 월인 12월에 진행된다.

이는 회계기간은 12/31에 종료되지만 그럼에도 기업지배구조에서의 매듭은 주주총회에서 맺어지기 때문이다.

물론, 새로이 선임된 대표이사가 이미 등기 이사로 활동 중인 인사라고 하면 대표이사의 선임은 주총 의사결정 사안이 아니고 이사회 의사결정 사안이므로 이사회에서 대표이사를 교체하면 되지만 김기남, 김현석, 고동진 3인은 2017년 등기 이사가 아니라서 2018년 3월의 주총까지 대표이사 선임을 기다려야 했다. 상법은 상법이고 기업은 기업이 원하는 의사결정을 가져가겠다고 한다면 이는 바람직하지 않은 기업 경영의 행태이다.

일부 기업에서는 등기한 이사로 대표이사가 교체되는 경우가 있는데 이 경우는 기존의 대표이사가 등기이사를 사퇴하지 않는 한 임기까지는 이사로 또는 계속 공동 대표이사로 역할을 할 수 있다.

재벌기업이 대표이사 선임을 주총 일정과 맞춘다면 이렇게 기업지배구조를 실제 경영활동과 맞추지 못하는 현상이 발생하지 않을 것이다.

아마도 재벌그룹들이 12월에 인사를 수행하는 이유가 1년간의 사업 계획을 calendar year에 맞추기를 희망하는 이유일 것이다.

또한 기업들은 결산 이후는 이미 연차 계획도 세우고, 그 다음 연도를 준비하는 기간이므로 12월이 대부분 기업의 경우에서 임원 선임이 내정되고 발표되는 시점이다. 즉, 내정된 이사로 하여금 새로운 calendar year를 시작하도록 하는 것으로 이해된다.

아마도 같은 이유에서 결산연월일도 12월로 수렴하고 있다고 판단된다. 많은 기업의 결산시점이 12월이었고 일부의 금융기관의 결산시점이 3월이었다가 수년 전부터 금융위원회가 이러한 결산기 분산 정책을 포기하면서 금융기관마저도 12월 결산으로 집중되고 감사인에게는 어려움을 주고 있다.

거의 대부분의 기업이 결산 시점을 12월로 집중하는 이유도 12월 결산을 하고 있는 동종 산업의 다른 기업과의 비교, calendar year와의 합치성 등등의 이유가 있다.

법적인 책임이 있는 이사가 어느 정도까지의 책임을 져야 하는지는 회사 내에서만 있는 고민은 아니다.

회계법인은 유한회사이므로 회계법인의 주인은 유한회사에 출자한 파트너이다. 주식회사로 치면 주주에 대응되는 개념이다. 법에 의하면 회계감사는 이사(출자한 파트너)가 수행하는 것이고 나머지 인원은 모두 감사보조자이다.

이사 책임하에 감사가 수행된다고 판단하여 부실감사가 있을 경우는 이사가 보조자보다도 더 중한 책임을 지게 된다. 과거에는 실무의 보조자에게 더 중한 책임을 물었던 경우도 있었지만 수년 전에 이러한 정책 방향이 역전되었다.

외감규정 제54조(공인회계사에 대한 조치)

6. ② 제1항의 규정에 의한 조치를 함에 있어서는 담당이사를 주책임자로 하여 조치하고, 당해업무를 보조한 공인회계사(이하 "담당공인회계사"라 한다)를 보조책임자로 하여(감사반의 경우에는 해당 감사업무에 참여한 공인회계사 중 주된 책임이 있는 자를 주책임자로 하고 그 외의 자를 보조책임자로 한다) 조치한다. 다만, 주책임자와 보조책임자를 구분하여 조치하는 것이 심히 부당하다고 인정되는 경우에는 그러하지 아니하다.<개정 2005.6.29>

아마도 과거에는 정책 방향을 결정하는 desk의 입장보다도 현업 field가 더 중요하다는 판단을 했던 것이라면 지금 변경된 제도에서는 파트너에게 더 중한 책임을 묻는 것은 통제의 책임을 묻는 것이다.

중앙선데이. 2017.11.12.-11.13 ─────────

주가 폭락할 경우 손실 처리 기준 필요성

회계에서는 이 같은 손실을 '손상차손'이라고 한다. 지분가치가 손상되어 앞으로 회복할 가능성이 거의 없을 것으로 보고 손실로 반영한다는 의미다. 이미 산은의 2016년 감사보고서에서 이 같은 사실을 확인할 수 있다. 산은은 2015년과 2016년 결산을 하면서 대우조선해양 지분에서 각각 7,450억원과 2조 300억원의 손상이 발생했다고 평가했다. 합해 보면 약 2조 8,000억원에 이른다. 산은은 "국제 유가 하락세로 일부 발주처 재정이 악화되면서 대우조선이 추가 작업한 공사의 대금을 받을 가능성이 떨어진다"고 분석했다. 대우조선은 해양프로젝트에서도 급격한 공사원가 증가를 예측하지 못해 재무적 어려움이 가중된다. 이러한 요소들을 산은은 대우조선 지분 가치 손상의 객관적 증거로 봤다.

상장기업 주식이라면 손상차손 발생 여부는 일단 주가를 기준으로 평가할 수 있다. 한국채택국제회계기준에서는 "지분증권의 공정가치가 취득원가 이하로 '유의적' 또는 '지속적'으로 하락할 경우 손상차손을 인식해야 한다"고 규정하고 있다. 그러나 회계기준에서는 구체적인 기준을 제시하지는 않고 있다. 예를 들어 1만원에 산 주식이 얼마까지 떨어져야 유의적인 것이 될까. 그리고 얼마나 오랫동안 하락 상태가 유지되어야 지속적인 것이 될까. 그래서 일반적으로 기업들은 '30% 이상 9개월' '50% 이상 6개월' 식으로 자체 내규를 마련해 놓기도 한다. 이런 내규에 따라 손상차손 인식 여부를 결정하면 된다.

이러한 내규가 없다면, 유의적 또는 지속적에 대한 평가는 주가 외에 회사의 현재 영업 실적 및 미래 예상 실적 등을 고려한 현금 흐름을 추정하여 평가하기도 한다. 주가가 떨어지기는 하지만, 회사의 영업상태나 미래 전망이 그리 나쁘지 않아 회복 가능성이 크다면, 굳이 지분가치가 손상되었다고 보지 않을 수 있다는 말이다. 단순히 시장에서 거래되는 주가가 하락했다고 하여 반드시 손상차손을 인식해야 하는 것은 아니라는 이야기다. 그러나 회사의 미래 전망은 주관적일 수밖에 없다. 따라서 지분증권에 대한 손상차손 인식 때문에 자칫 분식회계 논란에 휘말릴 가능성도 있다.

지난 7월 금융위원회로부터 회계처리 기준 위반 혐의로 50억원의 과징금을 부과받은 A사 경우를 보자. 이 회사는 상장기업 B사 지분을 보유하고 있었다. A사는 이 지분을 '매도가능증권'으로 분류해 놓았다. 금융위원회는 이 회사에 대한 감리에 들어갔다. 그리고 상장주식인 B사의 시가(공정가치)가 취득가격 대비 유의적으로 하락해 손상이 발생했는데도 손상차손을 인식하지 않았다고 지적했다. A사는 손상차손을 반영하지 않아 2013~2016년까지 해마다 수백억원의 당기순이익을 적게 계상했다는 이유로 거액의 과징금 징계를 받았다.

이에 대해 일부 회계전문가들은 지분증권에 대한 손상차손 규정 자체가 애매해 A사의 경우 다소 억울한 측면이 있다고 봤다. 주가가 취득가격 대비 대폭 하락하기는 했지만, 회사의 전반적 영업 상태나 미래 전망 등으로 봤을 때 손상차손을 인식해야 하는 상황은 아니라고 볼 수도 있다는 것이다. 그래서 A사는 주가 하락분을 손상차손으로 인식하여 당기손실로 반영하지는 않았다. 그러나 주가 하락분 만큼의 '매도가능증권평가손실'이 발생한 것으로 인식하여 회계처리를 했다.

금융감독원은 A사가 B사 주가하락을 손상으로 평가하지 않은 것은 회계처리기준 위반이라고 판정했다. A사 외부감사인인 B 회계법인에 대해서도 12억원의 과징금이 부과됐다.

그렇다면 만약 A사가 B사의 주가 하락 분만큼을 당기의 손익계산서에 손실처리한 이후 다음해에 B사 주가가 상승하면 어떻게 처리할까. 공정가치를 측정하는 매도가능증권은 손상처리 이후 공정가치가 증가해도 손익에 반영하지 않는다. 손상차손을 환입하지 않는다는 것이다. 대신 평가이익이 발생한 것으로 인식한다. 즉 평가이익이 발생한 것으로 자본에 반영할 뿐이다. 지분의 경우 공정가치가 증가하더라도 그 원인이 어떤 사건과 관련 있는지 파악하기 쉽지 않다는 이유에서다.

그런데 매도가능증권이 주식이 아니라 채권이라면 좀 다르다. A사가 B사 발행채권을 보유하고 있는데, B사가 자금 사정 악화로 부도위기에 몰리거나 워크아웃에 들어간다면 채권가치는 크게 떨어질 것이다. 이때 A사는 채권의 공정가치 하락분을 평가하여 손상차손을 인식할 것이다. 그러나 다음해 이후 B사 사정이 좋아져 채권공정가치가 증가하였다면 증가분을 환입하여 당기손익으로 처리할 수 있다. 다만 회계기준에서는 공정가치 증가의 이유가 앞서 공정가치를 하락시켰던 원인의 해소와 객관적으로 관련이 있어야 한다는 조건을 제시한다.

새로운 금융상품 기준서에서는 매도가능증권 지분증권인 경우는 재순환되지 않는다. 즉, 평가손익이 매도가능증권의 처분 시점에 정리되는 것이 아니고 재무제표에 남아 있을 수도 있으며 처분 시점에 또는 그 이후에 예를 들어 이익잉여금 등으로 대체될 수 있다.

단, 보험업계는 규제산입인 이유로 감독원에서 손상에 대한 명확한 가이드라인을 다음과 같이 제시하기도 한다. 단, 감독회계라는 것은 규제 중심의 회계라서 소속된 기업들 간에 일률적인 원칙을 적용하는 것이 바람직할 수도 있다.

문서번호 보험건전 −00018
시행일자 2013.03.07

제목: 지분증권 손상차손 인식여부 판단시 유의사항 통보

1. 귀사의 무궁한 발전을 기원합니다.
2. 귀사에서 보유하고 있는 매도가능지분증권의 손상차손 인식과 관련하여 아래와 같이 유의사항을 통보하오니 이행에 만전을 기하여 주시기 바랍니다.

— 아 래 —

① 지속적 하락의 의미 : 일정기간 동안 원가 이하로 반등 없이 지속적으로 하락하는 상태를 의미하지 않으며, 단지 공정가치가 원가이하로 하회한 상태가 일정기간 이상으로 지속되는 상황을 의미

② 유의적 하락과 지속적 하락 기준의 독립성 : 두 가지 기준을 결합한 조건으로 판단하는 것은 적절하지 않으며, 유의적 하락 기준과 지속적 하락 기준 중 어느 하나라도 만족하는 경우에는 객관적 손상사건이 발생한 것으로 보는 것이 타당

③ 유의적 하락과 지속적 하락 기준의 수준 : 지분증권이 원가 이하로 30%

이상 하락하거나 원가 이하 하락한 상태가 6 개월 이상 지속되는 경우에는 일반적으로 객관적 손상사건이 발생한 것으로 보는 것이 적절하며, 이러한 판단 기준은 일관성 있게 적용되어야 하며 재무제표 주석사항에 상세하게 공시하여야 함. 끝.

금융감독원장

보험업에 적용되는 기준은 위의 신문기사에 적용되는 기준과는 차이가 있다. 물론, 기업이 자체적으로 어떠한 기준을 가지고 있지 않다고 하면 외부 감사인에게 자문을 구할 수도 있을 것이며 이러한 경우는 회계법인이 가지고 있는 내부 지침에 의존할 수 있다.

IFRS는 규칙 중심(Rule based accounting)이 아니라 원칙중심(principle based accounting)이라고 하는데 어떻게 보면 기업의 자의적인 판단이 필요한 영역에 과도하게 세세한 수치까지 제시함은 principle-based accounting의 취지에 부합하는 것은 아니다.

회계기준에는 주관적인 판단의 영역에 가 있는 표현들이 자주 사용된다. 중요성(materiality), 전반적(pervasiveness), 합리성 등의 용어는 수치적으로 정의가 되지 않고 사용되어서 이에 대한 자의적인 판단을 요한다.

국제회계기준에서 표현되는 가능성(probability)과 관련된 국제회계기준에서의 표현이 다음과 같이 27개 사용되고 있는데, 누가 되어도 어느 가능성이 다른 가능성 관련된 표현보다 확률이 높다는 표현이며 어느 정도의 확률을 지칭하는 영어식 표현인지에 대해서 명확하게 정의할 수 없다.

Terms of likelihood in IFRS: PwC 2006

1 'Virtually certain 거의 확실' IAS 37.33

2 'No realistic alternative' IAS 37.10

3 'Highly probable' - significantly more likely than probable
IFRS 5 BC82

4 'Reasonably certain 거의확실' IAS 17.4

5 'Substantially all'(risks and rewards, recover, difference) IAS 17.8

6 'Substantially enacted' IAS 12.46

7 'Highly effective' IAS 39.88

8 'Principally' IFRS 5.6

9 'Significant' IAS 18.14(a)

10 'Major part' IAS 17.10(c)

11 'Probable' – more likely than not' IAS 37.14(b) (50% 이상)

12 'More likely' IAS 39.22

14 'Likely' IAS 39 AG 40

15 'May, but probably will not' IAS 37 Appdx A

16 'Reasonably possible' IAS 32.92

17 'Possible' IAS 37.10

18 'Unlikely' IAS 39 AG44

19 'Highly unlikely' IAS 40.31

20 'Extremely unlikely' IFRS 4 Appdx B23

21 'Minimal probability' IFRS 4 Appdx B25

22 'Sufficiently lower' IAS 17.10(b)

23 'Insignificant' IAS 39.9

24 'Remote' IAS 37.28

25 'Extremely rare' IAS 1.17

26 'Virtually none' IAS 34.IN6

27 'Not genuine'(highly abnormal and extremely unlikely to occur)
IAS 32.25

감사위원회와 관련된 상법, 외감법, 기업지배구조 모범 규준 등의 내용을 정리한다.

상법상 직무

391조의2: ① 이사회에 출석하여 의견을 진술할 수 있다 ② 이사가 법령 또는 정관에 위반한 행위를 하거나 그 행위를 할 염려가 있다고 인정한 때에는 이사회에 이를 보고하여야 한다.

412조: ① 이사의 직무의 집행을 감사한다. ② 언제든지 이사에 대하여 영업에 관한 보고를 요구하거나 회사의 업무와 재산상태를 조사할 수 있다.

412조의3: 이사회에 임시총회의 소집을 청구할 수 있다.

412조의4: 이사(소집권자)에게 이사회 소집을 청구할 수 있다.

412조의5: ① 모회사의 감사/감사위원회는 자회사에 대하여 영업의 보고를 요구하고 필요한 때는 자회사의 업무와 재산상태를 조사할 수 있다.

413조: 이사가 주주총회에 제출할 의안 및 서류를 조사하여 법령 또는 정관에 위반하거나 현저하게 부당한 사항이 있는지의 여부에 관하여 주주총회에 그 의견을 진술하여야 한다.

이러한 상법상의 감사의 의무를 보면 거의 무소불위의 권한을 가지고 있다고 해도 무리한 판단이 아닐 정도로 권한이 막강하다.

"주식회사의 외부감사 등에 관한 법률상 직무"

제8조의6(내부회계관리제도의 운영 등) ⑤ 내부회계관리제도의 운영실태를

평가하여 이사회에 사업연도마다 보고하고 그 평가보고서를 해당 회사의 본점에 5년간 비치하여야 한다.

제22조(부정행위 등의 보고) ① 감사인은 직무를 수행할 때 이사의 직무수행에 관하여 부정행위 또는 법령이나 정관에 위반되는 중대한 사실을 발견하면 감사 또는 감사위원회에 통보하고 주주총회 또는 사원총회(이하 "주주총회등"이라 한다)에 보고하여야 한다.

② 감사인은 회사가 회계처리 등에 관하여 회계처리기준을 위반한 사실을 발견하면 감사 또는 감사위원회에 통보하여야 한다.

③ 제2항에 따라 회사의 회계처리기준 위반사실을 통보받은 감사 또는 감사위원회는 회사의 비용으로 외부전문가를 선임하여 위반사실 등을 조사하도록 하고 그 결과에 따라 회사의 대표자에게 시정 등을 요구하여야 한다.

④ 감사 또는 감사위원회는 제3항에 따른 조사결과 및 회사의 시정조치 결과 등을 즉시 증권선물위원회와 감사인에게 제출하여야 한다.

⑤ 감사 또는 감사위원회는 제3항 및 제4항의 직무를 수행할 때 회사의 대표자에 대해 필요한 자료나 정보 및 비용의 제공을 요청할 수 있다. 이 경우 회사의 대표자는 특별한 사유가 없으면 이에 따라야 한다.

⑥ 감사 또는 감사위원회는 이사의 직무수행에 관하여 부정행위 또는 법령이나 정관에 위반되는 중대한 사실을 발견하면 감사인에게 통보하여야 한다.

⑦ 감사인은 제1항 또는 제6항에 따른 이사의 직무수행에 관하여 부정행위 또는 법령에 위반되는 중대한 사실을 발견하거나 감사 또는 감사위원회로부터 이러한 사실을 통보받은 경우에는 증권선물위원회에 보고하여야 한다.

"기업지배구조모범규준상 직무"

1. 이사와 경영진의 업무집행에 대한 적법성 감사, 기업의 재무활동의 건전성과 타당성 감사

2. 재무제표/보고의 적정성 평가 확인: 재무보고 과정의 적절성과 재무보고의 정확성 검토, 중요한 회계처리기준이나 회계추정변경의 타당성 검토

3. 내부회계관리제도(통제시스템)의 적정성 평가

4. 내부감사부서의 감독과 평가: 내부 감사부서 책임자의 임면에 대한 동의,

내부 감사부서의 역할, 조직, 예산의 적절성, 활동에 대한 평가, 감사결과 시정사항에 대한 조치 확인

5. 외부감사인 선임, 평가 및 커뮤니케이션: 외부감사인의 선임 및 해임에 대한 승인과 주주총회에의 사후보고, 외부감사인의 감사활동, 독립성과 비감사활동의 적절성 평가, 외부 감사결과 시정사항에 대한 조치 확인

6. 감사위원회규정 또는 감사규정 명문화 및 그 내용의 공시, 감사위원회 또는 감사의 활동과 독립성에 대한 내용의 주기적 공시

7. 3종의 보고서 제출: 연차 재무제표에 대한 감사보고서, 내부회계관리제도 운영실태 평가보고서, 법인의 내부감시장치의 가동현황에 대한 감사의 평가의견서 제출

감사위원회의 법적 책임

상법 제414조

감사가 그 임무를 해태한 때에는 그 감사는 회사에 대하여 연대하여 손해를 배상할 책임이 있다.

감사가 악의 또는 중대한 과실로 인하여 그 임무를 해태한 때에는 그 감사는 제3자에 대하여 연대하여 손해를 배상할 책임이 있다.

감사가 회사 또는 제삼자에 대하여 손해를 배상할 책임이 있는 경우에 이사도 그 책임이 있는 때에는 그 감사와 이사는 연대하여 배상할 책임이 있다.

"주식회사 등의 외부감사에 관한 법률"

제17조 제4항: 감사인이 회사 또는 제3자에게 손해를 배상할 책임이 있는 경우에 해당 회사의 이사 또는 감사/감사위원회도 그 책임이 있으면 연대하여 손해를 배상할 책임이 있다. 다만, 손해를 배상할 책임이 있는 자가 고의가 없는 경우에 그 자는 법원이 <u>귀책사유에 따라 정하는 책임비율에 따라 손해를 배상할 책임이 있다.</u>

제20조의2 제1항 제2호: 제2조의2 제5항을 위반하여 내부회계관리제도의 운영실태를 평가하여 보고하지 아니하거나 그 평가보고서를 본점에 비치하지 아니한 자에게는 3천만 원 이하의 과태료를 부과한다.

제17조 제4항의 밑줄 친 부분은 연대책임이 비례책임으로 외감법에 변경 도입되면서 개정된 내용이다.

내부관리회계제도가 연결 재무제표에 대해서도 확대되며 그 time schedule은 다음과 같다.

2022	2조원
2023	5천억
2024	1천억
2025	전 상장기업

상법 제394조(이사와 회사 간의 소에 관한 대표)

회사가 이사에 대하여 또는 이사가 회사에 대하여 소를 제기하는 경우에 감사는 그 소에 관하여 회사를 대표한다. 회사가 제403조 제1항의 청구를 받음에 있어서도 같다.

제394조의 내용을 보면 감사라는 직이 일반적인 이사보다도 상법상에 있어서 매우 중요한 위치를 맡고 있음을 알 수 있다.

물론, 기업 내에서 아무런 부정행위가 문제가 발생하지 않는다고 하고 회계에 문제가 없다고 하면 이러한 책임 권한을 다툴 일이 없을 것이다.

이와 같이 모든 법규에서 감사/감사위원의 신분 보장을 확실히 하고 있다. 물론, 신분이 보장된다는 것과 감사/감사위원이 본인에게 맡겨진 업무를 수행한다는 것을 별개의 이슈이다.

중앙선데이. 2017.9.17.-9.18. ─────────────────────────────

노조 소송 없어도 회계 장부엔 충당부채 미리 올려야

언제 얼마를 반영할지는 회사 자율

    국내 근로자 임금은 기본금 외에 각종 수당 상여금 성과급 등 다양하고 복잡한 항목으로 이뤄져 있다. 이들 수당이나 상여금 가운데 어떤 것은 이른바 통상임금에 포함되어 있고, 어떤 것들은 빠져 있다.

    통상임금이란 회사가 지급하는 근로제공에 대한 보상이다. 근로자에게 정기적·일률적 고정적으로 지급하는 임금을 통틀어 말한다. 통상임금 범위가 중요한 이유는 각종 초과 근무수당(연장 야간 휴일 근무수당)이나 퇴직금을 산정하는 기준이 돼서다. 통상임금 기준으로 시간당 임금이 1만원이라면 야간 근무에 대해서는 시간당 1만 5,000원을 지급해야 한다. 회사가 거의 정기적으로 지급해 오던 보너스(상여금)가 통상임금 범위에 빠져 있었는데, 이를 포함시킨다면 근로자들이 받는 초과 근무수당이 늘어난다.

    기아자동차 노동조합이 제기한 통상임금 소송의 내용이 바로 이것이다. 통상임금 산정에서 제외됐던 각종 수당들을 지급해 달라는 게 주장이다. 지난 8월말 1심 결과가 나왔다. 서울중앙지방법원은 원고인 노조 측 일부 승소 판결을 내렸다. 상여금과 중식비가 통상 임금에 해당하기 때문에 회사는 근로자에게 4,223억원을 지급하라는 판결을 했다. 그런데 회사가 상황을 아주 심각하게 받아들이고 즉각 항소할 수밖에 없었던 것은 4,223억원만으로 끝나는 게 아니기 때문이다.

    이번 판결은 '2008년 8월부터 2011년 10월까지' 3년 2개월간 소급분에 대한 것이다. 추가로 '2011년 11월부터 2014년 10월까지'의 3년분에 대한 소송이 이미 제기돼 있다. 또 '2014년 11월부터 2017년 현재'까지 2년 10개월분에 대해서도 노조 측의 소송 제기가 거의 확실하다. 결국 이번 판결 말고도 추가로 5년 10개월치, 추정금액으로는 약 5,800여 억원의 부담을 회사가 추가로 떠안아야 할 가능성이 커진 셈이다. 이번 1심 판결액까지 포함하면 총 1조원에 이른다.

• 기아차 판결 전 충당부채 설정 안 해

업계에서는 기아차가 이번 통상 임금 판결에 관련하여 3분기 회계처리를 어떻게 할지에 관심이 쏠렸다. 소송 결과에 따른 부채(통상임금 충당부채)를 재무상태표에 반영하고, 손익계산서에 비용처리를 해야 하는 것은 당연하다.

충당부채란 이와 달리 지출이 발생할 시간과 금액이 불확실한 부채를 말한다. 회계기준에서는 충당부채로 잡을 수 있는 요건을 세 가지로 정해 놓았다, '과거 사건이나 거래 결과로 현재 의무가 존재하고, 이 의무를 이행하기 위하여 회사가 보유하고 있는 자원이 유출될 가능성이 매우 크며, 의무 이행에 소요되는 금액을 신뢰성 있게 추정할 수 있어야 한다'는 것이다.

기아차 통상 임금 재판은 계속 상급심으로 진행될 것이기 때문에 지출시기와 금액이 불확실하다. 그러나 1심 판결에 따라 수당을 추가적으로 현금 지급해야 할 의무가 생겼고, 그 판결 금액이 4,223억원으로 정해졌으며 이에 근거하여 추가소송에 대해 지급해야할 금액 5,800억원도 어느 정도 정해진 것으로 볼 수 있다.

다만 충당부채 금액으로, 1심 판결분 4,223억원만 3분기에 반영할 것인지, 추가 소송예상분 5,800여 억원까지 고려하여 모두 1조원을 반영할 것인지는 다소 불확실하다. <u>5,800억원에는 이미 제기되어 있는 소송에 대한 예상 금액과 앞으로 제기될 것으로 보이는 소송에 대한 예상 금액이 모두 들어 있기 때문이다.</u>

기업들이 충당부채를 설정하는 사례들을 보면 <u>소송의 1심 결과가 나오기 전에 이미 일정금액을 반영하는 경우가 있다.</u> 또 1심 판결 전에는 전혀 반영하지 않는 경우도 있다. <u>1심에서 패소하여도 판결금액 중 일부만을 분기마다 나눠 반영하는 사례도 있다.</u> 기아차는 1심 판결 전에는 통상임금과 관련한 충당부채를 전혀 설정하지 않았다. 올 6월말 사업보고서(2017년 반기보고서)의 재무제표 주석을 보면 이를 잘 알 수 있다.

판매한 자동차에 대한 무상수리 보증용(판매보증충당부채)으로 3조 4,796억원, 기타 충당부채로 352억원이 장부에 올라 있다. 기타 충당부채는 통상 임금과 관련한 금액은 아닌 것으로 추정된다. 왜냐하면 재무제표 주석에서 회사는 "통상 임금 관련 소송이 진행 중이며, 소송 결과 및 그 영향은 예측할 수 없다"고 밝혔기 때문이다.

반면 현대위아는 통상임금 소송 1심 판결이 나오기 전인 2015년말 사업보고서에 이미 충당부채를 상당 부분 반영하고 있다는 사실을 밝혔다. 재무제표 주석에서 충당부채와 관련된 표를 보면 2014년 말엔 전혀 없던 기타 충당부채가 2015년 말 새로 생겼다. 회사는 이에 대해 "2015년 말 현재 통상임금 소송과 관련하여 계상한 충당부채는 886억원"이라고 재무제표 주석에 명시했다.

• 회사-회계법인 충동 가능성

한편, 기아차는 3분기 통상임금 충당부채로 1조원을 모두 반영하겠다는 입장을 공식적으로 밝혔다. 보수적으로 회계처리하겠다는 것인데, 회사 감사인(한영회계법인)과의 협의과정에서 변동이 생길 가능성도 있는 것으로 회계 전문가들은 내다보고 있다.

회계업계에서는 이번 통상 임금 판결과 관련한 이슈들이 몇 개 더 있는 것으로 보고 있다. 아직 소송이 없는 다른 기업들도 유사한 급여 항목에 대해 앞으로 소급 지급할 금액을 추정하여 충당부채로 인식해야 하는가 하는 문제가 있을 수 있다.

소송에서 패소한 회사와 급여 규정이 완전히 동일하지 않다면 실제 소송 패소가 발생하기 전까지는 충당부채를 재무상태표에 표시하지 않아도 될까? 다수의 회계 전문가 입장은 근로자의 추가임금 청구가 제한되지 않는다면, 일반적으로 근로자의 소송 제기 여부와 관계없이 소급 추정액을 충당부채로 표시해야 한다는 쪽이다. 올해는 어느 때보다 충당부채 반영과 관련하여 감사를 맡고 있는 회계법인과 회사간의 의견충돌 가능성이 매우 커졌다.

또 하나 생각해 볼 수 있는 문제는 근로자의 퇴직금 변동과 관련된 회계처리다. 통상임금이 변경되면 근로자들이 퇴직 시 받게 될 퇴직금에 변동이 생긴다. 퇴직금이 늘어날 때 이를 과거 근무원가와 관련한 것으로 해석하여 당기 비용으로 처리해야 하는지 여부를 따져 봐야 한다. 여기서 자세히 서술하지는 않겠으나, 기업에 따라 통상 임금 소송과 관련해 비용으로 처리해야 할 금액은 충당부채 전입액과 퇴직급여 변동액이 될 것으로 예상된다.

1심에서 패소하여도 판결금액 중 일부만을 분기마다 나눠 반영하는 사례도 있다는 내용은 일종의 이익 유연화(income smoothing)의 개념이다. 이미 패소하였으므로 이 금액이 확정된 분기에 즉시 이를 반영하여야 하는 것이 원칙이며 충당부채의 충격을 가능하면 최소화하려는 기업의 실무 행태이지만 패소

의사결정이 수행되었다고 하면 그 시점에 즉시 이를 재무제표에 반영하여야 한다고 판단된다.

이는 중간재무제표보다는 연차 재무제표를 훨씬 더 중요하게 여기는 관행과도 연관된다.

1심이나 2심에서 패소한다면 패소하는 즉시 이를 부채로 계상하는 것이 적절한 회계처리이다. 최종심(대법원)의 판결이 남아 있다고 하여도 지방법원과 고등법원의 판결도 사법부의 판단으로 존중되어야 하며, 1심이나 2심에서 패소하였다고 하여도 아래의 금감원 질의 회신에 의하면 이를 재무제표에 반영하지 않는다는 것은 옳은 재무제표 표시가 아니다.

소송의 1심 결과가 나오기 전에 이미 일정금액을 반영하는 경우가 있다는 기사의 내용도 조금은 이해하기 어렵다. 소송을 제기한 이유가 기업의 입장에서는 승소의 가능성이 있어서인데 그럼에도 패소 가능성을 미리 예견하고 이를 먼저 반영한다는 것도 이해하기 어렵다.

기업들이 반기보고서보다도 연차보고서를 매우 중하게 여긴다는 반증은 아래에서도 읽을 수 있다.

매일경제신문. 2010.4.21. ————————————————————————
회계법인 감사보고서 못 믿겠네. '적정의견' 반년새 '의견거절'로 뒤집기도

블루스톤의 외부감사인 현대회계법인은 '회사가 600억원으로 계상하고 있는 SMI 현대의 지분법 적용 투자주식 가치에 대한 합리적인 근거가 존재하지 않고, 그 비중이 자산총액의 65%에 해당하는 매우 중요한 금액으로 회계정보의 중대한 불확실성이 존재하기 때문'이라고 연말 감사보고서에서 이유를 밝혔다.

하지만 이 회계법인은 6개월 앞서 나온 반기보고서에서 '적정' 검토의견을 내 놓았다. 불루스톤이 SMI현대 지분에 대한 양수도 계약 체결을 공시한 일자가 지난해 6월 30일. 현대 회계법인이 반기보고서를 제출한 일자는 8월 4일. 2008년 전반기에 이뤄졌던 지분 인수에 대해 반기보고서에서는 '적정' 검토의견을 냈다가 연말 감사보고서에서는 '거절'의견을 제시한 것이다.

이처럼 지난해 반기보고서에서 '적정'이나 '지적사항 없음'의 검토 의견을 내놓은 회계

법인들이 불과 반년이 지난 감사보고서에서는 '거절' 의견을 내놓아 투자자들의 원성을 사고 있다.

올해 감사의견 거절로 상장폐지에 몰린 상장사는 총 10개. 자강과 블루스톤은 계속기업 불확실성을 이유로 IC코퍼레이션, 엑스씨이, 케이이엔지, 쿨투, 나노하이텍, 3SOFT, 팬텀엔터그룹, IDH 등은 감사 범위 제한을 사유로 의견 거절을 받았다. 하지만 이들의 외부감사를 맡은 삼일, 안진, 삼정, 성도, 화인, 현대회계법인은 모두 반기보고서에서 아무런 문제점을 제기하지 못했다.

반기 검토는 연말 감사에 비해 낮은 수준의 잣대가 적용되지만 회사의 중대한 재무 변동에 대해 상시 감시해야 할 의무가 있는 회계법인들이 연말 이후 '한철 장사'에만 치중하는 것 아니냐는 비판의 목소리가 나오고 있다.

하지만 회계법인들도 할 말은 있다. 반기 감사보고서를 낼 때 연말에 이뤄지는 수준의 감사를 하기에는 시간상이나 여건상 하기도 어렵고, 할 의무도 없다는 것이다.

김창권 현대회계법인 대표는 "실사나 조회 의무가 수반되지 않은 반기 검토에서 연말 감사 수준으로 사실을 확인하는 것은 불가능한 일"이라고 말했다. 블루스톤 회계실무를 맡았던 회계사는 "지분이 회계장부에 잡힌 것은 7월이라 반기보고서상 의무는 없다고 판단했다"며 "반기 검토 때 해당 사실에 대해 구두질문은 이뤄졌지만 투자의 진위 여부를 밝혀내는 절차는 아니었다"고 설명했다. 회계법인들의 형식적인 반기 회계검토 작업에 대해 한 대형 회계법인 출신 회계사는 <u>"반기 검토 때는 편안한 마음으로 자료를 훑는다"</u>면서 <u>"문제를 알아내기도 쉽지 않지만 문제가 있어도 연말까지는 두고 보자는 게 실무 태도"</u>라고 털어놨다.

한편 금융감독원도 회사 재무에 중대한 영향을 미칠 사안에 대해 감사나 검토 의무를 소홀히 했다가 차후 문제점을 지적하면서 '한정'이나 '거절' 감사의견을 내놓은 회계법인에 대해 내부조사 중인 것으로 알려졌다.

물론, 중간재무제표를 연차재무제표에 비해서 덜 중요하게 여기는 데는 몇 가지 이유가 있을 수 있다. 일단. 연차 재무제표는 정기 주주총회에서 승인이 되어야 하며 또한 감사의 대상이다. 반면 반기 재무제표는 감사보다는 낮은 인증인 검토의 대상이며 자산규모가 5,000억원이 되지 않는 기업은 분기 재무제표에 대해서는 검토도 받지 않는다. 검토는 외감법의 법규제 대상이 아니므로 검토 인증이 잘못되었다고 해도 외감법으로 제재를 받지 않는다.

분반기 중간재무제표 위반시에는 회사에 대한 조치시 외감법이 아닌 자본시장법에 근거하여 행정조치하고 있다.

다만, 검토업무를 수행한 외부감사인에 대한 조치근거는 외감법과 자본시장법에 따로 없기 때문에 중간재무제표 위반에 대한 증선위의 행정조치는 자본시장법에 근거하여 회사에게만 해당되고 검토업무를 수행한 감사인은 해당사항이 없다.

검토업무에 소홀함이 있는 감사인에 대해서는 한국공인회계사회에서 공인회계사법에 근거해서 윤리기준 위반 등으로 조치를 한다. 이 부분은 우리가 일반적으로 알고 있는 행정조치인 증선위 조치는 아닌 것이고, 한공회에서의 자체적인 조치이다.

징계 프로세스는 다음과 같다.

1. 한공회 내 조사기구인 감리조사위원회에서 위반사항에 대한 조사업무를 진행한다(한공회 내 감리조사위원회는 (1) 비상장법인에 대한 감사업무 소홀에 대한 감리와 (2) 모든 법인에 대한 비감사업무 소홀에 대한 조사, 두 업무를 진행하고 있다).

2. 위반사항에 대한 안건을 한공회의 윤리조사위원회에 상정하여 처리한다. 이 경우, 경조치(경고 등)는 윤리조사위원회에서 처리하여 마무리하고, 중조치(일부직무정지 등)는 추가로 한공회의 윤리위원회에 상정하여 처리한다.

3. 만약, 일부 직무정지 이상의 조치(예를 들면, 전부 직무정지, 등록취소 등)가 필요하다고 판단될 때는 추가로 금융위원회 내에 있는 징계위원회에 상정하여 최종 조치를 확정한다.

일반적으로는 중간재무제표 검토업무 소홀에 대해서는 징계위원회까지 상정되는 경우는 드물고 한공회 내 윤리조사위원회의 경조치 또는 윤리위원회의 중조치로 마무리되는 것이 일반적이다.

반면에, 최근 외감법 개정으로 상시 감시 체계로 많은 기업들이 감사 시스템을 전환하려고 하는 패턴과 비교하면 중간 재무제표에 대한 검토도 더 중요한 인증이 되어야 한다.

이러한 여러 가지 요인으로 기업도 감사인도 연차 재무제표에 비해서는 중간 재무제표를 어느 정도 소홀하게 대하게 된다.

그럼에도 불구하고 1심에서 패소하여도 판결금액 중 일부만을 분기마다 나눠 반영하는 사례도 있다는 내용은 분명히 범법의 영역이다. 분반기, 중간 재무제표도 연차 재무제표 정도의 중요성을 갖지는 않지만 분명히 기업이 공시의 주체가 되는 재무제표이며 분반기 재무제표를 공시하는 시점의 재무의 상태를 명확하게 그리고 시의 적절하게 측정하고 기록하여야 한다. 중간 재무제표에서 가장 중요한 것이 적시성일 수 있다. 연차 재무제표만이 중요한 재무제표라고 하고 중간 재무제표에 보고되는 정보가 어차피 누적되어 연차 재무제표에 보고될 내용이라고 하면 중간 재무제표의 존재가치는 적시적인 정보의 제공에 있다.

위의 신문기사에서 진행되고 있는 소송 건에 대해서 발생하지도 또는 확정되지도 않은 건에 대해서까지도 인식해야 한다는 주장은 회계에서의 발생주의 원칙에 위배된다. 발생주의는 발생하고 인식하라는 것이지, 발생하지도 않은 사건을 미리 인식하라는 것은 아니며 이러한 성급한 회계 처리는 보수적인 회계처리가 아니라 적절하지 않은 회계처리이다. 부채를 인식하지 않는 것이 문제이지 부채를 더 적극적으로 인식하는 것은 문제가 아니라는 판단도 옳은 판단이 아니다. 개념체계에서 보수주의가 폐지되었는데 보수적인 회계라서 문제없다는 식은 접근은 옳지 않다.

매일경제신문. 2011.8.2. ─────────────
상장사 30% IFRS에 우발채무 기재 안 해. 금감원 1분기 보고서 점검

금융감독원이 K-IFRS 적용 내상인 122개 상상법인의 1분기 보고서를 점검한 결과 30%가 우발채무를 제대로 기재하지 않은 것으로 나타났다.

또 66%는 회사요약 정보를 기재하지 않는 등 부실하게 작성한 것으로 조사됐다. 금감원은 1일 이 같은 내용을 담은 K-IFRS 적용 정기보고서 비재무사항 연결 기재 점검 결과를 발표했다.

이번 점검 결과 10곳 중 3곳은 우발채무 항목에 중요한 종속회사의 우발채무를 기록하

지 않았다. 조사 대상 기업 중 61%는 사업부별 종속회사 내역을 불충분하게 기재했다.

제재 현황 항목에 종속회사의 제재 내용을 기재하지 않은 사례도 18%에 이르렀다. 회사의 개요, 사업 내용, 우발채무, 제재 현황, 결산기 이후 발생한 주요 사항은 비재무사항에 속한다. 조사 대상 회사 중 5곳은 아예 비재무사항을 연결 기준으로 작성하지 않은 것으로 적발됐다.

금감원은 이들 5개사에 정정공시를 요구했다. 금감원은 29일까지 제출 예정인 반기보고서에서 이들 비재무사항의 연결 기재를 일제히 점검할 예정이다.

위의 기사에도 기술되듯이 연결재무제표를 작성할 때, 연결재무제표에서 비재무적인 사항도 포함되어야 한다. 그러나 재무제표 본문 또는 주석에 보고되는 대안이 미래의 발생 가능성에 의해서 결정된다면 이러한 내용에 대해서 감독기관이 공시가 잘못되었다고 적시하는 것은 쉬운 일은 아니다.

첫 신문기사(중앙선데이)의 소제목에 있는 내용과 같이 언제 얼마를 반영할지는 회사 자율이라는 내용도 이해하기 어렵다. 회계의 비교 가능성을 생각한다면 이렇게까지 회계가 자율에 맡겨져도 되는 것인지에 대한 생각을 해본다.

충당부채/우발채무에 대한 판단은 소송일 경우는 소송의 패소 가능성과 소송금액의 측정가능성으로 판단되는데 소송 결과에 대한 가능성은 변호사의 의견에 기초할 것이며 기업으로부터 이러한 법적 판단과 관련된 위촉을 받는 변호사가 기업이 원하지 않을 정도로 패소가능성이 높다고 판단할 경우는 높지 않다.

또한 1심 또는 2심에서 기업이 패소하였을 경우는 상고 중이라고 하여도 일단 1심이나 고등법원에서 패소하였기 때문에 이를 반영한 공시가 수행되어야 하는데 기업의 입장에서는 상급법원에서 승소할 가능성이 있어서 상고 중이며 그렇기 때문에 이러한 내용을 공시에서 누락하는 경우가 있다.

특히나 2심에서 1심 결과를 번복할 만한 명백한 증거가 없으면 법원의 판단(1심 결과)을 존중하여 충당부채로 반영하는 것이 타당하다. 이 내용이 정확히 다음의 금감원 질의회신에 있는 내용이다.

금감원 질의회신 [2006-010] "1심 패소결과의 충당부채 인식요건 충족여부"

항소중인 2심 재판의 결과가 충당부채의 인식요건을 충족하지 않을 것이라는 명백한 사유가 있는 경우가 아니라면 1심 패소결과에 따라 충당부채를 인식하는 것이 타당하며, 충당부채 또는 우발부채는 관련 내용을 주석으로 공시함. 관련 기준서는 구 K-GAAP 기준서 제17호 "충당부채와 우발부채 및 우발자산"

결과에 근거하여 소급하여 판단하는 것은 옳지 않지만 2심에서 항소심이 아예 기각된 경우가 있는데도, 자문변호사의 판단에 의해서 승소 가능성이 높다고 판단한 case도 있다. 이와 같이 기업을 위해서 법적 의견을 표명하는 법률전문가의 의견이 편향될 수 있다. 즉, 항소심이 인용되지 않고 기각된 경우는 법률전문가의 객관적인 판단에 의해서도 항소건에 해당하지 않는데 기업의 용역을 받은 변호사는 기업 측의 승소 가능성을 높게 추정한 경우이다.

변호사들은 정의의 편에서 법적인 판단을 수행하여야 하지만 이들도 당연히 경제적인 유인이 있다. 수년 전 모 대법원장이 현업의 변호사들은 사회정의를 위해서 일하는 것이 아니라 경제적인 이윤만을 추구한다는 언사를 공개적으로 하는 舌禍가 문제가 된 적이 있다.

이렇게 법정에서의 감정인의 판단도 경제적인 유인에 의해서 영향을 받을 수 있으므로 원고와 피고가 합의하여 감정인을 정하게 되며 이들에 대한 경제적인 보상도 원고와 피고가 같이 부담하면서 경제적인 유인을 전문가의 판단에서 배제하는 시도를 하기도 한다.

회계의 개념체계에서 보수주의의 개념이 신중성의 개념으로 변경되었다가, 완전히 폐지되게 되었지만 그 철학은 회계에 계속 남아 있게 된다. 예를 들어, 감액/손상차손을 인식하는 것이 그러하다. 그리고 우리는 지속적으로 이익을 상향 조정하는 것이 이익을 하향 조정하는 것보다 악의적이라고 판단하는 경향이 있는 듯하다. 회계에서 보수주의의 개념체계가 폐지되었으므로 이익의 상향/하향 조정은 모두 똑같이 옳지 않지만 회계 전문가들이 보수주의에 기초해서 교육을 받았기 때문에 이 양 방향성이 똑같이 부정적으로 인식되는 것은 아니다. 영업권의 가치도 평가에 의해서 높아질 수도 있을 듯한데 영업권에 대해서는 손상검사(impairment test)만 존재하지 영업권의 가치가 평가에 의해서 올라가는 것은 인정되지 않는다.

한국기업지배구조원에서 평가를 수행할 경우에도 여러가지 복잡한 건으로 기소가 되었을 경우에 이를 평가에 반영하여서 평점을 하향 조정해야 하는지도 이슈로 제기된다.

기소 이전 단계에서, 즉, 단순히 혐의가 있는 단계에서, 평점을 하향 조정한다 함은 '무죄추정의 원칙'을 위배하는 것일 수 있다. 기소가 안 될 수도 있으므로 일단, 지배구조평가에서 기소가 되는지는 확인되어야 한다.

분식회계 등으로 증권선물위원회의 유가증권 발행제한이나 과징금이라는 행정조치를 받은 경우라도 행정소송이 제기될 수 있으므로 조치가 증선위가 부과한 대로 집행될 수 있을지는 의문이 있다. 그럼에도 불구하고 기업지배구조원의 평가도 시의성이 있어야 하므로 행정기관(정부기관)의 조치에 대해서는 일단, 유효한 것으로 판단하여야 하지 사후적으로 행정소송 등이 제기될 것을 예측하여서 평가를 늦출 수는 없다.

행정소송이란 일단 행정 심판이 진행된 이후의 차후적인 법적 조치이므로 행정조치는 있는 그대로 유효한 조치라고 이해하여야 한다. 증권선물위원회의 조치가 검찰고발이나 검찰통보로 진행되는 경우가 있는데 이러한 조치를 검찰이 받아서 어떻게 진행할지는 검찰이 판단할 사안이고 행정부서의 조치는 일단 일단락된 것이다.

위와 같이 2심과 3심의 사법부의 판단이 완성된 것이 아니므로 충당부채를 계상하지 않는다는 것이나 사법부의 판단이 진행될 때까지는 행정부의 조치가 완료되었지만 아무런 조치를 취하지 말라는 것이나 동일하게 naive한 접근이다.

이는 공정거래위원회의 행정 조치도 동일하다. 나중에 행정소송이 진행되더라도, 정부 기관의 적법한 행정조치는 그대로 인정하여야 한다.

1심 판결 이전이라도 기소가 되는 내용이라면 기소 시점에 중요성을 고려하여 기업지배구조원의 등급을 조정하는 장점은 다음과 같다.

1. 시의성 있는 정보의 제공
2. 사건 발생 시점의 시의적절한 투자자 보호가 있으며

단점은, 무죄 판결시 당해연도 등급 회복 제한이 있다.

등급 조정 후 무죄로 판결될 경우, 조정된 당해 등급은 차년도가 오기 전 회복할 수 없다.

1심 등급 이후 등급 조정의 단점은 대형 이슈일수록 판결이 지연되는 경향이 있다. 이미 1급 법원에서 판정을 받은 소송 건에 대해서 대법원의 판단이 확정될 때까지 이를 미확정으로 남겨 두라는 것은 투자자에게 적시에 정보를 제공하여야 하는 시의성 차원에서 바람직하지 않다.

특히 등급 평가는 실시간 평가가 아니고 1년에 한 번 시행되는 것이라서 시의성이 문제가 되기도 한다. 즉, 1년에 한 번 시행되는 평가 시점에 이를 반영하지 않으면 이를 반영할 수 있는 기회를 놓치게 된다.

공정위의 과징금은 실질적으로 1심과 유사하고, 행정처분인 과태료에 대해서는 심판을 거쳐서 행정소송으로 가게 된다.

기업이 불법적인 일에 관여되었을 때, 한국거래소의 상장적격성 실질 심사는 다음과 같이 진행된다. 기업지배구조원의 평가가 언제 반영되어야 할지, 기업의 공시는 언제 되어야 하는 것인지 등과 관련되어 유사한 잣대가 될 수 있다.

임직원의 횡령 배임 혐의를 확인하거나 사실로 확인된 때, 즉, 기소가 되어서 공소장을 받았을 때 그 내용을 공시해야 할 임직원의 횡령 배임 혐의가 발생하였고 횡령 배임 금액이 일정 규모 이상이면 상장 적격성 실질 심사 대상이 된다.

이는 어떻게 보면 기업이 불법행위와 관련된 이슈가 제기될 때, 언제 이를 공시하여야 하는지에 대한 timing과도 연관된다.

기소를 하는 것은 검찰이 수행하는 절차이며 위법 사실에 대한 판단은 법원의 몫이지만 기소시점에서는 이미 확정은 되지 않았지만 어느 정도의 범법 사실이 알려진 것이므로 이를 한국거래소는 공시하도록 하는 것이다. 물론 이러한 공시도 무죄추정의 원칙에 위배된다는 주장을 할 수는 있지만 그럼에도 투자자보호나 시의적절한 공시라는 내용도 무죄추정의 원칙만큼이나 중요하다. 행정부의 적법한 행정조치는 그것으로 있는 그대로 인정되어야 한다. 물론, 행정부의 판단을 재단하는 사법부의 판단은 당연히 그로서 존중되어야 한다.

이러한 정책의 방향은 이러한 불법행위가 있었다는 것을 가능한 조속히 투자자들에게 알림으로서 일단 시장이 이 건을 판단하도록 하는 것이다. 이러한 불법행위가 소송으로 진행되어서 사법부의 판단이 내려질 때까지는 시간이 경과되므로 이를 일단 시장에 신호(signal)하는 것이다.

사법부의 판단이 남아 있다고 하면 이러한 내용까지 감안하여 기소가 되었다는 사실을 어떻게 해석할지에 대해서는 시장이 판단할 부분이며 공시나 평가는 시장에게 알리는 것으로 그 역할을 다하는 것이지 이 정보를 시장이 어떻게 해석할지에 대해서는 공시하거나 평가하는 기관이 우려할 부분이 아니다.

기업지배구조원의 평가 점수의 조정도 같은 의미가 존재한다면 일단, 이러한 불법행위에 대해서 지배구조점수에 반영하여 시장에 신호를 보내며 이를 시장이 수용하여 기업 가치평가에 반영하는지 여부는 시장이 판단할 사안이다. 적어도 정보 제공은 하여야 한다는 의미이다.

나중에 이 불법행위가 법원의 판단에 의해서 무죄로 판명된다고 하면 그 때 가서 시장은 이 건에 대해서 다시 평가하는 기회를 가질 것이다. 기업지배구조원의 입장에서는 기업이 기소될 때 이를 이미 등급에 반영한 것이므로 사법부의 판단에 의해서 무죄로 판결이 났을 경우에는 이에 대한 등급의 조정은 없다. 단, 사법부의 판단이 시장과 적절하게 공유되지 않는다면 기업 측의 불이익은 시간을 두고 회복될 수 있다.

그러나 공시 건과 기업지배구조원의 평가 건이 다른 것은 전자는 시장이 판단할 수 있도록 정보가 주어지는 것이고, 후자는 이러한 판단을 기업지배구조원이 평가점수의 조정을 통해서 시장에 추가적인 정보로 제공하는 것이다. 물론, 이러한 평가 결과가 기업의 valuation에 반영될지 여부는 또다시 시장이 판단할 것이다.

상장폐지실질심사와 매매거래정지와 관련되어서도 이러한 점이 문제로 대두된다. 즉, 어떠한 시점을 조치를 취해야 하는 시점으로 판단해야 할 것인가는 다음의 timing이 가능할 것이다. 또한 이러한 건이 알려지면서, 기업은 언제 공시를 해야 하는지도 매우 중요한 이슈이다.

즉, 다음과 같은 timing에 대해서 매매거래정지, 상장폐지실질심사, 공시, 등급조정 등의 사건여부가 결정되어야 한다.

1. 불법행위의 '가능성'을 기업이 인지할 때
2. 행정기관에 의해서 행정조치를 받을 때(공정거래위원회의 과징금, 금융위

원회의 과징금이나 유가증권발행제한 등, 분식회계의 검찰통보, 검찰고발 등)

3. 검찰에 의해서 기소될 때(또는 구형될 때)

4. 사법부에 의해서 유죄로 확정될 때(1심, 2심 또는 3심)

때로는 대법원으로 가는 3심의 경우는 1심부터 10년이 걸리는 경우도 있을 수 있다.

조선일보. 2012.2.4. ─────────────────────────────────

한화 지주회사 주식거래 정지

김승연 회장 주식 저가 매각 업무상 배임혐의 관련 상장폐지 심사 대상 여부 검토

한화그룹의 지주회사 격인 (주)한화 주식이 당분간 거래 정지된다. 한국거래소는 3일 "(주)한화가 주요 임원인 김승연회장과 남영선사장 등의 업무상 배임 혐의가 발생했다고 공시함에 따라 상장폐지 실질심사 대상에 해당하는지 여부를 검토하기 위해 6일부터 매매거래를 정지한다"고 밝혔다. 10대 그룹 계열사 중 대주주의 배임 혐의로 주식이 거래 정지되는 것은 이번이 처음이다.

지난 2일 서울서부지법에서 열린 김 회장 결심 공판에서 검찰은 배임 혐의가 있다며 김승연 회장에게 징역 9년, 벌금 1,500억원을 구형했고, 3일 한화는 이를 증시에 공고했다. 검찰이 밝힌 배임 금액은 899억원으로 자기자본(2조 3,183억원)의 3.9%에 달해 이 비율이 2.5%가 넘게 되면 상장폐지 심사를 받는다는 규정의 적용을 받게 된 것이다.

상장폐지 여부가 결정되기 전까지는 매매거래가 중단된다. 그러나 거래소 서영완공시팀장은 "최대한 빠른 시일 내에 상장폐지 여부를 결정하겠다"고 밝혀 매매거래 정지가 하루 이틀로 끝날 수도 있다.

한화 측은 "검찰이 배임 혐의로 기소를 했고 구형만 했을 뿐 혐의 내용이 확정된 것은 아니다"라며 "실질심사에서 주식거래에 지장이 없도록 소명하겠다"고 밝혔다. 거래소 서영완팀장은 "대주주 배임의 결과가 회사의 재무구조에 큰 악 영향을 미치지 않는다면 상장폐지까지 가지는 않을 것"이라고 말했다. 대주주가 횡령 배임 행위로 기소됐던 마니커, 보해양조 등 다른 기업들도 주식거래가 일시 정지되긴 했지만, 상장폐지 되지는 않았었다.

예전에도 재벌 오너들이 배임이나 횡령 혐의로 기소된 적이 있지만, 구형 단계에서 해

당 기업이 상장폐지 심사를 받은 일은 없었다. 그러나 2009년부터 대주주의 배임 횡령 혐의 판결이 나오면 상장폐지 심사를 할 수 있게 됐고, 2011년 4월부터는 확정 판결이 아니라 대주주의 횡령 배임 <u>공시만</u> 나와도 상장폐지 심사를 할 수 있게 됨에 따라 대기업으로서는 한화가 첫 적용을 받게 된 것이다.

조선일보. 2012.2.6. ────────────────────
"일부에선 기소만 돼고 상장폐지 심사… 제도 자체에 문제"

2009년 2월 이전까지는 대주주의 횡령 배임 혐의 때문에 상장폐지 여부를 심사한다는 규정 자체가 없었다. 거래소는 2009년 2월 해당 규정을 신설했고, 횡령 배임 등의 혐의로 법원의 확정 판결을 받은 상장사는 상장폐지 실질심사를 통해 상장유지 적격 여부를 심사받게 됐다. 지난해 4월부터는 <u>확정 판결이 아니라 기소나 구형 단계라도</u> 상장폐지 실질 심사를 할 수 있도록 규정이 강화됐다.

이 내용은 사법부의 판단이 수행되기 전에 주주의 부의 가치에 엄청난 영향을 미치는 상장폐지 의사결정을 공시 내용만 갖고도 내릴 수 있다고 해서 법적 완전성에 의문을 제기할 수 있다. 이러한 정책 방향의 단점은 기소나 구형 단계에서 상장폐지실질심사가 진행될 수 있고 실제로 상폐가 될 수 있다고 하면 사후적으로 무죄로 귀결된다면 상폐된 기업의 판단에 대한 책임을 누구에게 있는지에 대한 답도 해야 한다.

미국의 엔론사태 때, 아더앤더슨이 청산이 되었고 사후적으로 청산이 될 정도의 잘못은 아닌 것으로 판단되었지만 이미 파산된 회계법인에 대해서는 이를 소급 조치할 수 없어서 성급한 징계나 조치에 대한 경종을 울린 바 있다. 대우조선해양에 대해서도 안진이 조직적으로 개입하였다고 하여 영업정지조치를 받았지만 행정법원은 조직적개입은 없었다고 판단하면서 행정조치가 안진회계법인에게는 돌이킬 수 없는 피해를 준 결과가 초래되었다.[1]

위의 신문 기사의 비판대로 기소나 구형 단계에서도 실질심사를 할 수 있

---

1) chapter 31에서 상세히 설명된다.

는 제도가 너무 전향적인 제도이며 이와 같은 단계에서 실질심사를 수행한다는 것이 매우 성급한 절차라고 하면 규정 자체를 변경하여야 할 것이다.

　　국민연금은 횡령 배임 등의 혐의로 1심에서 유죄 판결을 받은 이사와 감사에 대해 연임에 반대하기로 했다. 1심 판결이 나오기 전이라도 주주가치를 침해한 객관적 사실이 인정되면(차명계좌 등) 기소시점부터 반대의결권을 행사하기로 했다(매일경제신문. 2012.3.22, 한국경제신문. 2012.3.22.).

　　따라서 이러한 매매거래정지, 상장폐지실질심사, 공시, 신용평가, 의결권 행사 등을 판단하는 사건이 기소(구형)인지, 사법부의 판단인지 등에 대해서 제도권이 고민해야 한다.

조선일보. 2012.2.7. ──────────────────────────

대주주 횡령 배임 혐의로 기소되면 상장폐지 심사 대상되는 규정 유지

　　이번 사건은 상장기업의 대주주가 횡령 배임 혐의로 기소만 되더라도 상장폐지 심사 대상이 된다는 규정 때문에 비롯됐다. 금융위원회와 거래소는 지난해 4월 이런 규정을 신설했는데, 판결이 나오기 전에 기소 단계에서 거래를 중단시키고 상장폐지 심사를 할 수 있게 했다.

　　이에 대해 재계나 법조계 일각에서는 "무죄 추정의 원칙에 어긋나고 기업에 과도한 부담을 준다"고 심사를 할 수 없게 했다.

　　금융위는 그러나 투자자를 보호하기 위해서는 불가피한 보호 장치라며 반박하고 있다. 금융위 관계자는 "코스닥 시장에서 대주주의 횡령 배임 사건이 자주 발생해 투자자들의 피해가 잇따르면서 관련 규정을 만들었다"고 말했다. 횡령 배임 범죄가 대법원에서 유죄가 확정될 때까지 3~4년씩 걸리는 경우도 많기 때문에 신속한 조치를 취하지 않으면 피해가 구제되기 어렵다는 것이다.

　　금융위는 한화 사태에 대해 재벌 계열사의 대주주가 기소됐다고 공시된 데다, 거래소가 오락가락한 대응을 보여 혼란을 야기했을 뿐 제도 자체에는 문제가 없다는 입장이다. 한화 측이 김승연회장이 기소된지 1년이나 지나 기소됐다고 공시했고, 한국거래소는 뒤늦게 이런 공시에 따라 한화 주식이 거래중지 대상이 된다고 발표했다가 이틀만에 취소하면서 혼란을 부추겼다는 것이다.

결국은 시의성(timeliness)의 이슈이다. 증권시장에 있어서는 분초를 다투면서 투자의사결정이 수행되므로 확정된 건이 아니라고 해도 일단 사후에 진행되는 다른 기업환경의 변화에 따라서 계획이 변경되더라도 일단은 현재 진행형으로 사건이 존재한다는 것을 표시하게 된다.

수시공시에서도 항상 동시에 추구하지만 상충되는 두 가지의 가치가 신속성과 정확성이다. 너무 신속성을 강조하다 보면 정확하지 않은 정보를 공시하게 되며 너무 정확성을 중요시하면 신속성에서 뒤지는 정보를 공시하게 된다.

또한 어떻게 보면 Type I error, Type II error의 이슈이다. 즉, 확정되지 않았다고 해서 action을 취하지 않음으로 인해서 얻고/잃는 것과, 확정되지는 않았지만 공시함으로 인해서 얻고 잃는 것을 비교해야 한다.

만약, 이미 검찰에서 공소장을 발부했다는 것은 어느 정도 혐의가 있는 것이고, 이러한 혐의가 근거 없는 잘못된 혐의라고 하여도 일단 알리고자 한다. 합법적인 정부기관의 행정행위에 대해서는 어느 정도 신뢰하여 조치를 취해도 문제 될 것이 없다.

여기에서 관여될 가능한 error를 생각해 본다.

혐의가 없음에도 해당 기업에 대해서 혐의가 있는 것으로 판단하여서 평가기관의 평가, 매매거래정지, 상장폐지실질심사, 국민연금의 의결권 반대가 진행된다며 이 중에서 가장 심각한 오류는 상장폐지실질심사일 듯하다. 즉, 사후적으로 무혐의로 판명되었는데 상장폐지가 된다고 하면 상당한 파문이 있는 것이다. 그렇지 않은 경우, 혐의가 없음에도 매매거래정지가 된다거나, 의결권 반대로 인하여 기업이 희망하는 이사가 선임되지 못하거나 기업지배구조원 등의 ESG 평가에서 부정적인 평가를 받는 것은 상장폐지만큼의 충격은 아니다. 매매거래정지가 기업에게 상징적인 피해를 주기는 하지만 실질적인 피해를 주는 것인지에 대한 의문도 있다.

매매거래정지도 그렇고 공매도에 과열종목 지정으로 인한 하루간의 매매거래정지도 거래소의 차원에서는 숨고르기를 하자는 의도인데, 어차피 거래가 재개될 것이므로 효과적인 penalty인지, 또는 매매거래정지가 상징적인 의미는 있지만 실질적인 penalty이기는 한 것인지에 대한 의문이 있다.

반대 방향의 오류도 존재하는데 이 오류는 혐의가 있음에도 혐의가 없는 것으로 오분류하는 오류이다. 혐의가 없는 것으로 판단되므로 의결권을 반대하지 않으니 문제가 있는 이사가 선임될 것이며, 매매거래정지하지도 않으니 문제가 있는 기업이 문제가 없는 듯이 거래가 진행될 것이며, 상폐실질심사를 하지도 않으니 문제가 있는 기업이 상장폐지 되지도 않을 것이며, 또한 ESG 평가에서 부정적인 평가도 하지 않을 것이므로 문제가 있는 기업이 부정적인 평가를 받지도 않을 것이다.

이러한 오분류의 cost가 이전과 같은 오분류의 cost와 비교하여 오분류 비용이 낮은 방향으로 의사결정이 수행되어야 한다. 기대되는 오분류 비용은 오분류가 발생할 확률과 오분류 비용의 교집합이다.

즉, 사회 현상에서의 모든 의사결정은 risk를 최소화하는 결정이어야 한다.

매경이코노미. 2012.2.15. ─────────────────
한국거래소 직무유기 비난 빗발

대기업의 경우 자기자본금액 대비 2.5% 이상 넘는 금액(대기업이 아닌 경우는 5%)과 관련해 횡령 배임 혐의가 불거지면 의무적으로 공시해야 한다. 김회장 등의 횡령 배임 혐의 금액은 899억원, 한화의 2009년말 자기자본 대비 3.88%에 해당하는 만큼 공시 대상이다. 공시 시기는 '해당 사실을 인지한 직후'다. 한화는 해당 사실을 언제 인지했을까? 2011년 1월 30일 각 언론지상에 '김승연 한화그룹 회장이 횡령, 배임 등의 혐의로 기소된다'는 내용의 기사가 일제히 실렸다. 백번 양보해도 한화가 수사받는 단계에서는 정확한 내용을 몰랐다 해도 적어도 김회장이 기소가 되고 공소장을 받은 이후에는 정확한 사실을 알 수밖에 없다. 검찰이 공소장을 보낸 것은 지난해 2월 10일로 알려졌다.

그런데 왜 공시가 안 됐을까? 공시가 돼야 하는 사항을 기업이 공시하지 않으면 거래소는 조회공시를 요구한다. 한국거래소 측은 "'기소가 된다'는 내용이 알려진 1월 30일 담당자가 한화 측에 전화를 걸었다"고 얘기한다.

"연락을 했는데 '아직 공소장을 받지 못해 정확한 사실을 모르겠다'고 답했다. 공소장을 받으면 바로 공시하라고 했다. 그 다음엔 챙기지 못했다.

이후 한화는 무려 1년 넘게 공시를 안하고 버티는 수를 쓴다. 아이러니하게도 꼼수를 부리던 한화는 오히려 꼼수 때문에 더욱 곤란해지는 지경에 처했다.

지난해 4월1일 관련 법이 개정됐다. 이전에는 횡령 배임 혐의가 있을 경우 공시만 하면

<u>됐다.</u> 법 개정 이후로는 횡령 배임 혐의가 있는 기업은 당장 매매거래정지를 시키고 상장 폐지심사를 하는 식으로 시스템이 바뀌었다. 한화가 공소장을 받은 지난해 2월에만 공시를 했어도 그저 공시만 하면 끝이었다. 4월 1일 법이 개정된다는 소식이 알려지면서 공시를 안 하고 버티던 기업 상당수가 털고 가겠다며 3월에 공시를 하기도 했다. 10대 그룹사 한화가 이런 사정을 몰랐을 일 없다. 그러나 한화는 이때도 '공시하지 않는' 전략을 고수한다.

기업지배구조원의 등급위원회에서는 다음과 같은 논의도 있었다. 기업 임원의 배임 횡령 등의 범법이 있을 경우는 등급에서 감점을 받게 되는데 한 특정 기업 임원의 배임/횡령 건의 경우는 회사의 고발에 의해서 범법이 발견되었다.

기업지배구조원 실무자의 경우는 이 건이 회사의 고발에 의해서 범법이 지적된 것이므로 이는 감점 요인이 아니라고 판단을 하였지만 등급위원회에서의 판단은 이 임원의 선임이 주주의 의사결정이었으며 주주로부터 경영의사결정 과정에 위임을 받은 임원이 범법을 수행한 것이 아무리 속인(屬人)적인 내용이기는 하지만 등기임원의 행위를 회사와 분리한다는 것이 어렵기 때문에 감점의 대상이 되어야 한다는 의견이 제시되기도 하였다.

chapter 06 | 징벌적 손해보상 제도

한국경제신문. 2017.5.30. ―――――――――――――
'징벌적 손해배상제' 속도내는 정부… 해외에선 신중

실제 야기한 손해보다 더 많은 배상을 피해자에게 주도록 강제하는 '징벌적 손해배상 제'가 국내법에 속속 녹아들고 있다. 새 정부 인수위격인 국정기획위자문위원회는 지난 26일 대규모유통입법에 징벌적 손해배상을 도입하겠다고 밝혔다. 성사되면 국내 여덟 번째 도입이다.

한국경제신문이 징벌적 손해배상제 도입 현황을 분석한 결과 '대륙법체계' 내에서는 우리나라가 가장 속도를 내고 있는 것으로 나타났다. 독일, 프랑스, 일본 등 한국과 같은 대륙법 체계 국가들은 징벌적 손해배상제 적용을 하지 않고 있다. '징벌'이라는 형사적 요소가 민사에 포함되면 법체계가 흔들린다는 이유에서다. 이 제도를 도입한 영미법 국가에서도 법 적용에 엄격한 제한이 가해지고 있다. 징벌적 손해배상제가 어디까지 확대될지 재계의 우려가 커지는 이유다.

• 현 법체계와 충돌 가능성은

도입 방식은 크게 두 가지다. 하나는 민법의 기본 원칙을 변경하려는 급진적인 방식이다. 영미법 일부 국가가 해당된다. 손해액만큼 배상한나는 '신보석 손해배상제'를 '징벌적 손해배상'으로 전환하는 방식이다. 다른 하나는 한국에서처럼 특정한 법률에 녹여 넣은 방식이다.

한국 최초의 징벌적 손해배상제는 2011년 3월 '하도급법'에 도입됐다. 원사업자가 하도급업자에게 기술 자료 제공 등을 요구해 손해를 끼치면 손해액의 최대 세 배를 배상토록 했다. 당시 법무부와 공정거래위원회는 도입에 반대했다. "우리 법체계상 적절치 않다" "민법상 실손해액 배상주의 원칙에 어긋난다" "소송 남용 우려가 있다"는 등의 이유에서였다.

하지만 국민의 법감정에 부합한다는 이유로 기간제법, 신용보호법, 개인정보보호법, 정통망법, 대리점법 등에 순차적으로 도입됐다. 지난 4월 도입한 제조물책임법은 제조사 전체가 대상이라 법 적용 범위도 한결 넓어졌다. 가습기 살균제 사건이 단초가 됐다. 김현 대한변호사협회 회장 등이 '징벌적 손해 배상을 지지하는 변호사 교수 모임' 등을 이끌며 제도 도입에 앞장선 결과다. 김회장은 "기업들의 고의적 불법행위에 제동을 걸 수 있는 유용한 법"이라며 "영미법 체계가 한국 법 곳곳에도 많이 녹아든 만큼 고의성 등을 엄격히 판단하면 무리가 없다"고 설명했다.

• '이중 처벌 우려' 영미법계에서도 제한

하지만 근본적인 문제는 여전하다. '징벌'이라는 형사적 요소를 민사에 도입했을 때 형사와 민사를 엄격히 구분하는 법체계가 흔들릴 수밖에 없다. 형사로 처벌할 것을 민사로 처벌하는 '이중처벌'이 될 수 있다. 독일, 일본, 프랑스 등도 이런 이유로 징벌적 손해배상제를 도입하지 않고 있다.

게다가 국내법에는 과징금 부과 등의 행정처분에도 징벌적 요소가 들어 있다. 예컨대 하도급법에서는 하도급 대금의 두 배까지 과징금을 문다. 신용정보법에서는 금융위원회가 매출의 100분의 3 이하에 해당하는 금액을 50억원 한도 내에서 과징금으로 부과한다. 다른 법도 형사처벌이 따라 붙는다. 이중 처벌이며 과잉 금지 원칙에 어긋난다는 문제 제기가 나오는 배경이다.

미국도 이런 점을 경계해 배상액을 정할 때 형사처벌 수위를 적극 고려한다. 캐나다, 호주, 뉴질랜드 등은 아예 형사처벌과 징벌적 손해배상을 동시에 하지 못하도록 정하고 있다.

• 판사와 규제당국의 힘 막강해 질 것

위헌 시비 가능성도 점쳐진다. 한 법학전문대학원 민법 교수는 "손해액만큼 배상한다는 게 민법의 기본 원칙"이라며 "어느 법까지 징벌적 손해배상제를 확대해야 할지에 대한 사회적 합의가 없어 위헌 시비에 휘말릴 가능성도 크다"고 우려했다. 결국 줄소송을 불러 대형 로펌만 배불릴 것이란 관측도 나온다. 대형 로펌 공정거래팀 소속 변호사는 "징벌적 손해배상제 도입 확대는 로펌에는 미래 일거리"라며 "판사 개입의 판단이 크게 작용하므로 전관이 더 예우받고, 이를 총괄하는 공정거래위원회 등 규제 당국도 막강한 힘을 갖게 될 것"이라고 지적했다.

위의 신문기사에서의 국민의 법감정에 부합한다는 이유라는 것이 흔히 국민정서법이라고 얘기하는 것이다. 그러나 법은 감정이 아니다. 법은 이성이어야 하는데 감정이나 정서에 부합한다는 것은 매우 위험한 것이다.

한국경제신문. 2017.8.3. ────────
"징벌적 손해배상액 '최대 3배'서 '무조건 3배'로"

김상조 공정거래위원장은 "조만간 하도급 거래 정상화 대책 중 하나로 대기업의 중소기업 기술유용행위 근절 대책을 발표하겠다"고 밝혔다. 또 "이른 시일 내에 CJ 롯데 등 유통 대기업 총수들과 만나기로 했다"고 말했다.

김위원장은 13일 정부세종청사에서 '유통 분야 불공정거래 근절 대책' 발표와 관련한 기자간담회를 열고 "공정위가 이달에 준비한 것이 아직 많이 남았다"며 이같이 말했다. 그는 "하도급은 중소기업 발전에 가장 큰 애로요인으로 지적되고 있다"며 "대기업의 기술 유용과 탈취 등 하도급 대책을 이달부터 나눠서 발표할 계획"이라고 설명했다.

'유통 대기업집단을 접촉할 계획이 있느냐'는 질문에 "적절한 기회에 만날 것"이라고 답했다. 김위원장은 "청와대-기업 미팅에 CJ 신세계 롯데도 참석했다"며 "길게 얘기 나눌 시간은 없었지만 (문대통령이) 그 자리에서 유통업에 대해 상생을 위한 당부의 말씀을 하기도 했다"고 말했다.

김위원장은 또 "반사회적 의미를 가지는 행위에는 징벌적 손해 배상의 배수를 올리거나 3배를 못박는 방식의 개선이 필요하다고 본다"고 말했다. 그는 "한국의 징벌적 손해배상제는 3배 이내에서 배상을 청구할 수 있도록 돼 있다"며 "미국은 손해액의 3배를 자동으로 의무 배상하도록 하고 있는 반면 한국 법원은 손해액 인정에 매우 보수적이다 보니 '최대 3배'로 정해 놓으면 3배 집행이 어렵다"고 설명했다. 김 위원장은 "(3배 배상에 대해서는) 법 집행체계 개선 TF에서 논의하고 있다"고 말했다.

분식회계에 대해서도 과징금을 지속적으로 올리고 있다. 과거에는 회계법인에 대한 과징금이 최대 20억원이었고 또한 건수별로 과징금을 부과하지 못하였으나 이제는 건수별로 부과하고 있으며 개정된 외감법에 의하면 다음의 경우들도 매우 강한 조치이다. 물론, 별도로 징벌적 손해배상이라는 표현을 사용하지는 않지만 내용적으로는 그러하다. 2018년 5월 불거진 삼성바이오로직스의 분식회계 건에 대해서는 금감원이 회사에 발송한 사전 조치 통지서에 의하면 과징금을 60억원으로 통지되었다가 재감리 과정에서 80억원으로 상향 조정되었다.

5조 분식이라는 대우조선해양에 대해서도 과징금 금액은 45억원에 그쳐서 기업에 실질적인 penalty가 되지 못한다는 비판도 있다.

개정내용: 외감법 제35조/제36조
고의 또는 중대한 과실인 경우 과징금 부과
분식회계 회사: 분식회계 금액의 20% 이내
회사 임원, 담당자: 회사에 대한 과징금의 10% 이내
부실감사 감사인: 감사보수의 5배 이내

분식을 범한 회계에 대한 과징금이 분식 금액의 20%라는 것은, 최근의 대우조선해양의 5조 분식 건에 대입해 본다면 1조원이라는 천문학적인 과징금이 되며 회사의 임원과 담당자도 1,000억원이라고는 엄청난 금액을 개인이 책임을 져야 한다.

한국경제신문. 2016.7.8. ─────────────────────────
분식회계 기업에 수백억 과징금 물린다
금융위, 과징금 건별로 부과키로

앞으로 분식회계를 한 기업이나 주식 관련 미공개 정보를 이용해 시장질서교란 행위를 한 개인은 최대 수백억 원의 과징금을 내게 한다.
금융위원회는 지난 6일 정례회의에서 과징금 부과 방식을 '건별 부과'로 바꾸는 내용

의 '자본시장조사 업무규정 일부 개정'을 의결했다. 개정된 규정은 다음 주부터 시행된다.

기존에는 여러 위반행위를 하나로 묶어 과징금을 물리기 때문에 오랜 기간 분식 회계를 해 온 기업도 최대 20억원의 과징금이 부과됐다. 개정 규정에 따라 허위공시에 대해 건별로 과징금을 물리면 규모가 최대 수백억 원대까지 늘어날 수 있다.

2012~2013년 3,896억 원의 분식이 판명된 대우건설이나 1999년 이후 2013년까지 8,900억 원을 과대 계상한 효성의 과징금 액수는 20억 원으로 같았다.

하지만 앞으로 공시종류, 제출시기 등에 따라 건별로 과징금을 물리면 상한선이 폐지되는 효과가 있다. 지분공시 위반 등 모든 공시위반 행위와 지난해 도입된 시장 질서교란 행위도 같은 기준에 따라 건별로 과징금이 부과된다.

헌법 제37조 제2항은 다음과 같이 적고 있다.

국민의 모든 자유와 권리는 국가안전보장·질서유지 또는 공공복리를 위하여 필요한 경우에 한하여 법률로써 제한할 수 있으며, 제한하는 경우에도 자유와 권리의 본질적인 내용을 침해할 수 없다.

이는 법학자들이 과잉금지의 원칙(과잉입법금지의 원칙)이라고 정의하는 내용으로, 행정청이 필요 이상으로 과도하게 사적자치 등을 제한하는 행위를 금지한다는 원칙인데, 법문은 '필요한 경우에 한하여' 법률로써 기본권을 제한할 수 있다고 표현하고 있다. 필요한 경우라는 것이 너무 애매하긴 하다.

과도하게 추진되는 징벌적 손해배상 제도가 국민들에게 '과잉금지의 원칙'에 위배될 정도의 과도한 부담을 주는 것은 아닌지에 대한 고민을 하게 된다.

권재열(2017)은 징벌적손해보상제도에 대해서 다음과 같은 주장을 한다.

형사적으로 해결하여야 하는 이슈를 민사적으로 해결하려는 주장인데 미국이나 영국의 경우는 형사와 민사가 혼합되어 있어서 가능한데 우리의 법체계에서는 너무 과도하다는 판단이다.

미국은 배상할 자의 경제적인 능력에 따라 배상이 달라지므로 가능한데, 우리 같은 대륙법 체계에서는 맞지 않다. 소송 과잉 사회가 될 수 있다는 우려도 있다.

섀도보팅은 일반적인 기업기배구조와 관련된 제도이기는 하지만 감사/감사위원의 선임에 있어서도 매우 중요한 제도이므로 상세히 기술한다.

한국경제신문. 2017.8.17. ─────────────────
섀도보팅, 언제까지 땜질 처방만 할 것인가

섀도보팅의 법정 존속시한이 다가오고 있다. 주주총회에 출석한 주주의 의결 내용에 비례해 불출석한 주주도 주총에 참석해 투표한 것으로 간주해 의결정족수 성립을 인정하는 제도다. 주총결의 안건이 가결되려면 보통결의는 발행주식 총수의 4분의 1, 특별결의는 3분의 1에 해당하는 의결권을 가진 주주가 찬성해야 한다. 주식이 널리 분산된 대규모 상장회사에선 이 요건을 갖추는 것도 사실상 불가한 경우가 많다. 그래서 1991년 자본시장법에 이 제도가 도입됐다.

그러나 섀도보팅을 이용해 손쉽게 정족수를 확보할 수 있으므로 기업이 소액주주를 무시하고 주총 참석을 독려하지 않으며, 총회가 점점 유명무실해지는 파행이 나타난다는 지적이 나왔다. 당국은 2015년 이 제도를 폐지하기로 했다. 다만 너무 갑작스러운 폐지는 혼란의 여지가 있으므로 전자투표 및 전자위임장 권유 시스템 정비 등을 기다려 폐지를 2년 유예했다. 그 시한이 올해 말이다. 하지만 그동안 달라진 게 아무것도 없다. 앞으로 5개월 안에 대책을 마련하지 않으면 내년에 정족수 미달로 주총 성립이 불가능해지고, 감사(감사위원)를 선임할 수 없는 상장회사가 전체의 33% 정도일 것으로 추정된다. 또다시 폐지를 유예해야만 할 실정이다.

근본 원인은 결의 성립 요건이 현실과 맞지 않기 때문이다. 과반 출석(의사정족수)에 과반 찬성(의결정족수) 요건이 전통적인 방식이다. 그러나 주총처럼 회원수가 많은 경우에 이런 요건은 충족할 수 없다.

그래서 한국이 현재 시행하는 것처럼 발행주식 총수의 4분의 1과 특별결의는 발행주식 총수의 3분의 1로 각각 완화했지만, 이 정도로 해결되지 않는 것이 문제다. 전자투표는 주주 참여율이 미미해 실효성이 없다.

많은 국가에서 그러하듯 단순히 출석 의결권의 과반수로 가결하도록 하는 것이 옳다. 이사 선임 요건인 보통결의를 본다면 의사정족수는 미국의 많은 주가 부속 정관 (by-law)에서 과반수보다 완화할 수 있도록 하고 있다. 델라웨어주 회사법도 정관에서 의결권의 3분의 1 이상으로 정하도록 해 요건이 까다롭지만 미국 증권거래위원회(SEC) 가 Broker Non-Votes 제도를 운영해 보완하고 있다. 일본도 정관을 변경해 정족수 요 건을 폐지할 수 있도록 했다. 영국은 2명만 출석하면 총회가 성립하며 단순 다수결로 결 정하고, 프랑스는 5분의 1까지 완화할 수 있다. 독일, 스위스, 중국, 스웨덴, 네덜란드도 의사정족수 요건은 없고 투표한 의결권의 단순 다수결로 결의한다.

전통적 결의 제도의 문제를 출석하지 않는 자의 의사를 지나치게 왜곡 해석한 것이다. 총회에 불참한 주주는 기권으로 봐야 한다. 그런데 실제로는 안건에 반대한 것과 같이 취급된다. 출석의 가치나 적극적인 의사표시의 가치는 무시되는 반면 불출석자의 의사는 과대평가된다. 출석하지 않은 주주 때문에 적극적으로 출석하고 의결권을 행사한 주주의 의사가 무시당하는 것이 정의라고 할 수 없다. 법률이 정한 소집 통지 절차를 완수하고 연중 가장 중요한 행사를 성의껏 준비했는데도 오지 않는 주주를 더 어떻게 해야 한다는 말인가. 발행주식 총수 요건을 폐지하고 출석한 의결권의 과반수로 가결되도록 조속히 상법을 개정해야 한다.

과거의 「상법」에는 주주총회 결의방법은 일반 회의체의 결의방법과 같이 발행주식총수의 과반수 이상 출석을 의사정족수로 총회성립요건으로 규정하 고, 출석주식수의 과반수(보통결의) 또는 2/3 이상(특별결의) 찬성으로 결의하도 록 규정하였다. 그러나 주식소유가 분산된 주식회사의 특성상 대규모 주식회 사가 의사정족수를 확보하기는 쉽지 않아 1995년 개정 상법에서는 의사정족 수 요건을 삭제했다. 그리고 주주총회총회 결의의 대표성을 확보하기 위해 발 행주식총수의 일정비율 이상이 반드시 찬성할 것으로 요건을 규정했다. 즉, 보 통결의는 발행주식총수의 1/4 이상 찬성과 출석주식수의 과반수 찬성, 그리고 특별결의는 발행주식 총수의 1/3 이상 찬성과 출석주식수의 2/3 이상 찬성으

<u>로 결의하도록 했다</u>(상법 제368조 제1항).

조선일보 2017.11.27. ────────────────────────
의결권 빌려주는 '그림자 투표' 연말 폐지… 상장사들 "주총 어쩌나"

올해 말 폐지를 앞두고 있는 그림자 투표 (shadow voting)가 논란이 되고 있습니다. 아무런 보완 장치 없이 없어지면 상장된 주식회사의 약 절반이 이사와 감사를 뽑지 못하는 황당한 결과가 나타날 수도 있기 때문입니다. 정부와 국회 등은 대안을 마련하겠다고 밝혔지만, 상당수 상장회사가 내년부터 큰 혼란을 겪을 것으로 보입니다.

그림자 투표는 상장회사에만 적용되는 법률인 '자본시장과 금융투자업에 관한 법률'(자본시장법)에 규정돼 있는 제도입니다. 주주총회에서 의결정족수를 채우지 못한 상장회사들이 주주총회의 원활한 진행을 위해 한국예탁결제원에 주주총회 안건별로 신청하면 예탁원이 의결정족수에 달할 만큼 찬반이 표시되지 않은 중립적인 의결권 수를 빌려 주는 제도입니다.

• 상장사 일반 주총 결의는 주주 25% 이상 찬성해

보통 모임에서 어떤 결정하려면 '의사정족수'와 '의결정족수'를 충족해야 합니다. 의사정족수란 전체 회원 중 일정 비율 이상의 사람이 출석해야 한다는 요건입니다. 의결정족수는 그 출석한 사람 중에 일정한 비율 이상의 사람이 찬성해야 한다는 겁니다.

예를 들어 친구 10명이 친목회를 만들고 지금까지 한 달에 1만원의 회비를 거뒀다고 생각해 보겠습니다. 내년부터는 '월 2만원의 회비를 걷자'는 결정을 하고 싶다면, 적어도 절반 이상인 10명 중 5명 이상이 모여 논의하도록 규칙을 정했습니다. 이 경우 5명이 '의사정족수'입니다. 5명이 모인 다음에는 적어도 그중 반수 이상인 3명이 안건에 찬성해야 합니다. 이 3명이 '의결정족수'가 됩니다. 그러나 보통 모임은 이렇게 엄격하게 하지 않고 출석한 사람의 과반수 정도가 찬성하면 가결된 것으로 보는 경우가 많죠. 출석하지 않은 사람은 결과에 대하여 위임한 것으로 보기 때문입니다.

친목 모임과는 달리 주주들이 모이는 주주총회는 엄격하게 진행하도록 상법에 규정돼 있습니다. 총회 결의는 주주의 재산이 걸린 문제인데, 특히 힘없는 소액주주를 보호할 필요가 있기 때문입니다. 소액주주가 보호돼야 일반 국민도 기업에 투자할 수 있습니다. 주주총회에서 이사와 감사의 선임, 사업보고서와 재무제표 승인 등을 합니다. 필요한 보통 결의를 하려면 의결정족수로서 '발행주식 총수의 4분의 1 이상'과 동시에 '출석 의결권의 과반수'가 찬성해야 합니다. 회사의 합병, 정관 변경 등은 특별결의를 해야 합니다. 이 특별 결의 요건은 '발행 주식 총수의 3분의 1 이상이 출석'하고 '출석한 의결권의 3분의 2'가 찬성해야 합니다.

그런데 오늘날 대부분의 상장회사의 발행주식 총수는 수천만 주 또는 수억 주입니다. 대주주가 25% 이상의 주식을 가지고 있으면 그 대주주 혼자 출석해야 결의가 성립되므로 문제가 없습니다. 그러나 대주주가 없는 기업에서는 발행주식 총수의 25%가 출석하는 것이 현실적으로 불가능한 경우가 많습니다. 성원 미달로 총회가 성립되지 않아 이사와 감사를 선임하지 못하면 상장폐지 사유가 됩니다. 그래서 임시변통으로 만들어진 제도가 그림자투표제도입니다. 총발행주식이 100주인 회사에서 이사와 감사를 선임하는데 10주가 출석해서 찬반이 6대 4로 갈렸다고 가정해보겠습니다. 100주의 4분인 1인 25주가 출석해야 가결되므로 15주가 부족합니다. 부족한 15주를 예탁원이 찬반 9대 6의 비율로 빌려주면, 15대 10으로 안건이 가결됩니다. 이때 예탁원이 빌려주는 찬반 9대 6 투표가 그림자 투표입니다. 이 제도는 1991년에 도입되었습니다. 2016년도 정기총회에서도 조사에 응답한 662개 상장회사 중 314개 회사, 47.4%가 이 제도를 이용했다고 답했습니다.

• '소액주주 무시' 지적에 올해 말 폐지

이 제도는 회사에는 편리하지만 이를 믿고 기업에 소액주주를 무시하고 주총 참석을 독려하지도 않는 폐단이 생겼습니다. 주주총회가 점점 유명무실해졌죠. 그리고 이 제도는 세계 어느 나라에도 없고 한국에만 있는 제도입니다. 이에 금융위원회는 2017년 12월 말일자로 이 제도를 폐지하기로 결정했습니다. 당장 내년 3월 주주총회부터는 정식으로 의결정족수를 갖춰야 합니다. 문제는 '발행주식 총수의 4분의 1 이상의 출석'인데, 이 숫자를 맞출 수 없는 회사들은 비상이 걸린 것입니다. 본래 이 제도는 2014년 폐지하기로 했습니다. 전자투표 및 진자 시스템 정비 등을 소선으로 3년간 폐지를 유예해 달라고 호소하고 있지만, 금융위는 요지부동입니다.

그렇다고 주주들은 왜 총회에 출석하지 않을까요. 주주총회에 참석하지 않는다고 해서 크게 불이익이 될 것이 없습니다. 지배 주주가 존재하는 경우 소액주주로 참석해도 어차피 존재감과 영향력이 없으므로 총회에 참석할 필요가 없습니다. 특히 요즘 주주는 회사의 주인이라기보다는 주가 차액을 남기고 떠나려는 투자자라는 성격이 강합니다.

한국 주식시장에서 주주들의 평균 주식 보유 기간은 2~5개월 정도입니다. 회사가 마음에 들지 않으면 시장에 주식을 처분하고 떠나면 되는 것이지 남아서 투쟁할 필요도 없고 시간도 아깝다고 생각하는 것입니다. 서면 투표도 할 수 있으나 이런 주주들은 우체국 가는 것도 귀찮아합니다.

•'주주 25% 참석' 규정 폐지 주장도

출석한 주주에게는 멋진 기념품을 준다고 하면 어떨까요? 이것은 상법상 주주의 권리 행사와 관련된 재산상의 이익공여금지(상법 제467조의2 제1항)에 걸려 손해배상을 해야 하고, 이익공여죄(상법 제634조의2)에 걸리면 이사 등은 1년 이사의 징역 또는 300만원 이하의 벌금에 처해집니다. 그러므로 회사로서는 참석자에게 우산 하나 건네는 것도 조심스럽습니다.

전문가들은 불출석 수를 결과적으로 반대하는 수로 간주하는 현행 결의 제도는 문제가 있다고 보고 있습니다. 참석한 의결권의 수가 많아야 대표성이 있다고 보는 것도 합리적이지 않다는 것이죠. 출석하지 않은 주주 때문에 적극적으로 출석하고 의결권을 행사한 주주의 의사가 무시당하는 것이 정의라 할 수는 없을 것입니다. 법률이 정한 소집통지 절차를 완수하고 모든 정보를 제공했다면 참석하지 않은 주주에 대하여 회사로서는 할 도리는 다한 셈입니다.

발행주식 총수 요건을 폐지하고 출석한 의결권의 과반수로 가결하도록 조속히 상법을 개정하는 것이 대안이 될 수 있습니다. 이미 많은 나라에서 그렇게 하고 있습니다.

주주가 주총에 참석하지 않는 것은 유권자 국민이 정치에 무관심인 것과 같은 의미이다. 선거에 참여해도 1/n의 표의 가치가 결과에 영향을 미치지 않는다고 하면 정치에 관심을 잃게 된다.

특히나 위에서도 기술되었듯이 우리나라의 거의 대부분 투자자들은 장기 투자자라기보다 시세차익을 추구하는 투자자들이다. 이러한 주주들에게 의결권 행사를 기대하는 것은 무리이다. 어떻게 보면 의결권이라는 단어 자체가 큰 의미가 없을 수도 있다. 아무도 관심을 갖지 않은 권리는 권리라고 부르기도 어렵다. 우리가 아파트 주민 모임에 바쁘다고 참석하지 않는 것이나 동일하다. 우리의 많은 부가 아파트라고 하는 자산에 몰려 있다고 하면 더 적극적으로 자치회에 참석해야 하지만 내가 적극적으로 참석해야 한들 의사결정이 변경되지 않는다고 하면 자치모임에 소극적일 사유가 더 커지게 된다.

이러한 차원에서는 주주의 부의 극대화라는 전통적인 재무관리에서의 value가 흔들리게 된다. 특히나 기업의 장기적인 가치의 극대화라는 것은 장기 투자자들에게만 appeal하는 가치이지 단타 위주의 주주에게는 크게 의미가 없는 가치이다. 오히려 단타 위주의 주식 투자를 수행하는 주주의 경우에는 장기 위주의 가치 극대화가 아니라 단기 위주의 가치 극대화를 추구할 가능성이 더 높다.

이러한 차원에서 모든 기업의 의사결정이 주주의 장기적인 가치를 위한 의사결정이어야 하는 것이 맞는지에 대한 의문이 제기될 수도 있다.

물론, 기업은 직원의 이해관계는 급여 또는 성과급이라는 incentive의 지급으로 모든 것을 정리하지만 그럼에도 직원은 많은 경우에 회사와 오랜 기간 고용관계로 계약을 가져간다. 대부분의 주주가 주주의 지위를 3~5개월 유지하는 것과는 많은 차이가 있다. 그렇기 때문에 상법에서도 이해관계자 이론에 의하면 회사의 목적이 주주의 부의 극대화에 있는 것이 아니라 이해관계자 모형이라고 회사에 관련된 이해 관계자의 이해의 극대화에 있다는 주주 모형에 대응되는 개념도 존재한다. 물론, 우리가 익숙한 미국식 자본주의와는 매우 차이가 있는 개념이며, 이해관계자 모형이라는 것은 유럽식 사회 자본주의적인 내용과 관련된다. 직원은 회사를 떠나는 시점에 회사와의 관계가 단절되지만 주주는 고용관계 없이도 자본주의에서 가장 소중한 가치 판단의 근거인 富(wealth)와 연관된다.

이러한 차원에서 근로자 이사회 등, 노동조합의 이해가 강화되는 여러 가지 정책들이 나오고 있다.

조선일보. 2017.11.17. ———————————— —————————
해외 주총 의결정족수는 영, 2명만 와도 과반이면 의결

그림자 투표는 우리나라에만 있는 독특한 제도다. 의사 결정에 필요한 최소 구성원 수인 의사정족수 요건을 엄격히 규정한 우리나라와 달리 주요 국가 대부분은 주주 한두 명만 참석해도 주주총회를 열 수 있다. 이사 감사 선임이나 주식 배당과 같은 보통 결의는

출석 주주의 과반수만 찬성하면 결의가 가능하다.

미국(모범회사법)과 스위스 독일 스웨덴 네덜란드는 의사정족수 자체가 없다. 주주 한 명만 참석해도 주총을 열 수 있다는 의미다. 출석한 주주와 무관하게 다수결에 따라 결의가 이뤄지면 그걸로 끝이다. 영국은 2인 이상을 의사정족수로 규정하고 있다.

일본은 발행 주식 총수의 50% 이상을 의사정족수로 규정하고 있다. 발행 주식 총수의 25% 이상으로 규정하고 있는 우리나라보다 더 엄격하다. 하지만 일본은 회사 정관으로 이를 바꿀 수 있다. 그래서 도요타, 소니, 혼다 등 일본 주요 기업은 대부분 회사 정관으로 출석 의결수 찬성으로 주총 결의가 이뤄지고 있다.

프랑스도 발행 주식 총수의 20% 이상을 의사 정족수로 규정하고 있다. 첫 번째 주총을 열었는데 이를 충족하지 못하면 두 번째 주총부터는 의결 정족수를 채우지 않아도 출석 의결권의 과반수 찬성으로 주총 결의가 이뤄지고 있다.

재계에서는 "우리나라 소액주주는 차익 실현을 주목적으로 투자하다 보니, 주주총회 참여 비율이 2%도 되지 않는다"며 "회사 경영에 대한 소액주주의 무관심을 감안할 때 주총 정족수를 채우기가 쉽지 않다"고 호소한다. 재계 관계자는 "상장회사들이 주주총회일 분산 개최, 전자 투표 실시 등 주주권 행사 독려에 더욱 노력해야겠지만, 당장은 그림자 투표 폐지에 대한 현실적 대안 마련이 시급하다"고 말했다.

조선일보. 2017.12.7. ─────────────────────────────

소액주주의 반란

최근 4년 동안 최대 주주 지분이 50% 이상인 '오너(주인)'기업에서 이사회가 제안한 안건이 주주총회에서 부결된 사례가 25건이나 되는 것으로 나타났다.

6일 한국기업지배구조원이 2014년부터 올해 6월까지 코스피 코스닥에 상장돼 있는 2,000여 개 기업의 주주총회에서 부결 안건이 발생한 사례를 분석한 결과, 161개 기업, 220회 주총에서 이사회가 제안한 안건이 부결된 경우도 25건이나 됐다. 일반적으로 기업 주총에서 안건이 통과되려면 주총 참석자 과반이 찬성해야 하고, <u>찬성한 주식이 전체 발행 주식의 4분의 1 이상</u>이어야 한다. 50% 이상의 지분을 갖고 있다면 마음대로 할 수 있다는 얘기다.

그럼에도 반란이 일어난 안건은 기업의 감사위원이나 감사 선임 등과 관련된 분야였다. 현행 상법에 따르면 감사의 경우 독립성 등을 고려해 최대 주주의 의결권이 3%로 제한된다. 아무리 지분이 많더라도 3% 이상 표를 던질 수 없다는 얘기다. 최대 주주가 특정인을 감사로 밀더라도 소액 주주 다수가 반대하면 선임이 불가능한 것이다.

하지만 최대 주주 지분이 50% 이상인 대부분의 기업에서는 최대 주주의 입김이 워낙 강하고, 출석률이 낮은 소액 주주가 주총에 참석하지 않아도 투표한 것으로 간주하고 다른 주주들의 투표 비율을 그대로 적용되는 섀도보팅제가 시행되고 있기 때문에 최대 주주가 미는 인사가 감사로 대부분 임명됐다.

그런데 지난해부터 이런 관행이 조금씩 무너지기 시작했다. A사의 경우 최대 주주 지분이 90.59%로 절대 다수의 지분을 갖고 있음에도, 지난 6월 20일에 열린 주주총회에서 이사회가 추천한 감사위원 후보자 B씨에 대한 안건이 부결되는 등 5개의 회사에서 최대 주주가 50% 이상 지분을 가졌음에도 이사회가 민 감사 감사위원 후보자가 주총을 통과하지 못했다.

한국기업지배구조원의 정일묵 연구원은 "소액주주나 기관투자자들이 적극적으로 나서 의결권을 행사하면서 나타난 현상으로 보인다"고 말했다. 감사, 감사위원 선임 외에도 사내외 이사 선임이나 정관 변경 등에서도 20여 건의 안건이 부결된 것으로 집계됐다.

한국경제신문. 2018.7.14.

"대주주 의결권 제한하는 '3% 룰' 완화해야

국회입법조사처가 감사 선임 시 대주주 의결권을 3%로 제한하는 이른바 3% 룰을 완화해야 한다고 주장했다. 올해 주주총회 부결 기업 수가 작년보다 여덟 배 이상 늘어나는 등 섀도보팅 폐지로 인한 피해가 예상보다 심각해서다.

국회입법조사처는 13일 '2018년 상장회사 정기주주총회 결과 분석 및 시사점' 보고서에서 지난 1~3월 주주총회를 연 1,933개 회사 중 76개(3.93%)가 의결 정족수 미달로 주총 안건이 부결됐다고 발표했다. 이 중 56개 회사(76.68%)는 감사 선임을 위한 의결 종족수를 채우지 못한 것으로 나타났다. 지난해 정족수 미달로 인한 안건 부결 사례는 8건에 불과했다. 감사 선임 때는 대주주 지분을 최대 3%만 인정했기 때문에 보통결의 안건만 상정했을 때보다 더 많은 소액주주 지분이 필요하다. 황현영 입법조사처 입법조사관은 "주주총회 개최일 분산과 전자투표 도입은 의결 정족수 미달 문제를 해결하는 데 한계가 있는 것으로 나타났다"고 지적했다.

황 연구원은 해법으로 상법을 고쳐 3% 룰을 완화해야 한다고 조언했다. 그는 "1962년 상법 제정 당시부터 감사의 독립성 제고를 위해 대주주 의결권을 3%로 제한하고 있다"며 "하지만 지금의 경제 현실에 맞지 않는 측면이 있어 완화가 필요하다"고 말했다.

한국경제신문, 2017.12.8. ─────────────────────────────

금융위 '새도우보팅 폐지' 피해 최소화 방안 마련

금융위원회가 내년부터 주주총회를 열지 못해 감사위원회를 구성하지 못하는 상장사를 관리종목으로 지정하지 않기로 했다. 상장폐지 규정도 없애기로 했다. 다만 전자투표제를 도입하고, 주주들에게 적극적으로 의결권 위임을 권유한 상장사에 한해서만 페널티를 적용하지 않기로 했다.

7일 금융당국에 따르면 금융위는 이번주 초 한국거래소와 회의를 열고 이 같은 방향으로 연내 상장 규정을 개정하기로 했다. 올해 말 의결권 대리 행사제도인 새도보팅 폐지가 사실상 확정된 가운데 상장사 피해를 최소화하기 위한 조치다. 새도보팅은 주주총회에 불참한 주주의 의결권을 찬반 비율대로 대리 행사할 수 있게 허용한 제도다.

현행 상장규정에선 상장사가 주총에서 의결권 정족수 미달로 감사위원회를 구성하지 못하면 관리종목으로 지정되고 과태료를 내야 한다. 관리종목에 지정된 뒤 1년 안에 이를 해소하지 못하면 퇴출된다.

현행법상 발행주식 총수의 4분의 1이상이 의결하지 않으면 기업은 감사 선임과 감사위원회 구성을 할 수 없다. 감사 선임 때 대주주 의결권은 3%로 제한돼 연말 새도보팅이 폐지되면 대주주 지분율이 높은 상장사도 의결권 정족수를 충족하기 쉽지 않게 된다. 이로 인해 의결권 정족수를 채우지 못해 관리종목으로 지정되는 상장사가 속출할 것으로 우려됐다. 내년에 감사를 선임해야 하는 상장사는 전체의 23.3%(436개)에 이른다.

금융위는 주총 의결권 정족수를 채우지 못한 상장사에 대한 페널티 조항을 유예하는 대신 조건을 달기로 했다. 주주들이 주총장에 직접 참석하지 않아도 투표할 수 있는 전자투표제를 도입하고, 일정 비율 이상의 주주에게 의결권 위임을 독촉한 상장사로 제한했다. 지난 10월말 기준으로 전자투표제를 도입한 상장기업은 1,197곳으로 전체 상장사(2,018곳)의 59.3%다. 다만 유가증권시장 시가 총액 상위 100대 기업 중 전자투표제를 도입한 기업은 15곳에 그친다.

금융위 관계자는 "의결권 정족수를 채우기 위해 회사 측이 '신의성실의 의무'를 다했다는 것을 입증하면 상장규정상 불이익을 주지 않을 계획"이라며 "하지만 애초 페널티 규정 취지를 살리기 위해 주주들이 주총에 참여할 수 있도록 노력하지 않는 상장사는 문제가 될 것"이라고 말했다.

한국경제신문. 2018.1.26.

"찬성표 받아드려요"… 섀도보팅 폐지로 의결권 위임 대행업체 활기

의결권 대리행사 제도인 섀도보팅이 폐지되면서 올해 상장사 주주총회에 큰 혼란이 예상된다 상장사들 사이에선 소액주주로부터 의결권 위임장을 대신 받아주는 '의결권 위임 대행업체'에 대한 관심이 높아지고 있다. 의결권 위임 대행업체는 상장사들 대신해 전국에 있는 소액주주들로부터 의결권 위임장을 받아 오는 일을 한다.

현행 자본시장과 금융투자업에 관한 법률(자본시장법)에 따르면 발행주식 총수의 4분의 1 이상이 참여하지 않으면 주총의안을 의결할 수 없다. 하지만 소액주주 주총 참여율은 높지 않다. 한국상장회사협의회에 따르면 2017년 기준으로 소액주주의 주총 참여율은 전체 주식 수의 1.88%에 그쳤다.

이에 따라 의결권 위임 대행업체에 대한 상장사들의 문의가 늘어나고 있다. 주로 대주주 지분율이 높지 않아 주총 때 혼란을 겪을 것으로 예상되는 상장사들이다. 의결권 위임 대행업체인 로코모티브의 이태성대표는 "올해 들어서만 상장사 50여 곳에서 이용 방법 등을 문의해 왔다"며 "대주주 지분율 15% 미만 기업들이 많이 연락한다"고 밝혔다. 다른 대행사 관계자는 "대기업 계열사로부터 문의가 온다"며 "소액주주 비중이 상당수를 차지하는 상장사들은 섀도보팅 폐지로 상당히 난감해하고 있다"고 말했다.

업계 관계자들은 의결권 위임 대행업체수가 10곳 안팎인 것으로 추정하고 있다. 최홍주 한국예탁결제원 전자투표팀장은 "외국에는 이미 위임장 대행 시장이 활성화돼 있다"며 "한국에서도 올해를 기점으로 관련 시장이 커질 가능성이 있다"고 말했다.

매일경제신문. 2018.2.2.

주총 전자 투표 땐 상품권 드려요

금융당국이 개인투자자의 주주총회 참석을 독려하기 위해 전자 투표를 하면 상품권을 제공할 방침이다. 또 하루 500개 이상 기업이 동시에 주총을 여는 '수퍼 주총' 데이를 막기 위해 협회 차원의 분산 정책과 함께 4월에도 주총을 열 수 있도록 제도를 개선한다.

금융위원회는 지난달 31일 김용범 부위원장 주재로 '상장회사 주주총회 지원 TF'를 열고 주총 활성화 방안을 논의했다.

금융위원회는 지난해 말 새도보팅 제도 폐지로 인해 발생할 수 있는 주총 혼란을 방지하기 위해 마련됐다. 새도보팅은 주총에 참석하지 않는 주주 의결권을 행사한 것으로 간주하는 의결권 대리행사제도다.

금융당국은 여러 상장사의 주식을 보유한 투자자들이 모든 주총에 참석할 수 없는 상황에서 새도보팅이 폐지되자 주총 분사 개최와 전자투표 활성화 등의 대안 마련에 나섰다.

맨먼저 TF는 12월 결산법인인 코스닥 코넥스 상장기업이 3월말까지 주총을 열도록 사실상 강제했던 관리종목 지정 및 상장폐지 요건을 폐지할 계획이다.

주주명부폐쇄 기준일을 회사 자율로 정하고 결산기 말로부터 3개월 이내에 하도록 한 주총 소집 기간 제한을 폐지하는 식이다.

아울러 상장사가 주총 집중일에 주총을 개최하면 주총 2주 전에 그 사유를 한국거래소에 신고해야 한다. 상장사가 주총 자율 분산 프로그램에 참여하면 불성실공시 벌점 감경, 공시우수법인 평가 가점, 전자투표 전자위임장 수수료 1년간 30% 인하 등의 인센티브를 줄 예정이다.

직접 참석이 어려운 투자자를 위해서는 전자 투표 모바일 서비스를 시작해 스마트폰이나 태블릿 pc에서도 의결권을 행사할 수 있도록 준비할 방침이다.

한국예탁결제원은 전자투표에 참여한 주주에 한해 1억 5,000만원어치의 소액상품권을 제공할 방침이다.

김부위원장은 "이번 주총 활성화 방안이 시행되면 슈퍼 주총 데이가 해소되고 2%에 머물던 전자투표 행사율이 대폭 높아질 것"이라고 말했다.

한국경제신문. 2018.3.9.
직원 총동원, 소액주주 찾아 삼만리

　　유가증권 상장회사인 영진약품은 9일 정기 주주총회를 앞두고 전체 영업직원의 절반
가량인 100여 명에게 '특명'을 내렸다. 이들은 지난달 27일부터 영업 전선에 나가는 대신
전국을 돌며 소액주주를 만나고 있다. 지난해 말 섀도우보팅이 폐지되면서 감사위원 선
임 안건을 주총에서 통과시키기 위한 의결권 확보가 시급해졌기 때문이다. 이 회사 관계
자는 8일 "소액주주가 5만명을 넘다 보니 의결 정족수를 확보할 수 있을지 장담하기 어
렵다"고 토로했다.

　　영진약품 최대주주인 KT&G의 지분은 52.45%다. 47.55%는 소액주주들이 들고 있다.
감사위원을 선임하려면 의결권 지분(대주주 3%+소액주주 47.55%) 가운데 25% 이상의
찬성표(전체의 12.63% 이상)을 얻어야 한다. 지난해 이 회사 주총에 참석한 국내 소액주
주 의결권 지분은 전체의 0.5% 수준에 불과하다.

　　금융위원회는 주총 전자투표활성화를 독려하고 있지만 참여율은 기대 이하이다. 직원
을 동원할 수 없는 기업들은 의결권 위임 대행업체를 이용하기도 한다. 소액주주 지분이
85%인 SK증권은 최근 의결권 위임 대행업체 로코모티브와 계약을 맺었다. 이태성 로코
모티브 사장은 "섀도 보팅 폐지 후 상장사들의 문의는 40배, 계약은 두세 배 늘었다"고
말했다.

조선일보. 2018.3.10.
'섀도보팅' 폐지에… 주총 대란 현실화

　　기업 주주총회에서 정족수 미달로 감사위원 선임에 실패하는 일이 벌어졌다. 작년말
섀도우보팅(의결권 대리행사)이 폐지된 영향으로 주총에 상정된 안건이 부결된 것은 이번
이 처음이다.

　　섀도보팅은 소수의 대주주 의견만 반영돼 다수의 소액주주 의견을 왜곡할 수 있다는
이유로 폐지됐다.

　　영진약품은 9일 국민연금공단 서울 송파지사 회의실에서 주총을 열어 감사위원 선임
안건을 상정했지만 부결됐다고 공시했다. 이날 최대주주인 KT&G(52.45%)를 제외한 소

액주주(지분율 47.55%) 가운데 주총에 참석한 의결권은 9%에 불과했다.

영진약품은 섀도보팅 폐지에 따른 의결권 정족수 미달 사태를 막아 보려고 전자투표제, 의결권 대리 행사 권유, 주총 개최일 분산 등 다양한 방안을 마련했다. 영업사원 100여 명을 동원해 소액주주들의 의결권 행사를 독려하기도 했다. 하지만 주주들의 무관심과 명부상 주소 오류 등의 한계로 감사위원을 선임하기 위한 의결 정족수를 채우지 못했다. 증권업계 한 관계자는 "앞으로 영진약품과 같은 사례가 속출한 가능성이 높다"며 "섀도 보팅 폐지에 따른 보완책이 시급하다"고 말했다.

조선일보. 2018. 2.2.
'수퍼 주총데이' 사라질까… 주총 4월에도 가능

특히 대부분의 상장사가 3월 말까지 주총을 개최하도록 정관에 정해 놓고 있는데, 표준 정관을 개정해 개별 상장사가 4월에도 주총을 열 수 있도록 정관을 개정하도록 유도할 계획이다.

코스닥 시장이나 코넥스시장의 상장기업은 3월 말까지 주총을 열지 않으면 관리종목에서 지정하거나 상장을 폐지할 수 있는 규정을 바꾸기로 했다.

감사유예제도는 감사보고서 제출기한(사업연도 경과 후 90일 이내)을 5영업일까지 연장할 수 있는 제도다.

한국경제신문. 2018.2.2.
상장시 주총 분산 개최 유도… 금융위, 하루 200개로 제한

앞으로는 특정 날짜에 주총을 열 계획인 회사 수가 200개(유가증권 80개, 코스닥 120개)를 초과하면 협회가 상장사와 상의해 분산하도록 할 계획이다.

회사측이 주총일을 바꾸지 못한다면 주총 2주 전에 그 사유를 한국거래소에 신고하고 투자자에게 공시해야 한다.

주총 집중일을 피해 주총을 연 상장사에 혜택을 줄 방침이다. 공시 위반으로 불성실공

시법인으로 지정되면 벌점을 2점 이내로 감경하고 공시 우수법인 평가 기준에서 가점(60점 중 5점)을 부여하기로 했다.

주총 분산 개최를 강제할 마땅한 수단이 공시 외엔 없어 큰 성과를 보지 못할 것이란 의견도 있다. 삼성전자는 이미 슈퍼 주총데이로 분류된 다음 달 23일을 주총일로 잡았다.

삼성전자일 경우는 외국 투자자들이 많고 이들에게 주총 일자를 이미 오래전에 통보하였기 때문에 넷째 주 금요일 주총 일자를 변경하기 어렵다며 관계 기관에 이해를 구했다고 한다.

매일경제신문. 2018.2.19. ————
여유롭네, 올해 '주총 위크'

특정일에 상장사들의 주주총회 일정이 몰리는 이른바 '슈퍼 주총데이'가 올들어 점차 줄어들 전망이다. 의결권을 대리 행사하는 섀도보팅 제도 폐지로 소액주주들의 주주총회 참석 중요성이 커지며 기업들이 자발적으로 일정을 분산시켰기 때문이다. 한국거래소, 예탁결제원 등 관계기관이 일찌감치 대책을 세워 발표한 것도 한몫했다.

18일 한국거래소와 상장회사협의회에 따르면 지난 13일까지 주주총회 일정을 공시한 코스피 상장사 307개사 중 77개 기업이 3월 넷째 주 금요일인 23일에 주총을 개최할 예정이다. 이날 주총을 여는 상장사가 가장 많다. 이는 주총 일정이 확정된 코스피 상장사 중 25.1%를 차지한다. 두 번째로 많이 몰린 날은 3월 셋째 주 금요일인 16일로 59사(19.2%)가 이날 주총을 연다. 주목할 점은 해당일 두 날을 합쳐도 비중이 절반도 못 미친다는 것이다. 지난해는 전체 723개사 중 절반이 넘는 414개사(57.3%)가 3월 24일 하루에 주총을 열었다. '슈퍼 주총데이' 쏠림 현상이 급격히 사라진 셈이다. 그해 3월 17일엔 110개사(15.2%)가 총회를 열어 전체 상장사 10개사 중 7개 기업 주총이 이틀만에 끝나버렸다.

2016년과 2015년도 슈퍼 주총데이 이틀간 총회를 연 기업 비중은 각각 73.9%, 74.9%에 달했다.

안상희 대신기업지배구조연구소 proxy 본부장은 "올해 섀도보팅 제도가 일몰되면서 기업들은 주주총회 결의 요건을 충족시키기 위해 고심했을 것"이라며 "주주총회를 분산시키지 않으면 총회에서 표를 모아 안건을 가결시키는 것이 불가능하기 때문"이라고 설명했다.

섀도보팅제도란 주주가 주총에 참석하지 않아도 참석 주주의 표결 비율에 따라 주총 의안에 투표한 것으로 간주하는 제도다. 섀도보팅이 올해부터 폐지됨에 따라 상장사들은 주총 안건을 통과시키기 위한 주주 정족수 채우기에 비상이 걸렸다. 상장사들이 주총 일자 분산에 나선 이유다. 대기업들도 계열사들 주총을 분산시키는 추세다. 한화그룹은 지난 13일 각 계열사에 주총을 분산 개최하는 것을 권고하기로 결정했다. LS그룹 역시 최근 그룹 차원에서 주총 분산을 각 계열사에 권고해 LS산선은 3월 20일, LS전선아시아 22일, 가온전선 27일, LS는 28일에 각각 주총을 열기로 했다.

연도별 슈퍼주총데이에 총회 연 기업비중(단위=%)

2015년 39

2016년 43

2017년 57

2018년 25

연도별 가장 많은 기업이 주주총회 연 날 (하루) 기준
2018년은 2월 13일까지 공시한 307개사 대상.

매일경제신문. 2018.3.20. 심영. ─────────────────────

감사 선임 실패 없도록 상법 개정해야

걱정했던 일이 일어났다. 비정상을 정상화했으나 제도상 발생할 수 있는 문제점을 해결하기 위한 후속 조치를 미뤘기 때문이다. 지난 9일 영진약품은 주총에서 감사위원을 선임하려 했으나 소액주주의 주총 참석률이 저조해 실패했다. 영진약품은 전자투표제, 의결권 대리행사 권유, 주총 개최일 분산 참여 등 나름대로 노력을 기울였다고 한다.

무엇이 문제인가? 섀도보팅이란 실제로 참석하지 아니한 주주가 출석한 주주의 찬반 비율대로 실제 투표한 것으로 간주하는 것이다. 섀도보팅은 정족수 미달로 주총이 무산되는 사태를 막을 수 있지만 부작용이 많았다. 회사가 주주들의 주총 참여를 독려할 필

요가 없기 때문에 경영진의 소액주주 경시 풍조를 야기하고 대주주의 영향력이 과다하게 확대됐고, 주총의 허구화를 통해 경영권 강화 수단으로 악용되는 사례가 발생한다는 문제점이 있다.

금융위원회는 문제점을 개선하기 위해 법 개정을 추진했다. 2013년 자본시장법 개정으로 2015년부터 섀도보팅 제도가 폐지될 예정이었으나, 경제계 의견을 반영해 2017년 말까지 한시적으로 섀도보팅을 조건부로 허용했다. 섀도보팅 폐지로 인한 문제점을 보완할 시간을 번 것이다. 그러나 섀도보팅이 완전히 폐지되면 감사 선임의 어려움이 발생할 것이라는 예상이 있었음에도 의결 정족수를 정하고 있는 상법개정은 이루어지지 않았다. 상장회사가 주총 성립을 위해 노력했으나 정족수 부족 때문에 감사위원을 선임하지 못할 경우 관리종목으로 지정하지 않을 수 있는 예외 조치를 마련하는 등의 노력을 금융위원회가 했으나 근본적인 해결책이라고 보기는 부족했다.

상법은 감사를 선임할 때 출석한 <u>주주 의결권의 과반수 찬성과 그 찬성한 의결권이 회사의 발행주식 총수의 4분의 1 이상일 것을 요구</u>하며 <u>모든 주주는 총 발행 주식의 3%</u>를 넘는 주식에 대해서는 의결권을 행사할 수 없다. <u>이 요건은 정관으로도 완화할 수 없다.</u> 보통 다수결 원칙에서는 기권한 표를 제외하고 의결권을 행사한 표의 찬성과 반대를 산정해 결정한다. <u>그러나 상법은 기권을 반대로 보기 때문에</u> 안건을 통과시키기가 무척 어렵다. 이러한 감사 선임 의결 정족수는 다수가 찬성한다는 의결의 정당성을 가지면서 대주주의 뜻에 좌우되지 않는 공정성을 가지는 제도를 마련한다는 이상을 실현하기 위한 것이다.

그러나 현실은 그렇지 않다. 소액주주는 주총의 결정에 매우 무관심하다. 작년 상장회사들의 주총과 관련한 통계를 보면 명확하다. 2017년 유가증권시장 상장회사의 약 66%에 해당하는 회사는 주주의 주총 참석률이 10% 이하이다. 소액주주들의 주총 참여를 독려하고자 전자투표제와 전자위임장 제도를 두고 있으나 실제 이용률은 매우 저조하다. 2017년 유가증권시장과 코스닥시장 상장 회사 주총과 관련해 예탁결제원이 작성한 통계를 보자. 전자투표 행사율은 행사 주식 수 기준은 2.1%이고 행사주주 수 기준은 0.2%이다. 전자 위임장 행사율은 행사주식 수 기준 0.1%, 행사 주주 수 기준 0.002%이다. 올해의 경우 금융위원회가 다양한 노력을 기울이고 있다고는 하지만 행사율이 어느 정도로 제고될지는 아직 미지수다.

냉정히 살펴보면 감사 선임 문제는 섀도보팅 폐지로 인한 것이 아니다. 많은 문제점이 있는 제도를 단지 편하다고 해서 유지할 수는 없다. 문제의 중심은 상법상 감사 선임 결의 요건이다. 국회는 빨리 상법개정 절차를 밟아야 한다. 임시체제로 운영하는 회사가 조속히 정상화될 수 있도록 해야 하고, 소액주주 참여율 저조로 감사 선임을 못하는 회사가 없도록 제도를 보완해야 한다. 구조적 문제점으로 인해 기업들이 엉뚱한 곳에 자원과 시간을 쓰지 않고 기업의 성장과 고용 확대 등 경제 발전을 위해 힘쓸 수 있도록 도와야 한다.

기권을 하는 의결권도 존중되어야 하며 기권도 동의/반대와 같이 선택의 결과이다. 영진약품의 경우, 영업사원들이 주주 참석 독려에 동원되었다고 하니 기업이 본연의 업무를 할 수 있도록 즉, 기업이 다른 데 신경 쓰지 않도록 제도권이 도움을 주어야 한다. 기권을 반대로 보는 것은 매우 편향된 시각이다. 즉, 기권은 주주가 의지적으로 뜻을 표하지 않은 것으로 이해해야 한다. 기권을 찬성으로 볼 아무런 근거도 없지만 이를 반대로 볼 근거도 없다. 법은 주총에 상정된 안건이 기각되는 방향으로 편향되게 주총의 절차에 대해서 해석하고 있다.

조선일보. 2018.3.21. ─────────────────────
"주총 정족수 모자란다" 102개 기업 SOS

금융위원회는 지난 19일 한국예탁결제원에 '주주총회 특별 지원반'을 설치했으며, 이달 말까지 2주 동안 운영한다고 20일 밝혔다. 이 기간 국내 상장사(12월 결산법인) 1,947곳 중 1,788곳이 정기 주주총회를 여는데, 102개 기업이 "의결권 정족수를 확보하지 못할 것 같다"며 금융 당국에 지원을 요청했기 때문이다.

작년 말 섀도보팅이 폐지되면서 적지 않은 기업들이 주총에서 의견 정족수를 채우지 못해 감사나 감사위원을 선임하지 못하거나, 주요 안건을 통과시키지 못할까 우려하고 있다. 경영에 차질을 빚을 수도 있다는 것이다. 섀도보팅은 주주들이 주총에 참석하지 않더라도 주총에서 나온 찬반 비율대로 주주들이 실제 투표한 것으로 간주하는 제도다.

금융위에 따르면 지난 19일까지 182개사가 주총을 열었다. 이 중 2곳이 의결권 정족수가 부족해 감사 또는 감사위원을 선임하는 데 실패했다. 더구나 오는 23일과 28일, 30일은 이른바 '수퍼 주총데이'다. 3일간 1,169개 기업 주총이 몰려있다.

현장에서는 소액주주 의견을 많이 반영하라는 섀도보팅의 취지도 제대로 살리지 못하고 있다. 주총을 앞둔 상장사 중 810곳(42%)은 올해 온라인으로 의결권을 행사하는 전자 투표를 도입하지 않고 있다. 이 기업에서 주주가 의결권을 행사하려면 주총장에 직접 가거나 사전에 서면으로 의사 표시를 해야 한다. 특정일에 주총이 몰리는 경향도 예년과 비슷하다. 기업들이 소액주주들의 참여를 확대하는 데 아직 소극적이란 뜻이다.

금융위는 지원 요청을 한 102개 기업의 주주들이 주총에 참여할 수 있게 증권사에 적극적으로 협조 요청을 하기로 했다. 현행법상 기업이 가진 주주명부에는 주주의 이름과 주소만 적혀있는데, 증권사는 주식 거래를 중개하는 만큼 주주들의 이메일 주소나 연락처를 갖고 있기 때문이다.

김용범 금융위원회 부위원장은 "금융투자협회가 증권사를 통해 주주에게 연락을 돌리고, 자산운용사가 보유한 지분만큼 적극적으로 의결권을 행사해 달라"고 당부했다.

한국경제신문. 2018.3.23.
우리기술, 주총 정족수 미달 이사 감사 보수 한도 못 정해

원자력 발전설비 제조업체인 코스닥 상장사인 우리기술이 정기 주주총회에서 정족수 미달로 이사와 감사 보수 한도를 정하는 데 실패했다.

우리기술은 22일 서울 상암동 본사 사옥에서 정기 주총을 열어 '이사 보수 한도 30억 원, 감사 보수 한도 1억원 승인' 안건을 상정했지만 부결됐다. 보통결의 안건은 '출석한 주주의 과반수'와 '의결권 있는 주식의 25% 이상'이 찬성해야만 통과하는데, 우리기술은 정족수를 채우지 못했다.

회사 관계자는 "섀도보팅 폐지에 따른 의결 정족수 미달 사태를 막기 위해 의결권 대리 행사 권유 등 다양한 방안을 마련했지만 소용이 없었다"고 말했다. 우리기술 최대 주주인 노선봉 전 대표와 특수 관계인 지분율은 8.33%에 불과한 데 비해 소액주주 지분은 80%가 넘는다.

섀도보팅은 주주들이 주총에 참석하지 않더라도 주총에서 나온 찬반 비율대로 실제 투표한 것으로 간주하는 제도다. 대주주 의견만 반영되고 소액주주 의견은 왜곡될 가능성이 있다는 이유로 지난 해 말 폐지(일몰)됐다. 한국상장회사협의회 관계자는 "상법상 주총에서 이사 감사 보수 한도를 승인받지 못하면 해당 회사의 이사 감사는 향후 보수

를 받을 수 없을 뿐 아니라 그해 주총 전 지급된 돈(3월 주총 개회 회사의 경우 1, 2월 분)도 반납하는 게 원칙"이라고 말했다.

이날 코스닥 상장사인 이화공영, 대진디엠피, 삼영엠텍, 에프알텍 등은 주총에서 정족 수 미달로 감사를 선임하지 못했다. 감사 선임은 이사 감사 보수 한도 승인과 마찬가지 로 '의결권이 있는 주식의 4분의 1 이상' 찬성으로 결의한다. 하지만 최대주주와 특수 관 계인의 합산 의결권이 3%로 제한된다는 점이 다르다.

기관투자자가 지분율이 낮거나 거의 없고, 주총장에 잘 나오지 않는 소액주주들이 많 을수록 정족수 미달 가능성이 커진다는 의미다. 이화공영의 소액주주 지분율은 46.75% 에 달한다.

이화공영 관계자는 "이른 시일 내 임시 주총을 열어 감사 선임을 다시 시도할 계획"이 라고 했다. 상장회사협의회는 12월 결산 상장사 중 소액주주 지분율이 75% 이상으로 높 은 115곳이 의결 정족수 부족에 따른 주총 안건 부결 가능성이 높다고 분석했다.

매일경제신문. 2018.3.26. ─────────────

무작정 섀도보팅 폐지에 주총 파행 속출

올 들어 주주총회를 개최한 상장사 중 '섀도보팅' 폐지로 감사 선임 등 주요 안건이 부 결된 사례가 확인된 것만 16곳에 달하는 것으로 나타났다. 특히 최대주주 의결권이 3% 로 제한되는 '3%룰' 때문에 감사 선임을 못하는 경우가 속출하고 있어 해당 상장사들은 주총을 연기하거나 다시 개최해야 하는 등의 어려움을 겪고 있다.

25일 본지와 상장회사협의회에 따르면 올 들어 주총에서 정족수 부족으로 주요 안건 이 부결된 상장사는 지난 23일까지 16곳이다. 지난 9일 유가증권시장 기업인 영진약품 주총에서 감사 선임의 안건이 부결된 이후 16일 1곳, 22일 5곳, 상장사 주총이 몰려 '슈 퍼주총 데이'로 불린 23일 7곳에서 안건 부결 사태가 일어났다.

증권업계에선 이 같은 부결 사태가 섀도보팅 폐지 후 별다른 대안 없이 주총이 개최됐 기 때문으로 보고 있다. 특히 소액 주주들이 많아 주식이 분산된 상장사들은 주주들이 직접 참석하거나 전자투표 등을 통해 간접적으로 참여해야 한다.

그러나 올해도 주총이 특정일에 대거 몰린 데다 주총에 대한 관심도가 여전히 낮아 의 결권 주식 확보에 난항을 겪었다. 상법상 주총을 열려면 대주주를 포함해 전체 발행 주식의 25% 이상을 보유한 주주가 모여야 한다. 상장회사협의회 관계자는 "섀도보팅이 가능했던 작년이었다면 25%보다 부족한 지분을 예탁 결제원에서 빌려와 주총을 열 수 있었을 것"이라며 "별다른 대안 없이 주총이 열리다 보니 결국 예상대로 주총 파행이 나타났다"고 설명했다. 특히 감사 선임과 같은 주요 안건을 처리할 때는 대주주 의결권이 최대 3%로 제한되기 때문에 소액주주들의 주총 참여가 더욱 중요하지만 현실적으로는 기업들이 소액주주 확보에 어려움을 겪는 경우가 많다.

실제로 지난 22일 주총을 연 코스닥 상장사 코아스는 재무제표 승인, 정관 변경, 이사선임 등 일반 안건을 승인했지만 감사 선임은 정족수 미달로 부결됐다. 또 다른 상장사 크린앤사이언스 역시 같은 이유로 감사 선임이 불발됐다. 업계 관계자는 "25% 확보도 어려운데 대주주 지분 3% 제약은 가혹한 이중 규제"라며 "아무리 소액주주들을 찾아가 주총을 독려해도 '잡상인'으로 취급하는 경우가 많다"고 밝혔다.

일각에선 주총이 여전히 너무 몰려 있어 주주들의 주총 참석이 어려운 현실을 토로하고 있다. 한국거래소에 따르면 23일 주총을 개최한 코스피 코스닥 상장사는 무려 551곳에 달했다.

한국경제신문. 2018.4.9. ──────────────────
주총의결 정족수 20%로 낮춘다. <지금은 발행주식의 25%>
당정, 무더기 부결사태 대책 마련

정부와 여당이 주주총회 의결 요건을 현행 발행주식 총수의 25% 찬성에서 20% 찬성으로 낮추는 방안을 추진 중이다. 섀도보팅 폐지로 올해 주주총회에서 안건이 부결된 상장회사가 무더기로 나오자 대안 마련에 나선 것이다.

8일 법무부와 더불어민주당, 자유한국당 등에 따르면 정부와 여당은 의결 정족수 부족으로 인한 '주총 대란'의 재발을 막기 위해 주총 의결 요건을 완화한 상법 개정안을 마련해 야당과 논의에 나섰다. 주총 '출석률'을 높이기 위해 전자투표제 의무화와 다중대표소송제 등 경제민주화 법안을 관철시키는 대신 야당이 요구해온 의결권 완화를 받아드리기로 했다. 전자투표제는 주주가 주총장에 나오지 않고 온라인으로 의결권을 행사하는 제도다.

상법상 주총 의결 요건은 '출석 주주의 과반 찬성, 발행주식 총수의 25% 찬성'이다.

그동안은 주주들이 주총에 참석하지 않더라도 주총에서 나온 찬반 비율대로 투표한 것으로 간주하는 섀도보팅이 허용돼 참석률이 낮더라도 별 문제가 없었다. 하지만 섀도보팅이 지난해 말 일몰로 폐지되면서 올해 70개가 넘는 상장사가 정족수를 채우지 못해 감사위원을 뽑지 못하는 등 파행을 겪었다. 민주당 관계자는 "야당과 협상해 4월 임시총회에서 의결 요건을 낮춘 상법 개정안을 통과시킬 계획"이라고 말했다.

	보통결의	특별결의
한국	출석과반수, 전체 1/4 이상 출석	출석 2/3, 전체 1/3 이상 출석
미국	출석과반수	정관 재량
일본	출석과반수(정관으로 배제 가능)	출석 2/3 이상(정관으로 1/3로 조정 가능)
영국	출석과반수	출석 3/4 이상
독일	출석과반수	출석 3/4 이상
프랑스	출석과반수	출석 2/3 이상

한국경제신문. 2018.6.20. ─────────────
임시 주총까지 열었지만, 상장사들, 감사 선임 실패 잇따라

코스닥 상장 소프트웨어 업체 엑셈은 19일 주주총회를 열었다. 지난 3월 정기 주주총회에서 무산된 감사 선임을 다시 시도하기 위해서였다. 주주들에게 거듭 참여를 독려했지만 이번에도 역부족이었다. 석 달 전과 마찬가지로 의결권 정족수를 채우지 못했다. 감사 선임 땐 대주주 의결권이 3%로 제한되는데다 섀도보팅까지 폐지됐기 때문이다. 이 회사 관계자는 "이번 주총 역시 감사 선임을 위한 최소 의결권의 절반도 못 넘겼다"고 "정말 답이 없다"고 토로했다.

올 들어 '주총 대란'을 겪은 상장사들이 부결된 안건을 처리하기 위해 속속 임시 주총을 열고 있지만 이번에도 의결정족수를 채우지 못하는 사례가 속출하고 있다. 엑셈 외에도 드래곤플라이 iMBA 솔루에타 등이 최근 임시 주총을 열었다가 또다시 좌절해야 했다.

재무제표 승인 등 보통결의 안건은 '출석한 주주의 과반수'와 '의결권이 있는 주식의 25% 이상'이 찬성해야만 통과된다. 주주들이 주총에 참석하지 않더라도 주총에서 나온 찬반 비율대로 실제 투표한 것으로 간주하는 섀도보팅이 폐지되면서 주총 대란이 현실화

됐다. 특히 감사 선임안은 표결 때 대주주 의결권이 3%로 제한돼 구조적으로 의결권 정족수를 채우기 어렵다.

지난 정기 주총에서 의결 정족수 부족으로 안건이 부결된 회사는 76개에 달했다. 안건별로는 감사선임 무산 56개사, 정관 변경 8개사, 재무제표 승인, 임원 보수 승인, 이사 선임 등이 각각 4개사였다.

상법에선 신임 감사 안건이 통과하지 못해도 기존 감사가 다음 주총이 열릴 때까지 계속 업무를 수행할 수 있도록 하고 있다. 언제까지 새로운 감사를 뽑아야 한다는 법적 조항은 없다. 상장사들은 임시 주총을 열어야 할지, 내년 정기 주총까지 기다려야 할지 갈피를 못 잡고 있다. 한국상장회사협의회 관계자는 "안건이 부결된 상장사 중 상당수가 임시 주총을 열고 있지만 결과는 정기 주총과 크게 달라지지 않고 있다"고 전했다.

내년에도 주총 대란이 이어질 것으로 예상되지만 금융위원회 법무부 등은 근본적인 대책을 마련하지 못하고 있다. 국회에서 주총 의결 요건을 현행 '발행 주식 총수의 25% 찬성'에서 '20% 찬성'으로 낮추는 상법 개정안이 추진되고 있지만 여야 합의가 이뤄지지 않고 있는 것으로 전해졌다.

chapter 08 | 영구채

한국경제신문. 2017.4.21.
CJ제일제당, 영구채 조기 상환⋯ '무늬만 영구채' 다시 도마에

　CJ제일제당이 국내 비금융회사 가운데 처음으로 신종자본증권(영구채)을 조기 상환 (콜옵션행사)했다. 영구채 상환 자금을 마련하기 위해 영구채를 재발행했다. 콜옵션을 행사해 단기간에 영구채를 갚아버릴 것이라는 우려가 현실화된 만큼 영구채를 자본으로 분류하는 게 맞는지에 대한 논란이 다시 일고 있다.

　20일 투자은행 업계에 따르면 CJ제일제당 인도네시아 법인은 이달 2,000억원 규모의 영구채에 대해 콜 옵션을 행사하기로 했다. CJ인도네시아는 비금융회사 가운데 최초로 2012년 4월 26일 영구채 2,000억원을 발행했다. 이 회사는 당시 영구채 발행일로부터 5년 이후인 2017년 4월에 콜옵션을 행사할 수 있는 권리를 부여받았다.

　CJ인도네시아는 영구채 상환자금을 마련하기 위해 지난 19일 재차 영구채 2,000억원 어치를 아리랑본드(외국기업이 국내에서 발행하는 원화표시채권) 방식으로 발행했다. NH투자증권이 주관사로 발행실무 등을 맡았다. CJ제일제당이 CJ인도네시아의 영구채 원리금 상환을 보증하기로 했다. 발행 금리는 연 3%대 후반대다.

　이 영구채 만기는 30년이지만 발행사의 요청으로 연장할 수 있다. CJ인도네시아는 이번에 발행한 영구채에도 발행일 5년 뒤 콜옵션을 행사할 수 있다. NH투자증권은 영구채 상당수를 기초자산으로 자산유동화기업어음(ABCP)을 발행하기로 했다. 나머지 영구채는 사모펀드(PEF)인 "메리츠 전문투자형 사모 특별자산 투자신탁'에서 사들일 예정이다. CJ제일제당과 CJ인도네시아는 국제회계기준에 따라 영구채 발행금액을 전부 자본으로 계산해 회계처리한다. IFRS에선 사실상 갚아야 할 의무가 없다는 점에서 영구채를 자본으로 분류하고 있다.

CJ제일제당처럼 올해 영구채 콜옵션 행사 기간이 찾아오는 두산인프라코어 CJ푸드빌 신세계건설도 채권을 조기 상환할 것이라는 관측이 나온다. 실제 제시한 만기와 상관없이 조기 상환해 영구채를 갚는 추세가 이어질 전망이어서 영구채가 사실상 만기 3~5년에 높은 금리를 제공하는 채권으로 전락했다는 평가다.

앞서 회계기준원과 금융감독원은 영구채 발행사가 조기 상환할 의무가 없는 만큼 IFRS 규정에 따라 자본으로 분류하는 게 맞다고 해석했다. CJ제일제당 관계자도 "영구채 콜옵션을 무조건 행사한 것이 아니다"며 "발행금리를 낮출 수 있는 시장 환경이 조성돼 이자비용 절감 차원에서 옵션을 행사하고 재발행했다"고 말했다.

IB업계에서는 영구채 발행시 투자자가 콜옵션 행사를 기정사실로 받아들이고 있는 만큼 영구채 상당수를 부채로 회계처리해야 한다는 지적도 나온다. 국내 신용평가사도 비슷한 이유로 영구채 금액의 일부만을 자본으로 인정하고 있다. 한국기업평가는 영구채 발행금액의 30~60% 가량을 자본으로 인정하고 있다.

한국신용평가는 2015년 6월 발행한 신세계건설의 영구채 500억원을 전액 부채로 규정했다. 영구채 콜옵션 행사 사례가 실제로 나온 만큼 영구채 금액의 자본인정비율이 더 낮아질 것이라는 관측도 제기된다.

영구채: 만기를 계속 연장할 수 있는 채권. 채권과 주식의 중간 성격을 띠고 있어 하이브리드 증권으로도 불린다. 국제회계기준에서는 발행사가 사실상 갚아야 할 의무가 없다는 점에서 영구채를 자본으로 분류하고 있다.

위의 기사에서도 기술되었듯이 IFRS에선 사실상 갚아야 할 의무가 없다는 점에서 영구채를 자본으로 분류하고 있는데 CJ의 경우와 같이 영구채를 상환한다고 하면 영구채가 자본인지가 다시 한 번 이슈가 된다. 이러한 점 때문에 CJ에서는 "영구채 콜옵션을 무조건 행사한 것이 아니라 발행금리를 낮출 수 있는 시장 환경이 조성돼 이자비용 절감 차원에서 옵션을 행사하고 재발행했다"고 반응한 것이다. 콜옵션을 무조건 행사했다고 하면 영구채는 자본으로 분류되어서는 안 된다.

2012년 11월 이러한 점이 크게 이슈화되었으며 회계기준위원회는 이와 관련된 의사결정은 IASB에 미루게 되어 당시 상당한 논란이 되었다. 기준원의 입장은 한국회계기준원이 이와 관련된 입장을 표명하였다가 IASB가 상이한 결론을 도출할 경우는 IFRS를 전면 도입한 우리나라의 입장에서 매우 곤란한 처지에 이르게 되는 것을 우려하였다. 반면에 경제계 일부에서는 우리 회계기준원이 이러한 혼란에 대한 유권해석을 내릴 정도의 권한도 없다면 회계기준원은 IFRS를 번역하는 기관인지에 대한 의문도 제기되었다.

2013년 10월에 IASB가 영구채는 자본으로 유권해석을 하자 회계기준위원회도 동일하게 결론을 도출하였다.

chapter 09 | 감사 없는 실적 발표

한국경제신문. 2017.4.13
회계법인도 두손 든 도시바, '감사의견 없는' 실적발표 강행

    도시바가 감사법인 의견이 없는 지난해 4~12월 실적을 발표한 이후 도시바의 존속 가능성에 대한 의구심이 증폭되고 있다. 글로벌회계법인 프라이스워터하우스쿠퍼스(PwC)와의 마찰이 노골화하면서 상장폐지 가능성이 높아졌다.

    월스트리트저널은 11일(현지시간) 도시바가 실적발표를 통해 생존이 어려울 수 있다는 점을 처음으로 인정했다고 보도했다. 감사법인의 적정의견을 받지 못하고 실적을 발표한 것은 이례적인 일로 상장폐지 가능성이 높아졌다고 전했다. <u>감사법인 의견 없이 실적을 발표하는 것은 즉시 상장폐지 요건은 아니지만 도쿄증권거래소의 상장폐지 심사대상에 속한다.</u>

    도시바는 실적발표를 하면서 결산 내용에 기업 존속에 의문이 생긴 것을 나타내는 '계속기업의 전제에 관한 주석'을 붙였다. 이 같은 주석은 사업활동에서 기업 존속리스크가 증가할 때 투자자에게 주의를 환기하려고 명기한다.

    감사법인의 승인 없이 결산발표를 강행하면서 감사법인인 PwC와의 간극도 메우기 힘들어졌다. 도시바의 미국 원자력발전 자회사 웨스팅하우스에서 손실 규모를 줄이려는 내부 압력이 있었는지 여부를 놓고 도시바와 PwC는 대립을 이어가고 있다. 도시바는 감사법인을 변경할 수 있다는 뜻도 내비쳤다.

    도시바의 자금줄도 계속 조여지고 있다. 도시바는 주요 거래은행들에 4월말 만기가 돌아오는 대출 기한을 연장하고 상장주식을 담보로 인정해줄 것 등을 요청했다. 도시바는 1조엔 가량의 신규 자금이 필요한 것으로 알려졌지만 미쓰이스미토모, 미즈호은행 등 주요 은행은 도시바의 채무자 구분을 '정상'에서 '요주의' 대상으로 한 단계 낮췄다. 등급이

'요구관리'로 한단계 더 추락하면 신규 대출은 불가능해진다.

• 감사법인의 의견 표명 없었던 일본 주요기업 사례

기업	회계법인	시기	비고
도시바	PwC아라타	2017년	웨스팅하우스 내부통제수준 평가 중
스카이마크	도요감사법인	2015년	기업재생계획 미확정
가네보	주오아오야마 감사법인	2005년	내부통제미비
라이브도어	고요감사법인	2006년	수사당국에 의한 자료 압수

가네보의 분식회계 건은 매우 유명한 분식사례로 PwC의 제휴회사였던 회계법인이 PwC와의 제휴 관계가 단절되는 계기가 되었던 건이다.

위에 기술된 '정상' '요주의' 등의 표현은 우리나라 감독기구가 가지고 있는 자산건전성 분류 기준에서 사용되는 표현으로 정상은 추정 손실의 0.85% 이상, 요주의 7% 이상, 고정 20% 이상, 회수 의문으로 분류할 경우 대손충당금을 50% 이상으로 쌓게 된다. 단 위의 신문 기사에 '요구 관리'라는 분류는 우리의 자산건전성 분류 기준에서는 존재하지 않는 항목이다. 위의 대손율은 우리나라의 감독체계에서의 비율이다.

매일경제신문. 2017.5.2.
감정평가사 평가지표 만든다

  국토부는 감정평가서비스의 선진화를 위해 품질평가 시스템도 개발한다. 지금까지는 감정평가 후 발행하는 평가서에 대해 아무런 평가 지표가 없었기 때문에 의뢰인은 해당 평가서가 얼마나 완성도가 높은지, 어떤 감평사가 얼마나 뛰어난지 확인할 길이 없었다. 의뢰인이 한국감정평가사협회에 의뢰하면 적절한 감평사를 추천해주는 '협회추천제'에서도 이 평가지표를 활용하게끔 유도한다.

  감평사의 업무영역확대도 이번 용역에서 다뤄진다. 부동산 분야 최고 전문가인 감평사들이 정부에서 위탁받는 시세공세 업무 및 토지보상 평가, 은행의 담보평가 등 제한된 업무의 틀에 갇히는 것을 막겠다는 취지다. 국토부 관계자는 "부동산 산업 선진화를 위한 연구나 종합 컨설팅 등 보다 부가가치 높은 업무를 할 수 있게끔 유도하려는 취지"라고 설명했다. 실제 정부는 부동산서비스업의 선진화를 위해 다양한 업종 간 융합을 주문하고 있다.

  하지만 정부 취지와 달리 감평사와 타 업종의 융합은 업계 반발을 살 가능성이 높아 보인다. 감정평가는 의뢰인의 이해 관계와 무관하게 이뤄지는 공공 성격의 업무이기 때문에 타 업무와 연계되면 감평사가 수익 증대를 위해 의뢰인 입맛에 맞는 결과만 내 놓을 가능성이 높아진다. 업계 관계자는 "정부가 감평사를 위한다며 민간에게는 출혈 경쟁을 부추기고 공공 업무는 한국감정원에 몰아주고 있다"며 "감정평가업의 독립성이 없어진다면 도리어 부실 부정 감사가 늘어날 것"이라고 지적했다.

IFRS에서 공정가치 평가가 주된 자산과 부채의 평가 원칙으로 도입된 이후에 감정평가업과 공인회계사업계가 토지 및 건물 자산의 평가와 관련되어 영역에 대한 다툼이 있다.

위의 기사에서 평가지표에 관한 내용이 어느 정도까지 객관적이고 공평할 수 있는지에 대해서는 의문이 있다. 사후적으로 평가가 가능한 것인지, 또는 사후적인 평가를 위한 잣대가 존재하는 것인지가 의문이다.

어떻게 보면 감정평가사에 대한 평가는 회계법인에 대한 금융감독원의 품질관리감리와 유사하다고 할 수도 있으며 감사인 등록제와도 궤를 같이 한다고도 할 수 있다.

회계법인과 계약을 맺는 피감기업의 입장에서는 회계법인의 품질에 대한 차이를 구분하기 어렵다. 외국과는 달리 우리나라의 회계법인이 산업별 전문 감사인이 있는 것 같지 않다. 다만 어느 정도 차별화되어 있다고 하면 상장기업의 입장에서는 빅4 회계법인인지 아닌지 정도의 차별화나 아니면 중견회계법인인지 아니면 소형 회계법인인지 정도의 차별화 아닌가 한다.

우리나라의 175개(2018년 9월 현재) 회계법인 중에서 101개 회계법인이 상장기업을 감사하고 있다고 한다. chapter 25에도 KB금융지주가 감사인을 심사할 때 사용하는 심사표가 제시되어 있다. 그러나 이는 매우 선진적인 기업의 경우이고 대부분의 경우에는 다른 평가 항목보다도 감사수임료가 가장 주된 평가항목으로 영향력을 미칠 가능성이 높다.

전문화된 직종인 회계업계에서도 우리나라의 경우는 빅4 회계법인의 경우, 거의 모든 회계법인이 모든 산업과 업종에 대해서 감사 업무를 수행하고 있으니 회계법인을 차별화한다는 것이 매우 어려울 것으로 사료된다.

회계법인 quality를 구분하려는 시도로 일부 피감기업들은 회계법인이 부실감사로 지적을 받은 벌점 등으로 quality를 차별화하려는 시도를 하고 있다. 회계정보 이용자들(피감기업의 입장에서는 회계정보의 이용자들(client들))도 어느 회계법인에게서 감사를 받았는지에 대한 점을 차별화하여 회계정보나 회계감사의 품질로 생각하고 있지 않은데 굳이 피감기업이 감사인의 선정에 민감하지 않아도 무방하다고 생각할 수 있다.

즉, 고객들이 quality에 신경을 쓰고 high quality 감사인을 구별할 때, 이들을 만족시키기 위해서 고품질의 감사인을 선임하려고 할 것인데, 이용자들이 원하지도 않는 것을 회사가 나설 것은 없다.

따라서 high quality audit이라는 상품에 대한 이용자, 공급자(감사인), 구매자(회사)와의 관계가 얽히게 된다.

기사에서의 또 다른 내용은 감사에서의 비감사서비스의 병행과도 관련된 이슈이다. 국토부에서는 부가서비스의 제공이 감정평가사의 선진화에 도움이 된다는 주장이다. 이는 감사인들이 비감사업무를 병행할 때, spill over effect로 인해서 업무에 대한 이해도가 높아지고 따라서 비감사서비스의 병행이 실제로 감사의 공정성을 제고하는 데 도움이 된다는 논리에 근거한다.

chapter 11 | 최저가 낙찰제

조선일보. 2017.4.5. ────────────────────
최저가 낙찰제 개선했다는 종합심사제… 원성 자자한 까닭

"8명이 달리는 올림픽 육상 결승전에서 1등이 아니라 4등이나 5등에게 금메달을 주는 격입니다."

한 대형 건설사 임원은 종합심사낙찰제(종심제)를 이렇게 비유했습니다. 종심제는 정부와 공공기관이 발주하는 300억원 이상 공사의 낙찰자를 정하는 방식인데, 기존의 '최저가 낙찰제'가 부실공사 등의 폐해가 있다고 보고 지난해부터 도입된 제도입니다. 즉 가격(공사비)만 보는 게 아니라 기술력과 기업의 사회적 책임을 종합적으로 평가해 뽑자는 취지입니다.

구체적으로 공사수행능력 시공실적 등 기술점수(50%), 가격(50%)으로 채점하고 사회적 책임이행 정도를 추가적으로 반영하는 방식입니다. 그런데 대형 건설사들은 이 심사제도가 변별력이 없다고 주장합니다. 입찰 제안서를 낼 정도의 건설사라면 기술점수에서 대게 만점을 받기 때문입니다. 한 대형 건설사 관계자는 "발주처가 처음에는 기술력을 깐깐히 비교하고 따졌지만, 점차 완화하면서 모두가 만점을 받는 유명무실한 평가 기준이 됐다"고 말하더군요.

더 황당한 것은 가격 부분 평가입니다. 예전처럼 공사금액을 가장 낮게 제시하는 것이 유리한 게 아니라 모든 입찰업체가 써낸 공사비의 중간값(상위 40%, 하위 20% 제외)에 가장 근접한 업체가 공사를 따는 방식입니다. "건설사끼리 눈치 게임을 하게 생겼다" "차라리 적정한 최저가 입찰제가 낫겠다"는 소리가 나오는 이유입니다.

중소형 건설사에도 불만이 높습니다. 기술점수에서 만점을 받으려면 6개월 이상 근무한 기술자가 있어야 히는데, 싱딩수 중소업체는 고액 연봉자인 기술자를 상근직으로 채

용할 형편이 안 되기 때문입니다.

한 소형 건설사 임원은 "프로젝트 생기면 프리랜서 기술자를 고용해 문제없이 공사를 해 왔는데, 이제 작은 업체는 아예 입찰도 하지 말라는 것"이라며 한숨을 쉬었습니다.

종심제 도입으로 최저가 낙찰제의 문제점이던 하도급 후려치기 등으로 인한 부실 공사 등 나쁜 관행이 고쳐지는 측면도 있습니다. 하지만 건설사마다 '눈치보기' 수준으로 중간치를 추정한 뒤 응찰, 운에만 맡기는 지금의 입찰 방식에 대한 제도 보완도 필요하다고 봅니다.

중간값에 가장 근접한 업체를 선정하는 이유는 너무 낮게 적어낸 업체는 dumping이고 너무 높게 적어낸 업체는 과도하게 공사비를 부풀린 업체이므로 기업들이 선호하지 않기 때문이다.

건설에서의 입찰제도는 여러 가지 면에서 회계감사라고 하는 용역과 유사한 점이 많다. 건설은 재화, 회계감사는 용역이라는 차이는 있지만 mechanism이 매우 유사하다.

건물(회계감사)이 완성되어도 품질을 외관적으로 관찰하기가 쉽지 않고 감리라고 하는 품질을 사후적으로 점검하는 과정이 있다는 점은 용어까지 동일하다.

저가로 재화나 용역 업무를 낙찰받아 진행하면 손실을 보면서 재화나 용역을 생산할 수는 없으므로 비용을 절감하게 되며 따라서 부실공사(부실감사)가 되기 쉽다. 단, 부실공사의 위험이 상존하므로 이를 점검하기 위하여 감리라는 것이 존재하는데 회계감사일 경우는 감독기관/규제기관의 감리이다.

또한 건물도 외관적으로 보기에는 멀쩡해 보이지만 사용해 보면서 하자가 발견되듯이 회계감사도 부실감사가 나중에 드러나게 된다.

가격 이외의 수관석인 평가 힝목에 대해서는 이를 객관적으로 수치화한다는 것이 매우 어렵고, 오히려 금액이 평가점수로 수치화하는 것이 가장 용이하다.

건설분야에서는 감리가 법적으로 의무화되어 있고, "건설기술진흥법"에 근거한다. 감리 선정의 주체는 발주처인데, 건설공사는 크게 민간 발주와 관 발주로 나뉘며,

1) 민간 발주 경우, "감리"가 의무이고, "CM(Construction Management)"은 선택 사항으로 감리는 설계대로 시공되었는지를 품질, 기술, 안전 측면에서 확인하는 것이며, CM은 좀 더 넓은 의미로 원가 등을 발주처 입장을 대신하여 고려하는 것이다.

2) 관 발주의 경우는 용어가 좀 다른데, 감리라는 표현은 안 쓰고, "감독 대행형 건설사업관리"가 감리에 해당하는데 역시 의무적이다.

필요에 따라, CM의 업무를 포함하고 싶으면, 발주처에서, "건설사업관리"라는 명칭으로 발주할 수도 있다.

포스코나 KB금융지주 등의 일류기업이 감사인을 선임하는 과정에서 수임료는 1차 screen을 하는 데 있어서 평가하는 항목이 아니고 품질 평가를 모두 수행한 다음에 가격을 고려한다고 한다.

물론, 이는 매우 선진적인 우량기업의 경우이며 그렇지 않은 많은 기업에서는 수임료가 매우 중요한 평가의 항목일 가능성이 높으며 어떠한 경우는 유일하게 고려하는 평가항목일 가능성도 있다. 이는 감사품질이라는 것이 차별화되지 않으므로 가장 확실하게 차별화되고 드러나는 항목은 금액뿐이기 때문이다.

또한 감사인의 품질을 차별화하려고 해도 어느 감사인이 우수한 감사인인지의 정성평가가 매우 주관적이고 임의적일 수밖에 없기 때문이다.

chapter 12 | 보수공개

한국경제신문. 2016.8.3.
"임원 보수 공개도 연결기준으로" 여러 계열사서 급여 받는 오너 '비상'

임원 등의 보수 공개를 연결재무제표 기준을 합산해서 하는 법안이 발의됐다. 여러 계열사로부터 보수를 나눠받아 온 일부 기업주도 보수를 공개해야 할 가능성이 커졌다.

김동철 국민의당 의원은 이 같은 내용을 뼈대로 한 '자본시장과 금융투자업에 관한 법률 일부 개정안'을 대표 발의했다고 2일 밝혔다. 개정안은 보수를 공개해야 하는 임원과 보수 총액 상위 다섯 명을 정할 때 연결재무제표를 기준으로 하도록 했다. 연결재무제표로 묶이는 여러 회사로부터 보수를 받는다면 각각의 보수를 합산해서 공시해야 한다는 의미다.

예를 들어 A회사로부터 3억원, A사 계열사인 B와 C사로부터 각각 3억원을 받으면 해당 임원이 받는 보수 총액은 총 9억원이다. 지금은 공시 기준인 5억원을 넘지 않아 공시 대상이 아니지만 개정안이 통과되면 공시를 해야 한다.

지금은 상장사와 사업보고서 제출 대상 비상장사(<u>모집 매출 실적이 있거나 주주 500인 이상</u>)의 등기임원이 연 5억원 이상 보수를 받으면 정기보고서를 통해 공시해야 한다. 2018년부디는 <u>등기 여부와 관계없이</u> 한 회사로부터 받는 연봉이 많은 순서대로 다섯 명(5억원 이상일 경우에 한함)을 공개하는 방식으로 강화된다.

개정안은 또 지급한 보수에 대한 구체적인 산정 기준을 회사 사정, 임원 업무 및 능력과의 관계 등 대통령령으로 정하도록 했다. 김 의원실 관계자는 "외국에서도 연결 기준으로 보수를 공개하고 있다"며 "이번 국회에서 통과될 수 있도록 노력할 것"이라고 말했다.

일각에서는 실체가 다른 법인에서 각기 다른 이사회를 거쳐 받는 보수를 합산해서 공시를 하는 것은 문제가 있을 수 있다는 지적도 나온다.

또한 외감법 규정에 의하면 회계법인에서 5억원 넘는 급여를 넘는 임직원의 경우도 앞으로는 공개하여야 한다고 논의되고 있다. 주식회사의 경우는 주주들이 있어서 이러한 정책이 정당화될 수 있는데 회계법인은 유한회사인데 어떠한 근거에서 이렇게 의무화하는지에 대해서는 이해하기 어렵다.

보수공개가 5억원이 되는 경우, 등기여부를 떠나 공시하는 정책 방향은 여러 우여곡절을 겪은 이후에 정착되었다. 처음에는 등기한 임원만 급여를 공개하는 방향으로 정해졌다가 그러하면 최대주주들이 등기를 하지 않을 우려가 있으므로 등기 여부와 무관하게 5억원이 넘는 급여를 받는 임원들 급여를 공시하는 것으로 정리되었다. 최대주주들은 이러한 사유 이외에도 이사로서의 책임을 회피하려고 등기를 하지 않기도 한다.

동시에 공시의 빈도수도 1년에 두 번 이를 공시하는 것으로 최종 확정되었는데, 급여라는 것이 연봉의 개념인데 어떠한 이유에서 1년에 두 번 공시하는 것인지는 이해가 어렵다.

신문기사에서와 같은 비판도 일리가 있는 것이 각기 다른 이사회에서 받는 보수를 합한다는 것은 개인에 대한 보수 공개의 개념인데 이러한 개인의 소득의 공개는 어떻게 정당화되는지가 명확하지 않다. 당연히 개인의 소득은 비공개되어야 하는 것이 원칙이다. 급여 공개의 취지가 누가 얼마나 받는지의 호기심의 발로라기보다는 특정 기업에서의 임원의 급여가 너무 과한 것이 문제가 되지 않는지의 이슈이다. 공시는 물론 회계의 영역이지만 보수공개는 사회 정의와 정당성 차원에서 공개의 대상이 되었다.

연결재무제표의 개념이라는 것은 순수히 회계에서만 적용되던 개념이다. 위 신문기사의 마지막에 기술된 내용도 일리가 있는 것이 연결재무제표는 법적으로는 별개의 실체인데 단지 회계상으로 한 개의 실체인 듯이 회계정보를 연결한다는 개념인데 어떤 이유에서 급여 공개까지도 연결재무제표를 엮으려 하는지가 이슈가 될 수 있다.

연결재무제표는 회계정보에 있어서 연결실체간의 법인격을 연결하라는 의미이다. 기업이 배당의사결정을 수행할 경우도 별도 재무제표에 근거해서 배당을 결정하는 것이지 연결재무제표에 근거하여 배당을 결정하는 것은 아니다. 연결재무제표의 내용이 너무 광범위하게 적용되는 것이 바람직한 것인지에 대해 고민해 보아야 한다.

또한 개인의 소득은 개인의 이슈인데, 임원의 급여를 공개하라는 것은 그 기업으로부터 임원이 어느 정도 급여를 받는지를 보이라는 것이지 각 개인의 소득을 보이려는 취지는 아니다. 각 개인의 소득은 개인 정보로 보호받아야 한다.

2018년 5월 21일 국무회의를 통과한 고등교육법시행령 중 교육공무원법 시행령에 보면 사외이사를 겸직하는 교수는 월별 지급내역과 교통비·회의 수당 등 보수 일체를 의무적으로 소속 대학 총장에게 보고해야 한다. 교육부는 "교수의 책무성·투명성 제고"라고 취지를 밝혔다(교수신문, 2018).

누구도 직업이 두 개일 수는 없으므로 교수가 사외이사 등으로 다른 회사에 등기를 하게 되면 당연히 학교에 겸직 승인을 받아야 한다. 그러나 회사에서 받는 보수를 보고하라는 것은 어떠한 차원인지 이해가 어렵다. 위의 신문 기사에서 기술되어 있듯이 책무성, 투명성 제고라는 것도 이해가 어렵다. 이러한 것이 단순히 누가 어디 가서 얼마를 받는지 궁금하니 공개하도록 하자고 한다면 이는 개인의 자유와 경제활동에 제재를 하려는 사회주의적인 성향의 정책이다.

물론, 모 국립대학교의 경우와 일부 사립대학에서와 같이 교수의 사외이사 활동에 대해서 일부의 보수 금액의 일정 부분을 overhead로 징수하는 경우는 그 대학의 정책으로 확정된 경우이므로 보수를 신고하는 것을 이해할 수는 있다. 물론, 이러한 경우도 외국에서 보기에는 이해하기 어렵겠으나 이공대 교수들이 대학교의 시설과 명성 등에 기초하여 연구활동을 수행하고 연구비를 수주한 것이므로 일정 부분을 대학본부가 overhead로 부과한다는 차원에서는 해당 대학교 교원의 사외이사 활동의 기회가 개인적인 역량에 근거하지만 소속 대학의 명성과 무관하지도 않다는 차원에서는 이 제도를 이해할 수도 있다.

그럼에노 불구하고 이러한 모든 변화가 우리 사회에 영향을 전파되는 복지나 평등 등, 과도한 사회주의적인 성격으로 이동한다면 이는 유념하여서 관찰하여야 한다.

회계의 문제는 재무제표에 국한하지 않고 모든 정보의 공유 등과 연관되기 때문에 이러한 내용도 회계의 이슈이다.

상장기업에 대해서 보수 공개가 진행되자, 회계법인에 대해서도 동일한 내용이 적용되고 있다. 상장기업은 그나마 주주가 있으므로 주주의 부가 과도

하게 높은 급여로 훼손되면 안 된다고 이 정책이 정당화될 수 있는데, 회계법인은 주인이 회계법인의 파트너들인데 이 정책은 어떻게 정당화될 수 있는지가 의문이다. 혹시, 회계법인이 공공성을 추구하므로 이 공공성에 훼손될 경우는 규제/감독당국이 개입할 수 있지만 파트너의 급여 수준은 공공성과도 별 관련성을 찾기 어려우므로 이 정책은 이해가 어렵다. 그 내용은 다음과 같다.

회계법인의 공시 내용 강화 - 이사의 보수 공시
- 금번 개정된 외감법 제25조(회계법인의 사업보고서 제출과 비치, 공시 등) ②항에 의하면, 회계법인인 감사인은 매 사업연도 종료 후 3개월 이내에 사업보고서를 증권선물위원회에 제출하여야 하고, 동 사업보고서에는 이사보수(개별 보수가 5억원 이상인 경우)를 기재하도록 하고 있다.
- 회계법인이 사업보고서는 증선위 보고에 따라 현재 금감원 DART시스템에 공개되어 누구나 접근 및 조회가 가능하다.
- 이사보수의 공시 방법에 대해서는 구체적인 template 등이 제시되어 있지 아니하나, 상장회사의 이사보수 공시의 사례를 참조한다면 실명과 보수총액 등을 포함하는 개념으로 이해된다.
- 회계법인은 감사를 담당하는 파트너 전원이 이사이므로, 소수의 등기이사로 구성된 상장회사보다 이사의 범위가 매우 넓고, 상장회사에 비해 상대적으로 외부 이해관계자가 제한적인 상황에서 소득 등의 개인정보를 공시하는 실익에 대해서는 추가적인 고려가 필요하지 않은지 우려가 된다.

5억원이라는 급여 수준은 일반 기업에서 5억원이 넘는 급여를 받는 5명의 임직원을 공시하는 것과 동일하다.

최근에 와서 감사보고서에 감사시간과 감사보수를 포함하게 하는 것은 감사품질과 감사시간/감사보수간에 어느 정도 연관성이 있으므로 이는 정당화될 수 있다.

회계법인 고소득 이사의 소득 공개 또한 호기심의 발로라고 하면 국민들 간에 위화감만을 조성하게 된다.

일부 언론에서는 국민연금관리공단의 건강보험료에 근거하여 연봉 어느 정도 이상의 급여를 받는 임직원의 숫자를 공개하기도 하였는데 이러한 언론

의 보도가 국민정서에 바람직한지에 대해서는 언론도 고민해 보아야 한다.[1]

서울 강남 지역의 아파트 가격이 상승하면 언론은 평당 아파트 가격이 가장 높은 지역의 아파트 가격을 집중적으로 보도하여서 아파트 가격의 상승을 조장하기도 한다.

무엇을 공시할지도 또한 이러한 정보가 어떻게 이용될 수 있는 정보인지에 대해서 관련 당국에서는 정책 방향을 정할 때 고민하여야 하며 이는 공시라는 제도권에서의 정보의 소통 수단은 아니지만 언론도 예외가 아니다.

공시 정책을 결정하는 기관에서 이러한 정보가 어떻게 사용될 수 있을지, 즉, 어떠한 새로운 정보를 공시하도록 하는 취지가 명확한지에 대해서 철학이 있어야 하는지는 의문이다. 예를 들어 외국에서는 CEO가 일반 직원의 평균 급여보다 몇 배를 더 받는지를 공시하도록 의무화한다. 이러한 정책의 취지는 아마도 CEO의 급여가 너무 높아지는 것은 미연에 방지하자는 뜻일 수 있다.

반면에 CEO의 높은 급여가 CEO로 하여금 더 열심히 일을 하게 하는 incentive로 작용을 하고 이것이 기업 가치의 상승에 순기능이 될 수 있다.

그러나 이러한 정보를 의무화하는 취지가 명확하게 사전적으로 정의되고 정당화되어야 하는 것인지에 대해서도 의문이 있다. 이러한 정보의 공시 정보를 정보 이용자가 어떻게 해석할지는 정책기관이 걱정할 바가 아닐 수 있다. 정보 이용자가 궁금해 할 수 있는 정보는 기업으로 하여금 공시하도록 할 것이니 이러한 정보가 어떻게 이용될지는 시장이 고민할 것이지 정책 기관이 고민할 사안이 아니라고 생각할 수도 있다.

---

1) 조선일보 2017.2.13. 연봉 9억 이상, 삼성전자 151명·김앤장 119명 順

Ribstein(2004)은 과거의 회계법인의 형태가 유한회사였다가 Limited Liability Partnership(LLP, 제한적 유한회사)으로 변경되면서 과거의 유한회사 때에는 negligence(중과실)에 대해서 연대 보증의 책임이 있었으나 지금은 그러한 책임을 지지 않는다는 점이 회계법인의 명성과 품질이 낮아진 사유라고 지적했다.[1]

회계법인의 형태가 유한회사(Liability Partnership)에서 제한적 유한회사로 변경되는 데 따라 각 파트너들에게는 책임 감경의 장점이 존재하는 반면 위에 기술한 바와 같이 단점도 존재한다. 장점은 파트너들이 다른 파트너들의 잘못에 무한한 책임을 지는 위험을 회피할 수 있다는 것이다. 자신의 잘못도 아닌데 단순히 공동체라는 차원에서 책임을 지라는 것도 공평하지 않은 처사일 수 있다.

회사의 형태는 합자회사, 합명회사, 유한회사, 주식회사로 상법에서 구분하는데 각 회사의 유형이 갖는 장단점이 모두 존재한다. 회계법인이나 법무법인은 전문가 집단으로서 그들에게 가장 부합하는 회사의 형태를 찾아야 한다.

동시에 LLP의 단점은 파트너들간에 제한적인 책임만을 묻게 되므로 상호견제가 느슨해 질 수 있다는 점이다. 즉, 회계법인 차원에서 quality control을 해 주어야 하는데 상호간에 본인이 관여된 회사와 업무 범주에 대해서만 책임을 진다고 하면 quality control에 신경을 덜 쓸 수도 있다.

즉, quality control이 적절하게 수행되지 않을 가능성이 높아진 것이다. 본인이 책임을 질 수 있는 범주 안에서만 책임을 지게 하는 것이 맞다. 그러나 이와 같이 파트너들간의 책임의 구획을 구분할 때, 회계법인의 품질관리에 문

---

1) 손성규(2006) chapter 4를 참조한디.

제가 발생할 수 있다. 다른 파트너의 잘못으로 인해서 그 파트너만 피해를 보게 되어 있지 나의 이해에는 영향을 미치지 않는다고 하면 나만 잘하면 되지, 굳이 법인 차원에서 상호간에 quality control에 신경을 쓸 일이 무엇인지로 귀착될 수 있다. 즉, check and balance에 결함이 노정될 수 있다. 외감법에서 회계감사를 수행하는 주체는 법인과 감사반이지 공인회계사 개인이 아니라는데 주목하여야 한다.

파트너들이 다른 파트너들과의 관계에 있어서 어디까지 책임을 져야 하는지의 이슈는 회계법인이 분식회계에 있어서 기업의 이사들과 연대책임을 져야 하는지 비례책임을 져야 하는지의 이슈와도 유사하다.

단, 이 연대책임/비례책임 이슈는 대부분 분식회계에 대해서 기업과 감사인이 책임을 어떻게 분담할 것인지의 이슈이지, 회계법인 내에서의 책임 분담의 이슈는 아니다.

회계법인에게 연대 책임을 묻다가 2013년 12월 30일부터[2] 외감법의 개정으로 비례 책임을 묻게 되었지만 책임이 경감된다는 것이 감사인으로서의 due care역할을 하는 데 도움이 되는 것인지에 대한 의문이 있다. 단, 기업의 잘못을 회계법인이 모두 떠안는 구조를 피하는 변화였지만 그럼에도 기업이 피해를 부담할 여건이 되지 않는다고 하면 감사인이 떠안아야 하는 부담은 여전하다. 비례책임이라 기업도 아직 배상해야 하는 금액에 대해서 지급 능력이 있을 때, 기업과 감사인이 본인이 책임질 수 있는 부분까지에 대해서 책임을 지라는 것이라서 기업의 부담 능력이 있을 경우, 연대 책임에 비해서는 감사인에게 도움이 되는 법의 개정이었지만 기업이 부담할 능력이 없다고 하면 기업이 되었건 감사인이 되었건 배상을 해야 하기 때문에 감사인이 부담하여야 하는 것에는 법 개정 이전과 차이가 없다.

이러한 회계법인의 복잡한 책임의 문제가 존재하면서 미국에서도 수년 전부터 회계법인의 형태가 단순한 partnership이 아니라 LLP(Limited Liability Partnership, 제한적 유한회사)의 형태를 띠고 있다.[3] 법무법인도 동일한 회사의

---

2) 손성규 (2017) chapter 6를 참조한다.
3) 매일경제신문. 1995. 12. 23. 각국 회계법인 손해배상무한책임 큰 부담, 유한, 주식회사 전환 러시.

형태를 갖는다.

공인회계사법을 1997년 1월13일에 전면 개정할 때, 회계법인에 대해 상법상의 유한회사의 규정을 준용하도록 개정되었다.

국내의 회계법인일 경우도 1998년 합명회사(무한책임)에서 공인회계사법에 의해 유한회사로 상법상의 회사의 형태가 변경되었다. 이렇게 되면 파트너들은 자신들이 출자한 범위 내에서 책임을 지며 이러한 변화는 감사위험과 연관될 것이다.

Wikipedia에서는 LLP를 다음과 같이 정의하고 있다.

A limited liability partnership (LLP) is a partnership in which some or all partners(depending on the jurisdiction) have limited liabilities. It therefore exhibits elements of partnerships and corporations. In an LLP, each partner is not responsible or liable for another partner's misconduct or negligence. This is an important difference from the traditional unlimited partnership(유한회사) under the Partnership Act 1890(for the UK), in which each partner has joint(연대) and several liability. In an LLP, some partners have a form of limited liability similar to that of the shareholders of a corporation.

즉, 주식회사에서 주주는 자기가 투자한 금액에 대해서만 책임을 지게 되지, 즉, 투자금액을 모두 손해 보면 이 이상으로 책임을 지지는 않는다. 즉, 주주의 책임도 유한 책임이며 LLP에서의 limited도 동일한 개념의 적용이다.

즉 유한회사에서 업무상 과실을 범한 partner가 아닌 파트너에게까지 어느 정도 이상의 책임과 부담을 주는 것이 바람직하지 않을 수 있다. 파트너십에 있어서 공동책임을 지우기 때문에 partner로 편입하는 시점에서 quality control을 확실하게 하라는 강한 message를 줄 수 있는데 Limited partnership은 어느 정도 이 공동 책임을 제한하므로 이러한 quality control이 조금은 취약해질 수 있다. one firm 체제에서는 국제간에서도 공동 책임을 질 수 있으므로 우리나라의 빅4회계법인에서 파트너로 승진할 때, 외국의 빅4회계법인에서 근무하는 파트너가 우리나라의 후보자에 대한 평가에 관여할 수도 있다.

하물며 미국의 본사에서 일부 회계법인의 경우는 우리나라 대표이사의 선임의 경우에 파트너 투표에 의해서 결정되는 것에 대해서는 관여하지 않아도 quality control을 담당하는 책임자의 임명에는 관여한다고 한다. 그 정도로 미국의 회계법인은 quality control에 대해서는 많은 신경을 쓰고 있다. 전 세계적인 파트너십에서의 공동 책임의 이슈 때문이다. 즉, 우리나라 회계법인에서 CEO의 역할이 영업과 일반적인 경영활동에 있다고 하면, 이는 우리나라에 맡겨 둘 수 있지만 quality control을 담당하는 임원만큼은 직접 챙기겠다고 하는 것이다. 엔론사태 때 Arthur Anderson이라는 회계법인이 해산의 과정을 거치는 역사적 교훈이 시사하는 바가 크다.

물론, 이는 진입 시점에서의 장벽이지 일단, 진입한 이후에는 quality control이 더 어려울 수 있다. 회계법인에서 거의 대부분 파트너가 되기 이전에 최소한 15년 정도의 경력을 갖게 되므로 track record에 의해서 평가가 이루어질 수 있다.

LLP라는 법인의 형태가 잘못하면 다른 파트너의 잘못은 그 개인의 문제이므로 나와는 아무런 관련이 없다는 무관심으로 수렴된다면 이는 큰 문제이다.

이러한 책임의 공유 문제는 기업의 지배구조에서 공동 대표이사를 세울 때, 이 공동 대표가 각자 공동 대표인지 공동대표인지를 결정하는 것과도 연관된다고 할 수 있다. 각자 대표일 경우는 본인들이 맡은 업무에 대해서만 구분하여 책임을 지면 되는 것이고, 공동 대표일 경우는 공동으로 책임을 지라는 것이니 공동 대표간에 check and balance가 가능하다. 각자 대표인 경우는 자기가 맡은 영역에 대해서만 책임을 지면된다.

어떻게 보면 제한적 유한회사로 회계법인의 법인의 형태를 결정하는 것은 각자 대표로 대표이사를 세우는 것과 매우 유사하다고 할 수 있다.

회계감사는 회계법인이 수행하는 용역이므로 회계법인이 어떠한 조직과 체계로 움직이는지는 매우 중요하다. 특히 외감법에서 감사의 주체를 자연인인 개인공인회계사가 아니라 법인격인 회계법인이나 감사반으로 정의하고 있어서 감사는 개인이 아니라 시스템이 하는 것이다. 물론, 이 시스템을 움직이는 것은 사람이다. 그렇기 때문에 이러한 법인을 구성하는 파트너는 모두 개인이지만 이들 개인간의 결속력이 '제한적 유한 책임'으로 인해서 매우 느슨해진다면 이는 바람직하지 않은 현상일 수도 있다.

특히 지정제가 확장되면서 소형 회계법인의 합종연횡이 현재 진행형이라서 회계법인의 형태에 대한 고민은 매우 중요하다. 최소 40명(지방은 20명)의 공인회계사가 소속된 회계법인이 감사인을 지정받을 수 있는 회계법인으로 정해질 듯하다. 지금 현재의 법인으로 인가되기 위한 최소 인원인 10명으로는 법인으로의 인가는 받을 수 있지만 지정을 받을 정도의 체계를 갖추기에는 뭔가 부족하다는 판단을 감독기관이 수행한 것이다.

회계법인이 단일 회계법인의 조직 형태라기보다는 감사반의 연합체와 같이 움직이는 것은 바람직하지 않다. 왜냐하면 외감법에서 감사인을 회계법인과 감사반으로 정의하고 있으므로 감사를 수행하는 기본적인 단위가 회계법인이기 때문에 법인으로서의 조직과 체계를 갖추어야 한다. 법인의 의사결정을 대표이사가 주도하여야 하며 quality control을 위해서 품질관리실(심리실) 기능을 갖추어야 한다. 회계법인의 quality를 평가할 때, one firm으로서의 조직화된 체계를 갖추었는지가 이슈가 되는데 이 또한 현재의 논점과 무관하지 않다. 이러한 업무를 수행하기 위해서 법인을 대표할 수 있는 대표이사가 존재하는 것이다.

단일 체제의 법인이지만 법인이라고 믿기에는 매우 느슨한 형태의 법인을 가지고 가는 경우도 다수 경험하였다. 이러한 점은 품질관리감리에서 점검되어야 하는 부분이다.

일부 회계법인은 분식회계로 인해서 법인에게 부과된 과징금을 개인 공인회계사에게 부담시키는 경우도 있으며, 심리실이 업무가 매우 느슨해서 상장기업의 감사의 경우는 4년째 되는 연도에는 파트너를 교체해 주어야 하며 개인 파트너가 이를 놓치더라도 이러한 정도의 routine한 점검은 당연히 심리실에서 해 주어야 하는데 이러한 기본적인 업무도 수행하지 못하는 중소회계법인의 심리실도 있다. 그만큼 일부 회계법인은 one firm으로서 체계가 갖추어지지 않고 감사반의 연합체와 같이 움직인다는 반증이기도 하다.

누가 어디까지 책임을 져야 하는지는 매우 중요한 이슈이며 그래서 외감법에서 수년간의 논의 끝에 감사인들이 연대 책임이 아니라 비례책임을 지면서 책임을 경감받는 개정을 하게 되었다.

비례책임이라는 것이 본인들이 잘못한 부분에 대해서만 책임을 지지 남의 잘못에 대해서까지도 책임을 지는 것은 불합리하다는 정신이라 합리적이지만 이로 인해서 잘못이 무책임하게 취급된다면 바람직하지 않은 현상이다.

1997년 이전의 회계조직은 사원이 연대하여 무한책임을 부담하는 합명회사 또는 조합형태로 되어 있었다. 즉, 회계법인은 상법상 합명회사로서 사원은 전원 무한연대책임을 지며 합동회계사무소의 경우 감사에 참여한 공인회계사가 그리고 감사반의 경우는 구성원 전원이 부실감사에 대한 책임을 지게 되어 있었다. 이에 대한 문제가 크게 지적되자, 1997년 공인회계사법 개정에 의해 회계법인의 법적 지위가 무한책임사원으로만 구성된 합명회사에서 '유한회사'에 관한 규정을 준용하는 것으로 변경되었고(제40조 2항), 따라서 공인회계사는 자기가 관여한 사안에 대해서는 무한 책임을 지더라도 자기의 책임 밖에서 처리된 사안에 대해서는 일정 범위의 유한책임만을 부담하도록 되었다.
이상돈, 부실감사론: 이론과 판례, 법문사, 2007, p. 139, 각주 28.

이렇게 유한회사의 형태로 유지해 오다가 이러한 책임의 한계를 더 명확히 구분할 수 있는 제한적 유한회사(limited liability partnership)로 유한의 의미가 더욱 강조되는 회사의 형태이다.

한때, 합명회사였던 경우에 우리나라도 대표사원, 심리사원, 담당사원이 모두 서명을 하기도 하였으나 대표이사 한명이 서명하게 된 것은 공인회계법상 회계법인이 1998년 합명회사에서 유한회사로 변경된 것이 주 원인이었다. 물적회사[4]에서는 대표이사 한명으로 충분하다고 보았고, 또한 여러 명을 기재하다 보니 감사미참여자를 기재하는 경우도 많았다.

한국에서도 여러 명이 서명하는 것으로 변경되는 움직임이 있는데 이는 물적회사의 의미에는 반하는 조치라는 주장도 있다.[5]

---

4) 회사를 사회학적형태에 의하여 분류할 때, 사원의 수가 적고 그 개성이 짙으며 사원이 누구인가 하는 회사의 인적요소를 강조하는 회사를 인적회사라 하고, 사원의 수가 많고 그 개성이 희박하며 회사 재산이라는 회사의 물적요소를 강조하는 회사를 물적회사라 한다. 물적회사는 자본회사라고도 하며 가장 대표적인 형태가 주식회사이고, 유한회사는 물적회사의 색채가 강한 회사로 볼 수 있다. 또한 인적회사의 전형적 형태는 합명회사이고, 합자회사는 인적회사에 가까운 형태로 볼 수 있다(매일경제, 매경닷컴).
5) 현재 논의되는 형태는 미국은 담당 파트너가 서명하는 것으로 변경하고 있으며 국내는 파트너일 경우는 감사보고서에 이름만 기재하는 것으로 변경 중이다.

유한회사로서의 회계법인의 공동 책임의 이슈를 감사반과 비교해서 설명한다.[6]

감사반의 경우, 분식회계가 발생할 경우 과거에는 계정 담당자만 조치를 받았다. 그러나 감사반도 감사보고서에 서명을 하는 경우는 세명이 모두 서명을 하므로 세 명이 모두 책임을 져야 한다고도 생각할 수 있으며 또 회계법인과 같이 이상적이기는 cross check이 수행되어야 한다. 감사반이 회계법인과 같은 조직화된 법인체는 아니지만 그렇다고 개인 공인회계사도 아니므로 어느 정도의 minimum한 조직의 형태는 갖추어야 하며 이들 조직원간에 공동의 책임의 개념도 있어야 한다.

외감법에 따른 감사의 경우에는 외감법 시행규칙 제3조 제1항 및 제2항에 따라 감사반의 구성원 중 3인 이상이 기명·날인하여야 한다. 기명 날인뿐만 아니라 3인 이상이 참여하여야 한다고 되어 있어 단순한 서명의 이슈가 아니라 실질적인 참여를 의미하는 것이다. 물론, 참여하지 않고 내용을 인지하지 못하는 문건에 서명만을 할 수는 없는 것이다.

외감법 시행규칙 제3조(감사반의 업무방법 등) ① 감사반이 법 제2조의 규정에 의한 외부감사를 행하는 경우에는 당해 감사반의 구성원 중 3인 이상이 참여하여야 한다. ② 감사반이 법 제8조의 규정에 의한 감사보고서를 작성한 때에는 제1항의 규정에 의하여 당해 회사의 외부감사에 참여한 구성원 전원이 기명·날인하여야 한다.

감사반의 구성원 모두가 감사보고서에 서명하게 하는 것은 법인일 경우 대표이사만이 서명을 하게 되는데 회계법인의 경우는 법인이 시스템으로 그 자체가 법적 실체(법인격)로 존재하므로 대표 이사가 법인을 대표하여 서명한다고 간주한 것이다. 반면에 감사반은 법인체가 아니라 개인의 연합체이기 때문에 세 명의 구성원 중 대표자를 인정할 수도 없고 대표자도 없다. 즉, 법인이 아니므로 법인격이 아니다. 따라서 감사반원 모두의 참여와 서명의 의무를 부과하여 공동 책임을 묻는 것이다.

---

6) 손성규(2014), 회계환경, 제도 및 전략의 chapter 71에서 인용한다.

한 감사반원만이 감사를 수행하고 두 명 감사반원은 전혀 감사에 관여하지도 않고 감사과정을 같이 공유하지 않았을 경우를 가정한다. 감사를 수행한 회계사가 다른 두 명의 감사반원에게 알리지 않고 날인을 했다면 이는 인감을 도용한 것이고, 나머지 두 명의 감사반원에게 날인을 한다고 알리고 감사보고서에 세 명 직인을 날인하며 적정으로 공시하였고 이 재무제표에 허위 공시가 포함되었다면 나머지 두 명의 감사반원도 분식이 포함된 재무제표에 서명을 하였으므로 분식회계에 대한 책임을 져야 한다. 외감법 시행 규칙에 감사반 모든 회계사가 서명을 하게 한 것은 공동책임을 지라는 것이다.

이는 회계법인에서 이사가 책임을 지고 감사를 수행하지만 부실감사가 발생하면 이사(주 책임자), 계정담당자(보조 책임자)가 팀으로 모두 책임을 지는 것과 같은 정신으로 이해하면 된다.

감사보고서에 누가 서명을 하는지는 법적인 책임과 관련되므로 매우 중요한 이슈이다. 미국에서는 2017년부터 대표이사가 서명을 하는 것이 아니라 담당 파트너가 서명을 하는 것으로 변경되었고 2018년 봄부터는 담당 파트너가 서명한 감사보고서를 받아 보게 된다.

우리나라의 경우도 개정안에 따르면 '업무담당이사는 ○ ○ ○ 입니다'라는 문구가 별도로 추가된다. 다만, 실명 공개로 개인의 안전에 대한 위협이 합리적으로 예상되는 경우에는 공시하지 않을 수 있다(harm's way exemption). 업무담당이사는 우리가 흔히 파트너라고 지칭하는 position이다.

또한 감사반일 경우에 감사를 수행한 건에 대해서는 세 명이 공동책임인 것은 분명한데 거의 관행은 한명이 감사를 수행하며 서명만을 세 명이 수행하는 행태일 수도 있지만 시행규칙에 의하면 이는 인정될 수 없다. 실무행태가 규정을 준수하지 못할 상황이라면 규정을 변경하여야 하지만 그래도 준수할 수 있는 상황이라며 이 규칙대로 준수되어야 한다. 이러한 것이 정책의지라는 판단이다. 감사반 모두가 서명을 하므로 이들 3인간에 check and balance를 이루라는 것이다.

위에서 검토한 감사반의 회계감사 제도는 공동 책임의 이슈를 매우 심도 있게 고민한 결과인 듯하다. 이에 대비해서 제한적 유한회사는 감사반에도 적용되는 check and balance의 기능과 제도가 완비되어 있는 것인지에 대한 의문을 갖게 한다.

Ribstein(2004)에서도 인용되었듯이 책임이 유한하다는 것이 본인이 수행하지도 않은 업무에 대해서 책임을 묻는다는 것이 불합리하다는 논지는 일응 이해가 가지만 이렇게 회계법인의 법적 형태를 가져가는 것이 자칫 quality control에는 minus의 효과가 나타날 수도 있다. 즉, 무한책임을 가질 때, 구성원들이 파트너 상호간에 monitoring을 더 철저하게 수행할 수 있다. 물론, 회계법인이 어떠한 법적 체제를 띠거나 모두 장단점이 있는데 이미 1997년에 유한회사의 법 형태로 변경한 것을 다시 합명회사로 변경할 수는 없는 것이다.

한국경제신문. 2017.5.19. ─────────────────
"상장기업 44%, 기업공개 후 IR 한 번도 안 했다

전체 상장사의 절반가량이 기업공개(IPO) 이후 단 한 번도 기업설명회(IR)를 열지 않은 것으로 나타났다. 투자자와의 소통을 소홀히 하는 것 아니냐는 지적이 나오고 있다.

18일 한국거래소에 따르면 국내 증시에 상장된 2,117개 기업 가운데 940곳(44.3%)이 상장 이후 단 한 차례도 IR을 개최하지 않은 것으로 집계됐다. 시장별로 중소·벤처기업 중심인 코스닥시장의 IR 미개최 기업 비율(47.8%)이 중대형 기업 위주인 유가증권시장 (39.7%)보다 높았다. 국내에 IR이 본격적으로 도입된 2000년 이후 지금까지 IR 행사를 한 번도 하지 않은 기업 리스트에는 동서, 남양유업 등 유명 기업도 상당수 포함된 것으로 알려졌다.

거래소 관계자는 "IR은 상장기업이 회사 실적과 사업전망 등을 투자자에게 설명하고 지속적인 투자를 요청하는 매우 중요한 자리"라며 "IR을 통해 수시로 투자자와 소통하는 해외 상장사와 달리 상당수 국내 상장사는 소극적인 IR 활동을 벌이고 있다"고 말했다.

매년 1회 이상 꾸준히 IR 활동을 하는 기업 수는 훨씬 적을 것으로 거래소와 한국IR협 의회는 추정했다. 한국IR협의회 관계자는 "매년 IR을 개최하는 업체는 전체 상장사의 10% 수준인 200여개에 불과하다"고 설명했다.

한국거래소와 한국IR협의회는 상장사가 좀 더 자주 IR을 열도록 독려하기로 했다. 거래소는 지난주 코스닥 상장기업을 대상으로 IR을 개최하라는 권고 공문을 보냈다. IR을 여는 기업에 장소를 제공하고 여러 기업이 합동 IR을 열면 진행 과정을 직접 돕는다. 성실한 IR 활동을 하는 기업에는 혜택도 제공한다.

IR활동은 자발적인 경영활동이어야 한다. 간혹 신문 기사에는 일부 기업이 하는 기업활동이 산업의 norm인 듯이 보도되는 경우가 있는데 이는 그렇지 않다.

감사위원회의 설치도 자산 규모 2조원이 넘는 기업이 아니라고 하면 강제가 아니고 그 이하 규모의 기업은 자발적인데 마치 자발적으로 설치한 기업이 모범이 되는 듯이 강요하는 것은 잘못된 것이다.

한국공인회계사가 기업지배구조원에 위탁하여 작성된 감사위원회 모범규준에서도 감사위원회를 자산규모 1조원 넘는 기업이 채택하도록 규정하고 있는데 설명회에서도 규준은 규준에 그쳐야 하는데 상법에서도 자산 규모 2조원이 넘는 기업이 채택하도록 의무화되어 있음에도 규준이 상법을 넘어서 규정하는 데는 문제가 있다는 지적도 있었다. 물론, 규준이 상법에서 규정하는 것 이상으로 감사위원회에 적극적으로 전향적으로 대하는 것이 바람직하다는 상징적인 의견을 낼 수는 있다. 법에 규정한 내용만을 반복한다면 규준으로서의 존재 가치가 없게 되므로 자체적인 판단을 할 수 있다. 회계 및 재무전문가의 경우도 법에는 1인 이상으로 되어 있으나 모범 규준에는 2인 이상으로 되어 있다.

한국IR협의회라는 단체가 있고 또한 사설로 IR활동에 도움을 주는 회사도 있다. IR 활동에는 분명히 순기능이 있다. 주가 관리의 차원이라는 주장도 있지만 주가관리 차원에서 시장과 소통하려는 것이 부정적이지 않다.

매일경제신문. 2017.1.5. ——————————————————
금감원, 부실감사 첫 점검⋯ 상장사 40%만 감사위 설치

금융감독원이 올해 상장사의 내부감사 운영 실태를 점검할 예정이다. 금감원이 기업의 감사 실태를 직접 점검하겠다고 나선 것은 이번이 처음이다. 감사나 감사위원의 현황과 직무 수행 실태 전반을 파악해 부실감사와 분식회계 위험이 없는지 사전에 예방하겠다는 의도다.

금감원 관계자는 4일 "지난 해 수주산업을 중심으로 대기업의 분식 회계와 부실감사 의혹이 불거지면서 감사의 경영진 견제 기능이 약화됐다는 문제가 제기됐다"며 "상장사

들의 감사 실태를 전반적으로 살펴보고 개선 조치를 취할 예정"이라고 말했다.

구체적으로 점검 방식은 확정되지 않았으나 감리대상 기업이나 감사위원회 설치가 의무화된 대기업을 대상으로 우선 점검에 나설 가능성이 높다.

상장사의 감사와 감사위원회는 기업이 외부감사나 감리를 받기 이전에 기업 경영진의 회사 운영과 회계, 전반적인 내부 통제 시스템을 관리 감독하는 일차적인 감사 기능을 한다. 현재 국내 상법상 자산 규모 2조원 이상 상장사는 구성원이 3분의 2 이상이 사외이사이고, 위원장이 사외이사인 감사위원회를 의무적으로 설치하도록 돼 있다. 자산 규모 1,000억 원 이상 2조원 미만 상장회사는 상근 감사 또는 감사위원회를 설치하도록 돼 있다. 한국기업지배구조원에 따르면 2015년 사업보고서 기준 감사위원회를 설치한 상장사는 286개로 전체 기업(713개)의 40.1% 수준이다. 이 중 자발적으로 감사위원회를 설치한 회사는 141곳에 불과하다. 더군다나 이들 감사/감사위원회가 외부 감사인 선임, 회사의 업무와 회계 및 재산 상태에 대한 감사 같은 직무 수행을 제대로 하고 있는지 관리 감독도 제대로 되지 않았다. 회사 임원이나 측근이 감사를 맡거나, 감사위원회가 형식적으로 열려 유명무실한 경우도 많을 것으로 예상된다.

방문옥 한국기업지배구조원 연구원은 "국내 상장사의 감사위원회 개최 회수는 평균 4.1회인데 분기나 반기보고서 검토를 위해 형식적으로 열리는 경우가 대부분"이라며 "미국은 60%의 기업이 7회 이상 감사위원회를 개최하고 있다"고 말했다.

하지만 올해부터 이들 감사 감사위원회의 내부감시와 경영진 견제 책임이 강화된다. 회사에 분식회계나 중대한 회계오류가 발생했을 때 감사 또한 해임 권고, 검찰 고발 조치 같은 고강도 제재를 받게 되기 때문이다. 금감원은 지난해 이 같은 내용으로 '외부감사 및 회계 등에 관한 규정 시행세칙'을 개정했으며 올해부터 시행한다.

금감원 관계자는 "감사 감사위원회의 책임성과 전문성이 이전보다 강화됐다"고 말했다.

---

chapter 24에도 기술되었듯이 기업은행의 경우, 중소기업은행법에 의해서 감사위원회가 아닌 1인의 상근 감사에 의해서 감사활동을 수행하고 있다. 각 기업은 그들이 처한 상황에 따라서 가장 적합한 제도를 채택하면 되는 것이다. 회의체만이 능사가 아니고 1인 개인이 책임을 지고 감사실의 도움을 받아서 감사 업무를 더 잘 수행할 수 있다.

다만, 자산규모 2조원을 넘는 기업에만 감사위원회가 강제되므로 이러한 규모가 되지 않는 기업이 감사위원회를 운영하는 것은 그들의 자유의지에 맡겨져야 한다. 법에서 강제가 되지 않는데도, 기업을 압박하여 자발적으로 이 위원회를 가동하여야 good company라는 압박을 하여서는 안 된다. 또한 형식적인 설치보다는 어떻게 운영하고 이러한 위원회에 참여하는 위원 각자가 얼마나 신의성실에 입각하여 감사위원회 활동을 수행하는지가 훨씬 더 중요하다.

감사위원회의 운영이 제대로 되고 있는지를 검토하기 위해서는 예를 들어, 기업지배구조원의 기업지배구조 평가에서와 같이 감사위원회가 의무화되고 있는 기업에서 회계 및 재무전문가로 분류될 수 있는 위원이 활동하고 있는지 등이 평가항목이 될 수는 있다.

모 언론에 의하면 재벌 대기업이 회계 및 재무전공자로 경영학을 전공하는 교수를 분류하였는데 이에 대해서 경영학 교수라고 회계 및 재무전문가가 아니라는 비판을 하고 있다. 어떤 언론에서는 회계 및 재무전문가 1인을 포함하고 있지 않는 기업을 공개하기도 한다.

대통령령에 회계 및 재무전문가가 정의되어 있지만 예시에 불과하며, 학위나 자격증이 아닌 실무 경험에 의한 판단은 주관성이 개입된다.

위의 기사를 보면 감사위원회를 구성하는 기업이 상근감사가 근무하는 기업보다 우월한 제도를 운영하고 있는 것으로 기술되어 있지만 그렇지 않다. 위원회 제도일 경우는 회의체 의사결정이기 때문에 책임이 희석될 수 있다. 오히려 개인 상근감사가 책임을 지고 감사 업무를 수행하는 경우가 더 큰 책임을 가지고 감사업무를 수행할 수 있다. 또한 상근감사위원이 기업의 내부정보에 밝아서 사외이사가 갖는 한계를 보완할 수도 있다. 단, 상근감사위원은 거의 대부분 금융기관이 채택하는 제도이다.

한국공인회계사회가 기업지배구조원에 용역을 위탁한 감사위원회 모범규준 제정을 위한 설명회에서도 모범규준 안에서는 감사위원회는 모두 사외이사로 구성되는 것으로 작성이 되어 있었지만 설명회에 참석한 토론자 중에서도 이러한 기업지배구조원의 규준 방향에 이의를 제기하는 경우가 많았다.

chapter 15 ｜ 핵심감사제(KAM, Key Audit Matters)[1]

수주산업에 대한 핵심감사제에서는 다음의 사항들을 점검하게 된다.

5개 핵심 항목에 중점(공사진행률의 적정성, 미청구공사금액 회사 가능성 평가, 투입법 회계정책, 공사 예정 원가의 추정 불확실성, 공사 변경 회계처리의 적절성)

핵심감사제가 적용되는 기업의 감사보고서는 다음과 같은 모습을 보인다.

감사의견에는 영향을 미치지 않은 사항으로서 이 감사보고서의 이용자는 다음 사항에 대하여 주의를 기울여야 할 필요가 있다.

1. 수주산업 핵심감사에 대한 감사인의 강조사항 등

수주산업 핵심감사항목은 「회계감사실무지침 2016－1」에 따라 감사인의 전문가적 판단과 지배구조와의 커뮤니케이션을 통해 당기 재무제표 감사에서 유의적인 사항을 선정한 것입니다. 해당 사항은 재무제표 전체에 대한 감사의 관점에서 다루어진 사항이며, 우리는 이 사항에 대하여 별도의 감사의견을 제공하는 것은 아닙니다.

우리는 ×××주식회사의 재무제표에 대한 감사의견을 형성하는 데 있어 아래와 같이 핵심 감사항목에 대하여 수행한 감사절차의 결과를 반영하였습니다.

---

1) 미국에서는 CAM, critical audit matters라고 표현하기도 한다.

보고서 KAM 기재 예시[1]

핵심 감사사항에 대한 설명

회사는 신규 제품이 출시와 개발로 인하여 양적 및 질적으로 유의적인 무형자산을 보유하고 있습니다. 당기말 현재 회사의 무형자산은 총 ×××백만원이며, 이러한 자산의 회수가능성 평가는 본질적으로 유의적인 판단이 요구되는 미래의 현금흐름 예측과 현재가치 할인결과에 기반합니다.

개발 중인 제품의 주요 위험은 성공적인 시험 결과를 얻고 필요한 규제 승인을 얻는 것입니다. 출시된 제품의 경우 핵심 위험은 해당 개별 제품을 성공적으로 상용화할 수 있는 능력입니다.

이런 점을 감안할 때, 새로운 제품의 개발로 인하여 취득하게 된 무형자산의 장부금액을 핵심감사 사항으로 선정하였습니다.

핵심감사 사항에 취해진 감사절차

우리의 감사절차는 다음과 같습니다.

무형자산 손상을 둘러싼 회사의 통제를 테스트하고 무형자산의 회수 가능성 평가에 사용된 회사의 가정, 특히 수익 및 현금 흐름 전망, 경제적 내용 연수 및 할인율 평가를 수행하였습니다.

개발 중인 제품의 경우 핵심적인 가정은 필요한 임상시험 승인을 받을 가능성입니다. 따라서 개발 중인 제품에 대한 감사절차에는 현재 진행 중인 개발 단계와 업계 관행을 고려하여 회사의 가정에 대해 평가하는 것이 포함되었습니다.

출시된 제품에 대해서는 치료 영역에 대한 시장규모, 예상 시장점유율과 예상 가격 및 관련 비용 예측치 등을 포함한 주요 재무적 가정 검증을 하였습니다. 또한 이와 관련하여 우리는 핵심 연구개발 인력에 대한 인터뷰를 수행하고 이와 경영진의 가정을 비교하였습니다.

그리고 경영진 측 전문가가 수행한 가치평가보고서를 입수 받아 적정성 검토를 수행하였습니다. 우리는 애널리스트의 예측과 비교하고, 과거의 예측과 실

---

1) 한영회계법인 2018.6.5. 제2회 회계투명성 제고 방안 세미나

제치의 비교를 통해 회사 예측의 정확성을 소급하여 평가하고 경영진과 논의를 통해 경영진의 주장을 검토하였습니다.

우리는 또한 재무제표 상의 관련된 공시 내용의 적정성을 평가하였습니다.

미국 2017년 6월 PCAOB가 Critical Audit Matter Rule 승인 후 SEC에 제출하고, SEC 비준만 남은 상태이며 SEC는 7월부터 의견 청취 중이다.

영국은 2013년에 KAM을 조기 도입하였으며, 유럽연합은 2017년부터 가장 중요한 재무제표 왜곡 위험을 감사보고서에 포함하였다.

미국 NYSE 상장기업은 상장규정에 의해 강제[2]하고 있으며, SEC 등록 기업 전체로 확대 검토(2015.9)하고 있는 상황이다.

동 규정은 내부감사기능이 리스크관리절차 및 내부통제시스템에 대한 지속적인 평가 결과를 경영진과 감사위원회에 제공해야 함을 명시하고 있다.

ICFR(Internal control over financial reporting)에 대해 외부감사인의 '감사'를 받는 미 대규모 상장사는 SOX 도입 이후 10여 년 간 부적정 의견이 지속적으로 감소한 반면, ICFR에 대해 외부감사를 받지 않는(즉, 경영진만 이를 검토하는) 소규모 상장사 중, ICFR에 중대한 취약점을 보유한 기업 비중은 증가 추세이다.

---

2) NYSE Listed Company Manual 303A.07 'Audit Committee Additional Requirements' section(c)항

2017년에 외감법이 개정되었으며 그 개정의 요체는 회계정보의 공시의 주체인 기업에게 더 많은 책임을 부과하고 책임을 묻게 되었다. 그리고 그 중심에는 감사위원회가 있다. 이사회는 기업의 경영 전반에 관한 업무를 다루게 되는 위원회이며 감사위원회는 업무감사(감시역할)와 회계업무를 중심으로(회계감사) 위원회 활동을 하게 된다. 물론 감사원도 이 두 기능을 수행하는데 미국의 감사원은 업무감사보다는 회계감사에 그 활동의 방점이 있는 반면, 우리의 경우는 회계감사보다는 업무감사가 더 중요하다.

회계정보의 적정성과 관련되어서는 기업에서 1차적인 책임을 맡게 된다. 물론, 감사위원회가 대부분(2/3 이상) 비상근 사외이사로 구성되어 업무의 한계는 있을 수 있지만 그럼에도 상법에서 부여하는 막강한 권한을 갖는 위원회이다. 3월이면 매년 본격적인 주주총회시즌이 다가오는데 기업들이 사외이사 임기가 끝나는 시점에는 매년 사외이사/감사위원들에 대해서 적격자를 찾게 된다. 그러면 감사위원회 활동에는 누가 적격인가? 저자의 감사위원회 활동 경험에 의하면 다음으로 구성됨이 가장 합리적이라고 판단한다.

감사위원회 업무의 한 축의 회계감사 업무이므로 일단은 회계 전문가가 선임되어야 하며 법에 의해서도 자산 규모 2조원이 넘는 상장사에는 회계/재무 전문가를 최소 1인 선임하여야 한다. 감사위원회 모범규준에는 2인을 요구하고 있다. 혹자는 회계/회계감사 전문가라야 한다는 주장을 하기도 한다. 이는 감사위원회에서 주로 논의되는 내용이 회계와 관련된 내용이기 때문이다.

미국에서 1명보다 많은 회계 및 재무전문가를 선택한 경우가 S&P 100 회

사의 경우 86%에 이른다고 한다.[1]

　감사를 흔히 업무감사와 회계감사로 구분하는데 대부분 감사위원회에 상정되는 보고안건이나 의결안건은 회계 관련된 내용이지 업무와 관련된 안건이 상정되는 경우는 그렇게 많지 않다고 사료된다. 회계는 회계 전공자가 강점이 있지만 업무 감사는 법률 전문가나 실무 전문가가 더 강점을 가질 수도 있다.

　이제까지의 감사위원회가 진행되어온 관행은 감사위원회를 주관하는 부서에서 준비된 안건이 상정되면 이를 보고받거나 의결하는 것이었다.[2] 그러나 chapter 15에서 기술된 바와 같이 핵심감사제도가 도입된 기업일 경우는 어떠한 항목을 KAM의 대상으로 포함할지를 회계법인이 제안하는 것이 아니라 감사위원회가 KAM의 항목을 선정하여 감사인에게 주문을 하여야 한다. 물론, 감사인과 핵심감사 항목의 선정과 관련된 논의가 선행될 것은 물론이다. 이렇게 되기 위해서는 감사위원회의 전문성이 필수적이다. 무슨 항목을 감사위원회가 원한다고 제안을 해야 하는데 어떠한 내용에 대해서 점검 받기를 희망하는지를 외부 감사인에게 묻게 됨은 매우 이상한 모습이다.

　그 다음으로는 법률 전문가를 추천한다. 기업 경영과 법, 특히 상법을 포함한 여러 가지 상사법은 불가분의 관계를 가진다. 모든 경영활동이 법과 밀접한 관계를 가지며 변호사들의 전문 지식이 이사회 안건을 다루는 데 필수적이다. 특정한 법 지식이 아니더라도 이사회나 감사위원회 관련 안건에는 법과 관련되는 안건이 거의 모두라고 해도 과언이 아니다. 기업과 관련된 모든 관계는 계약으로 진행되며 계약을 이해함에는 법에 대한 전문성이 필수적이다.

　그러나 어떤 경영자는 변호사들이 과도하게 법제도, 규정을 따지는데 경영활동에는 이러한 규범으로만 해결되지 못하는 것이 너무 많아서 이사회에서 변호사들의 역할이 너무 확대되어서는 안 된다는 주장도 한다.

　대부분의 감사위원회가 3인으로 구성되므로 나머지 한 위원은 해당 산업에 대한 진문가로 선임하는 것이 좋다. 모든 산업에는 산업 특성의 지식이 필요한 산업이 있을수 있는데 회계/법률 전문가가 해당 산업에 대한 전문가가

---

[1] 김준철, 감사위원회 포럼 창립식 및 세미나. 2018.11.29.
[2] 손성규. 핵심감사제도(KAM)의 적용 확대와 감사(위원회)의 대응. Auditor Journal. 상장회사감사회. 2018. 8.

아니기 쉬우므로 해당 산업에 대해 이해가 부족한 부분은 나머지 한 감사위원이 보충해 주는 것이 바람직하다.

예를 들어, 보험업일 경우, 경영학 교수라고 하여도 어느 정도 재무지식을 갖는 것은 가능하지만 특정하게 보험산업에 대한 지식을 갖기는 쉽지 않다. 물론, IT 업종이라고 하면 IT 전문가가 나머지 한 감사위원을 맡는 것이 바람직할 수 있다.

많은 기업에서 전체 사외이사의 수가 3인이며 이들 모두가 감사위원을 맡게 되는 경우는 이들이 감사위원을 업무를 맡기에도 적합한 것인지에 대한 고민을 수행한 이후에 선임을 진행하여야 한다.

한국경제신문. 2018.1.26. ─────────────────────
'책임 없고 권한 막강' 의결권 전문위… 기업 경영권 침해 우려

이번 의결권 행사 지침 개정안에는 사외이사를 선임할 때 경쟁사에서 직전 5년 동안 상근 임직원으로 근무한 사람은 반대해야 한다는 지침도 포함됐다. 이 같은 지침은 사외이사로 선임할 수 있는 인력의 범위를 지나치게 위축시킬 것으로 우려된다. 업계에서 오랜 기간 경험을 쌓은 전문가들을 활용할 수 없게 돼 국가적인 낭비라는 지적도 있다.

재계 관계자는 "미국에선 경쟁 회사에서 최고 경영자를 지낸 인물을 사외이사로 영입하는 경우가 비일비재하다"며 "이해관계만 충돌하지 않는다면 경쟁사에서 경험을 쌓은 인력의 노하우와 통찰력을 활용할 수 있도록 해야 한다"고 했다.

─────────────────────────────────────

하물며 퇴직 공무원의 경우도 3년[3]이라는 grace(cooling) period를 두어 사외이사 등을 맡지 못하도록 하는데 3년이라는 기간은 너무 긴 기간이 아닌가 한다. 헌법에서 보장된 직업 자유 선택의 권한을 과도하게 제한하는 것은 아닌지에 대해서 생각해 보아야 한다.

위와 같은 내용이 포함된 사유가 당연히 독립성의 제고 때문일 것인데, 위와 같은 정책은 독립성의 제고 때문에 전문성이 희생되는 것 아닌가는 생각

──────────────────

3) 이 grace period의 기한이 최근 2년에서 3년으로 확대되었다.

을 하게 된다.

우리나라의 사외이사에는 유난히 교수가 많은 것으로 알려졌으며 미국의 경우는 그보다는 실무 전문가가 많이 선임되는 것으로 알려졌다. 교수는 현업에 대한 지식은 실무 전문가에 비해서 뒤지는 대신 가장 독립적으로 의사결정할 것이며 전문성은 인정된다. 실무 전문가를 사외이사로 섭외하는 경우 문제가 되는 것이 이해 상충의 이슈이다. 미국의 경우에는 다른 회사의 임원을 사외이사로 선임하기도 하는데 산업 간의 경계가 무너지면서 다음 기사와 같은 이슈가 발생하기도 한다.

원래 사외이사의 자격으로 많이 선정되는 두 개의 덕목인 전문성/독립성 중 하나인 독립성은 이사회·감사위원회의 감시의 대상인 경영진으로부터의 독립성을 의미하지만 정권이 바뀌면 일부 기업들이 현 정권의 실세들과 가까운 친 정부 사외이사들을 섭외하면서 언론의 공격을 받는 일이 발생하여서 외국 선진국과는 달리 우리나라에서의 독립성의 범주에는 정권으로부터의 독립성까지도 포함해야 하는 것은 아닌지에 대한 생각을 하게 된다. 모 기업의 경우는 참여정부의 인사를 대거 사외이사 후보로 올렸다가 언론의 비판을 받고 진행이 안 되는 경우도 목격하게 된다.

최근의 최순실의 국정 농단 사태나 롯데 최대주주의 유죄 판결 등은 모두 정경유착과 관련된다. 그럼에도 민간 기업에서 지나치게 친 정부인사를 사외이사로 섭외하는 것은 정(치)권으로부터의 독립성이라고 하는 독립성의 또 다른 dimension을 도입하여야 할 필요가 있지 않나라는 생각을 하게 한다. 물론, 대관 업무를 수행하여야 하는 금융기관이나 공기업적 성격이 강한 기관에서 친 정부인사를 섭외하는 것은 그나마 그럴 수 있다라는 생각을 하게도 하지만 민간기업일 경우는 더더욱 이해가 어렵다. 정경유착이 거의 정기적으로 사법부의 단죄의 대상이 되고 있으니 더더욱 그러하다.

기업은 경영활동에 있어서 본연의 업무에 충실해야지 과도하게 정무적인 판단을 수행하는 것은 바람직하지 않다.

한국경제신문. 2013.3.7.
토요타, 사외이사에 마크호건 GM 전 부회장 선임

이투데이. 2018.1.13.

페이스북 샌드버그·트위터 도시, 디즈니 사외이사 물러나…
IT· 미디어 산업 경계 사라져
페이스북·트위터도 동영상 사업 적극 펼쳐…이해 상충 피하려는 것

IT와 미디어 산업의 전통적인 경계가 허물어지고 있다. 과거 서로를 보완하는 관계였던 두 업종이 이제 본격적인 경쟁을 펼치면서 대립각을 세우게 됐다.

실리콘밸리를 상징하는 거물 인사들인 페이스북의 셰릴 샌드버그 최고운영책임자(COO)와 트위터의 잭 도시 최고경영자(CEO)가 월트디즈니의 사외이사에서 물러나기로 했다고 12일(현지시간) 월스트리트저널(WSJ)이 보도했다. 이는 미디어와 IT 기업들 사이에서 치열한 경쟁과 긴장이 펼쳐지는 신호로 받아들여지고 있다.

디즈니는 이날 미국 증권거래위원회(SEC)에 제출한 연례 보고서 내 2018년 사외이사 후보 명단에서 현직인 샌드버그와 도시의 이름이 사라진 것이 확인됐다. 두 사람은 오는 3월 8일 디즈니 연례 주주총회에서 정식으로 물러난다. 디즈니는 성명에서 "우리의 사업이 점점 진화하고 샌드버그와 도시 측도 마찬가지여서 점점 이사회 이슈에 대해 이해관계 상충을 피하기가 어려워지고 있다"고 설명했다.

디즈니는 올해 출시를 목표로 스포츠 전문 케이블방송 ESPN의 새 스트리밍 서비스를 준비하고 있으며 내년에는 디즈니 브랜드도 내보낼 계획이다. 페이스북과 트위터도 동영상 사업을 확대하고 있다. 페이스북은 지난해 미국 대학 미식축구 경기를 자사 소셜미디어를 통해 스트리밍으로 보냈다. 트위터는 미국 프로미식축구(NFL)와 동영상 스트리밍 계약을 맺었다.

디즈니는 지난해 말 21세기폭스의 TV와 영화 사업을 인수하기로 합의하는 등 콘텐츠 확보에 총력을 기울이고 있다. 특히 생방송 수요가 많은 스포츠 콘텐츠는 디즈니의 주요 자산으로 부각되고 있다. 그런 가운데 페이스북과 트위터 등 IT 세력이 미디어에 본격적으로 진출하려 해 신경이 곤두설 수밖에 없다.

샌드버그는 당초 로버트 아이거 디즈니 CEO의 잠재적인 후계자 후보로 거론됐다. 그러나 샌드버그는 지난 2016년 한 콘퍼런스에서 페이스북에 대한 애정을 과시하며 이직하지 않겠다고 선을 그었다. 아이거는 당시 올해 말 물러날 예정이었으나 21세기폭스 주요 사업 인수 등으로 오는 2021년 말까지 CEO직을 유지하기로 했다.

도시와 디즈니도 당초 깊은 관계였다. 디즈니는 트위터가 한창 경영난에 빠졌던 지난

2016년 회사를 인수할 후보 중 하나로 거론됐다.

　디즈니는 이미 샌드버그와 도시를 대체할 인사들을 정했다. 오라클의 새프라 캐츠 공동 CEO와 일루미나의 프란시스 드소우자 CEO가 오는 2월 1일부터 디즈니 이사회에 합류할 예정이다.

　기업간에 사업 영역의 경계가 없어지면서 전혀 다른 사업 분야의 전문가도 이해 상충이 발생하게 되는 현상이다.

chapter 17 ㅣ 불성실 회계기업, 세무조사 받는다

한국경제신문. 2018.1.25. ─────────
불성실 회계기업, 세무조사 받는다. 금융당국 '회계성실도' 따지기로

앞으로 회계감사 의견이 '적정'이 아니거나 감사 태도가 불성실한 기업들은 국세청 세무조사를 받게 될 전망이다.

24일 관계당국에 따르면 국세청과 금융위원회는 세무조사 대상을 선정할 때 고려할 '기업 회계 성실도'의 구체적 측정 기준으로 외부감사인의 감사의견 외에 새로 도입되는 표준감사시간, '서스펜션 제도'로 불리는 감사의견유예제도 등이 검토되고 있다. 우선 외부감사인 감사의견을 '적정'이 아닌 '한정', '부적정', '의견거절' 등으로 받으면 세무조사 대상에 포함될 것으로 예상된다. 2016년 재무제표 기준으로 상장사 2081곳 중 감사의견이 '적정'이 아닌 곳은 21개(1%)다.

표준감사시간은 기업의 자산 규모, 업종 등에 따라 외부감사에 필요한 적정시간을 제시하는 것으로 금융위 주도의 '회계개혁 TF'가 가이드라인을 만들고 있다. 이 표준 감사시간을 지키지 않으면 국세청에 통보하는 것이 검토되고 있다.

지난해 말 도입된 감사유예제도는 감사보고서 제출기한(사업연도 경과 후 90일 이내)을 5영업일까지 연장할 수 있는 제도다. 기업과 외부감사인 간 의견이 맞지 않아 분쟁이 있거나 자료 보강이 필요할 때 적용된다. 감사유예를 받아도 우선 세무조사 대상이 될 수 있다. 금융당국 관계자는 "세무조사와 회계성실도를 연결한 것은 부실감사와 소득 탈루를 동시에 막을 수 있는 '신의 한수'"라고 말했다.

─────────

chapter 39의 2014.10.14 한국경제신문의 기사에서도 분식회계와 세무조사는 매우 높은 연관성을 갖는다는 것을 보인다.

감사의견유예제도는 제출기한에 쫓겨서 의견거절을 내거나 확신이 없음에도 불구하고 적정의견을 표명하는 것을 미연에 방지하기 위해서 도입된 제도이다. 그럼에도 정해진 사업연도 경과 후 90일이라는 기한을 지키지 못했다는 것은 당연히 무엇인가 피감기업과 감사인 간에 이견이 있었다는 것을 의미한다.

피감기업과 감사인 간에 어떠한 이견이 있었는지를 확인하기는 어렵다. 수년 전부터는 영업잠정실적 공시(가결산) 재무제표를 모든 상장기업과 자산규모 1,000억원을 초과하는 비상장기업이 한국거래소에 공시하도록 강제되고 있는데 이를 공시하도록 의무화된 사유는 가결산된 재무제표와 감사 후 재무제표가 비교 가능하게 되면서 감사인들이 피감기업과 어떠한 조정의 과정을 거쳤는지가 드러나게 된다. 구체적으로 감독원의 KIND에서는 매출, 당기순이익, 영업이익, EBITA가 보고된다. 감사 전 재무제표와 감사 후 재무제표의 비교는 감사인이 감사 전 재무제표에서 어떠한 역할을 수행하여 최종적인 재무제표가 작성되었는지를 판단하게 한다. 통상적으로는 감사 과정에서 감사인이 역할을 수행하여 영업의 결과를 하향 조정한다고 생각할 수 있는데, 이 과정에서 영업의 결과가 많이 높아진 경우도 있다. 물론, 가결산과 최종적인 재무제표의 차이에 감사인이 전적으로 역할을 수행하였다고 할 수도 없고 가결산은 가결산일 뿐이므로 더 시간을 가지고 결산을 하는 과정에서 기업 차원에서 금액이 조정되었다고도 할 수 있으므로 이러한 차이를 모두 감사인의 역할로 돌릴 수는 없지만 그럼에도 감사인이 개입된 이후의 수치이므로 많은 역할은 감사인의 몫이라고 가정할 수 있다. 이는 기업과 감사인간의 조정 과정이 외부에서 접근 가능하지 않으므로 추정하여 논의할 수밖에 없는 것이다.

표준감사시간은 평균적인 감사시간이며 감사시간의 표준으로 적용될 수 있다. 물론, 과거에도 감사시간이 2000년대 초반에 처음으로 사업보고서에 보고된 기간에 동종산업의 타 기업에 비해서 과도하게 낮았을 경우에도 감독원이 이러한 기업을 감리대상으로 선정하였던 기간도 있다.

외감법이 개정되면서 표준감사시간을 책정하는 작업이 한공회를 중심으로 진행되고 있으며 정책당국은 각 기업이 이 시간을 과도하게 준수하지 않을 경우는 지정으로 이 문제를 해결하겠다는 입장이다. 위에서도 기술되었듯이 과거에는 이 문제를 감리로 해결하였다. 어떻게 보면 감사인 지정 대상을 선정하는 취지나 감리를 수행하는 기업을 선정하는 철학은 유사하다고도 할 수 있다.

물론, 어느 기업을 지정할지는 외감법에 의해서 정해지며 어느 기업에 대해서 감리를 수행할지는 감독기관의 자체적인 의사결정 사안이다. 법의 적용에는 감독기관의 자의성이 개입하지 않으므로 감독기관의 입장에서 지정제의 적용에는 자유도가 없으며 감리대상을 선정하는 것이 감독기관의 입장에서는 법의 제정과 무관하게 정책적인 수단으로 사용될 수 있다. 물론 법의 제 개정 과정에서 정부 입법일 경우는 행정기관의 정책의지가 반영되게 된다.

감사인 지정이 되었건, 감리대상 선정이 되었건 이는 분식회계 위험이 높은 기업에게 부과하는 조치이다. 그러한 차원에서 이 두 제도의 유사성이 존재한다.

감사시간의 투입은 감사인이 하게 되는데 이에 대해 피감기업의 사업보고서에 공시하게 되면서 이러한 시간이 실제 투입된 시간이 아닌 시간이 공시되고 있다는 비판도 있었고 이러한 시간이 부풀려져 있다고 해도 시간 투입의 주체는 감사인이고 공시의 주체는 기업이라서 과장된 정보에 대한 책임을 묻는다고 해도 어느 경제주체가 이러한 책임을 안아야 하는지가 명확하지 않았다. 그래서 그런지 감독기관은 이 시간이 과장되었다는 얘기가 있었지만 한 번도 이에 대해서는 문제를 점검하지 않았다.

그러던 것이 2015년 3월부터 감사인이 직접 감사보고서에 감사시간을 기재하는 것으로 제도가 변경되었다. 시간 투입의 주체와 공시의 주체가 감사인으로 또한 감사인이 관장하는 감사보고서로 통일되었으니 감사시간이 과장되지 않게 공시될 것이며, 감독기관의 입장에서는 감독에 사용할 수 있는 좋은 자료를 얻게 된 셈이다.

그러나 유념해야 할 것이 있는데, 감사의견유예제도는 감사의견을 제 때 표명하기 어려운 기업과 감사인에게 예외적으로 허용해 주는 제도이다. 물론, 정해진 일정에 맞추어서 감사의견을 표명하여야 하는 것이 원칙이지만 불가피하게 유예제도를 이용할 수도 있다. 유예 제도를 이용하는 데 대해서 세무조사 등의 불이익이 부과된다면 이 제도를 이용하려는 기업도 오히려 이 제도의 이용을 자제할 수 있다.

유예제도를 이용하면서 세무조사를 받는 것보다는 성급하게 감사의견을 확정하는 것이 더 낫다는 생각을 할 수 있다. 이는 매우 위험한 생각이며 규제 당국이 회계와 세무를 과도하게 연계하면서 유예제도를 도입한 취지와 순기능을 무색하게 만드는 결과가 초래될 수도 있다. 규제 당국은 두 마리 토끼를 잡으려다 둘 다 놓치는 누를 범할 수도 있다. 물론, 이 상황에서 규제 당국이 회계감독 당국과 세무당국으로 나누어지기는 한다.

유예제도의 이용을 자제하는 것은 기업/감사인의 의사결정이지만 이로부터 발생하는 부작용은 시간에 쫓기어서 설익은 감사의견을 표명하는 것이다. 즉, 감사가 더 진행되어야 하는데 적정의견을 표명한다거나 또는 감사가 더 진행되어야 하는데 신중하지 않게 비적정의견을 표명하는 것이다.

완벽한 제도라는 것은 있을 수 없다. 정해진 시간에 맞출 수 없는 기업을 위해서 예외적인 제도를 만들어 두었는데 이 제도를 이용한다고 해서 세무조사라는 불이익을 준다고 하면 기업들은 이 제도를 이용함에 있어서 자유도를 잃게 된다. 이러한 방향으로 정책이 진행된다면 감독기관이 한 제도를 가지고 너무 여러 목적을 달성하려는 것으로 이해할 수 있다.

기업과 감사인의 고충을 헤아려서 예외에 해당하는 제도를 두었는데 이 제도를 이용하는 데 대한 penalty가 있다고 하면 이 제도를 이용하라는 것인지 아니면 제도는 있지만 이용을 자제하라는 것인지 정부의 의도를 명확하게 이해하기 어렵다.

모든 정책은 채찍과 당근이어야 한다. 당근으로는 공인회계사가 금융위원장이나 금융감독원장, 한국공인회계사 회장 등의 표창을 받았다고 하면 징계를 받는 경우에도 한 단계 감경을 해 주는 제도가 있다. 채찍으로는 지정으로 감사를 맡은 감사인이 부정감사를 범할 경우에 처벌을 가중하는 제도가 있다. 감리결과조치양정기준 중 가중/감경 사유만을 정리하면 다음과 같다.

과거에는 연속 감사인이 감사를 수행하다가 분식을 범했을 경우, 가중하는 경우도 있었는데 이 제도는 폐지되었다.

가중사유
1. 지정감사인

2. 조치받은 날로부터 2년 이내 재 위반

3. 감리과정에서 허위자료 제출 또는 미제출

4. 회사의 분식결과 위반배수가 64배 이상

5. 기타 필요하다고 인정하는 경우

감경사유

1. 과거 회사의 위법행위 발생기간에 감사한 사실이 없으며 계속감사가 아니면 발견하기 어려운 사항(단, 위반배수가 64배 이상인 경우 미적용)

2. 10년 이내에 회계투명성제고 기여 공적으로 금융위, 증선위 등으로부터 포상을 받은 경우

3. 회사가 사전에 위반내용을 수정하도록 적극 조력한 경우(공정위에서 적용하는 리니언씨제도)

4. 한국채택국제회계기준과 종전기업회계기준과 차이가 있는 부분에서 발생한 위법행위로 위법동기가 고의가 아닌 경우(단 2013.12.31.이전 결산일이 도래한 사업연도에 한함)

5. 기타 정상참작사유가 충분히 있다고 인정되는 경우

제도의 적용에는 운용의 묘를 살려야 한다.

1975년에는 기업 가치의 80%가 유형자산(tangible)에 의해서 영향을 받는다고 하였는데 요즘은 80%가 무형자산(intangible)에 의해서 영향을 받는다고 한다. 즉, 회계에서 측정할 수 없는 내용들이 valuation에서 상대적으로 더 중요해진다.

따라서 valuation에 있어서 회계의 역할이 더 축소될 수도 있다.

외국에서 이러한 업무를 수행하고 있는 IIRC(International Integrated Reporing Council) 기구의 국내 파트너도 한국회계기준원이나 한국공인회계사회가 아니고 생산성본부이다. 즉, 국내에서의 integrated reporting은 어느 정도 회계의 영역에서 벗어나 있다. 또한 회계 고유의 영역이 아닌 것도 명확하다.

Integrated Reporting 국내 현황
EY 한영회계법인 정영일파트너

남아프리카공화국은 지속가능보고서를 모든 상장기업에게 의무화하고 있는 유일한 국가인 듯하다. 이러한 보고서의 기준을 작성하는 SASB(Sustainablility Accounting Standards Board)가 활동을 하고 있다.

UN의 PRI(Principles for Responsible Investment)과 GRI(Global Reporting Initiative)가 활발하게 이러한 활동을 수행하고 있다.

EU는 비재무정보에 대해 500인 이상 기업은 지속가능보고서를 강제화하고 있다.

EU는 특히 CSO(chief sustainability officer) 제도를 두고 있어서 이러한 영역에 대해서 어느 정도 중요성을 두고 있는지를 가늠할 수 있다.

미국은 상장기업에 이 제도 도입의 의무화를 논의 중이다.

이러한 차원에서 기업지배구조원에서는 ESG에 대한 평가를 수행하고 있다. Environment, Social와 Governance다. 즉, 수치화할 수 없는 비계량적인 요소들이 기업의 가치에 영향을 미친다는 것이다.

다음의 내용은 2018.4.5. 신기업보고서 심포지움. 한국회계학회의 발표 내용이다.

국내 기업 중, 신기업보고서를 공시한 기업은 약 70개이다.
이러한 신기업보고서를 통해서 정보가 투자자를 포함한 이해 관계자들에게 전달되므로 이러한 정보의 신뢰성이 이슈가 되며 재무제표가 인증을 받듯이 신기업보고서도 인증의 과정을 거쳐야지만 검증된 정보에 대한 확인이 필요하다.
우리나라의 주된 인증기관으로는 한국표준협회, 한국경영인증원, 디엔브이지엘, 비즈니스 어슈어런스 코리아 등이 있는데 신기업보고서 70개 중, 67개가 인증을 받았고 3개는 인증이 없다.
integrated report를 발표하는 한국기업의 시가총액은 전체 시장 시총의 90%를 차지하고 있다.

회계법인의 입장에서는 이러한 지속가능보고서에 대한 인증에 대한 용역수임료가 재무제표에 대한 감사보고서/검토보고서에 비해서는 상대적으로 낮아서 크게 흥미를 가지고 있는 용역은 아니라고 한다.

이러한 무형자산의 가치에 대해서는 지속적으로 다음과 같이 문제가 제기되고 있다.

한국경제신문. 2018.9.12. ─────────────────────────
"2018년을 1900년대 틀로 들여다보는 꼴"

증권가 안팎에서 '재무제표의 한계'를 지적하는 목소리가 커지고 있다. 무형자산이 기업의 가치 창출에 핵심적인 역할을 하고 있지만 재무제표에 제대로 반영되지 않고 있기 때문이다. 전문가들은 무형자산 가치를 객관적으로 측정하기 힘들다면, 우선 재무제표 주석이나 공시를 통해서라도 상세한 정보를 투자자에게 전달할 필요가 있다고 말했다.

- "재무제표 활용도 떨어져"

11일 이베스트증권은 '재무제표의 한계를 넘어'란 보고서에서 "현행 재무제표는 2018년 기업을 1900년대 틀로 들여다보는 것과 비슷하다"고 지적했다. 기술과 사업모델, 브랜드, 네트워크, 지식재산권, 가입자 수 등 눈에 보이지 않는 무형자산이 기업 가치의 상당 부분을 차지하지만 아직도 재무상태표는 토지나 설비, 기계장치 등 유형자산 위주로 기록되는 탓이다. 이 증권사의 염동찬연구원은 "재무제표가 기업의 변화 속도를 따라가지 못하면서 투자자에게 도움이 되는 정보를 주지 못하고 있다"고 말했다.

인터넷 게임 엔터테인먼트 바이오 등 신산업 담당 애널리스트 사이에선 '재무제표 무용론'이란 말까지 나올 정도로 불만이 크다. 한 증권사 게임 애널리스트는 "재무제표에 반영되는 무형자산은 주로 영업권(장부가보다 높은 가격에 기업을 인수할 때 기록하는 무형자산)인데, 기업가치를 평가할 때 별로 중요하지 않은 항목"이라며 "미래 수익을 가늠할 수 있는 라이선스, 지식재산권, 이용자 수 등은 빠져 있어 재무제표 활용도가 떨어진다"고 했다.

이 같은 문제를 인식해 한국회계기준원은 오는 14일 '재무제표 유용성 제고 방안, 무형자산을 중심으로'란 주제로 세미나를 연다. 김의형 한국회계기준원 원장은 "전통적 재무제표의 유용성이 저하되고 있다는 비판이 지속적으로 제기되고 있다"며 "현행 재무보고의 문제점을 살펴보고 개선 방향을 논의하기 위한 자리"라고 설명했다.

- 무형자산 정보 비대칭 해소해야

기업가치는 크게 '자산 가치'와 '수익 가치'로 구성된다. 자산 가치는 총자산에서 총 부채를 뺀 자본총계(순자산), 수익 가치는 기업이 앞으로 얻을 이익을 현재가치로 할인한 것을 말한다. 기업의 핵심 가치로 할인한 것을 말한다. 기업의 핵심 자산이면서 수익 창출 수단인 무형자산 관련 정보가 부족해 투자자들이 기업 가치를 평가하는 데 걸림돌이 되고 있다는 지적이다. 서영미 한국회계기준원 책임 연구원은 "애플, 구글, 아마존, 텐센트 등 세계 10대 기업을 보면 시가총액 6,400조원에 순자산(장부가)이 1,350조원으로 시총 대비 21%에 불과하고, 벅셔해서웨이와 JP모간을 제외하면 13%로 더 낮다"며 "투자자가 장부에 표시된 21%만을 기초로 기업의 수익 창출 능력과 경쟁력을 판단하는 것은 매우 어렵다"고 말했다.

국내 증시에서도 삼성전자(81%) SK하이닉스(73%) LG화학(71%) SK텔레콤(95%) 등 제조업은 시가총액 대비 장부가 비중이 높지만, 셀트리온(8%) 네이버(24%) 신라젠(4%) 메디톡스(6%) 퍼어비스(11%) 스튜디오드래곤(13%) 등은 장부가가 시가총액을 크게 밑돌고 있다. 이는 미래 수익 가치만으로 설명하기 힘들고, 무형자산 등 핵심자산이 재무제표에 빠져있기 때문이란 분석이다.

전문가들은 무형자산에 대한 정보 비대칭을 해소해야 한다고 강조했다. 현재 재무제표로는 투자자들이 연구개발투자나 새로운 제품, 게임, 의약품, 계약관계 등의 잠재적 성과를 가늠하기 어렵기 때문이다. 서 연구원은 "항공사의 경우 어떤 비행 시간대나 노선을 확보하느냐도 기업 매출과 직결된다"고 했다.

무형자산 가치를 객관적으로 평가해 재무제표에 숫자로 반영하는 것이 가장 좋지만 측정의 어려움으로 상당한 시간이 걸릴 것으로 보인다. 현실적인 대안으로는 재무제표 주석과 공시를 통해 관련 정보를 더 상세하게 전달하는 방안 등이 거론된다.

국민연금 의결권 행사 지침에서는 이사/감사의 결격 사유를 다음으로 기술하고 있다.

[국민연금 의결권 행사지침]

Ⅲ. 이사 및 감사 및 감사위원회 위원의 선임

27. 이사의 선임

① 객관적 사실에 근거하여 아래의 경우에는 이사 후보에 대해서 반대할 수 있다.

1. 법령상 이사로서의 결격사유가 있는 자
2. 과도한 겸임으로 충실한 의무수행이 어려운 자
3. 기업가치의 훼손 내지 주주 권익의 침해의 이력이 있는 자
4. 당해회사 또는 계열회사 재직 시 명백한 기업가치 훼손 내지 주주권익 침해 행위에 대한 감시 의무를 소홀히 한 자

기업지배구조원의 의결권 행사 가이드라인에는 다음과 같이 명시되어 있다.

[기업지배구조원 의결권 행사 가이드라인]

4. 감사·감사위원회 위원

4.1 (감사·감사위원회 위원 결격사유) 다음 결격사유 중 하나 이상에 해당하는 감사위원회 위원이나 감사 후보에 대하여서는 반대한다.

최근 5년 이내에 감사위원회 위원이나 감사로 재직하는 동안 그 재직 중인

회사가 적정 이외의 외부감사의견을 받거나 외부감사와 관련하여 중요한 행정적·사법적 제재를 받은 경우

　기업지배구조원이 어떠한 이유에서 이러한 가이드라인을 채택되었는지를 이해하기 어렵다. 일단, 외관적으로 이해하기는 감사위원회가 회사의 재무제표에 대해서 책임을 지는 위원회이며 이러한 재무제표가 적정의견을 받지 못하였다는 것은 감사위원들이 제 몫을 하지 못하였다는데 대한 입증이므로 일차적으로 주된 책임을 져야 히며 이에 대해서 결격사유가 있다는 것으로 해석이 된다.

　그러나 이러한 비적정의견에 대한 책임을 감사위원들에게 묻는다면 감사위원회가 이러한 책임을 지지 않으려면 적정의견을 표명하도록 감사인들에게 압력을 가하라는 것인가?

　일단, 감사위원들이 활동하는 회사의 재무제표에 대해서 비적정의견이 표명될 때 이를 부정적으로 해석하고, 결격이 있다고 판단된다면 감사위원들은 어떠한 행동을 할지를 생각해 본다.

　가장 우려되는 것은 비적정의견 자체가 부정적으로 이해되고 비적정의견을 받는 것을 회피하려 한다면 이는 훨씬 더 심각한 문제를 초래할 것이다. 물론, 감사의견을 표명하는 주체가 감사인이므로 감사위원회가 감사의견에 영향을 미쳐서도 안 되는 것이지만 어떠한 회계적인 이슈가 분식인지 아닌지에 대해서는 감사위원회와 감사인간에 토론을 하게 될 것이며 감사인의 기업 내 counter part는 감사위원회이기 때문에 당연히 논의의 상대이어야 한다.

　감사위원회의 입장에서는 외부 감사인이 회계에 대한 문제를 지적할 때 두 방향으로 그들의 의견을 받을 수 있다. 첫째는 감사인의 의견을 수용하고 회사로 하여금 재무제표를 수정하도록 요구하는 것이며 둘째는 감사인의 요구가 수용하기 힘든 경우는 비적정의견을 받는 한이 있어도 재무제표를 수정하지 않고 발행하는 것이다. 대부분의 경우는 첫 번째 대안을 선택할 것이지만 그럼에도 감사위원회와 회사의 입장에서 도저히 수용할 수 없는 수정을 요구하는 경우는 비적정의견을 감수할 수도 있다.

　후자일 경우, 비적정의견을 받아야 하는 기업의 재무제표가 비적정의견을 받도록 수용하고 그 다음 조치를 취하는 것이 적법한 절차일 수 있다. 감사의

견을 표명하는 것은 감사인의 고유 업무인데 잘못하면 감사위원회가 이러한 의견에 개입하는 듯한 모습이 될 수 있다.

오히려 재감사 등을 통해서 과도한 수임료를 지불하면서까지 무리하게 적정의견을 받으려 했다면 이러한 것이 가장 최악의 시나리오다.[1]

이는 기업이 오류가 포함된 재무제표를 재작성하는 경우와 맥을 같이 한다. 물론, 가장 최근에 이러한 재무제표 재작성이 크게 이슈가 되었던 경우는 5조원의 회계분식에 개입된 대우조선해양의 재작성이다.

감독기관의 입장에서는 아래의 신문기사와 같이 재무제표를 재작성하는 기업을 어떻게 '처리'해야 하는지에 대해서는 두 가지 대안이 있다. 하나는 이미 잘못된 회계처리에 대해서 기업 스스로 이를 공개하고 수정한 것이므로 이를 수용하고 더 이상 문제를 삼지 않는 대안이 있고 다른 대안은 이미 문제가 드러난 기업이고 추가적인 문제가 없는지에 대해서 철저하게 조사하는 대안이 있다.

문제를 드러낸 기업에 추가적인 문제가 내재될 수 있으므로 추가적인 조사를 철저하게 하는 것은 좋은데 이러한 접근의 하나의 단점은 문제가 전혀 없는 기업이 있을 수 없을 것인데[2] 적어도 문제를 드러낸 기업에 대해서만 조사를 철저하게 수행해서 모든 작은 문제까지도 적발해 낸다는 것이 형평성에서 옳은 정책 방향인지에 대한 의문이다. 또한 이러한 기업에 감리 인력이 집중된다는 것은 다른 기업들에 대한 감리 업무가 소홀해질 수 있는 가능성이 높아진다는 것이다.

이렇게 철저한 조사가 수행된다면 앞으로는 이러한 문제를 가진 기업들이 문제를 드러내기 보다는 문제를 덮으려 할 가능성도 높다.

따라서 감독기관도 재무제표를 재작성하는 기업에 대한 조치의 수준에 대해서는 상당한 수준의 고도의 정책적인 판단을 수행해야 한다.

더더욱 회계적인 문제는 이월되므로 회계 책임자가 현재 시점의 회계의 문제를 발견하였지만 본인이 원인 제공자가 아니고 오랜 기간 누적된 문제의

---

1) 이러한 경우는 chapter 42에 기술된다.
2) 이러한 이유에서 수년 전 감독기관은 '고해성사'라는 기회를 허용해서 일정 기간 분식회계를 드러내는 기업에 대해서는 행정법적인 조치를 하지 않는 것으로 정책을 전개하였다.

업보일 수 있다. 이와 같은 경우, 이를 덮으려 할 가능성이 크다. 과거에 책임이 있는 회계 담당자들이 이를 덮고 지나왔는데 굳이 왜 내가 모든 책임을 떠안아야 하는지라는 의문을 제시할 수 있다.

비적정의견을 표명한 기업의 감사위원에 대한 제재도 위와 동일한 맥에서 이해할 수 있다. 비적정의견을 표명할 경우, 제재가 있다고 하면 비적정의견을 표명하지 않는 것으로 절충이 될 소지도 있다. 가장 바람직하지 않은 현상이다.

따라서 비적정의견을 표명한 기업의 감사위원에 대해서 결격사유가 있다고 유권해석을 내리는 것은 간단한 이슈가 아니다. 2017년 개정된 외감법에서 분식에 관여된 감사위원를 조치하겠다는 내용과는 별개의 이슈이다.

매일경제신문. 2017.3.23. ─────────────────────

3년 적자 벗어나 좋아했는데, 정정공시로 4년째 적자 날벼락
실적변동 큰 기업 투자주의 구체적 사유도 안 밝혀

기업의 실적 변동에 민감한 주식 투자자라면 정정공시까지 면밀하게 살펴야 할 전망이다. 지난해 실적 결산 시즌 마감을 앞두고 재무제표를 고치는 상장사들이 쏟아지고 있어서다. 적자 폭이 크게 확대되거나 기존 흑자에서 적자로 전환하는 기업까지 발생하고 있어 투자에 주의가 요구된다.

22일 금융감독원에 따르면 스마트폰 모듈 제조업체인 트리이스는 지난달 21일 공시한 지난해 매출액, 영업이익, 당기순이익을 정정한다고 전했다. 트레이스가 기존 공시를 통해 밝힌 지난해 영업이익은 1억 7,000만원으로 이는 2013년부터 2015년까지 이어진 3년간의 적자 기조를 벗어났다는 의미에서 시장의 기대감을 모은 바 있다. 실제로 실적 발표 다음날부터 열흘간 트레이스 주가는 48%(1,750원 → 2,590원) 급등했다. 그러나 정정된 실적은 4년 연속 적자였다. 외부인 감사 결과 지난해 트레이스는 영업손실 9억 6,000만원을 기록했으며 순손실도 기존 53억원에서 66억원으로 확대됐다.

적자 폭이 크게 늘어나는 사례도 다반사다. 지난 20일 재무제표를 정정한 코스피 상장사 페이퍼코리아는 기존 148억원이던 영업손실이 223억원으로 확대되면서 적자 폭이 50.6%나 늘어났다. 광명전기 역시 실적을 정정한 결과 지난해 영업이익이 82억원에서 36

억원으로 대폭 줄었다. 단순 착오라고 보기에는 정정공시 전과 후 실적 변동 폭이 지나치게 크지만 상장사 대부분은 투자자들이 납득할 만한 구체적 사유는 내놓지 않고 있다. 페이퍼코리아, 트레이스, 광명전기, 파인디앤씨 등 기존 실적이 50% 이상 줄어든 기업들이 내놓는 답변은 '외부감사인의 감사결과'라는 대답이 전부다.

반면 재무제표 정정 원인을 명시하는 기업도 있다. 자동차 부품업체 트루윈은 정정공시를 통해 매출액(435억원 → 332억원)이 감소하고 영업손실(10억원 → 56억원)이 확대됐다고 밝혔다. 회사 측은 "차량용 인포테인먼트 관련 제품 공급이 늘었지만 수익 인식 시기가 변경되면서 매출액이 감소했다"며 "매출이 줄어들면서 이익이 하락했고 재고 실사 차액 변경으로 재무제표가 정정됐다"고 설명했다.

'외부감사인의 감사결과'라는 답이 우리는 그렇게 생각하지 않는데 외부감사인이 수정하라고 해서 수정했다는 의미인지 명확하지 않다. 재무제표의 공시의 주체는 회사이며 수정을 요구받았다고 해도 수정은 회사가 수행해야 하는 것이다.

외부감사인의 재무제표 수정 방향 제안과 의견을 같이 하지 않고 회사가 잘못된 회계처리를 하지 않았다는 확신이 있으면 비적정의견을 받더라도 재무제표를 수정하지 않을 수 있다.

미국은 3개 이상으로 사외이사를 맡을 때, 가능한지를 공시하도록 되어 있다. 사외이사가 비상근이므로 상근 정도의 시간을 투입하는 것이 아니며 사외이사를 맡아서 업무를 진행할 수 있는 인재 풀이 제한되어 있으므로 우리나라와 같이 상장기업의 사외이사를 한 회사에서 맡게 되면 상장이거나, 비상장이거나에 무관하게 추가적으로는 한 회사만 더 맡을 수 있도록 제도화가 되어 있다.

또한 금융지주와 은행의 사외이사를 맡게 되면 다른 기업의 사외이사를 맡지 못하도록 하는 제한도 있다. 아마도 과거에 일부 금융지주·은행의 사외이사가 은행에 본인이 관여하는 회사의 대출 의사결정 등에 도움을 주었거나 사외이사가 재직하는 대학교에 기부금을 지원한 사실이 드러나면서 독립성 때문에 이러한 제도가 도입된 것이 아닌가 한다.

그러나 기업인들이 사외이사로 전문성을 살릴 수 있는 제도도 바람직한데, 문제는 이러한 사외이사 후보자가 근무하는 회사와 해당 은행이 거래관계가 있으면 사외이사로서의 이해상충·독립성의 문제가 초래된다. 이 후보자가 근무하는 회사가 적지 않은 규모의 회사라고 하면 거의 모든 시중 은행과 거래 관계가 있을 것인데, 이런 식으로 이해상충을 따지게 되면 기업인들이 시중 은행 또는 금융지주의 사외이사를 맡는 것은 원천적으로 불가하게 된다.

이 이외에도 사외이사의 임기에 한도를 두는 제도도 존재하는데 금융기업일 경우는 최대 5년이었다가 2018년부터는 6년으로 연장되었는데, 일부 금융지주(신한지주)는 내부 규정으로 5년의 cap을 두고 있다.

또한 금융기관일 경우, 한 번에 많은 사외이사가 교체되는 것이 업무의 연속성을 저해할 수 있으므로 매년 1/5의 사외이사들이 순차적으로 임기를 마치는 제도도 동시에 병행되고 있지만 기업 지배구조에 문제가 있었던 일부 금융기관일 경우, 사외이사들이 일괄 사퇴하는 경우도 있어서 이러한 pattern을 억지로 맞춰 가는 것이 오히려 더 어려울 수 있으며 이러한 경우는 해당 금융지주의 소명 이후, 감독기관에서도 예외로 인정하는 듯하다.

한국경제신문. 2018.1.26. ─────────────────────────

국민연금 의결권 행사, 민간 위원회에 넘긴다

국민연금이 대주주로 있는 기업에 대한 의결권 행사가 민간인으로 구성된 의결권행사
전문위원회(이하 의결권전문위)로 넘어갈 전망이다. 의결권 행사의 독립성을 높이겠다는
취지지만 오히려 투자에 정치적·사회적 판단이 개입될 것이라는 지적이 나온다. 국민연금
이 기업 경영을 좌지우지하는 '연금사회주의'가 심해질 것이라는 우려다.

25일 금융투자업계에 따르면 보건복지부는 다음달 2일 기금운용위원회를 열어 이 같
은 '국민연금 의결권 행사 지침 개정안'을 심의·의결할 계획이다.

복지부가 기금운용위원들에게 사전 배포한 개정안에는 기금운용위원회 산하 의결권전
문위가 의결권 행사 안건의 부의를 요구할 수 있도록 하는 내용이 포함된 것으로 확인됐
다. 의결권 전문위 위원들이 요구하면[1] 투자 업무를 총괄하는 기금운용본부는 이사 선임
이나 합병 등 주요 안건에 대한 결정을 무조건 전문위에 넘겨야 한다는 뜻이다.

현행 의결권 행사 지침은 기금운용본부 산하 투자위원회가 판단하기 곤란할 때만 의결
권전문위에 "부의할 수 있다"고 규정하고 있다.

이번 개정은 국민연금 기금운용본부가 2015년 삼성물산과 제일모직 합병에 찬성한 것
이 청와대와 복지부의 압력에 따른 것이라는 인식이 바탕이 된 것으로 알려졌다. 당시 문
형표 복지부 장관은 청와대 지시를 받아 홍완선 기금운용본부장에게 합병 찬반 안건을
의결권전문위에 넘기지 말고 자체 투자위를 열어 찬성하라고 압력을 행사했다는 혐의를
받고 있다.

─────────────────

1) 3인 이상이 요구할 경우이다.

전문가들은 의결권 행사 결정을 민간인으로 구성된 의결권전문위에 넘길 경우 오히려 전문성과 독립성이 훼손될 것이라고 지적한다. 예를 들어 합병의 경우 합병가액은 양사의 현 기업 가치와 합병 시너지 등에 기초해 산정하는데 이는 고도로 훈련된 투자 전문가들의 영역이라는 설명이다.

투자은행(IB)업계 관계자는 "합병에 대한 찬반은 결국 기업가치산정(밸류에이션)이 시작이자 끝"이라며 "여기에 사회적인 판단이 개입되는 순간 전문성과 독립성이 동시에 사라지게 될 것"이라고 말했다. 의결권 전문위가 재계에 막강한 권력을 휘두르는 '슈퍼 위원회'가 될 것이라는 우려가 나오는 까닭이다.

이런 이유 때문에 해외 주요 연기금 중 보유 주식에 대한 의결권 행사를 외부에 맡기는 곳은 단 한 곳도 없다. 미국 최대 연기금인 캘리포니아공무원퇴직연금(캘퍼스)은 주식운용실 소속 기업지배구조팀에서 결정한다. 캐나다연금은 독립 운용조직인 캐나다연금투자위원회(CPPIB)가 내부적으로 위원회를 구성해 판단한다.

네덜란드 연기금, 노르웨이 연기금 등도 모두 내부 투자운용부서에서 자체적으로 판단해 의결권을 행사하고 있다.

한 대형 자산운용사 관계자는 "일부 부작용이 드러났다고 해서 고도의 투자 판단을 나중에 책임도 지지 않는 민간인들에게 맡기겠다는 것은 위험한 발상"이라며 "이번 기회에 기금운용본부의 독립성을 강화하는 방향으로 지배구조를 개편해야 한다"고 강조했다. 이 관계자는 "의결권 전문위가 기금운용본부에 비해 정치적으로 더 독립적이라고 판단할 근거도 없다"고 덧붙였다. 현재 의결권전문위는 정부 추천 2명, 근로자 단체와 사용자 단체 추천 각 2명, 지역가입자 추천 2명, 연구기관 추천 1명 총 9명으로 구성된다.

이번 의결권 행사 지침 개정안에는 사외이사를 선임할 때 경쟁사에서 직전 5년 동안 상근 임직원으로 근무한 사람은 반대해야 한다는 지침도 포함됐다. 이 같은 지침은 사외이사로 선임할 수 있는 인력의 범위를 지나치게 위축시킬 것으로 우려된다. 업계에서 오랜 기간 경험을 쌓은 전문가들을 활용할 수 없게 돼 국가적인 낭비라는 지적도 있다.

재계 관계자는 "미국에선 경쟁 회사에서 최고경영자(CEO)를 지낸 인물을 사외이사로 영입하는 경우가 비일비재하다"며 "이해관계만 충돌하지 않는다면 경쟁사에서 경험을 쌓은 인력의 노하우와 통찰력을 활용할 수 있도록 해야 한다"고 했다.

위의 내용은 최근에 와서는 위원회가 개편되면서 변화를 겪게 된다.

독립성이라는 것은 제도로 확보하기가 매우 어렵다. 위의 신문기사에 의하면 국민연금이 보건복지부 소속이며 기금운영본부장이 보건복지부 장관과 국민연금이사장의 지휘 체계하에 있기 때문에 결코 독립적일 수 없으며 그래서 삼성물산과 제일모직의 합병에 찬성하도록 압력을 행사했다는 의심을 받고 있다.

사외이사의 두 요건 중 하나인 전문성과 독립성 중에서 전문성은 교육 등을 통해서 제고될 수 있지만 독립성은 개인의 도덕성, 윤리관, 성향, 소신 등으로 결정되기 때문에 독립성을 갖춘 사외이사를 선임해야지 사외이사로 선임된 이후, 독립성이 제고되기를 기대하기는 어렵다. 반면 전문성은 교육 등을 통해서 제고될 수도 있다.

그러면 의결권전문위원회는 독립적으로 의사결정을 할 수 있어야 하는데, 그렇기 때문에 정치적으로 민감한 안건을 다루는 방송통신위원회나 공적자금관리위원회의 경우는 국회에 배정된 위원회 인원 중에서 여야 몫의 위원을 추천받게 되어 있다. 민간 기업의 이사 선임과 관련된 이슈에도 정치적인 이슈가 개입될 수 있다. 예를 들어 최근에 이슈가 되는 노조가 추천하는 사외이사일 경우 진보 쪽의 생각을 가진 위원들은 이러한 제안에 찬성할 가능성이 높지만 보수 쪽의 생각을 가진 인사들은 이 제안에 반대할 가능성이 높다.

위의 신문 기사에 의하면 민간인 신분인 의결권 전문위원회가 과연 의사결정했던 사안에 대해서 책임을 질 것인가에 대한 의문을 제시하고 있다.

그렇다면 기금운용본부 내에서 의사결정을 수행한다면 이 결정은 독립적일 수 있다는 것인지에 대해서도 의문이 제기될 수 있다. 결국 독립성이라 함은 선임과정과 연관될 수밖에 없다.

신분과 임기가 보장된다고 하면 독립적인 의사결정을 수행한다고 추정된다. 그렇기 때문에 기업의 사외이사도 선임과정에 대해서 최근에 많은 논의가 있는 것이다. 즉, 사외이사선임위원회에 대표이사가 참여해야 하는 것인지가 최근 KB금융지주의 지배구조와 관련되어서도 많은 논의가 되었다. 대표이사가 사추위의 위원이 된다면 사외이사에 본인이 희망하는 인사를 선임할 것이고 이들이 대표이사를 추천할 것이므로 그들만의 league가 되면서 이사회가 권력화할 수 있다는 것이다.

또한 이러한 민간 위원회에 대해서는 실무적으로 man power에 의한 지원을 제공하여야 한다. 위원들이 의사결정을 수행할 수 있는 분석을 내부에서 도움을 주어야 한다.

한국경제신문. 2018.1.27.

국민연금 '9인의 공룡 위원회'… 상장사 270여 곳 핵심 안건 좌지우지

의결권 전문위의 일부 위원은 2015년 미국계 헤지펀드 엘리어트 매니지먼트가 삼성물산과 제일모직의 합병비율에 문제를 제기한 이후부터 줄곧 위원회의 '부의 요구권'을 주장해왔다. 기금운용본부가 청와대 등 정치권력으로부터 독립적이지 못하다는 논리에서다.

하지만 전문가들은 "의결권 전문위라고 정치적으로 자유롭게 의사결정을 한다는 보장은 없다"고 말한다. 의결권 전문위는 정부 추천 2명, 근로자 단체와 사용자 단체 각 2명, 지역가입자 추천 2명, 연구기관 추천 1명 등 총 9명으로 구성된다.

한 공제회 관계자는 "정부뿐 아니라 정치권과 시민단체들이 저마다 기업 경영 현안에 영향력을 행사하려고 할 것"이라며 "연금을 통해 기업을 통제하는 '연금 사회주의'로 가는 지름길이 될 가능성이 크다"고 말했다.

• 교수들이 판단할 영역 아니다.

재계와 투자업계가 가장 우려하는 건 기업 간 합병과 같이 고도의 전문성이 필요한 경영 사안을 교수들이 '다수결'로 결정하게 된다는 점이다.

외국계 투자은행 관계자는 "합병이 주주가치에 부합하는지를 따지는 건 두 회사의 현재 기업 가치와 합병 후 가치를 비교하는 작업"이라며 "재무 지식뿐 아니라 해당 산업에 대한 식견이 필요한데, 아무리 훌륭한 재무학 교수라도 모든 산업에 대한 식견을 갖기는 힘들다"고 지적했다. 이어 "법학이나 정치학, 사회과학을 전공한 교수들이 각자의 철학과 소신에 따라 다수결로 결정할 문제는 더더욱 아니다"고 강조했다.

해외에서는 각 기업 이사회가 합병 등이 주주가치를 훼손하지 않는다는 점을 입증하기 위해 증권사, 회계법인 등 독립적인 자문사를 고용해 기업 가치에 대한 '적정성 보고서(fairness opinion)'를 작성하도록 한다. 자문사들은 나중에 소송에 휘말리지 않기 위한 업종별 전문가를 대거 투입해 철저히 기업가치를 산정한 뒤 보고서를 제출한다.

IB 업계 관계자는 "연기금 투자운용 부서에서는 자문사들이 작성한 적정성 보고서와 외부 의결권 자문회사들이 제시하는 의견을 거의 그대로 따라 전반을 결정한다"고 설명했다.

• 운용사에 맡기는 방안도

전문가들은 정치적 논란을 피하기 위해 의결권 행사를 위탁운용사에 모두 맡기는 방안도 검토할 만하다고 입을 모은다. 세계 최대 연기금인 일본 공적연금(GPIF)이 채택하고 있는 방식이다.

국민연금은 국내 주식의 절반 가량을 위탁운용사에 맡기고 있지만, 펀드에 출자하는 방식이 아닌 투자 일임 방식이기 때문에 의결권은 국민연금이 직접 행사한다. 대형 자산 운용사 관계자는 "결국 의결권 행사도 국민의 재산을 지키는 게 목적인 만큼 철저하게 경제적인 판단을 하는 운용사에 맡기는 게 합리적"이라고 말했다.

'부의 요구권을 주장'하는 것이나 '의결권 전문위원회에 위임할 수 있다'는 천양지 차이가 있다. 전자는 의결권 전문위원회가 initiative를 갖는 것이며, 후자는 기금관리위원회가 initiative를 갖는 것이다.

일반기업에서의 이사회의 사외이사들은 상법에서 정한 선관의 의무를 지며 이러한 의무가 지켜지지 않을 경우는 민사에 의해서 손해배상소송의 대상이 될 수 있다. 사후적인 책임을 지우는 것이므로 due care를 하지 않을 수 없다. 이사회가 이러한 법적 책임으로 인한 부담을 안고 가지만 소송의 가능성이 높지 않으므로 어느 누구도 이러한 의사결정에 큰 부담을 느끼지 않을 것이다.

위의 신문기사에는 책임도 지지 않는 위원회의 교수들에게 맡기는 것이 위험하다는 의견을 내고 있다. 그렇다면 기금운용위원회 내부적으로 의사결정을 수행하였다고 하면 어떻게 책임을 물을 수 있다는 것인지에 대해서도 명확하지 않다.

가장 명확하게 책임을 묻는 것은 행정적인 조치와 법적인 소송이다. 물론, 기금운용위원회의 의사결정이 잘못되었다고 하면 국민연금 내에서의 직원에 대해서는 징계 등의 인사위원회가 가동될 것이므로 직원에 대한 조치는 그렇게 진행이 가능하다.

만약에 의결권 전문위원회의 의사결정이 잘못되었다고 하면 국민연금이 취할 수 있는 조치란 위원 해촉 등의 조치 이외에는 취할 수 있는 조치가 없다.

또한 이러한 의사결정의 잘잘못을 사후적으로 판단하는 것이 가능한지에 대해서도 논란의 여지가 있다.[2] 주총에서의 안건에 대한 의사결정이라 함은 결국은 경영판단과 관련된 의사결정이다. 이러한 의사결정이 적절한 의사결정이었는지에 대한 판단은 사후적인 판단이 되기 쉽다.

즉, 결과론적인 판단이 되기 쉬운데, 결과론적인 판단이란 결국, 사후적으로 성공적인 의사결정은 잘된 의사결정이고 실패한 의사 결정은 잘못된 의사결정으로 도출될 위험이 있다.

이는 경영의사결정이 사법부에 의해서 재단될 경우도 동일하다. 주주총회에 상정되는 거의 모든 안건은 이사회가 의결하거나 보고하도록 상정한 안건이므로 이 안건의 적정성에 대한 판단은 결국 이사회의 의사결정의 적정성과도 연관된다.

이사회의 의사결정이 잘못되었다고 하면 결국 이러한 잘못된 의사결정을 해결할 수 있는 방법은 소송 밖에는 없다. 이사회는 주주로부터 주주의 부의 극대화와 관련된 의사결정을 수행하도록 위임되었는데 이들의 의사결정이 주주의 부의 극대화와 배치되고 주주가 이에 따라서 부의 훼손을 입었다고 하면 주주는 이에 대한 보상을 소송으로 요구할 수 있으며 이사들이 법적으로 등기되어 있고 선량한 관리자의 의무가 있으므로 소송이 성립되며 사법부에서 이에 대한 판단을 수행해야 한다.

이 이외에 잘못된 의사결정을 내린 이사회에 대한 조치는 연임을 불가하게 만드는 것이다.

물론, 경영판단에 대한 사법부의 판단이 옳은 것인지에 대한 논란이 있을 수 있지만 어쨌거나 이를 모니터링할 수 있는 수단이 있는 것이다.

그러나 이러한 잘못이 의결권 자문위에 의해서 수행되었다고 하면 이 위원회 위원들이 이러한 의사결정에 대한 법적 책임을 묻기 어렵다. 즉, 비상근인 위원회 위원에 대해서 징계를 할 수도 없는 것이고 위에서도 기술하였듯이 적절하지 않은 의사결정에 대해서 할 수 있는 것이라고는 위원을 해촉하는 정도 아닌가 한다.

그렇다고 기금관리위원회가 이러한 책임을 안는다고 이들에게 법적인 책

---

2) 손성규(2018) chapter 60의 경영판단의 원칙을 참조한다.

임을 물을 수 있을 것인가에 대해서는 다음의 IMF 때 경제관료에 대한 사법부의 판단을 참고할 수 있다.

여기서 1997년 말부터 시작된 IMF 관리체제하에서 특히 1998년 DJ 정부가 들어선 이후 경제위기가 초래한 경제관료들에게 형사책임을 묻는 논의가 진지하게 펼쳐진 바 있다. 그러나 그토록 경제관료에 대한 시민들의 처벌 욕구가 강했음에도 불구하고 자신의 역할을 다하지 못한 경제관료들에게 결국 형사책임을 묻는 것은 흐지부지되고 말았음을 상기할 필요가 있다.
이상돈. 부실감사론 이론과 판례. 2007. 법문사, p. 134. 각주 22.

문화일보. 2018.3.16. ─────────────
국민연금공단 '의결권행사전문위' 권한 강화
합병 등 중대 안건 결정권 부여

국민연금공단이 '제2의 삼성물산 사태'를 방지하기 위해 민간전문가로 구성된 '의결권행사전문위원회'의 권한을 대폭 강화하는 내용으로 '의결권 행사지침'을 개정했다. 국민연금이 특정 세력에 의해 사유화되는 폐단을 막기 위한 '이중 장치'를 마련한 것으로, 국민 피해를 최소화하기 위해 앞으로 공단이 지분을 보유하고 있는 기업의 이사 선임이나 합병 등 주요 주주총회 안건에 대한 의결권행사전문위원회가 부의 권한을 '의무화'한 것이다. 공단은 16일 열린 '2018년 제1차 국민연금기금운영위원회'에서 의결권행사전문위원회가 안건 부의를 요구할 경우(위원 9인 중 3인 이상), 공단 기금운용본부가 위원회에 의결권을 넘기도록 하는 내용의 의결권 행사지침을 결정했다고 밝혔다. 의결권 행사 주도권을 의결권행사전문위가 쥐게 된다는 의미다. 이번 결정으로 공단 의결권 행사의 독립성은 높아졌지만, 일각에서는 부담스러운 안건에 대해 민간위원들끼리 책임을 떠넘길 수 있다는 우려도 제기되고 있다.

국민연금, 민간위에 의결권 행사 이관 확정

국민연금이 합리적인 배당정책을 수립하지 않는 기업에 대해 이사와 감사 연임을 반대하는 방안을 명문화했다. 국민연금의 배당 확대 요구 등에 응하지 않으면 주주총회에서 재무제표 승인 안건은 물론 이사 및 감사, 감사위원회 위원 연임 안건에도 반대표를 행사하겠다는 취지다. 정부와 정치권이 국민연금을 앞세워 민간 기업 경영에 과도하게 개입할 수 있다는 우려의 목소리가 나온다. 국민연금 의결권 행사의 실질적인 권한은 투자를 총괄하는 기금운용본부에서 교수들로 구성된 민간위원회로 넘겨갔다.

• 논란 속에 탄생한 공룡 위원회

보건 복지부는 16일 국민연금 기금운용위원회를 열어 의결권 행사 지침 개정안을 의결했다. 앞으로는 9명의 의결권행사 전문위원 중 3명 이상이 요구하면 기금운용본부는 해당 안건의 의결권 결정을 전문위에 넘겨야 한다.

개정 전 지침은 '기금운영본부가 찬성 또는 반대를 판단하기 곤란한 경우에만 의결권 전문위에 결정을 요청할 수 있다'고 규정하고 있었다.

이번 지침 개정으로 그동안 국민연금 의결권 행사의 자문위원회 역할을 했던 의결권 전문위가 국내 주요 기업과 금융회사 등에 막강한 영향력을 행사하는 '공룡 위원회'로 재탄생했다는 평가가 나온다. 국민연금이 지분 1% 이상을 보유하거나 전체 주식 운용액의 0.5% 이상을 차지해 의결권을 행사하는 기업은 지난해 말 기준 772개 기업에 달했다. 당장 김정태 회장 연임 안건이 올라가는 23일 하나금융지주 주주총회부터 의결권 전문위 결정에 관심이 집중될 전망이다.

투자업계가 가장 우려하는 건 전문성과 독립성이다. 예를 들어 기업 간 합병과 같이 고도의 전문성이 필요한 경영 현안을 법학, 정치학 교수들이 '다수결'로 결정하는 건 문제라는 지적이다. 독립성도 마찬가지다. 보건복지부는 "2015년 삼성물산-제일모직 합병 당시 공단이 안건을 전문위에 올리지 않고 직접 결정해 논란이 발생했기 때문에 이를 개선하기 위해 이번 개정안을 마련했다"고 설명했다. 하지만 정부, 사용자단체, 근로자단체, 지역가입자단체 등이 추천하고 복지부 장관이 임명하는 의결권 전문위원들이 투자 전문가로 구성된 기금운용본부에 비해 더 정치적으로 독립적이라고 보기 어렵다는 의견도 있다.

◆ "배당의 합리적 수준 누가 판단하나"

국민연금은 이날 지침 개정을 통해 합리적인 배당 정책을 수립하지 않는 기업을 의결권 행사를 통해 압박할 수 있는 수단도 명문화했다. '기업과의 대화를 통해 합리적 배당 정책을 요구했는데, 이를 반영하지 않으면 ―이듬해 주주총회에서 재무제표 승인 안건에 반대표를 던지고 ― 그래도 개선되지 않으면 그 이듬해에 당시 재직했던 이사, 감사 및 감사위원회 위원 연임을 반대한다는 내용을 의결권 행사 지침에 명시했다.

국민연금은 2015년 6월부터 과소배당 기업들을 '중점 관리기업'으로 선정하고 재무제표 승인 안건에 반대하는 등 영향력을 행사해왔다. 지난해 과소배당을 이유로 17건의 재무제표 승인 안건에 반대했다. 하지만 이사나 감사 선임에 반대한 사례는 없었다. 국민연금 관계자는 "배당 확대 요구의 실효성이 높아질 것"이라고 말했다.

기금관리운영분부 책임투자팀이나 의결권 전문위가 "배당의 합리적인 수준"을 판단할 전문성과 역량을 가지고 있는지 논란이 일고 있다. 정부나 정치권이 기업을 손보기 위한 수단으로 활용되는 게 아니냐는 우려가 나오는 이유다.

이에 대한 황인태 의결권 전문위 위원장은 "배당을 무조건 늘리라는 것이 아니라 기업 상황에 맞는 배당정책을 수립해 공시하라는 뜻"이라며 "아직은 주로 '과소배당'이 문제가 됐지만 앞으로는 '과대배당'도 문제가 될 것이라고 말했다.

위의 기사에 보면 국민연금은 과소배당/과대배당에 대한 명확한 판단 근거가 있는 듯이 기술되어 있는데 아래의 비판적인 기사에는 국민연금이 명확히 충분한 배당과 너무 낮은 배당에 대한 명확한 잣대가 없는 것으로 문제를 지적하고 있다.

한국경제신문. 2016.4.18.
배당 100% 늘려도 '반대' 상장사 "국민연금 판단기준 뭐냐"

국내 기업이 국민연금에 갖는 가장 큰 불만은 국민연금의 내부 평가 기준이 불명확하거나 매년 바뀐다는 것. 코스닥 기업인 에스에프씨는 올해 배당성향을 30.99%로 지난해의 3배 가량으로 높였는데도 국민연금으로부터 반대표를 받았다. 순이익의 10.38%를 배당한 지난해 국민연금 측은 별다른 의견을 나타내지 않았다. 회사 관계자는 "올해 찬성 표를 받을 줄 알았는데 당황스럽다"고 말했다.

① 졸속 심사 작년엔 찬성, 올해는 반대 '오락가락'

'적정 배당'에 대한 기준이 없는 것도 기업들이 혼란스러워 하는 대목 에이디테크놀로 지(37.46%)와 민앤지(22.49%)는 지난해 국내 기업 평균 배당 성향(17%)을 훌쩍 뛰어 넘는 배당을 결정했지만 국민연금으로부터 '부족하다'는 평가를 받았다.

CJ E&M은 지난해까지 배당을 아예 하지 않다가 올해 첫 배당(배당성향 14.5%)을 했지만 국민연금으로부터 2년 연속 반대표를 받았다. 회사 측은 "주주의 권한 행사를 존 중한다"면서도 "외국인 주주와 기관투자가도 적정하다고 한 배당 규모에 국민연금만이 반대표를 던진 것을 이해하기 어렵다"는 반응을 보였다. 코아로홀딩스는 배당성향을 1.96%에서 10.1%로 5배 높였음에도 2년 연속 반대표를 받았다.

이 같은 양상을 놓고 국민연금이 의결권 행사 시스템이 부실하기 때문이라는 지적도 있다. 의결권 행사는 기금운용본부 운용전략실 산하 책임투자팀에서 수행한다.

운용 인력을 5명이다. 이들이 총 791개(작년 말 기준)에 달하는 국내 투자 기업의 의 결권 행사를 전담한다. 이들 기업이 지난해 주주총회에서 다룬 안건 수는 2,836개, 상장 사의 주주총회가 집중되는 3월 한 달여 동안이 모든 안건에 대해 찬반 여부를 결정해야 하기 때문에 '과부하'가 걸릴 수밖에 없는 구조다.

② 불통 결정 투자해야 한다는데 '과소배당' 낙인

롯데푸드는 미래 인수합병을 추진하기 위한 내부 자금 유보를 국민연금이 제대로 인 정하지 않는다는 불만을 드러냈다. 미래 성장에 대비하기 위해 적정 현금을 보유해야 한 다는 뜻을 여러 차례 전달하였지만 이 같은 사정을 끝내 외면했다는 것.

지난해부터 2년 연속 배당 관련 반대표를 받은 현대그린푸드도 "미래 신규 투자에 대 해 2대 주주(12.85%)인 국민연금과 지속적으로 협의했지만 반영되지 않았다"고 허탈감 을 드러냈다.

국민연금은 활발한 투자활동으로 적자가 누적된 바이오 기업에도 '과소배당'을 이유로 재무제표를 반대한 것으로 확인됐다. 누적결손금이 280억원으로 한 해 매출이 4배에 달 한 바이로메드는 지난해 주총에서 배당이 적다는 이유로 반대표를 받았다. 민앤지도 '기 업공개 후 첫 배당'이라는 나름의 성과를 발표했지만 기관투자가 가운데 국민연금만 반대표를 던지자 아쉬움을 표하고 있다.

회사 관계자는 "투자재원을 모아야 하는 상황에서 22.49%의 비교적 높은 배당성향을 결정했는데도 적다고 하니…"라며 말끝을 흐렸다. 차입금 상환을 위해 큰 폭의 배당을 할 수 없다고 수차례 호소한 광주신세계도 2년 연속 반대표를 받았다.

③ 깜깜이 기준 반대 이유 물어도 "공개 못한다"

다른 기업들도 국민연금이 다른 주총 안건과 달리 유독 배당 관련 의결권 행사의 구체적인 기준을 공개하지 않는 것을 이해하기 어렵다고 항변했다. 한 기업 IR 담당자는 "의결권 행사를 위탁받은 자금 운용사가 '배당 규모가 작다'는 이유만을 제시했다"며 "앞으로 배당 성향을 어떤 식으로 개선해야 찬성표를 받을 수 있을지 알 수가 없다"고 털어놨다.

지난해 국민연금이 저배당 기업을 블랙리스트(중점관리기업)로 지정하고 외부에 명단을 공개하는 내용을 골자로 하는 의결권 행사 강화 방침을 세운 뒤 기업들의 불만이 고조되고 있다. 주주에게 배당을 제대로 하지 않는다는 "낙인 효과" 때문에 직·간접적인 피해를 볼 수 있어서다.

국민연금 측은 세부 평가 기준을 공개할 수 없다는 뜻을 고수하고 있다. 중점관리 기업은 배당정책 수립, 산업과 개별 기업 특수성을 종합적으로 고려해 선정할 예정이라고 강조했다. 하지만 평가 기준이 매년 바뀌는 점과 전체 평가에서 정성 평가가 차지하는 비중이 상당하다는 점을 의식해 외부 공개를 꺼리는 측면이 강한 것으로 알려졌다. 사후적으로 국회와 감사원 등에서 문제를 제기할 수 있기 때문이다.

국민연금이 기업지배구조 관련되어 더 많은 역할을 수행하게 되는데 판단 근거가 오락가락한다면 오히려 기업을 불안하게 만들 여지가 있다.

배당 의사결정과 관련되어 배당이 충분한지 충분하지 않은지는 경우에 따라서 다른 판단이 수행될 수 있지만 그럼에도 어느 정도의 일관된 잣대가 필요하다. 중점관리그룹은 focus group이라고 명칭되는 경우이다. 배당의 크기에 대한 상대적인 비율은 배당성향과 배당수익률일 것이다. 국내 상장기업의 배당성향의 평균은 약 18% 정도 되는 것으로 알려져 있고, 배당수익률의 경우는 2% 조금 넘는 수준일 것이지만 배당성향과 배당수익률이 배당의 크고 작음을 판단하는 모든 잣대는 아니다.

금융투자업계에 따르면 국내 의결권 자문사는 한국거래소 산하 한국기업지배구조원과 대신지배구조연구소, 서스틴베스트, 좋은기업지배연구소 등 4곳이 있다. 의결권 자문 시장 글로벌 1위인 미국의 ISS도 한국 상장사에 대해 연간 100건 가량 의견을 내놓는다. 대신지배구조연구소는 대신금융그룹 산하 연구소로 모그룹과 기업 간 거래 관계를 고려하면 반대 목소리를 내기가 쉽지 않다는 점에서 증권가 이목을 끌고 있다.

한편으로는 국내 의결권 지문사들의 분석 역량이 덜 갖춰진 상태에서 영향력이 빠른 속도로 커지는 것을 경계하는 목소리도 적잖다. 국내 의결권 자문 시장 전체 규모는 아직 10~20억원 수준에 불과하다. 국내 자문사들은 약 500명에 달하는 분석 인력을 갖추고 있는 국제적 의결권 자문사 ISS와 달리 대부분 인력 규모가 20여 명 안팎에 그친다. 늘어나는 안건을 분석하기에는 턱없이 모자라다. 의결권 자문사들의 결정에 직접적인 영향을 받는 상장사들로서 불안할 수밖에 없는 배경이다.

익명을 요구한 자산운용사 사장은 "과거 국민연금이 자체 판단으로 삼성물산-제일모직 합병을 밀어붙였다가 큰 화를 봤듯 의결권 자문은 일종의 면피 역할도 있는데 기왕에 맡긴다면 비싼 비용을 치르더라도 국제적 의결권 자문사에 맡기는 편이 낫다는 게 운용업계 생각"이라고 털어놨다.

국내 의결권 자문사들의 법적 지위도 모호하다. 현재 국내 의결권 자문사들은 투자자문업이 아닌 컨설팅업으로 등록돼 있다. 금융당국에서 관리 감독할 권한이 없다는 의미다. 반면, 미국은 의결권 자문사들이 투자자문업으로 등록하게끔 규정이 돼 있다.

송홍선 자본시장연구원 연구위원은 "의결권 자문사에 대한 규제를 도입할 때가 됐다. 또 지배구조 공시와 상장회사의 사회 환경 노동 현안에 대한 정보 공개를 강화해 주주권 행사 판단 근거를 마련하고 신탁계약에만 허용된 의결권 위임을 투자일임 계약에도 허용하는 것이 필요하다"고 주장했다.

이러한 의결권전문위원회가 정부 추천위원을 배제한 14인의 수탁자책임전문위원회로 2018년 하반기 전환되게 된다. 의결권 전문위원회에는 기획재정부와 복지부가 각각 추천한 1인이 위원회 활동을 수행하였다.

수탁자책임전문위원회가 어느 정도까지 경영권을 행사할 수 있는지에 대해서는 2018년 7월말에 국민연금 기금위원회에서 상당한 수준의 격론을 벌이고 있다. 勞측은 사외이사 선임 등을 포함하여 적극적인 경영참여를 주장하는 반면, 일부에서는 연금 사회주의를 우려하여 소극적인 경영참여를 주장하고 있다.

이러한 가운데 의결권전문위원회가 삼성물산 이사의 연임에 반대하는 의견을 제시했다. 그 이유는 삼성물산과 제일모직의 합병 의사결정이 잘못된 의사결정이었는데 이사들이 이를 막지 못했다는 사유다. 국민연금의 의결권자문위원회가 이사회의 회의록을 입수하여 합병에 찬성하였던 이사들의 연임에 반대하는지 아니면 이사회가 회의체로서 합병을 막지 못한 부분에 대해서 이사 전체에 대해서 연임에 반대하는지는 알 수 없지만 후자라고 하면 이러한 의사결정에는 문제가 있다는 판단이다.

조선일보. 2018.7.31. ————

'사회적 가치 훼손' 명목으로… 국민연금, 경영참여 길 열렸다

국민연금의 스튜어드십 코드(기관투자자의 의결권 행사 지침) 도입이 30일 최종 결정됐다. 이날 의결된 스튜어드십코드에는 가장 첨예한 문제였던 국민연금의 경영 참여 부분이 포함돼 국민연금이 기업 경영에 개입할 수 있는 근거가 마련됐다는 평가다.

앞서 보건복지부 의뢰로 국민연금의 스튜어드십 코드 도입 연구를 진행한 고려대 산학협력단은 사외이사 감사 추천 등 국민연금의 적극적인 역할을 주문했다. 이에 대해 '연금 사회주의', '경영간섭' 등의 우려가 제기됐고, 국민연금 기금운영위원회는 국민연금의 경영 참여를 제외한 방안을 마련해 지난 26일 의결하기로 했다.

그러나 노동계 시민단체 측 추천위원들이 경영 참여를 스튜어드십 코드에 포함해야 한다고 반발해 논의가 미뤄졌다.

4일 만에 열린 30일 회의에서 '국민연금의 경영 참여를 원칙적으로 배제하되, 특별한 경우 기금위가 의결한 사항에 대해서는 경영 참여를 허용하는 것'으로 최종 결정했다. 이날 기금위원장인 박능후 보건복지부 장관은 "경영 참여를 예외적으로 허용하는 특수한 상황은 기업이 주주 가치나 사회적 가치를 심각하게 훼손하는 경우를 의미한다"고 말했다. 박장관이 말한 사회적 가치가 훼손된 경우란 대한항공 총수 일가의 갑질 사태처럼 사회적 지탄을 받는 상황을 뜻하는 것으로 풀이된다. 앞으로 여론 악화를 초래한 기업들

도 국민연금이 개입할 가능성을 열어둔 셈이다.

　박 장관은 예외적인 상황에서만 경영 참여가 가능하다고 선을 그었지만, 재계는 국민연금의 경영 참여가 현실화될 것으로 보고 있다. 재계 관계자는 "결국 정부가 입맛대로 골라 기업 경영에 참여하겠다는 얘기가 아니겠느냐"면서 "시스템이 아니라 사람에 의해 운영되는 전형적인 후진국형 제도"라고 비판했다.

매일경제신문. 2018.7.31. ─────────────────────

'5% 이상 지분 룰' 2020년까지 완화

　금융위원회는 국민연금의 '국민연금기금 수탁자 책임에 관한 원칙' 도입에 따라 법률 규제 제거에 나설 방침이다. 5%가 넘는 대량 지분으로 경영 참여 성격의 투자를 하더라고 약식 공시를 허용해 위법 소지를 없애고 시장 혼란도 줄이겠다는 취지다. 다만 10% 이상 지분으로 경영 참여 의사를 밝힐 경우 6개월 내 수익 반환 조항을 유지할 방침이다. 장기 투자라는 스튜어드십 코드 취지에 맞지 않는다는 판단이다.

　30일 금융위원회 관계자는 "스튜어드십 코드의 주주권 행사 지침을 공시하고, 주주권 행사에 나설 경우 단순투자 경영 참여 등 주식 보유 목적과 관계없이 약식 보고를 허용하는 방안을 준비 중"이라며 "국민연금이 경영 참여 등의 의견을 본격적으로 내는 2020년에 맞춰 법안을 수정할 것"이라고 설명했다.

　약식보고는 관련 지분 변동이 있었던 달의 다음달 10일까지 보고할 수 있다. 즉시 공시가 필요 할 수 있기 때문에 투자자는 공시 부담이나 대주주 변동에 따른 즉각적인 시장 혼란 부담을 덜 수 있을 것으로 보인다.

　금융위가 국민연금에 대해 예외 조항을 마련하는 이유는 크게 두가지다. 적극적인 스튜어드십 코드 활용의 장을 만들어 주는 것과 대형 연기금 투자에 따른 시장 혼란을 방지하는 측면이다. <u>스튜어드십 코드 행사는 공시 위반 소지가 꾸준히 제기돼 왔다. 국민연금이 5%가 넘는 지분을 투자하고 있는 회사에 대해 '단순 투자' 목적이라고 공시하면서도 주주권 행사를 빌미로 경영 관련 질의나 의견을 내면 사실상의 경영 참여로 비칠 수 있기 때문이다.</u> 두 번째는 약식 보고를 통한 시장 혼란 방지다.

　다만 금융위는 10% 이상 지분 투자자가 투자 목적을 '경영 참여'로 바꿀 경우 최근 6개월 이내 발생 수익을 반환하는 규정은 그대로 유지하기로 했다.

금융위 관계자는 "해당 조항은 대주주의 경영 참여를 빌미로 한 단기 투자, 미공개 정보 이용을 막는 부분으로 장기 투자를 상정하는 스튜어드십 코드 취지와는 맞지 않아 예외를 둘 필요는 없어 보인다"고 설명했다.

조선일보. 2018.7.31.

국민연금 관치… 오너 갑질 일감 몰아주기 땐 임원 해임 요구

30일 국민연금 기금운영위원회가 국민연금의 경영 참여를 사실상 허용하면서 경영 간섭에 대한 우려가 커지고 있다. 이번 스튜어드십 코드 도입으로 국민연금이 오너 일가의 '갑질'로 사회적 물의를 일으키거나, '일감 몰아주기' 등으로 총수 일가가 사적인 이익을 취할 경우 해당 기업의 경영에 개입할 여지가 생겼기 때문이다. 더욱이 국민연금 운용의 독립성이 이뤄질 경우 기업 경영에 부담이 돼 오히려 국민연금 수익률이 악화될 수 있다는 우려가 나온다.

• 노동계 주장 반영된 스튜어드십 코드

이날 4시간 가까이 진행된 국민연금 기금운영위원회 회의의 승자는 일사불란하게 움직인 노동계 시민단체 측 위원들이었다. 회의에 배석한 한 인사는 "노동계 측 추천인사 3명과 참여연대 소비자모임 측 추천인사 2명이 스튜어드십코드에 경영참여가 꼭 포함되어야 한다고 주장했는데, 마치 똘똘 뭉쳐 있다는 느낌"이라고 말했다. 회의가 길어지자 "표결에 부치자"는 제안이 나왔지만 "민감한 사안에 의견이 갈리는 것은 적절하지 않다"는 의견이 많아서 표결은 진행되지 않았다.

지지부진하던 논의는 휴회를 거친 뒤 급격히 진행됐다. 노동계 시민단체 측 위원들이 "기금위가 의결하는 특별한 사안만이라도 국민연금이 경영참여에 해당하는 주주 활동을 펼치게 해 달라"고 한발 물러선 데다, 정부 측 위원도 "사실 지금도 기금위가 결정하면 국민연금의 경영 참여가 가능하다"고 설명하자 재계 쪽 위원들이 '백기'를 들었다. 한 재계 측 위원은 "경영권 간섭이라는 기업의 우려를 계속 전달했지만 대세가 형성돼 받아들일 수밖에 없었다"고 말했다.

• 국민연금 경영 참여로 연금 관치주의 우려 커져

'연금 관치주의' 논란도 거세질 전망이다. 박능후 보건복지부 장관은 이날 "기업 가치가 심각하게 훼손되거나, 사회적 여론이 형성되면 기금위가 의결해서 예외적으로 경영에 참여할 것"이라고 했다. 안건 선정은 기금위 산하 전문위원회를 거치지 않고 기금위원이 직접하되, 위원 간 심도 있는 토론을 거치겠다고 했다.

문제는 기금위 구성 자체가 정부 입김이 강하게 작용한다는 점이다. 총 20명으로 구성된 기금운용위원회는 보건복지부 장관과 각 부처 차관 4명, 국민연금공단이사장 등 정부 관련 인사가 6명 포함되어 있다. 여기에 근로자 대표 (3명)와 시민단체가 추천한 지역 가입자 대표(2명) 등이 합세하면 과반의 영향력을 발휘할 수 있다. <u>기금위 의결만 거치면 특정 임원을 해임할 것을 제안할 수 있고, 또 경영진 일각의 사익 편취가 발생한 기업에 사외이사를 추천할 수 있다.</u>

국민연금이 투자한 기업의 경영성과뿐 아니라 환경, 사회, 지배구조(ESG) 등 비재무적 요소를 평가하기로 한 점도 '기업 길들이기'에 악용될 수 있다는 비판이 나온다. 제품 안전 관리 등 기업 가치와 관련된 영역뿐만 아니라, <u>기업의 고용 수준, 협력업체를 지원하는지 여부, 기부금, 3년 내 배당 지급 등 기업 경쟁력과 무관한</u> 분야까지 평가 요소로 포함하기 때문이다. 국민연금은 이러한 52개 요소를 기준으로 매년 '기업 성적표'를 만들고, 등급이 크게 하락하면 의결을 거쳐 즉각 주주활동을 펼친다는 방침이다.

• 국민연금 수익률 제고보다는 경영 간섭 우려

스튜어드십 코드가 도입 목적인 '국민연금의 수익률 제고'로 연결될지는 미지수다. 국민연금의 경영 참여 주주활동이 기업 경쟁력을 키우는 방향이 아니라, 기업 통제로 변질될 수 있기 때문이다.

또 스튜어드십 코드에 포함된 배당 관련 주주활동 개선(올해 하반기 예정), 중점관리기업 공개(2020년 예정) 등이 이미 해외에서는 도입을 포기한 제도라는 지적도 나온다. 미국 캘리포니아 공무원연금 캘퍼스(CalPERS)의 경우 '포커스리스트(중점관리기업 명단)' 공개를 2011년부터 비공개로 전환했다. '망신주기'식 대응보다 기업과의 비공개 대화가 투자수익률 제고에 더 좋다는 결론을 얻었기 때문이다. 일본 연기금(GPIF)의 경우 투자기업의 배당보다는 <u>자기자본이익률(ROE)</u>을 평가한다. 이원일 제브리투자자문 대표는 최근 공청회에서 "국민연금의 주주권 행사는 과도하게 배당 문제에 집중돼 있다"며

"일본처럼 기업들의 자기자본이익률 관점에서 모든 의결권과 주주권 행사 결정이 내려져야 한다"고 지적했다.

협력업체 지원 여부, 기부금 등은 우량 기업을 선정하는 잣대일 수는 있지만 매우 자의적으로 판단될 수 있는 변수이다. 기부금을 많이 내는 기업이 좋은 기업인지 또한 협력업체를 폭넓게 지원하는 기업이 더 좋은 기업인지 등에 대한 판단은 임의적이다.

매일경제신문. 2018.7.31. ─────────

결국 노동계 요구대로 국민연금 경영참여 허용

국민연금이 사실상 상장사에 경영참여를 할 수 있게 됐다.

국민연금 최고의결기구인 기금운영위원회가 필요하다고 의결하는 기업에 한해 해당 기업 임원을 선임 해임하고 주주제안을 하는 등의 경영 참여 목적 주주권 행사를 허용하려고 했기 때문이다. 기금위는 30일 오전 제 6차 회의를 열고 국민연금의 스튜어드십 코드 도입을 최종 의결하면서 이같이 결정했다.

이날 의결한 스튜어드십 코드에 따르면 경영 참여는 자본시장법 시행령 개정안 등 제반 여건이 구비된 후에 방안을 마련해 시행하되, 그 전이라도 기금위가 의결한 경우에는 시행할 수 있도록 길을 열어둔 것이다.

현행법은 임원 선임, 해임 또는 직무정지, 정관변경, 자본금 변경, 합병 분할 분할합병, 주식 교환 이전, 영업 양수도, 자산 처분, 회사 해산 등에 실질적인 영향력을 행사하는 행위를 경영 참여로 보고 있다.

국민연금이 30일 현재 10% 이상 지분을 보유한 기업은 SK하이닉스를 비롯한 99개이고, 5% 이상 지분을 보유한 기업도 삼성전자 등 201개에 달한다. 국민연금은 현재 단순 투자 목적으로 이들 기업 주식을 보유하고 있지만 향후 기금위가 경영 참여를 결정하게 되면 투자 목적을 단순 투자에서 경영 참여로 변경 공시하고 적극적 주주권을 행사하게 될 전망이다. 특히 국민연금은 지분을 10% 이상 보유하고 있는 기업에 대해 단기매매차익을 반환하는 것도 불사하겠다는 의미다.

한편 이번 국민연금 스튜어드십 코드는 LG그룹이 사실상 첫 시험대가 될 전망이다. 가장 이른 시일 내에 주주총회를 개최하는 기업은 현대일렉트릭앤에너지시스템과 LG(주), LG 유플러스다. LG그룹은 이날 주총에서 등기 임원 선임건을 다룰 예정이다.

매일경제신문. 2018.7.31. ─────────────────────

뽀족수 없는 재계 "연금 통한 정치 외풍 우려"

연금이나 연금 위탁운용사들이 단기 수익률에 급급해 과도한 배당을 요구하고 장기적 투자나 인수 합병의 발목을 잡을 수 있다는 우려도 나온다. 스튜어드십 자체가 궁극적으로 기금 수익률 제고를 목적으로 하기 때문이다.

매일경제신문. 2018.7.31. ─────────────────────

이사 선임 해임도 국민연금 손에… '경영간섭' 길 트였다

다만 국민연금이 지분 10% 이상을 보유한 기업에 대해서는 국민연금이 투자 목적 변경 공시를 해야 하고 매매차익도 반환해야 한다.

이날 의결된 도입 방안에 따르면 경영 참여는 자본시장법 시행령 개정 등 제반 여건이 구비된 후에 방안을 마련해 시행하되, 그 전이라도 기금운영위가 의결한 경우에는 시행할 수 있도록 했다.

그 중에는 10% 이상 지분을 보유한 상장기업은 99사에 달한다. 이 중에는 삼성전자(9.9%)와 SK하이닉스(10.0%), 현대차 (8.18%), 포스코(10.82%), LG화학(8.72%) 등 국내 대형 상장사가 두루 포함된다.

특히 수탁자책임전문위원회로 확대 개편되는 의결권행사전문위원회는 국민연금의 의결권과 주주권 행사, 책임투자 관련 주요 사항에 대한 권한을 대폭 이양받으며 활동 반경을 넓히게 됐다. 주주권 행사 분과와 책임투자 분과 등 2개 분과 총 14인으로 구성되는 이 위원회는 재계와 노동계 등 각계 가입자 대표가 추천한 민간 전문가 중심으로 구성된다. 기존 의결권행사전문위원회가 자문기구에 머물렀다면 이 위원회는 국민연금의 주주활동의 전반을 점검한다.

회의 시 발언 내용 전부를 기록하는 회의록을 작성하는 등 내부 통제 확보와 투명성, 책임성 강화를 위한 방안 역시 함께 마련했지만 일각에서는 전문성과 책임성에 우려를 표하는 목소리도 나온다.

다만 재계가 우려를 표했던 <u>사전 의결권 행사 방향 공개에 대해서는 초안보다 수위가 대폭 낮아졌다.</u> 당초에는 국민연금의 모든 의결권 행사에 대해 사전 공시하겠다는 방침이었지만 민간 전문가로 구성된 수탁자책임전문위가 내용과 방법, 범위를 결정하기로 했다. 큰손인 국민연금이 사전 의결권 행사를 공표할 경우 소액주주들과 다른 기관 투자가들을 상대로 '<u>여론몰이</u>'를 할 수 있다는 일각의 우려를 수용한 조치로 풀이된다.

이날 국민연금은 기금수익을 심각하게 훼손할 우려가 있는 기업에 대해 기업 이름을 공개하고 공개 서한을 발송하는 등 경영 참여에 해당하지 않는 주주권에 대한 단계적 이행 방안도 최종 확정했다. 위탁 운용사에 의결권 행사 위임, 위탁운용사 선정, 평가 시 코드 도입 여부를 평가해 가산점을 부여하는 등의 방안도 최종안에 포함됐다.

한국경제신문. 2018.7.31.
외부에 맡긴 60조 의결권 위탁 운용사에 넘기지만…
국민연금과 다른 의사결정 어려울 듯

국민연금은 스튜어드십 코드를 도입하면서 국내 주식의 의결권 행사를 민간운용사에 위임하기로 했다. 국민연금의 과도한 영향력에 대한 우려를 완화하기 위해서다. 그러나 국민연금이 직접 운영하는 국내 주식(전체의 54%)은 의결권을 위임하지 않기로 했다.

또 위탁운용사를 선정하거나 평가할 때 스튜어드십코드를 도입해 이행하는 운용사에 가점을 주기로 했다. 국민연금의 영향력이 줄지 않거나 오히려 커질 수 있다는 지적이 나오는 까닭이다.

보건복지부는 30일 기금운영위에서 국민연금 스튜어드십 코드 도입을 의결한 뒤 "위탁운용사에 의결권 행사 위임을 추진하기 위해 자본시장법 시행령 개정 절차를 밟고 있다"고 밝혔다. 금융위원회는 지난 5월 '투자일임업자가 연금이나 공제회 등으로부터 의결권을 위임받아 행사할 수 있도록 한다'는 내용의 자본시장법 시행령 개정안을 입법 예고한 바 있다.

국민연금은 131조원에 달하는 국내 주식 투자액 중 71조원을 직접 운용하고 60조원은 34개 외부 민간 운용사에 맡기고 있다. 이 중 외부 민간 운용사에 맡긴 60조원에 한해서만 의결권을 위임하기로 했다.

국민연금이 전체 투자액에 대해 직접 의결권을 행사하는 자금보다는 영향력이 줄어들 겠지만 '반쪽짜리 해결책'이 될 것이라는 평가가 나오는 이유다. 일본 공적연금은 국내 주식 운용과 의결권 행사를 100% 민간 운용사에 위탁하고 있다. 정부가 민간 기업 경영 에 개입할 여지를 완전히 차단하기 위해서다.

기금운용위는 위탁운용사의 의결권 행사가 국민연금 수익 제고 등에 반할 경우 의결권 을 회수할 수 있도록 했다. 스튜어드십 코드 도입과 이행 여부에 따라 가산점도 부과한 다. 국민연금의 돈을 위탁 받은 운용사들이 의결권을 행사하면서 국민연금과 다른 목소 리를 내기가 쉽지 않을 것이라는 분석이 나온다.

한국경제신문. 2018.7.31. —————————————

'수탁자책임위' 14일에 맡겨진 기업의 운명

수탁자책임위는 주주권 행사 분과(9명)와 책임분과(5명)로 나뉘어 운영된다. 위원들은 사용자 단체, 근로자 단체, 지역가입자 단체, 연구기관이 추천하는 전문가들로 이루어진 다. 대부분 교수로 구성될 것으로 보인다.

수탁자책임위는 기금운영본부가 판단하기 곤란해 결정을 요청하는 안건뿐 아니라 주 주권 분과 위원 9명 중 3명 이상이 요구하는 안에 대해 기금운용본부로부터 주주권 및 의결권 행사를 넘겨 받을 수 있다. 마음만 먹으면 국내 주요 상장사 대부분의 운명을 좌 지우지할 수 있는 셈이다.

문제는 독립성이다. 정부 측 인사는 위원회에서 배제했지만 수탁자책임위는 보건복지 부 장관이 위원장인 기금운영위 산하다. 운영 규정에 따르면 수탁자책임위의 기능 중 하 나가 기금운용위원장이 요청하는 사안을 검토, 결정하는 것이다. 복지부 장관이 특정 기 업에 대해 큰 방향을 제시하면 수탁자책임위가 이를 거스르는 결정을 할 수 없을 것이란 우려가 나오는 이유다. 위원회 간사를 복지부연금재정과장이 맡기로 한 것도 정치적 중립 성 우려를 낳는 대목이다.

반대로 정부 개입을 차단하는 역할을 할 것이란 의견도 있다. 조명현 한국기업지배구 조원장은 "다양한 의견을 지난 전문가들로 구성되는 만큼 정부가 수탁자책임위에 영향력 을 행사하기는 사실상 불가능할 것"이라고 말했다.

한국경제신문. 2018.7.31.
이사 선임 해임권까지 거머쥔 국민연금… "거대한 행동주의 펀드됐다"

　행동주의 펀드란 투자기업의 주가를 높이기 위해 배당 확대, 자사주매각, 기업 인수합병, 경영진교체 등을 요구하는 펀드를 말한다.

　황인학 한국기업법연구소 수석연구위원은 "국민연금이 중점관리 사안에 포함시킨 사익 편취나 계열사 부당 지원 등은 공정거래위원회의 규제 사항으로 주주가치와 무관한 경우가 많다"고 말했다.

　오히려 공정거래법상 사익 편취 관련 규제가 주주가치를 훼손하는 경우도 적지 않다.

손성규(2018) chapter 58에서는 임플랜트 업체들간에 회계처리의 차이가 있어서 업계에서도 이와 관련된 불협화음이 있다는 내용을 기술하였다. 제약업계에서도 회계처리와 관련된 기업 간의 차이에 따른 다른 회계처리가 다음과 같이 이슈가 된다.

한국경제신문 2018.1.29. ───────────────────────────

제약 바이오기업 연구개발비 논란에 금감원, 회계처리 적정성 논란

금융감독원이 올 상반기 제약 바이오 기업의 회계처리를 집중 점검한다. 연구개발비를 과도하게 자산으로 인식해 이익을 부풀렸는지에 초점이 맞춰질 전망이다.2)

금감원은 "제약 바이오 기업들이 개발비 회계 처리를 지나치게 자의적으로 한다는 의혹이 제기되고 있어 이를 점검하는 테마감리를 할 계획"이라고 28일 발표했다. 오는 3월 2017년 결산결과가 공시되면 위반 가능성이 높은 회사를 대상으로 감리에 들어가기로 했다.

2016년 한미약품에 이어 최근 셀트리온까지 제약 바이오 기업의 개발비 회계처리가 끊임없이 논란이 되고 있다. 한국이 채택한 국제회계기준에 따르면 연구개발비에 대해 '기술적 실현 가능성' '미래 경제적 효익을 창출하는 방법' 등을 따져 무형자산으로 처리

───────────────────────────

1) 유사한 내용은 손성규(2012) chapter 39과 chapter 45를 참고한다.
2) 연구비로 비용화가 안되므로 이익이 부풀려지는 결과를 초래한다.

할 수 있도록 하고 있다. 이 요건에 맞지 않으면 자산으로 인식하지 않고 비용으로 처리해야 하기 때문에 영업이익이 그만큼 줄어든다. 하지만 기술적 현실 가능성 등의 요건이 자의적으로 해석될 수 있다는 점에서 '고무줄 회계 처리'라는 지적이 제기되고 있다.

국내 제약 바이오 기업의 연구비 회계 처리는 제각각이다. 지난해 9월 재무제표 기준으로 셀트리온은 연구개발비 1,540억원 중 1,171억원을 무형자산으로 반영했다. 삼성바이오에피스는 개발비의 36%인 568억원을 자산으로 잡고 나머지 64%는 판매관리비로 처리했다. 신라젠은 연구개발비 전액인 236억원을 비용으로 떨어낸 반면 제넥신은 연구개발비 86%를 자산화했다.

회계법인 관계자는 "해외 제약사는 정부의 판매 승인을 받은 이후 발생한 개발비만 자산으로 처리하는 등 보수적인 기준을 갖고 있다"고 말했다. 금감원은 국내 기업이 임상 1상 또는 임상에 들어가기 이전부터 연구비를 자산화하는 사례를 포착한 것으로 전해졌다.

정규성 금감원 회계기획감리실장은 "기업이 신약 개발을 낙관해 연구개발비를 자산화했다가 추후 예상과 다른 결과가 나와 손실로 처리하면 실적이 급격히 악화되고 주가가 급락한다"며 "제약 바이오뿐 아니라 개발비 비중이 높은 다른 업종의 기업들도 감리 대상이 될 수 있다"고 말했다.

• 제약 바이오사 연구비 회계처리

	R&D비	무형자산	자산화 비중(단위: 억원)
셀트리온	1,540	1,171	76%
삼성바이오에피스	1,556	568	36%
코오롱생명과학	108	5	5%
신라젠	236	0	0%
제넥신	219	189	86%

위의 신문 기사에서 우리 제약 산업의 회계처리가 제 가각이라고 기술하고 있는데 이는 기업간 횡단면적 비교 가능성을 심각하게 저해하는 것이다. 연구 개발비를 자산화할지 비용화할지는 매우 오래된 회계에서의 이슈이며, 이는 국제회계기준이 도입되기 이전에서부터의 이슈이다.

물론, 회계기준에 기초한 가장 간단한 원칙은 미래의 수익을 창출할 수 있는 자원은 자산이고 그렇지 않은 것은 비용화하여야 하며 오래전의 K-GAAP

은 계정과목 명칭 자체도 연구개발비라는 자산이었다가 국제회계기준이 도입되기 이전부터 개발비와 연구비, 경상개발비를 구분하였다.

물론, 이러한 구분은 회계 전문가뿐만 아니고 연구개발을 담당하는 부서의 과학자나 lab에서 근무하는 실무자들의 의견을 참고하여야 하므로 회계담당자들만의 의사결정은 아닐 수 있다. 결국은 자산화의 과정이라는 것은 신제품이 자산 단계에 가 있는 것인가의 결정이라서 기업 내에서도 회계부서는 연구개발 부서의 의견을 참조하여야 한다.

가장 안전하기는 위의 신문기사에서 해외 제약회사가 이러한 업무를 처리하는 방식인 보수적인 방식일 것이다. 즉, 정부의 판매 승인을 받은 이후 발생한 개발비만 자산으로 처리하는 식일 것인데, 기업의 입장에서는 속성상 비용의 계상에 대해서는 당연히 부담을 느낄 것이므로 이렇게 보수적으로만 회계처리가 수행되지 않을 가능성이 높다.

미국에서도 1980년대에 oil and gas 산업에 투입되는 자원을 모두 full costing(전부원가 자산화)에 의해서 자산화할지 아니면 유전 개발 등에 성공적인 자원만을 successful effort(성공원가의 자산화) 방법에 의해서 자산화할지가 매우 오래된 논란의 대상이었다.

10곳의 탐사선에서 5곳이 성공했을 때, 5곳의 탐사선 원가만을 자산화하여 원가로 계상할지(나머지 5곳은 실패시 바로 비용처리) 아니면, 10곳을 시도하여서 즉, 10곳의 시도 결과 5곳을 성공시킨 것이므로 10곳의 비용을 모두 자산화하여 수익에 대응시킬지의 이슈이다. 10곳을 시도하였기 때문에 그중에 반이 성공했다고 하면, 즉, 10곳의 시추는 5곳의 성공적인 발견을 위해서는 필요불가결한 조건, 즉, 투자이므로 전부원가를 자산화하는 대안이 더 타당성이 있다. 즉, 이는 회계적인 이슈이기도 하지만 어떻게 보면 공학적인 이슈이기도 하다. 또한 양쪽 논리가 모두 합리적이고 타당하다.

물론, 어느 정도는 주관적인 판단의 영역이라고 생각되지만 동시에 위의 신문기사의 표에서도 나타나듯이 그렇게만 분류하기에는 기업간의 회계처리의 차이가 너무도 극명하게 나타나서 감독기관의 차원에서는 어느 정도 가이드라인을 제시하는 것이 맞다고 판단된다. 보수주의적인 접근은 이를 가능하면 자산화하지 않고 비용화하는 것이다.

한국경제신문. 2018.2.14.

금감원, 한국 GM 회계 의혹 점검 나섰다.
연구개발비 부풀려 고의로 이익 줄였는지 확인
미국 GM에도 회계 관련 입증 자료 요청

　금융감독원이 한국 GM 회계 의혹과 관련해 점검에 나섰다. 연구개발비를 부풀려 고의로 이익을 줄였는지 등을 집중적으로 들여다보고 있다.

　금융당국 관계자는 13일 "한국 GM의 회계처리 방식이 국민적 관심으로 떠오른 만큼 금감원이 사실 관계를 확인하고 있다"고 밝혔다. 금감원은 최근 한국 GM의 재무제표를 점검하는 한편 한국 GM에 그들의 주장을 입증할 수 있는 자료를 요청한 것으로 전해졌다.

　금감원이 집중적으로 들여다보고 있는 것은 한국 GM의 연구개발비 항목이다. 매년 5,000~6,000억원의 연구개발비가 비용으로 처리된 것이 적정한지 확인하기 위해서다.

　한국 GM의 매출원가율은 대규모 연구개발비 영향으로 2015년 97%, 2016년 94%에 달했다. 국내 완성차 4사 평균 매출원가율(80.1%)보다 10포인트 이상 높은 수치다.

　금감원은 정치권에서 제기하고 있는 GM의 고금리 대출 여부와 과도한 본사 업무지원비, 이전가격 등 논란거리는 이번 점검 대상에서 제외했다. 회계처리 절차와 관련된 것이 아니라 불공정거래 문제에 해당한다는 판단에서다.

　현재까지는 한국 GM의 회계처리 절차에 특별한 위반 사항이 발견되지 않은 것으로 알려졌다. 금융당국 관계자는 "한국 GM의 연구개발비는 3년 주기로 상각하는 원칙에 따라 비용처리되고 있다"며 "재무제표만 놓고 보면 회계처리에 위법이 있는 것으로 보이지는 않는다"고 설명했다. 그러면서도 "비 회계적 문제에서 이상이 발견되면 추후에라도 관계기관에 통보할 것"이라고 말했다.

　일각에서는 한국 GM에 대한 특별 감리 필요성을 제기하고 있다. 금감원은 비상장사에 대한 회계감리 권한이 없어 당장 한국GM 감리에 들어가기는 어렵다는 판단이다. 예외적으로 금융위원회가 산하 증권선물위원회가 특정 회사에 대한 감리를 지정하면 금감원이 비상장사 감리에 나설 수 있다.

　비상장사에 대한 감리는 금융위원회가 한국공인회계사회에 위탁을 주어 진행하고 있다.

시총 1.7조 차바이오텍 '감사의견 한정' 충격

줄기세포 치료제 개발업체인 코스닥 상장사 차바이오텍이 외부감사인으로부터 지난해 재무제표에 '감사 의견 한정' 판정을 받은 여파로 23일 코스닥시장이 크게 출렁였다. 차바이오텍은 장 시작과 동시에 하한가로 직행했고, 셀트리온헬스케어 신라젠 바이로메드 등 코스닥 주요 제약 바이오주도 일제히 하락했다. 이에 따라 코스닥지수는 5% 가까이 급락했다.

• 4년 연속 적자 낸 차바이오텍

차바이오그룹 계열사인 차바이오텍은 지난 22일 오후 11시께 외부감사인인 삼정회계법인으로부터 지난해 재무제표 감사의견을 '한정'으로 통보받았다고 공시했다.

삼정회계법인은 한정의견을 낸 이유에 대해 차바이오텍이 지난해 무형자산으로 분류한 연구개발 비용 가운데 일부를 비용처리해야 하는데, 회사 측이 이를 받아들이지 않았기 때문이라고 밝혔다. 삼정회계법인은 감사보고서에 R&D에 들어간 14억 1,900만원을 자산이 아니라 비용으로 잡아야 한다고 지적했다.

R&D에 투입된 금액을 비용으로 잡으면서 차바이오텍의 지난해 영업손익은 5억 3,747만원에서 −8억 8,180만원으로 바뀌었다. 2014년 이후 4개 사업연도 연속 영업손실을 낸 차바이오텍은 이날 한국거래소로부터 관리종목으로 지정됐다.

차바이오텍 관계자는 "줄기세포 치료제는 초기 임상 단계에서도 R&D 비용을 자산으로 잡을 수 있다고 본다"며 "하지만 삼정회계법인은 제품 개발 속도가 늦고 계획대로 임상이 진행되지 않는 경우가 있다는 이유로 개발비를 비용으로 처리해야 한다고 주장했다"고 설명했다. 이 관계자는 "회사가 진행 중인 연구 프로젝트와 펀더멘털에는 아무런 변화가 없다"고도 덧붙였다. 차바이오텍은 이른 시일 안에 흑자를 내 관리종목에서 벗어날 수 있도록 사업 구조조정을 할 계획이다.

• 상위 바이오주, 시총 2조 6,000억원 증발

이날 코스닥 지수는 전날보다 41.94 포인트 급락한 829.68에 마감했다. 하루 낙폭 기준으로 2016년 2월 12일 후 가장 큰 폭의 하락이다. 셀트리온헬스케어(−4.8%), 신라젠(−11.47%), 바이로메드(−11.58%), 티슈진(−4.77%) 등 코스닥시장 주요 바이오 주가 약세를 보인 영향이 컸다. 코스닥 시장 시가총액 상위 20위 안에 드는 8개 바이오주의 시가총액 2조 6,500억원 가량이 증발했다.

호가혜 대신증권 연구원은 "R&D 비용 회계 처리가 엄격해지면 적자를 내는 기업이 속출할 가능성이 있다"며 "가뜩이나 제약 바이오주 고평가 논란이 나오는 가운데 회계 불투명 문제까지 불거지면서 투자자 불안이 커지고 있다"고 말했다.

제약 바이오사의 R&D 비용 처리 방식 관련 논란은 이번이 처음이 아니다. 지난 1월 도이치뱅크는 '셀트리온이 R&D에 들어간 돈 대부분을 비용으로 처리하지 않고 자산으로 분류해 영업이익이 부풀려졌다'는 요지의 보고서를 내기도 했다.

연구개발 비용 회계처리

※ 회사가 작성한 2017년 별도 재무제표 기준

비용처리 12억원: 자산 분류 60억원

매일경제신문. 2018.3.24. ————————————

행남자기 등 코스닥 20곳 퇴출 공포

코스닥기업에서 상장 폐지 위기에 내몰린 기업이 속출하고 있다. 12월 결산업인 대부분은 23일까지 외부감사인에게 감사보고서를 제출받았다. 이 가운데 감사의견 '거절' 또는 '한정' 의견을 받은 코스닥 상장사들이 증시에서 퇴출될 위기에 처한 것이다. 또 마감시한까지 감사보고서를 제출하지 못한 상장사도 예년보다 늘어났다는 점에서 결과에 따라 퇴출 대상은 더 늘어날 것으로 전망된다.

23일 한국거래소에 따르면 이날까지 코스닥시장에서 감사의견 거절 한정 또는 회계처리 규정 위반 등으로 매매거래가 정지된 종목은 파티게임즈, 지디, 우성아이비 등 줄잡아 16곳에 달한다. 이 밖에 행남자기와 이에스아이는 감사의견 '한정'을 받고 관리종목으로 지정됐다.

이들 기업 가운데 감사 의견과 관련된 문제로 매매정지된 13개 종목은 통지를 받은 날로부터 7일 이내에 거래소에 이의 신청을 하지 않으면 상장폐지 수순을 밟게 된다.

또 경남제약과 차이나하오란은 이미 거래소의 상장적격성 심사 대상에 올라 상장폐지냐 존속이냐 하는 갈림길에 놓였다. 최근 외감법이 강화되면서 회계법인들이 코스닥 기업에 대해 과거보다 엄격한 잣대를 적용하고 있는 점이 영향을 미쳤다는 게 증권업계 분석이다.

지난해 코스닥시장에서는 엔에스브이, 에스에스컴텍, 비엔씨컴퍼니, 신양오라컴 등 4개 종목이 감사의견 거절 한정의견으로 결국 상장폐지됐다. 전체 코스닥 상장폐지 종목 수는 2015년 18개에서 2016년 13개로 줄었다가 지난해 다시 20개로 늘어났다. 올해는 3월 현재까지 썬코어, 위노바, 골든브릿지제3호스펙 등 10개 종목이 무더기로 상장폐지됐다.

코스닥시장에 감사보고서 한파가 불어 닥친 가운데 차바이오텍 제넥신 등 일부 바이오 기업은 외부감사인이 개발비를 자산이 아닌 비용으로 처리하면서 지난해 실적을 뒤늦게 정정했다. 이 역시 회계기준 강화에 따른 조치지만 주가가 급락하고 말았다.

이러한 현상은 2018 주총에서 더욱 심각하게 나타나고 있다.

한국경제신문. 2018.3.30. ─────────────────────
공모시장까지 덮친 바이오주 '회계쇼크'

올 상반기 최대 바이오 기업공개로 꼽힌 지카바이러스 진단키트 재조사 젠바디가 코스닥 시장 상장을 눈앞에 두고 감사의견 '한정'을 받았다. 이 때문에 젠바디는 빨라야 내년 하반기께나 상장할 수 있을 것이라는 전망이 나온다. 차이비오텍의 감사의견 한정이 가져온 '바이오주 회계 쇼크'가 공모시장으로 확산되는 양상이다.

29일 투자은행 업계에 따르면 젠바디는 지난 28일 외부감사인 삼덕회계법인으로부터 2017년 감사보고서에 대해 감사의견 '한정'을 받고 이 같은 사실을 벤처캐피털 등 주주들에게 통보했다.

삼덕회계법인은 감사의견 한정의 근거로 "재고자산에 대한 충분한 자료를 확보하지 못해 재무성과와 현금흐름의 수정 여부를 결정할 수 없다"고 밝혔다. 2012년 설립된 젠바디가 외부감사인으로부터 감사의견을 받은 것은 이번이 처음이다.

IB업계 관계자는 "외부감사를 받지 않는 벤처회사는 수기로 재고자산 정리나 재무제표를 작성하는 등 회계처리에 미숙한 부분이 많다"며 "젠바디로 최근 2~3년간 급성장하는 과정에서 기술 개발과 영업확대에 치중하다 보니 자료 보존에 미흡했던 것으로 안다"고 말했다.

금융당국에서 제약 바이오의 부실 회계에 대한 집중 감사를 예고한 것도 영향을 준 것으로 전문가들은 보고 있다. 오는 11월부터 부실회계의 징계 수위가 강해지는 데다 금융감독원의 테마감리 대상에 제약 바이오 기업의 연구개발비 회계처리가 포함돼 바이오 기업에 대한 외부감사가 한층 깐깐해졌다는 평가다.

젠바디는 상장주관사인 미래에셋대우 및 한국투자증권을 통해 다음 달 한국거래소에 상장예비심사를 청구할 예정이었다. 젠바디의 추정 몸값은 1조원에 달해 올 상반기 가장 유망한 바이오 공모주로 꼽혔다.

그러나 이번 사태로 상장 연기가 불가피해졌다. 코스닥에 상장하려면 최근 사업연도의 감사의견이 '적정'이어야 하기 때문이다. 젠바디는 내년 3월 나오는 2018년 감사보고서에 대해 '적정'의견을 받은 뒤에야 다시 상장을 추진할 수 있다.

젠바디의 지난해 매출은 625억원으로 전년 대비 7.9배 늘었다. 영업이익과 순이익은 306억원과 231억원으로 각각 565%, 441% 급증했다. 바이오기업의 회계처리에서 가장 논란이 된 연구개발비에 대해서도 전액 비용처리해 자산화 비율이 0%다. 그동안 일각에서 진위 논란이 제기된 브라질 국영제약사 바이아파르마에 대한 매출도 재무제표에 반영돼 외부감사인에게 확인받았다.

정정규 젠바디 사장은 "외부감사인이 브라질 바이아파르마사를 직접 방문해 관련 이슈를 모두 검증했다"며 "내부 준비 부족으로 한정 의견을 받았지만 최대한 빨리 문제를 해결해 다시 상장에 나설 것"이라고 했다.

젠바디는 중남미와 아프리카, 일부 아시아에서 전염이 확산됐던 고위험 지카바이러스의 진단 키트를 2015년 국산화하는 데 성공했다. 2016년 바이아파르마와 3,000만 달러 규모의 진단키트 공급 계약을 맺고, 지난해 12월 5700만달러 추가 수출 계약을 맺었다.

삼바의 분식회계 이슈가 IPO시장에 영향을 미쳐서 일부 기업이 보수적인 회계 조정을 하는 것과 동일한 이슈이다.[3]

---

3) 현대오일뱅크의 case는 chapter 37에 기술된다.

한국경제신문. 2018.3.28.

"연구비, 비용처리 땐 무더기 적자"···바이오기업 '증자 M&A' 총력전

중견 바이오 기업 A사는 최근 긴급 대책 회의를 열었다. 금융당국이 연구개발 비용을 자산으로 분류하던 제약 바이오 기업의 관행에 제동을 걸면서 지난해 적자로 돌아섰기 때문이다. 이 회사는 작년 매출이 증가했음에도 R&D 투자비를 한꺼번에 비용으로 처리해 실적이 악화됐다. A사 관계자는 "예상치 못한 회계 규정 변화 때문에 한순간에 부실기업이 됐다"며 적자 구조를 개선하기 위해 바이오 업종이 아니라 수익사업을 인수 합병하는 방안을 찾고 있다.

올 초 셀트리온에서 시작된 R&D 비용 논란은 최근 제2의 '차바이오텍'이 나올지 모른다는 위기의식이 확산되고 있다. 일부 기업은 적자를 메우기 위해 M&A, 사업 분할, 유상증자, 구조조정 등 자구책 마련에 나섰다. 까다로운 기술 특례상장 심사로 바이오벤처의 코스닥행이 무산되고 있는데다 한미 자유무역협정 개정으로 국내 시장 개방이 임박하는 등 국내 제약 바이오산업에 악재가 잇따르고 있다.

• 악순환 고리 이어지나

그동안 국내 제약 바이오 기업이 R&D 비용을 자산으로 처리해온 관행은 '엄밀히' 말하면 불법은 아니다. 국내 회계 기준상 연구개발비는 기업이 자율적으로 비용으로 분류할 수도 있고 자산으로 판단할 수도 있다. 경상개발비로 인식하면 판매관리비에 포함해 비용으로 분류하고 연구개발비 성과가 미래 특허나 기술 수출 등 자산이 될 가능성이 높으면 무형자산 항목 중 개발비로 처리한다. 이 경우 연구개발비는 매년 일정 비율로 감가상각해야 한다.

금융감독원에 따르면 그동안 국내 상장 제약 바이오 기업 152곳 중 83곳(55%)는 신약개발에 들어가는 연구개발비를 대부분 회사 자산으로 처리해왔다. 실패하더라도 R&D 경험이 다른 프로젝트에 도움이 될 수 있다는 점에서다.

문제는 R&D 비용을 지출이 아니라 자산으로 분류하게 되면 회사의 영업이익이 증가해 재무 구조가 개선되는 효과도 나타나는 데 있다. 제약 바이오 기업들이 실적을 부풀리기 위해 회계 관행을 악용한다는 비판이 나오는 이유다. 금감원이 테마감리를 벌인 배경이다.

업계는 이번 회계 감리로 재무구조가 투명해져 바이오기업의 옥석을 가리는 긍정적인 효과가 있다는 점은 환영하고 있다. 그러나 엄격한 회계 기준이 기업의 연구개발은 위축시킬 것이라는 우려가 적지 않다.

회계 기준 변경이 '재무구조 악화 → 투자 유치 저해 → R&D 투자 축소 → 회사 경쟁력 저하'의 악순환으로 이어질 것이란 지적도 나온다. 금감원의 테마 감리 후폭풍이 일면서 제넥시, 바이로메드, 파미셀 등은 연구 개발비를 비용 처리했고 수익성이 악화됐다. 3년 연속 영업 적자가 발생한 솔고바이오, 에이치엘비 등은 올해도 흑자 전환에 총력을 다해야 하는 상황이다. 차바이오텍처럼 4년 연속 영업적자를 기록하면 관리종목으로 지정돼 상장폐지 대상에 오른다.

• R&D 인정하는 약가구조가 우선

제약 바이오업계는 금융당국에 연구개발비의 명확한 기준을 제시해달라고 요구하고 있다.

금감원에 따르면 개발비를 무형 자산으로 인식하기 위해서는 기술적 실현 가능성, 미래 경제적 효익을 창출하는 방법, 개발 관련 기술 및 재정적 자원 입수 가능성, 지출을 신뢰성 있게 측정할 수 있는 기업의 능력 등 여섯 가지 요건이 필요하다. 상용화 가능성을 입증하면 연구개발비를 무형자산으로 처리할 수 있다.

그러나 이 기준이 불분명한 데다 연구 분야별로 판단하기 어렵다는 문제가 있다. 유전자 치료제, 줄기 세포, 유전자가위 등 신약 개발 유형과 방식에 차이가 있어 상업성을 판단하기 쉽지 않다는 점에서다. 셀트리온은 "고위험 고수익인 신약과 달리 바이오시밀러는 중위험 중수익 사업 구조를 가지고 있다"는 점을 들어 R&D비용의 자산화 근거를 제시하고 있다.

업계 관계자는 "희귀병 치료제는 임상 2상 이후 조건부 허가를 거쳐 시판할 수 있는데 R&D 투자비를 모두 비용으로 처리하는 것은 문제가 있다"고 지적했다.

R&D 비용의 자산화를 막는 회계 구조는 자금력을 갖춘 대기업의 독주체제를 심화할 것이라는 지적도 나온다. 수조원의 개발비를 감당할 수 있는 글로벌 제약사들과 국내 제약 바이오 회사에 같은 규정을 적용해선 안된다는 주장이다. 이승규 한국바이오협회 부회장은 "미국처럼 R&D비용을 인정해 주고 높은 약가를 받을 수 있는 구조를 만드는 게 우선"이라고 말했다.

위의 신문기사에서 대기업과 중소기업의 자본 동원 능력을 구분하면서 대기업 소속 제약업체가 R&D를 비용화하면서도 자본력 때문에 버틸 능력이 있으므로 이와 같은 엄격한 회계원칙의 적용은 대기업과 중소기업 제약회사에 차별적으로 적용된다는 논리도 일리가 있다.

미국 회계기준의 경우, R&D를 자산화하지 않고 모든 금액을 비용화하게 된다.

한국경제신문. 2018.4.13. ────────────────────
"R&D 비용 자산 인식 지나치다" 금감원, 10여 곳 감리 착수

금융감독원이 재무제표에 연구개발비 비용을 자산으로 인식한 정도가 과도한 것으로 추정되는 바이오기업 10곳의 회계감리에 착수했다. 올 들어 바이오업계의 R&D비용 회계처리 관행에 대해 문제가 제기될 때마다 바이오주는 크게 출렁거렸다. 바이오주가 한국 증시에서 차지하는 비중(시가총액 기준)이 지난 1~2년 새 급격히 커지면서 회계 논란이 불거질 때마다 증시 전체가 받는 충격도 커지고 있다. 감리 결과에 따라 바이오주 전반에 부정적인 영향을 줄 가능성이 있다는 분석도 나온다.

• 칼 빼든 금감원

박권추 금감원 회계전문심의위원은 12일 '2018년 회계감리 업무 운영계획'을 발표하면서 "바이오기업의 지난해 감사보고서 등을 분석해 10곳의 감리 대상 기업을 선정했다"고 발표했다. 여기에는 - R&D 비용을 자산으로 인식한 비중이 큰 기업 - R&D 비용을 자산으로 인식하는 시점을 지나치게 앞당겨 잡은 기업 -사업 실패 시 손상처리가 미흡한 기업 등이 포함됐다.

한국이 채택한 국제회계기준에 따르면 '개발 중인 기술의 실현 가능성' '미래에 창출할 경제성' 등을 따져 R&D 비용을 무형자산으로 처리할 수 있다. 요건에 맞지 않으면 R&D 비용을 자산이 아니면 비용으로 처리해야 하기 때문에 영업이익이 줄어든다. 이에 따라 바이오기업이 이들 요건을 자신들의 '입맛'에 따라 해석해 R&D 비용을 자산으로 처리한다는 지적이 지속적으로 제기돼 왔다.

감리대상으로 선정된 10곳엔 셀트리온과 차바이오텍이 포함된 것으로 알려졌다. 셀트

리온의 지난해 R&D 비용은 2,270억원으로, 이 중 74.4%인 1,688억원을 무형자산으로 처리했다. 차바이오텍은 R&D 비용 74억 6,000만원 중 53억원(71%)을 자산으로 잡았다. 박 위원은 "바이오기업들이 자산으로 잡은 R&D 비용이 신약 개발 실패 등의 이유로 한꺼번에 손실 처리되면 실적이 급격히 악화돼 투자자들이 피해를 볼 수 있다"며 "감리 대상을 지속적으로 확대해 나갈 것"이라고 말했다.

• 증시에 미치는 영향

코스닥시장 전체 시가총액에서 주요 바이오주가 포함된 제약업종이 차지하는 비중은 2016년말 17.2%에서 작년말 20.1%로 높아졌다. 올 들어선 최근 바이오 '대장주'에 등극한 유가증권시장의 삼성바이오로직스와 코스닥시장의 보톡스 관련주 메디톡스 휴젤, 항암 신약 개발주 에이티엘비 등이 돌아가면서 급등해 화제를 모았다. 삼성바이오로직스(시총 3위)는 올해 52.29% 올라 시총 10위권 종목 가운데 상승률 1위를 기록했다. 메디톡스와 에이치엘비의 상승률은 각각 49.68%, 128.55%에 달한다.

바이오주의 증시 영향력이 커진 가운데 몇몇 종목은 회계 논란에 휩싸이면서 큰 폭의 조정을 받았다. 독일계 증권사 도이치뱅크는 셀트리온의 매출 대비 영업이익률(2017년 별도 기준 62.4%)이 높은 것은 R&D에 들어간 돈 대부분을 비용으로 처리하지 않고 자산으로 분류했기 때문이라는 내용의 보고서를 지난 1월19일 내놨다. 도이치뱅크는 이 회사가 다국적 제약사들처럼 R&D 비용의 80%를 비용으로 인식하면 영업이익률이 30% 중반대로 낮아질 것이라고 주장했다. 이 여파로 코스닥 시장에서 거래되던 셀트리온은 당시 10.93% 급락했다. 코스닥 지수로 2.03% 영향을 받았다.

차바이오그룹 계열의 코스닥 상장사 차바이오텍은 지난해 무형자산으로 분류한 R&D 비용 가운데 일부를 비용 처리해야 하는데 이를 받아들이지 않았다는 이유로 지난달 22일 삼정회계법인으로부터 감사의견 '한정'을 통보받았다. 차바이오텍은 관리종목으로 지정되면서 지난달 23일 이후 30.57% 급락했다.

한 대형 증권사 리서치센터장은 "글로벌 증시의 변동성이 커진 지난 2월 이후 외국인과 기관투자자들은 실적 안정성이 떨어지는 바이오주에 최대한 보수적으로 투자하는 분위기"라며 "바이오 기업감리 결과가 안 좋게 나오면 코스닥시장이 흔들릴 가능성이 있다"고 말했다.

한국경제신문. 2018. 8. 20.

"신약 2상까지 비용처리하라" 비상 걸린 K바이오

금감원 '회계 지침' 전달 드러나

금융감독원이 제약 바이오업체의 상반기 사업보고서 제출에 앞서 연구개발비에 대한 회계처리 지침을 전달했던 것으로 확인됐다. 신약 개발과 관련, 임상 시험 2상까지 들어간 연구비는 자산이 아니라 비용으로 분류하라는 게 핵심 내용이다. 이에 따라 정정 공시한 기업의 적자 규모는 크게 늘었다.

19일 제약 바이오업계에 따르면 금감원은 최근 회계감리를 받고 있는 10여 곳을 포함해 연구개발비 중 많은 부분을 자산으로 처리한 제약 바이오업체에 "상업화가 확실시 되는 단계가 아니면 연구개발비를 자산 처리해서는 안된다"고 지시했다. 신약의 경우 임상실험 2상까지는 경상비용으로 처리하고 임상 3상부터는 자산 처리가 가능하다는 세부 기준까지 제시했다.

이 기준에 따라 재무제표를 정정한 바이오기업의 작년과 1분기 적자 규모는 크게 늘었다. 차이비오텍 메디포스트 등은 금감원의 지침에 따라 자산으로 처리하던 임상 3상 이전에 들어간 연구개발비를 비용으로 분류한 것으로 알려졌다.

한국경제신문. 2018.8.20.

"3상 개발비만 자산 인정 땐 적자 늪"… 걸음마 K바이오 '발목'잡아

금융감독원이 구두지침을 통해 제약 바이오 기업의 연구개발비 회계처리 기준을 제시하면서 논란이 확산되고 있다 감독당국은 기업들이 잘못된 회계처리를 정정하도록 기회를 준 것이라고 설명했다. 하지만 제약 바이오업계는 국내 바이오산업의 특수성을 고려하지 않는 일방적이고 획일적인 규제라며 반발하고 있다. 임상 3상에 들어간 개발비만 자산으로 인정해줘 재무상황이 나빠지면 투자 유치가 힘들어지고, 이는 바이오산업 전체에 악재가 될 것이란 주장이다.

• 금감원 "자진 정정 기회 준 것"

금감원은 감리 제재를 하기 전에 제약 바이오 기업들에 기회를 줬다는 입장이다. 기업

들이 회계처리를 잘못한 것을 인식하고 자발적으로 정정하면 제재 수위가 낮아진다. 금감원 관계자는 "사후 제재보다 사전 예방 쪽으로 감독 방향이 바뀌고 있는 만큼 이번에 제약 바이오 업체들이 자진해서 정정할 수 있도록 의사소통을 하고 있다"고 말했다.

금감원은 구두지침에 바이오산업의 특성도 반영했다고 했다. 임상 3상 이전 단계에서 기술이전 계약을 맺은 경우 연구개발비를 자산화하는 것을 허용하는 등 기업들의 상황을 고려하고 있다고 설명했다.

오는 11월 외감법 개정 등을 통한 '회계개혁안'에 시행 이후 부정회계의 제재가 대폭 강화되는 것도 영향을 미쳤다. 회계개혁안에 따르면 분식회계와 부실감사에 대한 과징금 부과 한도가 폐지되고, 현행 5~7년인 징역 기간은 최대 10년으로 늘어난다. 과징금 부과 와 손해배상 시효도 현행 각각 5년과 3년에서 최대 8년으로 연장된다. 회계업계 관계자 는 "2018년 이후 회계부정에 대해선 과징금 폭탄을 맞을 수 있다"며 "기업들이 미리 재 무제표를 정정해 위험을 털고 갈 수 있도록 금감원이 지도한 것으로 안다"고 전했다.

• 업계 "산업 현실 모르는 처사"

하지만 제약 바이오업계는 국내 산업발전 속도를 감안할 때 이런 기준을 그대로 적용 하는 것은 시기상조라고 목소리를 높이고 있다. 투자자 보호를 위해 회계 투명성 제고도 절실하지만 국내 산업 환경을 고려한 잣대를 마련할 필요가 있다는 지적이다. 국내 의약 품 시장 규모는 연간 19조원 수준으로 세계 시장의 2%에 불과하다. 반면 세계 최대 의 약품 시장인 미국의 비중은 50%에 이른다. 게다가 초대형 제약사와 바이오벤처 등 산업 생태계가 잘 갖춰진데다 금융 투자 환경도 한국과는 비교가 안 될 정도다. 개발 중인 신 약 후보 물질 수는 미국인 1만 1,000개가 넘는 반면 한국은 900여 개에 불과하다.

업계 관계자는 "신약 개발에 10년이 넘게 걸리고 수조원이 필요한데 회계기준이 지나 치게 엄격해지면 대다수 바이오벤처가 적자 늪에 빠져 외부 투자 유치를 엄두로 내지 못 할 것"이라며 "코스닥 상장사들도 4년 연속 적자 룰에 걸려 무더기 퇴출 위기를 겪을지 모른다"고 말했다. 실제 주요 바이오 기업의 재무제표가 나빠졌다.

메디포스트는 금감원 지침에 따라 작년과 1분기 감사보고서를 정정함에 따라 자기자 본이 급감하고, 영업손실은 대폭 커졌다. 차바이오텍은 작년 영업흑자를 적자로 바꿔 공 시했다.

회계당국의 이 같은 조치 이면에는 "바이오 기업을 범법자로 보는 시각이 깔려 있다" 는 비판도 나온다.

투자업계에서도 우려의 목소리가 나오고 있다. 벤처캐피털 관계자는 "회계 처리 기준이 강화돼 바이오 기업의 적자가 늘어나면 자본 투자가 위축될 수 있다"며 "증시에 상장하더라도 상장 폐지 가능성 등 고려할 게 많아질 수밖에 없다"고 말했다.

• 테마 감리 제재 수위도 촉각

금감원은 지난 4월부터 10여 개 제약 바이오 업체를 대상으로 테마 감리를 벌여왔다. 조만간 감리 결과를 내놓을 방침이다. 금감원은 이번 감리에서 상당수 기업의 회계처리 위반을 포착한 것으로 알려졌다. 금감원은 조치안을 해당 기업에 통보한 뒤 이르면 다음 달 말 증권선물위원회에 제재 안건을 상정할 예정이다. 업계 관계자는 "금감원의 제재 수위에 증시는 물론 바이오산업 전반이 큰 영향을 받을 것"이라고 말했다.

매일경제신문. 2018.8.31. ————————————————
"제약 바이오사 회계, 중징계 없다"
금융당국, 계도 중심 정책 가닥

금융당국이 회계감리 중인 제약 바이오 기업에 대해 무더기 중징계를 내리지 않는 것으로 가닥을 잡았다. 대대적인 테마 감리를 벌인 당국이 제약 바이오 기업을 중징계한다는 잘못된 정보가 증폭돼 시장에 혼란만 자중됐다는 게 당국의 판단이다.

30일 금융당국 고위 관계자는 "올바른 회계 처리를 위한 가이드라인을 제시하되 징계보다는 수정 개선 조치 등으로 계도를 해 나가는 데 주안점을 두고 있다"며 "관련 간담회를 통해 일종의 '비조치의견서(No action letter)'를 보낼 것이라고 말했다.

최근 시장에서는 금융당국이 개발비를 과도하게 자산화한 바이오 업체를 중징계할 것이라는 전망이 제기됐다. 이에 따라 테마 감리를 시작한 4월부터 바이오 업종 주가가 급락했다. 이날 열린 간담회에선 바이오주 테마 감리 회계 기준에 대한 유화적인 정책 방향이 제시됐다. 김용범 금융위 부위원장은 "국내 특성을 고려하지 않은 글로벌 제약사의 회계 처리 관행을 국내에 동일하게 요구하는 것은 무리"라고 밝혔다.

국제회계기준이 원칙 중심의 회계기준이므로 별도로 회계 관련 가이드라인을 제약업에 준다는 것이 IFRS의 회계원칙에 어긋날 수도 있으므로 감독지

침이라는 형태로 방향을 제시하게 된다.

이러한 건이 지속적으로 문제가 되자 금융위는 개발비 자산 인식 요건(6개)를 선정하게 된다.

1. 무형자산을 완성할 수 있는 기술적 실현 가능성
2. 무형자산을 완성하여 사용하거나 판매하려는 기업의 의도
3. 무형자산을 사용하거나 판매할 수 있는 기업의 능력
4. 무형자산이 미래 경제적 효익을 창출하는 방법
5. 개발 완료 후 판매사용에 필요한 기술적 재정적 자원 등 인수 가능성
6. 개발 과정상 관련 지출을 신뢰성 있게 측정할 수 있는 기업의 능력

조선일보. 2018.9.20. ────────────────

제약 바이오 기업, R&D 비용 자산 처리 기준 강화

금융위, 금감원, 회계기준 마련

금융위원회와 금융감독원이 제약 바이오 기업이 연구개발비를 자산으로 회계 처리할 수 있는 구체적인 기준을 마련했다.

기업은 연구개발비를 회계 장부에 기록할 때 '무형자산' 또는 '비용'으로 처리하는데, 연구개발비를 자산으로 처리할 경우 회사의 영업이익이 커져 재무 구조가 개선되는 효과가 난다. 이 때문에 국내 최대 바이오 기업인 셀트리온 등 연구개발비를 자산으로 많이 처리한 기업에 대해 "실적을 부풀렸다"는 의혹이 제기되고 주가가 영향을 받는 일도 있었다.

금융위원회와 금융감독원은 이런 점을 감안해 19일 '제약 바이오 기업의 연구 개발비 회계 처리 관련 감독지침'을 마련해 공개했다. 예컨대 신약의 경우 '임상 3상 개시 승인'을, 바이오시밀러(복제약)는 '임상 1상 개시 승인'을 받으면 그 약품 개발에 든 비용을 자산으로 처리할 수 있다는 것이다. 약품 개발은 후보 물질 발굴, 전 임상시험, 임상 1~3상, 정부 승인 신청 단계를 거친다. 금융위는 "바이오시밀러의 경우 임상 1상에서 오리지널 약과의 유사성 검증을 하는데, 이 과정을 통과하지 않으면 자산 가치를 객관적으로 입증하기 어렵다고 봤다"고 설명했다.

업계에서는 실적 부풀리기 의혹을 받았던 셀트리온의 경우 부담을 덜게 됐다는 평가가

나온다. 셀트리온 관계자는 "전반적으로 회계에 큰 변화가 없을 것으로 예상한다"고 말했다. 반면 신약 개발을 하는 제약 바이오 기업들은 "회사마다 개발하고 있는 신약의 성격이 다른데 획일적으로 임상 2상 시험까지는 비용처리하라는 것은 부담이 크다"고 말했다.

금융당국은 새 지침이 나오기 전 회계처리에 대해서는 징계 대신 경고나 재무제표 수정만 요구하는 등 크게 문제 삼지 않기로 했다.

한국경제신문, 2018.9.20.
금융위 "신약 3상 전 개발비는 비용처리하라"
제약 바이오사 회계 감독 지침
바이오시밀러는 1상부터 자산 인정

제약 바이오 기업이 신약을 개발하면 임상 3상부터, 바이오시밀러(바이오의약품 복제약)는 임상 1상이 진행되는 시점부터 개발비를 무형자산으로 장부에 반영할 수 있다. 그 이전에는 비용으로 처리해야 한다.

금융위원회와 금융감독원은 10일 이 같은 내용의 '제약 바이오 기업의 연구 개발비 회계처리 감독지침'을 증권선물위원회에 보고했다.

신약은 임상 3상 승인 이후부터, 바이오시밀러는 임상 1상 승인 이후부터, 복제약(제네릭)은 생물학적동등성시험 승인 이후부터, 진단시약은 제품 검증 단계부터 자산화할 수 있다. 이 단계를 지나야 약품 개발이 실현될 가능성이 높다는 판단에서다.

이 기준에 맞춰 과거의 회계처리 오류를 바로 잡으면 별도 제재를 받지 않고, 상장 폐지 위기가 발생해도 최대 5년간 증시 퇴출이 유예될 전망이다. 업계 관계자는 "이번 지침으로 제약 바이오 업체의 실적 정정이 대거 잇따르면서 시장에 충격을 줄 것"이라고 우려했다.

한국경제신문. 2019.9.20.

최악은 피했지만… 엄격해진 R&D 비용 회계처리 잣대

금융감독당국이 제약 바이오 업체의 연구개발비 회계처리와 관련한 감독 지침을 제시하면서 그동안 업계의 최대 부담요인이던 '감리 리스크'가 상당 부분 해소됐다는 분석이 나온다. 감독 지침을 잘 지키면 중징계를 받지 않고 증시 퇴출을 피할 길이 열렸기 때문이다. 다만, 제약 바이오 업체들이 감독지침에 따라 대거 사업보고서 정정에 나서면 적자 확대 등으로 혼란이 불가피할 전망이다. 재무 부담으로 바이오기업의 연구개발이 위축될 것이라는 우려도 나온다.

• 제약 바이오 무더기 실적 정정 예고

금융위원회와 금융감독원이 '제약 바이오 기업의 연구개발비 회계처리 감독 지침'을 내놓은 것은 그동안 제약 바이오업체들이 연구개발비를 자의적으로 회계처리해 시장의 혼란이 가중되고 있다고 판단해서다. 연구개발비에 대한 '고무줄 회계처리 논란'으로 셀트리온이나 차바이오텍 주가가 출렁거린 사례가 있다.

금감원은 올 4월부터 연구개발비 자산화 비중이 높은 22개 제약 바이오 회사에 대한 회계감리를 진행한 결과 상당 부분 회계처리 기준을 위반한 것을 적발한 것으로 전해졌다. 그러나 제약 바이오업체의 회계처리 관행이나 국제회계기준상 기준의 모호성 등을 감안해 사전 지도를 통해 중징계를 피할 길을 열어 주기로 했다. 감독 지침에 따라 자발적으로 재무제표를 정정하고 투자자들에게 알리면 감경 사유를 적용해 경징계 또는 시정 요구 등 계도 조치만 하겠다는 것이다.

이에 따라 자의적으로 연구개발비를 처리해온 제약 바이오업체들은 3분기 보고서 또는 내년 사업보고서를 공시할 때 기존 수치까지 소급 적용해 정정하면 금감원의 제재를 피할 수 있다.

재무제표 정정으로 손실이 대폭 늘어나 시장 퇴출을 우려하는 기업들을 위한 요건 강화 방안도 나왔다. 현행 '5년 이상 영업 적자'인 상장폐지 실질 심사 대상 요건을 한시적으로 최장 10년까지 완화하는 방안을 검토하고 있다. 금융위 관계자는 "1개 기술평가기관으로부터 BBB등급 이상을 받고 연매출의 1% 이상 등 일정 규모 이상 R&D 투자를 한 기업은 상장유지 특례를 한시적으로 적용받게 될 것"이라고 설명했다.

• 바이오업계 "R&D 위축 불가피" 반발

바이오업계는 산업 현실을 고려하지 않은 획일적인 기준이라며 반발하고 있다. 이승규 한국바이오협회 부회장은 "신약 개발 기업은 회사별로 상황이 많이 다른데다 같은 회사 내에서도 각 신약 후보물질(파이프라인)에 따라 자산화 시기와 비중을 다르게 처리해왔다"며 "바이오 산업의 특성을 감안한 추가 보완이 필요하다"고 말했다. 그는 "투자와 고용이 당분간 위축될 것으로 보인다"고 덧붙였다.

기술 초기 단계의 스타트업(신생 벤처기업)에 직격탄이 될 것이라는 우려도 나온다. 업계 관계자는 "신약 개발 바이오벤처는 거액의 연구개발비 때문에 설립 2, 3년 내에 자본 잠식에 빠지는 곳이 수두룩하다"며 "자본잠식에 빠지면 정부의 연구 과제도 수주할 수 없어 상당수 바이오벤처들이 도산 위기에 내몰릴 가능성이 있다"고 했다.

바이오시밀러(바이오의약품 복제약)업체들은 임상 1상부터 자산화의 길을 열어줘 안도하는 분위기다. 진단시약 업체들도 수억원 수준의 개발비를 대부분 비용처리하고 있어 영향이 거의 없을 것으로 보고 있다. 일각에서는 바이오기업의 옥석을 가리는 계기가 될 수 있다는 분석도 나온다. 업계 관계자는 "회사 가치를 부풀리기 위해 무리하게 파이프라인을 늘리던 관행이 없어지는 등 긍정적인 효과도 기대된다"고 말했다.

매일경제신문. 2018.9.20. ────────
제약 바이오 회계오류 수정 땐 제재 않기로

제약 바이오 기업이 연구개발비를 회계처리할 때 신약은 임상 3상부터, 바이오시밀러는 임상 1상 이후부터 무형자산으로 처리할 수 있게 됐다. 과거 회계처리에 대해서는 오류를 자발적으로 바로 잡으면 별도 조치를 취하지 않기로 했다.

금융위원회와 금융감독원은 이 같은 내용을 담은 '제약 바이오 기업의 연구개발비 회계처리 관련 감독 지침'을 증권선물위원회에 보고했다고 19일 밝혔다. 이번 감독 지침에 따르면 제약 바이오 기업이 기술적 실현 가능성을 판단해 연구개발비를 자산으로 인식할 수 있다.

앞서 금감원은 연초에 제약 바이오 기업의 연구개발비를 비용이 아닌 무형자산으로 자의적으로 해석하는 것은 문제가 있다며 테마감리에 착수했다. 이번 지침은 약품 유형별로 각 개발 단계의 특성과 해당 단계에서부터 정부 최종 판매 승인까지 이어질 수 있는 객관적 확률 통계 들을 감안해 연구개발비 자산화 단계를 설정했다. 신약은 임상 3상 개시 승인, 바이오시밀러는 임상 1상 개시 승인, <u>제네릭은 오리지널 의약품과 효능 효과 등이 동등한지 확인하는 생동성시험 계획 승인</u>, 진단시약은 제품 검증 등이 자산화 가능 단계로 제시됐다.

매일경제신문 2018.9.20.
제약 바이오주, R&D비용 자산 처리 땐 '깨알 주석' 달아야

제약 바이오 기업에 투자하는 투자자라면 3분기부터 재무제표를 볼 때 실적보다 주석을 더 꼼꼼히 챙겨봐야 한다.

금융위원회와 금융감독원이 19일 내놓은 '제약 바이오 기업의 연구개발비 회계처리 관련 감독 지침'에 따르면 약품 유형별로 각 개발 단계 특성을 주석에 깨알같이 명기하도록 했기 때문이다. 제약 바이오 기업들은 회계 불확실성이 해소됐다는 측면에서는 환영하면서도, 임상 3상 이상 자산화 가능 등 일부 조항은 보완이 필요하다고 주장했다.

바이오시밀러는 "미국 연구 결과 임상 1상 개시 승인 이후 최종 승인률이 약 60%에 이른다"고 설명했다. 예를 들어 신라젠은 이번 지침에 따라 영업손실 규모가 크게 줄어들 전망이다. 현재 항암 치료제 '펙사벡' 글로벌 임상 3상을 진행 중인 신라젠은 그동안 연구개발비를 비용으로 처리했다.

올 상반기에만 연구개발비 170억원이 들었다. 올 상반기 영업손실이 301억원 발생했는데 연구개발비를 자산화하면 영업손실이 130억원대로 줄어들 수 있다. 이때 신라젠은 주석으로 해당 연구개발비를 펙사벡 글로벌 임상3상에 사용하고 있다는 사실과 연구개발 목표 시점 등을 공시해야 한다. 신라젠 측은 "새 회계원칙이 유리한 건 사실이지만 주주와 투자자 보호 차원에서 기존 보수직 관점을 유지할지, 변화를 줄지는 추가적인 검토가 필요하다"고 밝혔다.

바이오시밀러는 임상 1상 개시 승인 단계부터 자산화할 수 있다. 임상 1상 승인을 신청한 시점부터 개발 성공 여부를 어느 정도 파악할 수 있다고 본 것이다. 해당 기업은 바이오시밀러 개발 프로젝트 내용을 주석에 명시해야 한다.

이날 지침 발표로 셀트리온은 회계 불확실성 논란에서 벗어날 수 있게 됐다. 셀트리온

바이오시밀러는 전 임상 단계부터 연구개발비를 자산에 포함했다. 순수 신약만 비용처리를 해왔다.

이날 금융당국이 전 임상 연구개발비는 자산화 대상에서 제외했지만 전체 개발 과정에서 차지하는 비중이 2% 안팎이라 셀트리온 회계에 미치는 영향은 미미할 것으로 보인다. 바이오시밀러 위주 사업구조를 가진 셀트리온은 올 상반기 연구개발비 1,307억원 중 73.8%가 자산으로 분류됐다. 금융당국은 이번 감독지침 발표에 제약 바이오기업들은 안도하면서도 한편으로는 더 지켜보겠다는 분위기다.

지난 1년여 동안 시장에 큰 불확실성이었던 '테마감리' 이슈가 종결된 데다 수십년 간 회사별 기준에 따라 임의로 분류해 오던 연구개발비 회계처리에 대한 정부의 가이드라인이 마련됐다는 점은 긍정적으로 평가했다. 그러나 '신약 임상 3상부터 등'의 일부 조항에 대해서는 제약 바이오 업계 현실을 모르고 만든 것이 아니냐는 불만이 높다.

한 바이오 기업 대표는 "국내 대부분 제약 바이오 회사들은 임상 전 후보물질 단계나 임상 1, 2상에서 적게는 수백억원, 많게는 수천억원을 받고 기술 이전을 한다"면서 "이런 상황에서 자산으로 분류할 수 없다는 것은 이해하기 어렵다"고 말했다.

국내에서 신약으로 임상 3상을 진행 중인 회사는 바이로메드와 신라젠 정도로 손에 꼽히며 최근 2~3년 새 쏟아진 대부분 굵직한 기술 수출은 임상 3상 이전 단계였다. 이번 가이드 라인으로 기업 공개를 앞둔 일부 회사와 스타트업이 투자 유치에 타격을 입을 수도 있다는 염려도 나온다. 그간 정부 방침에 따라 회계처리를 수정해 온 상장사와 보수적 회계처리를 해 온 제약사들은 리스크를 거의 털어냈다. 그러나 비용 처리와 자산 인정 심사가 깐깐해지면서 비상장사와 스타트업은 고려할 변수가 훨씬 많아졌다.

한국경제신문. 2018.9.21.
회계처리 지침 발표로 제약 바이오 주 차별화되나

금융당국이 제약 바이오 기업의 연구개발 비용 회계처리 관련 가이드라인을 발표하면서 주요 바이오주 주가가 다시 들썩이고 있다. 투자자들이 찜찜해 했던 비용 처리와 관련된 불확실성이 사라진 데다 수년간 영업손실을 낸 바이오주도 특례를 통해 시장 퇴출을 면할 수 있게 됐다는 소식에 시장 기대가 커졌다는 분석이다.

• 차바이오텍 오스코텍 정책 수혜 기대

20일 코스닥시장에서 차바이오텍은 4,400원(20.18%) 급등한 2만 6,200원에 마감했다. 녹십자셀(9.73%), 삼성바이오로직스(4.14%), 한미약품(2.18%), 바이오메드(1.28%) 등도 동반 상승했다.

전날 금융당국이 '제약 바이오기업의 연구개발비 회계처리 관련 감독지침'을 발표하면서 바이오주의 회계처리 관련 불확실성이 줄어든 것이 훈풍을 몰고 왔다. 지침에 따르면 신약은 임상 3상, 바이오시밀러는 임상 1상부터 R&D 비용을 자산화할 수 있다. 김태희 미래에셋대우 연구원은 지난 "4월 이후 바이오주 하락의 가장 큰 원인은 R&D 비용 회계처리와 관련한 금융감독원의 제재 우려였다"며 "이번 가이드라인으로 불확실성이 완전히 해소됐다"고 평가했다.

시장에선 금융당국이 기술특혜가 아니라 일반 요건으로 상장한 회사도 R&D 비용 비중이 크다면 상장 유지 요건 특례를 마련하겠다고 한 점에 더 주목하고 있다. 기술 특례 요건을 적용하면 상장폐지 요건이 되는 장기 영업손실을 일정기간(3~5년) 면제받을 수 있다. 4개 연도 연속 영업 손실을 내 관리종목으로으로 지정된 차바이오텍은 이 특례에 따라 관리종목에서 해제될 것으로 기대돼 이날 급등했다.

금융당국의 회계감리 착수 후 R&D 비용의 자산화 처리를 변경했던 일부 업체도 혜택을 볼 것으로 전망된다. 뼈 전문 신약업체인 오스코텍은 2016~2017년 회계처리 관련 수정 사항을 반영하면서 지난해 영업손실이 16억원에서 58억원으로 늘었다. 증권업계 관계자는 "오스코텍이 2015년 재무제표까지 정정하면 4년 연속 적자로 관리종목이 될 위험이 있었다"며 하지만 "금융당국이 특례를 적용하겠다는 방침을 밝힌 만큼 관리종목으로 지정될 가능성은 낮아졌다"고 설명했다.

• 여러 종목 투자 후 가지치기 전략 유효

전문가들은 셀트리온과 같은 바이오시밀러(복제약) 생신업체가 최대수혜주로 떠오를 것으로 보고 있다. 당국의 가이드라인 발표 전에도 신약은 임상 3상에서 자산화 처리가 일반적이었지만, 바이오시밀러는 뚜렷한 기준이 없었다. 이 때문에 셀트리온과 삼성바이오에피스는 각각 연구개발비의 73.8%와 20.5%를 무형자산으로 처리했다. 구자용 DB투자증권 연구원은 "바이오시밀러 종목은 임상 1상부터 자산화가 인정됐기 때문에 그간의 회계논란에서 자유로워졌다"고 말했다.

에이치엘 엔지켐생명과학 등 임상3상이 가까운 신약 개발주도 비용 자산화 부담이 적어 수혜주로 꼽힌다. 에이치엘비는 표석 항암제 '비로세라닙'의 글로벌 임상 3상이 진행 중이고, 엔지켐생명과학은 호중구감소증 치료 신약(EC-18)의 글로벌 임상 2상 중간결과가 내달 나올 것으로 예상된다.

일각에선 한두 기업에 집중하기보다 여러 종목에 투자한 뒤 업종 흐름을 확인하면서 종목을 줄여나가는 전략을 권한다. 김재현 미래에셋자산운용 팀장은 "개별 바이오 회사의 성공 확률은 천차만별이므로 처음에는 여러 곳에 투자하는 것이 좋다"며 "아마존이나 구글, 넷플릭스 같은 종목을 상장 초기부터 골라 잡는 것은 거의 불가능한 것과 같은 맥락"이라고 설명했다.

chapter 22 | 복합금융그룹

매일경제신문. 2018.2.1. ─────────────────────────
"삼성 등 금융그룹 7곳, 자본금 더 쌓아라"

올해부터 삼성생명 미래에셋그룹 등 금융자산 5조원 이상인 복합금융그룹은 대표 회사를 선정해 그룹 내 내부거래 편중위험 등을 점검하고 공시해야 한다. 내년부터는 그룹 동반 부실 위험을 평가해 지배구조가 복잡하면 추가로 자본을 적립하거나 지분을 매각해야 한다.

금융위는 특히 '복합금융그룹'에 초점을 맞추고 있다. 복합금융그룹이란 여수신, 보험, 금융투자 중 2개 이상 기업을 함께 갖고 있는 그룹이다. 이들은 우리은행 등 은행이 중심이 되는 은행 모회사그룹이나, KB금융지주, 신한금융지주 등 지주사 체계를 갖추고 있는 금융지주그룹과 달리 일반 기업과 금융그룹이 뒤섞여 있는 경우가 많다.

복합금융그룹이 그룹 내부거래 규제, 위험관리 체계, 내부통제 체계 등 점검 의무가 없고 금융 계열사 간 출자로 '가공의 자본'을 중복해서 계상할 가능성이 있는 점이 문제라는 지적이다. 내부거래로 인한 대주주 계열사 일감 몰아주기가 발생할 위험성도 있다.

구체적으로는 금융 자산 5조원 이상인 복합금융그룹과 교보생명, 미래에셋 등 2개 금융그룹의 97개 계열 금융사가 해당된다. 그룹별 대표 회사를 선정해 금융계열사가 참여하는 위험관리기구도 설치 운영해야 한다. 낭상 삼성그룹 등 금융계열사를 다수 보유한 기업은 대표 회사를 선정하는 이슈가 과제로 떨어질 것이다.

관심을 모은 구체적인 '추가 자본 적립 규모'는 올해 말까지 '동반 부실 위험 평가 모델'을 개발해 내년부터 적용한다는 계획이다. 금융그룹은 금융부문 전체의 실제 손실흡수능력(적격 자본)을 업권별 자본규제 최소 기준의 합계(필요 자본) 이상으로 유지해야 하는데 당국은 필요 자본에 동반 부실 위험을 추가 위험으로 가산하기로 했다. 분모가 늘어나는 만큼 적격 자본을 늘리거나 순환출자 고리를 끊어 지분을 매각할 수 있다는 얘기다.

당국은 금융그룹의 자본 적정성을 산정할 때 금융 계열사 간 출자(순환출자 포함)분을 적격 자본에서 빼고, 모회사 차입금을 활용한 계열사 자본 확충 등은 필요 자본에 차감 반영하기로 했다.

정부가 기업을 상대로 행정을 할 때, 그 행정의 기본적인 상대는 상법상의 별도 회사이다. 그런데 기업의 business를 수행하는 행태가 관계회사/계열회사 간에는 내부자 거래의 밀접한 관련성을 가지고 사업을 하고 있기 때문에 지주회사 형태까지는 아니지만 무엇인가 규제의 대상이 될 수 있는 기본적인 체계를 갖추기를 감독기관이 기대하는 것이다.

복합금융그룹에 대표회사를 선정하라는 금융당국의 주장은 전통적인 지배구조와는 다른 모습이다. 위의 기사를 종합하면, 복합금융 상호간에 지배구조를 확립하라는 요구이다. 왜냐하면 이들 회사가 별개 회사라고 하기에는 업무 관계가 매우 얽혀 있기 때문이며 규제 기관의 입장에서는 이를 한 묶음으로 보아서 감독하기를 희망하려는 모습이다.

복합금융그룹이라는 개념은 제도권내의 내용이 아니다. 과거 현대자동차가 녹십자생명(현재 현대라이프생명)을 인수할 때, 이러한 사실을 확인하는 한국거래소가 현대차에 조회공시를 요청하였고[1] 현대차는 이러한 내용에 대해서 부인을 하였는데 사후적으로는 사실로 밝혀졌다. 현대차그룹의 다른 계열 기업들이 추진한 업무이고 그룹 차원에서 개입한 건이라서 현대차는 인지하지 못하고 있었는데 현대차에 조회된 것이라서 기업지배구조에 문제가 노정되었다. 이에 감독기관은 아래와 같이 각 재벌그룹에 대표회사를 지정하도록 요청하게 되는데 이와 같이 대표회사의 선정을 요구하게 되는 것이다.

이는 여러 회사가 집단적으로 의사결정을 수행할 때, 이에 대한 규제의 어려움을 읽을 수 있는 것이며 이에 대해서 감독기관이 통제할 수 있도록 대표회사 지정을 요청한 것으로 두 건 간에 많은 유사성이 존재한다.

---

1) 손성규(2017) chapter 13을 참조한다.

매일경제신문. 2011.10.25.
현대車 불성실공시 논란[2]

현대차그룹이 녹십자생명보험을 인수하기로 최종 결정하면서 8월 말 한국거래소의 관련 조회공시 요구에 대해 '사실무근' 답변을 내놓은 현대자동차가 불성실 공시 논란에 휩쓸렸다.

현대자동차는 "개별 상장사와 그룹은 엄연히 (인수)주체가 다르다"는 논리로 해명했지만 당시 한국거래소가 "그룹 전체 의견을 내달라"고 권고한 사실이 드러나면서 투자자에게 허위정보를 제공한 것 아니냐는 비판 목소리가 높다.

녹십자홀딩스는 24일 공시를 통해 "현대모비스 기아차 현대커머셜 등 현대차그룹 3개사가 녹십자생명보험 주식 1,756만 4,630주(지분 24.65%)를 2,283억원에 취득하는 계약을 체결했다"고 밝혔다. 지난 8월 30일 매일경제가 단독 보도한 '현대차그룹 녹십자생명보험 산다' 제하의 기사가 두 달여 만에 사실로 확인된 셈이다.

하지만 두 달 전으로 시계를 되돌려보면 현대차 대응에 석연찮은 점이 없지 않다. 현대자동차 측은 보도 당일 거래소가 사실 여부를 밝혀달라는 조회공시를 요구하자 "녹십자생명 인수를 검토한 바 없다"고 전면 부인했다.

반면 매각 주체인 녹십자홀딩스는 "8월 현재까지 구체적인 내용이 확정된 바 없다"며 '미확정' 형식의 답변을 내놔 뉘앙스가 전혀 달랐다. 결론만 놓고 보면 현대차 측 공시만 믿고 투자했다면 투자자들이 상당한 손실을 입을 수도 있는 상황이다.

현행 제도상 인수·합병(M&A)에 관한 조회공시 요구에 대해 부인했다가 3개월 이내에 관련 딜이 성사되는 쪽으로 결론이 나면 해당 상장사는 불성실공시법인으로 지정돼 불이익을 당하게 된다.

이에 대해 현대차 측은 24일 "당시 거래소의 조회공시가 현대자동차에 대한 것이지 현대차그룹에 대한 것이 아니라 부인 답변을 냈다"며 "현대차의 법적인 의무는 개별 상장사 입장을 표명하는 것 이상도 이하도 아니다"고 설명했다. 또 그는 "당시 현대차그룹에서 녹십자생명보험 인수건을 진행하고 있다고 하더라도 조회공시 주체와 질문이 기아차나 현대모비스가 아닌 이상 현대차는 조회공시 요구 내용 이상의 답변을 할 수 없다"고 덧붙였다.

---

2) 손성규(2012) chapter 27. 조회공시 관련된 이슈를 참조하면 된다.

그렇다면 한국거래소는 당시 '현대차그룹의 녹십자생명보험 인수' 기사에 대해 왜 현대차만을 공시 대상으로 삼아 현대차에 국한한 조회공시를 요구했던 걸까. 거래소는 현대차가 당시 그룹의 문제에 대해 얘기할 수 없다는 입장을 분명히 했기 때문이라고 해명했다.

하지만 M&A 이슈는 투자자 판단에 중요한 요소인 데다 대부분 그룹오너가 결정하는 사안이어서 현재의 형식 논리적 분리법으로는 공시체제에 심각한 간극이 생길 수 있다. 한국거래소 관계자는 "그룹 전체에서 결정하는 중대 사안이 많은데 조회공시는 개별 상장사에 국한된 데다 그룹집단에 대한 내용을 개별 상장사에 묻는 것도 한계가 있어 공시에 간극이 발생하고 있다"며 "이런 문제점을 고려해 향후 대책을 마련하겠다"고 말했다.

삼성그룹의 미래전략실이 해체되었지만 그럼에도 삼성은 삼성전자와, 삼성물산, 삼성생명 소그룹에 미래전략실과 유사한 미니 TF를 만들어서 계열사 간 집단적인 의사결정을 수행하고 있다는 것 같다고 보도되었다. 삼성전자의 경우는 삼성전자, 삼성전기, 삼성SDS, 삼성SDI가 같이 묶여 있고 삼성전자 내에 이러한 TF가 활동하고 있으며 이들 회사간의 업무를 조율한다. 어떻게 보면 소그룹의 형태이지만 지주회사의 개념은 아니다. 삼성생명의 소 금융지주는 삼성화재, 삼성증권, 삼성카드, 삼성자산운용, 삼성선물을 포괄하고 있고 삼성물산은 삼성바이오로직스, 삼성중공업, 삼성 엔지니어링, 삼성바이오로직스의 자회사인 삼성에피스를 포괄하고 있다.

10대 민간 재벌 기업 중, LG는 ㈜LG가, SK는 ㈜SK, 롯데는 최근에 지주회사 롯데제과를, GS는 ㈜GS, 현대중공업은 현대중공업지주, 두산은 ㈜두산, 한진은 한진칼을 두고 있는데 10대 기업진단 중, 삼성과 현대자동차, 신세계는 지주회사 체제가 아니다. 따라서 그룹 차원에서 무엇인가가 진행될 때, 감독/규제기관에서 조회공시 포함 무엇이 어떻게 진행되는지를 파악하기 어렵다. ㈜한화는 지주회사의 성격을 띠기는 하지만 지주회사는 아니다.

그나마 조회공시는 어느 정도 기간이(M&A일 경우는 3개월) 경과된 이후에는 그 내용을 번복하는 것이 가능하지만 주요경영사항 공시일 경우는 공시번복 자체가 불가능하며 주요경영사항에 대한 공시번복은 불성실공시로 조치를 받게 된다.

조회공시라는 매우 중요한 공시정책의 시행에 허점이 생기게 되는 결과이다. 그리고 우리나라에서의 주요한 그룹사 차원의 다수의 의사결정에 있어서 이러한 문제점이 반복해서 발생할 소지가 매우 높다.

특히나 위와 같은 일이 발생한 이유가 이 인수건에 대해서는 모비스, 기아차, 현대커머셜 등이 출자를 하는 것이라서 현대차는 이 논의에서 완전히 빠져 있었다. 거래소도 이 내용을 현대차에 문의한 이유가 현대차가 거의 통상적으로 현대자동차 그룹을 대표하는 회사이기 때문인 것으로 이해하는데 그룹 차원에서 정보를 공유하지 않는다고 하면 현대차가 직접 개입되지 않은 의사결정에 대한 정보를 현대차가 알고 있기는 어렵다. 현대차그룹 차원에서 진행되는 모든 사업에 현대차가 개입될 수는 없다.

이러한 문제는 우리나라의 경제에서 재벌이라는 것이 차지하는 부분이 적지 않고 재벌의 최대주주는 우리나라 제도권에서 인정하는 기업지배구조라는 것을 초월하여 무소불위의 권력을 행사할 가능성이 있기 때문이다. 롯데에는 정책본부라는 조직이 그룹의 control tower의 역할을 수행하고 있다.

즉, 규제에 허점이 생기는 것으로 복합금융그룹에 대한 규제도 이러한 차원에서 진행되는 것으로 이해된다.

이러한 문제에 대해서 2012년 4월부터 공시규정이 개정되어 기업집단 관련 조회공시의 경우 대표회사(상장기업)에게 답변하도록 하여 조회공시 효율성 및 투자자의 공시 파악 편의성을 제고하도록 하였다.

매일경제신문. 2018.3.16. ─────────

금융사 대주주 심사 규정 강화··· 삼성 롯데 겨누나

이르면 내년부터 보험 증권 등 2금융권의 대주주 적격성 심사 대상이 '사실상 영향력을 행사하는 주요 주주'까지 확대된다. 올해 법 개정이 완료되면 내년부디는 삼성 삼성생명 최대주주인 이건희 삼성 회장뿐만 아니라 특수관계인인 이재용 삼성전자 부회장도 심사대상에 포함된다.

삼성 이외에 롯데 등 금융계열사를 거느린 대기업들의 지배구조와 경영에도 파장이 예상된다.

금융위원회는 15일 최종구 위원장 주제로 금융회사 지배구조 개선 방안 간담회를 열고 이 같은 내용의 '금융회사 지배구조 개선 방안'을 발표했다. 대주주 적격성 심사 대상은 기존 '최다 출자자 1인'에서 '최대주주 전체' '기타 사실상 영향력을 행사하는 주요 주주'까지 확대된다. 최대주주 중 어느 1인에게 결격 사유가 발생하면 해당 최대주주의 보유 의결권 중 10% 초과분은 의결권이 제한된다. 법인도 '벌금 1억원 이상'을 받으면 10% 초과분에 대한 의결권이 제한받는다. 제한 명령을 어기고 의결권을 행사하면 '주식 처분'명령을 내릴 수 있는 근거도 마련됐다.

　　CEO 후보군 관리 의무도 강화된다. 차기 후보군이 공정하고 예측 가능한 방식으로 선출되게 하기 위해서다. 당국은 금융회사들이 관련 원칙을 지배구조 내부규범에 명문화하고 후보자군 선정 기준과 절차, 연도별 적정성 평가 결과 등을 주주에게 보고하도록 하겠다고 밝혔다. 승계 절차도 지배 구조 내부 규범에 반영하도록 의무화했다.

　　임원후보추천위원회에는 대표이사의 참여가 금지된다. 그 대신 현행 과반수로 규정된 임추위 사외이사 비중은 3분의 2 이상으로 강화돼 독립성을 높일 방침이다. 사외이사 후보군은 다양한 분야 이해 관계자와 외부 전문가 추천을 반영해 운영해야 한다. 소수 주주 제안권 행사 요건을 기존 의결권 0.1% 이상 외에 '직전 분기 말 기준 보유 주식 액면가 1억원 이상'이 추가됐다. 사외이사 연임에는 외부기관 평가도 의무화할 예정이다.

　　이날 금융감독원이 발표한 금융회사 지배구조 실태 조사 결과에서 기존 사외이사들은 대부분 최고 평가등급을 받아 평가에 변별력이 없고 나눠 먹기 식이라는 지적이 제기됐다.

　　위의 기사에서 '기타 사실상 영향력을 행사하는 주요 주주'라 함은 '사실상의 이사'라고 하는 상법에서의 개념이다. 즉, 공식적으로 직을 맡고 있지는 않지만 영향력을 행사할 수 있는 위치에 있는 경우이다.

　　'사실상 영향력을 행사하는 주요 주주'라 함은 '사실상의 이사'라기보다는 상법에서 사용된 정확한 표현을 그대로 인용하면 chapter 2에서 인용된 상법 제401조의2에서 정의되어 있는 '업무집행지시자'의 개념이다.

제401조의2(업무집행지시자 등의 책임)　① 다음 각호의 1에 해당하는 자는 그 지시하거나 집행한 업무에 관하여 제399조·제401조 및 제403조의 적용에 있어서 이를 이사로 본다.
1. 회사에 대한 자신의 영향력을 이용하여 이사에게 업무집행을 지시한 자
2. 이사의 이름으로 직접 업무를 집행한 자

3. 이사가 아니면서 명예회장·회장·사장·부사장·전무·상무·이사 기타 업무를 집행할 권한이 있는 것으로 인정될 만한 명칭을 사용하여 회사의 업무를 집행한 자

② 제1항의 경우에 회사 또는 제3자에 대하여 손해를 배상할 책임이 있는 이사는 제1항에 규정된 자와 연대하여 그 책임을 진다.

사외이사의 연임에 외부기관의 평가 내용이 있는데 외부기관에서 사외이사의 활동을 평가할 수 있는 자료나 정보의 접근이 제한되어 있으므로 금융기관에서 사외이사 활동을 하고 있는 이사들이 이에 대해서 반대하고 있다. 외부에서 접근 가능한 정보라고 해야 주총에서 일부의 의결권 전문기관들이 사용하고 있는 이사회 참석률 정도인데 이 내용도 활동을 평가하는 외관적인 변수이지만 실질적으로 이사회 활동에 있어서 얼마나 공헌하고 도움이 되는 의견들이 개진되었는지는 참석률로만 판단하기는 어렵다.

따라서 가장 이상적이기는 이사들 상호간의 평가나 기업 내부에서 이사회에 배석하는 실무자들의 평가일 것인데, 이사들 상호간에 서로 부정적으로 평가하기도 어려울 것이니 사외이사들의 업무에 대한 가장 객관적인 평가는 사내 실무자들이 수행하는 평가일 것이다.

혹시 이러한 평가가 상정된 안건에 대한 찬성, 반대 여부에 의해서 진행된다고 하면 이는 평가를 하는 주체가 해답을 놓고 이를 판단한다는 것인데, 이는 더 위험한 평가 과정으로 이해된다. 이사들이 해당 시점에서 전문가적인 판단을 한 것을 두고 평가하는 주체가 이를 판단하는 것은 결과론적인 판단이 되기 쉬운데 이는 합리적이지 않다.

2018년 KB금융지주의 주총에서 일부의 사외이사들은 연임이 되었고, 일부의 사외이사들은 연임이 되지 않았는데 이사들에 대한 평가가 그 기초가 되었다고 하는데 일부 사외이사들은 연임을 희망하지 않았다고 한다. 또한 KB금융지주의 경우 평가의 결과가 일부 언론에 공개되기도 하였는데 이는 개인에 대한 정보로 당연히 보안이 지켜져야 한다.

저자는 2018년 6월말에 기업지배구조원의 등급심사위원장으로 네 개 기업의 사내이사, 감사위원장, 사외이사 등을 인터뷰할 기회가 있었다. 일부 기업에서 사외이사나 감사위원에 대한 자체 평가에 대한 질의를 하였는데 많은

경우에 우리나라의 정서에서 사외이사 상호간에 공정하게 평가를 한다는 것이 실질적으로 쉽지 않다는 답을 받았다.

최근 국민연금 등의 의결권 행사가 확대되는 현 시점에서 이사회나 감사위원회에 대한 객관적인 평가가 이슈가 될 수 있다.

기업지배구조원에서도 기업의 이사회/감사위원회에 대한 평가를 수행하고 있는데 이들의 평가는 외부에서 획득 가능한 정보에 기초하여 수행되는 것이 일반적이지만 일부 기업에 대해서는 심층적인 인터뷰에 기초하여 평가를 수행하고 있어서 심층적인 평가가 수행되고 있으며 더욱 신뢰할 수 있다. 외관상에 나타난 수치나 자료, 통계치에 근거한 평가는 형식적이고 요식적인 평가로 그칠 가능성도 있어서 서면 평가는 한계가 있고 심층 면접에 의한 평가가 바람직하다.

한국경제신문. 2018.3.16. ─────────────────────────

금융 CEO는 전문 공정 도덕성 등 모두 갖춰야

이 중 가장 논란이 되는 것은 CEO 자격 기준이다. 금융위는 각 금융회사에 지배구조 내부규범을 통해 CEO의 자격 요건을 정하도록 한 것을 법률에 규정하도록 바꾸기로 했다. 자격 요건으로는 전문성, 공정성, 도덕성, 직무 전념성 등을 예로 들었다. 한 금융사 CEO는 "완벽한 사람이 아니면 금융사 CEO를 해서는 안 된다는 얘기냐"며 "이런 자격 요건을 누가 어떻게 평가할 곳이 마땅하지 않으니 그런 시스템이 마련될 때까지 시행을 유예해주는 방안도 고민해 달라"는 의견이 나왔다.

───

조선일보. 2018.4.4. ─────────────────────────

계열사 부실 위험 커지면 금융그룹 명칭 사용 못해
금융위 '통합감독 규준 초안' 공개

금융 계열사를 둔 재벌계 금융그룹은 순환 출자가 내부 거래 비중이 지나치게 높을 경우 자본금을 늘리거나 내부거래를 줄이는 경영 개선 계획을 세워야 한다. 이 계획을 이행하지 않으면 금융당국은 삼성 현대차 등 금융그룹 명칭을 못 쓰게 하거나 금융 계열사까지 서로 보유한 지분을 매각하게 할 방침이다. 다만 이런 방안은 관련 법이 제정되기 전까지는 가이드라인으로만 활용하기로 했다.

금융위원회는 3일 이런 내용을 담은 '금융그룹 통합 감독 모범 규준 초안'을 공개했다. 2013년 동양시멘트 등 동양그룹 내 비금융계열사에서 발생한 부실이 동양증권에 악영향을 준 것처럼 그룹 내에서 상호 출자, 내부 거래 정도가 심하면 한 계열사의 부실이 도미노처럼 확산할 수 있기 때문에 사전에 관리하겠다는 취지다. 순환출자는 'A → B → A'식으로 꼬리를 물며 계열사까지 지분을 보유하는 소유 구조를 뜻한다. 금융자산 5조원 이상 복합 금융 그룹이 대상으로 삼성 한화 현대차 DB 롯데 교보생명 미래에셋 등 7개 금융그룹의 97개 계열 금융사가 포함된다.

금융위는 향후 3개월간 금융회사들의 의견 수렴을 거쳐 최종안을 확정하고 7월부터 시범 시행할 예정이다.

매일경제신문. 2018.7.2. ———————————————
'금융통합감독', 삼성 현대차 비상

정부가 삼성전자 지분을 과다 보유한 삼성생명 등 삼성 금융 계열사의 '자본적정성'이 악화될 수 있다며 삼성그룹 지배구조를 또다시 문제 삼았다. 금융권에서는 "당국이 삼성 금융사들에 대해 보유한 삼성전자 지분을 매각하라는 입장을 재확인한 것"이라는 해석이 나온다.

금융위원회와 금융감독원은 1일 삼성 한화 교보생명 미래에셋 현대차 DB 롯데 등 7개 비은행 금융그룹을 대상으로 시범운영하는 '금융그룹의 감독에 관한 법률'이 시행될 때까지 가이드라인 역할을 하게 된다.

모범규준은 금융그룹의 자본(적격자본)이 위기가 닥쳤을 때 필요한 자본(필요자본)보다 많아야 한다고 권고한다. 현재 삼성 금융그룹의 '자본적정성 지표'는 금융위가 밝힌 최소 자본적정성 기준인 100%를 훌쩍 뛰어넘는 200~300% 수준이다. 하지만 금융위는 "삼성전자 보유 지분을 반영해 다시 계산하면 자본적정성 지표는 110% 수준으로 떨어진다"고 밝혔다. 모범규준에서 삼성생명과 삼성화재가 보유한 삼성전자 지분을 '집중 위험 요인'으로 분류한 결과다. 이번 방안이 결국 삼성그룹 지배구조를 겨냥했다는 지적이 나오는 이유다.

금융권 관계자는 "모범 규준은 '삼성생명 자본 규모에 비해 보유하고 있는 삼성전자 지분이 지나치게 많은 것 아니냐'는 전제에서 출발한다"며 "삼성전자가 흔들리면 삼성생명 안전성도 흔들릴 것이라는 점을 명분 삼아 지분 매각을 종용하는 것"이라고 해석했다.

자동차 판매를 위해 현대캐피탈을 자회사로 두고 있는 현대차그룹 금융 계열사의 자본 비율도 이번 기준을 반영하면 171.8%에서 127.0%로 크게 하락하는 것으로 나타났다.

매일경제신문. 2018.7.2. ────────────────
삼성금융사 자본 비율 329 → 110%대 삼성전자 매각 압박

1일 금융감독당국이 '금융그룹 통합감독 모범규준'을 발표하면서 삼성 지배구조에 대한 정부의 압박 수위가 다시 높아지고 있다.

모범규준은 금융그룹이 보유한 자본이 예상치 못한 위기상황에 대응하기 충분한지를 따지기 위해 '자본적정성 지표'를 계산하도록 요구한다. 지금까지 삼성 금융그룹의 자본 적정성은 국내 최고 수준인 328.9%였지만 모범규준에 따르면 이 수치는 221.2%로 낮아지고 삼성전자 지분의 위험도를 감안하면 다시 110%로 떨어진다. 이는 금융위원회가 자기자본 규모가 29조 8,000억원인 삼성생명이 삼성전자 주식만 약 28조원 어치를 보유하는 등 삼성 금융그룹 계열사들 자본에서 삼성전자 지분이 차지하는 비중이 과다하다고 봤기 때문이다.

이 때문에 금융위는 삼성금융그룹이 보유한 삼성전자 주식 약 30조원 중 20조원은 위험 자산이라고 봤다. 다만 삼성전자 지분에 대해 어느 정도 위험 가중치를 둬서 자본적정성을 따질지에 대한 정부 입장은 아직 확정된 게 아니다.

이번 방안에 대해 삼성생명은 "자본 적정성 산정 방법이 아직 확정된 것은 아니므로 앞으로 결정되는 내용을 보고 대응을 검토하겠다"고 밝혔다.

민세진 동국대 교수는 "필요자본을 계산할 때 해외 금융 선진국들도 집중, 전이 등에 대해 원칙만 있지 구체적으로 어떻게 한다고 정한 바가 없다"며…

매일경제신문. 2018.7.2.

현대차 금융계열사 자본비율 127%로 추락, 미래에셋은 '반토막'

금융당국의 금융그룹 통합감독제도 도입에 따라 삼성 외에 현대차 등 다른 6개 그룹 발등에도 불이 떨어졌다. 특히 우려되는 곳은 자본비율이 가장 낮은 것으로 나온 현대차와 하락폭이 가장 큰 미래에셋이다. 자동차 판매를 위한 현대캐피탈을 자회사로 두고 있는 현대차그룹 금융계열사의 자본비율은 지난해 말 171.8%에서 이번 시뮬레이션에 따라 127.0%로 하락했다. 자본비율이 100% 아래로 떨어지면 자본 확충이나 계열사 지분 매각, 순환출자 해소 등을 통해 자본비율을 끌어올려야 한다. 이번에 계산된 시뮬레이션 숫자는 특정 계열사의 위험으로 인해 다른 계열사까지 동반 부실화할 수 있는 가능성인 전이위험을 중간 등급(3등급)으로 단순 가정했다. 금융당국에서 현대차그룹의 현대캐피탈에 대한 일감 몰아주기와 순환출자 등에 문제가 있다고 판단할 경우 이러한 전이위험은 더욱 높아질 수 있다. 내년 4월에 금융그룹별 자본비율 산정시 100% 아래로 떨어질 가능성도 배제하지 못하는 것이다. 현대차는 이번 결과에 대해 별다른 의견을 내지 않았다.

재계 관계자는 "전 세계 완성차 업체 중 상당수는 자사 차량의 원만한 판매를 위해 캐피털 금융과 연관돼 있는 것이 일반적"이라며 "이들에 일반 금융그룹처럼 엄격한 잣대를 들이대는 것은 글로벌 스탠다드에 맞지 않아 보인다"고 말했다.

미래에셋도 지금은 자본비율이 307.3%지만 중복 자본 등을 고려하면 150.7%로 하락한다. 미래에셋은 그룹 지주회사 격인 미래에셋캐피탈이 채권 발행 등으로 조달한 자금을 활용해 계열사 주식을 확보하고 있다. 금융위는 이러한 자본은 중복자본이라고 보고 적격자본에서 4조 3,000억원 가량을 제외했다. 다만 문제가 됐던 미래에셋대우와 네이버의 자사주 교환은 논란의 여지가 있어 일단은 자본으로 인정해 시뮬레이션 결과를 냈다. 만약 미래에셋대우가 보유한 5,000억원 규모 네이버 주식을 적격자본으로 인정받지 못하면 미래에셋 자본비율은 140%대로 떨어지게 된다.

본 chapter의 내용은 이상돈 「부실감사론: 이론과 판례」(법문사, 2007년)와 이상돈의 「부실감사판례연구」(법문사, 2006)의 저술 중에서 저자가 추가적으로 검토할 이슈가 되는 내용, 또는 회계학자의 입장에서 추가적으로 연구가 될 만한 내용을 기술하려는 시도이다.

회계와 법은 불가분의 밀접한 관계를 갖는다. 회계는 경영대학 안에 있는 전공분야이지만 어떻게 보면 경영의 타 분야보다도 법과 더 많이 연관되어 있다. 부실회계와 부실감사에 대해서는 법적인 책임을 묻게 되는데 이와 관련되어 이상돈교수의 「부실감사론」에서 기술된 내용을 회계의 실질적인 문제와 관련 짓는다. 「부실감사론」 저술은 감사인과 공인회계사의 입장에서의 법적인 책임에 대한 문제를 주로 논하고 있어서 회계업계에 우호적인 차원에서의 저술이다. 물론, 공시의 주체인 기업과 이를 인증하는 감사인 간에는 어느 정도 책임을 나눠야 하므로 일부 논의는 공동 책임의 이슈에 대해서도 기술하고 있으며 이러한 점에 대한 저자의 견해도 기술한다.

<u>손해의 공평 책임</u>이라는 개념은 이사의 책임한도에서 가장 두드러지게 나타난다. 가장 최초로 판결에 등장한 것은 삼성전자 대표소송 제2심이었는데, 회사의 손해를 600억원이라고 한 다음 손해 분담의 공평에 근거하여 이사의 손해배상책임을 그 20%인 120억원으로 결정하였고 그 후 대법원에서도 승인하였다.

이는 1994년 12월에 삼성종합화학 주식을 염가에 매각하고 1,480억을 투자자 산처분손실로 인식한 건에 대한 손해배상소송을 지칭한다. 단순히 책임을 감경하는 것에서 그치지 않고 손해발생에 대한 기여도에 따라 이사의 손해배상

책임을 서로 다르게 정하기도 하는데, 회계법인의 책임과 관련하여 흔히 주장되는 비례적 책임과 실질적으로 비슷한 기능을 할 것으로 기대되는 내용이다. 자본시장법 제125조 제1항 제3호는 "허위기재된 증권신고서의 기재사항 또는 그 첨부서류가 진실 또는 정확하다고 증명하여 서명한 공인회계사 감정인 또는 신용평가를 전문으로 하는 자" 등(그 소속단체를 포함한다)을 공모 발행과 관련된 손해배상의 주체로 규정하고 있으며, 외감법 제17조 제2항은 "감사인이 중요한 사항에 관하여 감사보고서에 기재하지 아니하거나 거짓으로 기재를 함으로써 이를 믿고 이용한 제3자에게 손해를 발생하게 한 경우" 그 감사인에게 손해배상을 인정한다(손성규(2014), Chapter 83).

혹자는 이상돈 교수의 논지는 친 회계업계라서 이교수의 주장대로 재판이 진행된다면 유죄로 확정될 공인회계사는 거의 없을 것이라는 주장을 하기도 해서 법학자 중 회계업계에 매우 우호적인 입장을 대변한다는 평가를 받기도 한다. 그러나 회계 차원에서 법적인 이슈를 다루었으면 하는데 이상돈 교수의 저술과 같이 회계적인 이슈에 대해서 광범위하게 다룬 저술을 찾을 수 없어서 이 저술에서의 내용을 인용한다. 법학자의 시각과 회계학자의 시각의 차이가 확연하게 나타나는 경우도 있을 것이다.

이상돈 교수의 저술에서의 쪽 number를 같이 보이면서 회계적으로 이슈가 되는 내용을 기술한다. 저술에서 직접 인용한 내용은 음영으로 표시한다.

이러한 관점의 경제사회적 기초는 이른바 기대차이라고 할 수 있다. 즉, '감사에 대한 사회적 기대'와 '감사인이 현실적으로 수행했거나 수행할 수 있는 역할' 사이에 구조적인 차이가 있다는 것이다. 다른 말로 표현하면, 일반 대중 및 재무제표 이용자들이 생각하는 감사인의 책임과 감사인 스스로가 인식하는 책임 간의 차이라고 할 수 있다.

이상돈, 부실감사론: 이론과 판례, 법문사, 2007, p. 14.

흔히 회계학 문헌에서 expectation gap이라고 하는 내용을 우리말로 번역해서 사용하는 내용이다. '감사에 대한 사회적 기대'는 어떻게 보면 회계적인 이슈가 법적으로 문제가 되었을 때, 회계 전문가가 아닌 검사나 판사가 법적인 잣대에서 보는 내용일 수도 있다. 왜냐하면 법 전문가들은 실무 관행을 고려하지 않고 모든 것을 원칙과 법률의 관점에서 재단하려고 하면서 비현실적인 판단을 내릴 수 있다. 현실에는 많은 제약이 있다. 물론, 그럼에도 불구하고 투명한 회계라는 것은 절충하거나 양보될 수 없는 내용이지만 그렇다고 모든 사회적인 규범이 실무의 한계를 무시할 수도 없는 것이다. 실무/현업이라는 것이 항상 이상론에 따를 수는 없다.

회계이슈를 사법부가 판단하는 것에 대해서 간략히 기술한다. chapter 37의 삼성바이오로직스의 경우에서도 행정부서인 증선위와 금융위의 행정조치에 대해서 삼바가 행정소송을 제기하면서 공이 사법부로 넘어갔다. 이 사건을 맡은 판사는 법률 전문가이지 회계 전문가가 아닐 가능성이 높다. 입장을 바꿔서 생각하면 판사의 입장에서는 전문가들이 1년 반 동안 해결하지 못한 회계 이슈에 대해서 판단을 한다는 것이 여간 부담되는 일이 아닐 수 없다. 판사가 전문성을 갖지 못하는 경우 당연히 전문가들에게 의존할 수밖에 없고 감정인이 그 역할을 하게 되며 재판부가 과도하게 감정인의 평가에 의존할 수밖에 없다.[1]

모 빅4 회계법인 심리실장은 우리가 미국 수준의 감사 품질을 유지하기 위해서는 현재 우리가 투입하는 시간의 4배 정도를 투입해야 한다며 그러나 우리의 감사수임료 수준에서 이러한 시간을 투입할 수 없는 것은 한계일 수밖에 없다고 주장하였는데 충분히 공감할 수 있는 부분이다. 회계감사 품질이라는 것이 상대적인데, 이는 그 국가 경제가 감당할 수 있는 비용, 이용자들의 기대 수준 등등을 통합하여 종합적으로 판단되어져야 한다.

분식회계/부실감사가 문제가 되었을 때, 형법이나 손해배상 등의 민법에 의해서 행정부나 사법부의 판단의 대상이 된다.

이를테면 법원이 부실감사와 자본투자자들의 손해 사이에 상당인과관계를 인정하는 경우에도 공인회계사는 부실감사를 하면서 그로 인해 자본투자자들이 손해를 입게 될 것을 예측할 수 없었다거나 예측할 수 있었더라도 회피할 수는 없었다고 생각하기 쉽다.

이상돈, 부실감사론: 이론과 판례, 법문사, 2007, p. 15.

---

1) 조선일보 2015.8.28. 재판결과 좌우하는 鑑定.. 편파 시비 단골손님

이러한 것이 expectation gap의 대표적인 사례라고 할 수 있다. 따라서 공인회계사가 어디까지 책임을 져야 하는지가 이슈가 된다. 감사의 한계는 예를 들어, 다음과 같은 내용에 기인한다. 재고조사를 할 때, 전수조사가 아니고 표본조사에 근거한다고 할 수 있다. 물론, 어느 정도의 표본 추출이 실재성에 대한 확신을 가질 수 있는 정도의 충분한 표본 추출인지에 대해서는 이견이 있을 수 있다. 둘째는 감사는 기업이 제공한 문건을 가지고 수행하게 되는데 이 문건이 조작되었을 수 있다. 회계법인은 경찰이나 검찰이 아니므로 계좌추적권이 없으므로 이러한 문건의 조작을 조사할 수 있는 권한이 없다. 물론, 감사에 제공된 문건의 조작으로 인해서 회계 정보가 적절하지 않게 작성되었고 감사 과정에 문제가 없었다고 하면 분식회계는 전적으로 회사의 책임이다. 감사의 목적은 부정 적발에 있는 것이 아니므로 부정에 대한 책임을 감사인에게 돌리는 것도 옳지 않다.

따라서 분식회계가 있었다고 해도 감사인이 due care를 수행하였다고 하면 분식회계에 대해서는 조치를 취해도 부실감사로는 지적을 받지 않을 수가 있다. 부실 감사에 대한 판단은 결국은 적절한 감사과정을 거쳤는지에 대한 판단일 뿐이지 완벽한 것을 기대하는 것은 아니다. 제공된 문건이 모두 조작된 자료이며 감사인이 이를 구분해 낼 수 없다고 하면 회계 분식일 수는 있어도 부실감사는 아니다. 모든 회계분식이 부실감사와 동반된다고 믿을 수 있는데 이는 그렇지 않다.

정책에 따라 좌우되는 형사 책임, 그리고 이것과 융합되어 있는 민사책임(불법행위책임)의 부과여부를 놓고, 감사 참여자와 감사 관찰자는 서로 관점을 교환하기보다는 '이기면 전부를 얻고, 지면 전부를 잃는' 싸움에서처럼 첨예하게 대립하게 된다.

이상돈, 부실감사론: 이론과 판례, 법문사, 2007, p. 22.

기업과 감사인은 항상 같은 편이라고 생각할 때가 있는데 때로는 기업이 감사인에 대해서 소송을 제기하는 다음과 같은 경우도 있다. 물론, 기업이 기업의 임원에 대해서 소송을 제기하는 경우도 발생한다. IPO하는 기업에서는 주관사와 회계법인이 협업을 하게 되는데 IPO하는 기업의 회계정보에서 문제

가 발생하는 경우에도 양자간에 서로 책임을 미루게 된다.[2]

머니투데이. 2005.9.23. ────────────────────────────

코오롱, 삼일회계법인에 216억 배상 청구

   코오롱 그룹 이웅렬 회장과 계열사들이 부실 감사를 이유로 삼일회계법인에게 216억원 규모의 손해배상청구소송을 냈다. 21일 코오롱 그룹에 따르면 이웅렬 회장과 (주)코오롱, 코오롱글로텍, 코오롱건설, 하나캐피탈, 코오롱제약은 삼일회계법인의 부실 감사로 손해를 입었다며 소송을 제기했다. 코오롱 관계자는 "코오롱캐피탈 주주들이 피해 금액에 대한 구상권을 행사한 것"이라며 "소송 금액은 실 손실액의 절반정도로 삼일회계법인의 책임을 그 정도로 추정한 것"이라 설명했다. 코오롱캐피탈 자금담당 상무 정모씨는 지난해 9월, 회사돈 472억원을 횡령해 주식투자를 하다 적발됐다. 정씨는 모 증권사에 예탁해 둔 회사의 머니마켓펀드(MMF) 수익증권 등을 팔아 다른 증권사 계좌로 돈을 빼돌린 뒤 개인적으로 주식 투자를 해온 것이다. 정씨가 빼돌린 돈은 코오롱캐피탈의 총자산인 892억원의 52.9%에 해당하는 거액이다. 이후 코오롱 그룹은 이 손실 보전을 위해 (주)코오롱이 251억원을, 코오롱건설과 코오롱제약은 각각 68억원, 58억원을 출자했다. 또 코오롱글로텍은 53억원, 이웅렬 회장은 43억원씩 부담했다. 코오롱 그룹은 이 사고가 당시 외부 감사 기관인 삼일회계법인의 감사가 부실했기 때문에 이 같은 사고를 뒤늦게 인지한 것이라고 주장했다. 회사 관계자는 "당시 예금잔액 증명서 주소만 제대로 확인했어도 이 같은 사태를 막을 수 있었다"고 전했다. 한편 금융감독위원회는 지난 6월 하나캐피탈 (옛 코오롱캐피탈)의 횡령사고와 관련 '기관경고'와 함께 대표이사에 해임권고 상당의 조치를 취했다. 사고자인 자금담당 상무보 정모씨에 대해서도 해임권고 상당의 제재를 가했고, 대리 송모씨 등 9명에게는 면직상당·견책 등 주의적 경고를 내렸다.

──

   대법원에서 다음과 같이 확정되었다.

───────────────

  2) 상장하고 수개월만에 상장폐지된 중국고섬의 경우인데 주관사인 대우증권과 한영회계법인이 책임에 대한 다툼을 법정에서 가리게 된다. 손성규(2016) chapter4를 참조한다.

한국경제신문. 2011.1.25.
코오롱, 삼일회계 '부실감사' 소송서 패소 확정

대법원 3부(주심 차한성대법관)는 '부실감사로 하나캐피탈의 횡령사고를 키웠다'며 코오롱과 하나캐피탈(옛 코오롱 캐피탈), 이웅렬 코오롱회장 등이 삼일회계법인을 상대로 낸 손해배상 청구소송에서 원고패소를 판결한 원심을 확정했다고 24일 밝혔다.

재판부는 '삼일회계법인이 일부 금융기관 조회서 주소를 제대로 확인하지 않은 잘못은 있지만 횡령 범행이 적발되지 않은 것은 하나캐피탈의 허술한 인감관리와 내부통제 부실 때문'이라며 '회계법인의 잘못과 손해사이에 인과관계가 있다고 볼 수 없다'고 판시했다.

코오롱측은 하나캐피탈의 자금팀장으로 근무하던 정모씨가 1,600억원을 횡령해 손실을 입히자 삼일회계법인이 부실감사를 하는 바람에 횡령을 막지 못했다며 2005년 216억원을 배상하라는 소송을 냈다.

이 신문기사 및 판결문에서도 기업의 내부통제에 문제가 있을 경우는 횡령의 발견에 대한 일차적인 책임을 피감기업에 돌리고 있다. 즉, system을 갖추는 몫은 기업에게 있다는 것이다. 이 사례에서도 내부통제에 대한 완비 및 인증이 얼마나 중요한지를 가늠하게 된다.

이 판례는 기업의 잘못에 대해서 이는 오류가 포함된 재무제표에 대해서 인증을 하는 감사인이 발견하지 못하면 이는 감사인의 책임이라는 피감기업의 입장은 잘못되었다는 결론이다.

하물며, 회계정보의 잘못이 기업이 아니고 감사인의 책임이라고 생각하는 회계정보 이용자들도 있다.

또한 대법원 판단의 가장 중요한 point는 회계법인의 잘못과 손해 사이의 인과관계였다. 사회현상은 자연과학/science가 아니므로 인과관계를 입증한다는 것은 여간 어려운 일이 아니다. 우리는 논리 전개와 사고에 의해서 인과관계를 확인할 수 있다.

부정 업무 처리 보고 의무: 회계감사업무를 수행함에 있어서 이사의 직무수행에 관하여 부정행위 또는 법령이나 정관에 반하는 중대한 사실을 발견한 때

는 감사 또는 감사위원회에 통보하고, 주주총회에 보고할 의무(외감법 제10조 제1항)

이상돈, 부실감사론: 이론과 판례, 법문사, 2007, p. 26.

이러한 내용은 2017년에 개정된 외감법에서는 금융위원회 산하, 증권선물위원회까지도 보고하도록 하고 있다.

인과관계의 문제는 감사인의 의무를 이행하였더라면 피감사회사의 손해배상을 '저지할 수 있었겠는가'라는 저지 가능성(이에 대한 판례로 대판 1985.6.25., 84다카1954; 1988.10.25., 87다카 1730)의 문제로 이해된다. (이에 대해서는 권재열, 회계감사인의 법적 책임 비교사법 제5권 제1호, 1998, 356쪽 참조). 이러한 저지 가능성은 임무해태(귀책행위)와 손해 사이의 <u>인과 관계의 '유무' 문제라기보다는</u> 손해 귀속의 '범위' 문제라고 할 수 있다. 즉, 의무에 적합한 행위(대체행위)를 하였다면 결과가 발생하지 않았을 것인가에 대한 판단인데, 이 판단은 인과관계의 존재를 전제로 행위자에게 귀속될 수 있는 결과의 범위를 판단하는 이론이라고 할 수 있다.

이상돈, 부실감사론: 이론과 판례, 법문사, 2007, p. 29.

즉, 어떻게 감사 업무를 수행하였다면 분식회계를 발견할 수 있었겠는가의 이슈이므로 결국은 전문성의 이슈이다.

부실감사에 대한 강력한 법적 통제는 자본시장의 보이지 않는(상호적인) 규율(통제)메커니즘이 부실감사를 적절한 수위에서 억제하지 못할 때 비로서 이루어져야 하고, 또한 바로 그런 한도에서만 특히 사회국가적 부실감사법제는 정당화될 수 있다.

이상돈, 부실감사론: 이론과 판례, 법문사, 2007, p. 60.

위에서 기술된 강력한 법적 통제가 징벌적 징계까지 포함한다면 이에 대한 여러 가지 논란이 있다. 징벌적 징계란 조치를 과하게 하여서 아예 범법에 대한 의지가 뿌리내리지 못하게 하자는 의미가 있다. 징벌적 징계란 원래 형벌에 적용되는 법의 개념인데 이것이 민사에까지 적용되면서 형민법 구분한 법 체계가 흔들릴 수 있다. 징벌적 징계에 대해서는 chapter 6에서 별도로 기술한다.

최근의 다음의 외감법 개정 내용도 매우 강력한 조치이다.

개정내용: 외감법 35조/36조
고의 또는 중대한 과실인 경우 과징금 부과

분식회계 회사: 분식회계 금액의 20% 이내
회사 임원, 담당자: 회사에 대한 과징금의 10% 이내
부실감사 감사인: 감사보수의 5배 이내

예를 들어 대우조선해양과 같이 5조원의 분식이라고 하면 분식회계 회사에 대해서는 1조원, 회사 임원, 담당자에게는 1,000억원의 과징금이라서 개인이 부담하기는 거의 불가능한 수준의 천문학적인 과징금이다.

물론, 임원손해배상보험(D&O보험, director and officer 보험)에 많은 상장 기업이 가입하기는 하지만 이 정도의 금액을 보상해 주는 보험 상품은 많지 않을 듯하다.

인과성 판단을 근거 짓는 힘은 합리적 논거가 아니라 정서적 호소력이다. 바꿔 말해 인과성을 판단하는 법 발견의 과정에 '법감정'이 法源으로 원용되는 셈이다.

이상돈, 부실감사론: 이론과 판례, 법문사, 2007, p. 80.

부실감사채인에 대한 법감정은 이미도 그린 영역에 속할 가능성이 높아 보인다.

이상돈, 부실감사론: 이론과 판례, 법문사, 2007, p. 81.

부실감사에 대한 손해배상소송에서 우리나라 대법원의 입장은 그와 같은 전근대적 법문화의 전형적인 모습을 보여준다. 즉, 비록 상당인과관계를 말하기

는 하지만 그것을 분석적인 태도로 실질적으로 검토하기보다는 '직관적'으로 부실감사와 주가하락 사이의 연관성을 인정하는 정서적 논증을 전개한다.

이상돈, 부실감사론: 이론과 판례, 법문사, 2007, p. 81.

연구에서 흔히 사용되는 event study라는 방법론도 아래와 같이 법정 소송에서는 증거로 채택되기 어렵다.

매일경제신문. 2016.1.18. ─────────────────────────────

주가조작 수익 추징 길 막히나... 법정서 거부당한 '이벤트 스터디'

주가조작 수익계산법

"주가가 상승한 원인은 시세 조정뿐만 아니라 여러 가지 요인이 작용한 결과다. 불법 시세 조정 행위로 얻은 범죄 수익을 분리해 처벌해 달라."

지난해 3월 이른바 '대선 테마주'로 분류되는 5개 회사 주식을 시세 조정한 혐의로 기소돼 재판에 선 임모씨(31) 측 변호인은 법정에서 이같이 주장했다. 주가조작으로 차익을 냈다고 해도, 시세조정으로만 주가가 오른 것은 아니기 때문에 불법 행위로 얻게 된 이익만을 분리해 달라는 것이다.

얼핏 보면 불가능해 보이는 요구지만 최근 법원에서는 주가조작으로 기소된 피의자 측의 이 같은 주장이 받아들여지는 추세다.

그동안 피의자가 시세조정을 위해 투입한 금액과 이익을 실현한 금액 간 차익을 범죄 수익으로 봐 왔다. 그러나 최근 법원은 불법 시세조종 행위 자체로만 발생한 이익을 분리해 범죄금액을 산정할 것을 요구하고 있다. 이에 따라 입증 책임을 진 검찰 쪽은 새로운 범죄수익 추정 방법인 '이벤트 스터디'를 활용했다.

하지만 최근 서울 남부지법이 검찰이 한국거래소에 의뢰해 '이벤트 스터디'를 적용한 보고서를 인정하지 않는 판결을 내려 주목된다. 한국거래소가 검찰 측의 요청을 받아 이벤트 스터디 방법으로 작성한 보고서가 법정에서 받아들여지지 않은 것은 이번 사건이 처음인 것으로 알려졌다.

서울남부지법 형사항소2부(부장판사 이은신)은 임씨에 대한 항소심에서 징역 1년에 집행유예 2년과 벌금 8,000만원, 추징금 7,971만원을 선고한 원심을 파기하고 징역 1년에 집행유예 2년과 추징금 없이 벌금 1억 2,000만원을 선고했다고 15일 밝혔다.

재판부는 "검찰 측이 제출한 증거(감정보고서)로는 임씨가 얻은 차익이 시세조종과 인과관계가 있는 수익이라고 보기 어렵다"며 추징금 대신 벌금형만 선고했다. 추징금은 범죄로 인한 수익금을 산정할 수 있을 때만 부과된다.

개인 전업투자자인 임씨는 2012년 7월부터 1년 6개월간 케이티씨, 동방전기, 매커스 등 5개사를 시세조종했다가 적발됐다. 이 종목들은 당시 박근혜 대통령의 경제정책인 '창조경제' 등 관련주로 엮인 이른바 '테마주'들이었다.

검찰 측은 임씨가 주가조작으로 1억 1,883만원의 시세차익을 얻었다고 주장했다. 그러나 임씨 측은 "시세조종만으로 주가가 올랐다는 근거가 없다"며 "시세조종 행위로 인한 이익을 산정할 수 없기 때문에 추징금을 신고할 수 없다"고 항변했다.

검찰은 임씨의 시세조종으로 주가가 올랐다는 사실을 입증하기 위해 한국거래소에 감정보고서 작성을 의뢰해 재판부에 제출했다. 그러나 법원은 범죄수익 산정에 이벤트 스터디를 활용하는 것에 대해 근본적인 의문을 제기했다.

법원은 "이 연구의 본질은 특정한 사건에 대해 주가가 어떻게 변했는지를 분석하는 것이지, 반대로 주식수익률을 역으로 추정해 시세조종 사건 존재 여부를 확인하는 분석기법이 아니다"라고 판시했다. 즉 법원은 시세조종 사건에서 범죄 수익을 계산할 때, 이벤트스터디 방법을 사용한 것 자체가 오류가 있다고 본 것이다.

법원은 또 해당 보고서를 한국거래소가 작성한 점도 지적했다. 한국거래소가 임씨의 시세조종 행위를 적발해낸 기관이라는 점을 들면서, 감정보고서가 임씨에게 불리하게 작성돼 객관성이 떨어질 가능성도 있다는 것이다.

이번 판결로 향후 증권범죄에서 범죄 수익을 선정하는데 있어 논란은 커질 것으로 전망된다.

증권 소송에 정통한 한 전문가는 "시세 조종으로 재판을 받는 피고인들이 불법행위와 인과관계가 인정되는 부분을 면밀히 따져 달라는 전략을 계속 들고 나올 것이라"며 "시세조종과 범죄수익의 인과 관계를 입증할 수 있는 현실적인 수단이 이벤트 스터디인데, 법원이 이를 받아들이지 않는다면 검찰에서는 부당 이득을 산정하는 대안에 대한 고민이 필요할 것"이라고 말했다.

즉, 논리적인 추론이나 reasoning이 개입되는 것이 아니라 당위성으로 분류될 가능성이 높다. '직관'이나 '정서'적 논증 등의 표현은 국민정서와 관련되

는 내용이며, 위의 내용은 이상돈 교수의 주관적인 판단이지만 그럼에도 여과 없이 인용한다. 실증분석결과에 의해서 보고되는 이익에 의해서 기업의 내재적인 가치가 결정된다고 하면 분식된 회계정보에 의해서 기업의 가치가 왜곡되게 결정된다고 결론지을 수 있고 이에 근거하면 기업과 감사인은 책임을 면하기 어렵게 된다. 즉, 이러한 내용이 과학적 논리전개라기 보다는 감정에 치우쳐서 결정된다고도 할 수 있다.

다음과 같은 논지도 같은 논리이다. 저자가 2010~2013년 증선위 비상임 위원 활동을 할 때, 부실 감사건에 대한 논쟁이 있을 시에 다음과 같은 경험이 여러 차례 있었다. 감사의뢰인이 큰 회사가 아니라서 회계 인프라가 약한 상황에서 너무도 명백한 분식회계가 발생할 경우, 회사는 회계 전문가가 전무하다고 하면 이해가 되지만 감사인들은 모두 전문가들로 구성된 집단인데 이들 전문가들이 명백한 회계적인 오류를 발견하지 못하였다고 하면 이는 이해하기 어렵다고 주장하면 감사인/공인회계사들은 책임을 회피하기 어렵게 된다.

대판 1997.9.12., 96다 41991

주식거래에 있어서 대상기업의 재무상태는 주가를 형성하는 가장 중요한 요인 중의 하나이고, 대상기업의 재무제표에 대한 외부감사인의 회계감사를 거쳐 작성된 감사보고서는 대상기업의 정확한 재무제표를 드러내는 가장 객관적인 자료로서 일반투자자에게 제공 공표되어 그 주가형성에 결정적인 영향을 미치는 것이므로… 원고가 소외회사의 주식을 매입함에 있어서는 <u>다른 특단의 사정이 없는</u> 한 증권거래소를 통하여 공시된 회사에 대한 감사보고서가 정당하게 작성되어 회사의 정확한 재무상태를 나타내는 것으로 믿고 그 주가는 당연히 그것을 바탕으로 형성되었으리라는 생각 아래 주식을 거래한 것으로 보아야 할 것이다.

이상돈, 부실감사론: 이론과 판례, 법문사, 2007, p. 82.

"다른 특단의 사정이 없는 한"이라는 표현은 default로 이러한 것을 가정한다는 것을 의미한다. 즉, 별도의 확인 없이도 주가가 발표된 재무제표에 근거하여 결정되었다고 대법원 판례에서 기술하고 있다. 즉, 이를 default로 한다는 것은 이러한 것은 당연한 믿음이니 이러한 원칙이 적용되지 않는다고 할 때 왜 적용되지 않는 것인지를 밝혀야 한다는 것이다.

주가는 神도 모른다는 얘기를 하기도 한다. 주가에 영향을 미치는 많은 요인들이 있고, 재무제표는 그 중에 매우 중요한 한 요인이지만 유일한 요인은 아니다. 또한 회계적인 지식이 부족한 투자자일 경우 회계정보에 기초한 투자의사결정을 수행하고 있다고 할 수도 없다.

소문에 근거하여, 또는 감으로 또는 무가지(찌라시)에 근거하여 주식 투자하는 많은 투자자들이 있다. 이들의 투자 행태와 재무제표에 근거한 투자활동에는 관련성을 찾기 어렵다. 그럼에도 불구하고, 분식회계/부실감사가 드러날 경우, 모든 피해자들은 회계에서 그 희생양을 찾으려 한다.

특히나 최근에 오면서 valuation의 기초가 tangible에서 많이 intagible로 옮겨 간다고 한다. 1975년에는 80%가 tangible에 의해서 영향을 받았고, 현재는 80%가 intangible에 의해서 영향을 받는다고 한다,

이상돈은 대법원의 이러한 논리 전개를 '정서적'이고 '직관적'이라고 구분하고 있다.

이상돈, 부실감사론: 이론과 판례, 법문사, 2007, p. 90.

정말로 얼마나 신뢰했는지, 오히려 불신 속에서 투자 결정한 것은 아닌지, 투자결정에 어느 정도 영향을 준 신뢰였는지 등의 많은 문제들이 그냥 덮여져 있는 것이다.

이상돈, 부실감사론: 이론과 판례, 법문사, 2007, p. 83.

Wallace(1980)는 회계감사의 역할을 기술하면서 인증과 insurance로 설명하였다. 즉, 감사인들은 어느 정도 co-insurance의 역할로 회계에 개입되었다는 주장인데 어떻게 보면 감사의 기본직인 역할을 조금 폄하한 주장인 듯도 하다.

따라서 이러한 정서적인 판단의 결과에 의해서 회계사들이 피해를 볼 수 있다. 감사인들이 insurance의 기능을 한다고도 표현한다. 이는 분식이 재무제표에 포함되어 있는 재무제표에 대해서 분식 건이 발견되고 이러한 내용에 근거하여 소송이 제기될 수 있다. 이러한 경우, 회사가 손해배상능력이 없다고

하면 공동으로 피소가 된 감사인들이 분식의 주된 당사자인 회사보다도 더 큰 손해배상책임을 안을 수 있다. 이를 외국의 문헌에서는 deep pocket을 떠안는다고 한다. 이는 어떻게 보면 바람직하지 않은 현상일 수도 있다. 감사인은 이러한 co-insurer의 역할을 하라고 감사인이 된 것이 아니다. 감사인에게는 인증(assurance)라는 고유의 업무가 존재한다. 그럼에도 불구하고 결과적으로 co-insure하는 역할을 맡게 된다.

인과 관계가 인정되는 손해의 범위를 구체적으로 산정하지 않은 채 투자실패액 전부에 대해 배상책임을 인정하는 것은 <u>헌법상 비례성원칙(민법상 과책주의)(또는 비례성 원칙)</u>에 반한다.

이상돈, 부실감사론: 이론과 판례, 법문사, 2007, p. 117.

흔히 deep pocket이라고 해서 회계감사인에게 분식회계에 대한 모든 금전적인 책임을 묻는 것은 공평하지 않다는 의미이며 chapter 6에서 기술한 징벌적 차원의 조치라면 이는 더더욱 과하다는 판단을 할 수 있다.

이는 간단한 보험 시장의 원리와도 동일하다. 자동차 운전자가 물론, 법으로 기본적인 보험 가입은 강제되어 있지만 대부분은 그보다 coverage가 높은 보험을 선택하게 되는데 이는 모두 risk sharing으로 이해할 수 있다.

물론 피감기업에 있어서의 감사인의 존재는 insurance의 기능은 부차적이고 인증이 주된 고유업무로 이해하면 된다.[3]

이러한 경우가 아니더라도 회사와 감사인이 이 손해배상을 분담하게 되는데 과거에는 연대책임이 적용되었으나 수년전부터 외감법의 개정으로 인해서 비례책임을 지게 된다. 즉, 회사나 감사인이나 본인들이 부담해야 하는 부분에 대해서만 책임을 지게 되는데 회사의 입장에서는 본인들이 주된 부담을

---

3) 경영자가 보험회사 대신에 감사인을 보험의 수단으로 선택하는 이유는 다음과 같다. 첫째, 사회적으로 신뢰받고 있는 감사인에 의해서 감사를 받았다는 사실이 이해관계자들에게 경영자가 주의의무를 다하고 있다는 인식을 심어줄 수 있기 때문이다. 둘째, 감사인은 보험회사보다 회계전문가로서의 사회적 평판을 유지하기 위하여 소송 등에 대비하여 법률전문가를 충분히 활용하여 법률문제에 더욱 적극적으로 대응할 수 있기 때문이다. 셋째, 경영자는 기업이 도산할 경우 감사인이 기업을 대신하여 손실을 보상할 수 있는 경제적 능력을 가지고 있다고 믿기 때문이다.

안아야 함에도 불구하고 감사가 문제를 발견하지 못했던 부분에 대해서 감사인이 일정 부분 책임을 안음으로 인해서 회사의 책임이 경감된다.

감사인이 분식회계에 대한 종된 책임이 있으므로 비례책임에 의해서 감사인의 책임이 가중되는 것은 입법 취지에 어긋난다. 단, 회사의 이사나 감사가 주된 책임을 지면서 그 책임을 분담할 때는 비례책임에 의해서 감사인은 본인이 감당해야 하는 책임에 대해서만 책임을 지게 되며 이러한 내용이 입법 취지에 부합하는 내용이다.

공정감사의 범위

적정성 심사설: 외부감사인은 전문직업인으로서 정당한 주의를 기울여(회사에서 작성하는), 재무제표가 일반적으로 인정된 회계원칙에 따라 작성되었는지의 여부(재무제표의 적정성)에 대해 합리적이고 종합적인 평가를 내리는 의무를 질 뿐이다. ─ 금융위원회가 제정한 회계감사기준에서 명문으로 선언

진실성 심사설: 외부감사는 재무제표의 적정성뿐만 아니라 회계사실의 실재성과 정당성에 대한 심사, 즉 재무제표의 정확성이나 객관적인 특정사실의 유무를 증명하는 것도 포함한다. ─ 대법원의 판결기준에 밑바탕

이상돈, 부실감사론: 이론과 판례, 법문사, 2007, p. 123.

진실성 심사설에 의하면 어떻게 보면 너무 이상론에 치우친 것 아닌가 한다.

회계업계는 회계감사가 부정적발에(부정과 불법행위의 적발의무) 있지 않다고 주장한다. 이러한 차원에서 윤현철(2013)의 다음 내용은 감사보고서에 사용하는 문구부터 잘못되었다고 지적하고 있다.

적정의견이란 표현에 유감(有感) 2013년 6월 공인회계사

잘못된 사회통념의 형성에는 감사인의 잘못도 크다. 공인회계사들은 감사의견을 표명할 때 "회사의 재무제표는 기업회계기준에 따라 중요성의 관점에서 적정(適正)하게 표시하고 있습니다"라고 기술한다. 전문가로서 대단히 소신 있고 자신 있는 표현이겠지만 적정이라는 이 한마디로 공인회계사들은 온갖

책임에 휘말리게 된다. 일종의 설화(舌禍)다. 다른 전문가인 의사의 건강검진 결과를 예로 보자. "귀하는 건강합니다"라는 표현은 절대로 없다. 검진한 각 항목별로 정상수치의 범위와 결과를 수치로 나열만 할 뿐, 판단은 이용자가 한다. 소견이 있어봐야 발견한 지적 사항만 언급하고 지적 사항이 없으면 "특이소견 없습니다"가 최선의 답변이다. 사실 감사된 재무제표도 감사인의 감사절차를 통과했다는 것뿐이지, 절대로 적정성을 보증하는 것은 아니다. 그럼에도 불구하고 적정이라는 표현을 과감히 사용하다 보니 이를 신뢰하여 손해를 보았다는 투자자들에게 달리 항변할 재주가 없다. 소송을 당하고 나서야 전수가 아닌 샘플조사였다든지, 회사가 속이려 들면 속수무책이라든지, 의혹을 파헤칠 수사권이 없다든지 등의 이유로 감사의 한계를 주장하는데, 이는 매우 공허하고 어리석다. 그저 "회사의 재무제표는 본 감사인의 감사절차를 통과하였습니다"라고 표현하면 족할 것이다. 원래가 타인이 만든 재무제표의 적정성을 보증하라는 자체가 어불성설이다. 공항 검색대에서 아무리 첨단 시설과 많은 인력으로 꼼꼼하게 살펴보더라도 통과되는 구멍은 있게 마련이다. 적정이라는 단어를 무책임하게 남발하는 것보다는 이용자들이 재무제표가 어느 감사인의 감사절차를 통과하였는지를 보고 자신들의 투자결정에 대한 리스크를 결정해 나가도록 하는 제도가 감사인과 투자가들 사이에서 분쟁을 줄여나갈 수 있는 합리적인 방법일 것이다.

적정성 심사설에 의하면 감사의 한계를 읽을 수 있다. 진실성 심사설에 의하면 가장 높은 수준의 ideal한 감사를 가정한다. 즉, 감사인은 감사인으로서의 한계가 존재한다. 회계감사기준에도 이러한 한계가 적시되어 있다. 이러한 회계감사의 한계를 인정하면서 회계감사를 이용하여야 한다.

chapter 39에는 금융감독원이 감리 과정에서 분식이 포함된 회사의 재무제표임에도 이에 포함된 분식을 적발하지 못한 경우에 대해서 기술하고 있다. 어느 기관이나 마찬가지로 완벽하게 오류를 피해갈 수는 없으며 이에는 감독기관도 예외가 될 수 없다.

감독기관이 너무 높은 수준의 재무제표의 품질을 요구하면 회계업계에서는 감독기관이 "그렇게 자신이 있으면 너희들이 한번 감사해 보라"는 얘기를 하기도 한다.

부정적발에 대한 외부감사인의 책임은 '전문가적 책임'에 머무르고 있지만(부정적발 책임을 감사인의 법적 책임이 아니라 전문가적 책임으로 분류하고 있는 삼일회계법인 삼일감사론 323쪽, 1992쪽)

이상돈, 부실감사론: 이론과 판례, 법문사, 2007, p. 122.

즉, 전문가들도 잘못 판단할 수 있으므로 고의나 중과실이 아닌 이상 과도하게 법적 책임을 묻는 것이 바람직하지 않다는 의미라고도 해석된다.

적정성 심사설의 근거는 이론적이기보다는 현실적이다. 즉, 감사보고를 할 때 재무제표에 하나라도 오류가 있으면, 무조건 '한정의견' 또는 부적정의견을 내는 것이 아니라 그 오류의 중요성을 가치 평가하여 의견을 내고 있는 감사실무(감사의 중요성 원칙)이고 회계감사가 주로 '표본감사'라는 현대적인 외부 감사방법으로 진행되고 그로 인해 외부 감사인이 회사 경영진의 부정과 오류의 방지에 대해 책임을 질 것을 기대하기 어렵다는 현실이 그 결정적인 근거가 되고 있다.

이상돈, 부실감사론: 이론과 판례, 법문사, 2007, p. 125.

이에 반해 진실성 심사설의 근거는 현실적이라기보다는 '이론적'이며 '정책적'이다. 즉, 외부감사인은 이론상 상법상 회사 내의 감사의 보조기관으로 이해되어야 하기 때문에 감사의 임무사항에 대해 감사와 함께 공동책임을 져야 한다는 것이다.

이상돈, 부실감사론: 이론과 판례, 법문사, 2007, p. 126.

진실성감사설은 어떻게 보면 매우 이상론적인 접근이다.

감사의 임무사항에 대해서 감사와 공동책임을 진다는 주장에 대해서 동의하지만 그럼에도 주된 책임과 종된 책임은 분명히 구분되어야 한다.[4]

회사와 감사인의 책임을 일부의 판례는 80% : 20% 일부는 60% : 40%라고 주장하기도 하는데 사법부에서도 누가 어느 정도 잘못이 있는지에 대한 적정

---

4) 손성규(2018) chapter 46의 내용을 참조한다.

한 책임 구분을 하는 것은 매우 어렵다.[5]

외감법에서도 아래와 같이 귀책사유에 따라 정하는 책임비율에 따라 손해를 배상할 책임이 있다고 적고 있다.

외감법 제31조 손해배상책임

감사인이 회사 또는 제3자에게 손해를 배상할 책임이 있는 경우에 해당 회사의 이사 또는 감사(감사위원회가 설치된 경우에는 감사위원회의 위원을 말한다. 이하 이 항에서 같다)도 그 책임이 있으면 그 감사인과 해당 회사의 이사 및 감사는 연대하여 손해를 배상할 책임이 있다.

다만, 손해를 배상할 책임이 있는 자가 고의가 없는 경우에 그 자는 법원이 <u>귀책사유에 따라</u> 정하는 책임비율에 따라 손해를 배상할 책임이 있다.

외부감사인이 상법상 회사내의 '감사의 보조기관'이라는 주장은 일리가 있지만 논란의 대상일 수도 있다. 일단, 외부감사인과 회사의 관계는 계약 관계이지 고용관계가 아니므로 외부감사인을 회사 내의 감사의 보조기관으로 분류하는 것은 너무 과도하게 외부감사인의 위상을 낮춘다고도 할 수 있다. 물론, 감사의 보조자라고 분류하는 것이 외부 감사인의 책임을 더 낮출 수는 있지만 동시에 감사의 보조자라는 분류는 감사인의 위상을 낮출 위험도 동반한다. 내부 감사와 외부 감사는 대등한 관계에서 감사활동을 기업 내와 기업 외에서 수행하고 있다고 생각하면 보조자라는 표현은 적절한 표현이 아닐 수도 있지만 기업 내의 주된 감사 활동의 주체는 상법에서 감사 또는 감사위원회라고 정의하고 있으므로 감사 또는 감사위원회가 감사의 주된 활동을 수행해야 한다는 것은 부정할 수 없다.

외부감사인은 감사와는 counter part이다. 외부감사인은 외부에서 감사를 수행하고 내부 감사인은 내부에서 감사를 수행하고 있을 뿐이다.

감사와 함께 공동 책임을 져야 한다는 것이 내부감사는 안에서, 외부감사는 밖에서 감사를 수행하므로 공동 책임이라는 표현이 사용되기는 하지만 내부가 책임질 것이 있고 외부가 책임질 것이 있다. 외부 감사인은 기업에 고용

---

5) 손성규(2018) chapter 30을 참조한다.

되고 계약되어서 한시적으로 감사의 역할을 수행하는 것으로 그 역할이 제한되므로 '감사의 보조자'라는 표현이 사용된 것이다.

단, 감사의 주도적인 역할은 내부에서 맡아야 하며 종적인 역할만을 외부 감사인이 맡는다고 하면 이는 외부감사인에 대해서 감사보조자라는 표현이 과하게 잘못된 표현은 아니다.

내부 감사인들은 정보 접근에 있어서 강점이 있지만 이 chapter의 후반에 보고된 1998년의 KPMG의 통계치나 Report to the Nations on occupational fraud and abuse(2016)의 기업부정적발 출처의 통계치에서도 내부 감사인들의 부정적발이 외부감사인들의 부정적발의 건수보다 훨씬 높은 것을 볼 수 있다.

회계정보에 관한 한, 누가 주된 책임인지 아니면 누가 종된 책임인지는 회사와 감사인간의 책임 구분이기도 하지만 그 다음 차원에서는 회계법인 내에서도 어느 직급자가 책임을 져야 하는 내용인지에 대해서도 또 한 번 이슈가 있다.

또한 많이 언급되어지지는 않지만 회사내의 분식회계에 대한 屬人적인 책임에 있어서도 지금까지는 모든 제도가 회계 담당 임원이거나 대표이사에게 책임을 물었는데, 2017년 한국회계학회의 회계제도 개혁 TF의 보고서를 작성할 때도, 어떠한 경우는 회사 내의 실무자가 분식회계와 관련된 더 주도적인 역할을 수행하는데도 불구하고, 회사에 대한 조치를 할 때, 회계법인과는 달리 실무자는 조치에서 예외로 되는 것도 옳지 않다는 의견도 제안되었다. 실무자가 나서서 분식을 적극적으로 실행하는 경우도 있으니 실무자라고 책임을 묻지 않는 것은 적절하지 않다는 것이다.

반면, 이에 반대되는 주장은, 회사의 실무자들은 임원들의 분식회계 관련된 명령을 받고 이를 수행한 것에 불과한데, 우리나라 직장의 상하간의 관계에서 명령을 무시할 수도 없는 것인데 그럼에도 실무자에 대해서 조치를 하는 것은 너무 가혹하다는 주장도 제기되었다. 또한 실무자들이 나서서 분식행위를 했다기보다는 명령을 받았을 경우가 더 일반적일 것이라는 믿음이다. 단, 이는 case by case일 수 있다.

어쨌거나 현재로서는 회계법인의 실무자에 대한 조치는 취하고 있지만 피감기업의 실무자에 대한 조치는 하고 있지 않으며 이는 지속적으로 고민해야 할 이슈이다.

다음의 공무원법 개정은 우리나라와 같은 엄격한 상하명령 체계하에서 조직에서의 부하직원으로서의 한계를 느끼게 한다. 오죽하면 이러한 권한을 법에서까지 규정하고 있으니 우리 문화에서의 위계 질서라는 것이 얼마나 강한 구속력을 가지는지를 가늠하게 한다. 또한 경영현장에 있어서 인간관계가 어느 정도 실무에 영향을 미치는지도 알게 된다.

1997년의 괌 KAL 추가 사고도 조종석에서의 기장과 부기장과의 우리 식 위계 질서가 사고의 원인이 될 수 있다고 분석하는 저술도 있다(Malcolm Gladwell, Outlier: The Story of Success, 2008).

아마 이러한 상하 관계 때문에 기업 내 실무자에 대해서만은 조치를 취하지 않는 것이라고 사료된다. 그럼에도 어떠한 이유에서 회계법인의 실무자와 기업의 실무자 간에는 조치의 형평성이 없는지는 명확하지 않다. 회사에서 상사/부하의 관계가 영향을 미친다면 회계법인도 예외가 아닐 것이다.

아래와 같이 부하직원을 보호하지 않고서는 소신 있는 의사결정을 기대하기 어려운 듯한 것이 우리의 기업과 공무원 사회의 문화인 듯하다.

연합뉴스. 2018.3.2. ─────────────────────────

공무원 소신 있게 일할 여건 조성…'위법명령 불복종' 조항 신설
국가공무원법 개정안 의결…위법명령 불복종 따른 인사 불이익 금지
임용 시 불합리한 차별금지 원칙 명시…부당 인사 인사처장에 직접 신고

앞으로 공무원은 상급자의 명백히 위법한 명령에 대해서는 복종하지 않아도 된다.
또 이로 인한 인사상의 불이익도 금지된다.

위법한 명령에는 불복종할 수 있는 권한이 있음에도 불구하고 이를 제도적으로 보장해 주지 않는 한, 공무원이 신분상의 불이익을 받을 가능성이 있으므로 이러한 내용이 공론화되고 제도화되는 것이다.

회계감사인의 회계감사도 누가 주된 역할을 하는지 또는 누가 감사보조자인지에 대해서는 이견이 있다. 이는 부실감사에 대한 조치에서도 나타난다. 오래전에는 field에서의 감사실무자가 부실감사에서 더 많은 엄한 조치를 받았

고, 파트너에게는 더 가벼운 조치가 취해졌는데 수년 전부터 이러한 정책 방향이 역전되었다. 현재는 담당이사가 더 많은 책임을 지며 감사보조자는 이보다는 약한 조치를 받게 된다.

이와 관련되어서 회계감사 과정에서 각 직급자들이 어느 정도 시간을 써야 하는지는 다음의 연구가 있다.

이재은은 파트너가 5~8%, manager는 30%, associate는 50% 시간을 써야 하는 것이 일반적이라고 주장하였다.

Focusing on an engagement involving a bank client in 1997, estimated that around 40 percent of engagement hours were charged by juniors, while around 4~6 percent of total engagement hours were charged by specialists.[6)]

Auditing Teams Dynamics and Efficiency state that, on average, 4~7 per cent of engagement hours would be allocated to audit partners, 14~17 per cent to audit managers, 25~35 per cent to seniors and the remaining 57~41 percent to juniors.[7)]

대법원은 부실감사에 대한 손해배상책임을 무겁게 인정하는 판결을 통하여 그런 입법정책을 엄호하고 있다. 그러니까 법학자(이론)와 정치인(정책) 그리고 법률가(실무)들이 연합하여 자본시장에서 약자인 일반투자자들을 특별히 보호하는 프로그램, 즉 '사회국가적 법제화'를 추진하고 있다고 말할 수 있다.
이상돈, 부실감사론: 이론과 판례, 법문사, 2007, p. 136.

일반투자자들을 자본시장에서의 약자로 분류하는 것이 적합한 것인지에 대한 의문도 제기될 수 있다. 그러나 자본시상에서의 약자로 분류되는 일반투자자를 보호하기 위하여 공인회계사들이 속죄양이 될 수는 없다. 회계정보의 이용자들이 얼마나 sophisticated 투자자인지는 투자자의 여러 자질에 의해서

---

6) Ellifsen, Knechel, and Wallage(2001)

7) Livatino, M, A. Pecchiari, and A. Pogliani(2011)

달라진다. 회계적인 지식을 많이 가지고 있는 투자자들일 경우는 규제기관에서 보호해 줄 필요가 없는데 일반적인 투자자를 구분하여 일부 투자자는 보호하고 일부 투자자는 보호하지 않는 정책을 별도로 적용할 수는 없다.

강자-약자 구도의 잘못된 설정
'사회적 약자와 강자'가 분화
일반 투자자가 자본시장에서 대결을 펼쳐야 하는 강자는 외부감사인이라기보다는 경제관료, 거대 금융회사, 기관투자자, 대기업(의 경영진) 등이라고 보아야 하기 때문이다. 그러므로 부실감사책임의 강화는 사회적 약자인 <u>일반투자자의 보호라는 사회국가적 법제화의 깃발 아래서 추진되는 것이기는 하나</u> 파트너 선택을 잘못한 채 권력적으로 감행되는 것이라고 할 수 있다.

이상돈, 부실감사론: 이론과 판례, 법문사, 2007, p. 136.

일반적으로 기업을 둘러싸고 있는 이해관계자들의 관계에서 이해 상충이 발생하는 경우는 다음의 경우이다. 최근에 와서 진보 성향의 정권이 들어서면서 근로자 이사제 등의 노동조합에 기반한 의견이 많이 개진되고 있는데, 노사간의 갈등이 하나이다. 특히나 유럽과 같은 사회주의적 자본주의에서는 노동조합의 의견이 매우 강한 것으로 알려져 있다. 또 하나의 이해상충은 주주와 채권자간의 이해 상충이다. 기업에서 얻을 수 있는 pie는 일정한데 누가 이를 가져갈지의 이슈이며 이에는 주주와 채권자도 포함된다. 미국에서의 기업과 관련된 이해상충에는 이 건이 가장 심각할 수 있다. 우리나라에서 가장 주된 이슈가 되는 이해 상충은 최대주주와 소액주주간의 이해상충이다. 우리의 현실에서는 대부분의 최대주주가 경영에 관여하고 있으니 대부분의 기업에서는 일반 투자자와 대기업의 경영진(아마도 최대주주)과의 이해상충으로도 대신될 수 있다.

최근에 들어 노동이사제는 서울시 산하의 공공기관에만 도입된 것이 아니고 민간기업에도 도입되는 추세이다.

매일경제신문. 2018.7.7.

금타에 대기업 첫 노동이사··· 재계, 우려 섞인 시선

대기업 상장회사 가운데 처음으로 노동이사제를 도입한 곳이 나왔다. 문재인 정부 100대 공약에 노동이사제가 포함돼 있는 가운데 다른 민간기업으로 확산될지가 관심이다. 재계에서는 노동이사가 회사 발전보다는 근로자 또는 특정 이해관계자의 주장만 대변해 의사결정을 지연시키고 경영 기밀을 유출하는 등의 부작용이 나올 수 있다며 우려하는 분위기다.

이날 주총에서 큰 관심을 모은 것은 사외이사로 신규 선임된 최홍엽 조선대 교수다. 최교수는 채권단인 KDB산업은행이 추천한 사외이사다. 산업은행은 지난 4월 금호타이어를 더블스타에 매각할 때 금호타이어 노동조합에 노조를 대변하는 인물을 사외이사로 추천하겠다고 약속했다.

이에 따라 금호타이어 노조가 산업은행에 두 명의 후보 명단을 전달했고, 이 가운데 최교수를 문성현 노사정위원회 위원장이 산업은행에 추천해 최 교수가 사외이사로 뽑힌 것이다.

현재 노동이사제를 시행하는 것은 서울시가 유일하다. 서울시는 2016년 9월 조례를 제정해 산하 공공기관에서 노동이사제(근로이사제)를 시행 중이다. 노동자가 100명 이상인 공공기관을 대상으로 노동자 대표 1~2명이 이사회에 직접 참여하도록 했다. 의무시행 대상은 서울연구원, 교통공사, 농수산식품공사 등 16개 기관에 달한다. 경기도도 올 하반기 시행을 목표로 산하 공공기관에 노동이사제 도입을 적극 검토하고 있다.

노동이사제가 활발하게 이슈가 되는 것은 국책은행과 금융공기업이다. 지난해 12월 금융행정혁신위원회가 금융위원회에 노동이사제 도입을 권고했으면, 이를 주도했던 윤석헌 서울대 경영대 객원교수가 금융감독원장에 임명되며 논의가 다시 확산되는 분위기다.

노동이사제 도입을 강제하기 위해서는 관련 법규정 개정이 필요하지만 주주만 동의한다면 큰 문제는 없다. 국민연금이 노동이사세에 대해 적극적인 목소리를 낸다면 의외로 확산 속도가 빠를 수도 있다.

이러한 노동이사제 도입에 대한 조짐은 이미 2016년 7월 김종인의원이 발의한 상법 개정안에 다음과 같이 그 내용이 담겨져 있다.

3. 우리사주조합 및 소액주주가 추천한 후보자 의무 선임

우리사주조합 및 소액주주들이 사외이사 각 1인 또는 복수의 후보자를 사외이사후보추천위원회에 추천할 수 있게 하며, 우리사주조합 및 소액주주들이 추천한 후보자 각 1인은 반드시 사외이사로 선임하여야 한다.

매일경제신문. 2018.10.30.
노동이사제 첫 발… "근로자참관제 <노동자 대표가 이사회 배석> 시범 실시"

문재인 정부 국정과제 중 하나인 공공기관 노동이사제 도입을 위한 첫 단계로 근로자 이사회 참관제가 시범운용된다. 문재인 정부 출범 두 달 만인 지난해 7월 국정기획자문위원회가 공공기관 노동이사제 도입 방안을 천명한 이후 1년 3개월 만에 구체적인 움직임이 시작된 것이다. 하지만 문재인 정부 들어 공공기관은 물론이고 사기업에도 친노동 성향 이사회에 대거 포진해왔다는 점에서 노동이사제 도입을 두고 찬반 논란이 더욱 거세질 것으로 예상된다.

김동연 경제부총리 겸 기획재정부 장관은 29일 국회 기획재정위원회의 기재부 대상 국정감사에서 "(공공기관 노동이사제 도입을 위한) 관련 법 개정안이 발의돼 심의를 기다리고 있으며, 법 개정 전에 근로자 이사회 참관제를 시범 도입하는 방안을 이달 중 공공기관운영위원회에서 논의할 예정"이라고 밝혔다. 근로자 대표가 이사회에서 발언하고 의결권을 행사하는 노동이사제를 올해 말까지 국정과제로 도입하게 돼 있음에도 공공부문에서 추진이 미진하다는 김경협 더불어민주당 의원 지적에 대한 답변이었다.

국정기획자문위원회는 지난해 7월 공공기관 비상임이사에 근로자 대표를 포함하는 내용을 골자로 한 공공기관 노동이사제 도입 방안을 국정과제로 추가한다고 발표한 바 있다. 공공기관 운영 방향에 노동자 목소리를 반영하고 인권, 안전, 양질의 일자리 등 공공기관의 사회적 가치 실현을 유도하겠다는 취지다. 노동이사제는 2016년 서울시가 100명 이상 산하 투자 출연기관에 근로자 이사를 의무화하는 조례를 제정하면서 도입한 바 있다. 문재인 정부 출범 이후 중국 더블스타에 매각된 금호타이어가 지난해 7월 노동법학자인 최홍엽 조선대 교수를 사외이사로 선임하는 등 민간기업에서도 도입 사례가 나왔지만 근로자 대표를 이사회 구성원으로 선임한 사례는 아니다. 하지만 최근 들어 경기도 등 일부 지방자치단체가 노동이사제 도입을 위한 조례를 만드는 노동이사제 도입이 가시화되고 있다. 올해 들어 국토교통부 산하 공공기관인 주택도시보증공사가 노동이사제 도입 전 단계인 근로자 참관제를 시행하기도 했다.

　정부가 이달 중 공공기관운영위원회 논의를 거쳐 모든 정부 산하 공공기관의 근로자 참관제 시행으로 노동이사제 도입 첫발을 떼겠다고 공언하면서 노동이사제 도입 적절성을 둘러싼 논란이 거세질 전망이다. 전문가들은 근로자 대표의 이사회 참여는 감사 등 제한적인 경우로 한정해야 하며, 경영참여는 이해 상충 문제를 야기할 수 있다고 경고한다. 성태윤 연세대 교수는 "노동이사제가 있는 독일도 경영의사결정이라기 보다는 감사위원회에 참여하는 형태"라며 "공공기관 내부 이해관계자가 경영에 참여하면 정부, 국민과 이해 상충이 발생할 수 있다"고 지적했다.

　투자실패를 전보 받는 법적 안전망이 촘촘해질수록, 일반인들은 투자를 함에 있어 다양한 재무정보를 수집하고, 자신의 위험 부담 아래 그런 정보를 분석하고, 심사숙고한 끝에 특정 기업에 대한 투자를 결정하는 합리적 행동을 그만큼 더 게을리하게 될 것이기 때문이다. 이런 도덕적 해이는 더 많은 투자실패를 낳고, 더 많은 소송을 유발하는 악순환을 빠른 속도로 촉진시키는 요소가 될 것이다.

이상돈, 부실감사론: 이론과 판례, 법문사, 2007, p. 142.

　소송이 많다는 것이 순기능이 있기도 하지만 미국에 변호사 수가 국민 수 대비 많은 것을 빗대어서 변호사 공화국이라는 비판을 하기도 한다. 濫訴의 위험을 지적한 것이다. 제도권에서 보호를 받을수록 본인 자신을 보호하려는 노력을 게을리 할 것이라는 것은 인지상정이다.

　저축은행 사태가 발생하였을 때, 저축은행에 예금했던 많은 예금자들은 저축은행을 포함한 모든 예금이 5,000만원까지만 예금자보험법에 의해서 예금보험공사로부터 보호된다는 것을 잘 알고 있있지만 우리나라 특유의 떼법에 의해서 그 이상의 금액에 대해서 정부가 책임을 지도록 요구하게 된다.

　사회 보호망은 법의 테두리 안에도 존재하여야 한다. 경제 활동과 관련된 모든 의사결정은 결국은 본인들의 책임하에 수행되어야 한다.

　위의 주장이 과도하게 사회적 약자인 일반투자자들을 보호하려는 일련의 정책들이 바람직하지 않다는 주장을 하고 있다. 즉, 보호라는 것이 항상 순기능만 있는 것이 아니라는 주장이다. 근본적으로 투자의사결정은 본인의 위험 부담 하에 진행되는 것이다. risk–return의 trade–off에서 risk 없이 return만을 보장받으려 하는 것도 옳지 않다.

과도하게 투자자가 보호될 때, 투자자는 합리적인 행동을 하지 않고 보호막에 본인을 맡기려 할 것인데 이러한 것이 사회 전체적으로 optimal하지 않을 수 있다.

그리고 이러한 투자자들을 보호하려는 정책이 다른 피해자를 초래할 수도 있다. 저축은행에 5,000만원 이상의 예금보호자를 위해서 정부가 개입하고 공적 자금이 투입된다면 다른 피해자는 침묵하고 있는 대다수의 국민이 될 수도 있다.

모든 사회적인 현상에서는 권리를 행사하는 자에게 책임을 물어야 균형(equilibrium)을 찾아간다고도 할 수 있다. 권리만 행사하고 의무를 지지 않으려고 한다면 무책임한 경영 행태가 계속 반복될 수 있다.

이러한 점에서 2017년 개정된 외감법에서는 감사위원들에게까지도 해임권고 등의 행정 제재와 과징금을 개인 차원에서 부과하는 정책은 책임이 있는 모든 직에는 이에 상응하는 책임을 묻겠다는 것이다. 회계정보의 공시일 경우에 이렇게 되면 기업 내에서 공시의 주체가 되는 CFO 등의 재무 담당 임원과 또한 이러한 회계정보에 대한 monitoring의 책임이 있는 감사위원 쌍방 모두에게 거의 동일한 책임을 묻게 되는 것이다. 양벌규정은 아니지만 양벌규정과 같은 성격이라고 할 수 있다. 이제까지 감사위원들은 민사에 의해서 손해배상 소송의 대상이 될 수는 있지만 행정 제재의 대상은 아니었다.

즉, 회계정보를 공시하는 주체인 CFO와 이러한 재무제표를 인증하는 감사위원들에게까지도 책임을 묻는 것이다. 즉, 실행 부서와 이를 기업 내에서 모닝터링/감시/감독하는 부서에게 모두 책임을 지우겠다는 것이다.

부실감사를 할 수밖에 없게 만드는 제도의 개선은 부실감사를 제재하는 법, 부실감사의 책임을 상쇄시키는 처벌의 법을 만드는 일보다 더 중요하다.

이상돈, 부실감사론: 이론과 판례, 법문사, 2007, p. 156.

이 내용은 원천, 또는 원인행위에 대한 근본적인 조치를 언급하는 것이다.

처벌에는 한계가 있을 수밖에 없다. 그리고 행정 제재도 인적, 재정적으로 한계가 있을 수밖에 없다. 예를 들어 금융감독원의 감리라고 하는 제도가 있지만 모든 기업이 감리의 대상이 되는 cycle은 평균 30년에 한 번이라고 하니 감리에 의존해서 회계정보의 투명성을 확보하겠다는 생각은 비현실적이다. 따라서 사후적인 조치는 한계가 있을 수밖에 없으며 감독기관은 오래전부터 사후조치보다는 사전 예방이 최선이라는 정책 방향을 제시하였다. 단, 지속적으로 회계 사기 사건이 발생하는 현실에서 언제까지나 사전 예방만을 주장할 수도 없는 것이다. 이러한 차원에서 2017년 외감법의 개정은 큰 의의를 갖는다.

회계 관련된 법률은 상법, 외감법, 공인회계사법, 자본시장법, 금융회사지배구조법 등이 있는데 근본적으로 원인행위를 치유할 수 있는 system을 갖추는 것이 중요하다.

공인회계사도 실제로는 '공정감사'를 하였지만 외부감사제도의 한계(예: 표본조사)로 인해 진실 그 자체와 부합하지 않는 감사보고서를 작성, 제출할 수도 있다. 또한 자본시장에서 투자정보의 충분하고도 공평한 분배는 다양한 시장참여자들이 함께 짊어져야 할 부담이다. 그런 점에서 위와 같이 추상적인 진실의무의 위반을 형사처벌하는 것은 형벌권의 과잉행사가 된다.

이상돈, 부실감사론: 이론과 판례, 법문사, 2007, p. 221.

공평한 분배에 대해서는 관련된 시장참여자들이 본인의 책임에 대한 응분의 책임을 지는 것이 합리적인 것이다. 또한 모든 분식 건에 대해서 감사인/공인회계사에게만 책임을 묻는 것은 공평하지 않다는 주장이다.

현행 법 체제가 공인회계사에게 부실감사책임을 과중하게 부과하고 있다는 점에 대한 반성에서 출발하여, 어떻게 하면 부실감사책임이 적정책임이 될 수 있는가 하는 인식관점에서 진행된다.

이상돈, 부실감사론: 이론과 판례, 법문사, 2007, p. 243.

회계판단의 법적 의미는 마치 경영판단과 같다. 우리나라 법원은 이런 회계판
단차이의 개념을 분명하게 인식하고 또한 인정하는 것은 아니다.

이상돈, 부실감사론: 이론과 판례, 법문사, 2007, p. 250.

회계판단이 경영판단과 같다는 내용에 대해서 많은 경제활동 인구가 동
의하지 않을 것이다. 회계판단은 원칙에 의해서 잘 잘못이 명확하게 나누어지
는 것인데 이에 대해서 무슨 경영판단과 같다는 주장을 하는지에 대한 의견을
제시할 수 있을 것이다.

회계판단의 법적 의미가 마치 경영 판단과 같다는 것은 2018년 봄, 경제
계와 언론지상을 뜨겁게 달구었던 삼성바이오로직스의 분식회계논란에서도
볼 수 있다. 동일한 회계처리 건에 대해서 여러 전문가들이 각기 다른 의견을
표명하고 있다. 중대한 과실로부터 분식회계가 아니라는 다양한 의견이 심층
적인 고민 후에 내려진 상이한 결과이다. 이러한 것이 회계이며 전문가의 입
장에서 전혀 이상할 것이 없다. 이렇게 전문가들 사이에서도 다양한 의견이
존재하지 않는다면 정부의 일부 행정체계를 금융위, 증선위와 같은 회의체로
가져갈 이유가 없다. 즉, 회의체 의사결정 행정기구라는 것은 그 태동부터가
다양하고 상이한 의견이 존재할 수 있다는 것을 가정한다.

손성규(2018) chapter 60에서는 경영판단에 대한 사법부의 판단에 대해서
기술하고 있다. 회계 판단의 차이라고 하면 회계기준을 어긴 것이 아니고 회
계에서 주관적이고 임의적인 판단을 수행할 때 이는 법의 준수를 따질 대상이
아니다. 단지 공격적인(aggressive accounting) 회계를 수행하고 있는지의 이슈
이다. 경영판단에 대해서 사법부가 과도하게 관여하여 이를 재단하려고 하는
것이 바람직하지 않은 것과 같이 기업이 적법한 범주에서 회계에 대한 주관적
인 판단을 수행한 것까지도 사법부의 판단의 대상일 수 없다. 물론, 법적인 다
툼이 있어서 사법부의 판단의 대상이 필연적으로 되어야 한다면 이는 그럴 수
밖에 없지만 반드시 사법부가 전문성에 기초한 공평한 판단을 수행할 수 있다
는 것도 쉽지 않은 일이다. 삼성바이오와 같은 내용이 소송의 대상이 된다고
하면 금감원과 금융위가 1년반에 걸쳐서도 분식 여부에 논란을 거친 문제를,
그러한 행정 능력을 갖추지 못하는 법원이 해결하여야 한다. 법원이 얼마나
정치한 작업과 고민 끝에 결론을 도출할지 의문이다.

공격적인 회계가 범법의 수준에 이른다면 이는 회계사기로 제재의 대상이 되어야 함은 물론이다. 단, 어떠한 회계처리 방법이 공격적인 회계의 영역인지 아니면 범법의 영역인지에 대해서는 그 경계에 항상 이견 있다. 그래서 행정기관의 분식회계에 대한 판단도 때로는 행정소송의 대상이 된다.

단, 행정소송으로 진행된다고 해도 사법부가 행정부보다 더 적절한 판단을 수행하리라는 보장은 없지만 국가의 system에 의해서 행정소송이라는 것이 존재하는 것이므로 제소가 된다면 당연히 그렇게 진행되어야 한다.

특히나 소송 건이 분식회계 여부에 대한 판단을 전제로 하고 또한 이러한 판단이 이미 행정 판단의 대상이 아니었다고 하면 법정에서 분식회계 여부에 대한 판단이 수행되어야 하는데 이는 매우 전문적인 판단의 대상이며 증권선물위원회가 수행하는 판단도 증권선물위원회의 자문위원회인 감리위원회의 자문과 여러 전문가들의 의견이 모아진 행정 조치로 매우 복잡한 의사결정과정인데 법정에서 이러한 분식회계 여부가 판단되어야 한다면 이 또한 간단치 않은 복잡한 의사결정이다. 물론, 분식 건 자체가 소송 내용이 아니라고 하면 이미 감독기관에서 소송 건이 분식회계라는 유권해석을 받았다고 하면 분식을 기정 사실로 두고 그 다음의 의사결정을 하면 되는 것이다.

또한 우리가 채택한 국제회계기준 자체는 원칙중심(principle based accounting) 회계라서 기업이 원칙 적용에 있어서의 임의성을 갖는다.

대표 공인회계사는 부실감사책임을 지지 않는다. 외감법 제17조 제1항 단서나 제5항에서도 "감사에 참여한" 공인회계사라고…
> 이상돈, 부실감사론: 이론과 판례, 법문사, 2007, p. 253.

현재도 감사에 참여한 공인회계사에 대한 책임을 묻고 있으며 대표 공인회계사가 이느 정도 분식회계에 대해서 책임을 져야 하는지에 대해서는 논란의 대상이다.

2007년 당시의 2007년 3월에 개정된 외감법의 제17조(손해배상책임) 제5항의 내용은 다음과 같다.

① 감사인이 그 임무를 게을리하여 회사에 대하여 손해를 발생하게 한 때에는 그 감사인은 회사에 대하여 손해를 배상할 책임이 있다. 이 경우 감사반인 감사인의 경우에는 당해 회사에 대한 <u>감사에 참여한</u> 공인회계사가 연대하여 손해를 배상할 책임을 진다.

⑤ 제1항 내지 제3항의 경우 감사인 또는 <u>감사에 참여한</u> 공인회계사가 그 임무를 게을리하지 아니하였음을 증명하는 경우에는 손해배상책임을 지지 아니한다.

2017년에 개정한 외감법의 손해배상책임은 제31조에서 찾을 수 있는데 그 내용은 다음과 같다.

여기에서도 감사에 참여한 공인회계사로 책임을 국한하고 있다.

③ 제1항 또는 제2항에 해당하는 감사인이 감사반인 경우에는 해당 회사에 대한 <u>감사에 참여한</u> 공인회계사가 연대하여 손해를 배상할 책임을 진다.

⑦ 감사인 또는 감사에 참여한 공인회계사가 제1항부터 제3항까지의 규정에 따른 손해배상책임을 면하기 위하여는 그 임무를 게을리하지 아니하였음을 증명하여야 한다. 다만, 다음 각 호의 어느 하나에 해당하는 자가 감사인 또는 감사에 참여한 공인회계사에 대하여 손해배상 청구의 소를 제기하는 경우에는 그 자가 감사인 또는 <u>감사에 참여한</u> 공인회계사가 임무를 게을리하였음을 증명하여야 한다.

권재열(2017)은 외감법에 대표이사에 대해서 언급이 없으며 대표할 이사라는 표현은 있으나 이는 engagement 파트너를 의미한다고 해석될 수도 있고 또한 대표이사의 권한이 정의되어 있지 않다고 주장한다.

감사에 참여한 공인회계사에 대해서 책임을 묻지만 외감법은 별도로 대표 공인회계사에 대해서도 책임을 묻게 된다.

chapter 13에도 기술되어 있듯이 법무법인의 의견서는 대표이사 명의로 표명되지 않는데, 회계법인의 감사보고서는 대표이사 명의로 보고된다. 또한 외감법에 의해서 감사의 주체는 회계법인이나 감사반으로 되어 있기 때문에 회계법인 명의의 보고서에 누군가가 서명하여야 한다고 할 때, 회계법인이나 감사반이 감사의 주체이므로 법인이 감사인인 경우에는 그 법인을 대표하는 대표이사가 서명해야 한다는 논리이다.

그러나 이슈는 이렇게 회계법인을 대표하는 대표이사와 감사에 참여한 공인회계사가 동일인이 아니라는 데 있다.

이사/감사/외부감사인간의 연대책임/비례책임의 이슈도 이러한 주제와 무관하지 않다. 비례책임의 가장 주된 핵심은 관련되었다고 연대 책임에 의해서 가혹하게 책임을 묻지 말고, 책임이 있고 직접적으로 관련된 이해관계자가 어떠한 책임이 있는지를 파악하고 책임질 부분에 대해서만 책임을 묻자는 것이 비례책임이다.

2017년 외감법이 개정될 때, 대표이사에게 책임을 묻는 제도의 도입에 대해서 매우 많은 논란이 있었다.

2017년 외감법 도입 이전에도 이미 대표이사에게 책임을 물을 수는 있었지만 이렇게 조치가 진행된 적이 없었다. 왜냐하면 대표이사라는 직책이 법인 전체를 총괄하는 상징적인 의미를 갖는 것이지 위에도 기술되었듯이 "실질적으로 감사에 참여"하지는 않는다. 국내의 최대 회계법인인 삼일회계법인의 경우, 2,000여 명의 공인회계사에 3,000여 명의 직원을 대표이사가 모두 관리해야 하는 엄청난 규모의 서비스업이다. 대표이사가 전체 회계법인은 경영·운영·관리하여야 하며 감사업무에만 집중할 수 없는 구도이다.

책임의 이슈는 회계에만 국한된 것은 아니다. 간혹 휴전선의 철책선이 북한의 귀순 병사에 의해서 뚫리는 일이 발생한다. 어느 선까지 책임을 져야 하는지가 항상 이슈가 된다. 도의적인 책임까지 생각한다면 매우 윗선에까지도 책임이 있지만 실질적인 책임이라고 하면 분대장/소대장 정도가 아닐까 한다.

단, 통제의 책임의 장점은 이렇게 윗선까지 책임을 묻게 될 때, 회계법인이 경각심을 가지고 audit quality에 신경을 쓸 수 있다는 것이다. 통제의 책임을 묻는 것이다.

SOX 이후에 도입된 CEO의 재무제표에 대한 certification도 동일하다. IFRS하에서는 일부 회사의 재무제표는 주석만 수백쪽에 이르는 경우가 있다. CEO가 회계 전문가가 아닌 이상 또한 수 많은 업무에 대해서 책임을 져야 하는 CEO가 이 모든 주석사항을 상세히 검토하고 certify할 수는 없다. 단, 분식이 포함된다면 CFO나 CEO가 '통제의 책임'에 대한 조치를 받았으므로 기업의 입장에서는 기관장이 회계사기에 대한 책임을 지는데, 감사인의 기관장도 책임을 지는 것이 이상할 것이 없다고 할 수도 있다.

공인회계사법 제34조(업무의 집행 방법) 제2항 회계법인이 재무제표에 대하여 감사 또는 증명을 하는 경우에는 제26조 제4항의 규정에 의한 대표이사가 당해 문서에 회계법인 명의를 표시하고 기명 날인해야 한다.
첫째, 법무법인의 경우에 대표 변호사가 별도로 있지만 실제로 의견서 형성이나 소송에 참여하지 않는 경우에는 서명 날인을 하지 않는 법현실과 대조된다.
둘째, 회계법인이 사실상 독립채산제로 운영되고, 구성원 상호간에 지휘 감독체계가 없고, 대표 공인회계사는 구성원인 공인회계사의 감사를 지휘 감독할 권한이 있거나 체계가 확립되어 있는 것이 아니므로 기명날인을 이유로 부실감사책임을 대표공인회계사에게 물을 수 없다.
그렇지 않다면(적어도 부실감사 손해배상책임과 관련해서는) 무과실책임을 부과하는 결과가 되기 때문이다. 따라서 외감법에 의한 손해배상책임만이 아니라 "참여한"이라는 문언을 갖고 있지 않은 자본시장법(증권거래법 제14조 제1항 제2호, 제186조의5)에 의한 손해배상책임에서도 대표 공인회계사는 기명날인만으로 손해배상책임을 져서는 안 된다.
이상돈, 부실감사론: 이론과 판례, 법문사, 2007, p. 254.

회계법인이 사실상 독립채산제로 운영되고, 구성원 상호간에 지휘 감독체계가 없다는 것은 법인마다 상황이 다르다.
김영규와 김범준(2018)은 미국에서의 회계법인의 형태가 파트너십에서 조금 더 기업형태로 발전한다고 보고하였다.[8]
이 연구에서는 한국을 대표한다고 하는 삼일회계법인의 사례를 들고 있는데 그 내용은 다음과 같다. 감사활동은 파트너 중심으로 진행하지만 그럼에도 법인 전체적으로 one firm의 형태를 갖추어 가고, 체계를 갖고 간다. 삼일

---

8) 김영규, 김범준. 2018.3.9. 조직론 차원에서 본 회계법인의 지배구조 비교. 한국감사인연합회. 제2회 감사인 연합회

회계법인이 국내 최대 대형 회계법인이므로 삼일의 지배구조만을 대상으로 기술한다.

1. 대표이사는 사원총회(파트너 총회)에서 선임
2. 법인 내 주요 의사결정은 CEO가 주도하는 경영위원회가 수행
3. CEO의 의사결정을 감독하기 위한 감독위원회가 존재하며, 파트너들의 투표로 선임된 감독위원회는 경영활동 전반에 대한 감독업무를 수행

굳이 이러한 지배구조를 회사의 기업지배구조와 일대일로 mapping해서 비교한다면 사원총회는 주주총회에 해당하며, 경영위원회는 이사회, 감독위원회는 감사위원회에 해당한다고도 할 수 있어 회계법인의 권한을 외관적으로는 3권 분립 식으로 분산해 둔 모습이다.

단, 삼일은 가장 체계화된 초대형 회계법인으로 많은 중소 회계법인은 이러한 체계를 갖추기가 어려울 것이며 법인으로서의 통제가 삼일에 비해서는 많이 느슨할 것으로 추정된다. 실질적으로 중견회계법인이라고 해도 감사반이 연합해 있는 형태로 각자 도생하고 있다고 볼 수 있다.

과거에 삼일회계법인에는 감사라는 직이 있었으나 현재로는 감사직이 공석이다. 일부 회계법인에는 감사직을 맡는 회계사가 있기도 하다.

상법에 1962년부터 도입된 감사라는 제도는 매우 중요한 제도이므로 회계법인에서의 감사의 지위와 위치에 대해서 기술한다.

회계법인의 감사는 법률상 필수 기관이 아니고 회계법인 정관이 정하는 바에 따라 둘 수 있다. 우선, 공인회계사법은 회계법인에 관하여 의무사항을 정하고 있는데, 회계법인의 이사, 대표이사는 반드시 두도록 정하고 있는 반면 감사에 관하여는 정한 바가 없다(공인회계사법 제23조 및 제26조).

그리고 동법 제40조 제2항에 의하면 회계법인에 관하여 이 법에 규정되지 아니한 사항은 상법 중 유한회사에 관한 규정을 준용한다고 규정하고 있으므로 상법의 유한회사편을 살펴보면, 유한회사는 정관에 의하여 1인 또는 수인의 감사를 둘 수 있다고 하여(상법 제568조) 유한회사의 감사를 임의기관으로 정하고 있다.

따라서 회계법인은 정관의 정함에 따라 감사를 임의적으로 둘 수 있고,

법률상 강제적으로 설치의무를 부담한다고 보기 어렵다.

다만, 한공회가 배포한 회계법인 표준 정관(예시)에는 감사를 둘 수 있다고 기재되어 있고 실무상 많은 수의 회계법인이 감사를 두고 있는 것으로 알고 있다.

수년 전 한국공인회계사회 회장 선거시, 일부의 회계법인에서는 후보자의 친인척이 과도하게 선거에 조직적으로 개입하게 되어서 한 특정 회계법인의 감사는 후보의 친인척이라고 하여도 조직적으로 선거에 개입하는 것은 바람직하지 않다고 경고를 하였다고 한다.

그럼에도 위에서도 기술하였듯이 회계법인의 감사는 임의기관이므로 주식회사에서 감사가 가지고 있는 법적 지위나 권한을 가지고 있지 않다고 보는 것이 맞고, 그렇기 때문에 회계법인에서의 자체적인 monitoring 기능에 대해서 감독기관은 더 많은 관심을 보여야 한다. 회계법인이 주식회사가 아니므로 주주의 이해가 훼손되는 것을 감독기관이 개입할 필요는 없지만 그럼에도 회계법인이 수행하는 업무가 공공성을 가지므로 회계법인의 자체적인 감독 역할에 대해서는 공적인 영역에 속한다고 할 수 있다.

또한 호주의 경우는 회계법인 차원에서 transparancy report를 보고한다고 한다. 이를 기업에 대비해 본다면 현재 금융권에는 강제되지만 일반 기업에는 자발적으로 기업이 보고하는 기업지배구조보고서와 성격이 유사한 것이다.

호주의 tranparancy 보고서와 유사하게 회계법인에서는 투명성 보고서 제도 채택을 적극 권장하고 있다.

사업보고서 내용 중 감사인의 감사품질 관리 등 주요 경영사항을 별도로 공시, 회계법인 스스로 감사품질을 높이고 경영을 보다 투명하게 하려는 노력을 배가 하도록 금융위원회 차원에서 구상 중이다.

그러나 이러한 제도가 있어도 회계법인이 이러한 제도에 얼마나 순응해서 투명성 보고서에 전향적으로 대응하는지는 의문이다. 기업지배보고서의 경우도 자발적인 참여를 감독기관이 독려하였지만 2017년에 2,000여 상장기업 중, 70개 기업만이 이를 채택하게 되어서 정부가 자산 규모 2조원이 넘는 기업에 대해서는 이를 강제하게 되는 수순을 밟고 있다.

기업도 지배구조가 투명해야 하지만 회계법인도 지배구조가 투명해야 한다. 네덜란드의 회계법인에는 일반 기업에 사외이사가 선임되듯이 회계법인에도 사외이사를 선임하여서 회계법인에 대한 감시역할을 맡긴다고 한다. 예를 들어, 증권업협회에서 공익이사를 선임하여 협회의 공적인 업무 수행에 문제가 없는지를 점검하는 것과 같은 맥락으로 이해할 수 있다.

이상돈이 위에 기술한 대로, 회계법인의 대표이사의 법적 지위에 대해서는 그 해석이 애매모호할 수 있다. 이는 대표이사라고 하는 직책은 행정체계에서의 기관장이며 인사권과 재정권한은 있지만 감사에 참여하고 감사의견을 결정하는 데 있어서는 담당이사가 고유권한이 있다고 할 수 있다. 단, 감사의 주체가 법인이므로 법인의 대표자가 관여하게 되므로 누구 혼자만의 권한이라고 판단하기도 어렵다.

이러한 파트너 이사의 고유권한에 대해서 회계법인이 법인 차원에서 어느 정도 관여할 수 있는지는 매우 미묘한 이슈이며 각 회계법인마다 사정이 다를 듯하다. 외감법에서 회계감사의 주체를 파트너 이사로 정의한 것이 아니고 회계법인과 감사반으로 정의하고 있으므로 감사는 파트너 이사 중심으로 진행되기는 하여도 법에서 규정한 감사의 주체가 회계법인이므로 회계법인이 법인 차원에서 개입하는 것은 당연한 것이며 대표이사는 회계법인의 대표로서 개입할 여지가 있고 당연히 권한도 있다. 회계법인이 개입한다는 것은 회계법인 차원에서 조직적으로 시스템이 작동할 수 있음을 의미한다.

물론, 심리실의 최종적인 심리과정이 있고 심리과정도 대표이사의 management의 통제하에 있다고 하면 대표이사가 직·간접적으로 영향을 미친다고도 할 수 있다. 즉, 대표이사가 부실감사에 책임이 있다면 이는 통제의 책임일 것이다.

회계법인에 감사직이 설치되어 있건 없건간에 누군가가 대표이사에 대해서 모니터링 역할을 수행하는 것은 중요하다. 권한에 대해서는 항상 check and balance의 차원에서 monitoring이 필수적이다.

감사의견을 표명하기 이선에 심리실이 개입하여야 하며 이때 당연히 management도 개입할 수 있다. 단, 심리실은 management의 한팀이지만 이들에 대해서 독립적인 위치에서 대표이사가 전횡을 할 수 없도록 하는 내부적인 견제 장치의 필요성은 항시 존재한다.

대우조선해양의 분식회계 때, 안진이 회계법인 차원에서 1년간 신규 감사가 금지된 이유도 회계법인 차원에서 조직적으로 관여하였다는 사유에서였

는데, 사법부의 판단은 법인 차원의 조직적인 개입은 없었다는 판단을 하게 된다.[9)]

이제까지 회계법인이 영업정지로 인해서 폐업했던 경우가 청운, 산동, 화인회계법인인데, 화인 회계법인의 경우 분식회계에 있어서 법인 차원에서의 조직적인 개입 정황이 감독기관에 의해서 포착된 것이 영영정지 조치의 사유였으며 결국 세 회계 법인 모두, 청산의 과정으로 가게 된다.

위에서 회계법인과 법무법인 간에 보고서의 형태에 차이가 있다는 점도 흥미롭다. 법무법인의 경우, 대표 변호사가 서명을 하지 않으므로 법무법인의 의견서에 포함된 내용에 대해서도 법적으로 책임질 일이 없을 것이며 따라서 대표 변호사는 업무 관여의 성격보다는 management의 성격이 더 강하다고도 할 수 있다.

또는 법적인 용역은 경제활동 인구 전체에 대해서 용역을 수행하는 공익성을 띠는 회계법인의 회계감사라고 하는 인증과는 달리 공익성을 띠는 업무가 아니므로 형벌에 의한 제재를 받는 경우가 많지 않을 듯하다.

회계법인에서 대표이사의 법적 책임에 대한 이슈가 최근에 와서 공론화되자 실세 대표이사는 공동 '바지' 대표이사를 세워서 실제로 감사보고서에 대한 서명을 하게끔 할 수도 있다는 비판도 있었다.

조합의 형태인 김앤장을 제외한 대부분의 대형 법무법인의 법적인 형태가 유한회사이고 회계법인은 LLP(제한적 유한회사, limited liability partnership)의 형태라서 유한회사의 형태인데, 어떠한 이유에서 회계법인의 감사보고서는 대표이사가 서명하고 법무법인의 의견서는 대표 변호사의 서명 없이 각자 업무를 맡았던 변호사가 서명하는지에 대한 명확한 답은 없다.

과거에는 감사보고서에 대표이사가 서명하지 않고 담당 파트너가 서명을 했던 적도 있고, 현재 미국에서도 담당 파트너가 서명하는 건에 대한 이슈가 있으며 이 제도가 2017년부터 변경되어 미국에서는 2018년에 발표되는 감사보고서에는 파트너가 서명하게 된다. 우리나라는 그 정도는 아니지만 감사보고서에 "담당 파트너는 ×××이다"라고 명시할 수 있게 된다. 아마도 파트너가 서명하게 되는 방향으로 움직이는 과정 중에 있는 것일 수도 있다.

---

9) chapter 32를 참고한다.

이러한 제도는 서명하는 파트너에게는 더 큰 위험에 노출되는 위험은 있겠지만 반면에 감사보고서에 회계법인 대표가 아니고 담당 파트너가 서명을 한다면 피감기업의 CEO에게도 회계법인의 대표이사가 아니고 담당 파트너가 실질적인 counter partner이며 이 감사 건과 관련해서는 실세라는 것을 인식시켜 주면서 담당 파트너의 위상을 높이는 장점도 있다. 즉, 책임은 가중될 수 있지만 이에 따르는 권한도 제고될 수 있다. 파트너가 노출되는 위험도 있지만 감사 건이 문제가 되면 파트너가 누구인지는 당연히 드러나게 되므로 노출의 위험이 큰 것은 아니다

이렇게 감사보고서에 대표이사가 아니고 담당 파트너가 공개되는 변화와 우리나라에서 대표이사에 대한 책임을 중하게 묻는 제도 사이에는 뭔가 차이가 생긴다고 이해할 수 있다.

대표이사에게 책임을 묻지 않는다면 대표이사는 권한만 있고 책임은 지지 않겠다는 것인지에 대한 반론이 있을 수 있어서 해답이 있는 것은 아니다.

회계법인은 아래의 공인회계사법 시행 규칙에 따라 대표이사를 3인까지 선임할 수 있다. 3인 이내의 대표이사가 법에서 각자대표인지 공동대표인지 여부까지 상세하게 정하고 있지는 않아 사원총회에서 정하면 되는 것으로 이해되며, 각자대표를 하는 것이 현실적으로 더 맞을 듯 하다.[10] 기업에서 복수의 대표이사를 세울 때는 각자 대표인지 공동 대표인지를 정해서 등기를 해야 하는 것과 비교하면 제도가 느슨하다는 판단을 할 수 있다.

빅4 중에서는 2016년 한때 삼일(안경태/김영식)이 공동대표였으며 수년 전에는 삼정(김종호/윤성복, 윤성복/박영진)이 공동대표제를 유지하였다. 그럼에도 불구하고 감사보고서에 서명은 1인의 대표이사가 수행하였다.

특히나 위와 같이 대표이사의 책임이 강화되는 추세에서는 공동 대표 제도를 채택하면서 책임을 져야 하는 대표의 수를 늘릴 당위성이 존재할 수 있다.

위에서도 기술하였듯이 회계법인의 복수 대표가 공동대표인지 아니면 각자대표인지가 법에서 명확하지 않고 그렇다고 하면 감사보고서에 서명하는 대

---

10) 대표이사가 각자 대표인지 공동 대표인지에 대한 논의는 손성규(2016)의 chapter 14를 참고한다.

표에게만 책임을 물을 수도 있어서 실세 대표이사는 권리만 행사하고 감사보고서에는 서명을 하지 않으려고 하는 경우도 발생할 수 있다.

공인회계사법

제26조(이사 등) ① 회계법인에는 3명 이상의 공인회계사인 이사를 두어야 한다. 다만, 다음 각 호의 어느 하나에 해당하는 자는 이사가 될 수 없다.

1. 사원이 아닌 자

2. 제48조에 따라 직무정지처분(일부 직무정지처분을 포함한다)을 받은 후 그 직무정지기간 중에 있는 자

3. 제39조에 따라 등록이 취소되거나 업무가 정지된 회계법인의 이사였던 자 (등록취소나 업무정지의 사유가 발생한 때의 이사이었던 자로 한정한다)로 서 등록취소 후 3년이 지나지 아니하거나 업무정지기간 중에 있는 자

4. 제40조의2 제1호에 따른 외국공인회계사

② 회계법인의 이사와 직원 중 10명 이상은 공인회계사여야 한다.

③ 제2항에 해당하는 공인회계사 중 이사가 아닌 공인회계사(이하 "소속공인 회계사"라 한다)는 제1항 제2호에 해당하지 아니한 자여야 한다.

④ 회계법인에는 총리령으로 정하는 바에 따라 대표이사를 두어야 한다.

공인회계사법 시행규칙

제11조(회계법인의 대표이사) 법 제26조 제4항의 규정에 의하여 회계법인에는 3인 이내의 대표이사를 두어야 한다.

공인회계사회 내규 : 감사인 등의 조직 및 운영 등에 관한 규정

제10조(대표이사등) ① 대표이사는 공인회계사법시행규칙 제11조의 규정에 의하여 3인 이내로 한다. <개정 2002. 5. 21>

② 제1항의 규정에 의한 대표이사는 감사인에 소속된 경력이 7년 이상인 자 또는 이에 준하는 경력으로 이 회의 이사회가 인정한 경력이 있는 자여야 한다.<신설 2002. 5. 21>

③ 대표이사와 이사(감사를 선임하는 경우를 포함한다)는 사원총회에서 선출 한다.

④ 대표이사는 당해 회계법인을 대표하고, 당해 회계법인에 소속된 이사를

포함한 모든 공인회계사, 수습공인회계사 및 직원을 지휘 통솔하며 사원
총회 및 이사회의 결정사항 또는 위임사항을 집행한다.
⑤ 대표이사가 2인 이상인 경우에 제8조 제1항의 규정에 의한 사원총회의 의
장인 대표이사는 정관으로 정한다. <신설 2002. 5. 21, 2011. 5. 24>

대표이사가 복수일 경우, 실질적인 실세 대표이사는 사원총회의 의장을
맡는 대표이사일 수 있다. 단, 감사보고서에 서명은 다른 대표이사에게 미루면
서 책임을 피해갈 수 있다. 이는 주식회사에서 주총의장을 대표이사가 맡는
것과 동일하게 생각하면 된다.

유한회사에서의 감사는 임의 기관인데, 이러한 유한회사 중, 다음과 같은
조건을 만족하는 회사에는 감사가 강제될 계획이다.

원칙적으로 모든 기업을 감사대상으로 하되, 법에서 정하는 소규모회사만
제외하는 것으로 되어 있다. 소규모회사라 함은 아래 요건 중 3개 이상에 해
당되는 회사를 말한다(외감법 시행령 제5조). 주식회사의 경우 가~라까지의 요
건 중 3개 이상이며, 유한회사의 경우 가~마까지의 요건 중 3개 이상이다.

가. 직전 사업연도 말의 자산총액이 120억원 미만인 회사
나. 직전 사업연도 말의 부채총액이 70억원 미만인 회사
다. 직전 사업연도의 매출액(직전 사업연도가 12개월 미만인 경우에는 해당 기간
    을 12개월로 환산하며, 1개월 미만은 1개월로 본다)이 100억원 미만인 회사
라. 직전 사업연도 말의 종업원(「근로기준법」 제2조 제1항 제1호에 따른 근로
    자이며, 일용근로자 및 「파견근로자보호 등에 관한 법률」 제2조 제5호에 따른
    파견근로자는 제외한다) 수가 100명 미만인 회사
마. 사원 수가 50인 미만인 경우(유한회사에 한정한다)

유한회사에 내부감시도 강제화되어 있지 않은네, 외부감사를 강제화한다.
뭔가 내용이 잘 부합하지 않는다고도 판단되며, 제도권에서 한번 검토가 수행
되어야 할 내용이라고도 생각된다. 물론, 유한회사와 주식회사의 법에서의 차
이가 크지 않음에도 불구하고 일부 회사가 주식회사에서 유한회사로 전환하면
서 외부감사라고 하는 제도에서 빠지는 것이 옳지 않기 때문에 외감법이 개정
되었다는 것은 충분히 이해할 수는 있다. 그럼에도 내부에도 강제화되지 않는

감사업무를 외부에만 의무화한다는 것도 조금은 형평성이 맞지 않는다는 판단을 할 수 있다.

따라서 주식회사에 있어서의 외부 감사인을 내부감사의 보조자라고 할 수도 있는데 유한회사일 경우는 이 논리를 적용할 수 없다. 내부 감사 기능도 없는데 보조자만 존재한다는 것도 매우 어색한 모습이다.

단, 유한회사의 감사가 임의기구라는 내용은 상법에서 정한 내용이므로 일부 유한회사의 외부 감사를 강제한 내용보다도 상위법에 의한 내용이다.

회계법인의 지배구조에 대한 이슈도 중요하다. 위에서도 기술하였지만 회계법인이 영리에만 치우치지 않고 공익성에 충실하게 공적인 업무를 수행하도록 네덜란드와 같은 국가에서는 회계법인에 공익이사와 같은 제도를 둔다고 한다. 물론, 사외이사제도 등은 투자자 보호라는 차원에서 주식회사에 설치한 제도이지만 회계법인의 지배구조는 공익성의 차원에서 외부 개입의 대상이 될 수도 있다.

감독원의 품질관리감리 과정에서 이러한 점이 점검될 수 있으며 감사인 등록제도가 시행된다면 회계법인의 지배구조에 대해서도 당연히 점검하여야 한다.

예를 들면, 감독기관의 조치를 받은 공인회계사에 대해서도 적절하게 인사 등에 있어서 불이익을 주었는지 등이 될 것이다.

회계법인이 quality control이 무척이나 중요한 것이 모 big 4 회계법인은 대표이사 선임 건은 big 4 미국 본사에서 전혀 개입하지 않지만 quality control을 책임지는 대표자의 선임 건에는 개입한다고 한다. 이는 빅4 회계법인이 본사 차원에서도 어느 정도 품질관리에 관심을 가지고 있는지를 단적으로 보여주는 것이다.

엔론 사태에서의 Arthur Anderson의 경우에서 보듯이 회계법인이 영업을 조금 못한다고 폐업하는 사태가 오지는 않지만 분식회계로 인한 징계로 영업정지 등의 조치를 받게 되면 버티기 어렵다. 대우사태 때의 산동회계법인의 경우가 그러하다.

물론 회계분식을 행한 기업에 대한 임원 해임 권고는 권고에 그치므로 강제성은 없다. 단, 과거에도 증선위가 분식회계에 대해서 대표이사 해임 등의 권고를 하였는데 기업이 이를 수용하지 않은 경우도 있어서, 해임권고를 할 때 6개월 직무정지도 동시에 조치하는 대안에 대한 내용도 2017년 개정된 외감법에 포함되어 있다.

매우 오래전에는 기업이 대표이사를 해임하고 얼마 지나지 않아서 다시 동일인을 선임하는 일탈을 행했던 적도 있다.

대우에 대해서 산동회계법인의 부실감사가 감독기관의 징계를 받는 시점에 외감법에 기술된 "감사보고서에 기재하여야 할 사항"이 어느 범위에 이르는지 여부에 관하여는 헌법상 요구되는 명확성이 인정된다고 할 수 없다는 위헌 소송이 제기되었다. 이러한 내용이 문헌에서 정확하게 설명된 적이 없기 때문에 법에 대한 내용을 기술하는 이 chapter에서 관련된 내용을 기술한다.

구 주식회사의 외부감사에 관한 법률 제20조 제1항 제2호 위헌제청 사건

(위헌, 합헌)[2004.01.29,2002헌가20, 21(병합)]

헌법재판소 전원재판부는 1월 29일(목), 재판관 전원의 일치로, 공인회계사나 회계법인등 주식회사의 외부감사인이 회사에 대한 감사보고서를 작성함에 있어서 '감사보고서에 기재하여야 할 사항을 기재하지 아니하는 행위'를 처벌하는 구 주식회사의 외부감사에 관한 법률 제20조 제1항 제2호의 전단부분이 헌법에 위반된다고 결정하였다. 또한, 재판관 4인의 다수의견으로, '감사보고서에 허위의 기재를 하는 행위'를 처벌하는 위 조항 후단 부분은 헌법에 위반되지 않는다고 결정하였다(이 부분의 결정에는 허위기재행위를 처벌하는 것도 헌법에 위반되므로 동 조항 전체가 위헌이라는 재판관 4인의 반대의견이 있었고, 일부 위헌이라는 점에서 다수의견에 찬성하나 주문의 표시에 관하여는 다른 견해를 표명한 재판관 1인의 별개의견이 있었다).

1. 사건의 개요

산동회계법인 소속 오 ㅇ, 김ㅇ덕, 박ㅇ규, 이ㅇ재는 대우중공업과 주식회사 내우의 1997년 및 1998년 회계연도에 대한 외부감사를 실시하여 감사보고서를 작성함에 있어서 감사보고서에 기재하여야 할 사항을 기재하지 아니하거나 허위의 기재를 하였다는 혐의로 위 산동회계법인과 함께 2001. 2. 서울지방법원에 기소되었다.

이들은 당해 사건이 계속 중인 2002. 3. 18. 동인들에게 적용될 구 주식회사의 외부감사에 관한 법률 제20조 제1항 제2호에 헌법위반의 의심이 있다고 하여 동 법원에 위헌심판의 제청신청을 하였고, 서울지방법원의 재판부는 이를 받아들여 2002. 9. 24. 이 사건 위헌심판제청을 하였다.

2. 심판의 대상

구 주식회사의 외부감사에 관한 법률(2000. 1. 12. 법률 제6108호로 개정되기 전의 것)

제20조(벌칙) ① 상법 제635조 제1항에 규정된 자, 그 외의 회사의 회계업무를 담당하는 자, 감사인 또는 그에 소속된 공인회계사나 감사업무와 관련된 자가 다음 각호의 1에 해당하는 행위를 한 때에는 3년 이하의 징역 또는 3천만원 이하의 벌금에 처한다.

3. 감사보고서에 기재하여야 할 사항을 기재하지 아니하거나 허위의 기재를 한 때

4. 결정이유의 요지

가. 이 사건 법률조항 중 '감사보고서에 기재하여야 할 사항을 기재하지 아니하는 행위'를 처벌하는 부분이 죄형법정주의상 요구되는 명확성의 원칙에 위배되는 것인지 여부(적극)

· 이 사건 법률조항은 '감사보고서에 기재하여야 할 사항'을 기재하지 아니하는 행위를 범죄의 구성요건으로 정하고 있다. 그런데 주식회사의 외부감사에 관한 법률이나 상법 등 관련 법률들은 '감사보고서에 기재하여야 할 사항'이 어떠한 내용과 범위의 것을 의미하는지에 관하여는 별도로 아무런 규정을 두고 있지 않다.
또한 감사보고서는 회계감사기준에 따라 작성되는 것인데 동 감사기준은 증권관리위원회 혹은 금융감독위원회에 의하여 정하여지도록 법률에 규정되어 있을 뿐이므로 결국 감사보고서에 기재하여야 할 사항도 전적으로 위 위원회들의 판단에 따라 정하여지고 또한 수시로 얼마든지 변경될 수 있는 것이 되어 법률에 의하여 그 대강 혹은 기본적 사항이 규율되고 있다고 할 수 없다.
· 이 사건 법률조항의 주된 수범자는 회계분야의 전문가로서 자격을 가진 공인회계사들이며 회계원칙을 숙지하고 있는 이들이 일반인들보다는 감사보고서에 기재하여야 할 사항을 더 잘 알 수 있는 지위에 있는 것은 사실이나, 회계감사기준상 사용되고 있는 제반 일반적, 추상적 개념들을 수범자가 어느

정도로 엄격하게 혹은 광범하게 해석하느냐에 따라 폭넓은 재량을 가져오고 있기 때문에 이와 같은 회계전문가에게 있어서도 그 기재의 범위가 반드시 명확하다고 할 수 없다.

따라서 이 사건 법률조항 부분은 그 내용 중 '감사보고서에 기재하여야 할 사항'이 법률로서 확정되어 있지 아니하고, 법률 문언의 전체적, 유기적인 구조와 구성요건의 특수성, 규제의 여건 등을 종합하여 고려하여 보더라도 수범자가 이 사건 법률조항만으로 자신의 행위를 충분히 결정할 수 있을 정도로 내용이 명확하지 아니하여 동 조항부분은 죄형 법정주의에서 요구하는 명확성의 원칙에 위배된다.

나. 이 사건 법률조항 중 '감사보고서에 기재하여야 할 사항을 기재하지 아니하는 행위'를 처벌하는 부분이 포괄위임입법의 금지의 원칙에 위배되는 것인지 여부(소극)

• 법률이 아닌 하위규범에 범죄구성요건 등 국민의 자유와 권리를 제한하는 사항을 정하도록 위임하는 것은 반드시 법률규정 자체에서 이를 하위규범에 위임한다는 것을 명시하여야만 가능하다고 할 것이며, 법률이 하위 법령에 전혀 위임조차 하지 아니하고 있는 사항에 대하여 마치 법률의 위임을 받은 것처럼 하위 법령이 국민의 자유와 권리를 제한하는 사항을 직접 상세히 규정할 수는 없다고 할 것이다.

만약 이를 허용한다면 이는 입법사항을 법률이 아니라 사실상 하위규범에 의하여 정의하고 제한하는 것을 허용하는 결과가 된다고 할 것이므로 국민의 모든 자유와 권리에 대한 제한을 반드시 '법률'에 의하여만 할 수 있도록 규정한 헌법 제37조 제2항 전단에 직접 위배되기 때문이다.

• 이 사건 법률조항은 형사처벌의 대상이 되는 구성요건 행위를 정함에 있어서 단지 '감사보고서에 기재하여야 할 사항을 기재하지 아니한 행위'를 처벌함을 밝히고 있을 뿐이고, 감사보고서에 기재하여야 할 사항의 구체적 내용이나 범위에 관하여 이를 별도로 정하고 있지 아니하며 이를 하위 법령에 위임하고 있지도 아니하다.

그렇다면 앞서 설시한 바와 같이 법률조항에 하위 법령에 대한 위임을 밝히고 있음을 전제로 하여 적용되는 포괄위임 금지 원칙상의 헌법적 한계는 이

사건 법률조항 부분에 적용될 여지가 없다고 할 것이며, 구성요건 행위의 구체적 내용과 범위에 관한 모든 문제는 죄형법정주의상 요구되는 명확성이 인정될 수 있는지 여부를 따져서 판단하여야 한다.

다. 이 사건 법률조항 중 '감사보고서에 허위의 기재를 하는 행위'를 처벌하는 부분이 죄형법정주의 상 요구되는 명확성의 원칙에 위배되는 것인지 여부(소극)

• '감사보고서에 기재하여야 할 사항'이 어느 범위에 이르는지 여부에 관하여는 헌법상 요구되는 명확성이 인정된다고 할 수 없으나, 이러한 불명확성은 '감사보고서에 허위의 기재를 한 행위'의 내용을 정하는 데 있어서는 영향을 미칠 수 없으므로 이를 이유로 동 개념이 불명확하여진다고 할 수 없다.
따라서 이 사건 법률조항 중 '감사보고서에 허위의 기재를 한 때'라고 한 부분은 그것이 형사처벌의 구성요건을 이루는 개념으로서 수범자가 법률의 규정만으로 충분히 그 내용의 대강을 파악할 만큼 명확한 것이라고 할 것이므로 죄형법정주의의 한 내용인 형벌법규의 명확성의 원칙에 반한다고 할 수 없다.
※재판관 하경철, 김영일, 송인준, 주선회의 반대의견(전부위헌이라는 견해)

• 이 사건 법률조항 중 '감사보고서에 기재하여야 할 사항'이 불명확함으로 인하여 그 전단에서 규정한 불기재행위와 후단에서 규정한 허위기재의 행위가 모두 그 대상의 불명확성을 내포하게 된다고 할 것이므로 결국 이 사건 법률조항은 그 전체가 죄형법정주의 상으로 요구되는 구성요건의 명확성을 결여하게 되어 헌법에 위반된다고 하여야 한다.
• 감사보고서에 기재하여야 할 사항이 아니라면 이를 기재하지 아니한 것이 처벌될 수 없는 것과 마찬가지로 기재하여야 할 의무가 없는 사항에 대하여는 그 허위 기재도 처벌될 수 없다는 것으로 보아야 한다. 처벌가치의 측면에서 보더라도 감사보고서에 기재하여야 할 사항이 아닌 사항은 비록 허위 내용이 있더라도 이는 당해 감사에 관련이 되지 아니하거나 적어도 감사의 결과에 중대한 영향을 미치지는 못할 경미한 내용에 관한 것이므로 이를 형사적으로 제재할 정도의 가치는 없는 것이다.

• 또한 감사인의 제3자에 대한 민사적 책임은 감사보고서의 '중요한 사항'에 대한 불기재나 허위 기재를 요건으로 하고 있는데, 감사보고서에 나타나는 모든 허위 기재를 처벌한다고 한다면 형사처벌의 대상은 되지만 손해배상의 대상이 되지 아니하는 경우가 발생할 수 있게 되는바, 이러한 결과는 행위자인 감사인의 민형사책임의 지나친 불균형을 초래하는 것으로서 합리적이지 못하며, 나아가서 동 법률의 입법취지와도 배치되는 것이 된다. 이와 같이 감사인의 손해배상책임의 요건과 형사책임의 요건이 서로 균형 있게 되도록 하기 위하여서도 '감사보고서에 기재하여야 할 사항'에 대한 허위 기재만이 처벌될 수 있다고 보아야 한다.

※재판관 권성의 별개의견

• 심판대상조항 중 「감사보고서에 기재하여야 할 사항」이 이를 기재하지 아니한 행위, 즉 불기재(不記載)행위의 목적어만 되는 것인지 아니면 허위기재(虛僞記載)행위의 목적어도 되는 것인지의 쟁점은 순전한 법원의 법률해석의 영역에 속하며, 이것은 헌법재판소가 위헌 여부를 판단할 사항이 되지 못한다. 따라서 이러한 이치를 결정문의 이유에서 설명하여 판단사항에서 제외하고 나머지 쟁점, 즉 「감사보고서에 기재하여야 할 사항」이 특정되지 아니한 것의 문제만을 판단사항으로 한정하는 것이 합당하다. 그러므로 이 사건에서는 「감사보고서에 기재하여야 할 사항」의 불특정만을 이유로 하여 이 부분 만에 대하여 주문에서 위헌선고를 하는 것이 합당할 것이다.

그래서 외감법시행령 제4조의6이 신설되었다.

제4조의6(회계감사기준) 법 제5조제1항에 따른 회계감사기준(이하 "회계감사기준"이라 한다)에는 다음 각 호의 사항이 포함되어야 한다.

1. 감사인의 독립성을 유지하기 위한 요건에 관한 사항
2. 감사계획의 수립방법과 감사절차에 관한 사항
3. 감사의견의 구분 및 결정방법에 관한 사항
4. 감사조서의 작성 등 감사업무의 관리에 관한 사항
5. 감사결과의 보고기준에 관한 사항

합리적인 생각이 중요성의 문제에서 다르게 판단할 수 없을 정도로, 투자자에게 명백히 중요한 누락의 경우를 확정하는 것이 법률 문제(matter of law)를 적절하게 해결하는 궁극적인 중요성의 논점이라고 하겠다.

이상돈, 부실감사론: 이론과 판례, 법문사, 2007, p. 273.

과실이 중할 경우에는 사기가 추론된다.

이상돈, 부실감사론: 이론과 판례, 법문사, 2007, p. 277.

외감법 제20조 제1항 제2호의 부실감사죄는 최소한 고의(미필적 고의)와 중과실을 귀책사유로 삼아야 함을 알 수 있다. 또한 손해배상소송에서도 경과실에 의한 부실감사의 경우에는 투자자에 대한 배상책임을 인정하지 않거나, 이른바 시장참여자의 정보권에 대한 사소한 침해로서 매우 적은 배상책임을 인정할 필요가 있다.

이상돈, 부실감사론: 이론과 판례, 법문사, 2007, p. 278.

scienter(저자: naver 사전에서의 의미는 의도적으로)의 사전적 의미는 '인식'이지만, 그것이 법적으로 무엇을 의미하는지는 이후 본문에서 설명하는 바와 같이 여러 견해가 존재할 수 있다. 한 가지 분명한 것은 부실표시 사실에 대한 단순한 '인식'은 아니라는 것이다. 물론 행위자가 투자자를 속이려고 의도적으로 행동하였을 필요는 없지만, 최소한 그 부실표시에 의하여 투자자가 충분히 속을 수 있다는 점은 알고 있어야 한다. 이러한 면에서 본다면, 형벌상의 "미필적 고의"의 개념이 더욱 적합하다는 견해로… (김건식/송옥렬, 미국의 증권규제, 홍문사, 2001, pp. 324−325 참조)

이상돈, 부실감사론: 이론과 판례, 법문사, 2007, p. 278. 각주 3.

경과실 책임 부정

1976년 미국 연방대법원은 다시 Rule 10b−5의 적용을 제한하는 Hochfelder 판결을 내놓고 있다. 이 사건에서 문제가 된 쟁점은 회계사의 "과실"에 의한 부실표시에 대하여도 Rule 10b−5의 책임이 인정되는가 하는 점이었다. 법원은 원고가 입증하여야 할 피고의 주관적 판단이 scienter라는 점을 선언하였다. 그러므로 단순한 과실(negligence)만으로는 Rule 10b-5위반은 성립하지 않는다. 법원은 그 근거로 "시세조정적이거나 수단이나 책략(manipulative or deceptive device or contrivance)이라는 문구가 과실 이상의 주관적 요건을 암시한다는 점을 들고 있다. 여기서 주목할 점은 이 판결이 Rule 10b-5의 위반에 대한 형사책임이 아니라 민사상 손해배상책임에 관한 판결이라는 점이다. 행위자의 <u>귀책사유</u>를 엄격하게 해석할 필요가 있는 형사사건도 아닌 민사사건에서 이처럼 scienter를 요구함으로써 법원은 Rule 10b-5의 범위를 대폭 축소하고 있다. 다만 Hochfelder 판결이 scienter라는 중요한 요건을 선언하였지만 결과적으로는 단순히 Rule 10b-5와 관련하여 과실 책임을 부인한 것일 뿐, 그 내용에 관해서는 별로 밝히지 않았다.

이상돈, 부실감사론: 이론과 판례, 법문사, 2007, p. 278.

즉, 위의 내용을 쉽게 풀어서 기술하면 scienter가 존재하여야지만 민사사건이 가능하다는 것이다. 즉, 과실 등으로는 손해배상소송 등의 민사소송의 진행이 쉽지 않다는 것을 의미한다.

입증책임을 누가 지는지에 따라서 재판에서 유/불리가 나뉘진다. 법에서는 분식회계와 관련된 소송에서 피고의 위치에 있는 회계법인/공인회계사에게 입증 책임을 지웠다. 다만, 원고가 금융과 회계의 전문가일 경우에는 입증 책임이 원고로 전환된다. 즉, 이 경우의 소송은 대부분이 다음과 같은 내용일 것이다. 분식이 포함된 재무제표에 근거하여 금융기관이 대출의사결정을 수행하였는데 사후적으로 보니 분식회계가 드러났다. 그런데 해당 금융기관이 원리금 상환에 문제가 발생하였고 기업과 회계감사인을 상대로 손해배상소송을 제기한다.

이와 같이 회계에 전문성이 있다고 판단되는 금융기관이 원고일 경우는 입증 책임이 원고에게 전환된다. 즉, 회계정보에 분식이 존재하였고 금융기관은 왜곡된 재무제표에 근거하여 대출을 하였고, 그러한 인과 관계로 대출금을 회수하지 못하였으므로 이렇게 발생한 손실에 대해서는 피고인 기업과 회계감사인이 손해배상의 원인행위를 제공했음을 원고인 금융기관이 입증해야 한다.

법에서 입증책임이 전환될 때도 다음과 같은 논의가 진행되었다.

서울경제신문. 2008.2.22.
외감법개정안 통과

은행과 보험 등 기관투자자들은 이번 외감법 개정으로 부실회계에 대한 입증책임을 지게 되자 권한과 책임의 조화측면에서 앞뒤가 맞지 않는다고 반발하고 있다.

회계법인과 달리 회계자료 제출 요구권이나 재산상태에 대한 조사권은 물론 기업의 감사과정에서 취득할 수 있는 각종 정보, 이른바 감사조서에 대한 접근권이 전혀 없는데도 앞으로 부실 피해가 생길 경우 입증책임을 묻도록 하는 것은 비합리적이라고 주장하고 있다.

이에 대해 공인회계사 업계는 기관투자자는 일반 개인투자자와 달리 고도의 전문성을 갖고 있어 감사보고서의 해독 능력이 있는 만큼 감사인에게 입증책임을 물리는 것은 과잉규제라고 맞서고 있다. 또한 민법이나 상법상으로도 손해배상소송에서 인과관계에 대한 입증책임은 원고가 지는 것이 원칙이라고 덧붙였다.

하지만 기관투자자들은 감사권한이 없는데 입증책임을 부담하는 것은 형평성에 맞지 않는다고 반박했다. 이들은 '최근 의료사고에 대한 대법원 판례에서도 의료행위 등 전문직 행위의 부실책임은 환자가 아닌 의사가 져야 한다고 판결하고 있다'며 '특별한 전문가만이 권한과 정보능력을 갖고 있다면 민법의 원고 입증 책임 부담은 부당하다'고 주장하고 있다.

특히 기관투자자는 회계법인의 부실 입증에 필요한 감사조서에 대한 접근권이 없기 때문에 소송을 하지 않고서는 알 길이 없고 소송을 한다 하더라도 입증책임이 있어 승소 가능성도 낮다고 지적했다.

기관투자자 중에서도 입증책임 부담에서 자산운용사, 증권 등은 빠져 있고 은행, 보험 등만이 들어가 있는 것도 이해하기 힘들다는 지적이다. 입법 발의를 한 이종구의원 측은 '은행, 보험 등은 대출 금융기관이기 때문에 대출시 거래 기업의 정보 취득이 용이하고 이에 따라 입증 책임을 지게 했다'고 설명하고 있다.

이와 같이 회계분식을 판별해 낼 수 있는 능력은 누구에게 있는 것인지에 대해서 다음의 논란을 참고한다. 어느 정도 회계정보에 대한 전문성이 있다는 금융기관과 회계법인간의 책임 공방이다.

한국경제신문. 2015.9.23.
대우증권-한영회계법인 '중국 고섬 분식' 놓고 법정다툼

KDB대우증권과 한영회계법인이 함께 상장 작업을 진행한 중국 섬유업체 고섬공고유한공사(고섬)의 분식회계 사건과 관련된 법정 다툼이 본격화된다. 고섬이 2011년 한국증시에 입성한 뒤 분식회계 적발로 2013년 상장폐지된 책임이 상장 주관사인 대우증권과 회계감사인인 한영회계법인 중 어느 쪽에 있는지가 법원에서 판가름 날 전망이다.

22일 투자은행(IB) 업계에 따르면 대우증권이 한영회계법인을 상대로 낸 10억원 규모 손해배상 소송의 첫 재판이 이르면 다음 달 열린다.

대우증권은 지난 4월 "고섬 회계감사를 맡았던 한영회계법인이 이 회사의 분식회계를 적발하지 못했다"며 "이로 인해 상장 주관을 맡은 대우증권이 책임을 떠안고 금융당국으로부터 20억원의 과징금을 부과 받는 등 손실을 입었다"는 이유로 소송을 냈다. 대우증권은 법무법인 영진을 법률대리인으로 선임했고, 한영회계법인은 법무법인 화우를 선임해 재판을 준비하고 있다.

고섬은 중국 푸젠성 등에 공장을 두고 고급 의류와 가정용품, 생활용품에 쓰이는 폴리에스터 섬유를 제조 판매하는 회사다. 2009년 9월 싱가포르에 상장한 뒤 2011년 1월 대우증권을 대표 주관사, 한화투자증권을 공동 주관사, 한영회계법인을 회계감사인으로 정해 한국 유가증권시장에 2차로 상장했다.

고섬은 한국 상장 2개월 만인 2011년 3월 싱가포르 증시에서 주가 급락으로 거래가 정지된 여파로 국내에서도 거래가 정지됐다. 이후 재무제표에 적시된 1,600억여원 규모의 은행 잔액이 확인되지 않는 등 분식회계 의혹이 불거지면서 2013년 국내 증시에서 퇴출됐다. 금융위원회는 주관사로 회사의 부실을 제대로 밝혀내지 못했다는 이유로 대우증권과 한화투자증권에 각각 20억원의 과징금을 부과했다. 고섬 투자자들도 대우증권과 한화증권, 한국거래소, 한영회계법인을 상대로 손해배상 소송을 제기했다. 서울남부지방법원은 지난해 초 대우증권만 31억원을 배상토록 하고 한영회계법인 등에는 책임을 묻지 않았다.

고섬의 분식회계는 2009년부터 진행됐지만, 한영회계법인은 2010년 반기까지 감사를 진행하는 과정에서 이를 발견하지 못했다. 한영회계법인이 금융당국의 제재를 피한 것은 대우증권이 한영회계법인 감사를 받지 않은 2010년 3분기 재무제표를 근거로 금융당국에 증권신고서를 제출한 것이 주요 원인이었다. 대우증권은 회사 실사 등을 진행하면서도 고섭 통장을 제대로 확인하지 않는 등 대표 주관사로서 역할을 제대로 수행하지 않았다는 지적을 받았다.

그러나 지난 2월 서울행정법원은 대우증권과 한화증권이 금융위를 상대로 낸 과징금 취소 소송에서 "고섭이 거짓으로 증권신고서를 기재하는 것에 대해서까지 주관사에 책임을 물릴 수 없다"며 대우증권에 책임이 없다는 취지의 판결을 냈다. 대우증권은 이 판결을 근거로 한영회계법인을 상대로 소송을 냈다.

대우증권 관계자는 "고섭의 분식을 밝혀내지 못한 것은 한영회계법인이 고섭에 대해 지속적으로 '적정' 감사의견을 냈기 때문"이라고 주장했다. 한영회계법인 관계자는 "이제 재판이 시작되는 만큼 입장을 밝힐 때가 아니다"고 말했다.

위의 신문기사 중 다음과 같은 것이 이슈가 된다.

금융위원회는 주관사로 회사의 부실을 제대로 밝혀내지 못했다는 이유로 대우증권과 한화투자증권에 각각 20억원의 과징금을 부과했다. 고섭 투자자들도 대우증권과 한화증권, 한국거래소, 한영회계법인을 상대로 손해배상 소송을 제기했다. 서울남부지방법원은 지난해 초 대우증권만 31억원을 배상토록 하고 한영회계법인 등에는 책임을 묻지 않았다.

서울행정법원은 대우증권과 한화증권이 금융위를 상대로 낸 과징금 취소 소송에서 "고섭이 거짓으로 증권신고서를 기재하는 것에 대해서까지 주관사에 책임을 물릴 수 없다"며 대우증권에 책임이 없다는 취지의 판결을 냈다.

위의 신문기사에서 보듯이 동일 건에 대해서 행정부인 금융위원회, 사법부인 남부지법, 서울행정법원의 판단이 모두 상이하였다. 금융위는 회계정보에 포함된 회계 부실에 대한 책임을 주관사와 회계법인에 모두 묻고 있다. 남부지법은 주관사에게만 책임을 묻고 있고, 반면에 행정법원은 주관사의 책임이 아니라는 이 분식 건에 대한 각각의 유권해석을 내리고 있다.

적법한 국가 기관의 판단은 그대로 수용을 해야 하는 것이며 행정법원은 행정부서 판단이 잘못되었다고 유권해석을 내린 것이므로 회계법인과 주관회사가 모두 책임이 있다는 판단은 일단, 잘못된 행정조치라고 종결을 한다고 해도 남부 지법과 행정법원의 판단은 완전히 상충된다.

물론, 하급법원의 판단이 상급법원에 가서 번복이 되기도 하고 각 법원의 판단이 다를 수 있다는 것은 충분히 이해할 수 있음에도 이러한 이견이 표출된다. 따라서 이러한 판단이 매우 복잡한 이슈라는 것의 반증이다.

민법의 책임형태로는 미필적 고의로도 충분하다. 미필적 고의는 원고(투자자)가 피고(공인회계사)의 행위에 의해 손해를 입을 수도 있다는 가능성을 인식하였고, 그럼에도 그 결과를 감수하였을 때 인정된다.

여기에 아래서 설명하듯 부실감사의 고의에 추가적인 주관적 요소인 불법적으로 '경제적인 이득을 취득한 의사'가 덧붙여진 경우는 보통의 고의와 구분될 수 있다. 그렇게 가중된 고의는 형법학에서 '불법이득의사'라고 부르기도 한다.

귀책사유

한국	미국
불법이득의사	사기
고의	사기
미필적고의	사기
고의	사기
과실	부주의

부실감사의 미필적 고의

공인회계사A는 전문가로서 의구심을 가진 부분에 있어, 의구심을 해소할 수 있는 충분하고도 적합한 입증감사절차를 수행하고 회계처리 방법에 관한 이견이 있는 경우에는 재무회계의 목적을 고려하여 무엇이 더 합리적인 의사결정을 하도록 유용한 재무정보를 제공하는 것인가를 보수적인 입장에서 판단하여, D기업의 회계처리에 중요한 왜곡표시가 없다는 점에 대한 합리적인 확신을 가지고 감사의견을 결정하여야 함에도 불구하고, D기업의 설명이나 자료에 기초하여 D기업의 회계처리가 적정하지 아니하다는 점을 입증할 만한 반증이 없다는 이유로 만연히 감사보고서에 적정의견을 기재하였다고 할 것인바, 사정이 그러하다면 A에게 D기업의 감사보고서에 허위의 기재를 한다는 점에 관하여 미필적 고의가 있다고 할 것이다. 따라서 외감법 제20조 제2항

제2호의 허위기재에 해당한다. 서울중앙지법 2005.1.28. 2001 고합 154, 171

이상돈, 부실감사론: 이론과 판례, 법문사, 2007, p. 279.

여기서 과실의 개념을 엄격하게 하면 1. 제3의 이용자는 특정되어 있어야 하고, 2. 그 사람의 이용가능성을 실제로 공인회계사가 인식한 경우에 국한할 수 있다. 1의 요건은 엄격한 계약상의 당사자 자격이 있는 자만이 부실감사책임을 추궁할 수 있는 원고가 될 수 있게 하며, 2의 요건은 과실은 '인식 있는 과실'로만 좁힌다.

2. 과실 개념은 널리 '피해야 할 위험 상황을 인식했음에도 회피하지 못한 경우'뿐만 아니라 그런 상황을 인식하지 못했고, 바로 그렇기 때문에 요구되는 회피행위를 하지 못한 경우, 즉, '인식없는 과실'도 포함한다.

이상돈, 부실감사론: 이론과 판례, 법문사, 2007, p. 293.

계약상의 당사자 자격이 있는 자라고 위에 기술되어 있지만 회계정보(재무제표와 감사보고서)의 이용자는 너무 광범위하여 어떻게 보면 회계정보를 이용하는 시장의 경제활동인구 전체라고도 할 수 있다. 회계정보의 이용자는 불특정다수이며 감사라고 하는 용역은 공공재라고 할 수 있다. 따라서 회계정보의 이용자는 시장 전체라고 할 수 있다.

이러한 내용은 자본시장법의 개정과도 밀접하게 연관된다. 2015년 7월말까지만 해도 공시 내용과 같은 미공개 정보를 1차 정보 수령자로부터 전달받은 2차 이상 다차 수령자의 경우 처벌할 수 없었다. 하지만 2013년 10월 CJ E&M 3분기 실적 사전 유출 사건을 계기로 자본시장법이 개정돼 2015년 7월부터 2차 이상 정보 수령자의 시장 질서 교란행위에 대해서도 과징금을 부과하는 법적 근거가 마련됐다. 정보를 1차 전달한 애널리스트만 처벌을 받고 실제 수익을 낸 펀드매니저는 처벌할 근거가 없었기 때문이다. 2의 내용은 모르고 과실을 범해도 포괄적인 과실이라는 의미이다.

위 판례와 비슷하게 Bily vs Arthur Young(1992)도 "법원은 나아가 감사인은 제3자에 대한 일반적 과실 책임을 지지 않지만, 감사인이 제3자를 인지하고 있고 감사보고서가 제3자에 대한 이익이 되도록 기재했을 때 과실에 따른 부실표시로 책임을 진다"고 판시한 바 있다. 이 판례는 흔희 '의도된 사용자 이론(intended user theory)'이라고 표제화되는데 이 판례는 예측 가능한 이용자(the forseeable user rule)의 이론에 의해 확장된 부실감사책임을 다시 제한하는 이론이라고 할 수 있다.

이상돈, 부실감사론: 이론과 판례, 법문사, 2007, p. 293.

의도된 사용자 이론보다 확장된 개념이 예측 가능한 이용자의 이론이다. 즉, 예측가능한 이용자에게까지도 책임을 진다는 개념이다. 그러나 실질적으로 누가 재무제표와 감사보고서를 이용할지를 모르는 상황에서 예측 가능한 이용자는 매우 포괄적인 개념이며 회사와 감사인을 구조적으로 약자의 위치에 있게 한다. 내가 생산한 정보를 누가 사용할지 모르는 상황에서 법적인 이슈가 있을 때, 내가 소송 대상이 될 수 있다는 것은 감사인들을 매우 수세적이고 어려운 상황에 위치하게 한다.

예를 들어 교수들이 강의안을 작성하여 학생들에게 배포하는 경우도 그 강의안은 수업을 듣는 학생들을 위한 것이지 대중을 위한 것은 아니며, 그렇기 때문에 강의 내용을 공개하고 싶지 않아 하는 강사들은 강의 내용을 usb에 담아 왔다가 다시 가져가는 경우도 있다.

강의 내용이 개인 강사의 자산이므로 이렇게 되는 것인데, 감사인의 입장에서는 감사한 내용에 대해서 무한대로 소송에 노출되는 것에 대해서는 부담을 느낄 수밖에 없다.

예를 들어 다음과 같은 내용이다. 감사인의 입장에서는 본인들이 보고한 감사보고서가 얼마나 포괄적으로 사용될 수 있는지 아니면 감사인들이 보고한 감사보고서를 기업이 사용하고자 할 때는 감사인에게 승낙을 받아야 하는 것인지 등이 이슈가 될 수 있다. 회사의 입장에서는 회계감사 용역을 금액을 지불하고 수행한 것이므로 감사보고서를 일단 회사가 접수한 이후에는 이를 어디에, 어떻게 사용할지는 회사가 판단할 건이라고 생각할 수 있는 반면, 이와 같이 감사보고서의 사용에 제한이 없어진다면 감사인으로서는 무방비적으로 감사보고서에 대한 책임을 안게 될 것이다. 따라서 이러한 차원에서는 감사보고서의 사용의 범주에 대한 의사결정은 감사인이 제안할 수 있는 영역이라고도 생각된다. 즉, 회사와 감사인 누구의 입장에서 이를 해석하는지에 따라서 상반된 해석을 할 수 있다.

또한 감사라는 용역이 1년에 한번 진행되는 것이기 때문에 회사가 감사보고서를 첨부한다고 해도 1년간은 동일한 감사보고서를 첨부할 것인데, 기업의 상황은 시시각각가변적이라서 1년 전의 상황이 많이 바뀌었을 수도 있다. 1년 전에 서명된 감사보고서에 근거해서 기업이 대출의사결정을 수행하고 그 동안 기업의 상황에 많은 변화가 있다면 감사인의 입장에서는 매우 부담스러운 일일 것이다. 물론, 감사보고서에 서명한 일자가 있기는 하지만 재무제표를 받아 보는 재무제표 이용자들은 이러한 일자를 심각하게 고려하지 않을 가능성도 있다.

특히나 이러한 감사보고서가 사용될 수 있는 범주도 이슈가 되지만 위에 기술된 바와 같이 timing도 매우 중요한 내용이다. 분기 재무제표를 강제하는 이유도 한 분기마다 기업의 상황과 영업의 결과가 변경될 수 있다는 것이므로 멀리는 1년 전의 감사보고서를 첨부하여 사용된다면 1년 후의 회사의 상황과는 매우 다른 회사의 상태가 잘못 전달될 수 있다.

그러므로 공인회계사가 자신이 작성제출한 감사보고서를 제3자가 신뢰 속에 이용할 가능성에 대한 예견의무를 지고, 이를 위반한 것도 과실로 인정할 수 있다. 이렇게 되면 1의 요건도 확장된다. 제3자의 신뢰적 이용에 대한 예견의무는 미래의 사태에 대한 합리적 예측의 의무이고, 미래의 사태는 고정된 것이 아니라 다양한 변수에 개방되어 있는 것이므로, 제3자도 특정한 투자자가 아니라 그저 '어떤 투자자'일 뿐이다. 그러나 불특정한 투자자의 범위는 공인회계사의 입장에서 감사보고서를 작성 제출할 때 합리적으로 예측 가능한 투자자들에 국한되어야 한다.

이상돈, 부실감사론: 이론과 판례, 법문사, 2007, p. 294.

이러한 식으로 감사인들이 책임을 진다면 감사인들은 시장을 전체 대상으로 하는 모든 회계정보 사용자로부터의 소송 위험에 무한정적으로 노출된다고도 할 수 있다.

이러한 검토를 통해 법원은 사안의 1972년 감사에 대하여, 의뢰 회사인 Giant가 위 감사보고서를 거래행위에 사용하기로 한 점을 피고가 실제로 알고 있었는지(actual knowledge) 여부와 상관없이, Giant가 거래행위와 관련하여 이를 사용할 것이 합리적으로 예측가능했으므로 피고 회계법인은 책임을 면할 수 없다.

H. Rosenblum, Inc vs Adler (93 NJ 324; 1983)
이상돈, 부실감사론: 이론과 판례, 법문사, 2007, p. 294.

과실에 따른 부실기재에 대해 소송을 제기하는데 있어서, 원고는 반드시
1. 피고가 허위의 기재를 하였다는 점
2. 피고가 그 기재를 함에 있어 금전상의 이익을 얻었다는 점
3. 피고가 원고에게 진실된 정보를 제공하고 주의를 기울여야 할 의무가 있다는 점
4. 피고가 상당한 주의를 기울여야 할 의무를 위반했다는 점
5. 원고가 그 기재를 신뢰함으로 인해 결과적으로 금전상의 손실을 입었다는 점
6. 회계사가 감당할 수 있는 범위를 넘어서 책임을 부과하게 된다면 이는 회계사로 하여금 불확실한 집단에게 불확실한 시점에서의 불확실한 금액에 대해 책임을 지게 만든다.
7. 제3자가 한정된 집단(limited group)이어야 함

이상돈, 부실감사론: 이론과 판례, 법문사, 2007, p. 295.

증권시장이 발행시장일 경우 회계정보 이외에는 기업 가치에 대한 가치평가에 있어서 대안적인 정보가 미흡하므로 특정인의 신뢰적 이용에 대한 인식이 귀책사유이며 따라서 과실의 유형이 인식 있는 과실이며 책임은 강하다.

증권시장이 유통시장인 경우 회계성보 이외에도 기업의 가치에 영향을 미치는 많은 정보가 존재하며, 투자자 일반의 신뢰적 이용에 대한 예측의 실패가 귀책사유이며 과실의 유형은 인식 없는 과실이며 책임은 약하다.

즉, 유통시장의 경우, 회계정보 이외에도 시장에 사용이 가능한 정보가 무척이나 많고 투자자들이 회계정보를 이용하여 투자의사결정을 수행하였다는 확신을 갖기 어렵다.

반면에, 발행시장의 경우는, 시장에서 사용 가능한 정보가 유통시장에 비해서는 제한되어 있으므로 투자자들이 회계정보에 의존하였다는 점이 더 설득력이 있다.

따라서 투자자가 회계정보에 어느 정도 의존하여 투자 결정을 하였는지를 판단하는 데 있어서 주식시장이 발행시장인지 아니면 유통시장인지의 여부가 영향을 미칠 수 있다.

scienter

미국의 1934년 연방증권거래법 Rule 10b-5에서 공인회계사의(흔히 악의로 번역되는) scienter를 귀책사유로 규정하고 있고, 이는 1. 공인회계사가 최소한 진실이 무엇인지를 인식했고, 2. 부실표시로 인해 투자자의 오해가 야기될 수 있다는 점을 인식했을 것을 요구하는 것으로 해석된다. 이 악의의 개념은 부적절한 번역이다. 부주의로 이해되기도 하지만 그 경우도 중과실에 가까운 것이고, 중과실은 부실감사에서는 대체로 인식 있는 과실을 필요조건으로 삼고 있다. 인식 있는 과실에다 아래에서 검토하는 (중대한) 주의 의무 위반이 충분조건으로 충족되면 scienter 개념에 상응하는 귀책사유가 존재하는 것이 된다.

이상돈, 부실감사론: 이론과 판례, 법문사, 2007, p. 301.

자본시장법

제126조(손해배상액) ① 제125조에 따라 배상할 금액은 청구권자가 해당 증권을 취득함에 있어서 실제로 지급한 금액에서 다음 각 호의 어느 하나에 해당하는 금액을 뺀 금액으로 추정한다.

1. 제125조에 따라 손해배상을 청구하는 소송의 변론이 종결될 때의 그 증권의 시장가격(시장가격이 없는 경우에는 추정처분가격을 말한다)
2. 제1호의 변론종결 전에 그 증권을 처분한 경우에는 그 처분가격
② 제1항에 불구하고 제125조에 따라 배상책임을 질 자는 청구권자가 입은 손해액의 전부 또는 일부가 중요사항에 관하여 거짓의 기재 또는 표시가 있거나 중요사항이 기재 또는 표시되지 아니함으로써 발생한 것이 아님을 증명한 경우에는 그 부분에 대하여 배상책임을 지지 아니한다.

하지만 이러한 산정은 예컨대 주식 매수 시점 이후 분식회계와 부실감사로 인한 주가 하락이 20%라고 하고, 증권시장 전반의 침체로 같은 기간 10%이 하락이 있다고 한다면 제15조에 의하면 공인회계사는 20%(전자의 계산 방법, 즉, 주가하락을 모두 책임지라는 접근 방법)를 배상해야 하고, 10%가 부실감사 이외의 요인에 의한 것임을 입증함으로써만 면책된다. 원칙적으로 공인회계사는 10%를, 책임을 넘어서 부담하게 되며 이는 과잉금지원칙에 위배된다. 반면 주가하락이 5%였는데, 같은 기간 증권시장은 15% 상승했다면, 실제로는 20%의 손해가 발생했지만 제15조에 의하면 5%만(전자의 계산방법)을 배상하게 되어, 책임이 과소하게 된다. 이런 점을 고려할 때 발행시장에서도 불법행위책임에 의한 손해배상과 마찬가지로 (불법행위에 의한 손해배상은 법에 적절하게 계산되었음을 암시) [투자자가 실제로 매수한 주가 – 공인회계사의 부실감사가 없었더라면 매수 당시 형성되었으리라고 인정되는 주가]

부실감사판례의 미래

공인회계사에게 손해배상책임을 너무 방만하게 인정하고 있음을 알 수 있다.
1. 판례는 불실감사책임의 귀속에서 발행시장과 유통시장을 차등화하지 않는다.
이상돈, 부실감사론: 이론과 판례, 법문사, 2007, p. 348.

부실감사책임은 고의적인 회계부정과 회계오류 가운데 중대한 과실이 있는 경우에 인정함이 타당하다.
부작위의 부실감사(중요사항에 대한 기재누락)죄를 위헌으로 판단한 헌법재판소의 결정은 타당하지 않다.
이상돈, 부실감사론: 이론과 판례, 법문사, 2007, p. 350.

(귀책사유) 고의, 미필적 고의, 중과실의 경우에만 선문가 책임으로서의 부실감사책임을 인정함이 타당하다.
이상돈, 부실감사론: 이론과 판례, 법문사, 2007, p. 351.

발행시장의 경우와는 달리 유통시장에서 공인회계사에게는 그런 인식이 결여되어 있어, 과실이 인정되어도 인식 없는 과실일 가능성이 높고, 그런 경우에

배상책임은 투자정보권의 하나를 침해한 점에 국한되어야 하고, 투자실패의 손해까지 확장되어서는 안 된다.

이상돈, 부실감사론: 이론과 판례, 법문사, 2007, p. 352.

즉, 유통시장에서는 대안적인 정보가 다수 존재하므로 감사인의 책임이 경감되어야 함을 의미한다.

부실감사죄의 형사소송에서는 귀책사유의 존재에 대한 입증책임이 검사와 법원에 있지 공인회계사에 있지 않다.

이상돈, 부실감사론: 이론과 판례, 법문사, 2007, p. 353.

다음의 내용은 이상돈 교수의 「부실감사판례연구」(2006, 법문사) 내용 중에서 흥미로운 내용에 대해서 기술하면서 저자의 의견을 추가한다.

공익적 감시자

회사의 재무상태를 전체적으로 서술하는 공공의 보고서에 대한 검증을 통해 독립적인 감사인은 그의 고객과의 고용계약관계를 넘어서는 공공의 책임을 떠맡는다. 이런 특별한 역할을 수행하는 독립적인 법정감사인은 피감사인의 채권자, 주주뿐만 아니라 궁극적으로는 일반 투자자들에게까지도 충실의무를 부담한다. 이와 같은 공익적 감시자 기능은 당해 감사인으로 하여금 언제나 그의 고객으로부터 전체적인 독립성을 유지하여야 하고, 일반 투자자들의 신뢰에 대하여 충실의무를 부담하도록 요구한다.

이상돈, 부실감사판례연구, 법문사, 2006, p. 18.

"기업경영 투명성의 보증인"으로 표현한 이준섭, 감사책임법 2005년 15쪽, … 여기서 보증인이라는 표현은 다소 기업과 투자자 사이에 기업 경영의 투명성을 공인회계사가 혼자 확보해주는 듯한 인상을 준다.

이상돈, 부실감사판례연구, 법문사, 2006, p. 19. 각주 24.

윤용희(2017)는 불량투자의 보증인[11]라는 표현을 사용하였는데 이는 감사인이 분식회계가 발생하였을 시에는 부분적인 책임을 떠안아야 한다는 의미로 사용하였다. 투명성의 보증인은 감사인의 역할에 대해서 긍정적으로 표현한 것이고, 불량투자의 보증인이란 감사인의 역할에 대해서 부정적으로 표현했을 뿐이다.

민법 제826조의 책임형태로는 미필적 고의로도 충분하다. 미필적 고의는 원고(투자자)가 피고(공인회계사)의 행위에 의해 손해를 입을 수 있다는 가능성을 인식하였고, 그럼에도 그 결과를 감사하였을 때 인정된다.

이상돈, 부실감사판례연구, 법문사, 2006, p. 56.

미필적 고의를 쉽게 표현하면 누군가가 고층 아파트에서 집에 있던 화분을 집밖으로 던지면서 지나던 행인이 이 화분에 맞아서 다쳤다고 가정한다. 물론 집주인이 의도적으로 누구를 맞추려고 화분을 던진 것은 아니지만 집밖으로 화분을 던지면 누군가가 맞아서 다칠 수도 있다는 개연성은 충분히 예견할 수 있었을 것이다. 이러한 고의성이 미필적 고의다.

회사(경영진)를 정범이라고 할 때 적정의견을 내놓음으로써 회사(경영진)의 범죄를 돕는 공인회계사는 (고의)방조범 또는 (처벌되지 않는 과실) 방조범이라는 불법구조의 차등에서 비롯된다. 투자자 유인에 대한 연대의식은 공인회계사가 불법적인 경제적 이득의 의사를 가진 경우에는 인정되지만 그렇지 않은 경우에는 당연히 인정되지 않는다.

이상돈, 부실감사판례연구, 법문사, 2006, p. 66.

---

11) 윤용희(2017)

모든 상행위의 옳고 그름을 판단하는 것은 법이다. 법 이외에도 실무를
규제하는 것 중에 규준이라는 것이 있는데 법은 반드시 지켜야 하는 것이니
hard law(강행규정)이라고도 불리며 규준은 법이 아니고 규준에 불과한 것이니
연성 규범(soft law)이라고 법조계에서 지칭되기도 한다.

외감법의 개정 안 중에 가장 핵심적인 내용의 변화는 기업, 감사인, 제도
등의 변화인데 그중에서도 기업과 관련된 제도의 변화가 핵심이다. 한국공인
회계사회는 한공회 차원에서의 감사위원회 모범 규준의 작성을 금융위로부터
위임받고 그 업무를 한국기업지배구조원에 위탁하였고 규준이 작성되었다. 이
규준의 내용을 설명하고 이슈가 되는 부분을 논한다.

1. 감사위원회 모범 규준

이사회는 감사위원회 산하에 내부감사부서의 설치 및 운영에 관한 규정
을 명문화하여야 한다.

삼정(2018) chapter 4의 내용에서 다음의 내용을 인용한다.

12월 결산 법인 중 2017년 사업보고서를 공시한 1,941개사를 대상으로 조사
한 결과 1,1117개(57%)가 내부감사부서를 설치하고, 그 사실을 공시하고 있
는 것으로 나타났다. 내부 감사 부서가 없거나 혹은 식별할 수 없는 기업은
824개사(42%)로 조사되었다. 2017년 기준 전체 국내 상장사의 약 40%가 내
부감사부서의 보고라인이 경영진으로 나타났으며, 감사(위원회)를 보고라인

---

1) 한국기업지배구조원. 감사위원회 운영 모범 규준 제정을 위한 정책토론회. 2018.2.7.

으로 하는 경우는 6% 미만이었다.

'내부회계관리제도 평가 및 보고 적용 기법' 내 독립적 실무조직 관련 주요사항

(문단 17) 경영진은 평가 대상 통제로부터 독립된 위치에 있는 자를 평가자로 지정하여 평가를 수행한다. '독립된 위치에 있는 자'란 통제수행자가 소속된 해당부서와 독립적인 제3자를 의미한다. 경영진은 내부회계관리제도의 독립적인 평가를 위해 평가 시점마다 별도의 임시조직(Task force팀 등)을 구성하거나, 일반 현업 부서와는 독립적인 상시 조직(예를 들어, 내부감사팀 등)을 통해 평가할 수 있다.

위의 내용에서 흥미로운 점은 내부회계관리제도의 평가를 위해서 상시 조직이 존재하지 않아도 되고 TF로 활동해도 된다고 기술하고 있다.

반면 국내의 경우 상장법인의 99%가 회계/자금/재무부서, 86%가 전산부서, 23%가 공시부서에서 내부회계관리제도의 운영과 감독을 담당하고 있는 것으로 조사됐다. 기타 부서 중 24사(1,764사 중 1.4%)가 내부감사부서로 나타났다.

반면에 금융기관의 지배구조법에 의하면 금융기관은 별도의 내부 감사부서를 운용하기를 요구받고 있다. 모범 규준은 높은 수준의 감사위원회 활동을 유지하기 위해서 이러한 기구의 별도 운영을 요구하고 있다.

내부 감사기구가 없다는 것보다는 많은 감사위원회가 재무파트의 행정 지원을 받고 있는데 재무파트는 감사위원회나 외부감사인의 감사의 대상이기도 하다. 감사위원회나 외부감사인의 업무가 재무 관련 업무가 다수이므로 재무파트의 지원을 받을 수도 있으나 문제는 감사위원회 위원들이 재무파트는 피감의 위치에 있다는 것을 인지하고 의구심을 가지고 행정 지원을 받아야 한다는 것이다. 물론, 가장 바람직하기는 별도의 감사 기구가 존재하는 것이지만 각 회사별 사정이 모두 다르므로 별도의 내부감사기구 조직을 운영한다는 것이 어려울 수도 있다.

2. 감사(감사위원회)에 대한 제재

_분식회계 및 부실감사에 책임이 있는 회계감사(감사위원회)와 회계법인 중간 감독자에 대한 조치기준 신설(보도자료, 금융감독원 2016.7.18.)

_감사(위원)의 감독 소홀로 중대한 분식회계 등 발생 시 해임권고 조치

_감사(위원)가 위법행위에 적극적 개입… 묵인방조 등 고의적 위반 행위 시 해임권고와 더불어 검찰고발(형사입건) 조치

_감사위원에 대한 해임 권고를 하는 것이나 분식회계를 실행한 CFO 나 대표이사에 대해서 해임권고를 하는 것이나 동일하다. 즉, 규준은 monitoring을 하는 주체인 감사위원에 대해서도 분식을 실행한 책임자 와 같은 수준의 책임을 묻겠다는 것이다.

3. 감사위원회 모범 규준

감사위원회에 대한 제재

감사위원이 고의 또는 과실로 법령 또는 정관에 위반한 행위를 하거나 그 임무를 게을리 한 때에는 그 위원은 회사에 대하여 연대하여 손해를 배상할 책임을 진다. 감사위원이 고의 또는 중대한 과실로 인하여 그 임무를 게을리 한 때에는 그 위원은 제3자에 대하여 연대하여 손해를 배상하여야 한다.

감사위원회의 사외이사 구성

2016년 말 기준

한국(2016년): 3명 이하인 기업(90.1%), 4인 이상인 기업(9.8%)

미국(2013년): 3명 이하인 기업(45%), 4명 이상인 기업(55%)

감사위원회의 인원이 많다는 것은 여러 영역의 전문가의 도움을 받을 수 있다는 장점이 있으나 위원 수가 많다는 것은 비용의 발생이 많아질 수 있다. 단, 감사위원은 동시에 사외이사이므로 어차피 사외이사로서의 급여를 받고 있으며 감사위원회 직을 수행한다고 추가 급여를 받는 경우는 거의 없는 것으로 알고 있다. 일부 기업은 감사위원장에게는 별도의 추가 급여를 지급하는 경우도 있는 듯하다.

우리나라의 경우, 대다수의 기업에서 감사위원회를 구성해야 하는 최소한 의 인원만으로 위원회를 구성하지만 미국의 경우는 4인 이상이 3인 이사의 경 우보다도 더 다수인 것을 볼 수 있다. 인원보다도 참여하는 감사위원들이 어 느 정도 소명감을 가지고 위원회 활동에 임하는지가 더 중요할 수도 있지만

그럼에도 위원회에서 전문가들이 중지를 모은다는 차원에서는 어느 정도 인원으로 위원회를 구성하는지도 중요하다.

또한 우리나라의 감사위원들이 현장 방문을 하는 경우는 매우 드문 것으로 아는데 미국의 감사위원들은 투입하는 시간도 매우 길지만 동시에 현장 방문에도 적극적인 것으로 보고되고 있다. 특히나 제조업인 경우, 현장이 매우 중요하며 상근이 아닌 감사위원들이 현장을 방문하고 현지에 나가 있는 임직원으로부터 의견을 듣고 현장감을 갖는다는 것은 생각보다 중요할 수 있다. 이사회나 감사위원회에서 문건으로 보고를 받는 것과 현장 방문은 현장감에서 차이가 있을 수밖에 없다.

위원회 인원이 많지 않을 경우, 위원회를 홀수로 구성하는 것이 더 의미가 있는 것이 위원회는 회의체 형태의 의사결정기구이므로 표결로 갔을 경우는 다수결로 결의를 하는 것이 당연한 것인데, 짝수의 위원회일 경우는 가부동수일 경우에는 의사결정을 하기 어려울 수도 있다. 물론, 언론에도 빈번하게 보도되었듯이 우리나라의 이사회나 감사위원회 안건이 부결되는 경우는 거의 없지만 그럼에도 제도는 제도이다.

미국 NYSE의 감사위원회 구성 요건을 보면 과반수 이상의 사외이사를 요구하고 있으며 SOX는 감사위원회를 전원 사외이사로 구성할 것을 요구하고 있다.

기업기배구조원에서 기업지배구조를 평가할 때에 자산 규모 2조원을 초과하는 기업의 경우는 회계 및 재무전문가가 최소 1인이 있어야 하는데 기업에서는 회계 및 재무전문가라고 분류하지만 기업지배구조원에서는 회계 및 재무전문가로서의 자질이 부족하다고 평가하는 경우도 있다.

법에서는 회계 및 재무전문가를 1인 이상으로 적고 있는데, 규준에는 2인 이상으로 규정하고 있다.

KOSPI 200 기업 중 2016년 말 감사위원회를 설치한 142개사의 감사위원회 안건 분류는 다음과 같다(삼정회계법인 ACI저널 2018년 1월호).

*재무감독 38.3%

*외부감사인 감독 15.5%

*내부감사감독 17.4%

*내부통제/내부감사장치 감독 8%

   －리스크관리 2.4%

   －자회사 감독 4.1%

   －대외커뮤니케이션 3.3%

   －경영일반 0.4%

   －이사회 감독 4.8%

*감사위원회 운영 2.4%

* = 81.6%

   *표시된 내용은 회계 및 감사전문가의 전문성을 필요로 하는 내용이라고 판단되며 거의 81.6%의 안건이 회계나 감사와 관련된다. 이러한 이유에서 한종수(2018)는 감사위원의 자격이 회계 및 재무 전문가가 아니라 회계 및 감사 전문가가 되어야 한다고 주장한다.

   감사위원회에 상정되는 안건을 보면 회계 관련된 안건이 빈번하게 상정되지만 특별하게 재무와 관련된 안건이 상정되는 경우는 그다지 많지 않다. 예를 들어 투자의사결정 등의 경우가 재무적 전문성을 필요로 하는 이사회의 의결사안일 수 있는데 이는 별도의 감사위원회의 결의 사안은 아니다.

   감사위원회 모범 규준안에서는 감사위원회가 수행하여야 하는 업무를 다음과 같이 나열하고 있다.

   －이사와 경영진의 업무 집행에 대한 적법성 감사

   －기업의 재무활동의 건전성과 타당성 감사

*재무보고 과정의 적절성과 재무보고의 정확성 검토

*중요한 회계처리 기준이나 회계 추정 변경의 타당성 검토

*내부통제시스템의 평가

*내부 감사부서 책임자의 임면에 대한 동의

*내부감사 부서의 역할, 조직, 예산의 적절성 평가

*내부 감사 부서의 활동에 대한 평가

*외부 감사인의 선임 및 해임과 주주총회에의 사후 보고

*외부 감사인의 독립성과 비감사활동의 적절성 평가

*내부 및 외부 감사결과 시정 사항에 대한 조치 확인

- 감사위원회 규정 명문화 및 그 내용의 공시
- 감사위원회의 활동과 독립성에 대한 내용의 주기적 공시

이 중에서 특히나 회계 및 감사 전문가의 전문성이 필요한 이유를 *로 표시하였는데 13개 항목 중에 4개 항목을 제외한 9개의 항목이 회계 및 감사전문가의 전문성을 필요로 한다.

2017년에 개정된 외감법이 2018년 11월부터 적용된다. 여러 가지 내용이 담겨 있지만 기업에 영향을 미치는 가장 핵심적인 내용은 감사위원회이다. 제도를 아무리 잘 만들어도 결국은 시행이 문제이다. 그리고 기업과 관련된 감사 업무의 중심에는 감사/감사위원회가 있다.

외부에서의 감사를 아무리 잘 수행한다고 해도 상시 감사가 될 수 없고, 결국은 monitoring은 내부에서 점검되어야 한다. 회계법인이 상시 감사 체제로 바꾼다고 해도 이에는 한계가 있을 수밖에 없고 해당 기업에 가서 상시로 일할 수 있는 시간에는 제한이 있다.

1998년 KPMG는 부정(fraud)을 누가 발견하는지에 대한 설문을 조사하였는데, 51%는 내부통제 기능이 발견하며, 43%는 내부감사인이 발견한다고 한다. 4%의 기업만이 외부 감사인이 부정을 발견한다고 보고하고 있다. 물론, 감사인의 역할이 부정 적발에 있는 것은 아니지만 감사과정에서 부정이 적발될 수도 있다.[2]

유사하게 Report to the Nations on occupational fraud and abuse(2016)에서는 2016년과 2014년 각각 기업부정 적발 출처를 다음과 같이 보고하였다.

2016년/2014년

tip 39.1%/42.2%

internal audit 16.5%/14.1%

management review 13.4%/16.0%

by accident 5.0%/6.8%

account reconciliation 5.5%/6.6%

---

2) Kinney, 2000, p.109.

other 5.5%/0.5%

document examination 3.8%/4.2%

external audit 3.8%/3.0%

notified by law enforcement 2.4%/2.2%

surveillance/monitoring 1.9%/2.6%

IT control 1.3%/1.1%

confession 1.3%/0.8%

흥미롭기는 external audit(외부감사)가 부정을 적발할 가능성은 3% 수준밖에 되지 않으며, tip이라는 내부자 고발이 차지하는 부분이 제일 높아서 내부자 고발의 중요성은 아무리 강조해도 지나치지 않으며 특히 최근에 와서 내부고발자를 보호하려는 제도가 강화되는 것도 이러한 차원에서 이해가 된다. 또한 internal audit에 의해서 부정이 적발될 가능성(약 15%)이 외부감사인으로부터 부정이 적발될 위험보다도 매우 높아서 암시하는 바가 크다. 이상돈(2007)의 저술에서 외부감사인이 내부 감사인의 보조자라는 표현이 잘못된 표현이 아닌 것으로도 판단된다.

공무원들은 국가를 위해서 일한다고는 하지만 가장 큰 관심이 있는 것은 승진이며, 군인들은 진급이 주 관심사다. 국회의원들도 동일한 얘기를 하지만 당선된 이후에 가장 큰 관심 사안은 재선이다. 사외이사/감사위원은 주주와 회사를 위해서 일을 해야 하며 동시에 우리나라와 같이 대부분의 기업이 소유와 경영이 분리되어 있지 않고 회사에는 최대주주가 있는데 결국 대부분의 기업은 감사위원회의 역할이 최대주주에 대한 감시역할에 있다고도 할 수 있다. 사외이사의 선임에 최대주주가 개입하게 되는데 이렇게 선임된 감사위원이 본인의 선임에 도움을 준 최대주주를 적절하게 감시할 수 있는지가 우리나라의 이사회/감사위원회 활동에서 가장 심각하고 현실적인 제약이라고 할 수 있다. 가장 이상적이기는 선임 과정이 어떻게 되었거나 신분과 임기가 보장되어 있으므로 맡겨진 역할을 잘 감당할 수 있도록 기대하는 수밖에는 대안이 없다.

물론, 소유와 경영이 분리되어 있지 않은 것이 회사에 나쁜 것인지에 대해서는 또 하나의 논란거리이다. 소유와 경영이 분리되어 있던 기업의 실패 case는 1997년의 IMF 경제위기 이전의 기아자동차가 좋은 사례일 것이다. 책임을 지지 않는 전문 경영인과 노조가 회사를 사유화하는 과정을 보게 된 것이다. 사유화의 과정을 거치면서 회사는 거의 빈껍데기로 남게 되는 것이다.

적어도 소유와 경영이 분리되지 않은 기업에서 이러한 현상은 발견할 수 없다. 이러한 경우, 부의 유출은 최대주주의 부의 유출을 의미하므로 최대주주가 이것을 용납하지 않게 된다. 우리는 흔히 미국식 경영이 표준이 되며 이를 우리의 role model로 삼아서 소유와 경영이 분리되는 것이 좋은 해답이라고 생각하기 쉽다. 그러나 예를 들어 이탈리아의 기업들의 특징을 보면 이들은 family 중심의 경영을 하고 있으며 기업 공개도 꺼리고 있다. 소유와 경영이 전혀 분리되지 않은 형태이지만 이탈리아의 family owned business에 많은 성공 사례가 존재한다.

agency problem이라는 것은 principal이 바로 agent일 경우는 이러한 문제가 발생하지 않는다. 소유와 경영이 분리될 경우에 agency problem이 발생한다.

그렇다면 사외이사 제도하에서도 사외이사의 이해가 주주의 이해와 일치(align)하도록 어느 정도 이상 지분을 가진 주주들 중에 사외이사를 선임하는 대안은 어떤가?

감사위원의 결격사유(상법 제542조의10 제2항)

발행주식 총수의 100분의 10 이상의 주식을 소유하거나 이사 집행임원 감사의 선임과 해임 등 상장회사의 주요 경영사항에 대하여 사실상의 영향력을 행사하는 주주(이하 '주요주주'라 한다) 및 그의 배우자와 직계 존속 비속

만약에 주주가 사외이사가 된다면 이사는 일반주주의 부의 극대화를 위해서 일하는 것보다도 본인 자신의 부의 극대화를 위해서 일할 수 있으므로 이러한 주주는 사외이사로는 적합히지 않다. 난, 사외이사 본인이 주주이므로 주주를 위하는 의사결정이 사외이사 본인을 위하는 의사결정이므로 이러한 점이 문제가 되는지 생각을 하게도 된다. 사외이사의 개념 자체가 기업의 이해와 직접적인 관련성이 없는 이사의 개념이므로 상근이 아니며, 또한 금전적으로 사외이사로서의 급여는 받지만 어느 정도 이상의 이해가 개입되는 것은 바람직하지 않다고도 할 수 있다.

따라서 주주는 0.5% 이상의 지분을 6개월 이상 가지고 있을 때, 주주제안의 자격이 있어서 사외이사를 추천할 수는 있지만 본인이 직접 사외이사가 될 수는 없다.

상법에서 정의하는 사외이사는 이사를 사내이사, 사외이사, 기타 비상무이사로 구분하므로 회사에 상근으로 몸 담고 있지 않거나 해당 회사의 계열사에도 상근으로 관여하고 있지 않다고 하면 사외이사의 자격이 되는 것이다.

은행 주식 1% 이상의 지분을 보유하는 주주는 사외이사가 불가하다(은행업 감독규정 제19조 제1항, 은행연합회 은행 등의 지배구조모범규준 제9조 제5항). 단, 0.5% 이상의 지분을 가진 주주는 주주제안에 의해서 사외이사를 추천하는 것은 가능하다.

그렇기 때문에 최대주주라고 하여도 감사의 선임에 3%의 한도를 두는 제도는 그러한 차원에서 설득력이 있다. 즉, 특정인들이 너무 지배적인 의견을 표출하고 기업 경영에 개입하는 것을 미연에 방지하려는 것이다.

회계법인에게 피감기업의 감사에 관여하는 임직원에게는 해당 피감기업의 주식을 보유하지 못하게 하고 있다. 감사기준에서의 외관상의 독립성을 강제하는 과정이다. 피감기업의 주식을 몇 주 보유한다고 해서 감사인의 독립성이 훼손되는 것은 아니지만 외관적으로 볼 때, 아무래도 이해 상충이 존재한다.

김유경(2016)에 의하면 65% 기업의 사외이사추천위원회에 CEO가 위원으로 있는 상황에서 CEO 또는 CEO면서 최대주주가 영향력을 행사하여 선임한 사외이사 또는 사외이사/감사위원이 최대주주에 대한 감시역할을 충실히 수행할 수 있을지에 대한 의문이 있다.

이사회도 그러하지만 감사위원회도 자기권력화, monitors' monitoring problem 등을 해결하여야 한다. 즉, 이사회와 감사위원회는 누가 monitor할 것인지의 문제도 발생한다.

이사회보다도 감사위원회는 감시역할이 더 주가 되는 활동을 수행하며 감사위원회는 상법에 의해서 설치된 위원회이다. 사외이사/감사위원의 경우, 상법에 의해서 1년에서 3년의 임기를 갖게 되는데[3]재임을 생각하면 제대로 된 감시역할을 수행하기 어렵다. 물론, 사외이사/감사위원이 경제적인 보상이 있고 많은 경우에 연임을 하게 된다.

---

3) 상법에 의해서 이사의 임기는 3년을 초과할 수는 없다.

간혹, 감사위원회를 이사회의 하부위원회라고 표현하는 경우도 있는데 감사위원회의 감사위원이 이사회의 이사와 같이 주주총회에서 별도로 선임되므로 감사위원회를 이사회의 하부위원회로 정의하는 것은 적절하지 않다.

감사위원의 신분적 보장에 의해서 기술한다.[4]

일반적인 경우에 '감사위원'은 이사 총수의 3분의 2 이상의 결의에 의해 이사회에서 해임되므로(상법 제393조의2, 제415조의2), 주주회의에서의 의견 진술권을 보장할 필요가 없다.

비상장회사의 '감사위원'은 이사회에서 해임되며, 감사위원의 해임에 관한 이사회의 결의는 엄격한 기준을 적용하여 이사 총수의 3분의 2 이상의 결의로 하여야 한다(상법 제415의2).

그러나 상장회사의 감사위원은 주주총회에서 해임되므로(상법 제542조의12), 감사와 동일하게 의견 진술권을 보장할 필요가 있다.

감사위원회가 이사회의 하부 위원회인지 아닌지의 논란은 다음의 상법 규정에 근거하는 듯하다.

상법 제415조의2에 의하면 감사위원회는 상법 제393조의2에 의한 이사회 내 위원회이다. 그러나 제542조의12에 의하면 감사위원의 선임과 해임은 주총 의결 사안이라고 정하고 있어서 이사회 내 위원회라는 개념에 혼란이 온다.

단, 자산 규모 1,000억원이 되지 않는 기업의 감사/감사위원은 이사회가 선임할 수 있다.

금융사 지배구조법에서의 이사회 내 위원회의 구성에서는 감사위원회를 이사회 내 위원회로 나열하고 있다.

제16조(이사회 내 위원회의 설치 및 구성)

① 금융회사는 「상법」 제393조의2에 따른 이사회 내 위원회로서 다음 각 호의 위원회(이하 이 조에서 "위원회"라 한다)를 설치하여야 한다. 이 경우 제2호의 감사위원회는 「상법」 제415조의2에 따른 감사위원회로 본다.

---

4) 삼정(2019)의 chapter 4의 내용이다.

1. 임원후보추천위원회

2. 감사위원회

3. 위험관리위원회

4. 보수위원회

② 제1항 제4호에도 불구하고 금융회사의 정관에서 정하는 바에 따라 감사위원회가 제22조 제1항 각 호에 관한 사항을 심의·의결하는 경우에는 보수위원회를 설치하지 아니할 수 있다. 다만, 대통령령으로 정하는 금융회사의 경우에는 그러하지 아니하다.

③ 위원회 위원의 과반수는 사외이사로 구성한다.

④ 위원회의 대표는 사외이사로 한다.

제2조(정의)

이 법에서 사용하는 용어의 뜻은 다음과 같다.

1. "금융회사"란 다음 각 목의 어느 하나에 해당하는 회사를 말한다.

가.「은행법」에 따른 인가를 받아 설립된 은행

나.「자본시장과 금융투자업에 관한 법률」에 따른 금융투자업자 및 종합금융회사

다.「보험업법」에 따른 보험회사

라.「상호저축은행법」에 따른 상호저축은행

마.「여신전문금융업법」에 따른 여신전문금융회사

바.「금융지주회사법」에 따른 금융지주회사

사. 그 밖의 법률에 따라 금융업무를 하는 회사로서 대통령령으로 정하는 회사

제393조의2(이사회 내 위원회) ① 이사회는 정관이 정한 바에 따라 위원회를 설치할 수 있다.

② 이사회는 다음 각호의 사항을 제외하고는 그 권한을 위원회에 위임할 수 있다.

1. 주주총회의 승인을 요하는 사항의 제안

2. 대표이사의 선임 및 해임

3. 위원회의 설치와 그 위원의 선임 및 해임

4. 정관에서 정하는 사항

③ 위원회는 2인 이상의 이사로 구성한다.

④ 위원회는 결의된 사항을 각 이사에게 통지하여야 한다. 이 경우 이를 통지받은 각 이사는 이사회의 소집을 요구할 수 있으며, 이사회는 위원회가 결의한 사항에 대하여 다시 결의할 수 있다.

⑤ 제386조제1항·제390조·제391조·제391조의3 및 제392조의 규정은 위원회에 관하여 이를 준용한다.

[본조신설 1999. 12. 31.]

상법 제415조의2(감사위원회)

① 회사는 정관이 정한 바에 따라 감사에 갈음하여 제393조의2의 규정에 의한 위원회로서 감사위원회를 설치할 수 있다. 감사위원회를 설치한 경우에는 감사를 둘 수 없다.

따라서, 상법은 감사위원회에 고유한 사항에 대해서는 따로 규정을 두고 있지만, 감사위원회의 운영에 관해서는 이사회내 위원회의 규정을 대부분 적용하고 있는 것이다.

제542조의12(감사위원회의 구성 등) ① 제542조의11 제1항의 상장회사의 경우 제393조의2에도 불구하고 감사위원회위원을 선임하거나 해임하는 권한은 주주총회에 있다.

외국의 경우 주총에서 이사회의 이사를 선임하고 이 이사회에서 감사위원회를 구성한다며 이러한 경우는 감사위원회를 이사회의 하부 이사회(sub-committee)라고 구분할 수도 있다.

상법은 이사회 내 위원회에서 결의된 사항을 이사회가 다시 결의할 수 있도록 규정하고 있다(제393조의2 제4항). 그러나 동 규정이 감사위원회의 독립성을 저해할 수 있다는 판단에 따라 2009년 상법 개정 때 감사위원회의 결의사항에 대해서는 이사회에서 재결의할 수 없도록 하는 조항을 신설하였다(제415조의2 제6항).

이러한 내용을 보더라도 감사위원회가 이사회의 sub committee 성격이라고 규정하는 것은 옳지 않다. 위의 상법 조항의 개정 시점에도 감사위원회의 이사회로부터의 독립성에 대해서 고민을 하여서 규정화한 내용이다.

자산규모가 1,000억원이 넘는 경우는 상근감사를 선임하게 되어 있지만 1,000억원이 넘지 않는 경우는 임의적으로 비상근감사를 선임하여도 되는데 이러한 경우는 주총에서 선임하지 않고 이사회에서 주총이 선임한 사외이사 중에서 감사위원을 선임할 수 있다.

이사회가 되었건 감사위원회가 되었건 이사/위원의 자격에 있어서 가장 중요한 큰 두 가지 자격 요건이 전문성과 독립성이다. 전문성이 부족하다면 교육 등을 통해서 이러한 능력이 제고될 수 있지만 독립성이 부족한 것은 감사위원 본인 성향의 문제이므로 교육 등으로 보충이 불가하다. 물론, 공인회계사들도 기업 윤리 교육 등이 있으므로 교육으로 독립성이 제고된다고도 할 수 있지만 윤리가 교육에 의해서 높아질 수 있는 성격인지에 대해서는 이견이 있을 수 있다.

물론, 대학에서의 기업 윤리 교과목에 대해서도 같은 비판이 있다. 윤리란 가정이나 종교적으로 해결할 문제인데 이를 강의실 세팅에서 교육한다는 것에 대해서 회의적인 시각도 있다.

이사회나 감사위원회가 적절하지 않은 의사결정을 수행하는 것을 제어할 수 있는 가장 강력한 제제수단은 평가이며 또한 민사에 의한 손해배상소송이거나 감독기관에 의한 징계이다. 2017년 개정된 외감법에는 회계담당 임원뿐만 아니라 감사위원에게도 과징금을 부과할 수 있는 제도가 도입되었다.

신분적 또는 경제적으로 보장이 되는 position에 선임된 사외이사/감사위원들이 연임을 생각하는 것은 어떻게 보면 인지상정일 수 있지만 연임에 대한 관심이 수행하는 업무의 독립성을 훼손하면 안 된다. 한 기업지배구조 전문가는 그렇기 때문에 사외이사의 업무를 적절하게 수행하기 위해서는 임기를 단임으로 해야 한다는 주장을 하기도 한다.

감사위원들의 업무가 적절하지 않을 경우는 이에 대한 책임을 물어야 하는 것이다. 평가와 책임이 뒤따르지 않고 권한만 있다면 이는 매우 무책임한 권한만을 남용하게 될 위험이 있다.

금융기관에 대한 지배구조모범규준은 금융기관지배구조법(2016.8 시행)으로 법제화되었으므로 더 이상 큰 의미가 없다.

금융회사지배구조법은 금융회사라는 성격 때문에 기업 중에서는 가장 높은 수준의 기업지배구조를 목표로 한다. 따라서 감사위원회 모범규준도 금융회사지배구조법에 규정된 내용과 유사한 내용도 포함하고 있다. 예를 들어, 금융회사지배구조법에서 감사위원회 모범 규준안에 포함된 내용 중, 이슈가 될 수 있는 내용을 기술한다.

상법에서는 자산규모 2조원을 넘는 기업에 감사위원회가 강제되는데 규준에서는 자산규모 1조원이 넘는 기업에 제안하는 것으로 되어 있다. 규준 안 설명회에서도 규준은 규준에 불과하고 상법과 불합치하는 것도 불합리하며 상법에서 강제하고 있지 않은 내용을 규준이 강제하는 것은 적절하지 않다는 비판도 있었다.

독일에서는 지금도 회계 재무 전문가를 감사위원회 위원장으로 선임하도록 되어 있는데 우리의 경우는 자산 규모 2조원이 넘는 기업에 대해서만 회계/재무 전문가를 선임하도록 강제하고 있다. 규준에서는 독일과 같이 회계 및 재무 전문가를 위원장으로 선임하도록 권하고 있다. 위원회의 위원장이라는 것이 회의를 주재하고 표결로 의결이 진행되는 경우에는 다른 위원들과 동일한 한 표를 행사하는 것이지만 결론을 도출하는 과정에서 위원장의 역할은 결코 경미하지 않다. 그렇기 때문에 감사위원회의 위원장은 사외이사가 맡는 것으로 의무화하고 있다.

설명회에서는 재무전문가와 회계전문가는 구분되어야 하며 감사위원회에서 다루는 안건이 많은 경우 회계 관련 안건이므로 회계 전문가가 이 position에 더 적임이라는 의견이 제시되었지만 그럼에도 법에 회계 및 재무전문가라고 되어 있으니 이를 규준이 규준의 범주를 넘을 수는 없다.

감사위원회의 2017년 설치 현황은 다음과 같다.[5]

145개 유가증권 상장기업은 자산 규모 2조원 이상으로 의무화되어 있고, 1,000억~2조원의 자산규모를 가진 기업 중, 177개사는 상근감사는 필요하지만 감사위원회가 의무화되어 있지 않음에도 자발적으로 감사위원회를 설치하였다. 1,000억 미만 기업일 경우는 상근감사가 강제되지 않음에도 7개사가 감

---

5) 공청회에서의 상장회사협의회 정우용전무의 발표 내용.

사위원회를 설치하였다.

선관의무(선량한 관리자의 의무)는 duty of care만 하면 되는 것인지 아니면 충실의무(duty of loyalty)까지 포함하는 것인지에 대한 의문이 있는데 상법에는 충실의무까지 포함하는 것으로 되어 있다. duty of care는 소극적인 의무라고 할 수 있고, 충실의무는 적극적인 의무라고 분류할 수 있다.

제382조의3(이사의 충실의무) 이사는 법령과 정관의 규정에 따라 회사를 위하여 그 직무를 충실하게 수행하여야 한다.

선관의 의무(duty of care)는 상법에서는 6곳에서 나타난다. 실질적으로 선관의 의무인지 충실의 의무인지를 명확히 구분하기는 어렵지만 그럼에도 상징적으로 충실의무를 요구하면서 이사들에게 전향적으로 이사의 의무를 수행할 것을 의무화하고 있다.

모범규준(안)에 보면 감사위원회

3.1 감사위원회(운영규정) 이사회는 감사위원회의 목표, 조직, 권한과 책임 그리고 업무 등에 관한 규정을 명문화하여야 한다.

토론회에서도 감사위원회 운영규정을 감사위원회가 아니고 이사회가 제정하는 것은 무엇인가 맞지 않는다는 점이 지적되었다는데 2018년 5월 규준에도 이 내용은 수정 없이 확정되었다. 이사회와 감사위원회는 상법이 정하는 별도의 위원회이다. 이사회와 감사위원회가 모두 등기한 이사로 구성되며 감사위원회는 이사회의 이사 모두로 구성될 수도 있고 사외이사 일부만으로 구성될 수 있다. 대부분의 경우는 전부 사외이사로 구성되거나 아니면 사외이사와 상근 감사위원이 포함되어 구성될 수 있으므로 이사회와 감사위원회의 위상과 관련되어 혼선이 있을 수 있지만 이사회와 감사위원회는 상법이 정한 위원회로 별개의 위원회이다. member가 거의 중복될 수 있을 뿐이다.

예를 들어 금융지주와 산하 계열인 은행일 경우는 이사회를 통합하여 운영할 수는 있고 과거에 SC은행도 그렇게 운영하였다. 그러나 이는 한 위원회가 유사한 업무를 수행한다는 것뿐이지 별개의 임무를 갖는 위원회이다. 이는 다음의 규정에 근거한다.

최근에 금융지주로 설립된 우리은행 지주의 경우도 지주와 은행에 동시에 등기한 사외이사도 있고 지주에만 등기한 사외이사가 섞여 있다.

특례 제23조(금융회사 등의 완전 자회사 등의⋯)

① 금융지주회사가 발행주식 총수를 소유하는 자회사 및 그 자회사가 발행주식 총수를 소유하는 손자회사(손자회사가 발행주식 총수를 소유하는 증손회사를 포함한다. 이하에서 "완전자회사등"이라 한다)는 경영의 투명성 등 대통령령으로 정하는 요건에 해당하는 경우에는 제12조 및 제16조에도 불구하고 사외이사를 두지 아니하거나 이사회 내 위원회를 설치하지 아니할 수 있다.

② 제1항에 따라 완전자회사등이 감사위원회를 설치하지 아니할 때에는 상근감사를 임하여야 한다.

감사위원회 규정을 감사위원회가 아니라 이사회가 제정한다는 것과 같은 혼선은 감사위원회를 위와 같은 구성원의 이슈 때문에 이사회의 하부위원회(sub committee)로 이해하기 때문이다. 그러나 감사위원은 기업지배구조상 최고점에 있는 주주총회가 선임한 위원으로 신분적으로도 임기로도 보장이 되어 있다.

신분과 임기가 보장되어 있다는 것은 그만큼 임기 동안만큼은 제도적으로 독립성을 확보해 준 것이다.

물론, 업무상 감사위원회가 감사위원회의 회의 결과를 이사회에 보고할 수 있지만 그렇다고 감사위원회가 이사회 하부에 위치하는 것은 아니다. 예를 들어, 결산시점에 가결산에 대해서 감사위원회는 재무제표와 감사과정을 보고받고 이를 이사회에 보고할 수 있다. 이는 업무상 그렇게 하는 것이지 이사회가 반드시 감사위원회가 상위 위원회라서 그렇게 하는 것은 아니다.

우리 기업에는 이사회 밑에 평가보상위원회, 리스크관리위원회, 내부거래위원회, 사외이사추천위원회, 임원추천위원회 등의 위원회를 두고 있는 경우가 있다. 이들 위원회는 이사들이 주총에서 선임된 이후에 이사회에서 별도의 위원회를 구성하는 경우라서 감사위원회와는 위상과 성격이 다르다. 물론, 상법에서 강제되는 위원회가 아니므로 이러한 위원회를 어떻게 구성할지는 이사회가 판단할 문제이다. 물론, 금융지주 등에는 지배구조에서 매우 중요한 회장추천위원회를 가동할 수 있다. 사외이사후보추천위원회는 상법에서 정의하고 있다.

일부 기업에서는 기업의 사내 이사로 구성된 경영위원회를 가동하기도 한다. 이는 매번 비상근인 사외이사들과 같이 위원회 활동을 하면서 기업 내 의사결정을 수행하는 것이 용이하지 않으므로 규정을 제정하여 이사회 단계에까지 보고하거나 의결할 필요가 없는 내용을 경영위원회에서 의사결정하고 이를 이사회에 보고하는 형태를 취하고 있다.

따라서 어떠한 위원회가 어떠한 위상을 가진 위원회인지를 판단함에 있어서는 어느 기관이 선임한 것인지 즉, 임명권자가 누구인지가 그 판단의 근거일 수 있다. 예를 들어 일부 특수한 기업의 경우를 제외하고는 대표이사는 이사회에서 선임하지 주총에서 선임하지 않는다.

최근 들어 self 연임에 관련된 내용이 이슈가 되면서 사외이사후보추천위원회와 회장추천위원회에 CEO의 포함 여부가 초미의 관심이 되고 있다. 주인이 없는 KB금융지주, 포스코, KT, KT&G 등의 기업에 있어서는 2018년 6/7월의 포스코 회장 선임과정에서도 관찰하였듯이, CEO 선임이 기업지배구조에 있어서의 가장 중요한 의사결정 안건이다.

주총 이후에 첫 이사회에서 선임된 이사 중에 대표이사를 선임하게 된다. 해임의 경우도 선임을 했던 기관에서 해임을 하게 된다. 대표이사의 선임기관이 대부분의 회사에서 이사회이므로 해임의 권한도 이사회에 있다. 정관에 의해서 대표이사를 주총에서 별도 선임하는 특수한 경우도 있다. 예를 들어 한국전력의 대표이사는 다른 이사/감사의 임기인 2년의 임기와는 달리 3년의 임기로 주총에서 별도로 선임된다. 일단. 임기 자체가 다르므로 기타 이사의 선임과는 다른 과정을 거쳐야 한다.

수년 전 롯데에서 신격호 총괄회장이 이사회 진행중에, 이사회 의결과정이 없이 일부의 이사를 손가락으로 가리키며 당신은 해임되었다고 통보하면서 언론에서 소위 '손가락 해임'이라는 일부 기업의 행태가 지적되었다. 하긴 틸러슨 국무장관은 트럼프 대통령으로부터 전화로 해임을 통보받기 전에 대통령이 해임을 트위터에 먼저 올렸다고 하니 적법하지 않은 절차가 정치권과 경제계에 횡횡한다고 하겠다.

이러한 재벌 기업에서의 제왕적인 총수의 모습은 어제 오늘의 얘기가 아니다. 오래전 IMF 시절, 한보의 정태수 전 회장이 국회 청문회에서 언급한 '머슴론'은 제왕적 총수의 위치를 가늠하게 하는 자주 인용되고 회자되는 언사이다. 아무리 대표이사 사장이라고 해도 최대주주 owner의 입장에서는 머슴에 불과한데 회사 관련된 주요한 사안을 owner 이외에 전문 경영인 사장이 어떻게 알 것인가라는 언사를 이와 같이 표현한 것이다. 그야말로 전근대적인 경영의 형태이다. 이렇게 기업을 운영하려면 기업을 공개하지 않고 사기업의 형태로 가져가면 되는 것이다.

따라서 주총에서 대표이사를 해임하는 경우보다 이사회에서는 해임이 더 쉬울 수 있다. 경영권 분쟁이 있는 경우도 누가 이사회를 장악하고 있는지에 의해서 대표이사의 해임과 선임이 진행될 수 있다.

2009년 7월 28일 금호아시아나 이사회에서 최대주주의 인척인 박찬구 이사가 대표이사에서 해임되는 사건이 발생하였다. 7명의 이사가 참석하여 6명의 이사가 해임에 찬성했으니 다수결 의결로 결정된 것이다.

그러다 보니 주총 선임으로 신분과 임기가 보장된다는 것이 기업지배구조에서 얼마나 중요한 일인지를 실감하게 된다. 이와 같이 대표이사와 감사위원회의 위원을 비교해 보면 엄청난 신분의 차이를 느낄 수 있다. '대표'라는 title은 다른 이사들이 집단으로 이사회를 장악하면 언제든지 해촉될 수 있는 직책이다. 그러한 차원에서 이사회의 선임이나 해임 의사결정은 누가 이사회를 장악하고 있는지에 의한 정치적인 의사결정이기 쉽다.

공공기관일 경우도 동일하다. 한국전력의 사장과 감사는 인사권자가 대통령이다. 대통령이 임명한 사장의 신분과 임기는 정권이 바뀌지 않는 한, 임기 동안에는 확실히 보장되어 있다. 특히나 한전은 매우 특이하게도 사장의 임기(3년)와 등기하는 사내이사의 임기(2년)가 정관에서 달리 정해져 있다.

서울보증보험과 같은 회사도 대표이사와 감사의 임기는 3년인데, 이사의 임기는 2년이고 1년씩 연임이 가능하다.

이러한 감사위원회를 이사회 하부 위원회로 분류하는 것은 감사위원회의 법적 지위를 폄하하는 판단이다.

따라서 감사위원회는 주총에서 선임된, 상법상의 기관으로 이사회에서 선임된 대표이사보다도(대표이사가 이사회에서 선임되는 기업의 경우) 그 위치가 더

공고할 수 있다. 물론 대표이사는 대표이사로서의 엄청난 권한과 업무를 수행하기는 하지만 이사회에 의해 대표에서 해촉될 수 있다.

가끔 회사의 사정으로 주총 시점이 아닌 시점에 대표이사가 변경되는 경우가 있다. 다음과 같이 처리가 될 수 있다.

대표이사가 새로이 선임되는 대표이사와 공동 대표이사로 남는 경우는 신규 대표이사가 추가로 이사회에서 선임만 되면 되고, 새로이 선임되는 대표이사만 대표이사로 세울 경우, 기존의 대표이사가 대표이사는 아니지만 이사로 남을 경우는 이사회에서 대표이사 해임 의결만 하면 된다. 단, 해임되는 대표이사가 대표 이사뿐만 아니고 등기임원에서 해임되는 것이면 정기주총이나 임시주총에서 이 이사를 해임해야 한다. 임시 주총을 하면서까지 대표이사를 해임할 필요성이 있지 않는 한, 임기를 마칠 때까지 이사로서 활동을 하도록 하는 것이 일반적이다. 물론, 대표이사 사퇴의 경우는 해임이 아니므로 사퇴의 사를 표명하는 것으로 사임이 가능하다.

이러한 차원에서는 증권선물위원회가 분식을 수행한 기업에게 부과하는 행정 조치인 CFO나 CEO의 해임권고도 어느 정도의 오해의 소지가 있다. CEO에 대해서만 생각을 해 보면 CEO 해임권고라는 행정 조치는 엄밀하게 구분하면 두 가지로 구분될 수 있다. 하나는 이사가 아니라 대표이사로서의 권한에 대한 조치라고 하면 이는 이사의 지위는 유지하며 '대표'로서의 위치와 권한만 정지하는 것일 수 있으며 그렇다면 이 조치는 이사회에 권고되어야 한다.

그러나 실제로 대표이사의 해임권고가 주주총회에 부과되는 것을 보면 '대표' 해임 권고라기보다는 '대표이사'와 '이사'의 해임권고라고 이해하면 된다. 이사가 아니면 당연히 대표이사도 맡을 수 없는 것이다. 그리고 회사에서 대표이사를 맡다가 대표이사가 아닌 이사를 맡게 되면 역할 자체가 없어지는 경우이므로 잔여 임기를 채우는 경우를 제외하고는 대표이사 해임권고는 대표로서의 이사와 이사로서의 지위를 모두 잃게 되는 것으로 이해하면 된다. 물론, 대표이사로서만 해임된다면 이사로서의 지위는 임기까지는 유지된다.

통상적으로 임원해임 권고라고 하면 주총에 권고되며 따라서 이사의 자격을 중단하라는 의미이다. 당연히 CFO 또는 CEO는 맡지 못하게 된다.

물론, CFO에 대해서 해임권고를 하려고 해도 CFO가 등기임원이 아니고 집행(명목상의) 임원이라고 하면 집행임원은 상법상의 이사가 아니고 해임권고의 대상이 아니므로 이 책임이 대표이사에게까지 올라가게 된다.

단, 해임권고는 권고에 불과하며 명령이 아니므로 강제성은 없다. 따라서 일부 기업에서는 CEO가 분식회계에 대해서 책임을 지지 않으려고 하면 CFO를 등기하도록 하여 회계에 대한 책임을 맡겨야 한다는 얘기도 한다.

물론, 대표이사의 선임을 이사회가 아니라 주주총회에서 하는 것으로 정관을 변경할 수 있다. 예를 들어 예금보험공사의 자회사인 서울보증보험의 대표이사 선임은 이사회가 아니라 주총의결 사안이다. 한국전력의 경우, 대표이사 임명권은 대통령에게 있지만 동시에 한전이 상장기업이므로 주총이라는 과정을 당연히 거쳐야 한다.

상근감사가 감사위원회에 포함되는 것이 더 좋은지 아니면 사외이사로만 감사위원회를 구성하는 것이 더 좋은지에 추가하여 최근에 와서는 이사회를 구성함에 있어서 대표이사 이외에는 사내이사를 제외하고 모두 사외이사로 구성하는 회사도 있다. 예를 들어 하나금융지주일 경우 2018년 3월 주총까지는 지주사의 부회장과 하나은행장이 금융지주 이사회 이사였는데 2018년 주총에서 사내이사가 연임을 하지 않고 지주회장 CEO 이외에는 모두 사외이사로만 선임하게 되었다.

제도에 의하면 사외이사가 이사회의 과반수만 넘으면 되는데, 사내이사가 1인만 등기한다는 것은 너무 과도한 사외이사 집중이 아닌가라고 생각된다. 하나금융지주에서 사내이사를 대표이사 1인만 둔 이유는, 이사회 내 여러 sub committee를 구성함에 있어서 거의 모두 사외이사로 구성하는데 그렇게 하다 보니 이사회 내에서 사내이사들의 역할 자체가 없어졌다고 한다. 사내이사가 의장을 맡도록 이사회를 운영할 경우, 사내이사가 1인밖에 없고 사외이사가 의장 대행을 사외이사가 맡아 주어야 한다.

손해보험업계에서는 사내이사가 이사회 의장을 맡을 경우, 사외이사 1인 중, 선임사외이사를 선임하여 어느 정도의 임무를 맡기기도 하지만 이들의 역할 자체가 제한될 수밖에 없다. 선임사외이사가 어떠한 역할을 맡아야 하는지에 대한 명확한 job description도 없다.

이 정도까지 이사회에서 사내이사를 배제하고 사외이사들이 모든 의사결정을 수행할 정도로 사외이사들이 회사에 대한 이해도가 높은지에 대한 의문이 있다. 우리말에 '선무당이 사람 잡는다'는 표현이 있는데 상근으로 회사에 근무하는 임원들과 비상근으로 회사의 경영에 참여하는 이사들의 회사 경영에 대한 이해도 및 정보 접근 범주에는 차이가 있을 수밖에 없다. 단, 외국의 선진기업의 경우도 대표이사만을 제외하고는 거의 모든 이사회의 구성을 사외이사로 하는 경우가 많다고 한다.

법에서 사외이사의 비중이 자산규모 2조원이 넘는 기업은 과반수가 되어야 하며 그렇지 않은 기업은 1/4 이상이 되어야 하는데 이러한 상법에서의 규정도 사내와 사외의 균형을 생각하며 정했을 것이다. 즉, 2조원이 넘는 기업의 경우, 과반으로 사외이사의 비율을 정한 것을 보면 이 criteria보다 높은 것을 인정하는 내용이다. 다만, 사내이사의 비율에 대해서는 언급하고 있지 않으므로 사내이사의 수가 적은 것에 대해서는 문제를 삼고 있지 않다.

한국경제신문. 2018.3.9. ─────────────
"목소리 커진 주주 눈높이 맞춰라"…투명경영 배당 확대 '잰걸음'

포스코는 사외이사 정원을 12명에서 13명으로 늘리는 정관 변경 안건을 주총에서 처리한다. 사내이사(5명)보다 사외이사 수를 늘려 각종 경영판단 등을 할 때 외부의 객관적인 목소리를 많이 반영하기 위해서다.
─────────────

아마 이 정도 인원의 이사회라고 하면 국내 기업 중 가장 많은 사외이사를 보유하고 있는 기업 중 하나가 아닌가 한다.[6] 단, 이는 정관에서 정하는 정원의 이슈이지 반드시 이러한 수로 이사회를 구성해야 한다는 것은 아니다. 주주총회에서 의결하는 이사보수한도도 그러하다. 대부분의 기업에서의 이사보수 한도는 매우 높게 책정되어 있는데 이 보수로 실질적인 급여가 지급되는 것이 아니고 이 급여 한도에는 임원들의 퇴직금 등도 포함될 수 있어서 높게 책정되어 있는 것이다.

─────────────
6) chapter 29에서는 이사회를 15인으로 구성한 S-oil의 경우도 기술되어 있다.

실질적으로 포스코는 이 정관 개정 이후, 주주제안에 의해서 네덜란드연기금자산(APG)과 Robeco(로테르담투자컨소시엄)에 의해서 한 인사가 사외이사로 내정되었다가 일신상의 이유로 사퇴하게 되었다.

금융회사의 지배구조에 관한 법률은 2015년 7월에 제정되고 2016년 8월부터 강제되는데, 감사업무 지원 부서의 별도 설치가 강제되고 있으며 감사위원회 모범 규준에서도 별도의 부서의 설치를 권하고 있다.

금융기관일 경우는 지배구조가 다른 일반 기업에 비해서 더 중요하므로 감사업무 지원 부서의 설치가 강제화되고 있다. 다른 기업의 경우는 별도의 감사 업무 지원부서가 존재하는 경우도 있지만 다른 부서에서 이러한 업무를 처리하는 경우도 적지 않은 듯하다. 일단, 인원이 많지 않은 회사의 경우가 그러하지만 그럼에도 별도의 부서를 두지 않는 경우도 있을 수 있는데 이 경우, 재무파트에서 주로 감사위원회를 행정적으로 지원하게 된다. 이는 감사위원회의 주 업무가 업무감사와 회계감사인데 업무 감사보다는 회계감사에 치중될 가능성이 더 높기 때문이다.

일부 재벌그룹의 경우는 그룹사 차원에서 강력한 감사 기능을 운용하고 있는 경우도 있다. 삼성의 해체된 미래전략실의 경우는 진단팀의 감사는 막강한 권한을 가졌던 경우이다. 삼성뿐만 아니라 다른 재벌도 유사하게 그룹사 차원에서 이러한 기능을 맡는 경우도 있는데 성격은 달라도 계열사에 별도의 감사 조직을 갖는다는 것이 인력의 중복일 수도 있다. 그러나 삼성이 그룹사 차원에서 운영한 미전실 진단팀의 업무는 개별 기업의 감사위원회 활동과는 무관하다.

영국 FTSE 상장 상위 기업 250개사 내부감사조직 부재 시 사유를 공시해야 한다.

기업은행은 중소기업은행법 제24조에 의해서 감사위원회 설치가 되고 있지 않다. 거의 모든 금융지주와 은행이 감사위원회가 구성되어 있는 것에 비해서 매우 특이하여 이곳에 기술한다.

제24조(임원)

① 중소기업에는 임원으로 은행장, 전무이사, 이사 및 감사를 둔다.

② 은행장 및 감사는 각 1명으로 하고, 전무이사 및 이사의 정수는 정관으로 정한다.

제25조(임원의 임무)

⑤ 감사는 중소기업은행의 업무와 회계를 감사한다.

제25조의2(이사회)

⑥ 감사는 이사회에 출석하여 의견을 진술할 수 있다.

제26조(임원의 임면)

③ 감사는 금융위원회가 임면한다.

2017년 연차보고서에는 감사위원회가 구성되어 있지 않은 점이 매우 특이하므로 다음과 같이 적고 있다.

당행은 일반 시중은행과 달리 특별법인 중소기업은행법에 의해 설립된 특수은행으로 감사위원회(중소기업은행법 제24조의 ①항)와 임원추천위원회 및 사외이사후보추천위원회(중소기업은행법 제26조 ①②)는 운영하고 있지 않습니다.

대부분의 금융지주와 은행이 상근감사위원 선임 여부와 무관하게 감사위원회를 운영하는 것과는 많은 차이가 있다.

미국의 감사위원회는 우리나라의 경우보다는 감사위원회의 업무로 요구되는 업무가 더 포괄적이다. 아래의 내용에 보면 애널리스트들의 예측 정보에까지도 감사위원회가 follow up할 의무를 부과하고 있다.[7]

미국의 경우, NYSE section 303A에서 감사위원회가 애널리스트 및 평가기관에 제공하는 실적예측치에 대한 검토와 회계원칙과 관련한 주요 이슈 및 전기와 다른 회계처리 방식 등에 대한 감독을 명시하고 있다.

---

7) 심징(2018) chapter 4.

계속 기업 가정 검토(close call)는 자산총액이 2조원 이상인 상장법인부터 먼저 적용하고, 순차적으로 확대하여 2020년부터는 전체 상장법인에 적용될 예정이다.

2018	자산규모 2조원 이상 상장
2019	자산규모 1천억원 이상 상장

　　미국은 감사보수를 투입된 감사시간, time charge에 의해서 결정하게 되어 있는데 우리나라는 투입되는 시간을 감사계획서에 적게 되어 있고 이에 따라서 빅4 회계법인일 경우는 상장회사 평균 감사 수임료인 약 7만 5천원에서 8만원 정도의 시간당 임률을 곱하여 감사수임료를 제안하게 된다. 물론, 감사계약서에는 이보다도 정치하게 직급별 시간과 직급별 임률이 정해져 있다.

　　2017년 감사보수는 2016년 이전의 감사보수에 비해서는 많이 현실화되었다는 평가를 받고 있는데, 시간당 감사보수도 높아졌을 것이고, 감사시간도 더 투입된 것으로 이해한다.

　　물론, 감사계약서에 포함된 감사시간은 사전적인 투입 예정 감사시간이고, 사후적으로 감사보고서에는 투입감사시간을 적게 되어 있다. 물론, 개별 기업의 감사계약서는 접근 가능하지 않지만 이를 구할 수 있다고 하면 사전적인 시간 추정액과 사후적인 투입시간 간에 expectation gap도 흥미로운 연구변수일 수 있다.

　　우리나라에서 감사수임료를 결정하는 방식 중에서 한 가지 부족하다고 생각하는 점은 감사인이 감사계약과정에서는 인지하지 못하였던 감사위험을 알게 되었고 그래서 감사시간이 더 투입되었다고 하면 이에 대한 추가적인 감사수임료를 수임할 수 있는 방법은 없다. 따라서 이러한 감사수임료의 결정방식은 time charge에 비해서 유연하지 않은 감사수임료 결정방식이다.

　　물론, 미국의 경우와 같은 time charge 방식이 더 좋은지 아니면 우리와 같이 총액을 정하는 것이 더 좋은지 모두 장단점이 있을 듯하다. 회계법인의 방식은 아래의 김앤장의 경우에서의 경우와 같은 fixed fee방식이다. 물론, 회계법인의 수임료에서 성공보수는 존재하지 않는다.

아래에서 보는 바와 같이 법조계에서도 형사 소송에서의 성공보수는 무효이다.

조선일보. 2018.4.21.
어? 변호사 성공보수 안 없어졌네

요즘 변호사 업계에서 사용하는 형사 사건 수임 계약서에 '종료 보수' '후급' 같은 낯선 표현이 종종 등장한다고 한다. '보수는 2,000만원, 1,000만원은 계약금으로 1,000만원은 후급으로 지급한다'는 식이다.

상당수 변호사는 이들 표현이 '성공보수'의 다른 이름이라고 한다. 성공 보수는 재판이나 수사에서 석방 무죄 등 원하는 결과가 나오면 추가로 지급하기로 한 금액이다. 과거 변호사 수임료는 '착수금 500만원, 성공 보수 1,000만원'식으로 지급돼 왔다. 그런데 2015년 대법원이 '형사 성공 보수는 무효'라고 했다. 수사나 재판 결과를 돈과 결부해 사법 신뢰를 떨어뜨려서는 안 된다는 취지였다. 이 판결로 한동안 성공 보수가 사라지는 듯했는데 최근 여러 형태로 이름만 바꿔 다시 등장하고 있다는 것이다.

물론 성공보수를 받는다고 변호사가 형사 처벌되지는 않는다. 다만 약정 자체가 무효이기 때문에 나중에 의뢰인이 안 줘도 "성공 보수를 달라"는 소송을 낼 수는 없다.

그러다 보니 이를 피하기 위해 우호적인 표현을 써서 계약을 한다는 것이다.

이처럼 성공보수가 슬그머니 되살아난 이유에 대해 변호사들은 "의뢰인이 원해서"라고 한다. 한 중견 로펌 변호사는 "처음부터 목돈을 주려는 의뢰인은 없다"며 "결과를 보고 주겠다는 사람이 대부분이어서 불가피한 측면이 있다"고 했다. 변호사가 성공 보수를 원할 때도 있겠지만 의뢰인이 원하는 경우가 더 많다는 것이다.

이로 인해 분쟁이 생기는 경우도 늘고 있다고 한다. 사실상 성공 보수를 주겠다고 해놓고 안 주는 의뢰인이 있다 보니 소송까지 가는 경우가 있다는 것이다. 하지만 의뢰인들이 "약정한 돈이 사실은 성공 보수였다"고 주장하면 변호사들이 소송에서 이긴다는 보장도 없다. 한 판사 출신 변호사는 "그동안 못 받은 수임료가 3억원 가까이 되는데 주로 사기 사건 피고인들이 안 준 돈"이라며 "소송을 내기도 마땅치 않아서 그냥 속만 끓이고 있다"고 했다.

일각에선 이런 현상이 '성공 보수 무효 판결'의 한계를 보여준다는 지적도 나온다. 신평 경북대 로스쿨 교수는 "취지는 좋았지만 우리 법 현실을 감안하지 않은 측면이 있다"고 했다.

회계법인과 유사한 형태의 용역을 수행하는 법무법인의 경우를 보면 다음과 같다. 한국을 대표하는 대형 회계법인인 김앤장의 경우를 예로 든다.[1]

김앤장에서 사건을 수임할 때 fee arrangement를 어떻게 하는지는 개별 사건별로 차이가 있다. 통상 김앤장에서는 time charge를 선호한다. 담당 변호사들이 일한 시간에 담당 변호사별로 rate(보통 연차에 따라 rate가 올라가는데, 시간당 30만원/40만원/50만원/60만원/70만원 정도로 나뉜다)를 곱해서 나온 금액을 client에게 전부 청구해서 받을 수 있다면 김앤장 입장에서는 최선이라고 볼 수 있다. 그런데, 이렇게 청구하면 규모가 큰 사건의 경우에는 금액이 천문학적으로 나오기 때문에 client의 요청에 따라 cap을 씌우는 경우도 있고(예를 들어 time charge를 하지만 2억원은 넘지 않을 것), 아예 fixed fee(예를 들어 착수금 1억원, 성공보수금 1억원)로 약정을 하는 경우도 있다.

물론, 수임료가 적정하지 않게 결정되었다고 하면 그 다음 연도에 반영할 수는 있지만 그럼에도 해당 연도가 상장기업의 경우, 3년 연속 감사기간의 마지막 연도라고 하면 수임료를 조정할 수 있는 기회가 없다.

감사시간 관련되어 최근에 큰 변화가 있다. 2017년의 외감법 개정안에 근거하여 2018년에 한국공인회계사회가 중심으로 표준감사시간표를 작성하고 있다. 12월 결산법인일 경우 2019년도 감사 계약을 2019년 2월15일까지[2]체결하여야 하는데 표준감사시간이 그 이전에 확정되었어서 감사시간과 감사수임료를 많이 높여서 감사계약을 체결하게 된다.

물론, time charge는 장점만이 있는 제도는 아니다. time charge란 상호 신뢰에 바탕을 둔 제도이다. 실질적으로 공인회계사들이 어느 정도 시간을 투입하여 감사를 수행하는지를 확인할 수 없으므로 over charge의 문제가 상존

---

1) 김앤장의 법적인 형태는 법인이 아니라 조합이지만 통상적으로 법무법인이라고 호칭하며 김앤장의 법적인 형태가 본 논의에 영향을 미치지 않으므로 법무법인이라고 통칭한다.
2) 감사계약을 체결하는 시점이 4월말에서 결산 이후 45일까지로 당겨졌고, 자산규모가 2조원이 넘는 기업은 결산일에 감사계약을 체결하여야 한다. 단, 표준감사시간이 2019년 2월 14일 확정되면서 감사계약서를 체결해야 하는 기한이 2019년에만 3월 15일로 연장되었다.

한다. 특히나 야간이나 주말, 또는 피감기업 회사 내가 아니고 회계법인에서 근무하는 업무 시간일 경우는 확인하는 것도 불가하다.

우리나라의 수임료 산정 방식이 time charge는 아니지만 다음 기업의 감사계약서에 나타난 감사수임료 산정방식은 특이하다. 해당기업은 존속 회사로부터 분사되면서 새로이 신설된 회사로 초도감사이기 때문에 감사에 투입될 시간이 명확하지 않아서 어느 정도 시간이 투입되는지에 따라서 다음과 같은 특약사항을 포함하였다. 제8조는 모든 감사계약에서 포함되는 통상적인 감사계약서의 일부이다.

제8조 제1항의 감사보수는 감사대상사업연도 종료일 현재 자산총액, 매출총액, 사업장수, 감사소요시간, 연결대상회사 수의 증가, 지분법 적용대상회사 수의 증감 등 감사보수에 영향을 미치는 여러 가지 요인에 따라 조정계산하고 잔금 지급 시에 조정된 과부족금액을 가감한다. 특히 인수합병, 대규모 조직변경, 중요한 새로운 회계처리적용, 중요한 회계변경, 중요한 불확실성 발생 등으로 인하여 <u>감사인이 감사계약 당시 합리적으로 예상되는 감사업무범위를 벗어나 추가적인 감사업무를 수행하게 되는 경우 또는 회사의 적절한 업무지원과 협조가 이루어지지 않아 추가시간이 투입되는 경우에는, 감사인은 회사와 협의하여 추가적으로 소요된 감사시간을 토대로 추가감사보수를 청구할 수 있다.</u>

위의 계약서에는 포함되어 있지 않지만 자산손상검토대상 수도 중요한 요소일 수 있다.

지정제하에서는 자유수임제에 비해서 감사수임료가 50% 정도 높아진다고 한다. 증선위에 의해서 감사인이 정해졌기 때문에 감사인들이 수임료에 대한 조정을 하지 않고 제값을 받고 감사를 수행하려고 하기 때문에 나타나는 현상이다.

초도감사와는 달리 두 번째와 세 번째 연도의 감사일 경우는 지정제에 의한 감사와 동일하게 피감기업에 비해서 감사인이 유리한 위치에서 수임료를 협상할 수 있다. 이러한 차원에서는 초도 감사시 2년차와 3년차의 수임료를 정하지 않는 것이 감사인에게는 유리할 수 있다.

피감기업의 입장에서는 이러한 2, 3년차 계약에 있어서의 initiative를 놓치지 않기 위해서는 본인들이 선임 권한을 가지고 있는 초기 연도에 2, 3차

연도까지의 감사수임료를 정해 두는 것이 더 편할 수 있지만, 이는 경우에 따라서 다를 것이다.

다음은 어느 특정 기업의 감사계약서의 일부이다. 제24조 감사보수 산정의 기준 시간은 1,793시간이며 기준 시간 대비 5% 이상 변동시 시간당 77,000원을 기준으로 상호 협의하여 조정하기로 한다.

Ⅰ. 상장기업은 3년간의 감사보수를 정하게 되는데 위 기업일 경우는 회사의 제1,2,3기 재무제표에 대한 감사와 검토보수는 일금 ××××로 한다고 기술되어 있다.

반면, 다른 기업은 다음과 같이 기술되어 있다.

Ⅱ. 제12기 재무제표에 대한 감사와 검토보수는 일금 60,000,000원으로 하고, 연속되는 제13기의 감사의 경우 감사보수는 일금 65,000,000으로 하고, 제14기의 감사보수는 일금 70,000,000으로 한다. 다만, 감사범위의 변동이 있는 경우 감사보수는 상호 협의하여 재산정할 수 있다.

Ⅱ와 같이 수임료를 정하는 기업은 일단, 계약 시점에 3년간 지속적으로 상승하는 수임료를 확보할 수 있으나 Ⅰ과 같이 수임료를 정하는 기업은 2년차와 3년차에 수임료가 어떻게 결정될지를 알 수 없는 상황에서 감사계약을 체결한 것이다.

감사인의 입장에서는 3년간의 감사보수를 한꺼번에 제안해 달라는 것은 감사인 선임시점의 감사인이 약한 지위에서 제안을 하기 때문에 기분 좋은 요청은 아니나 어쩔 수 없이 수용하는 경향이 있는 듯하다. 3년간의 보수를 정하기는 했으나 감사범위 등의 변경으로 인해 매년의 보수를 별도로 협의하는 경우도 있다.

예를 들어, 외감법의 개정으로 인해서 내부회계관리제도에 대한 인증이 검토가 아니고 자산규모 2조원이 넘은 기업의 경우는 2019년부터 감사로 격상되었다. 5,000억원이 넘는 기업은 2020년, 1,000억원이 넘는 기업은 2022년부터 강제된다.

일부 회계법인의 경우 내부회계관리제도에 대한 인증이 검토가 아니고 감사로 격상될 경우 총 감사과정에서 투입되는 시간의 약 40%를 내부회계관리제도 감사에 투입할 수 있다고 판단하고 있다.[3]

자산규모가 2조원이 넘는 기업이 2019년이 상장사의 3년 연속 감사기간 중의 중간 기간이라서 감사수임료가 이미 초도 감사 때, 정해져 있었다고 해도 외감법의 개정으로 인한 내부회계관리제도에 대한 추가 감사일 경우는 전혀 예상하지 못하던 법 개정에 기초한 추가적인 인증이므로 이에 대해서는 감사인의 입장에서는 추가적인 수임료를 요구할 수 있으며 이 내용이 절충되어야 한다.

특히나 초기 연도에 감사인을 선임하는 시점은 감사인이 감사용역을 수임하는 입장에서 약한 위치에 서게 되는 것이 사실이다. 이러한 내용이 정확한 low balling의 개념이다. 일단, 수임이 된 다음에는 상장기업의 경우, 두 번째와 세 번째 연도의 감사인을 변경할 수 없기 때문에 오히려 감사인이 우월한 위치를 점한다고도 할 수 있다.

따라서 두 번째와 세 번째 연도의 감사수임료는 제 값을 받고 감사를 수행할 수 있다.

두 번째와 세 번째 연도의 수임료를 정하지 않고 초도감사연도의 수임료만을 계약하였다고 하면 감사인은 두 번째와 세 번째 연도의 수임료에 대한 어느 정도의 자유도(degree of freedom)를 갖게 된다.

반면에 첫 3년 동안의 수임료를 초도 감사시에 결정할 경우는, 감사인은 두 번째와 세 번째 연도의 감사 수임료를 제 값을 받을지에 대한 고민보다는 일단은 '따고 보자'는 생각을 많이 하게 된다.

두 번째와 세 번째 연도의 수임료를 package로 묶어서 일괄계약을 하게 되면 이러한 감사수임료가 보장되었다는 점에서는 감사인은 보호받을 수 있지만 그 이상으로 수임료를 높여 받을 수 있는 기회를 잃게 된다.

반면에 2, 3차 연도의 수임료 계약을 체결하지 않은 상태일 경우, 초기 계약 이후 3년 연속 감사계약 때문에 수임료를 높일 수 있는 자유도가 생기지만

---

3) 한국공인회계사회는 이 시간을 초기에는 40%로 제안하였는데 최종적으로 표준감사시간에는 30%로 하향조정하였다.

그럼에도 이는 협상력의 산물이며 3년 동안의 수임료가 보장된 경우와 비교해서는 보장된 수임료가 없다는 부담도 동시에 안고 가야 한다.

따라서 1년 감사수임료가 정해졌거나 아니면 3년 동안의 수임료를 모두 정했거나와 관련된 유/불리는 상황에 따라 다르다.

내부회계관리제도에 대한 검토가 2001년에 구조조정촉진법(구촉법)으로 도입된 이후, 외감법에 이 내용이 2003년에 들어 왔으며 또한 이에 대한 인증이 진행되었다. 혹자는 우리나라의 감사수임료가 크게 높아질 수 있는 기회가 두 번 있었는데 회계업계가 이 기회를 모두 놓쳤다는 얘기를 하기도 한다.

첫 번째는 내부회계관리제도가 도입되고 이에 대한 인증이 시행되었던 시점을 말하며 두 번째는 국제회계기준이 도입되었던 시기를 지칭한다.

포스코와 KB금융지주 같은 선진 기업이 감사인을 선임할 때는 저가 수임 때문에 감사품질을 절충하지 않기 위해서 후보를 선정하는 평가표에는 수임료는 아예 포함을 하지 않고 우선 협상 후보자가 선정된 다음에 감사수임료에 대해서 협의를 한다고 한다. 철저하게 감사품질에 근거한 감사인 선임 방법이며 감사수임료는 부차적인 요소인데, 이는 선진적인 기업에만 해당될 수 있는 내용이다.

저자가 기업지배구조 관련 사내이사·사외이사 심층 인터뷰를 수행하였는데, 한 코스닥상장기업의 경우, 감사인을 선임할 때 100% 수임료가 결정요인이라고 자신 있게 얘기한 경우도 있다. 이는 회계 투명성에 자신이 있기 때문에 회계법인이 차별적인 서버스를 제공할 것도 아니니 저가 수임이 해답이라는 것이다. 3년간 재계약을 수행한 이후에는 한번 더 계약하면서 6년을 기본적인 감사 계약 기간으로 정한다고 한다.

참고로 KB금융지주일 경우, 사용하는 평가표는 다음과 같다.

법무법인들이 용역 건에 대해 공모를 할 때에도 거의 동일하게 공모 과정을 진행하지만 최고 수준의 법무법인의 수임료는 기타 수임료에 비해서 매우 높다. 즉, 실상이 그러한지는 알 수 없지만 법무법인들이 수행하는 법률 용역에는 어느 정도 품질이 차별화되어 있다고 할 수 있다.

2019년부터는 자산규모가 2조가 넘는 기업일 경우, 내부회계관리제도에 대한 인증이 검토가 아니고 감사로 격상된다. 피감기업과 감사인이 어떠한 계약을 체결할지는 아직 확정된 것이 없다. 현재의 감사계약서에서의 계약은 재

20**~20** 사업연도 외부감사인 선정평가표

평가항목	평가기준	배점	○○회계법인	○○회계법인	비고
업체의 신뢰성 (20점)	회계법인의 연혁, 조직현황	3			
	회계법인의 재무현황 및 수입현황	3			
	공인회계사 및 전문가 보유현황	4			
	최근 3년간의 감리결과 조치내용 및 건수 등(최근 3년간 재무제표 정정공시 빈도 및 내용)	6			
	최근 3년간의 소송 건수 및 내용 등	4			
감사수행역량 의 적정성 (25점)	감사(SEC상장기관 포함) 및 비감사 서비스 수행실적	7			
	내부 Quality control 정책 및 절차	5			
	Global 차원에서의 감사지원 내용	7			
	독립성관리를 위한 내부정책 및 절차	6			
감사방법론의 적정성 (45점)	KB그룹에 대한 전반적인 이해와 위험접근 방법	8			
	재무제표에 대한 감사방법론	6			
	재무보고내부공제에 대한 감사방법론	7			
	KB그룹 회계감사팀 운영계획	7			
	감사위원과의 Communication 방법	6			
	감사투입인력 및 감사투임시간	11			
프레젠테이션 충실도 (10점)	제안서 작성의 충실도	5			
	프리젠테이션이 이해도 및 충실도	5			
합계		100			

✳ KB금융그룹   평가자: _____ (인)

무제표에 대한 감사에 대한 계약이므로 기업과 감사인들이 내부회계관리제도에 대한 수임료 계약을 별건으로 체결할지 아니면 재무제표에 대한 감사수임료와 같이 포함하여서 체결할지는 아직은 알 수 없다.

내부회계관리제도에 대한 인증을 재무제표에 대한 인증과 완전히 별건으로 인지한다면 별도의 수임료가 책정될 수도 있을 것이지만 재무제표에 대한 인증의 일부로 인지된다면 재무제표에 대한 수임료에 포함되어 책정될 수도 있다.

이는 내부회계관리제도에 대한 검토가 처음 도입될 때, 기업들은 이 검토인증이 재무제표 감사에 대한 부수적인 업무이고 별도의 업무가 아니므로 추가적인 인증 수임료를 부담할 건이 아니라고 판단한 반면 회계법인들은 이 업

무가 추가적인 업무이므로 별도의 수임료가 책정되어야 한다는 입장이었다.[4]

수임료를 떠나서 내부회계관리제도에 대한 인증이 재무제표 감사를 위한 필수적인 업무인지 아니면 별도의 업무인지의 이슈이다.

미국에서 SOX에 의해서 내부회계관리제도에 대한 감사가 도입된 이후의 감사의견의 추이는 다음과 같다. 즉, 미국 상장법인 ICFR(Internal control over financial reporting) 비적정의견 기업 비율이다

2004	15.7%
2005	12.5%
2006	9.6%
2007	7.9%
2008	6.9%
2009	3.9%
2010	3.4%
2011	4.2%
2012	4.1%
2013	4.8%
2014	5.8%
2015	6.3%

시간이 지날수록 비적정의견을 표명하는 비율이 급격하게 낮아지고 안정화되지만 도입 초반에 보고되던 높은 비적정의견 비율을 보면 내부회계관리제도에 대한 감사의견이 2019년 회계와 경제계에 큰 충격으로 작용할 수도 있으므로 유심히 관찰하여야 한다. 물론, 아직 이러한 감사의견이 표명되지 않는 상황에서 미리 그 결과를 예단할 수는 없다.

---

4) 내부회계관리제도에 대한 검토보고서가 감사와 별건의 인증인지 아니면 동일한 용역의 일부인지와 관련된 논의는 손성규(2018) chapter 3을 참고한다.

한국경제신문. 2018.3.1.
'표준 감사시간에 기업 규모 업종 등 고려'
기업과 회계법인 소통 강조

　　최중경 한국공인회계사회 회장은 "기업에 표준감사시간을 일률적으로 적용하지 않고 규모, 업종, 사업의 복잡성, 지배구조, 내부통제 등 다양한 특성을 고려해 표준감사시간 가이드라인을 마련할 것"이라고 밝혔다.

　　최회장은 지난 27일 서울 여의도에서 열린 공인회계사회 세미나에서 "표준감사시간 초안을 3월 중순 공개할 것"이라며 이같이 말했다.

　　금융위원회는 공인회계사회의 초안을 토대로 시행령을 개정해 입법예고를 추진할 계획이다. 이후 의견 청취 절차를 거쳐 오는 11월 표준감사시간이 공표된다. 표준감사시간 제정은 부실 감사의 원인으로 지목된 감사보수 덤핑 관행과 부족한 감사시간을 개선하기 위한 것이다.

　　공인회계사회 산하 전문 기구인 표준감사시간 위원회는 기업의 다양한 특성을 적용한 4개 그룹을 꾸려 표준감사시간을 제시하는 그룹별 접근법과 그룹에 해당하지 않을 경우 외부 감사인과의 협의를 통해 적정 감사시간을 정하는 개별 접근법을 동시에 시행할 계획이다. 표준감사시간이 부당하다고 판단되는 기업은 조정 신청을 할 수 있는 표준감사시간 조정신청제도도 도입하기로 했다.

　　최회장은 '노동시간 단축으로 회계감사 시간을 늘리는 것이 어려워지지 않겠느냐'는 질문에 대해 "연말 결산 시기에 확인하지 않아도 되는 사안에 대해서는 미리 상시적으로 감사하는 '연중감사'를 독려할 것"이라며 "국회와 관계부처가 논의 중인 탄력 근무제도 확대 적용할 필요가 있다"고 말했다.

　　그는 또 최고경영자들이 외부감사 정보를 충분히 활용해 주주와 소통하는 문화를 만들어야 한다고 강조했다. 최회장은 "한국은 현대카드 등 일부를 제외하고는 회계법인과 소통하는 기업이 많지 않다"며 "회계감사를 대하는 태도를 바꿀 필요가 있다"고 했다.

　　상시적으로 연중감사를 수행한다는 의견은 매우 오래전부터 가장 이상적인 회계감사의 practice라고 여겨지기는 하였지만 얼마나 현실 적용 가능한 것인지에 대해서는 의문이 있다.

매일경제신문. 2018.3.1. ─────────────────────────
"표준감사시간, 기업 규모별 차등해야"

한공회는 기업 규모를 중심으로 4개 그룹인 –대규모 상장기업 –상장 일반 기업 –비상장 선도기업 –비상장 소규모 기업으로 구분해 표준감사시간 가이드라인을 제정할 방침이다.

한공회는 이 같은 내용을 담은 표준감사시간 제정 공개 초안을 이달 중순 공표하며, 금융위원회는 이를 토대로 시행령을 개정해 이달 중 입법예고를 추진할 계획이다. 이후 의견 청취 절차를 거쳐 11월 표준감사시간이 제정돼 공표된다.

───

금융위원회는 표준 감사시간을 어느 정도 미달하는 기업/감사인에 대해서는 감사인을 지정하는 방안을 고려하고 있다고 한다.

과거에도 사업보고서에 감사시간을 공시하였는데 2000년대 초반에는 이렇게 공시된 감사시간이 매우 낮은 경우에 감리대상으로 선정하였다. 분식의 위험이 있는 기업에 대해서 감리대상 기업으로 선정하는 것이나 감사인을 지정하는 것이나 그 취지는 유사하다고 할 수 있다.

어느 기업에 대해서 감사인을 지정할 것인지는 법에서 정하는 것이지 감독기관이 결정하는 건이 아니므로, 감독기관은 오히려 어느 정도 분식의 위험이 있는 기업에 대해서 감독권한을 임의적으로 행사하는 경우는 감리대상으로 선정하는 것이 정책 수단일 수 있다.

2002년부터 사업보고서에 감사시간이 보고되고 있고 2014년부터는 감사보고서에 감사시간을 적게 되어 있다.[5] 그런데 문제는 기업이 사업보고서에 적는 감사시간과 감사인이 감사보고서에 적는 감사시간 간에 차이가 있다는 것이다. 물론, 차이가 있을 수 없는 시간이다. 기업은 사업보고서에 적는 시간을 감사인으로부터 제공받아 기입하기 때문에 기업의 이 정보가 정확하지 않다고 말할 수는 없다. 따라서 감사보고서에 감사시간이 강제되는 현 시점에 정확하지도 않은 감사시간을 기업이 사업보고서에 기입하는 의의가 퇴색되어 이 제도를 계속 유지할 필요가 있는지에 대해서 고민해 보아야 한다.

───────────────

5) 정남철, 정석우(2018)을 참조한다.

이 두 시간이 일치하지 않는 사유가 입력 오기의 사유도 있고, 또는 기업이 사업보고서에 직년 연도의 감사시간을 수정하지 않고 그대로 보고하는 경우도 있다. 기업의 입장에서는 사업보고서에 감사시간을 적절하지 않게 기입하여도 이에 대한 제재가 없을 경우는 문제가 될 수 있다.

매일경제신문. 2018.12.7. ───────────────
자산 2조 넘는 대기업 내년 감사시간 2배로

내년부터 자산 2조원 이상 대기업에 대해서만 회계감사 시간이 2배 이상 늘어난다. 한국공인회계사회는 당초 모든 외부감사법 대상 기업에 대해 감사 시간을 대폭 늘리는 '표준감사 시간제'를 준비했지만 중소기업은 적용을 유예하는 방식으로 단계적 도입 방안을 마련한 것으로 확인됐다. 기업 부담은 최소화하면서 대기업부터 중소기업까지 차례로 회계개혁을 연착륙시키겠다는 복안이다.

6일 회계업계에 따르면 표준감사시간제 실무를 맡은 한공회 표준감사시간위원회는 자산 2조원 이상 기업에 대해 2018년도 회계감사 시간을 2배로 확대하는 방안과 함께 자산 규모가 작은 기업에 대해서는 단계적으로 감사 시간을 조정 적용하는 '표준감사시간 가이드라인'을 확정했다.

표준감사시간제는 지난해 개정된 외부감사법이 담고 있는 회계개혁의 두 가지 핵심 방안 중 하나다. 표준감사시간제는 회계사가 충분히 회사 재무와 사업 내역을 들여다볼 수 있는 최소한의 시간을 보장해 전문성을 발휘할 수 있는 최소한의 시간을 보장하겠다는 취지다. 다만 상장회사협의회와 중소기업중앙회 등 외감 대상 기업에서는 회계개혁 취지에는 공감하면서도 일시에 감사 시간을 2배 이상으로 늘리면 기업 부담이 크다며 급격한 감사 시간 상승에 반대 목소리를 내왔다. 이에 한공회는 대기업은 내년도 회계감사부터 바로 개혁안을 적용하고 중소기업에 대해서는 표준시간 적용을 일부 유예하는 방식의 절충안을 냈다.

그간 국내 회계업계는 너무 낮은 감사비용과 감사시간으로 회계 독립성 투명성 확보에 여러움을 겪어왔다. 예컨대 국내 회계감사 시간은 미국에 비해 30%, 감사비용은 10% 선에 그치고 있다. 회계업계에 따르면 2015년 기준으로 매출액 1,000~5,000억원 기업은 미국에서는 연평균 5,300시간의 감사에 보수 9억 3,000만원을 지불했다. 반면 국내는 1,050시간에 7,992만원에 불과했다. 감사 시간은 미국의 20%, 보수는 8.5%에 그친다. 매출 1조원 이상 5조원 미만 기업도 미국은 9,059시간에 20억원을 부담했지만, 한국은 3,490시간에 2억 7,500만원에 그쳤다. 시간은 미국의 38%, 보수는 13.8%에 불과했다. 한 회계사는 "삼성전자는 한 해 약 35억원의 비용으로 감사하지만 경쟁사 애플은 110억원이 넘어간다"며 "사업구조를 보면 삼성이 훨씬 복잡한 만큼 보다 많은 시간과 그에 따른 비용이 사실 당연하지만 국내 관행은 이에 못 미쳐 회계개혁이 절실한 상황"이라고 꼬집었다. 그는 이어 "중소기업에는 부담을 다소 유예한 만큼 정부의 회계개혁 의지가 더 이상은 꺾이지 않길 바란다"고 덧붙였다.

실제 한공회는 기업 부담을 최소화하기 위해 국내 외감 대상 기업을 크게 5개 그룹으로 나누고 표준감사 시간 적용 기업을 구분할 계획이다. 먼저 그룹1은 개별 자산 2조원 이상 상장 대기업, 그룹2는 그룹1이 아닌 상장기업에 속한다. 그룹3은 개별 자산 1,000억원 이상 비상장 선도기업, 그룹4는 자산 500억원 이상 1,000억원 미만 비상장 일반기업, 그룹5는 자산 500억원 미만 비상장 소규모 기업이 대상이다. 증권업계에 따르면 그룹1에 속하는 자산 2조원 이상 대기업은 약 150곳으로, 해당 기업은 내년부터 감사시간이 2배 이상 늘어나게 된다. 그룹2는 대기업을 제외한 코스피, 코스닥 기업 2,000여 곳으로 표준 감사 시간 충족에서 일부 유예를 받는다. 이들 기업은 2018년도 회계에서는 80%, 2019년도에는 90%, 2020년에는 100% 등 표준감사 시간 충족과 같은 식으로 다소 완화된 기준을 적용받는다.

한공회는 비상장기업인 그룹 4, 5 등은 내년부터 당장 적용을 유예하는 방안을 제시했다. 자산 규모가 500억원 미만으로 작은 기업에는 표준 감사 시간을 2019년, 2020년 회계 등 단계적으로 적용하는 방안이 유력한 것으로 알려졌다.

한편 한공회는 중소기업 적용 유예를 골자로 한 '표준감사 시간제 가이드라인'에 대해 이달 중순 공개 공청회를 열 예정이다. 한공회는 공청회를 통해 회계업계와 기업, 금융당국 의견 등을 반영해 표준 감사시간제 규정을 공표하고 2018년도 회계감사가 이뤄지는 내년 3월부터 일선 업계에 시행되도록 다양한 지원책을 펼칠 계획이다.

중앙선데이. 2018.2.11.-2018.2.12. ───────────────────
매년 수백억 적자 내는 시가 총액 7조 기업 건강할까

또 다른 기업은 연구개발에 지출한 비용을 과도하게 자산으로 처리해 영업이익을 부풀렸다는 회계 논쟁에 휩싸여 있다. 신약을 개발 중인 자회사를 합병하려던 한 회사는 금융감독원이 합병가치평가에 대한 문제 제기를 하자 결국 합병을 포기하기도 했다.

코스닥 상장사 에이치엘비생명과학은 최근 바이오 신약개발 전문회사인 라이프리버(비상장사)를 합병하려던 계획을 철회한다고 공시했다. 금감원이 라이프리버에 대한 가치평가가 적절치 못하다며 근거자료를 요구했지만 회사측이 자료를 제시하지 못한 것으로 알려졌다.

- 라이프리버 평가에 적용한 현금흐름할인법

에이치엘비생명과학과 라이프리버간 합병에서 문제가 된 부분은 비상장사인 라이프리버의 수익가치평가다. 평가를 담당한 회계법인은 라이프리버 수익가치를 평가할 때 현금흐름할인법을 사용했다. 일정한 미래 기간 동안의 추후 세후 영업이익을 구한 후 예상되는 감가상각비, 운전자본증감, 설비투자지출 등을 반영하면 잉여현금흐름(free cash flow)을 산출할 수 있다. 미래의 잉여현금흐름에다 적절한 할인율(가중평균자본비용)을 적용하여 현재가치를 구하는 방법이 현금흐름할인법이다.

수익가치 산정은 보통 향후 5년간 추정 실적으로 현금흐름을 분석하고 5년 이후에 대해서는 회사의 수익이 일정하게 성장하는 것으로 가정한다. 그런데 라이프리버의 경우 21년간의 현금흐름을 반영했다. 회사측은 그 이유에 대해, 신약은 개발에서 판매에 이르기까지 오랜 시간이 걸린다는 사실을 들고 있다. 일반적인 성숙기업의 현금흐름분석기간

(5년)을 적용할 경우 기업가치를 정확하게 반영하기 어렵다는 주장이다. 회사측은 "개발기간과 제품 승인 후 특허 만료 기간, 기술보증기간에서 평가한 파이프라인(신약제품군)별 수익 창출가능기간 등을 고려하여 21년간의 현금흐름을 분석했다"고 설명했다. 금감원은 이에 대한 근거와 입증자료를 제출토록 요구했으나, 회사가 자료를 제출하지 못한 것으로 알려졌다. 일반적으로 바이오 업체는 연구개발과 임상시험, 판매허가 획득 등에 많은 비용을 투입해야 하고, 오랜 기간이 걸리기 때문에 단기간에 수익가치를 발생시키기 어렵다. 금감원의 입장에서는 근거 제시를 요구하는 것이 타당할 수 있겠으나, 바이오 산업 특성을 고려해 관련 규정을 유연하게 고칠 필요가 있다는 주장도 설득력을 얻고 있다.

• 개발비 자산화 비율 높은 셀트리온

한편, 바이오 업계의 개발비(자산) 회계처리 타당성에 대한 지적도 일부에서 제기하고 있다. 일반적으로 기업은 연구개발 지출을 모두 당기 비용으로 반영하지는 않는다. 회사의 미래수익창출과 직결될 수 있는 일부 지출은 개발비라는 항목으로 일단 자산 처리한 다음, 일정한 기간에 걸쳐 비용으로 처리한다. 예를 들어 15억원의 연구개발지출에 대해 5억원은 당기비용으로 처리하고, 나머지 10억원은 자산으로 처리하여 10년 동안 비용처리한다고 하자. 연구개발과 관련한 당기의 비용 반영 금액은 6억원(5억원+1억원)이 되며, 자산화한 개발비 가운데 나머지 9억원은 앞으로 해마다 1억원씩 비용처리하면 된다.

이렇게 하면 당기의 이익이 커지는 효과를 얻을 수 있다. 하지만 단기간 존속했다가 소멸할 기업이 아니고, 해마다 연구개발 지출을 꾸준하게 실행하는 기업이라면 자산화한 개발비가 미래 비용으로 계속 누적 반영된다는 사실도 감안할 필요가 있다. 바이오시밀러 기업 셀트리온의 개발비 문제가 제기되는 이유는 이 회사가 당기 연구개발 지출 가운데 개발비로 자산화하는 비율이 업계 다른 기업에 비해 높기 때문이다.

셀트리온 연구개발 지출 회계처리

	2016년	2017년	2018년
연구개발지출	2,460억원	1,940억원	1,935억원
당기비용지출	654억원	381억원	698억원
개발비자산처리	1,986억원	1,559억원	1,237억원
자산화비율	75.2%	80.4%	63.9%

회사측은 "오랫동안 동일한 기준으로 개발비 자산을 처리해왔고, 이에 대해 외부감사를 받아왔기 때문에 회계기준을 지켜왔다고 생각한다"고 밝혔다. 개발비 처리에 대해서는 앞으로도 별다른 변화가 없을 것이라는 입장이다. 금감원은 올해 회계감리(재무제표 작성과 회계처리가 회계기준에 부합하는지를 검사하는 것) 테마 중 하나로 개발비 처리를 정해놓았다. 따라서 바이오 업계의 개발비 회계문제가 앞으로 이슈가 될 가능성도 있다.

• 삼성바이오로직스 당기이익 부풀린 의혹

금감원은 또 현재 진행 중인 삼성바이오로직스 분식회계 의혹에 대한 정밀감리 결과를 상반기 내 발표할 예정이다. 시민단체와 일부 언론 등은 삼성바이오로직스가 상장을 앞두고 2015년 결산을 하면서 당시 종속기업인 삼성바이오에피스를 관계기업으로 재분류해 당기순이익과 자산을 의도적으로 부풀렸다는 의혹을 제기해왔다. 삼성바이오로직스는 2015년 결산과정에서 자회사(지분 85% 보유)에 대해 단독 지배력을 상실했다며, 이 회사를 연결회계 대상의 종속기업에서 관계기업으로 재분류하고 가치평가를 했다. 삼성바이오로직스 지분 15%를 보유한 미국 바이오젠사가 삼성바이오로직시 보유 지분 85% 가운데 15%에 대한 콜옵션을 행사할 가능성이 높다는 이유에서였다.

삼성바이오로직수 기업 가치는 4조 8,000억원으로 재평가됐고, 이로 인해 적자기업 삼성바이오로직스는 2015년에 회계상 1조 9,000억원의 당기순이익을 기록하게 됐다. 금감원은 콜옵션과 가치 재평가 부분을 집중적으로 들여다 보고 있다. 회사 측은 상장 과정에서도 검증을 거치는 등 회계기준에 맞게 처리된 사안이라는 입장이다.

조선일보. 2018.2.12.
바이오 붐, 그 뒤엔 '자산 뻥튀기' 가능성
금감원, 주가 급등한 바이오기업 'R&D 비용 회계처리' 조사 나서

금융당국이 기업의 연구 개발(R&D)비 회계처리 방식에 대해 대대적인 조사에 나서면서 'R&D 비용 자산화' 비중이 상대적으로 높은 바이오업계에 비상이 걸렸다. R&D 비용 자산화는 기업들이 신약 개발에 투입하는 R&D 지출을 회사 자산으로 처리하는 것을 말한다. 이렇게 하면 장부상으로 나타나는 이익 규모가 더 커진다. 최근 해외 기관투자자들 사이에서 바이오 기업들의 R&D 비용 자산화로 영업 실적이 지나치게 부풀려졌다는 지적

이 나오자 정부가 직접 칼을 빼든 것이다.

반면 바이오업계는 "금융당국이 바이오업계 전체를 분식 회계집단으로 몰아가고 있다"며 반발하고 있다. 한 바이오 벤처기업의 임원은 "투자자들은 기업의 현재 실적뿐 아니라 미래 기술 전망까지 종합적으로 고려해 투자한다"며 "바이오 기업의 회계 처리 방식에는 아무런 문제가 없다"고 밝혔다.

• 금감원 "불투명한 회계 처리 관행 바로 잡아야"

금융감독원은 지난달 28일부터 작년 코스닥 시장에서 주가가 급등한 제약 바이오 기업을 중심으로 R&D 비용 회계 처리에 대한 감리를 진행하고 있다. 주요 바이오 기업들로부터 회계 자료를 넘겨받아 분석 작업을 벌이고 있다.

기업은 R&D 비용을 회계 장부에 기록할 때 '무형자산'과 '비용'으로 처리하면 R&D에 들어간 돈은 고스란히 회사 자산으로 남게 된다. 그럴 경우 회사의 영업이익이 증가해 재무구조도 개선된다.

현행 규정상으로는 정부에서 R&D 비용을 어떻게 처리할지를 기업 자율로 하도록 규정하고 있다. 국내 기업들이 공통적으로 따르는 K-IFRS에는 '기술적 실현 가능성 등 특정 요건을 충족할 경우 개발비를 무형 자산으로 처리한다'고 규정하고 있다.

하지만 일부 바이오 기업들은 이 점을 이용해 신약 개발 초기부터 R&D 비용을 무형자산으로 돌리는 방법으로 실제보다 영업이익을 부풀린다는 지적이 나오고 있다. 다른 분야에 비해 신제품이 나오기까지 연구 개발에 시간 비용이 많이 들어가고 R&D 성공 여부도 100% 보장하기 힘든 상황에서 재무구조를 왜곡시킬 수 있다는 것이다. 금감원에 따르면 제약 바이오 상장사 152곳 중 83곳(55%)이 R&D 비용을 무형자산으로 처리하고 있다. 시가총액 5,000억원 이상 제약 바이오 기업 중 지난해 1~3분기 R&D 비용을 무형자산으로 처리한 비중이 50% 이상인 곳은 코미팜, 바이로메드, 제넥신, 셀트리온 등 9곳으로 대부분 최근 코스닥 바이오 붐을 이끈 기업들이다. 독일계 증권사 도이체방크는 지난달 18일 보고서를 통해 "셀트리온이 무형자산으로 처리한 R&D 비용을 빼면 실제 영업이익률은 57%(2016년 기준)가 아닌 30% 수준이 될 것"이라고 지적했다.

기존 대형 제약사들은 신약 개발에 실패할 경우에 대비해 R&D 비용을 상용화 직전 단계인 임상 3상 전까지 '비용'으로 처리한다. 유한양행, 종근당 등 전통 제약사들의 R&D 비용 자산화 비중은 1%도 채 안 된다. 금감원 관계자는 "신약 개발 기대감으로 주가가 올랐던 바이오 벤처들이 신약 개발에 실패할 경우 무형자산으로 잠정 처리한 연구개발비가 순식간에 손실로 바뀌고 투자자들은 주가 하락에 따른 손해를 볼 수 있다"고 말했다.

• 전문가 "자산화 근거 구체적으로 밝혀야"

바이오 기업들은 R&D 비용의 자산화 처리 비중이 높은 것에 대해 "문제 될 게 없다"는 입장이다. 셀트리온 등 바이오 복제약 기업들은 "신약 개발이 기존 오리지널 의약품을 그대로 복제하는 일이어서 실패 확률이 적다"고 밝히고 있다. 다른 바이오 벤처들도 "R&D를 통해 획득한 각종 기술들이 다른 신약 개발에 활용될 수 있어 이를 개발하기 위해 들어간 돈도 회사 자산으로 인정해야 한다"고 주장하고 있다.

하지만 전문가들은 이번 기회에 바이오 기업들의 불투명한 회계 처리 관행을 고칠 필요가 있다고 지적한다. R&D 비용 회계 처리에 대한 지적이 나올 때마다 일부 기업이 말을 바꾸거나 불충분한 설명으로 투자자 혼란만 키우고 있다는 것이다. 실제로 기업 공시에서 R&D 비용을 무형자산으로 처리한 구체적인 근거를 제대로 밝히는 기업도 거의 없다. 이경민 대신증권 연구원은 "제약 바이오 산업의 성장을 위해서 기업의 투명한 회계정보는 필수"라며 "R&D 비용을 자산화할 경우 이에 대한 상세 내역을 구체적으로 밝힐 필요가 있다"고 말했다.

R&D 비용 자산화 비중

제약/바이오기업	제약
코미팜 98%	한미약품 6.3
바이로메드 96.5	JW 중외제약 2
제넥신 86.3	
차바이오텍 85.2	
씨젠 76.2	
셀트리온 76.0	
인트론바이오 73.1	
CMG제약 72.3	

유한양행, 종근당 등의 전통적인 기업의 경우, 많은 부분을 비용화한다는 것은 회계처리를 매우 보수적으로 수행하는 것을 알 수 있다.

"신약 개발이 기존 오리지널 의약품을 그대로 복제하는 일이어서 실패 확률이 적다"는 위 신문기사의 내용은 신약개발을 하는 제약회사와 복제약을 제조/생산하는 제약회사 간에는 자산화와 비용화 간에는 다른 잣대가 적용될 수도 있겠다는 생각을 하게 되고 2018년 9월에 발표된 금융위의 정책방향도 이들 기업들을 차별화하고 있다.

개발비를 자산화할지 아니면 비용화할지는 회계부서만이 결정할 사안도 아니다. 회계부서 근무자는 lab에서 일하는 scientist도 아니고 과학자도 아니므로 이러한 주관적인 판단을 수행하게 될 때는 과학자나 scientist의 도움을 받아야 할 수도 있다.

따라서 자산화할지 아니면 비용화할지는 회계부서와 개발 부서의 joint 의사결정이다.

제약회사나 바이오회사가 단기적으로 의사결정을 수행한다면 모두 개발비로 계상하여 계상하는 연도에 자산화를 하여서 이익을 극대화하는 것이 가장 바람직하다고 생각할 수 있으나 이렇게 자산화한다고 하면 자본화한 자산 금액이 미래 시점에 수익을 창출하면서 대칭적으로 비용화하게 된다. 즉, 자산화하면서 R&D 투입 연도에는 비용이 발생하지 않지만 앞으로 지속적으로 비용이 발생하면서 초기에 모두 비용화하는 부담을 안는 것보다도 미래 시점에 지속적으로 비용화하기 때문에 기업에게 더 큰 부담이 될 수도 있다는 점을 고려하여야 한다.

오히려 초기 연도에 비용화하면서 부담을 떨고 가는 것이 즉, big bath하듯이 회계 처리하는 것이 앞으로의 기간동안 부담을 떨고 갈 수 있는 좋은 대안일 수도 있다.

매일경제신문. 2018.5.21. ————————————————————————
'뜨거운 감자' 연구비 회계처리 해외선 임상 막판에 자산 반영
명확한 기준 논의할 필요

삼바 분식회계 논란을 비롯해 회계처리 이슈로 불확실성에 직면한 바이오 기업들의 주가가 급락하고 투자자 신뢰도 훼손되면서 자금 조달에 빨간 불이 켜졌다.

금감원은 연구 개발비를 자산으로 잡은 비중이 큰 바이오 기업 10곳에 대한 특별 감리

를 진행하고 있다. 셀트리온과 차바이오텍 등도 금감원의 회계감리를 받고 있다. 셀트리온은 지난해 연구개발비로 2,270억원을 사용했다. 이 가운데 74.4%에 해당하는 1,688억원을 무형자산으로 분류했다. 셀트리온의 작년 순이익은 4,007억원인데 만약 연구개발비를 모두 비용처리했다면 순이익은 2,000억원대로 주저앉게 된다. 차바이오텍은 당초 연구개발비를 무형자산으로 인식했다가 나중에 비용으로 처리하면서 지난해 실적이 흑자에서 적자로 돌아섰다. 국제회계기준에 따르면 연구개발비는 기술적 실현 가능성, 미래 경제적 효익 창출 가능성 등의 요건을 충족할 때만 무형자산으로 인식하고 그렇지 않으면 비용으로 처리해야 한다. 하지만 일부 기업은 객관적 기준 없이 기술적 실현 가능성 등을 자의적으로 판단해 연구개발비를 자산으로 인식해 왔다. 다국적 제약사들이 신약 후보물질이 임상 3상에 들어가고 실제 매출로 이어질 가능성이 높아질 경우에만 자산으로 인식하는 데 반해 국내 기업들은 신약 개발 성공 가능성이 높지 않은 초기 임상 단계까지 연구개발비를 자산으로 처리해 이익을 부풀리는 경우도 있었던 게 사실이다.

한국경제신문. 2018.8.16.
금감원 서슬에 고개 숙인 바이오주
연구개발비 줄줄이 비용 처리

바이오기업들이 과거 자산으로 인식하던 연구개발비를 비용으로 처리해 이익을 줄인 정정 감사보고서를 일제히 냈다. 금융감독원이 지난 1월 연구개발비를 지나치게 자의적으로 회계처리해 재무정보를 왜곡하고 있다며 테마감리에 나선 데 따른 움직임이다.

15일 금융감독원에 따르면 차바이오텍 메디포스트 CMG제약 이수앱지스 오스코텍 바이오니아 등 6개 바이오기업은 반기보고서 제출 마감일인 지난 14일 감사보고서를 내고 2016년과 2017년 실적을 수정했다.

이에 따라 차바이오텍은 작년 영업이익이 1억원 흑자에서 67억원 적자로 전환했다. 메디포스트는 작년 영업손실폭이 500만원 수준에서 36억원으로 늘고, 자기자본은 988억원으로 30%나 줄었다. 연구개발비를 자산화하는 요건을 강화해 재무제표를 재작성하면서 무형자산이 대거 비용으로 바뀐 결과다.

이에 따라 판매관리비 항목에 포함되는 연구개발비도 급증했다. 차바이오텍과 오스코텍은 연구개발비가 정정 전보다 각각 251%와 725% 증가했다.

서근희 KB증권 연구원은 "금융당국이 연구개발 비용을 자산으로 많이 인식한 바이오 기업을 대상으로 테마 감리를 진행 중"이라며 "회계 불투명 문제를 털고 가려는 기업이 계속 늘어날 것"이라고 전망했다.

한국경제신문. 2018.8.16. ─────────────────────────
R&D 비용처리 늘리자…

코스닥 제약 바이오주들이 상반기 결산 때 연구개발 비용 회계처리 기준을 바로잡는 다는 '고해성사'를 하고 있는 것은 금융당국의 테마 감리 결과 발표를 앞두고 있기 때문 이다. 금융감독원은 일부 바이오기업이 연구개발비를 자의적으로 비용이 아니라 자산으로 처리하면서 이익을 '뻥튀기'하자 테마 감리에 들어갔다. 이에 따라 기업들은 외부감사인과 협의해 금감원 눈높이에 맞추고 있다는 분석이다.

• 임상 3상 후 확실한 자산만 자산처리

15일 금감원에 따르면 줄기세포 치료제를 개발하는 메디포스트는 작년 감사보고서를 지난 14일 정정 공시했다. 회사의 자기자본(2017년 말 기준) 1,414억원(변경전)에서 988억원으로 줄었다. 올해 1분기 실적도 바뀌었다. 기존에 발표한 1분기 영업손실은 22억원에서 33억원으로 확대됐다. 기존에 무형자산으로 처리하던 연구개발비를 비용으로 계상하면서 이익이 쪼그라들었다는 분석이다.

차바이오텍 역시 정정 감사보고서를 통해 작년 자기자본을 4,269억원에서 4,091억원으로 수정했다고 공시했다. 영업이익 1억원은 영업손실 67억원으로 뒤 바뀌었다. 감사를 맡았던 삼정회계법인은 "개발 중인 무형자산과 무형자산손상차손이 과대 계상된 반면 연구개발비는 과소 계상된 오류를 수정한 것"이라고 설명했다. 회사 측은 "지난 3월 외부 회계법인과 연구개발비 처리를 두고 갈등을 겪으면서 감사의견 '한정'을 받았었는데 이를 모두 비용 처리하기로 했고, 이번에 감사의견도 '적정'으로 바뀌었다"고 말했다.

CMG제약(영업이익 23억원 → 16억원) 오스코텍(영업손실 16억원 → 58억원) 이수앱지스(영업손실 47억원 → 80억원) 등도 모두 재무 수치가 바뀐 감사보고서를 내놨다. 이 기업들도 연구개발비 비용 인식을 늘리면서 영업이익이 깎였다. 메디포스트는 기존 연구개발비가 33억원에서 74억원까지 두 배 이상으로 늘어났다. 외부감사인인 다산회계법인은

"개발 중인 신약 중 임상 3상 이후 발생한 지출로 정부 승인 가능성이 높은 프로젝트만 무형자산으로 인식하고 그 이전 단계에서 발생한 지출은 비용(개발비)으로 처리하기로 회사와 협의했다"고 밝혔다.

이번 회계 고해성사는 금감원의 테마 감리가 직접적인 영향을 미친 것으로 파악된다. 테마감리 타깃이 될 것을 우려한 기업들이 자발적으로 기존 회계에서 연구개발비를 높여 처리하고 있다는 얘기다. 김형수 케이프투자증권 연구원은 "금감원이 연구개발비 처리와 관련해 가이드라인을 만들고 있어 바이오업체들이 미리 움직이고 있는 것으로 보인다"며 "바이오업체들의 신뢰도를 높일 수 있다는 측면에서 긍정적"이라고 말했다.

바이로메드 제넥신 등은 한발 앞서 회계 기준을 바꾸면서 지난해 대규모 손실을 반영했다. 바이로메드는 지난해 1년 전의 세배에 가까운 67억원의 영업손실을 냈다. 제넥신은 지난 2월 28일 지난해 영업손실 규모를 64억원으로 잠정 공시했다가 3월 14일 269억원 적자로 정정 공시했다. 파카셀은 무형자산으로 계상했던 개발비를 손상차손으로 떨어내는 과정에서 지난해 392억원의 순손실을 인식했다.

• 셀트리온 등은 정정 안 해

모든 바이오기업이 회계처리 기준을 변경한 건 아니다. 셀트리온과 씨젠 등은 현행 회계처리에 문제가 없다고 판단해 이번 반기 결산에서도 재무제표를 수정하지 않았다. 지난해 전체 연구개발비 2,268억원의 74.4%를 무형자산으로 처리한 셀트리온은 현재 국제회계기준의 개발비 무형자산 인식 기준을 충족하고 있다고 밝혔다.

금감원 발표에 따르면 2016년 감사보고서 기준 152개 제약 바이오 상장사의 55%(83곳)가 개발비를 무형자산으로 계상하고 있다. 전체 잔액은 약 1조 5,000억원, 총 자산의 4% 수준이다. 하나금융투자에 따르면 연구개발 비용의 무형자산 인식 규모가 큰 상위 10개 바이오업종 상장사는 셀트리온(지난해 기준 1,688억원), 바이로메드(273억원), 씨젠(94억원), 삼천당제약(74억원), 오스코텍(56억원), 랩지노믹스(43억원), 인트론바이오(32억원), 코미팜(25억원), 애니젠(13억원), CMG제약(10억원)이다.

한국경제신문, 2018.8.17.
"R&D 위축… 만성적자 기업 양산"

    금융당국이 바이오기업 연구개발비의 비용 처리를 테마 감리 형태로 '압박'하고, 사업 내용 공시를 대폭 강화하면서 바이오업계에서는 후폭풍이 거셀 것이란 우려의 목소리가 커지고 있다. 만성 적자 기업을 양산하거나 자칫 연구개발까지 위축시켜 바이오사업의 경쟁력을 떨어뜨릴 것이라는 지적이 나온다.

    15일 바이오업계에 따르면 차바이오텍 메디포스트 바이오니아 등은 연구개발비 일부를 무형자산으로 잡던 회계처리 기준을 바꿔 영업손실로 처리했다. 금융감독원이 상업화 이전 단계에 있는 신약 후보물질의 개발비를 경상비용으로 처리하도록 하는 방향으로 가이드라인을 준비 중인 것으로 알려졌기 때문이다.

    업계에서는 신약 개발까지 10년이 넘게 걸리는 산업 특성 때문에 만성 적자 기업이 크게 늘어날 것으로 보고 있다. 코스닥 상장사는 4년 연속 영업적자를 내면 관리종목에 지정돼 상장폐지될 수 있다. 업계 관계자는 "바이오기업은 산업 특성을 고려해 연구개발비를 제외한 영업적자로 관리종목 지정 여부를 판단하도록 규정을 바꿔야 한다"고 말했다.

    바이오기업의 임상 연구 위축도 불가피할 전망이다. 영업적자를 줄이기 위해 수백억원의 투입되는 국내외 임상 연구를 축소하거나 포기할 수밖에 없기 때문이다. 바이오기업들이 신약 개발이라는 핵심 사업은 등한시하고 건강기능식품 화장품 등 부대사업에 집중하는 기현상도 우려된다.

    이승규 한국바이오협회 부회장은 "수익을 내기 위해 부업에 눈을 돌릴 수밖에 없을 것"이라며 "바이오산업의 경쟁력이 치명타를 입지 않도록 회계정책에 대한 근본적인 대책이 요구된다"고 말했다.

대우조선해양 사태로 영업에 큰 영향을 받게 되었던 안진회계법인이 구조 조정이라는 전환점을 맞고 있다. 파트너를 정리하고 있는데 우리나라의 회계법인에서 field에서 뛰고 있는 회계사에 비해서 management급에 있는 파트너들의 숫자가 과거에도 너무 많았던 것은 아닌지에 대한 고민을 위기 상황에서 하고 있는 것일 수도 있다.

체계화된 회계법인이 어느 정도 기반을 잡고 due care를 수행하는 것은 산업조직적인 차원에서도 중요하다. 건전한 회계법인이 육성되어야 하지만 이는 정부나 규제기관에서 개입하기는 어렵다. 한 특정 회계법인에게 영업정지로 회계법인을 문 닫게 하는 것은 오히려 쉬울 수 있지만 회계법인이 자리를 잡도록 도움을 주는 것 또한 매우 어려운 일이다. 거의 대부분의 대형 상장기업의 감사를 빅4 회계법인이 수행하고 있으므로 빅4 회계법인에 대해서는 어느 정도 보호해 주어야 한다고도 할 수 있다. 비감사업무를 제한하고 있으므로 큰 기업일 경우, 연결 대상 기업의 비감사업무까지를 생각한다고 하며 어떠한 용역을 진행할 일이 있을 때, 용역을 맡길 수 있는 회계법인도 빅4 회계법으로 범위를 좁힌다고 하면 선택의 여지가 거의 없다.

회계법인이 감사 제안을 수행할 경우도 파트너, 디렉터, 매니저, 시니어 등의 투입 시간을 계획하면서 감사수임료 예산을 설정할 것인데, 파트너, 디렉터, 매니저, 시니어 및 주니어 등의 인적 구성을 어떻게 가져갈지 또한 이들 간의 가장 이상적인 급여의 차이는 어떻게 가져가야 하는지 등에 대한 고민을 한 결과일 것이다.

외국의 인사조직 및 임원 평가 전문가들의 경우는 임원과 급여의 바람직한 급여 차이 비율에 대한 부분도 당연히 연구의 대상이며 미국의 경우는 임원의 이상적인 급여에 대한 연구도 수행하고 임원과 직원의 급여 차이에 대한 부분도 공시의 대상이기도 하다.

매일경제신문, 2017.7.21. ———————————————
딜로이트 안진, 파트너 25% 줄인다
체질 개선 위해 대규모 구조조정

딜로이트 안진이 고위 임원인 파트너급을 대상으로 대규모 구조조정을 단행한다. 새 대표이사 선임 이후 경영진 인사를 마무리한 안진은 임원진까지 대대적인 물갈이에 나서며 체질 개선 작업에 속도를 내고 있다.

20일 회계업계에 따르면 안진은 파트너급 임직원 30여 명을 대상으로 인력 재정비 작업에 들어갔다.

회계업계 관계자는 "최근 딜로이트안진 인사부가 파트너 40~50명에게 개별적으로 연락을 취한 것으로 안다"며 "전체 파트너 중 20~30%를 줄이는 것이 안진의 구상"이라고 전했다.

지난달 기준으로 안진 소속 파트너 수는 210명에 달했으나 최근 한달 사이 10~20명이 회사를 그만두면서 현재 파트너는 190명 정도다. 이번 조치로 파트너 50명이 안진을 떠나게 되면 파트너는 140명 이하로 줄어들 전망이다.

이번 구조조정은 홍종성 재무자문본부장(부대표)이 총대를 메고 진행 중이다.

이정희 신임 최고 경영자(CEO)가 조직 개혁에 강한 의지를 가지고 있어 홍 본부장에게 힘을 실어주고 있는 것으로 알려졌다. 안진은 홍 본부장을 구조조정 실무 총괄책임자로 임명해 전사적 쇄신 작업을 시작했다. 지난달 12일 안진은 본부장급 인사를 적격 단행하며 회계감사본부, 세무자문본부, 재무자문본부 등 6개 본부 수장을 모두 교체했다.

안진은 대우조선 사태로 회사 이미지가 나빠지면서 지난해 매출 기준으로 업계 3위를 차지했다. 이는 전년 대비 한 단계 내려 앉은 순위다. 2010년 이후 2015년까지 안진은 업계 1위 삼일회계법인에 이어 꾸준히 2위를 유지해왔다. 하지만 작년 대우조선해양 분식회계사태에 휘말리면서 삼정KPMG에 2위 자리를 내주게 됐다. 삼정KPMG와 안진의 2016회계연도 매출은 각각 3,190억원, 2,090억원을 기록했다. 안진은 과감한 체질 개선 작업을 통해 보다 젊은 조직으로 거듭나고 실적을 다시 끌어올리는 데 총력을 기울일 계획이다.

회계업계 관계자는 "이번에 파트너급을 대상으로 실시되는 인력 구조 조정은 시장 요구에 귀를 기울이고 신속하게 대응하겠다는 의지를 드러낸 것"이라며 "파트너 감축 작업은 오는 9월에 있을 정기 인사 전까지 마무리될 것으로 보인다"고 설명했다.

안진이 대우조선해양과 관련된 금융위원회의 조치를 받으면서 약 300억원의 매출 손실을 입은 것으로 알려져서 전체 매출의 10% 이상의 타격을 입었다.

회계법인의 인적 구성을 함에 있어서 어느 직급으로 회계법인이 구성되는 것이 가장 바람직한지에 대해서 기술한다.

회계법인의 급여 체계는 상후하박 구조이다. 회계법인은 민간기업이므로 파트너(유한회사 사원)와 직원(종업원)의 비율을 어떻게 가져가는 것이 가장 바람직한 것인지에 대해서는 누구도 개입할 수 없다. 그럼에도 회계법인이 공공재인 감사업무를 수행하는 한, 회계법인의 운영이 영리에만 가 있는 것이 아니라 공공성도 무시할 수 없도록 법인 내 의사결정이 수행되어야 한다. 최근에 와서 회계법인의 신입 공인회계사와 일부 초우량기업의 급여 차이가 벌어지면서 빅4 회계법인의 신입 공인회계사들의 급여가 현실화되는 계기가 있었다. 최근에 외감법시행규칙에서 회계법인의 고소득 임원의 급여를 공개하는 방안이 검토되고 있어 논란의 대상이다.[1]

회계법인이 감사계획을 세울 때도, 파트너, 디렉터, 매니저, 시니어와 직원의 시간 배분이 어떻게 되는 것이 가장 바람직한 것인지에 대해서도 고민하여야 한다. 디렉터와 직원이 필드에서 실제 감사 작업을 수행하지만 파트너가 감사계획의 방향을 맞게 설정을 해 주어야 한다.

chapter 23에서 인용한 Livatino et al.(2011)의 연구에서와 같이 회계감사를 수행함에 있어서 직급별로 어느 직급자가 어느 정도 시간을 사용하는 것이 가장 합리적인지를 평균에 기초하여 접근할 수는 있다.

필드 work도 중요하고 감사 planning도 물론 중요하다. 이는 업무와 관련된 직급별 분포일 것이다. 이러한 내용이 당연히 회계법인의 pay structure

---

1) chapter 12를 참고한다.

에도 영향을 미친다.

일반 기업의 pay structure는 다른 이슈보다는 임원의 급여 수준에 대해서 공개하고 공시하는 건이 이슈가 되다가 미국에서 최근에 와서는 일부 임원의 너무 높은 급여 수준만이 문제가 되는 것이 아니라 임원과 직원의 급여 차이를 공시하는 방향으로의 정책 방향이 설정된다. 어떻게 보면 수년 전 미국의 금융가를 휩쓴 occupy wall street이라는 빈부의 차이와도 관련되는 이슈이다.

분배를 중시하는 어느 정도 사회주의적 색채를 띠는 정책방향이다. 그럼에도 분배보다는 능력별 급여 체제가 정착되어 있는 자본주의가 가장 발전되어 있다는 미국에서 조차도 이를 공시하는 것이 바람직하다는 판단을 하게 된 것이다.

파트너와 직원 전체 비율이 어느 정도 되어야 하는지는 회계법인이 결정하여야 할 사안이지만 이러한 부분이 너무 과도하게 타 법인의 실무 관행과 차이가 있다고 하면 감사의 due process가 안 된다고도 할 수 있다. 이러한 내용은 품질관리감리에서 점검되어야 한다.

물론, 파트너와 감사보조자가 회계감사에 투입하는 감사시간만이 감사품질에 영향을 미치는 것이지 이들간의 pay structure는 외부에서 개입할 건이 아니라고 할 수 있다. 그럼에도 이러한 임직원간의 임금 구조가 회계법인이 수행하는 업무의 공익성에 영향을 미친다면 이는 별도의 이슈이다.

한국경제신문, 2017.12.4. ──────────────────────────────
딜로이트안진, 30억 유상증자
자본금 80억원으로

딜로이트안진회계법인이 재무건전성을 개선하기 위해 자본금을 확충한다.

딜로이트안진회계법인은 지난달 파트너총회를 열고 30억원 규모의 유상증자를 결정했다고 3일 밝혔다. 지분을 보유한 110명의 파트너를 대상으로 증자를 마치면 자본금이 50억원에서 80억원으로 늘어난다. 증자 후 파트너 1인당 출자 규모는 약 7,300만원으로 업계 1위인 삼일회계법인과 비슷한 수준이 될 것이라고 회사 측은 설명했다. 삼일회계법인의 파트너 1인당 출자액은 약 8,000만원으로 알려졌다. 회사 관계자는 "파트너의 책임

경영을 강화하고 재무건전성을 개선하기 위해 증자를 결정했다"며 "파트너 1인당 출자액이 업계 '빅4' 가운데 상위 수준을 유지할 것"이라고 말했다.

안진은 대우조선해양 사건으로 어려움을 겪던 시점에 다음과 같이 미국 Deloitte으로부터 2,000만 달러(약 200억원)의 자금을 수혈받았다.

한국경제신문. 2017.3.31. ─────────────
'결별설' 일축한 딜로이트 안진에 220억 자금 지원

글로벌 회계 컨설팅 기업 딜로이트 글로벌이 국내 제휴사인 안진회계법인에 수백억대 자금을 지원키로 했다. 대우조선해양 부실 감사로 업무정지 2년이란 중징계를 받은 안진회계법인에 대한 적극적인 자금 지원으로 시장에서 끊임없이 돌고 있는 딜로이트 안진의 결별설도 잦아들 전망이다.

30일 회계업계에 따르면 딜로이트 글로벌은 안진에 2,000만 달러(약 200억원)의 자금 지원을 결정했다. 안진의 자금 사정에 따라 추가 지원도 약속한 것으로 전해졌다. 안진이 필요할 때마다 언제든지 돈을 빼 쓸 수 있도록 크레디트라인(신용공여한도)을 열어 주는 방식이 유력한 것으로 알려졌다.

딜로이트 안진과의 제휴를 흔들림 없이 이어 갈 것이란 강한 의지를 내비친 것이라는 게 회계업계 해석이다. 감사부문 매출 감소와 대우조선해양 관련 소송 등으로 안진의 자금사정이 나빠질 가능성이 있다는 점도 고려했다는 전언이다.

지난 24일 증권선물위원회에서 안진에 대한 중징계가 결정된 이후 시장에서는 끊임없이 딜로이트 안진의 결별 가능성이 제기됐다. 하지만 딜로이트 글로벌이 금전적인 지원까지 약속한 이상 제휴 관계가 끊길 가능성은 낮다는 분석이 힘을 얻고 있다. 2001년 대우그룹 분식회계를 방조한 혐의로 안진과 같은 업무정지 조치를 받은 산동회계법인은 당시 글로벌 제휴사였던 KPMG와의 결별 등이 법인 해산에 결정적인 영향을 미쳤다.

매일경제신문 2018.2.13.
김앤장 국내로펌 최초 1조 클럽 시대 열었다

　　지난해 6대 로펌 매출액을 이른바 '자격증'을 가진 국내외 변호사 회계사 변리사 세무사 등 각 로펌의 전문가 수로 나눠 1인당 매출규모를 구했다.

　　그 결과 김앤장은 매출 1조 144억원에 전문가 1,152명을 보유한 것으로 확인돼 1인 평균 8억 8,056만원의 매출을 거둔 것으로 나타났다.

　　세계 최고 법률 선진국인 미국 법률시장에선 단순히 매출 규모뿐만 아니라 매년 벌어들인 매출을 각 로펌에서 경영에 관여하는 변호사(파트너)수로 나눠 파트너 변호사당 매출(profit per partner PPP)을 통해 로펌들의 영향력과 경쟁력을 비교한다. 한국은 특히 '고문'으로 불리는 '자격증 없는 전문가'들이 벌어들이는 막대한 수익을 파악할 만한 뾰족한 방법이 없다.

　　위의 신문기사에서 PPP은 파트너당 이익인데 매출로 잘못 번역되었다.

　　위의 기사에서도 언급되었듯이 법무법인의 고문들이 상당한 정도의 매출금액을 법무법인에 공헌하고 있다. 단, 이분들은 파트너 변호사들이 아니므로 이들의 역할을 직접적으로 매출과 일대일로 mapping하기는 쉽지 않다. 변호사가 아닌 고문들이 이 정도로 매출에 공헌하고 있다는 것은 한국적인 상황이다.

　　빅4 회계법인 중에서는 한영회계법인의 공인회계사 1인당 매출인 3억 5천여 만원이 가장 높은 수치인 반면 법무법인의 8억여 만원의 인당 매출 금액에는 상당한 정도의 차이가 발생한다. 이는 회계법인과 법무법인 모두 전문가 집단인 반면, 회계법인과 법무법인의 기본적인 수임료에서 상당한 차이가 있다는 반증이다.

우리나라 직장인 최고월급 50위 명단 공개…"매월 4~17억원"라는 기사(아시아경제, 2013)에 의하면 건강보험 직장가입자 보수월액 상위 10개 사업장에서, 김앤장의 경우, 건보료 상한액 대상자는 148명, 광장 20명, 삼일회계법인 12명으로 보도되고 있어서, 법무법인과 회계법인의 고위 직급자 간에도 상당한 정도의 급여 차이가 발생하는 것을 알 수 있다.

이렇게 회계와 법무법인의 기본적인 수임료가 차이가 발생하는 이유는 예를 들어 공정거래 관련된 소송일 경우, 과징금의 규모가 수천억원일 경우도 있어서 천문학적인 금액이 좌우되는 소송을 법무법인이 담당하는 반면, 국내에서 수임료가 가장 높다는 삼성전자의 감사 수임료의 경우도 수년 전 35억원 수준에 불과하여 근본적인 차이가 발생한다. 또한 법무법인의 경우에는 천문학적인 성공보수의 존재도 무시할 수 없는데 회계법인에는 성공보수라는 것이 존재할 수 없다.

회계법인에도 파트너 당 매출 금액을 경쟁력과 영향력을 측정하는 변수로 사용하지 않는데 미국에서 이 수치를 사용하는 명확한 이유는 알기 어렵다.

물론, 외감법에서는 회계법인의 이사(파트너)가 감사를 하는 것으로 되어 있고, 파트너가 아닌 다른 공인회계사들은 보조자에 불과하여 파트너들의 책임하에 감사가 진행하는 것으로 되어 있다.

회계법인의 경우 전체 인력 대비 파트너 수가 적어서 파트너 일인당 매출이나, 일인당 수익이 큰 의미가 없을 수 있지만, 이에 반하여 로펌은 파트너 비중이 회계법인에 비하여 높고(예를 들면 20~30% 내지 그 이상) 조직 자체가 파트너십이기 때문에 로펌의 평가에서 여러 가지 면에서 파트너가 중요한 기준이 될 수 있다.

예를 들어 안진은 2015년 공인회계사 수가 1,131명인데 그중에 파트너의 대폭적인 감축 이전의 파트너의 수가 210명(2017.7.21. 매일경제신문 신문기사)이며 감축 이후의 파트너의 수는 140명 수준이라고 하니, 파트너 비율이 20~15% 수준이다. 김앤장의 파트너십 비중은 회계법인의 그것보다도 높다.

어떤 로펌은 매출은 크지만 파트너 숫자도 상당히 커서(예, DLA Piper) 전체적인 매출 내지 이익으로만 보면 상위이지만, 로펌의 특성상 중요 기준인 파트너 기준으로 보면 파트너 일인당 매출이나 이익이 낮은데, 이런 경우 이

로펌을 대형 로펌이라고는 하지만, 소위 변호사 사회에서 최고의 로펌이라고 보지 않는 경향도 있다.

또한, 파트너십에서는 파트너들의 수익이 일종의 이익배분이기 때문에, 평균 개념이기는 하지만 파트너 일인당 이익이 얼마인지가, 진정한 의미의 파트너십의 수익성을 판단하는 지표가 될 수 있다. 예를 들면 A로펌은 파트너 일인당 이익(PPP)이 백만 달러이고, B로펌의 PPP가 오십만 달러라면, A로펌이 좋다라는 평가를 받는다.

그리고, 같은 관점에서 회계법인에 비교하여 로펌의 경우 어떤 유명한 파트너가 있느냐가 중요하고, 그런 의미에서도 파트너 일인당 이익(수익)이 높은 로펌은 그만큼 수익성 높은 일(즉, value가 높은 일)을 하는 로펌이라는 인식을 받기 때문에 좋은 로펌인지 평가의 기준이 된다.

흔히 어느 법무법인에 star 변호사가 있다는 얘기는 하여도 어느 회계법인에 star 파트너가 있다고는 얘기하지 않는다. 회계법인 업무라는 것이 특히나 감사업무라는 것은 정형화된 업무를 수행하는 것이기 때문에 창조적인 업무가 있는 것도 아니며 개인의 능력이 표출되지 않는다고 할 수 있다. 법무법인에서의 성과는 소송의 승패소로 확연하게 드러나므로 star 변호사의 탄생이 가능한 구조이다.

특히나 언론 등에 많이 노출된 소송을 해당 법무법인에서 맡아서 진행한다 함은 이 로펌의 명성과 관련되므로 중요하다. 동일하게 회계법인의 경우도 어떠한 좋은 기업을 client로 가지고 있다는 것이 중요하기도 하지만 로펌의 수임이 회계법인의 수임 건과 비교하면 변호사 개인의 능력에 따라서 더욱 속인적인 부분이 강하다.

이는 큰 소송 건에 대해서 승소율이 높은 변호사의 개념인데, 회계업무는 manual을 따라서 인증하는 과정이며 그러한 승소의 개념이 아니므로 업무의 성격상에 차이가 있다. 즉, 어떻게 보면 회계법인의 업무는 법무법인의 업무에 비해서도 system이 수행하는 것이고 법무법인의 업무는 이보다는 개인적인 능력이 나타나고 屬人적인 요인이 더 강하다고도 할 수 있다.

특히나 법무법인의 경우는 승패소로 소송 건에 대한 결과가 확연하게 드러나지만 회계법인의 업무는 많은 경우가 적정의견을 받게 되며 감리의 대상이 되어서 감사실패가 판명되지 않는 한, 성공이라는 것도 실패라는 것도 구분되지 않는다.

이는 회계감사라는 업무가 차별화되기 어렵다는 점과도 무관하지 않다. 거의 대부분의 회계감사용역의 결과는 적정의견인데, 어떠한 감사과정을 거쳐서 적정의견이 표명되었는지는 work paper를 검토하지 않고는 나타나지 않는다.

이에 비해서 법무법인의 업무 결과는 승소 또는 패소라는 이분법적인 결과로 극명하게 드러나므로 파트너의 개인적인 능력이 표출되며 그렇기 때문에 파트너당 매출 금액이 미국에서 법무법인의 능력을 평가하는 잣대로 사용될 수 있다.

즉, 법무법인의 업무는 과정보다는 결과가 중요하며, 회계법인의 업무는 결과가 거의 동일하므로 과정이 중요하다. 즉, 대부분이 적정의견을 받게 되는 데 많은 시간과 에너지를 투입하여 우수한 공인회계사들이 수행한 감사업무와 그렇지 않은 낮은 수준의 공인회계사들이 수행하고 적정의견을 받은 회계정보와 감사품질 사이에 전체적인 품질의 차이가 있다고 구분하기가 어렵다.

단, 이러한 차이가 감리라는 과정을 통해서 사후적으로 검증될 때는 논의는 달라진다.

수수제안권(제363조의2)은 상법요건상 의결권없는 주식을 제외한 발행주식 총수의 3% 이상 보유해야 하고, 상장회사 특례의 경우(제542조의6) 6개월 전부터 계속하여 상장회사의 의결권 없는 주식을 제외한 발행주식총수의 1% 이상 보유인 경우이다. 자본금 1,000억원 이상인 경우는 0.5% 이상이다.

주주제안제도에 의한 사외이사 추천이 가능하며 가장 대표적으로는 APG 네덜란드연기금자산운용이 적극적으로 이러한 권한을 행사하고 있다. 2018년 KB금융지주가 신규 사외이사를 섭외할 때, APG가 주주제안을 통해서 한 후보를 추천하였고 이 후보자가 사추위를 통해서 사외이사 후보로 선임되었으며 APG는 ROBECO(로테르담투자컨소시움)과 함께 포스코의 사외이사도 이러한 경로를 통해서 추천하였다. 해당되는 사외이사 후보자가 사외이사후보추천위원회와 이사회는 통과하였으나 다른 직을 맡고 있어서 이해상충의 문제가 있어서 진행되지는 않았지만 매우 바람직한 제도의 적용이다.

포스코 내부의 정보에 의하면 APG와 ROBECO는 양 기관이 협의하여 한 이사를 추천하게 되었다고 한다.

현대자동차도 2018년 초 주주제안제도를 활용하여 주주들이 사외이사를 추천하는 제도를 적극적으로 채택하겠다고 공언하였다. 각 계열사는 투명경영위원회에서 주주권익 보호 역할을 맡는 사외이사를 뽑을 때 국내외 일반 주주들로부터 공모 형태로 후보 추천을 받는다고 한다. 계열사 중에서는 2017년 주총부터 현대글로비스에서 이 제도를 제일 먼저 도입하고 다른 계열사는 2018년부터 연차적으로 도입하는 계획을 발표하였고 이 제도의 의해서 한 사외이사가 선임되었다.

현대글로비스, 해외 설명회에 주주권익 보호 사외이사 참여

이 두 회사일 경우는 그럼에도 전문가를 내정/선임하게 되었던 것인데 롯데쇼핑의 경우는 이러한 전문가도 아닌 일반주주 중에서 1인을 선임하는 방식으로 접근하였다 중단하게 되었다.

이 제도는 롯데쇼핑이 오래전에 일반 주주 중에서 사외이사를 선임하겠다는 정책방향을 2012년 10월에 도입하려다가 유야무야되었다.[1] 어느 정도는 포퓰리즘적인 사고방식이다. 일반 주주가 한두 명도 아닌데 이사회 활동에 적합한 일반 주주로서의 이사를 선임한다는 것이 의도는 좋았으나 무척이나 어려운 일이었을 것이다. 특히나 기관투자자가 제안하는 전문성이 있는 사외이사가 아니고 일반 주주라고 하면 기업의 지배구조나 기업의 경영활동을 이해하는 주주가 아닐 수도 있어서 이 주주가 실제로 이사회 활동에 도움이 될 것 같지도 않다.

예를 들어 미국의 배심원 제도일 경우는 법 전문가가 아닌 일반인들이 피고의 유/무죄를 판단하는 것을 보아서는 기업의 이사회 활동을 수행함에 있어서도 기업 경영과 관련된 지식이 필수적인 것인가라는 생각을 할 수도 있을 것인데, 기업 경영이라 함은 전문적인 지식을 필요로 하며, 미국의 배심원제도는 어느 정도 상식 정도를 가진 일반 시민이 옳고 그름을 판단할 수 있을 정도의 지식만을 필요로 한다.

포스코와 같이 1% 이상의 지분을 6개월 이상 가지고 있는 기관투자자들이 제안을 할 것으로 추정된다.

사실 여부는 확인이 불가하지만 언론에 의하면 2017년 윤종규 KB금융지주의 회장이 재선임되는 과정에서 헤드헌터에서 1차적으로 추천된 후보자만 60여 명이었다고 하니 일반 주주를 후보로 선임한다는 것은 더더욱 어려운 일일 것이다.

이와 같이 일반주주들에게 주주제안제도를 광범위하게 확대하는 것보다는 위에서 KB금융지주나 포스코의 경우와 같이 전문성을 가지고 있는 기관투

---

1) 한국경제신문. 2012.10.3 롯데쇼핑 "고객을 사외이사로"

자자들이 가장 적임인 후보를 추천하는 것이 가장 이상적인 대안이라고 생각된다.

주주제안제도는 0.5% 이상을 6개월 이상 보유하고 있는 투자자가 사외이사를 추천할 수 있는 권한이다. 경영참여의 일환인데, 주식시장의 큰손인 국민연금이 적극적으로 경영에 참여한다면 사외이사 누구를 추천할 수도 있지만 연금사회주의로 갈 수 있는 위험이 있다고 해서 주목을 받는 제도이다. 주주의 경영참여라는 차원에서 주주제안과 주주대표소송에는 유사함이 존재한다.

"1962년 상법 제정 시 제403조에 규정되어 있었으나 IMF 이전에는 거의 활용되지 않다가 외환위기를 거치면서 주주대표소송의 행사요건을 완화하는 등 소수주주의 권리를 강화하는 방향으로 상법, 증권거래법(자본시장법으로 통합) 등의 법률이 개정되었다.

1997년 4월 증권거래법 개정으로 대표소송에 관한 상법상의 특례규정이 도입(주식보유기간 6개월, 보유지분 1%(자본금 1천억원 이상의 경우는 0.5%))되었고, 이후 1998년 12월 상법이 개정되면서 주주의 대표소송제도(보유지분 0.01%)가 시행되고 있다.

이를 정리하면 상장기업의 경우 발행주식수의 0.01% 이상(6개월 이상 보유)의 지분이 필요하며, 비상장기업의 경우에는 발행주식 1% 이상(6개월 이하로 보유해도 됨)이 필요하다.

CEO 선임시 주주제안제도에 의해서 CEO 후보자를 추천받게 되어 있지는 않지만 포스코의 경우 2018년 6/7월에 후임 CEO를 선임하는 과정이 진행되었고 0.5% 이상의 지분을 가진 주요 주주에게 추천을 받았다. 동일한 취지에서 노조에게도 CEO후보를 제안받았지만 노조는 후보를 추천하지 않았다. 포스코의 경우는 헤드헌터에게도 CEO 후보를 추천받는 과정을 일부 진행하기는 하였지만 이들이 추천한 CEO 후보가 선임될 경우에 연동하여 fee를 지급받게 되는 것으로 계약하였더니 헤드헌터들이 정치적인 후보자를 추천하는 패턴을 보여서 CEO 추천위원회에서는 헤드헌터를 통한 과정을 성공적인 search과정이라고는 판단하고 있지 않다.

주주제안제도에 의한 사외이사 추천은 어떻게 보면 민영화된 우리은행의 과점 주주들이 사외이사에 대한 추천 권한을 갖는 것이나 동일하다. 우리은행의 과점 주주인 키움증권, 한국투자증권, 한화생명, 동양생명, IMM PE가 각각

1인을 추천하였다.

소유분산기업 지배구조의 현황과 개선방안이라는 이사협회의 세미나 (2018.2.27.)에서 키움증권의 추천으로 사외이사를 맡고 있는 박상용 교수는 사외이사로 선임된 1년 동안 키움증권의 최대주주를 두 번밖에 만난 기회가 없었다며, 이렇게 추천된 사외이사들도 주주 전체를 위한 의사결정을 하는 것이지 매번 해당 사외이사를 추천한 과점주주만을 위한 의사결정을 하는 것은 아니라고 밝혔다. 물론, 과점 주주의 이해가 전체 주주의 이해와 괴리되는 경우도 있을 수 있지만 그렇게 많은 경우일 것 같지 않다.

과점주주의 경우, 각 기업에서 외부의 사외이사를 선임하지 않고 해당 과점 주주의 기업에서 상근으로 근무하는 임원을 기타 비상무 이사의 모습으로 파견하는 것도 대안 중의 하나일 것이다. 그러나 이와 같이 하는 경우는 사외이사 요건을 맞출 수가 없는 한계가 존재한다. 즉, 자산 규모 2조원이 넘는 기업의 경우 이사회 과반수가 사외이사여야 하는데 이 사외이사에 기타비상무이사는 포함되지 않는다.

또한 최대주주가 아니고 과점 주주 체제로 운영되는 상황에서 각 과점 주주의 기업에 속한 비상무이사가 파견 형식으로 기업 경영에 참여한다면 과점 주주의 의견을 대변하지 않을 수 없으므로 이것이 바람직한 지배구조인지에 대한 의문이 있을 수도 있다.

그러나 이렇게 할 경우, 모든 안건에 대해서 과점주주(대주주)의 의견을 묻고 의사결정을 수행할 수도 있는데 이보다는 과점주주들이 일단, 본인들이 희망하는 사외이사들을 추천한 이후에는 이들이 어떠한 의사결정을 수행하던 사외이사들에게 위임함이 옳은 듯하다.

물론 자본주의에서의 주주의 권한의 가장 중요한 부분이 의결권의 행사이므로 과점 주주의 경우도 의결권 행사가 가장 중요한 주주권한의 행사이다. 다만 건건이 과점 주주의 의견을 반영할 것인지 이러한 권한이 과점 주주가 추천한 사외이사에게 위임된 것인지에 대해서는 각각의 과점주주가 결정할 사안이다.

그런데 기업에서 지주회사의 임원을 계열회사의 이사로 등기할 때 기업마다 사내이사로 등기하는 경우도 있고 기타 비상무이사로 등기하는 경우가 있어서 이 건에 대해서 기술한다. 매우 특이하게 계열사의 사내이사가 지주사의 기타비상무이사로 등기하는 경우도 있다.

2018년 현대차, 포스코, 롯데, 한진 등은 이러한 인사를 '사내이사'로 선임하고 있으며 KB, LG, SK 등은 '기타 비상무이사'로 선임하고 있다. 현대중공업은 계열사마다 사내이사와 기타 비상무이사가 혼재되어 있다. 그러면 어떠한 경우에는 사내이사로 어떠한 경우에는 기타비상무이사로 구분되는지에 대해서 기술한다.

상법 제317조에서는 사내이사, 사외이사, 기타 상무에 종사하지 아니하는 이사. 즉, '기타 비상무이사'로 구분하여 등기하도록 규정하고 있으며, 동법 제382조에서는 사외이사에 대하여 상무에 종사하지 않는 이사로서 별도로 규정하는 결격 사유가 없는 자로 정의하고 있다.

즉, 사외이사에 대하여는 별도로 정의를 하고 있으나, 사내이사와 기타 비상무이사에 대하여는 명확히 정의를 하고 있지 않다.

이에 대하여 여러 학설들에 따르면 다음과 같이 구분할 수 있다.

'기타 비상무이사'는 상무에 종사하지 아니하는 이사로서 사외이사에 해당하지 않는 이사로 정의할 수 있으며, '사내이사'는 사외이사 및 기타 비상무이사에 해당하지 않는 이사, 즉, 상무에 종사하는 이사로 정의할 수 있다. 법에는 사외이사의 최소 인원을 의무화하기도 하는데 예를 들어 자산 규모 2조를 넘는 기업은 사외이사가 이사회 총원의 과반수여야 한다. 반면 사내이사나 비상무이사에 대해서는 이러한 규정이 존재하지 않는다.

여기서 '常務'에 대한 개념은 대법원 판례 등을 따르면 '일반적으로 회사에서 일상 행해져야 하는 사무, 회사가 영업을 계속함에 있어서 통상 행하는 영업범위 내의 사무 또는 회사 경영에 중요한 영향을 주지 않는 통상의 업무'라는 개념으로 이해되며, 반드시 상근을 하지 않아도 상무에 종사하는 경우는 가능할 것으로 판단된다.

상법 제542조의10 제1항에서 '회사에 상근하면서 감사업무를 수행하는 감사'를 상근감사로 정의하는 점에 비추어 볼 때, '常務'라는 개념은 '상근(full time)'이라는 개념과는 다른 개념으로 이해하여야 할 것으로 보이며, 이에 따라 회사에 상근하지 않더라도 상무에 종사하는 경우는 가능할 것을 판단된다.

상법 제408조 제1항에 따르면, '전조의 직무대행자는 가처분 명령에 다른 정함이 있는 경우 외에는 회사의 상무에 속하지 아니한 행위를 하지 못한다'

라고 규정하고 있다.

결론적으로 '사내이사'에 해당되는지 '기타 비상무이사'에 해당되는지 여부는 상근 여부에 관계없이 상무에 종사하는지 여부에 따라 결정되어야 할 것으로 판단되며, 상법상 '사내이사'와 '기타 비상무이사'를 구분하여 권한과 책임을 별도로 규정한 조항은 없으므로 어느 것으로 구분하더라도 법적으로 문제될 것은 없다.

S-oil과 같은 기업은 상근 대표이사 1인, 기타비상무이사 6인, 사외이사 8인의 매우 특이한 이사회 구성을 보인다. 물론 자산 규모가 2조원을 초과하므로 과반이 사외이사여야 한다는 규정은 당연히 준수한 것이고 기타 비상무이사 6인은 모두 S-oil의 60%의 지분을 가지고 있는 대주주인 아랍계 자본인 사우디의 아람코 소속이다.

기타 비상무이사의 비중이 이와 같이 높은 기업이 또 있는지는 확실하지 않지만 매우 특이하다. S-oil의 사내이사를 인터뷰할 기회에 기타 비상무이사들이 의사결정을 수행할 때, 기타비상무이사들은 아람코의 이해만을 대변하는 것은 아닌지에 대한 의문을 제기하였으나 인터뷰의 대상이었던 사내 집행이사는 기타비상무이사는 S-oil 주주가 선임한 경우로, S-oil의 이익을 대변하는 데 충실한 것이지 아람코의 이익을 대변하고 있지 않다고 답을 하였다.

또 한 가지 S-oil에서 특이하다고 판단한 점, 즉, 이사회 구성원이 15인인데, 사내이사가 1인밖에 없다는 것에 대해서도 문제 제기를 하였으나 회사 측은, 외국의 선진 기업의 경우도 사내 이사는 거의 집행임원의 형태이며 오히려 사내이사가 적다는 것이 선진적 기업지배구조라고 판단한다는 답을 받았다. 위에서도 기술하였듯이, 2018년 새로이 출범한 하나금융지주의 경우도, 사내이사는 지주의 회장 1인의 경우로 이사회를 구성하였다. S-oil이나 인도의 마힌드라그룹이 대주주인 쌍용 자동차의 경우가 외국계 자본이 대주주인 경우라서 이들 기업이 어떠한 지배구조를 가져가는지를 관찰함도 흥미롭다.

그럼에도 사외나 비상무이사는 상근하는 이사가 아니니 한계가 있을 수밖에 없어서 이러한 점에 대해서는 더 많은 고민을 해 보아야 한다.

많은 기업에서는 직급에는 무관하게 더 상위 직급의 임원이 등기를 하지 않아도 하위 직급의 CFO나 COO(chief operationg officer)가 등기를 하기도 한다. 이는 업무상 그렇게 하는 것이다. 그러나 등기를 할 수 있는 사내이사가 제한되어 있고 등기하는 사내이사가 증가하면 자산 규모가 2조를 넘는 기업은 사외이사가 과반이 되어야 하므로 동시에 사외이사도 더 많은 수가 등기를 하여야 하므로 등기하는 사내이사의 수는 신중하게 결정되어야 한다.

어떻게 보면 COO의 업무는 CEO와 중복되기 쉬울 수가 있다. 이는 CEO는 경영전반에 대한 모든 책임을 지게 되므로 COO는 operating에 특화한 임원이므로 유사한 업무를 수행하기 쉽기 때문이지만, CFO의 업무는 재무의사결정과 관련되므로 일반적인 operation 업무를 수행하는 경우와 비교한다면 특화되어 있다고 할 수 있다.

audit은 lowest quality를 없애야 하는 것이며, 즉, worst를 피하려고 한다. consulting은 highest quality를 추구하는 것이다.

audit은 감사기준에 근거하여 감사를 수행하게 되며 감사는 감사를 잘 하려고 하기 보다는 감사를 못하지만 않으면 된다. 즉, 부실감사만을 회피하면 되는 것이다.

감사를 잘 한다는 것의 개념은 정의하기가 쉽지 않다. 즉, 감사를 잘 한다는 것은 감사를 적법하게 한다는 것을 의미할 뿐이다.

이에 반해서 승소 패소가 나뉘는 소송 대리의 경우는 그 결과가 이분법적이고 그 결과가 확연하게 드러난다. 잘 하려는 행위와 잘못하지만 않으면 된다는 것의 차이는 생각보다 크다.

따라서 부실감사라는 것이 존재하지만 부실감사가 아닌 감사는 모두 성공적인 감사로 분류된다. 물론 우리가 부실감사라고 분류하는 것도 부실 감사로 드러난 것만 부실감사라고 하지 부실감사로 드러나지 않은 감사는 부실감사라고 분류할 수도 없다. 드러나지 않은 부실감사 중에도 부실감사 못지않게 심각한 부실감사가 존재할 수도 있다는 생각을 할 수 있지만 이는 심증에 그치는 것이지 확신은 없다. 감독기관의 감리 등의 과정을 거쳐서만 이러한 내용이 확인될 수 있다.

즉, 부실이 아닌 감사(이를 성공적인 감사라고 부를 수 있으면)에는 더 좋은 감사/덜 좋은 감사라는 것을 구분하기 어렵다. 즉, 감사라는 것은 어떻게 보면 매우 이분법적(dichotomous)인 것이다. 따라서 외부감사인은 부실감사만을 피하려 하지 부실감사가 아니라고 하면 어떠한 감사가 진행되든지는 크게 이슈가 아니다.

반면 외부감사인이 수행하는 consulting 업무는 이와는 크게 다르다. consulting이 실패했다는 개념은 거의 없으며 consulting의 품질은 continuous function과 같이 지속적으로 그 결과가 차별화된다. 또한 해당 회사로부터 다시 한 번 consulting의 기회가 있을지도 이러한 평가에 근거한다. 물론 감사에 대해서도 적정의견을 표명하였고 우호적인 감사인을 재선임하려는 경향이 있을 수 있지만 감사의견 대부분이 적정이므로 차별화가 어렵다.

따라서 consulting은 잘하면 잘 할수록 이에 대한 보상이 높아진다. 즉, 법무법인이 수행하는 법률서비스와 같이 승소의 가능성이 높아지면 법무법인은 성공보수(contingency fee)를 받게 되는데 회계법인은 감사에 대해서는 이렇게 계약하지 않지만 컨설팅에 대해서는 다음 기회에 수임료를 높이 받을 수 있을 듯하다. 감사와 관련되어서는 수임료가 어느 정도 정형화되어 있으므로 금전적인 부분보다는 계속되는 수임계약이 회계법인이 가장 크게 관심을 가지고 있을 부분이다.

그렇기 때문에 회계법인의 고유 업무인 회계감사는 두 개의 quality밖에 없는 것이다. 나쁜 quality가 있고 좋은 quality가 있는데 좋은 quality에는 더 좋은 quality가 있거나 덜 좋은 quality가 있지 않다. 있을 수는 있는데 관찰하는 것이 불가능하며 품질 자체가 black box이다.

따라서 부실감사만 피할 수 있다면 더 많은 시간과 더 많은 인력을 투입할 필요가 없으며 부실감사만을 피할 수 있는 minimum 시간과 minimum 인력만이 필요하다. 그러나 감사인의 고충은 생산성을 최대화하기 위해서는 이렇게 시간과 인력을 minimum으로 투입하여야 하는데 너무 tight하게 시간/인력을 투입하다가는 까딱하다가 부실감사를 하게 된다.

따라서 가장 유능한 회계법인의 대표이사는 최소한의 자원을 투입하여 제일 좋은 결과를 얻는 것이라는 점에서는 일반적인 기업의 목표와 다르지 않다. 그런데 제일 좋은 결과는 의외로 단순하다는 것이다. 즉, 더 좋은 감사라기 보다는 '부실감사가 아닌 감사'라는 것이다. 더 좋은 감사를 수행한다고 더 높은 수임료를 수임하게 되는 것이 아니다. 따라서 회계법인의 경영활동에서의 목적함수는 다른 일반 기업의 목적함수와는 차이가 있다. 기업에게는 이익이라는 것이 차별화된 영업의 결과인데 감사인에게는 이러한 것이 존재하지 않는다.

모든 경제 활동 인구는 노력에 대해서는 당연히 대가를 기대하게 된다. 즉, 평가/보상이 있어야 한다. 그러나 감사인의 노력에 대한 대가는 부실감사만을 피할 정도의 lower bound가 있는 input이라서 감사인들이 너무 많은 input을 투입하였을 경우는 매우 허무하고 억울하게 생각할 수도 있다.

물론 감사 과정에서 회계감사 이외에도 많은 유익한 consulting을 감사인으로부터 받을 수는 있다. 즉, 노력은 많이 했는데 왜 이렇게 열심히 했는지를 돌아 보면 별 해답이 없는…

우리가 대학교 수업에서 교수가 학점을 주게 되는데 예를 들어, 너무 여러 명의 학생에게 좋은 학점을 주게 되면 매우 학점이 높은 학생은 class에서 한두 명만 A+를 받아야 하는데 너무 많은 학생에게 교수가 A+를 주었다고 불평을 할 수 있다. 즉, 결과(output)는 동일한데 input이 너무 많았다면 소위 가성비(생산성)가 안 좋은 것이다.

따라서 회계감사는 일한 것만큼 피감기업으로부터의 보상이 있지 않다. 물론, 피감기업으로부터의 보상이란 지속적인 계약은 있을 수 있는데, 이는 과도한 노력이 없이도 부실감사를 회피할 수 있을 정도의 노력만 있으면 된다.

단, 추가적인 노력에 대한 reward는 크지 않은 반면, 부족한 노력에 대한 penalty는 결코 무시할 수 없다.

물론, 개인 공인회계사가 열심히 노력했다고 하면 회계법인이라는 조직 내에서의 개인에 대한 평가에는 도움이 된다. 그러나 회계법인과 피감기업과의 관계에 있어서는 minimum을 초과하는 시간 투입은 극단적으로 해석한다면 낭비된 자원이라고도 할 수 있다.

왜냐하면 외감법에 의하면 감사의 주체는 회계법인이나 감사반이지 개인 공인회계사가 아니다. 그러나 법무법인에서 변호사들이 의견서를 작성할 때, 법무법인 대표가 아니라 개인 변호사나 수명의 변호사 명의로 작성한다거나 미국에서 2018년부터 감사보고서에 대표이사가 아닌 파트너가 서명하는 것을 보면 이러한 전문가 집단에서의 용역이 속인적인 것인지 아니면 기관 차원에서의 업무인지에 대해서 고민을 하게 한다.

한국도 이러한 미국에서의 추세를 따라서 위에서도 기술했지만 다음과 같은 변화가 있다. 현재는 감사보고서상 감사인을 '××회계법인 대표이사 ×××'로 기재하고 있으나, 개정안에 따르면 '업무담당 이사는 ×××입니다'

라는 문구가 별도로 추가된다. 다만 실명 공개로 개인의 안전에 대한 위협이
합리적으로 예상되는 경우에는 공시하지 않을 수 있다.

chapter 31 ㅣ 부실감사 공방

매일경제신문, 2018.3.16. ───────────────────
회계법인 '부실감사' 공방 가열

　회계법인 간에 감사전쟁이 시작됐다. 회계개혁에 따라 주기적 외부감사인 지정제가 도입될 경우 감사인 교체에 따른 전 현직 감사인 간에 부실회계를 둘러싼 감사 논란은 더욱 거세질 전망이다.

　15일 금융당국에 따르면 최근 금융위원회와 금융감독원은 비공개 감리위원회를 열고 한진중공업의 영업 손실 과소 계상 의혹에 대한 징계 절차에 착수했다. 이번 징계 건은 2016년 한진중공업의 감사인이 삼일회계법인에서 안진회계법인으로 바뀌면서 불거졌다. 한진중공업이 2016년 반기보고서를 내면서 안진 측의 감사의견을 수용해 2015년 재무제표를 수정했고 영업손실이 당초 792억원에서 2,200억원으로, 당기순손실은 2,600억원에서 3,900억원으로 1,300억원이나 늘어났다. 조선 업황이 안 좋은 점을 감안해 미수금의 회수 가능성 등을 보수적으로 판단하면서 손실 폭이 커졌고 시장에서는 '손실 늑장 반영' 논란이 일었다. 금감원이 부실 회계 의혹 관련 감리에 착수한 이유다.

　이에 따라 금융당국은 향후 증권선물위원회를 열고 삼일에 대한 징계를 내릴 것으로 전해졌다. 다만 삼일 측이 고의적으로 손실을 축소시켰다거나 묵인한 문제는 아니기 때문에 장기간의 감사업무정지나 검찰 고발 등 중징계가 아닌 가벼운 과징금 등의 경징계에 그칠 것으로 보인다.

　회계업계에서는 이 같은 감사 논란이 앞으로 더욱 많아질 것으로 예견하고 있다. 지정감사를 통해 감사인이 주기적으로 바뀔 경우 전 현직 감사인 간에 회계 적정성을 놓고 갑론을박하는 상황이 연출될 가능성이 높기 때문이다. 특히 정부의 회계개혁에 따라 '외부감사인지정제'가 도입되면서 상장사들은 9년 중 3년은 증권선물위원회가 지정하는 감사인으로 회계법인을 교체 적용해야 한다. 현재는 회계에 문제가 발생하는 경우에만 감사인이 바뀌지만 향후에는 수시로 회계법인이 바뀌면서 경쟁적인 감사가 자칫 회계법인 간 전쟁을 유도할 것이라는 전망도 제기되고 있다.

매경이코노미. 2018.4.11.-17.
감사 전쟁 불붙은 회계법인 업계
감사인 지정제 앞두고 회계법인 간 갈등 고조

회계법인 업계에 감사 전쟁이 불붙을 조짐이다. 2020년부터는 '6+3' 원칙에 따라 외부감사인을 6년 자유선임하면 새로운 외부감사인을 지정받도록 회계제도가 바뀐다. 이에 따라 2014년부터 자유선임해 오고 있는 기업들은 2020년부터 새로운 외부감사인을 지정받아야 한다. 이 경우 감사인 교체에 따른 전 현 감사인 간에 부실 회계를 둘러싼 입씨름이 치열할 전망이다.

금융당국에 따르면 최근 금융위원회와 금융감독원은 비공개 감리위원회를 열고 지난해 8월 한진중공업이 2016년 반기보고서를 제출하면서 2014년과 2015년 재무제표에 손실을 뒤늦게 반영한 것과 관련해 당시 재무제표 작성과 외부감사가 적절히 이뤄졌는지를 들여다 보는 중이다. 2015년 사업보고서 제출 당시 한진중공업은 영업손실과 당기순손실을 각각 792억원, 2,600억원으로 기재했다가 뒤늦게 2,200억원, 3900억원으로 수정했다. 순자산은 당초보다 1,906억원 감소한 것으로 정정했다.

이번 징계 건은 2016년 한진중공업의 감사인인 삼일회계법인에서 맡았지만 지난해부터 안진회계법인으로 바뀌었다. 한진중공업은 2016년 반기보고서를 내면서 '총공사 예정원가와 선박 인도 후 유예채권 회수 가능액 추정 오류가 있다'는 안진 측의 감사의견을 수용해 2015년 재무제표를 수정했고 이 과정에서 영업손실과 당기순손실이 크게 늘어났다. 삼일은 어떤 형태로든 징계는 피하기 힘들 것으로 보인다. 다만 삼일 측이 고의적으로 손실을 축소시켰다고는 보기 힘들기 때문에 과징금 등의 경징계에 그칠 가능성이 높다.

업계에서는 이 같은 감사 관련 분쟁이 앞으로 더욱 잦아질 것으로 보고 있다. 지정감사제 도입으로 감사인이 주기적으로 바뀐다면 전 현직 감사인 간에 회계 적정성을 두고 서로 다투는 상황이 연출될 가능성이 높다. 이에 따라 향후 수시로 회계법인이 바뀌면서 감사시장을 둘러싼 회계법인 간 경쟁이 갈수록 치열해질 것이라는 전망이다.

주기적 감사인 선임제가 시행되게 되면 6년에 한번은 전 현직 감사인이 바뀌면서 위의 신문기사에서 기술된 이해 상충이 반복적으로 발생할 것이다.

후임 감사인이 전임 감사인이 수행한 감사 업무에 대해서 건건히 사소한 잘못을 지적하면서 재무제표 수정을 요구할 경우, 매우 민감한 상황이 감사인들 간에 발생할 수 있다. 미국의 경우는 평균적으로 10년 이상 감사를 수행하는 데 반해서 앞으로 우리나라는 이러한 문제가 지속적으로 발생할 것인데, 후임 감사인이 전임 감사인으로부터의 이월되는 문제를 회피하기 위해서 과도하게 철저하게 과거 재무제표에 대한 사소한 이슈까지도 문제를 제기할 소지도 적지 않다. 감사인이 교체되는 시점에 이러한 과거로부터의 문제를 정리하지 않으면 그 이후의 문제는 신규 감사인이 책임을 지게 되므로 감사인이 교체되는 시점이 이러한 문제를 정리할 수 있는 유일한 시점이다.

이렇게 되면 감사인들은 경쟁적으로 다른 회계법인에 의해서 감사된 재무제표가 잘못되었고 수정을 요구할 수 있으며 이러한 pattern이 잘못하면 '보복성'으로 진행될 수 있다.

과거의 잘못된 회계에 대한 지적도 어느 정도이지 모든 건에 대해서 문제를 제기한다면 이는 과도한 문제 지적이 될 수도 있으며 회계법인들이 생산적이지 아닌 이슈에 대해서 불필요하게 자원과 시간을 낭비하게 되는 일이 반복적으로 발생할 수도 있다.

회계법인은 모두 경쟁관계에 있기 때문에 다른 회계법인이 감사한 재무제표를 관대하게 볼 것 같지 않다. 특히 상대방이 후임 감사인으로서 너무 완벽하게 감사를 수행하였다면 이에 대해 회계법인 상호간의 견제가 더 치열해질 수 있다. 이 피감기업의 감사인이 A에서 B로 변경되지만 다른 피감기업의 경우는 B에서 A로 감사인이 교체되는 경우도 있다.

다음 장의 내용에도 대우조선해양의 사외이사들에게는 책임을 묻지 않는 판결에 대해서 청년 공인회계사들의 모임에서 이를 반박하는 성명을 발표하기도 하였다.

반면 아래의 기사와 같이 코어비트의 경우는 사외이사에 대해서 상근이사와 동일하게 선관의 의무를 묻게 된다.

따라서 법원도 사외이사의 책임에 대해서 case by case의 판결을 하고 있다고 할 수 있다.

매일경제신문. 2015.1.12.

'불성실한 사외이사'도 분식회계 책임 있다
대법원 첫 판결··· 이사회 불참 등 경영감시 소홀했다면 손해배상해야

사외이사가 이사회에 참석하지 않고 감시 업무를 게을리 했다면 회사가 저지른 분식회계에 책임을 져야 한다는 첫 대법원 판단이 나왔다. 출근도 하지 않고 거수기 역할만 하는 이른바 '무늬만 사외이사' 관행에 대법원이 제동을 걸었다는 평가가 나온다.

대법원 2부(주심 신영철대법관)은 투자자 69명이 코스닥 상장사인 '코어비트' 전 현직 임원과 삼일회계법인을 상대로 제기한 손해배상 청구 소송에서 윤모 전 사외이사(55)에게 책임을 묻지 않은 부분을 파기하고 서울고법으로 돌려보냈다고 11일 밝혔다. 대법원은 "주식회사 이사는 대표이사 및 다른 이사들의 업무 집행을 전반적으로 감시해야 한다"면서 "특히 재무제표 승인 등 이사회 상정 안건에서는 의결권을 행사해 대표이사의 업무 집행을 감시 감독할 지위에 있으며 사외이사라고 달리 볼 수 없다"고 설명했다.

코어비트에서 윤씨는 2008년 12월부터 2009년 4월까지 사외이사를 지냈다. 금융감독원 전자 공시에 따르면 당시 회사는 사외이사를 포함한 이사에게 1인당 한해 평균 4,000만여원의 급여를 지급했다.

윤씨는 엉겁결에 사외이사로 선임되고 최대주주 반열에 올랐지만, 실제 경영에는 관여하지 않았고 사외이사로서 실질적 활동도 하지 않았다고 주장했다. 2심은 윤씨의 주장을 받아들여 배상책임을 묻지 않았으나 윤씨의 면책 주장은 대법원에서 오히려 불리하게 작용했다. "주주 여부는 사건 책임과 관련이 없고 이사로서 역할을 주된 판단 요인으로 봤다"고 설명했다.

코어비트 회계부정은 2008년 한 해에만 150억원을 과대 계상할 정도로 심각했다. 분식회계도 백화점식으로 모든 방식을 총동원한 것으로 드러났다. 코어비트 전 대표 박모씨는 비상장 주식 55만주를 17억 6,000만원에 사들이고 재무제표에는 110억원에 사들인 것처럼 기재했다. 이뿐만 아니라 박씨는 횡령을 은폐하려고 관계사 명의로 선급금 20억원과 대여금 15억원을 허위 계상했고 이미 영업이 중단된 회사에서 영업권을 20억 4,800만원에 사들였다고 하기도 했다.

분식회계 사실은 2009년 12월 코어비트 최대주주가 대표이사 박씨와 전 현직 임원이 회사 돈 130억원을 빼돌렸다고 고소하면서 시작됐다. 코스닥시장 상장위원회는 2010년 2월 횡령액이 자기자본 5%를 넘었다며 상장폐지를 결정했다. 증권선물위원회는 2010년

6월 감사결과를 발표하며 분식회계 사실을 밝혀냈고, 이를 방조한 책임을 물어 삼일회계법인에 손해배상 공동기금을 30% 적립하고 코어비트 감사업무를 2년 제한하도록 했다.

대법원은 회계 감사 절차를 준수했다면 분식회계를 적발하지 못한 책임을 물을 수 없다며 삼일회계법인은 배상 책임이 없다고 봤다.

회계전문가들은 대법원의 이번 판단에 환영한다는 뜻을 밝혔다.

연합뉴스. 2018.3.27. ─────────────────────────────

대법 "부정한 회계처리 알고도 묵인"…회계법인도 벌금형

대우조선해양의 분식회계를 알고도 묵인한 혐의로 재판에 넘겨진 딜로이트 안진회계법인 소속 전·현직 회계사들에게 징역형의 실형이 확정됐다.

대법원 3부(주심 민유숙 대법관)는 27일 주식회사의 외부 감사에 관한 법률 위반 혐의 등으로 기소된 배모(48) 전 안진회계 이사의 상고심에서 징역 2년 6개월을 선고한 원심 판결을 확정했다.

같은 혐의로 재판에 넘겨진 임모(47) 상무이사와 회계사 강모(39)씨도 각각 징역 1년 6개월이 확정됐다. 엄모(48) 상무이사는 징역 1년에 집행유예 2년을 확정받았다.

불법 행위자와 소속 법인을 모두 처벌하는 양벌규정에 따라 함께 기소된 안진회계법인에는 벌금 7천 500만원이 그대로 유지됐다.

안진 측 회계사들은 대우조선의 2013~2015 회계연도 외부 감사를 하면서 대우조선이 분식회계를 저지른 사실을 파악하고도 감사보고서를 허위 작성한 혐의 등으로 기소됐다.

1·2심은 "피고인들은 대우조선해양 회계처리의 부정 내지 오류 가능성을 인식하고도 감사범위 확대 등 필요한 조처를 하지 않았다"며 유죄를 인정했다.

대우조선이 매출액을 과다계상하기 위해 건조 중인 선박의 실행예산을 임의로 축소한 정황 등을 알면서도 회계사들이 묵인하고, 숨겨온 과거 손실을 재무제표에 반영하면서도 이를 국제유가 하락 등 외부요인 때문이라고 허위로 보고했다는 것이다.

법인에 대해서도 "소속 회계사들에 대한 주의 또는 감독 의무를 게을리 해 범행이 벌어졌다"며 벌금형을 선고했다. 대법원도 하급심 판단이 옳다고 봤다.

내일신문. 2018.3.23.
"대우조선 감사위원 무혐의 의견, 봐주기 수사"

대우조선해양 분식회계 사건과 관련해 내부 회계감사를 맡았던 감사위원들을 경찰이 모두 무혐의 의견으로 검찰에 송치했다.

기업의 투명경영을 위해 사외이사의 역할이 갈수록 강조되고 있지만 사외이사 중에서 임명되는 감사위원이 제 역할을 못해도 법적 제재가 어렵다는 것이어서 검찰의 판단이 주목된다.

경찰은 21일 대우조선해양 분식회계 기간 중 감사위원을 맡았던 10명에 대해 사법처리가 어렵다고 판단했다. 분식회계 기간에 대우조선 회계팀장(상무)을 맡았던 A씨와 당시 외부감사를 담당한 안진회계법인 부대표 B씨 등도 함께 고발됐지만 경찰은 '혐의 없음'으로 검찰에 사건을 보냈다.

청년공인회계사회는 22일 "회계사들에게 전문가의 책임을 물어 실형판결을 내렸음에도 회계·재무전문가인 감사위원을 기소하지 않는 것은 권력 있는 자들에 대한 봐주기 수사로 밖에 볼 수 없다"고 비판했다.

참여연대와 청년공인회계사회는 지난해 7월 공동으로 대우조선 감사위원들을 외부감사법과 자본시장법 위반혐의 등으로 고발했다. 이들은 고발장에서 "감사위원들은 회계부정 발생을 방지해야 할 의무가 있지만, 당시 분식회계를 충분히 인식할 수 있었음에도 이 같은 결과를 용인했다"고 주장했다.

분식회계를 인식할 수 있었을 것으로 추정되는 정황은 △현금흐름표상 이상 징후 △이사회 논의 과정을 통한 인식가능성 △외부감사팀의 회계분식 징후 지적 △STX조선 분식 이후 금감원 기획감리 등 4가지다. 대우조선 분식회계 관련자들의 형사재판 판결문 등을 토대로 의심스런 정황을 지적했다.

참여연대 등은 "이사회에서 고재호 전 사장이 경영목표에 집착하면서 달성을 하지 못하면 성과급이나 급여부분이 어려워질 수 있다고 한 발언에 대해 법원이 '총공사예정원가 축소계상 및 진행률 과대 산정을 통한 회계분식을 고 전 사장이 이미 충분히 인식하고 있었다는 사정'으로 판단했다"며 "당시 감사위원들도 회계분식 가능성을 충분히 인식할 수 있었을 것"이라고 주장했다.

이들은 또 "외부감사팀 공인회계사들이 외부감사 업무를 수행하면서 파악한 회계분식 징후를 지속적으로 회사측에 지적했다"며 "회계분식 징후는 외부감사인이 파악해야 할 가장 중요한 사안이므로 회사의 회계정보 및 내부통제절차에 권한이 있는 감사위원에게 누구보다 먼저 전달됐을 것"이라고 말했다.

청년공인회계사회는 "대우조선해양을 감사한 회계사들은 2심까지 실형이 선고돼 복역 중에 있다"며 "외부감사인이 회계부정에 대해 인지했다고 판단했다면 그 앞 단계인 내부 감사인이나 작성자의 책임이 더 크면 컸지 결코 작을 수가 없다"고 말했다.

이총희 청년공인회계사회 회장은 "감사위원 등의 책임이 작다고 사법당국이 인정한다면 사외이사나 감사위원들이 거수기로 행동할 때 더 안전하다고 스스로 인정해 준 꼴이 된다"며 "아무것도 하지 않은 사람들은 몰라서 죄가 없다고 한다면 앞으로 누가 감사를 열심히 할지 의문"이라고 지적했다.

이 회장은 "감사위원들이 감사보고서를 제대로 작성하지 않아도, 이사회에서 재무제표를 제때 승인하지 않아도 아무런 책임을 지지도 묻지도 않는데 누가 자발적으로 사외이사의 책무를 다하겠느냐"고 반문했다.

대우조선 감사위원들에 대한 기소 여부는 서울중앙지검이 판단할 예정이다. 하지만 검찰이 대우조선 수사 과정에서 이들을 기소하지 않은 만큼 기소 가능성은 크지 않다.

청년공인회계사회는 "엄정히 법을 집행해야 하는 검찰이 법에서 명시하고 있는 감사위원들의 책임을 관행이라는 이름으로 덮어 스스로 법의 근간을 무너뜨리지 않길 바란다"고 말했다.

위의 신문기사에 포함된 내용 중 "외부감사팀 공인회계사들이 외부감사 업무를 수행하면서 파악한 회계분식 징후를 지속적으로 회사측에 지적했다"는 내용은 최근에 와서 특히 강조되는 외부감사인과 감사위원회 간의 communication 내용과 밀접하게 연관된다. 이러한 문제를 외부 감사인이 지적하였다면 당연히 가장 우선적으로 감사위원회의 antenna에 잡혀야 한다. 외부감사인의 회사 내 counter part는 감사위원회이다. 외부감사인이 본인들의 업무를 회사에서 지원하는 재무부서가 counter part라고 생각한다면 이는 매우 잘못된 판단이다. 재무파트가 실무 부서로서 외부감사인에게 도움을 줄 수는 있지만 그 도움을 실무적인 지원에서 그쳐야 한다.

이러한 이유에서 감사위원회의 전문성과 독립성이 중요하다. 그렇다고 대우조선해양이 개인 최대주주가 있는 회사도 아니니 사외이사나 감사위원들이 최대주주의 눈치를 보면서 모니터링 활동이 어려운 상황도 아니었을 것이다.

어떻게 보면 최대주주가 없는 기업의 이사회는 그야말로 이사회가 회사의 실질적인 주인이라고 할 수 있다. 그럼에도 이사회나 감사위원회가 맡겨진 제 역할을 잘 수행하지 못하였다는 것이다.

오히려 최대주주가 없는 기업일 경우는 이사회가 너무 강해서 문제가 되기도 한다. 금융지주의 지배구조를 보면 이사회가 대표이사 회장을 선임하게 되므로 막강한 권한을 가지며 오히려 임직원들이 인사와 관련하여 사외이사들 눈치를 보게도 된다. 또한 이러한 기업의 사외이사가 회사 내 이권에 개입하는 경우도 있어서 문제가 되기도 한다. 최대주주가 있는 기업의 경우에는 발생하기 어려운 사건들이다.

조세일보. 2018.3.27.
대우조선 분식회계, 회계사에겐 징역형…감사위원은 무혐의?

젊은 회계사들 사이에선 이번 판결에서 일선 회계사에게 징역 1년 6개월의 형이 확정한 데에 대한 불만의 목소리도 나오고 있다.

공인회계사법 제34조에 따라 실무 회계사의 지위를 회계법인의 보조자로 한정하고 있고, 고용관계에 얽매여 파트너의 지시에 따라 움직일 수밖에 없는 일선 회계사들에게 권한은 없고 책임만 강조하는 것은 과도하다는 것이다.

대형회계법인 회계사는 "감사보고서 발행 권한도 없고 법인 내 위치도 낮은 일선 회계사들이 모든 책임을 지고 징역을 살아야 하는지 의문"이라며 "이번 판결로 회계사들의 감사업무 기피가 더 가속화되지 않을까 우려된다"고 지적했다.

이총희 회장도 "법률상 권한 없는 실무진에게 책임만 강조하는 것은 모순"이라며 "법률상 일선 회계사는 보조자라 의견을 개진해도 이사가 서명을 해야 해 실무자들의 의견이 무시되는데 정작 형사 처벌시에는 그 책임을 회피하고 있다"고 비판했다.

그는 또 "일선 회계사 지위를 감사보조자로 한정해 감사의견 형성과정에서 목소리를 낼 수 없도록 하고, 내부적 책임소재를 혼동하게 만든 현행 공인회계사법 제34조를 개정해야 된다"고 주장했다.

34조는 "(업무의 진행방법)으로 ① 회계법인은 그 이사 외의 자로 하여금 회계에 관한 감사 또는 증명에 관한 업무를 행하게 하여서는 아니된다. 다만,

소속공인회계사를 회계법인의 보조자로 할 수 있다"는 내용이다.

즉, 법에서도 이사가 아닌 공인회계사를 단지 보조자로 분류하고 있는데 어떠한 이유에서 조치를 할 때는 개인 공인회계사에게까지 책임을 물리는지에 대한 비판성 기사이다.

삼일회계법인 같은 경우도 신입 회계사들에게 배치 희망 부서를 조사하면 많은 경우 감사부서를 회피하려 한다고 한다. 그러나 회계감사만이 회계법인의 고유 업무라는 것을 생각할 때, 이는 매우 심각한 문제이다.

이러한 보조자라는 표현은 chapter 13에서 이상돈 교수가 내부 감사에 비해서 외부 감사인을 표시할 때 사용하였던 표현이다. 외부감사인은 내부 감사에 대해서는 보조자에 그치는 것이며 또한 외부감사인의 역할에 있어서도 회계법인의 이사에 비해서 실무 공인회계사들은 보조자라는 표현을 법에서 사용한 것이다.

공인회계사법에서 실무 공인회계사를 보조자라고 '낮게' 표현하였으므로 오히려 이들이 회계법인내에서 더 큰 소리를 내려고 해도 이러한 법 규정 때문에 한계가 있을 수도 있다. 실무자들의 field에서의 역할 및 임무가 업무 지시자만큼이나 중요한데 법 체계에서 실무자들을 이렇게까지나 과소평가하는 것이 법 정신이나 취지에 맞는지라는 생각을 해 본다. 물론 법에서 회계감사 과정에서의 책임질 자를 명확하게 정의하는 장점은 있을 것이다.

과거에도 사외이사/감사위원들에게는 상근이사와 비교해서 동일한 책임을 묻지 않았던 경우가 다수 있었다. 이는 법정에서도 상근으로 근무하지 않는 사외이사/감사위원의 한계를 인정한 것이다.

다만 상법에서는 법상에서 선관의 의무(선량한 (good faith) 관리자의 의무)를 부과할 때에 이들이 상근이사거나 사외이사거나 이를 구분하여 의무를 부과한 것은 아니다.

따라서 법 취지에 따라서 사내이사와 사외이사의 책임을 동일하게 둘 것인지 아니면 현실적인 한계를 고려해서 사외이사에게는 동일한 책임을 묻기 어려운지는 소송으로 가게 되면 법정에서 가려질 내용이지만 양쪽의 주장이 모두 일리가 있다. 사외이사들에게 책임을 지속적으로 경감해 주는 경우, 업무에 소홀해질 위험이 있다. 그렇다고 감당할 수도 없는 책임을 계속 지우는 것이 현실적인 해답인지에 대해서도 답하기 어렵다. 상근을 하지 않는 상황에서 많아야 한 달에 한 번 회의에 참석하게 되는데 사내에서 얻게 되는 정보에 비해서는 정보 접근에 한계가 있는데 그럼에도 사내이사와 법적으로 동일한 책임이 있으니 같은 책임을 묻겠다고 하는 데 대한 판단이다.

회사에 상근을 하게 되면 회의 때 문건으로 전달되는 공식적인 내용 이외에도 많은 정보를 얻게 된다. 이러한 정보가 모두 매우 소중한 정보인데 이러한 정보로부터 단절된 사외이사들에게 회사 경영과 관련되어 어디까지를 책임지라고 할지가 이슈가 될 수 있다.

사외이사의 책임과 관련되어 아래는 삼정 감사위원회 매뉴얼(2018)의 내용인데 흥미롭다.

사외이사의 특수성을 감안하여 사외이사의 책임을 면제 또는 완화해야 한다는 주장이 계속 제기되어 왔는데 그 근거는 아래와 같으며 실제 2005년 대우전자 분식회계 소송에서 사외이사의 책임이 경감된 사례가 있다. 사외이사의 책임경감을 주장하는 근거는 다음과 같다.

① 회사경영에 중요한 정보는 상근이사가 장악하고 있어 상근이사의 전횡을 견제하거나 감독할 수 있는 수단과 장치가 충분히 없는데도 책임을 과도하게 추궁하는 것은 불합리

② 사외이사가 받는 대가가 사내이사보다 적은 상황에서 현실적으로 대가에 비하여 책임이 과중

③ 원칙대로 엄격하게 하면 책임추궁을 두려워하는 사외이사들이 책임을 기피하여 유능한 전문인력 확보에 어려움

이러한 사회적 분위기 속에 사외이사의 책임을 경감한 대표적인 사례로써 2005년 대우전자 분식회계소송이 있다. 2005년 대우전자 분식회계 소송의 주요 판결내용은 아래와 같다.

"사외이사들이 전문경영인이 아닌 비상근 사외이사로서의 지위가 형식적이었다고 하더라도 그 사유만으로는 법령 내지 정관상의 규정된 이사로서의 주의의무가 경감된다거나 면제된다고 할 수 없다. 다만 사내이사의 책임을 원고들이 입은 손해액의 40%, 사외이사인 피고 이○○, 피고석 ○○의 책임을 원고들이 입은 손해액의 20%로 각각 제한함이 적정하고 공평하다."

다만 상법에서 상근이사에 대해서는 손해배상 시, 급여의 6배까지, 사외이사에 대해서는 급여의 3배까지로 손해 배상 금액에 차별적으로 한계를 둔 것만을 보더라도 법에서 조차도 상근과 사외를 구분하고 있는 것을 보면 정보 접근의 차이 때문에 상근과 비상근을 구분하는 것이다.

제400조(회사에 대한 책임의 감면)

① 제399조에 따른 이사의 책임은 주주 전원의 동의로 면제할 수 있다.

② 회사는 정관으로 정하는 바에 따라 제399조에 따른 이사의 책임을 이사가 그 행위를 한 날이전 최근 1년간의 보수액(상여금과 주식매수선택권의 행사로 인한 이익 등을 포함한다)의 6배(사외이사의 경우는 3배)를 초과하는 금액에 대하여 면제할 수 있다. 다만, 이사가 고의 또는 중대한 과실로 손해를 발생시킨 경우와 제397조 제397조의2 및 제398조에 해당하는 경우에는 그러하지 아니하다.

단, 선관의 의무에 대한 적용에는 상근과 비상근의 차이가 없기 때문에 이를 어떻게 차별적으로 적용할지는 각 사법부 재판부의 주관적인 판단에 달려 있다고 할 수 있다.

사외이사들에게도 맡겨진 업무가 적절하게 수행되지 않을 경우, 이에 상응하는 책임을 물어야 한다. 단, 이렇게 진행되지 않도록, 개정되는 법령, 변경되는 제도 등을 학습하고 신의 성실로 맡겨진 임무를 다해야 한다.

한국경제신문. 2018.11.3. ───────────
'분식 묵인' 딜로이트 안진 업무정지 불복 소 이겼다

대우조선해양의 분식회계를 묵인 방조했다는 혐의로 1년간 업무정지를 당한 딜로이트 안진회계법인이 금융위원회를 상대로 제기한 행정소송1심에서 승소했다. 딜로이트안진은 이번 판결로 회사 차원의 분식회계 혐의를 벗게 됐지만 영업정지로 3년간 1,200억원 이상의 매출 손실을 본 것으로 추정된다.

서울행정법원 행정3부(박성규부장판사)는 2일 딜로이트안진이 금융위원회를 상대로 제기한 업무정지처분 취소청구 소송에 대한 1심 선고 재판에서 법인(안진)차원의 조직적인 분식회계 개입은 없었다고 원고 승소 판결을 내렸다.

재판부는 "극소수 구성원의 위반 행위로 전체 감사 업무를 정지시킨 것은 지나치게 가혹하다"고 말했다. 또 "감사 소홀, 부실 등 책임을 온전히 원고 (안진)에 돌릴 수만은 없다"며 (금융위가) 재량권을 일탈 남용한 처분에 해당한다"고 밝혔다.

금융위는 2017년 4월 대우조선의 감사인이었던 안진에 대해 분식회계를 묵인 방조했다며 12개월 업무 정지와 과징금 16억원, 과태료 2,000만원의 징계를 내렸다.

안진은 신규 상장사 80여 곳과 비상장 금융회사 60여 곳에 대한 감사 수임이 막히면서 연간 400억원, 3년간 최소 1,200억원 이상의 매출 손실을 봤다. 삼일회계법인에 이은 회계법인 2위 업체서의 오랜 지위도 흔들렸다. 기업 구조조정 핵심 고객인 산업은행과의 거래도 끊기면서 삼정 KPMG에 추월당해 EY한영과 비슷한 '빅4' 하위 그룹에 머물게 됐다.

안진의 영업정지는 기업 경영에도 큰 영향을 줬다. 회계법인들이 건설 조선 등 수주산업에 대한 회계처리를 보수적으로 보면서 이들 기업의 '적자 행진'이 이어졌다. 조금만 분식 조짐이 있어도 '의견거절' '한정의견' 등을 쏟아내 상장폐지 위기에 몰린 기업이 많았다.

안진은 그러나 정부에 손해배상 소송을 제기하지 않겠다는 방침이다. 회계법인 관계자는 "금융당국에 밉보일 경우 더 큰 보복을 우려한 것"이라며 "당시 정부가 대우조선의 분식과 부실 경영 책임을 회피하려 회계법인에 과도하게 책임을 물은 것"이라고 지적했다.

회계법인 매출 순위

2015년	2017년
삼일(4,757억)	1. 삼일(5,596)
안진(3,006)	2. 삼정(3,827)
삼정(3,004)	3. 안진(2,919)
한영(1,863)	4. 한영(2,654)

한국경제신문. 2018.3.28
거래소, 한솔피엔에스, 한솔인티큐브에 '감사의견 비적정설' 조회요구

　　한솔그룹 계열 상장사인 한솔피엔에스와 한솔인티큐브가 각각 감사의견 비적정설에 대한 조회공시를 요구받았다. 감사의견 비적정설이 사실로 확인되면 증시에서 퇴출될 가능성이 있다.

　　한국거래소는 27일 유가증권시장 상장사인 한솔피엔에스와 코스닥시장 상장사인 한솔인티큐브에 감사의견 비적정설 풍문에 대한 조회공시를 요구하고 거래를 정지했다. 회계법인 검토의견은 회계처리 기준 위반이나 계속기업 불확실성 정도에 따라 적정, 한정, 부적정, 의견거절 등 네가지 의견을 기업에 낼 수 있다.

　　한정과 부적정, 의견거절 의견은 회계 기준을 위반했거나 감사인이 감사를 제대로 하지 못한 경우다. 코스닥 상장사는 감사의견으로 부적정 의견거절 범위 제한 한정을, 유가증권시장 상장사는 부적정 의견거절을 받으면 즉시 상장폐지 사유에 해당한다.

매일경제신문. 2018.3.29.
한솔 PNS 감사의견 '한정'…관리종목 행
한솔인티큐브 회계문제 여파

　　한국거래소는 28일 유가증권시장 상장사인 한솔그룹 계열사인 한솔피엔에스를 관리종목으로 지정했다. 감사인인 삼정회계법인이 한솔피엔에스 감사보고서에 '감사 범위 제한으로 인한 한정'의견을 제시했기 때문이다.

또 거래소는 코스닥 상장사인 한솔인티큐브도 안진회계법인이 '한정'의견을 내 놓으면서 상장폐지 사유가 발생했다고 밝혔다. 한솔피엔에스는 30일부터 주권 매매가 재개되지만 한솔큐인티큐브는 이의신청 후 상장폐지 여부가 결정되는 날까지 매매정지가 계속된다.

한솔그룹에 따르면 문제는 한솔인티큐브에서 비롯됐다. 정보기술 솔루션 업체인 한솔인티큐브가 수주 산업을 매출과 이익으로 계상하는 과정에 대해 안진회계법인이 제동을 걸었다는 얘기다. 한솔인티큐브의 현재 최대주주는 그룹지주사인 한솔홀딩스지만 2016년 8월까지는 한솔피엔에스였다. 이로 인해 한솔피엔에스까지 파장이 미치면서 감사보고서 채택에 문제가 생겼다는 설명이다.

한솔그룹 관계자는 "한솔인티큐브는 IT솔루션 사업의 특성상 사업 진행률에 따라 수익을 인식하는데 감사인이 이에 대해 보수적인 판단을 내렸기 때문"이라며 "거래소에 이의신청해 상장폐지가 되지 않도록 하겠다"고 해명했다. 이어 "관리종목에서 조기 해제되도록 방안을 강구할 것"이라고 덧붙였다.

두 계열사는 시가 총액 300억원 안팎의 작은 회사이긴 하지만 지주사인 한솔홀딩스 주가에는 부정적인 영향을 미쳤다.

이 두건에는 조금 특이한 점이 있다. 감사의견은 주주총회 1주일 전까지는 표명하게 되었고, 한솔피엔에스, 한솔인티큐브 두 회사가 12월 결산이고 3월말까지 주총을 해야 하면 당연히 2017년 재무제표 주총 마지막 일자인 2018년 3월 30일 금요일까지는 주총을 해야 하고, 그렇다면 그 일주일 전까지는 감사의견이 표명되어야 한다. 2018년부터 주주총회를 5 영업일까지 유예할 수 있으므로 그렇다고 해도 2018년 4월 초까지는 주총을 하고 감사보고서를 마감하여야 하는데, 이 일자가 수일 남아 있는 상황에서 시장에 비적정의견이 표명되었다는 소문이 있으므로 이를 확인하는 것이다.

그러나 거래소가 아무리 시장 운영기관이며 자율 규제기관으로서 막강한 권한을 갖는다고 하여도 회계법인이 감사의견을 표명할 수 있는 규정에서 정한 기한이 있는데 이러한 기한까지는 충분한 시간적 여유를 가지고 신중하게 감사의견을 표명할 수 있도록 기다리는 것이 옳은 것이지 이 기한을 미리 앞질러서 조회공시를 하는 것이 맞는 것인지에 대한 의문이 있다.

물론, 거래소의 입장도 충분히 이해할 수 있는 것이 조회공시의 목적이 적시의 정보를 시장에 제공함에 있으므로 이미 풍문이 나와 있다고 하면 이를 가능한 조속히 확인하기를 희망하였을 수도 있다. 어쨌거나 사실여부를 떠나 공식적인 통로를 거쳐서 공시되어야 하는 감사의견이 시장에 유출되었다는 것도 바람직하지 않은 현상이다.

과거 감사원이 조회공시를 요구했다는 다음과 같은 내용이 기사화된 적이 있어서 거래소가 감사원의 감사의 대상일 수는 있지만 다음과 같은 경우는 명백히 타 부서의 업무에 개입하는 듯한 모습을 보여서 감사원 본연의 업무와는 어느 정도 무관하다고 할 수 있다.

매일경제신문. 2010. 12. 17. ─────────────────

케이엔디티(6월상장 새내기주) 분식회계설 진실은
정부기관이 거래소에 공문 보내 조사 요구한 건 처음

16일 아침 장이 열리기도 전에 한국거래소는 코스닥 원자력 관련업체 케이엔디티에 조회공시를 요구했다. 내용은 시장에 돌고 있는 (상장전) 분식회계설에 대해 해명하라는 것이었다. 거래소는 동시에 주식매매를 중단시켰다.

케이엔디티는 강력 반발했다. 조회공시 답변에서 '경쟁사가 퍼뜨린 악성 루머라며 분식회계설은 사실이 아니다' 회사측은 '2001회계연도부터 총자산 규모가 32억원임에도 불구하고 경영, 회계 투명성을 담보하기 위해서 외부 회계감사를 받아왔다. 그러면서 '악의적 풍문에 대해서는 가능한 모든 법적 수단을 통해 단호히 대응할 예정'이라고 말했다. 그러나 하루 동안 벌어진 이 과정에 이전과는 다른 석연치 않은 점이 발견됐다. 통상 거래소는 시장감시본부 정보팀이 분식회계설, 부도설 등 이상 징후를 발견하면 이를 토대로 조회공시와 매매정지 조치를 취한다. 그런데 이번 건은 거래소가 감지한 건이 아니다. 한 정부기관이 거래소에 '이런 얘기가 있으니 알아보라'며 정식으로 보낸 공문을 토대로 조회공시 조치가 취해졌다. 정부기관이 거래소에 이런 공문을 보낸 건 처음 있는 일이다. 이 기관은 외부 민원을 접수하고 사실 확인을 위해 공문을 보낸 것으로 알려졌다. 그렇더라도 분식회계설 조회공시와 주식 매 매정지 조치가 상장기업에 어떤 파급효과를 미치는지 뻔히 알고 있을 거래소가 정부기관 공문을 받았다는 이유로 즉각 조치를 취한 것이 적절했는지에 관해선 의문이라는 지적이 나왔다.

결국 궁금증을 풀어줄 열쇠는 이날 벌어진 일을 시장이 어떻게 받아들이냐에 달려있다. 회사가 강력 부인함에 따라 이날 하루 동안 거래가 중단된 이 회사 주식은 17일 다시 거래가 시작된다.

매일경제신문. 2010.12.18.
원전 관련주 케이엔디티 분식회계 부인에도 급락

코스닥 원전 관련업체 케이엔디티가 분식회계설에 대해 강력히 부인했음에도 주가가 하한선으로 추락했다. 17일 증시에서 케이엔디티 주가는 개장 직후부터 하한가로 곤두박질쳐 전일 대비 14.86% 떨어진 4,700원을 기록했다.

민원을 제기했던 기관은 감사원으로 확인됐다. 감사원이 케이엔디티 분식회계설을 인지한 것은 경쟁사의 민원 제기 때문인 것으로 알려졌다. 이 민원을 토대로 감사원은 케이엔디티의 상장 적격 여부에 문제가 없는지 살펴 볼 필요가 있다는 뜻을 거래소에 전달한 것으로 전해졌다.

한국경제신문. 2018.3.30. ─────────
"감사의견 공시 전 지분매각"… 금감원, 상장사 28곳 점검

    금융당국이 외부 감사인의 감사의견을 받기 전 미공개 정보를 이용해 회사 관계자들이 주식을 미리 판 혐의가 있는 상장회사를 점검하기로 했다. 이달 들어 감사의견 결과를 공개한 상장사 가운데 한정, 부적정, 의견 거절 등 비적정감사의견을 받아 관리종목으로 지정된 28개 상장사가 대상이 될 전망이다.

    금융감독원 관계자는 29일 "재무제표에 연구개발 비용을 자산으로 분류하지 않는 등 회계 방식이 바뀌면서 비적정 감사의견을 받는 상장사가 늘었다"며 "이들 가운데 감사의견 공시 전 회사 관계자들이 내부 정보를 이용해 주식을 판 사례가 여럿 있어 전체적으로 점검하고 있다"고 밝혔다.

    금감원이 비적정 감사의견으로 관리종목이 된 상장사 전체의 회사 관계자 주식거래 내역을 들여다 보는 건 이례적이라는 게 금융투자업계의 설명이다. 금감원은 우선 코스닥 상장사 차바이오텍 대주주 일가의 주식거래 모니터링에 들어갔다. 차바이오텍은 지난 22일 외부감사인인 삼정회계법인으로부터 지난해 재무제표 감사의견을 한정으로 통보받았다고 공시했다. 한정은 '재무제표상 일부 항목이 잘못 작성돼 회사 재무제표를 정확히 파악할 수 없다'는 의미로 관리종목 지정 사유에 해당한다. 지난 22일 이후 이날까지 이 회사 주가는 36.3% 하락했다.

    차광열 차병원그룹 회장의 사위 김남호 DB손해보험 부사장은 차바이오텍이 주가 하락 전 보유주식을 상당수 처분한 것으로 나타났다. 김 부사장은 지난 1월 보유 중인 차바이오텍 전환사채(CB)를 주식 8만 2,385주로 전환했다. 이후 지난달 5일부터 이달 8일까지 총 8차례에 걸쳐 주식을 처분했다

감사인으로부터 '의견거절'을 받은 코스닥 상장사 에프티이앤이도 조사 대상에 올랐다. 박종만 수석 부사장은 거래 정지에 앞서 보유주식 56만주를 팔았다. 박부사장의 지분은 1.9%에서 1.16%로 줄었다. 처분 규모는 37억원 정도. 보유주식의 41.4%를 지난 22일 감사의견 공시 전 팔아치운 것이다. 금감원은 감사의견에 대한 정보를 미리 파악했을 가능성이 있다고 의심하고 있다.

증권업계 관계자는 "감사의견을 내 놓기 전 호재성 소문을 내 주가를 끌어 올리거나 유상증자를 하는 기업이 적지 않다"며 "이들 역시 사전에 감사의견 결과를 알았을지 모르기 때문에 문제가 될 수 있다"고 말했다.

이 전의 chapter에서도 이러한 사고가 발생할 수 있으므로 감사의견이 미리 시장에 유출되었다는 소문이 있을 때, 거래소가 공시에 의해서 이를 확인하는 조치를 취하게 된 것이다.

수년 전에도 외부감사인들이 내부자 정보를 이용하여 주식투자를 하였다고 해서 거의 모든 대형 회계법인에서는 법에서 규제하는 것 이상으로 해당 회계법인에서 감사를 수행하는 모든 기업에 대한 주식 투자를 전 직원에게 매도하기를 강요해서 일부 직원의 반발도 있다고 한다. 혹자는 회계법인의 공인회계사들이 주식 투자를 못하게 하니 대안으로 비트코인, 가상화폐 등에 투자를 많이 하고 있다고도 한다.

이러한 내용을 현업의 Big 4, 회계법인 파트너에게 확인한 결과 다음과 같은 답을 받았다.

감사의견이 적정이 아닐 수도 있는 회사의 경우에는, 감사의견에 대한 암시 등을 회사 및 감사위원회에 최종 보고서 공시되는 시점까지 최대한 비밀유지를 하고 있다.

그러나 감사의견은 회사의 중요한 자료제출 미비(감사범위제한), 중요한 재무제표 수정요구에 대한 거부(회계오류 미수정)의 경우 적정이 아닌 의견이 제시되는 데 따라서, 대부분의 경우, 회사 경영진의 의지에 따라서 감사의견이 적정과 비적정이 결정되기 때문에, 회사의 경영진은 사전에 알 수밖에 없다고 생각된다는 의견을 전해 왔다.

따라서 감사인이 아무리 감사의견에 대한 공식적인 공지를 회사 및 감사위원회에 최종 보고서가 공시되는 시점, 즉, 주주총회 1주일 이전까지 미룬다고 해도, 그 이전에 회사의 관계자 및 감사위원회가 사전적으로 정보를 알게 되는 것은 불가피하다.

내부자 정보라는 것은 아무리 규제하려고 해도 존재할 수밖에 없는 것이고 문제는 내부자 정보의 존재 여부가 아니라 내부자 정보의 악용 여부이다.

문제는 이들 관계자들이 이러한 정보를 업무상 인지하게 되었더라도 이를 투자의사결정 정보에 이용하는 것은 엄연히 범법이라는 것을 알고 있을 것인데 그럼에도 법을 어겼다는 데 문제의 심각성이 있다.

결국은 이러한 감사의견의 유출이나 암시를 완진히 통제하는 것이 불가능하다고 하면 결국은 내부자들이 이러한 배타적인 정보를 이용하여 차익을 보지 못하도록 규제하는 수밖에 없다. 기업 내부에 의해서 생성되는 내부자 정보도 내부의 누군가는 어떠한 정보가 생성될 때, 다른 사람들보다 먼저 정보를 접근할 수밖에 없다. 따라서 내부자거래를 완벽하게 제어한다는 것은 원천적으로 불가하다고 판단된다.

제도를 운영하지만 이를 완벽하게 통제하는 것은 어렵다. 공정공시를 매우 간략하게 정의하면 누군가가 가진 정보는 항상 배타적인 정보가 되지 않도록 공유하라는 철학의 정책이다. 그러나 실무자가 되었거나 임원이 되었거나 외부에서 갖지 않는 정보를 누군가는 처음 생성하거나 접근 가능할 수밖에 없다. 이슈는 이러한 정보를 배타적으로 이용하면서 시세차익을 얻지 말라는 의미이지 배타적인 정보가 존재하지 않는다는 의미는 아니며, 배타적인 정보가 존재하지 않는 이상적인 환경은 없다.

대부분의 피감기업/감사인은 주총 1주일 이전에 감사보고서에 서명을 하게 된다. 물론 그 이전에도 할 수 있지만 많은 회계법인이 12월 결산일 집중으로 감사기한에 쫓기기 때문에 쉽지 않다. 과거에는 주총 이전 마지막 감사위원회에서 감사인이 어떠한 의견이 표명될 것 같다는 내용을 회의 석상에서 전달한 적이 있었으며 감사의견이 적정이 아닌 경우, 감사위원회에 참석하였던 관련자들이 주식을 매도하는 일이 있어서 감사인이 감사보고서에 sign off 하는 시점 이전에 어떠한 형태가 되었던 감사의견과 관련된 공식적인 입장을 표명하는 것은 금지되어 있다.

물론, 위의 실무에서의 의견과 같이 감사위원회에서는 감사인과 감사위원회 간에 회계에 관련된 이슈 사항을 communication하게 되므로 적정의견이 표명되지 않을 수도 있다는 논의가 진행될 수는 있지만 그럼에도 주총 1주일 이전에 감사인이 심리과정을 거쳐서 감사의견을 확정할 때까지는 감사위원회에 공식적인 의견을 전달하면 안 된다. 감사의견은 외부 감사인의 고유 권한이며 감사의견이 sign off되는 시점에 시장에 공개되는 것이 원칙이다.

물론 일부 감사인은 주총 이전 1주일 전에 감사보고서를 sign off하면서 감사위원회와 회사의 관련자들에게 어떠한 감사의견이 표명되었다고 전자문서로 알리기도 한다.

회사는 회계감사인으로부터 감사보고서를 제출 받은 때 이를 첨부하여 감사보고서를 한국거래소에 제출(공시)한다.

[유가증권시장 공시규정 제7조 제1항 제2호: ① 유가증권시장주권상장법인은 다음 각 호의 어느 하나에 해당하는 때에는 그 사실 또는 결정(이사회의 결의 또는 대표이사 그 밖에 사실상의 권한이 있는 임원·주요주주 등의 결정을 말하며, 이 경우 이사회의 결의는 「상법」 제393조의2에 따른 이사회 내 위원회의 결의를 포함한다. 이하 같다) 내용을 그 사유 발생일 당일에 거래소에 신고하여야 한다. 다만, 제1호다목, 제2호중 가목(7)·나목(4)·다목(4)·라목(4), 제3호 중 가목(1)·(2)와 나목(5)에 해당하는 경우에는 사유 발생일 다음날까지 거래소에 신고하여야 한다. 마. 해당 유가증권시장주권상장법인의 결산에 관한 다음의 어느 하나에 해당하는 사실 또는 결정이 있는 때 (1) 외감법 제8조제1항에 따라 회계감사인으로부터 감사보고서를 제출받은 때.]

수임료로 경쟁하는 모습은 회계감사라는 용역이나 입찰을 통해서 건설사를 정하는 건설공사나 매우 유사하다. 공사를 주거나 용역을 주는 입장에서는 비용 절감을 위해서 가능하면 낮은 가격에 업자를 찾으려 하지만 그러다가 자칫 저품질의 공사나 용역을 수행하게 되면서 저 품질로 인한 여러 어려움을 나중에 겪게 될 수도 있다.

그럼에도 동일한 품질의 재화나 용역을 구입한다고 하면 가격을 낮추려고 하는 것은 너무도 당연하다. 단, 선행 조건은 품질의 보장이다.

감사가 건설공사와 성격상, 더 유사한 것은 외관적으로 품질이 잘 드러나지 않으며 관찰도 쉽지 않다는 것이다. 물론, 공사일 경우 부실공사로 인해 누수가 있다거나 감사일 경우는 부실 감사로 인해서 투자자들이 손실을 입을 수 있다. 부실공사나 부실감사가 잘 포장되면 하자가 잘 드러나지 않는다.

한 상장사와의 인터뷰에서 CFO가 다음과 같이 자신 있게 본인들의 감사인 선임 과정에 대해서 답을 하는 것을 경험하게 되었다.

"우리 회사는 재무제표를 매우 철저하게 관리하므로 감사과정에서 문제가 될 소지가 거의 없고 따라서 감사인을 선임할 때, 가장 중요한 선임의 잣대는 수임료이며, 철저히 저가수임 원칙이다. 감사인 별로도 거의 품질이 차별화되어 있지 않다고 판단된다. 이러한 용역에 대해서 돈을 더 지불할 이유가 없다"

매일경제신문. 2018.3.29.

포스코 '최저가 낙찰제' 폐지

포스코가 국내 대기업 최초로 제철소 설비 자재 구매 시 '최저가 낙찰제'를 폐지한다. 포스코는 그동안 제철소 설비 자재 구매 시 보편적으로 사용해 온 최저가 낙찰제가 공급 중소기업 간 출혈 경쟁을 야기해 수익 악화와 설비 자재 불량을 일으킬 가능성이 높아 다음 달부터 폐지하고 '저가 제한 낙찰제'를 기본 입찰 방식으로 채택한다고 28일 밝혔다.

그동안 최저가 낙찰제는 경쟁 입찰 시 가장 낮은 가격을 제시한 공급사가 낙찰을 받는 형식으로 구매 기업 입장에서는 낮은 가격으로 구매할 수 있고 투명하게 공급사를 선정할 수 있는 장점이 있었다. 하지만 입찰사 입장에서는 수주하는 데 원가를 고려하지 않는 출혈 경쟁으로 이어질 수 있어, 수익성은 물론 공급 품질이 저하되고 최악의 경우 산업 재해의 원인이 되기도 했다.

포스코 관계자는 "'최저가 낙찰제'를 폐지해도 구매의 투명성과 공정성이 지켜질 수 있다는 판단에 따라 이번에 과감히 저가 제한 낙찰제를 기본 입찰 방식으로 채택하게 됐다"고 말했다.

저가 제한 낙찰제는 투찰 평균가격과 기준가격의 평균가 85% 미만으로 투찰하는 입찰사는 자동 제외함으로써 지나친 저가 투찰을 예방하는 동반 성장의 대표 입찰 제도다. 저가 제한 낙찰제를 적용하면 공급 중소기업은 적정한 마진을 반영해 입찰에 참여함으로써 안정된 수익을 확보할 수 있고 고용 안전과 연구 개발 투자가 가능해져 회사의 장기적 성장 기틀을 마련할 수 있다. 포스코 역시 제철소 현장에 품질 불량 설비 자재의 유입을 막고 이를 통해 고품질 제품을 생산하며 안전 리스크를 방지할 수 있어 상호 원원할 수 있다.

이러한 문제점이 과거에도 드러났기 때문에 차저가 낙찰제(second lowest bidder)를 고민한 적도 있었다. 즉, 최저가는 어차피 dumping이므로 제외하자는 의견이었다. 그러나 이렇게 되면 입찰자들 간에 담합이 발생할 수 있다. 즉, 업체들이 번갈아 가면서 최저가를 적어 내서 입찰에서 예외가 되는데 그다음번 입찰에서는 다른 업체가 최저가를 적어 내면서 총대를 멘다면 오히려 이러한 경우는 업체들이 공사진행 기관을 기만하는 현상이 발생할 수도 있다.

단, 가격을 제외하고 나머지 평가 항목은 모두 더 주관적이며 어떠한 경우는 이러한 주관적인 평가는 모두 만점을 받기 때문에 오히려 더 주관적이라는 아래와 같은 비판도 있다.

조선일보. 2017.4.5. ─────────────────────────────
최저가 낙찰제 개선했다는 종합심사제… 원성 자자한 까닭

"8명이 달리는 올림픽 육상 결승전에서 1등이 아니라 4등이나 5등에게 금메달을 주는 격입니다."

한 대형 건설사 임원은 종합심사낙찰제(종심제)를 이렇게 비유했습니다. 종심제는 정부와 공공기관이 발주하는 300억원 이상 공사의 낙찰자를 정하는 방식인데, 기존의 '최저가 낙찰제'가 부실공사 등의 폐해가 있다고 보고 지난해부터 도입된 제도입니다. 즉 가격(공사비)만 보는 게 아니라 기술력과 기업의 사회적 책임을 종합적으로 평가해 뽑자는 취지입니다.

구체적으로 공사수행능력 시공실적 등 기술점수(50%), 가격(50%)으로 채점하고 사회적 책임이행 정도를 추가점으로 반영하는 방식입니다. 그런데 대형 건설사들은 이 심사제도가 변별력이 없다고 주장합니다. 입찰 제안서를 낼 정도의 건설사라면 기술점수에서 대게 만점을 받기 때문입니다. 한 대형 건설사 관계자는 "발주처가 처음에는 기술력을 깐깐히 비교하고 따졌지만, 점차 완화하면서 모두가 만점을 받는 유명무실한 평가 기준이 됐다"고 말하더군요.

더 황당한 것은 가격 부분 평가입니다. 예전처럼 공사금액을 가장 낮게 제시하는 것이 유리한 게 아니라 모든 입찰업체가 써낸 공사비의 중간값(상위 40%, 하위 20% 제외)에 가장 근접한 업체가 공사를 따는 방식입니다. "건설사끼리 눈치 게임을 하게 생겼다" "차라리 적정한 최저가 입찰제가 낫겠다"는 소리가 나오는 이유입니다.

중소형 건설사에도 불만이 높습니다. 기술점수에서 만점을 받으려면 6개월 이상 근무한 기술자가 있어야 하는데, 상당수 중소업체는 고액 연봉자인 기술자를 상근직으로 채용할 형편이 안 되기 때문입니다.

한 소형 건설사 임원은 "프로젝트가 생기면 프리랜서 기술자를 고용해 문제없이 공사를 해 왔는데, 이제 작은 업체는 아예 입찰도 하지 말라는 것"이라며 한숨을 쉬었습니다.

종심제 도입으로 최저가 낙찰제의 문제점이던 하도급 후려치기 등으로 인한 부실 공사 등 나쁜 관행이 고쳐지는 측면도 있습니다. 하지만 건설사마다 '눈치보기' 수준으로 중간 치를 추정한 뒤 응찰, 운에만 맡기는 지금의 입찰 방식에 대한 제도 보완도 필요하다고 봅니다.

한국경제신문. 2018.3.29. ────────────
현대로템 "최저가 입찰이 부실공사 부추긴다"

현대로템이 정부의 최저가입찰제로 인한 '치킨게임' 탓에 우리나라 철도산업이 위기에 놓였다고 목소리를 높였다. 예산을 절감하려다 부실사고를 부추기고 있다는 비판이다.

현대로템은 28일 자회사 홈페이지를 통해 공개한 '출혈경쟁 속 위기의 한국 철도산업'이란 자료를 통해 최저가입찰제도가 아니라 종합평가제도를 도입해 안전성을 확보해야 한다고 주장했다. 최저가 입찰제도가 업체들의 출혈경쟁을 강요하고 있다는 설명이다. 기업이 정부를 향해 날선 비판을 하는 것은 이례적이다.

국내에서 철도사업에 나선 업체는 현대로템 우진산전 다원시스 등 세곳이다. 최근 경쟁입찰을 통해 발주된 사업을 세 업체가 하나씩 따냈다. 문제는 낙찰금액이 원가 보전도 어려울 정도로 낮다는 것이다. 통상 발주처는 시장조사를 통해 예가(미리 정해 놓은 가격)를 정한다. 하지만 예가를 측정할 때 앞선 사업들의 낙찰가를 참고하다 보니 계속 낮은 수준을 유지할 수밖에 없다. 최저가입찰이 악순환을 촉발하고 있는 셈이다. 실제 한국철도시설공단이 올 1월 발주한 진접선 50량 사업을 따낸 한국로템은 예가의 63%에 수주했다. 다른 업체도 상황은 비슷하다. 우진산전은 지난해 6월 인천시가 발주한 7호선 연장선 사업을 218억원에 낙찰받았다. 예가 대비 70% 수준에 불과하다. 현대로템 측은 "과거 철도차량 제작업체(현대정공 대우중공업 한진중공업) 3사가 합병하기 이전에 출혈경쟁이 심각했던 1999년 이후 가장 낮은 수치"라고 말했다.

상황이 이렇다 보니 업체들 실적은 점점 '속 빈 강정'이 되고 있다. 현대로템의 지난해 영업이익은 전년 대비 57.3% 감소했다. 당기순손실은 463억원으로 적자 전환했다. 다원시스도 같은 기간 매출은 50% 늘었지만 영업이익은 4.3% 줄었다. 지난해 실적을 아직 공개하지 않은 우진산전도 마찬가지다. 2016년 영업이익은 20.5% 줄어들었다.

최진석 한국교통연구원 철도교통본부장은 "현 제도대로라면 값싼 부품 등을 사용해 낙찰을 위한 저품질 철도차량을 생산할 가능성이 높다"며 "결국 유지 보수 비용이 커져

배보다 배꼽이 큰 상황을 초래할 수 있다"고 분석했다.

　업계에서도 국민 안전을 위해 종합평가제도를 시급히 도입해야 한다는 목소리가 높다. 기술력과 제작 실적이 부족한 부적격 업체를 배제하고, 차량 안전성을 높여야 한다는 지적이다.

한국경제신문. 2018.4.27.
아파트 회계감사 '복마전'

300가구 이상 아파트는 공인회계사의 감사를 받도록 한 '아파트 외부감사제도'가 시행 4년째를 맞았지만 현장 곳곳에서 파열음이 일고 있다. 내밀한 아파트 살림살이를 드러내지 않으려는 아파트관리소와 결산 오류를 지적하는 회계사 간 실랑이가 이어지고, 감사보수를 둘러싼 잡음도 끊이지 않고 있다.

지난 20일 경남 양산에 있는 한 아파트에선 회계사가 감사 결과 재무제표에 문제가 있다며 감사의견을 '한정'으로 통보하자 관리사무소가 감사보고서 접수 자체를 거부했다.

관리사무소는 '적정'의견을 주겠다는 회계사를 찾아내 감사를 마무리한 것으로 전해졌다. 감사대금도 받지 못한 채 일방적으로 계약해지를 당한 기존 공인회계사는 공인회계사회에 이 아파트 관리사무소의 행위가 감사방해죄에 해당하는지 검토해달라고 요청했다.

- 관리사무소와 회계사 간 '갑을관계'

인천 아파트 폭행사건이 회계업계에 알려지면서 아파트 감사 시장에 블랙리스트가 존재한다는 증언이 잇따르고 있다는 전언이다. 아파트 관리소장늘이 소속돼 있는 공동주택 위탁관리회사를 중심으로 아파트 감사 시장에 참여하는 회계사 명단과 성향이 공유되고 있다는 것이다.

회계업계 관계자는 "아파트 감사인은 입주자 대표회의에서 결정되지만 사실상 관리소장이 추천하는 감사인이 선임되는 경우가 많다"며 "아파트를 감사하는 회계사에게 관리소장은 '갑'이고 위탁관리회사는 '수퍼갑'으로 통한다"고 말한다.

아파트 관리소 측과 회계사 간 '갑을관계'가 고착화된 데는 회계사들의 무리한 영업행위도 한몫하고 있다는 지적이다. 지난해 한 회계사는 헐값에 홀로 수백 곳의 아파트 감사 일감을 따낸 뒤 부실감사를 한 사실이 적발돼 공인회계사 등록이 취소됐다.

한 회계사는 "법을 시행할 때 정부는 300가구 아파트 기준으로 연 300만원 정도의 감사보수를 예상했지만 최근 입찰에서 80만원까지 가격이 떨어졌다"고 했다.

국토교통부는 관리비 비리 척결을 위해 2015년부터 300가구 이상 공동주택은 매년 10월 31일까지 외부 회계감사를 받도록 했다. 외부 감사를 받지 않으면 아파트 관리 주체(관리사무소)에 1,000만원 이하 과태료가 부과된다.

매일경제신문. 2018.4.30. ─────────────────────

아파트 부실감사 막자더니… 회계사회에 칼날 들이댄 공정위

공정위는 아파트 외부회계 감사 보수는 감사시간에 시간당 평균 임률을 곱해서 결정되는 만큼 최소 감사시간을 정하는 것은 가격 하한선을 두는 것과 같은 효과를 낸다고 판단했다. 이는 회계업계의 가격 경쟁을 제한한 사업자 단체 금지 행위에 해당한다고 보고…

최중경 한국공인회계사회 회장은 "소비자에게 피해를 주는 가격 담합과 같은 잣대로 평가하면 안 된다"며 "최소 감사시간은 오히려 아파트 부실감사를 막아 입주자에게 도움을 주기 위한 것"이라고 설명했다.

회계업계는 더구나 '최소 감사시간 100시간 가이드라인'이 시장 혼탁으로 지켜지지 않고 있다고 주장한다. 국토교통부와 공인회계사회에 따르면 아파트 감사시간은 2015년 81시간, 2016년 72시간, 2017년 66시간으로 줄었다.

한국경제신문. 2018.4.30. ─────────────────────

공정위 '아파트 감사' 회계사회 검찰 고발 논란

한국공인회계사회가 아파트 관리비 투명성을 높이기 위한 정부 대책에 맞춰 최소 감사시간을 도입했다가 공정거래위원회로부터 검찰에 고발당했다. 회계사회는 아파트 관리비 관련 부정부패를 척결하고자 한 정부 정책에 따라 제도를 만든 것인데 전과지 신세를 면치 못하게 됐다며 반발하고 있다.

29일 공정위는 공정거래법상 사업자단체 금지행위 혐의로 회계사회와 상근부회장 윤모씨, 심리위원 심 모씨를 검찰에 고발했다. 또 회계사회에 사업자단체에 부과할 수 있는 과징금 최대 액수인 5억원을 부과하고, 중앙일간지에 위반 사실을 공표하도록 하는 시정 명령도 내렸다. 회계사회는 공인회계사법에 따라 설립된 법정 단체로 금융위원회에 등록한 모든 공인회계사와 회계법인은 반드시 가입해야 한다.

국토부는 주택법을 개정해 2015년부터 300가구 이상 아파트는 외부 회계감사를 의무적으로 받도록 했다. 이에 회계사회는 2013년 아파트당 최소 감사시간을 100시간으로 정해 회원 회계사에 통보했다. 공정위는 "회계사회가 보수 산정 기준을 정해 가격 경쟁을 제한했다"며 공정거래법을 위반했다고 판단했다.

하지만 회계사회는 정부의 회계개혁 정책과는 상반되는 결정이라며 반발하고 있다. 공정위 판단이 회계감사 품질을 담보할 수 있도록 표준감사시간을 도입하는 정부의 부패개혁 정책에 역행하고 있다는 주장이다. 아울러 아파트 감사강화를 위한 가이드라인 제시도 당초 국토부 요청에 의했던 것으로 회계사회에 대한 제재는 전형적인 정부간 엇박자의 산물이라는 입장이다. 특히 공정위는 아파트 감사비용 증가로 소비자 피해가 유발됐다고 밝혔지만, 감사 강화를 통해 관리비가 줄어 되레 주민들에게 이익이 된 것으로 전해졌다.

먼저 회계사회는 공정위가 지적한 '최소 감사 100시간'은 회계개혁에 따른 표준 감사시간제도와 같다는 시각이다. 표준감사시간제는 개별 기업이나 업종별로 최소한의 감사시간을 정해 감사품질 향상을 유도하는 제도로, 올해 회계학회 TF, 핵심 과제 중 하나다. 이는 지난 18일 대통령 주재 관계기관 합동 '5개년 반부패종합계획'에도 보고된 사안이다. 아파트 관리비 사용 비리 척결을 위해 최소한의 감사시간을 투입해 꼼꼼히 점검해야 한다는 취지로 기존 감사시간이 30시간 내외로 너무 부족했다는 지적을 보완하기 위한 대책이었다.' 예컨대 회계사회는 같은 취지에서 농업협동조합 170시간, 신용협동조합 100시간, 사학기관(학교법인) 130~500시간 등 최서 감사시간을 운영하고 있다.

또 회계사회가 이 같은 가이드라인을 제시한 것은 국토부 요청에 의했던 것이다. 실제 국토부는 2013년 5월 '아파트관리 제도 개선책'을 발표하면서 외부감사 의무화를 중심으로 한 대책을 내놓았다. 대책이 실종된 뒤인 2015년 11월에는 외부회계감사비용이 단지당 평균 205만원으로 높지 않은 수준이라고 평가하기도 했으며, 이듬해 3월에는 1,610개(19.4%) 단지에서 감사 부적합 판정으로 횡령 등 각종 부조리를 밝혀내는 데 일조했다고 밝힌 바 있다. 이후 정부 합동 부패 척결추진단은 회계사회의 공로를 인정해 실무진에게 국무총리상을 수여하기도 했다.

공정위가 지적한 감사비용 증가는 관리비 절감으로 효익 측면에서 소비자에게는 피해가 아닌 이득으로 돌아왔다는 것도 문제다. 공정위는 가이드라인 이후 감사비용이 2014년 평균 96만원에서 213만원 9,000원으로 2배 가량 증가했다고 지적했다. 국내 아파트 단지 평균 가구 수가 700가구임에 비춰 가구당 감사비용이 연간 약 1,384원에서 3,055원으로 증가한 수준이다. 하지만 감사 강화 효과도 가구당 관리비가 9,873원 줄어든 점은 빠졌다. 소비자 입장에서는 1,671원을 더 지불하고 관리비를 1만원 가까이 줄었으니 비용 편익 측면에서 8,200원 가량 수익을 본 셈이다.

회계사회 관계자는 "회계감사의 공공재적 성격을 고려하지 않은 결과로 과징금에 임직원 고발까지 당해 억울한 상황"이라고 말했다.

빅4 회계법인의 평균 시간당 감사보수가 약 7, 8만원이다. 빅4가 아파트 단지 감사를 맡지도 않겠지만 수임한다고 해도 100시간일 경우의 수임료가 700, 800만원이며 300가구가 이 비용을 분담한다고 하면 가구당, 2만여 원이다. 2만여 원을 투입하여 더 큰 금액의 부정이나 횡령을 예방하면서 관리비를 절감할 수 있다고 하면 엄청난 절약이다. 더더욱 빅4 회계법인 소속이 아닌 공인회계사들의 시간당 수임료는 7, 8만원보다 낮을 것이니 100시간의 최소 감소 시간은 경제성의 차원에서도 아파트 입주민들에게 혜택이 갈 수 있는 정책인데 공정위가 이 제도에 대해서 제기하는 문제는 이해하기 어렵다. 시장 기능이 잘 작동될 수 있도록 이해관계자 집단이 개입하면서 부실감사를 방지하기 위한 제도에 대해서 공정위가 제동을 거는 것은 바람직하지 않다. 법에서 감사를 의무화하였고, 누가 판단하거나 너무 낮은 수임료로 감사가 적절하게 수행되지 않는 것을 수수방관하라는 것인지 의문이 간다. 또한 이러한 최소시간의 의무화를 정부 기관이 강제한 것도 아니고 이해 관계자 집단에서 자율적으로 자율규제를 하는 것에 대해 개입하는 것에 대해서는 더더욱 이해가 어렵다.

농업협동조합, 신용협동조합, 사학기관에는 최소 감사시간을 의무화하는 데 비해서 아파트 감사에만 최고 감사시간을 의무화하는 것이 어떤 문제가 있다는 것인지를 이해하기 어렵다. 최소 감사시간을 강제화함으로서 최소한의 품질을 보장받자는 의미이다.

매일경제신문. 2018.5.1.

김상조의 모순, 회계개혁 재뿌리나

우리나라 회계산업의 신뢰가 붕괴된 근본원인은 감사품질 저하다. 감사품질을 좌우하는 핵심요소는 회계법인의 업무투입시간이다. 즉, 어떤 기업의 회계감사를 위해 경험 많은 회계사들을 얼마나 많이 투입했고, 그들이 총 몇 시간 동안이나 일했느냐에 달려 있다. 따라서 업무투입시간 및 감사 관여자에 대한 모범규준(가이드라인)을 제정하는 것이 선행돼야 한다. 김상조 공정거래위원장은 2011년 경제개혁연대 소장 시절 '회계산업 선진화 방안, 문제 핵심에도 접근조차 못해'라는 논평에서 위와 같이 주장했다. 핵심은 감사 독립성 보장, 업무투입시간 및 감사 관여자 가이드라인 제정, 회계정보 공개 등이었다.

3년여가 지난 2014년 이른바 '김부선 아파트 난방비' 논란은 회계감사의 중요성을 일깨워줬다. 주무부처인 국토교통부는 외부 회계 감사 강화를 통한 개선대책으로 관리비 투명성이 증대됐다는 평가를 받았다. 정부 요청에 의해 실무를 담당한 한국공인회계사회는 터무니 없던 감사시간을 정상화하는 방향으로 최소 감사시간 100시간 기준을 마련했다. 30시간 내외의 감사시간은 소위 '숫자 바꾸기' 감사로, 회계사가 3일 이상은 아파트에 직접 방문해 관리비 시스템을 점검 감사할 것을 권유했다. 결과적으로 2015년 감사에서 20%에 달하는 아파트에서 관리비 부정 행위가 회계감사로 적발됐다. 감사시간 증가로 아파트 1가구당 감사비용은 연간 1,600원 가량이 늘었지만 연간 관리비는 가구당 1만원 가까이 감소하였다.

그런데 지난달 분위기는 180도 달라졌다. 공정위가 최소 100시간 규정을 만든 한공회가 담합을 통해 아파트 관리비를 2014년 평균 96만 9,000원에서 213만원 9,000원으로 올렸다고 과징금과 함께 관련 한공회 임원을 고발했다.

최소시간 규정은 2011년 김위원장이 시민단체 시절 주장한 '감사품질 향상을 위한 업무 투입시간' 확보와 일맥상통한다. 게다가 문재인 정부의 '5개년 반부패종합계획'에 중점 추진사안으로 보고된 표준감사시간제와도 같은 개념이다. 이번 결정 과정에서 공정위는 한공회의 정부 주무부처인 금융위원회의 의견도 듣지 않았다. 금융위 관계자는 "사건에 대해 문의했지만 금융위의 의견을 받는 과정은 없다고 했다"며 "일부 실수가 있더라도 이해할 수 없는 결정"이라고 전했다.

공정거래위원회와 시민단체가 무소불위의 권력을 쓰고 있으며 시민단체의 활동에는 분명 순기능이 있다. 다만 이들의 활동은 경종을 울리는 것으로 국한되어야지 활동이 과하면 역기능이 나타날 수 있다. 공정위의 입장이 100시간을 사용하지 않고서 가구수가 300가구인 아파트 단지에 대한 감사가 적절하게 수행될 수 있다고 판단하는지에 대해서도 의문이 제기된다. 공정위가 생각하는 감사시간이 100시간을 초과한다면 100시간의 최소 감사시간을 의무화하는 것이 무엇이 문제되는지 등에 대한 질문을 하고 싶다. 시간이라고 함은 서비스업에서 가장 기본적으로 simple하게 업무의 강도를 측정하는 변수이다. 왜냐하면 수임료의 경우는 시간에 임률을 곱해서 구해지는데 임률은 협상력의 산물이므로 이보다는 감사투입시간이 조금 더 기본적인 raw data이다.

회계감사라고 하는 용역의 품질은 관찰하는 것이 용이하지 않기 때문에 이에는 대용치(proxy)만이 가능한데 감사품질에 대한 대용치로 주로 사용되는 변수는 감사시간과 감사수임료이다. 그런데 수임료일 경우, 정부가 시장에서 결정되는 수임료에 개입하는 것이 불가하기 때문에 결국 quality control할 수 있는 변수로 남는 것은 시간밖에는 없다. 또한 수임료라는 것은 정부가 개입할 수 없을 뿐만 아니라 협상력의 산물이므로 감사 투입 시간에 시간당 임률이라는 또 한 변수가 개입되게 되어서 오히려 복잡하게 된다.

조선일보, 2018.5.14. ————————————————————————————
공정위 vs 회계사회 '아파트 회계감사' 정면 충돌

아파트 회계감사를 둘러싸고 공정거래위원회와 한국공인회계사회의 갈등이 커지고 있다. 회계사회가 아파트 외부회계감사 의무화에 따라 2015년부터 최소 감사시간을 정한 것이 발단이 됐다. 공정위는 3년이 흐른 지난 4월 말에, 이를 가격담합으로 보고 과징금 5억원을 부과하는 한편 한국공인회계사회와 임원 2명을 형사 고발까지 했다.

이에 대해 회계사회는 감사품질을 확보하기 위한 최소한의 시간 기준을 정한 것인데 형사 고발은 지나치다고 반발하고 있다. 청년회계사회도 "공정위가 아파트 회계 현실은 모르고 자기 입장만 고려하다 소탐대실했다"는 논평을 냈다. 회계사회는 서울고법에 행정소송을 낼 것이라고 밝혔다.

• 공정위 "가격 담합으로 아파트 관리비만 올라"

2013년 아파트 비리가 사회적인 이슈가 되자 정부는 외부회계감사 의무화를 골자로 하는 아파트 비리 근절 대책을 발표했다. 300가구 이상 아파트의 경우 회계사를 선임해 감사를 받도록 한 것이다. 국회도 이런 내용을 반영해 주택법을 개정했다. 2014년에는 영화배우 김부선 씨의 아파트 난방비 사건이 터졌다. 2014년 12월 회계사회는 각 회계법인에 "2015년 1월 1일부터 최소 100시간 감사시간을 준수해 달라'는 내용의 공문을 내려보냈다. 이를 두고 공정위는 최근에 회계사회가 회계감사 보수의 하한선을 정해 가격 경쟁을 제한했다고 판단했다. 공정위 관계자는 "100시간 기준도 법적 근거가 없다"고 했다.

감사품질을 올린다는 명분이었지만 아파트 관리비만 올랐다는 게 공정위 판단이다. 공정위에 따르면, 아파트 회계감사의 평균 보수는 2014년 96만 9,000원에서 2015년 213만 9,000원으로 뛰었다.

공정위는 "아파트 회계의 투명성을 높이기 위해 외부회계감사를 의무화했더니 회계사들만 이득을 본 셈"이라며 "국토교통부에 제도 개선을 제안했다"고 밝혔다.

• 회계사회, "총리 표창도 받았는데 정권 바뀌었다고 정반대 결론"

회계사회는 억울하다는 입장이다. 회계사회 관계자는 "아파트 회계를 제대로 들여다보려면 시간이 늘어날 수밖에 없는데 공정위가 회계사들을 파렴치한 집단으로 몰았다"고 말했다.

또 주택관리사와 입주자대표 단체가 반발하고 국토부도 문제 삼아, 넉 달 만인 2015년 4월에 강제적인 성격이 아닌 가이드라인 형식으로 바꿨다고 회계사회는 설명했다.

공정위는 감사 보수가 2배로 뛰어 관리비 부담이 커졌다고 주장하지만 회계사회 설명은 다르다. 회계사회 관계자는 "감사 보수를 가구수로 나누면 월 125원이던 가구당 비용이 250원으로 증가하는 수준"이라며 "부정 비리를 적발해 오히려 관리비를 아낀 단지도 많다"고 했다. 회계사회가 2015년 2,000개 아파트 단지를 분석한 결과 312개 단지의 경우 불필요한 관리비를 줄여 가구당 연간 6만 3,000원을 절감했다는 것이다.

회계사회 관계자는 "국무총리실은 아파트 비리 근절에 애쓴 공로를 인정해 2017년 2월 회계사회 직원을 표창까지 했었다"며 "정부가 달라졌다고 이렇게 정반대 결론을 내면 누가 정부를 믿고 일할 수 있겠느냐"고 했다. 더욱이 2015년 2월에 해당 민원이 공정위에 제기됐지만, 공정위는 3년 여 동안 아무 조치도 없었다.

업계에선 "이명박 정부에선 청와대 경제 수석과 지식경제부 장관을 지낸 최중경 회계사회 회장을 겨냥한 것"이라는 말이 나오고 있다. 평소 변호사나 회계사 등의 '밥그릇 챙기기'에 강한 거부감을 갖고 있는 김상조 위원장의 의중이 반영된 것이란 지적도 있다. 김 위원장은 교수 시절 쓴 칼럼에서 "교수, 변호사, 회계사들이 나라를 말아 먹고 있다"며 회계사에 대한 강한 불만을 제기한 바 있다.

• 제도 개선 필요, "주민 동의 얻거나, 정부 기관 추천해 외부감사"

공정위는 "공정거래법을 엄격하게 적용해 제재한 것"이라며 "민원에 대한 조치가 3년 만에 나온 것은 담당자가 바뀌었기 때문이지 다른 이유는 없다"고 밝혔다. 업계에선 감사제도 개선으로 문제를 해결해야 한다는 지적이 나온다. 아파트비리척결운동본부 송주열 대표는 "차라리 주민에게 견제권을 줘 주민 30%가 동의하면 외부 회계를 받도록 제도를 바꾸는 게 바람직하다"고 제안했다.

회계사회는 "회계사가 기준을 정하는 게 문제라면 정부가 외부 회계사를 추천해 감사를 받도록 제도를 개선하면 될 것"이라고 했다.

공인회계사는 용역을 수행하는 것이 본업인 직업이고 이들이 수행하는 용역에 대한 수임료에는 당연히 인건비라는 비용과 여기에 margin이 추가된 금액이 용역수임료이다. "회계사들만 이득을 봤다"는 판단은 회계사들이 사회와 아파트 입주민에게 부가 가치하는 것을 무시한 판단이다.

삼성바이오의 감리의 경우도, 박근혜 정부 때, 일단, 먼저 감리가 수행된 것이고 감리의 결과 아무런 문제가 없는 것으로 결론이 도출된 건이 정권이 바뀌고 다시 한 번 감리의 대상이 된 것이다.

위의 기사에서는 정치논리라는 표현을 사용하고 있지만 이러한 판단이 정치적이거나 정무적인 판단과는 무관하였으면 한다. 정권이 바뀌어도 감사가 적절하게 수행되도록 제도를 유지해야 한다는 데에는 다른 의견이 있을 수 없다.

공정위의 처사는 정말로 어처구니없는 일이다. 최소감사시간을 가이드라인으로 제시하는 것이 문제가 있다고 하면 공정위는 그들 기관 차원에서의 대안을 제시해야 한다.

저자는 2017년 삼성바이오로직스의 감리 건에 대해서 동료 교수들과 함께 의견서를 작성해 주었다. 손성규(2018)의 저술에서는 삼성바이오로직스에 대한 chapter가 포함되어 있기는 하였지만 이는 이미 이 용역을 수행하기 이전에 언론에 보도된 내용에 근거하여 내용을 기술하였고 용역을 수행하는 과정에서 얻게 된 회사 내부의 정보는 포함하지 않았다. 감리가 진행 중인 상황에 용역 수행과정에서 구한 정보나 용역의 내용이 감리 진행과정 중에 저술의 형태로 간행되는 것이 옳지 않다는 판단에서였다.

삼성바이오로직스는 이러한(의견서) 내용이 감리 과정 중에 저술로 간행되어도 괘념치 않는다는 의견을 전해왔지만 저자는 옳지 않다고 판단하였다.

이 건에 대한 저술은 의견서를 작성한 입장에서 저자의 판단이 편향될 수도 있지만 가능한 학자적 양심에 근거하여 이 chapter를 기술한다. 이미 저자가 의견서를 작성하였다는 사실이 일부 언론에 공개되면서 이를 비공개로 할 이유도 없으며 오히려 떳떳하게 이를 밝히면서 가능하면 공정하게 chapter를 저술하는 것이 옳다고 생각된다. 삼바 건은 사건에 비해서 너무 많은 언론과 정치권의 관심이 되었다는 판단이다. 삼바 이전에도 대우, 대우자동차, SK글로벌, 대우조선해양 등 삼바의 건보다도 훨씬 더 큰 금액의 분식 건이 과거에도 문제화되었지만 삼바의 논쟁과 같은 정도의 논쟁거리가 되지는 않았다.

왜 이다지도 삼바가 큰 이슈가 되었는지는 다음에 그 사유가 있다. 삼성이 관여된 건이고 시민단체가 삼성에 대해서 분식회계 이슈를 제기한 것이라

---

1) 삼성바이오로직스라는 사명이 너무 길어 거의 모든 언론에서는 삼성바이오, 또는 삼바라고 줄여서 표현하며 이 저술에서도 지면을 고려하여 삼바라는 표현을 사용한다. 또한 삼성바이오에피스의 경우도 많은 경우 에피스라고 약해서 표현한다.

서 그렇게 진행된 사유가 있고, 특히나 삼바가 삼성물산의 자회사로 제일모직과 삼성물산의 합병건과도 무관하지 않다. 또한 이재용부회장의 승계/구속 건과도 맞물려서 그렇게 된 사유도 있는 듯하다. leading 일간신문인 조선일보는 회계 기사를 크게 이슈화하는 경우가 거의 없었는데도 불구하고 이번 건은 큰 사회적 이슈가 되었다.

시민단체가 감독원과 같은 입장을 취하면서 대결 구도가 삼성 대 감독원, 삼성 대 시민단체와 같이 형성되었다.

또한 이 건이 언론에 보도되면서 언론 재판식으로 진행되었던 점도 바람직하지 않다. 분식 건은 감리위, 증선위 등 적법한 행정절차를 거쳐서 의사결정이 수행되는데, 시민단체와 삼성이 경쟁적으로 진보 언론과 보수 언론을 내세워 언론 play를 해왔던 것도 있다.

저자의 편향된 주관을 가능하면 개입하지 않기 위해서 많은 사실의 기술은 신문 기사를 인용한다.

매경이코노미 2018.4.11.-17. ───────────────────────────────

주가 실적 고공행진에도 시름 깊어가는 삼성바이오로직스

분식 의혹 에피스 특혜 논란 등 '첩첩산중'

삼성바이오로직스가 바이오젠과 맺은 불합리한 계약도 문제가 많다. 삼성바이오에피스는 2017년 3,148억원의 매출을 올렸는데 판매관리비가 2,930억원으로 매출의 93.7%에 달한다. 2016년에는 판관비가 무려 매출의 142%를 기록했다. 공장도 없는 R&D 기업의 판관비가 이렇게 높은 이유는 바이오젠이 만드는 제품의 제조원가를 삼성바이오에피스가 부담하기 때문이다. 바이오젠에 따른 로열티를 감안해도 물건을 팔수록 손해가 커지는 구조라 적자를 벗어나기 힘들다.

───────────────────────────────────────

매일경제신문. 2018.5.2.

당국 "상장 전 지분가치 부풀려" vs 삼성바이오 "법 지켰다"

"갑자기 종속회사였던 삼성바이오에피스를 관계사로 돌려서 지분가치를 시장가액으로 바꿀 동기가 전혀 없었다고 봅니다. 회계 일관성 없이 자사에 너무 유리하게 판단한 것은 잘못입니다."(금융감독원 관계자)

"금융당국에 의한 회계사회, 대형회계법인 등으로부터 적정의견을 받았으며, 상장 과정에서도 글로벌 증권사로부터 국제기준에서 문제가 없다는 판단을 받았습니다."(삼성바이오로직스 관계자)

금융감독원이 특별 감리를 통해 삼성바이오로직수의 회계기준 위반을 지적하면서 본격적인 감리공방이 이어질 전망이다. 특히 삼성 측은 앞서 금감원의 감리와 회계법인의 적정의견을 받은 바 있어 감리위원회와 증권선물위원회에서 격론이 예상되고 있다. 삼성바이오로직스는 2016년 유가증권시장 상장을 앞두고 금감원의 감리를 통과한 적이 있어 관리감독 소홀에 대한 문제도 제기될 것으로 보인다.

1일 금감원 특별감리에 참여한 핵심관계자는 "회계처리는 기본적으로 일관적으로 행해야 한다"며 "설립 때부터 삼성바이오에피스는 종속기업으로 분류해 회계처리를 해오다 상장을 앞두고 상대 합작사가 콜옵션을 행사하지도 않았는데 한 것을 가정해 회계처리를 할 이유가 없었다고 판단했다"고 설명했다. 그는 이는 "회계기준을 위반한 것으로 자체 특별감리에 이어 감리위원회에 징계를 의뢰하게 됐다"고 덧붙였다.

삼성바이오로직스의 회계부정 의혹은 2015년 감사보고서에서 촉발됐다. 2011년 설립돼 <u>4년 연속 수천억원의 적자를 이어온 기업이 2015년 갑자기 1조 9,000억원의 당기순이익을 거두면서</u> 회계기준에 의문이 제기된 것이다.

당시 삼성바이오로직스가 순이익을 거둘 수 있었던 이유는 종속회사였던 삼성바이오에피스에 대한 지분평가를 5년 만에 바꾼 것이 결정적이었다. <u>회계기준상 종속회사는 지분취득가액으로 가치를 판단하는 데 반해 경영권이 없는 관계사인 경우 지분투자로 해석해 회사의 당해 시장가치로 판단할 수 있기 때문이다.</u> 삼성바이오에피스는 삼성바이오로직스와 미국 바이오젠이 합작해 만든 제약개발사로 2015년 당시 지분율은 삼성바이오로직스가 91.2%, 바이오젠이 8.8%였다. 삼성바이오로직스가 실제 경영권을 가지고 있지만, 바이오젠이 콜 옵션을 행사해 지분을 49.9%까지 취득할 경우 경영권이 바뀔 수 있다는 게 삼성 측 논리였다. 특히 당시 회계법인이 평가한 삼성바이오에피스의 시장가치는 4조

8,000억원으로, 삼성바이오로직스는 2015년만 영업이익 외 수익으로 2조 642억원을 반영했다. 이는 바이오젠의 콜옵션 행사 시 지분가치 1조 8,200억원 및 기존 장부가액 3,000억원, 예상 법인세 등을 제한 금액이다. 결국 2015년 삼성바이오로직스는 2,036억원의 영업손실에도 1조 9,049억원의 당기순이익을 기록했다.

금감원 특별감리는 이 해석이 잘못됐다는 입장이다. 당시 삼성바이오에피스에 대한 회계처리가 삼성바이오로직스에 과도하게 유리하게 해석됐다는 지적이다. 특히 콜옵션을 행사하더라도 50% 이상의 지분을 가지는 것은 여전히 삼성바이오로직스라는 점도 주요 근거로 작용했다.

금감원은 이달 중 감리위원회에서 삼성바이오로직스 사건을 회부해 과징금 등의 징계안을 논의할 계획이다. 만일 감리위에서 징계를 결정할 경우 증권선물위원회와 금융위원회를 통해 과징금 규모가 확정될 전망이다. 특히 삼성바이오로직스 측이 회사 가치를 부풀리기 위해 관련 회계법인 등과 공모해 고의적으로 회계기준을 위반했다는 판단이 나올 경우 검찰고발까지 이어질 가능성도 제기된다.

삼성바이오로직스는 당시 금감원 및 회계법인, 증권사 등에 자문해 시행한 회계처리였던 만큼 억울하다는 입장이다. 삼성바이오로직스에 따르면 이미 2016년 상장과정에서 금감원이 위탁한 한국공인회계사회 감리를 받았고 빅4 회계법인 중 3곳(삼일 삼정 안진)으로부터도 회계처리에 대한 적정의견을 받았다. 또 상장과정에서는 주관사였던 글로벌 증권사 5곳(골드만삭스, 씨티글로벌마켓증권, JP모건, 크레디트스위스 등)도 국제 기준에서 문제 없다고 봤고, 금융당국도 상장을 승인했던 건으로 관련 법에 따라 회계 절차를 모두 밟았다고 주장했다. 당시 문제가 제기되지 않고 이제 와서 회계위반을 지적하는 것은 금융당국 스스로 관리감독 소홀을 인정하는 것이라는 비판도 나오고 있다. 삼성바이오로직스 관계자는 "금감원 감리에 성실히 협조해 왔는데 이런 결과를 전혀 예상하지 못했다"며 "세부 내용을 검토한 후 공식 대응할 것"이라고 전했다.

chapter 23에서도 기술되었듯이 IPO 주관사와 회계법인간에 IPO를 했던 기업의 분식회계 건이 발생하며 누구에게 책임이 있는지가 법정에서 다루어지게 되기도 한다.

"자의적 회계처리" vs "회계법인 거래소 금감원까지 문제 없다 판단"

논란의 핵심은 삼성바이오로직스가 미국 바이로젠과 합작 설립한 삼성바이오에피스에 대한 2015년 회계처리의 적정성과 고의성 여부다. "삼성바이오로직스의 고의적인 분식이 있다고 판단했다"는 금감원과 "국내외 전문가와 한국거래소, 심지어 금감원까지 검열한 재무제표의 분식은 있을 수 없다"는 삼성바이오로직스 주장이 첨예하게 맞서고 있다.

1. 바이오에피스, 종속회사인가… 콜 옵션 땐 단독지배력 상실

이번 회계논란의 발단은 2015년 삼성바이오로직스의 사업보고서다. 삼성바이오로직스는 당시 지분 91.2%를 보유하고 있던 삼성바이오에피스를 연결재무제표에서 떼어내 '관계회사 투자주식'으로 분류했다. 삼성바이오에피스가 더 이상 지배력을 행사하는 종속회사가 아니라 지배력이 없는 관계회사가 됐다고 판단해서다.

<u>이에 따라 보유주식을 취득가(2,905억원)가 아니라 공정가격(4조 8,806억원)으로 평가했다. 이 영향으로 삼성바이오로직스는 설립 이후 처음으로 1조 9,049억원의 순이익을 올렸다.</u> 금감원이 삼성바이오로직스가 자의적으로 자산과 이익을 부풀렸다고 보는 건 이 대목이다.

삼바는 "조인트벤처(합작법인) 회계 기준에 맞게 삼성바이오에피스를 처리했다"고 해명했다. 합작 파트너인 바이오젠이 주식매수청구권을 행사해 절반 가량의 지분을 가져가게 기정사실화됐기 때문에 회계처리를 변경했다는 설명이다. 바이오젠은 2012년 삼성바이오에피스 설립 당시 이 회사 지분을 '50%-1주'까지 확대할 수 있는 콜 옵션을 받았다.

통상 종속회사와 관계회사를 구분할 땐 지분율을 본다. 지분율이 20% 이상이면 관계회사로 분류하고, 50%를 초과하면 종속회사로 판단한다. 하지만 실질 지배력 행사 여부가 더 중요한 잣대다. 합작법인에 단독 지배력이 없다고 판단되면 종속회사가 아니라 관계회사로 분류할 수 있다. 심병화 삼바 경영혁신팀장(상무)은 2일 기자회견에서 "바이오젠이 콜 옵션을 행사하면 <u>이사회에 같은 수의 이사진을 파견할 수</u> 있어 삼성바이오로직스의 단독 지배권이 상실된다"고 말했다. 삼바가 에피스를 관계회사로 분류한 것 자체는 회계적 문제가 없다는 게 대부분 전문가들의 의견이다.

2. 2015년에 왜 평가방식 바꿨나

금감원이 가장 문제 삼고 있는 부분은 회계처리 변경 시점이다. 2015년은 제일모직과 삼성물산의 합병이 이뤄진 해이자 삼바가 상장(2016년 11월 상장)을 앞두고 있던 때였다. 에피스 가치를 의도적으로 부풀릴 동기가 있었다는 게 금감원 주장이다. 금감원 관계자는 "합작 시점이나 합작 파트너의 콜 옵션 행사 시점에 기준을 변경해야만 일관성 있는 회계처리로 볼 수 있다"고 했다.

삼바는 2015년 회계처리를 변경할 만한 충분한 이유가 있었다는 주장이다. 에피스가 개발한 바이오시밀러가 판매 승인을 받으면서 기업 가치가 크게 높아졌기 때문이란 설명이다. 콜옵션을 행사할 지분가치가 행사가격보다 훨씬 높은 상태에 들어가 바이오젠의 콜옵션 행사가 확실시됐다는 것이다. 에피스는 2015년 국내에서 엔브렐 바이오시밀러를 승인받은데 이어 2016년 1월 유럽 승인을 확정했다.

삼성바이오로직스는 당시 고의로 회계를 분식해야 할 동기가 없었다는 점도 강조하고 있다. 심상무는 "2015년 회계처리 변경을 안했더라도 그룹사로부터 충분한 증자를 받고 있었기 때문에 상장 요건인 2,000억원 이상의 자기자본을 확보하는 데 문제가 없었다"고 말했다.

무엇보다 자의적으로 회계처리했다는 금감원 지적을 받아들일 수 없다는 입장이다. 국내 회계법인들과 저명한 회계학 교수들로부터 문제가 없다는 의견을 받은 데다 상장 당시 공인회계사회의 감리를 거쳤고, 한국거래소와 금감원에 제출한 투자설명서도 문제 없이 통과됐다는 이유에서다.

3. 금감원, 코드 맞추기 행보인가

삼바의 분식 의혹을 제기한 건 참여연대와 심상정 정의당 의원이다. 일각에선 2016년 12월 참여연대가 삼바 회계처리와 관련해 질의한 결과 금감원이 '문제 없음'으로 회신했음에도 정치적인 요인으로 삼바가 회계당국의 목표물이 됐다는 해석이 나온다. 참여연대 출신인 김기식 전 금감원장도 보름간 금감원에 재임하면서 삼바 감리를 특별히 챙긴 것으로 전해졌다.

참여연대는 삼바가 에피스의 가치를 부풀려 특혜 상장하고 삼성물산과 제일모직의 합병에도 영향을 미쳤다고 주장했지만 앞뒤가 맞지 않는다는 지적이다. 삼바가 회계 처리를 변경한 시점은 2015년 말로 그해 5월 제일모직과 삼성물산의 합병 비율 산정이 이미 마무리된 상태여서 두 회사가 합병에 영향을 미칠 수 없다는 근거에서다.

윤호철 삼바 상무는 "상장 과정에서 6곳의 회계법인과 회계 전문가들의 의견을 듣고 법과 절차를 따랐다"며 "그럼에도 회계 사기, 회계분식기업으로 낙인 찍는 건 가혹하다" 고 했다.

매일경제신문. 2018.5.3.
시총 5.5조 날린 삼성바이오 "행정소송 불사"

삼성바이오로직스가 회계기준 위반이나 분식회계는 결코 없었다며 향후 행정소송도 불사할 것을 내비쳤다. 금융당국의 감리위원회, 증권선물위원회, 금융위원회 등 징계절차에서 최대한 소명한 뒤 법률적인 판단까지 받겠다며 억울함을 표출했다. 삼성바이오로직스 주가는 금융감독원의 특별감리 결과 조치 통보 소식이 전해지면서 하루만에 17.21% 급락했다. 대장주인 삼성바이오로직스가 폭락하자 바이오주들도 약세를 보였다.

삼바는 2일 서울 대한상공회의소에서 열린 긴급 기자간담회에서 "고의적 분식회계가 아니라 회계처리에 대한 인식 차이"라며 전날 금감원의 특별감리 결과 통보를 반박했다. 회계처리 규정 위반 자체가 없다는 입장이다. 2015년 당시 에피스에 대한 기업가치 평가는 회계감사인(삼정회계법인)의 권유로 이뤄진 것이며, 맥킨지 등 글로벌 컨설팅 회사들의 평가를 토대로 기업가치를 평가했다는 입장을 강조했다.

이번 사건의 최대 쟁점은 삼바가 2015년 말 자회사인 에피스를 '종속회사'에서 '관계회사'로 바꾸는 과정에 고의성이 있었는지다. 이 같은 회계처리 변경으로 2015년 삼바는 4년 연속 당기순이익 적자를 벗어나 <u>단숨에 1조 9,000억원의 흑자를 기록했다. 2012년 미국 바이오젠과 합작 투자해 세운 에피스의 투가가치를 시장가격으로 환산해 기록할 수 있게 됐기 때문이다. 에피스의 시장가치(공정가치)이 4조 8,000억원으로 뛰 어났고, 이</u> 가치가 고스란히 삼성바이오로직스 장부에 반영됐다. 금감원이 이 사안을 '고의적인 회계 사기'라고 본 대목이다.

그러나 삼바는 국제회계기준을 충실히 따랐을 뿐이라고 강조했다. 회계기준이 바뀌던 과도기에 발생한 해석상의 차이일 뿐 의도가 없다는 얘기다. 심병화 삼바 상무는 "고의로 회계를 조작해야 할 동기가 없고, 실익도 없다"며 "그 적정성에 대해 국내 3대 회계법인과 6명의 국내 회계 전문가들의 확인을 받았다"고 설명했다. 삼정회계법인뿐만 아니라 안진 삼일로부터도 적정의견을 받았다고 말했다. 삼성 측은 특히 회계법인들로부터 의견을 받은 결과 이를 이행하지 않는 것이 회계기준 위반이 될 수 있는 상황이었다고 전했다. 또한 삼바가 바이오젠이 콜옵션을 행사할 것이라고 믿을 만한 합리적 근거가 충분했다고도 봤다. 합작투자사였던 바이오젠은 에피스 지분은 50%-1주까지 확보할 수 있는 권리를 갖고 있기 때문에, 콜 옵션을 행사할 경우 단숨에 공동 경영권을 갖게 된다.

지분이 1주 많더라도 경영을 좌지우지하는 이사회 인원은 동수로 맞추기 때문에 일방적으로 경영권을 가졌다고는 보기 어렵다는 입장이다. 에피스는 삼바가 지분 85%를 지배하던 '종속회사'였지만, 바이오젠과의 공동 경영 형태가 되면 경영을 지배할 수 없는 '관계회사' 형태가 된다는 게 회사 측의 논리다. 아울러 2015년 10월과 12월 에피스의 바이오 시밀러 엔브렐과 레미케이드에 대한 식품의약품안전처 허가가 나면서 기업 가치가 증가했다고도 설명했다. 같은 해 하반기 바이오젠이 콜 옵션을 행사하겠다는 서신을 보낸 것도 근거로 들었다.

한편 이번 건과 삼성물산 제일모직 합병 간 연관성도 재차 부정했다. 합병 당시 삼바 가치가 고평가돼 대주주인 제일모직에 유리한 합병 비율이 산출된 게 아니냐는 지적에 대해 "무관하다"고 선을 그은 것이다 심상무는 "합병은 2015년 7월에 이뤄졌고 삼바 가치 평가에 따른 주식시장 상장은 2016년 11월에 이뤄졌기 때문에 전혀 다른 문제"라고 일축했다.

삼바는 이 같은 해명에도 금감원 제재가 내려진다면 행정 소송 등 불복 절차를 밟겠다고 밝혔다. 감리 결과에 따른 제재는 향후 감리위원회, 증권선물위원회, 금융위원회를 거쳐 최종 결정된다. 증선위에서 최종 결론이 나면 삼바가 한국거래소에서 상장폐지까지 될 수 있는 사안이다.

금감원은 "바이오젠의 콜옵션 행사와 관계없이 경영권은 삼바에 있고 해당 시점에 갑자기 회계기준을 바꿔야 할 이유가 충분하지 않았다"며 "감리위 증선위를 통해 징계 여부가 확정된 것"이라고 전했다. 한편 이날 회계기준 위반 의혹이 불거지면서 삼바 주가는 8만 4,000원(17.21%) 하락한 40만 4,000원에 마감했다. 시가 총액 기준으로는 지난달 30일 32조 2,885억원에서 이날 하루만에 5조 5,000억원가량 줄어들면서 26조원대로 떨어졌다. 바이오 대장주인 삼바가 하락하자 셀트리온(-4.43%), 코오롱티슈진(-2.92%), 메디톡스(-2.48%), 차바이오텍(-3.96%), 메디포스트(-5.04%) 등 코스피와 코스닥의 대표 바이오주들이 덩달아 약세를 면치 못했다.

조선일보. 2018.5.3. ───────────────────

삼바 회계, 그때는 맞고 지금은 틀리다?

　금융당국으로부터 '분식회계' 혐의를 받고 있는 삼바가 2일 "행정소송까지 불사할 것"
이라며 당국과 정면 충돌했다. 삼바는 전날 금융감독원으로부터 "특별 감리(회계에 관한
조사)를 실시한 결과 회계기준을 어긴 혐의가 나왔다"는 통보를 받았다. 1년 3개월 전
"회계기준 위반이 없다"던 금감원이 이번엔 거꾸로 뒤집힌 결론을 내놓은 것이다. 그 여
파로 이날 삼바 주가는 전 거래일에 비해 17.21% 급락했다. 이에 대해 회계 전문가들은
"당국이 기업 회계에 대한 평가를 자의적으로 뒤집을 경우 주가 하락에 따른 투자자 손
실은 물론 기업 경쟁력 약화, 외국인 투자자들의 신뢰 상실 등 우리 경제 전반에 나쁜 영
향을 줄 것"이라고 지적했다.

　• 적폐청산이 경제도 망칠 것

　삼바는 이날 기자회견을 열고 "외부 회계 전문가와 협의해 회계기준을 적용한 것일 뿐
분식회계가 아니다"라며 "향후 심의 단계에서 적극 소명하겠지만 회계 위반으로 최종 결
정이 날 경우 행정소송도 검토하겠다"고 밝혔다.
　이에 대해 진웅섭 당시 금융감독원장은 "회계법인 2곳이 감사보고서에서 '적정' 의견
을 냈고, 공인회계사 감리에서 문제점이 발견되지 않는 등 회계기준 위반 사항이 발견되
지 않았다"고 답했다.
　작년 국회 국정감사 자료에 따르면, 최근 3년간 부정 회계를 저지른 상장기업 45개사
가 처음 회계기준을 위반한 시점부터 금융 당국이 제재에 나설 때까지 평균 5년 5개월이
걸렸다. 대우조선해양의 경우 최초 회계기준을 위반한 2008년 이후 과징금 부과 등을 하
는 데까지 9년 3개월이 걸렸다.
　───────────────────

　위 신문 기사의 마지막 내용에서, 회계기준을 위반한 시점부터 조치를 마
감하는 시점까지의 기간이 길어지는 것을 문제로 지적하는 듯한데, 이는 문제
를 인지하였던 시점에 따라서도 기간이 달리 측정됨도 고려하여야 한다.
　해당 기업이 감리과정이 종료되기도 이전에 행정소송을 운운하면서 감독
기관을 협박하는 것도 옳지 않다.

매일경제신문. 2018.5.4. ─────────────────────────────

종속 관계회사 모두 해석 가능… 삼바 회계 문제 없어

'삼바' 전문가 의견 들어보니

    삼바를 둘러싼 분식회계 논란을 두고 전문가들 사이에서도 첨예한 논란이 있다. 삼바가 금융위원회의 감리 결과에 따라 향후 법정 공방까지 불사하겠다고 한 만큼 논쟁은 상당 기간 지속될 전망이다.

    이번 사건의 최대 장점은 삼바가 2015년말 자회사인 에피스를 '종속회사'에서 '관계회사'로 바꾸는 과정에서 고의성이 있었는지 여부다.

    금융당국간 소통도 엇박자를 내고 있다.

금융위 "회계기준 위반 여부 전문가 판단이 매우 중요 미리 공개되면 여론 재판 우려"

지분 많다고 지배주주 아냐

2015년 에피스 개발실적 향상 바이오젠 콜 옵션행사 내비쳐

전망 반영 안 하면 오히려 위반

첨예한 논란 속 징계절차

이르면 이달 말 감리위 회부

금융위 압박 나선 참여연대

"조속히 상식적인 결론 내야"

    이 같은 회계처리 변경으로 2015년 삼바는 4년 연속 당기순이익 적자를 벗어나 단숨에 1조 9,000억원의 흑자를 기록했다.

    2012년 미국 바이오젠과 합작 투자해 세운 에피스의 투자가치를 시장가격으로 환산해 기록할 수 있게 됐기 때문이다. 에피스의 시장가격(공정가치)이 4조 8,000억원으로 평가됐고 이 가치가 고스란히 삼바 장부에 반영됐다.

    그러나 회계전문가들은 이 문제가 어느 한쪽이 맞고 다른 쪽은 틀린 상황이 아니라는 대전제를 깔고 있다. 분식회계, 즉 회계상 오류가 되려면 반드시 '틀린' 부분이 나와야 하는데 이 부분을 잡아내기 어렵다는 점이다.

    삼바에 정통한 회계사는 "2015년 회계 당시 에피스의 개발 실적이 눈에 띄게 좋아지면서 그간 증자에 참여하지 않았던 조인트벤처회사인 미국 바이오젠이 증자참여로 돌아

섰고 향후 콜옵션 행사 의지를 내비치면서 에피스를 종속회사로 봐야 할지 관계회사로 봐야 할지 그 기준 판단에 어려움을 겪었다"고 털어놨다.

그는 이어 "그대로 종속회사로 두고 취득가액으로 평가할 수도 있지만 미래 지향적인 관점에서 선반영하는 것도 잘못된 판단은 아니었다"며 "미래에 벌어질 일을 알면서도 반영하지 않았다면 오히려 그게 회계기준 위반이 될 수 있다"고 설명했다.

당시 에피스의 나스닥행을 검토했던 한 글로벌 투자은행 회계사는 "국제회계기준에 따르면 지분을 많이 가졌다고 해당 기업에 대한 지배력을 갖고 있다고 해석할 수 없다"며 "때문에 이사회 구성 등을 모두 감안하더라도 삼성이 이 회사의 '실질 지배력'을 갖고 있다고 평가하긴 어려웠다"고 밝혔다. 삼바지분이 바이오젠보다 높다고 하더라도 에피스에 대한 실질 지배력을 단독으로 갖고 있다고 보기는 어렵다는 얘기다.

IFRS의 실질지배력 정의에 따르면 "투자 수익률 향상을 위해 피투자자에 대한 권한 행사를 할 수 있는 경우"도 지배권을 갖는 것이라고 해석했다. 당시 바이오젠이 투자자로서 수익률 향상에 애써 달라는 요구를 삼성에 했다면 이 또한 지배력이 있다고 볼 수 있다는 얘기다.

또 다른 회계사는 "통상 신생 벤처회사에 지분투자할 때를 생각하면 종속회사, 관계회사 양쪽 모두가 가능하다"며 "그건 정말 그때 해석하기 나름일 뿐"이라고 잘라 말했다. 가령 대기업이 다양한 벤처회사에 지분투자를 할 때를 생각하면 처음부터 벤처회사를 갖겠다는 것보다는 처음에는 지분 이득이나 보다가 나중에 잘되는 회사가 있으면 그 회사를 자회사로 편입하는 식이 될 수 있지 않겠느냐는 해석이다.

매일경제신문. 2018.5.3.
'삼바 분식회계' 공개 논란

삼성바이오로직스가 회계기준을 위반했다는 금융감독원의 잠정 결론에 대해 강력 반발하고 있는 가운데 금감원이 '조치 사전통지' 사실을 이례적으로 공개한 것을 두고 논란이 일고 있다. 금감원이 자체 감리 사안에 대해 사전통지 여부를 공개한 것은 이번이 처음이기 때문이다.

업계 일각에선 금감원이 감리위원회 심의와 증권선물위원회 의결 등을 거치지 않은 상태에서 조치 여부를 공개하며 주가가 폭락한 데 대해 회사나 투자자가 소송을 제기할 수 있다는 의견까지 내놓고 있다. 한 업계 전문가는 3일 "확정되지 않은 사안을 외부에 알려서 주가가 폭락했다"며 "사전통지는 반론권 보장을 위해 당사자에게만 하는 것인데 절차가 마무리되지 않은 상태에서 외부에 공개한 것은 명예훼손과 행정절차법, 복무규칙 위반 소지도 있다"고 주장했다. 앞서 금감원은 지난 1일 출입기자단에게 "삼바에 대해 감리를 완료하고 조치 사전 통지서를 회사 및 감사인에게 통보했다"는 내용의 문자메시지를 보냈다.

조치 사전통지란 증권선물위원회에 감리 안건 상정을 요청하기 선에 위반사실과 예정 조치 등을 안내하는 절차다. 삼바가 사실상 상장 전에 회계기준을 위반했다는 판단을 금감원이 내린 것으로 해석됐고 대대적으로 보도됐다. 지난 2일 삼바 주가는 17% 폭락했다. 거래량도 전 거래일의 10배에 달하는 등 투자자 불안감이 증폭됐다.

이에 대해 금감원 고위 관계자는 매일경제와 통화하면서 "만약 사전통지 사실을 공개하지 않는다면 증시가 열린 뒤 회계법인과 회사 등을 통해 이 같은 사실을 알게 된 일부 사람들이 미공개정보를 이용할 우려가 컸다"며 "따라서 장이 열리지 않는 날을 택해 언론에 알린 것"이라고 말했다. 외감법에 비밀유지 의무조항이 있지만 과거 전례를 보면 통지를 받은 기업이나 회계법인 등에서 정보가 유출된 사례가 있었다는 설명이다. 또 다른 금감원 관계자는 "사전통지서를 보낸 사실만 언론에 전했을 뿐 구체적인 위반 사실은 통지서를 받은 당사자만 알고 있다"면서 "사전 통지사실을 공개하는 것이 법 위반에 해당되는지 검토한 결과 문제가 없는 것으로 판단했다"고 밝혔다.

이 관계자에 따르면 금감원은 지난 1일 오전 삼바의 회계법인 등에 조치 사전통지서를 보냈고 곧 바로 언론에 이를 알렸다. 하지만 삼바 관계자는 "금감원은 회사 휴무일에 이메일로 통보해왔다"며 "기자들에게 연락을 받고서야 관련 사실을 파악했다"고 주장했다. 이 때문에 즉각 대응이 늦어지면서 이튿날 주가 폭락을 막기 어려웠다는 얘기다.

금융감독당국이 입장을 '번복'한 것 아니냐는 논란도 계속되고 있다. 이에 대해 금감원 고위 관계자는 "삼바 상장 전인 2016년 11월까지 비상장회사는 한국공인회계사회에서 선별 감리하도록 돼 있었다"며 "금감원이 직접 감리하면서 증선위 의결이 필요한데 2017년 들어 야당 의원들의 요구가 강해 이를 수용한 것"이라고 해명했다. 상장 전 감리는 금감원이 아니라 한공회가 한 것이고 이번이 금감원이 직접 실시한 최초의 감리이기 때문에 같은 사안에 대해 입장을 번복했다는 일각의 주장은 사실과 다르다는 것이다.

한편 금감원은 오는 8일부터 한국투자증권에 대한 종합검사에 나설 예정이다. 일각에서는 한국투자증권이 삼바의 상장주관사였던 점에서 관련 점검이 진행될 것으로 보고 있다. 이에 대해 금감원은 "기존 중복적인 부문검사에서 탈피해 종합검사체제로 전환하면서 초대형 IB인 한국투자증권을 점검하려던 것으로 삼바 사태와는 아무 관련이 없다"고 선을 그었다.

금감원이 사전통지서를 언론에 공개한 점이나 기업이 행정소송을 운운하는 것 모두 두 기관간의 감정 싸움 같은 양상이다.

매일경제신문. 2018.6.4.

검, 고발되면 거래정지… 상장폐지될까

시총 26조 소액주주 21%

증시충격 감안해 결정할 듯

금융당국이 삼바에 대한 회계처리를 '고의적 분식회계'로 판단하면서 이 종목의 거래정지는 물론 상장폐지 가능성까지 증권가에서 거론되고 있다.

삼바의 회계처리 위반 금액이 2조원에 달하고 한국거래소의 상장 심사요건에 해당돼 최악의 경우 주식시장에서 이 종목이 퇴출될 위기에 몰려 있다.

그러나 유가증권시장에서 회계 문제로 퇴출된 사례가 없고 삼바 소액주주 지분율이 높은 대형주여서 주주 피해를 고려할 경우 상장폐지 가능성은 낮다는 의견이 잇따르고 있다.

3일 관련 업계에 따르면 금융감독원은 삼바가 지분가치평가기준을 기존 장부가격에서 시장가격으로 변경하면서 2조원대 평가 이익이 생겼다는 것이 금감원의 논리다. 이를 통해 삼바가 2014년 280억원 적자에서 2015년 1조 9,000억원의 흑자로 탈바꿈했다는 얘기다. 여기서 핵심은 2조원대 평가이익이다. 이는 삼바 자기자본(작년말 기준 3조 9,800억원)의 약 50%에 달하는 수치다.

현행 코스피 상장 규정에 따르면 회계처리 위반 금액이 자기자본의 2.5%를 초과하면 상장적격성 실질심사 대상이 된다. 2009년 한국거래소가 도입한 상장적격성 실질심사는 분식회계를 비롯한 횡령 배임 등 각종 위법 행위에 연루된 종목의 상장폐지 여부를 결정하는 제도다.

한국거래소가 삼바에 대한 심사를 진행하려면 검찰 고발 여부가 먼저 나와야 한다. 금감원의 판단이 끝난 만큼 이후 금융위원회 산하 감리위원회와 증권선물위원회를 통해 검찰 고발과 과징금 등 최종 제재 수위가 결정된다.

삼사 대상에 오르면 거래소는 해당 법인에 심사 일정 절차를 통보하고 해당 통보일로부터 15일 이내(영업일 기준)에 기업심사위원회의 심의 의결을 거쳐 상장 폐지 여부 또는 개선 기간 부여 여부를 결정하는 구도다. 검찰 고발이 나오면 위반 요건을 충족하는 삼바는 심사기간에 무조건 주식 거래가 정지된다.

그러나 삼바가 일부 징계를 받더라고 상장폐지까지 몰릴 가능성은 낮다는 분석이 나온다.

이날 거래소에 따르면 상장적격성 실질 심사가 도입된 2009년 이후 코스피에서 퇴출된 상장사는 단 3곳뿐이다. 이들의 상장폐지 사유는 횡령 배임 등 회계 문제로 퇴출된 사례는 없다.

최근 4년간 동양, 대한전선, 대우조선해양, 한국항공우주 등이 회계문제로 경영진이 구속되거나 주식 거래가 정지됐지만 상장폐지까지 나오지는 않았다.

삼바에 대한 상장폐지는 정부의 소액주주 보호 의지와도 배치된다. 작년 말 사업보고서 기준 삼바의 소액주주 비율은 21.5%에 달한다. 외국인 지분율(9.9%)보다 2배 가량 높다.

금감원의 분식회계통보로 지난 2일 이후 주가가 급락하고 있지만 여전히 시간 총액이 26조에 달해 코스피 순위 5~6위권의 대형주다. 상장폐지될 경우 막대한 주주 피해가 예상된다.

한국경제신문. 2018.5.4.
삼성바이오 겨냥한 금감원의 자충수

지난달 25일 바이오젠이 회계공방의 쟁점인 삼성바이오에피스에 대한 콜옵션을 행사하겠다고 밝히자 불리해질 것을 우려해 금감원이 서두른 것이라는 얘기까지 나온다.

작년 2월 삼바의 분식회계 의혹에 "문제없다"고 한 금감원이 급하게 말을 바꾼 배경에는 여러 가지 해석이 있다. 시민단체와 정치권의 압박으로 무혐의 결론을 내리기 어려웠을 것이란 시각이 많다.

한국경제신문. 2018.5.5.

삼성바이오, 회계변경과 상관 없이 상장 요건 충족… "특혜 없었다"

삼성바이오의 분식회계 논란을 판가름하는 핵심은 부당 이익을 얻기 위한 고의성이 있었는지 여부다. 참여연대와 정치권에서는 삼성바이오가 회계변경으로 순이익을 부풀려 특혜 상장을 했다고 지적했다. 또 삼성물산과 제일모직의 합병비율에 영향을 미쳐 이재용 삼성전자 부회장의 승계에 유리하게 작용했다는 의혹을 제기하고 있다. 하지만 두 회사의 합병 발표와 삼바의 회계처리 시점이 다르다. 회계처리방식 변경으로 기업가치가 오히려 낮아져 '의도적'이라는 금감원 판단에도 의문이 제기된다. 회사가 기대할 수 있는 실익이 없는 상태에서 고의로 회계를 조작했다고 판단하기 어렵다는 주장에 힘이 실리는 이유다.

1. 적자회사 분식했나 "미 나스닥 상장 추진할 정도였다"

국제회계기준에 따라 종속회사가 관계회사로 바뀌면 투자금액을 장부상 가치가 아니라 시장 가격으로 환산한 기업가치로 기억될 수 있다. 그러나 이렇게 반영된 순이익은 회계상 숫자일 뿐 상장 요건과는 무관하다. 2015년 말 삼바의 자본은 6,588억원으로 자본금 2000억원, 시가총액 6,000억원인 유가증권시장 상장 요건을 충족했다. 심상정 정의당 국회의원이 "4년간 누적 결손금이 5,000억원에 달하는, 자본잠식기업인 삼바가 회계변경으로 상장 특혜를 받았다"고 한 주장이 성립하지 않는다.

삼바는 미국 나스닥 상장을 고려했다가 국내 상장으로 방향을 선회했다. 미국은 상장 추진 회사 규모에 따라 글로벌 셀렉트마켓, 글로벌 마켓, 캐피털 마켓 등 세 가지 시장으로 세분화된다. 삼바는 이들 세 가지 시장의 상장요건을 모두 갖췄기 때문에 국내 상장에도 무리가 없다는 게 업계의 분석이다.

2. 콜 옵션 대비해 회계 변경 기업가치 3조 순익 6,000억원 되레 손해

삼바가 2015년말 회계 기준을 변경한 이유는 이 시기에 바이오젠이 콜 옵션 의사를 알려왔기 때문이다. 바이오젠이 콜옵션을 행사하면 에피스의 지배력을 상실하기 때문에 반드시 관계회사로 회계처리를 변경해야 한다.

국내 회계법인과 컨설팅회사들도 삼바에 회계변경을 권고했다. 외부감사를 맡았던 삼정은 에피스를 관계회사로 변경하지 않을 경우 '적정'의견을 낼 수 없다고 통보한 것으로 알려졌다. 이렇게 되면 상장이 불가능할 수 있었다.

삼바는 2015년말 에피스가 첫 번째 바이오시밀러를 국내에서 승인받으면서 기업가치가 높아졌다는 점도 변경사유로 제시하고 있다. 콜옵션의 기초 자산인 에피스의 평가액이 행사가격인 투자 원금과 누적 이자 합계보다 커져 바이오젠이 콜옵션 행사로 경제적이익을 얻을 수 있게 됐기 때문이다. 제품 개발 성공 확률이 낮은 바이오 산업 특성상 제품 승인은 기업가치에 미치는 영향이 크다. 2015년 말 기준으로 바이오젠의 현금성 자산 보유액이 13억 800만 달러(약 1조 5,000억원)로 옵션행사에 필요한 현금 부담 능력이 충분하다는 점도 고려됐다.

바이오젠이 콜옵션을 행사하면 <u>의사회는 동수로 변경</u>되고 삼바의 단독 의사결정이 어려워진다. 두 회사의 주주 간 약정에 따라 경영권 행사를 위해선 <u>52%</u>의 주총의결권을 보유해야 한다는 조항도 경영권이 상실될 수 있다는 근거로 적용했다.

3. 물산-모직 합병에 영향줬나 합병비율 산정 완료 후 회계변경

삼바 상장 당시 국내 회계법인들이 산정한 이 회사의 기업가치는 삼바의 지분을 50% 반영한 10조 5,676억원이었다. 삼바 지분을 92.6% 보유하고 있었음에도 바이오젠의 콜옵션 가능성에 대비해 산정한 것이다. 회계처리를 변경하지 않았다면 삼바의 기업가치는 13조 4,000억원으로 약 3조원 늘어나게 된다. 이렇게 되면 공모가격도 주당 13만 6,000원에서 17만 20,00원으로 높아진다.

삼바가 금감원의 지적대로 바이오젠이 콜옵션 행사를 통보한 6월 회계 방식을 변경하게 되면 오히려 순이익은 6,000억원 더 늘어난다. 삼바의 가치가 증가한 데다 상장에 따른 자본 유입 등으로 2조 4,722억원의 순이익을 기록한다는 계산이 나온다. 윤호열 삼바 상무는 "상장 이후 회계처리를 변경하게 될 경우 위험이 크기 때문에 투자자 보호를 위해 보수적으로 미리 회계기준을 바꾼 것"이라며 "공교롭게 2015년이라는 시점과 맞물려 여러 가지 사실과 다른 의혹이 제기돼 안타깝다"고 말했다.

남은 쟁점은 경영권 승계와 관련한 의혹이다. 삼성물산과 제일모직의 합병 비율은 2015년 5월 결정됐고 삼바의 회계처리 변경은 2015년 말 이뤄졌다. 이미 합병 비율 산정이 완료된 상황에서 영향을 미칠 수 없었다는 게 회사 측의 주장이다. 삼바의 상장을 밝힌 시기는 다음해인 2016년 4월로 약 1년 뒤다. 삼바 관계자는 "회사 가치를 부풀리고자 했다면 회계 변경 시점이 늦을수록 유리하기 때문에 2015년 말에 변경할 이유가 없다"고 말했다.

52%라는 보통 결의의 의결권도 흥미롭다. 삼성이 50%＋1주를 가지고 있더라도 이 경우는 주도적인 경영활동을 수행하기 어려운 상황이다. 이는 주주간의 약정에 의해서 정한 사안이다.

한국경제신문. 2018.5.7. ─────────────────────

금감원, 초강경 '삼바 제재안

금융감독원이 삼바의 분식회계 혐의와 관련해 대표 해임, 검찰 고발, 과징금 60억원 등 최고 수위 제재안을 낸 것으로 알려졌다. 5조원대 분식회계를 한 대우조선해양보다 징계 수위가 높아 심의과정에서 논란이 예상된다.

김용범 금융위 부위원장 겸 증권선물위원장은 6일 박권추 금감원 회계전문심의위원으로부터 삼바 감리결과를 보고받았다.

금감원은 삼바의 2015년 에피스 회계처리 변경이 '고의적 분식'이라고 판단하고 중징계를 요구했다. 60억원의 과징금 부과와 함께 대표 해임권고 및 검찰고발이 포함된 것으로 알려졌다. 단일 기업으로는 사상 최대인 5조 7,000억원대(검찰 추정) 분식회계를 저지른 대우조선 사례보다 강도가 센 '초강경 징계안'이란 평가가 나온다. 대우조선은 지난해 2월 증선위에서 45억 4,500만원의 과징금과 전 현직 대표에 대한 1,000만원대 과징금, 재무담당 임원 해임, 3년간 감사인 지정 등의 제재를 받았다.

한국경제신문. 2018.5.7. ─────────────────────

기관들 "'삼바' 처리에 재벌개혁 적폐청산 논리 개입" 금융당국이 공포 키웠다

국내 한 자산운용사는 지난 4일 펀드를 통해 보유하고 있던 삼바 주식을 전량 처분했다. 이 운용사는 "삼바 주가는 시장 논리보다 재벌 개혁, 적폐 청산이라는 정치 논리를 바탕으로 움직이고 있어 거래 정지 가능성이 높다"고 매각 이유를 밝혔다.

금감원이 삼바에 초강경 제재를 요구하는 등 정치권과 시민단체의 '삼성 때리기'에 발을 맞추는 듯한 모습을 보이면서 시장에 공포가 확산되고 있다.

• 최고 수위 징계 예고

금감원이 올린 삼바 징계안에는 대표이사 해임, 검찰 고발, 과징금 60억원 등 제재 방침이 포함된 것으로 전해졌다. '자본시장과 금융투자업에 관한 법'에 따르면 회계 부정에 대한 과징금은 위반 건당 최대 20억원, 삼바의 과징금이 60억원으로 잠정 책정된 것은 회계기준 위반 건수가 최소 3건 이상이라는 의미다.

금감원 징계안대로 확정되면 2013년 8월 경남제일저축은행에 66억 9,200억원이 부과된 이후 기업에 물린 과징금으로는 역대 두 번째로 많은 액수다. 단일 기업으로 사상 최대 분식회계를 한 대우조선해양이 2017년 2월 증선위에서 부과받은 과징금 45억원 4,500만원을 웃돈다.

당초 회계법인 일각에선 특별 감리를 받고 있는 삼바가 제재를 피하지 못할 것이란 예상이 많았다. 주가 거품론과 부실회계 논란에 휩싸여 있는 바이오 업종 대표주인 데다 오는 11월 회계개혁안이 시행되는 등 분식에 대한 사회적 인식이 높아지고 있다는 이유에서다. 그럼에도 금감원이 이번 징계안은 예상을 넘는 '초강경 조치'라는 평가가 많다.

회계업계 관계자는 "삼바의 회계처리는 국제회계기준상 해석과 판단에 논란의 여지가 있다"며 "대우조선해양을 능가하는 중징계를 내릴 만한 사안인지는 의문"이라고 말했다. 일각에선 시민단체에서 연일 삼성과 관련한 공격이 이어지는 게 금감원의 조치에 영향을 미친 게 아니냐는 얘기가 흘러나온다.

삼바 개인투자자 일부는 법무법인 한누리 등을 중심으로 소송을 준비하고 있다. 한누리는 삼성과 금감원 가운데 누구를 대상으로 소송할지 등의 의견을 취합하고 있다. "금감원이 삼바에 대한 조치 통보를 공개해 주가 하락을 불러왔다"는 소액주주들의 불만도 크기 때문이다. 지난해 말 기준 삼바 소액주주(지분 1% 미만 보유 주주)는 8만 175명으로 집계됐다.

법무법인 한누리는 법무법인 한결과 같이 국내에서 집단소송제 관련 소송을 전문으로 하는 법무법인이다. 한누리가 금감원과 삼성 누구를 대상으로 할지에 대해서 고민하고 있다는 내용도 흥미롭다. 금감원이 소송의 대상이라면 이는 아마도 사전 통지서를 공개함으로 인해서 주가가 폭락하였다는 점이 소송 건이 될 듯하며 삼성이 소송 건이 된다 함은 증신위에서 분식 건이 확정되었을 경우일 듯하다. 분식회계로 인하여 삼성바이오로직스의 내재가치가 분

식이 포함되어 있지 않았을 경우의 내재가치와 차이가 있을 것이므로 이 차이가 있는 부분에 대한 손해배상소송일 것이다.

매일경제신문. 2018.5.7.
금감원 발표 앞두고… 삼성바이오 '수상한 공매도'

　　삼성바이오에 대한 주식 공매도가 금감원의 '분식회계' 발표 직전 급증했다가, 발표 이후 대규모 차익실현이 이뤄진 것으로 나타났다. 금감원 발표로 이 종목 주가가 급락했던 만큼, 발표 정보가 사전에 유출된 것 아니냐는 의혹이 시장에서 제기되고 있다. 금융당국도 커지고 있는 삼바 관련 혼란을 잠재우기 위해 향후 처리 절차를 신속히 진행키로 했다.

　　6일 한국거래소에 따르면 삼바에 대한 공매도 잔액은 지난달 19일 5,043억원에서 지난달 말 6,188억원으로 1,145억원(22.7%)이 급증했다. 지난 1일 금감원이 '삼바가 최계 처리를 위반했다'고 잠정 결론을 발표하기 직전 8 영업일 간 공매도가 집중적으로 늘어난 셈이다 해당 기간 삼바 일평균 공매도 거래량은 5만 8,699주로, 올해 이 종목의 1분기 일평균 공매도 거래량 1만 3,639주와 비교하면 330%나 급증했다.

　　이들의 공매도 공격은 사실상 성공으로 끝났다. 금감원 발표 직후인 지난 2일 삼바 공매도 잔액은 4,672억원으로 전일 대비 1,516억원 급감했다. 삼바 주가가 전날 대비 17%나 급락한 40만 4,000원에 거래를 마감하면서 그만큼 차익을 남기고 공매도 물량을 상환한 것이다. 금융투자업계 관계자는 "바이오에 대한 투자 심리가 악화되던 시점임에도 유독 삼바에 대한 공매도 거래량이 많았던 점은 사실"이라면서도 "금융당국 발표 전후로 거래량이 급증한 것은 묘한 의문을 남긴다"고 지적했다.

조선일보. 2018.5.7.
삼바 대 금감원, 둘 중 하나는 치명타

　　금융위원회는 삼성바이오로직스 '분식회계' 논란이 확대되자 최종 결론을 내리기 위한 절차를 신속히 진행하기로 했다. 금감원이 지난 1일 삼성바이오로직스의 회계기준 위반 혐의를 발표한 뒤 사흘간 시가총액 8조 5,000억원 가량이 증발했고 투자자들의 항의가 빗발치고 있기 때문이다. 이에 따라 금융위원회 김용범부위원장 겸 증권선물위원장은 금감원 조사에 이은 다음 절차인 감리위원회를 오는 17일 열기로 결정했다. 금감원 조사는 이후 증권선물위원회의 최종 의결을 거친다. 감리위원회에서는 일반적으로 금감원 검사 부서와 제재 대상자의 입장을 차례로 들은 뒤 결론을 내린다. 그러나 삼바 측이 대심제를 희망하고 있어 금융위가 이를 받아들일 경우 양측 간 논쟁이 더욱 치열해질 것으로 보인다. 대심제는 검사 부서와 제재 대상자가 감리위에 함께 출석해 재판처럼 공방을 벌이는 제도다.

• 회계기준 어겼나

이번 심의의 쟁점은 삼바가 2015년 자회사인 에피스를 종속회사에서 관계회사로 변경하는 과정에서 회계기준을 어겼는지 여부다. 2015년 이전까지 4년 연속 적자를 보던 삼바는 에피스의 기업가치를 장부 가격에서 시장가격으로 바꾸면서 1조 9,000억원의 흑자를 낸 것으로 계상했다. 금감원은 이에 대해 "회계 처리 기준에 부적격하다"고 잠정 결론을 내렸다. 반면 삼바는 "외부 회계 전문가와 협의해 국제회계기준을 적용한 것이며 분식회계가 아니다"는 입장이다. 2015년 자회사인 에피스가 개발한 바이오 복제약이 해외 판매 승인을 받으면서 기업 가치가 오르자 합작 파트너사인 미국 바이오젠이 합작 당시 약정에 따라 지분을 50%로 늘릴 가능성이 커져 회계기준 변경이 불가피했다는 것이다. 삼바 관계자는 "바이오젠 지분 절반 가량이 바이오젠의 소유가 될 수 있다는 것을 미리 공개해 투자자 혼란을 막자는 취지"라고 설명했다.

• 새로운 위반 사항 있나

금감원은 회계 처리에 대한 최종 결론이 나오지 않은 상황에서 위반 혐의 내용을 언론에 공개했다. 통상적으로 최종 결론이 나기 전에 '사전 조치 통지'내용을 외부에 공개하지 않았던 점과 비교하면 이례적이다. 그러면서도 <u>삼바에 보낸 통지서에서는 "조치 내용을 외부에 공개하면 안 된다"고 밝혔다.</u>

금감원은 또 분식회계 발표 과정에서 '회계 사기'라는 강한 표현까지 사용한 것으로 알려졌다. 금감원은 언론에 "지금까지 알려진 것 외에 중대한 혐의가 있다"고 흘리면서도 아직 어떤 혐의인지는 공개하지 않고 있다.

• 결론에 따라 한 곳은 치명타

금감원 조사에 대한 최종 의결이 내려지는 증선위는 이르면 정례회의가 열리는 이달 23일 개최될 가능성도 있으나 늦춰질 수도 있다. 어느 쪽으로 결론 나든 금감원이나 삼성 측의 타격이 불가피하기 때문이다. 분식 회계가 아니라고 결론나면 시장에 혼란을 준 금 감원은 신뢰 및 위상 추락과 함께 주가하락에 대한 배상 책임 등이 불거질 수 있다. 반대 로 분식 회계로 판정나면 당시 삼바 상장은 물론 제일모직과 삼성물산 합병 당시 합병비 율의 적절성에 대한 논란이 다시 불거질 수 있다. 삼바 경영진에 대한 중징계도 불가피하 다. 삼바는 행정소송도 불가피하겠다고 밝힌 만큼 이번 사태는 장기전으로 빠져들 가능 성이 높다.

대심제는 공정거래위원회에서 회의를 진행하는 방식이다. 조치를 하려는 공정위 공무원은 원고의 입장이고 기업은 피고의 입장으로 서로의 의견을 개 진한 이후에, 위원회 앞에서 논쟁을 하게 된다. 일반적으로 과거의 감리위원회 나 증권선물위원회는 감독원과 기업/감사인의 입장을 순차적으로 듣고 난 이 후에 감독원만 배석한 상태에서 회의를 속개하는데 소명하는 기업/감사인의 입장에서는 감독원이 배석한 상태에서 결론이 도출되므로 원천적으로 기업이 나 감사인이 불리한 입장에 있다는 주장을 많이 해 왔다.

대심제로 진행이 되면 감리위나 증선위가 재판에서의 판사의 역할을 하 게 되며 금감원은 원고, 기업/감사인은 피고의 위치에 서게 된다.

조신일보. 2018.5.8.
삼바의 반격

'분식회계' 논란에 휩싸인 삼바가 금감원에 "회계처리 위반 혐의를 담은 금감원 통지 서 내용의 공개를 허용해 달라"고 요청하기로 했다. 금감원의 분식회계 발표로 기업피해 가 커지고 있는데도 통지서 내용 공개를 금지한 탓에 '반론조차 하기 힘들다'며 정면으로 반발하는 것이다. 삼바는 법적 검토를 거쳐 이르면 8일 이 같은 요청을 담은 성명서를 자 사 홈페이지에 올릴 예정이다.

삼바 관계자는 7일 "금감원 발표로 시장과 투자자들의 불안이 가중되고 있다"며 "삼바는 금감원의 통지서 내용 공개 금지 규정을 따랐는데, 계속 일방적인 내용의 기사가 나오고 있어 금감원에 '통지서 내용 공개를 허용해 달라'고 요청할 계획"이라고 밝혔다. 금감원은 지난 1일 회계 위반 혐의를 담은 조치 사전 통지서를 삼바에 보내며 "(금감원) 허가 없이 조치 내용을 공개해서는 안 된다"고 통보했다. 지난 3일에도 같은 내용을 담은 별도 공문을 다시 삼바에 보낸 것으로 알려졌다. 삼바는 "조치 내용을 공개하면 우리도 합자 파트너시인 바이오젠과 협의해 합작 당시 약정(옵션)과 관련된 비밀 유지 계약 조항들도 공개할 의사가 있다"고 밝혔다.

삼바가 정면 승부에 나선 것은 회계기준 위반 논란과 관련해 일방적으로 '여론재판'을 당하고 있다는 인식 때문이다. 금감원의 조치 내용을 전부 공개해 최근 제기된 논란에 대해 반론할 기회를 달라는 것이다. 지난 1일 금감원 발표 이후 일주일 동안 '삼바가 고의로 분식회계를 저질렀다'는 내용의 기사가 쏟아져 나오고 있는데도 조치 사전 통지서 비공개를 지키느라 삼바가 적극적으로 해명하거나 반박하지 못했다는 주장이다. 회사 관계자는 "혐의 내용을 적극적으로 반박할 경우 나중에 금융 당국이 공개 금지 위반을 문제 삼을 수 있어 언론 대응을 나서기 어려웠다"고 말했다.

한국경제신문　2018.5.8.
금감원-삼바 '고의적 회계 위반' 증거 놓고 진실 공방

금감원이 삼바 분식회계 혐의와 관련해 핵심 증거로 "미국 바이오젠이 에피스에 콜옵션을 행사하지 않을 수 있다"는 내용을 담은 문건을 금융위원회에 제출했다. 삼바는 이에 대해 "전혀 사실이 아니다"고 반박했다. 오는 17일 감리위원회를 앞두고 양측 공방이 치열해지고 있다.

7일 금융당국에 따르면 금감원은 전날 금융위에 삼바 감리 결과를 보고하면서 2015년 회계변경을 '고의적 분식'으로 판단한 증거로 바이오젠의 콜옵션 행사 관련 문건을 제시했다. 당시 삼성 측과 바이오젠 사이에 바이오시밀러(바이오의약품 복제권) 판권을 둘러싼 갈등이 불거지면서 바이오젠이(판권 문제가 해결되지 않으면) 콜옵션을 행사하지 않겠다는 의사를 밝혔다.

바이오젠 콜옵션 행사여부는 당시 회계변경의 핵심 사안이다. 삼바는 바이오젠의 콜옵선 행사를 기정사실로 판단하고 2015년 말 에피스를 종속회사에서 관계회사로 변경했다. 바이오젠이 콜옵션을 행사하면 에피스의 지배력을 상실했기 때문이다.

삼바는 금감원 주장은 전혀 사실이 아니라고 항변했다. 삼바 관계자는 "바이오시밀러 유럽 판권은 바이오젠이, 유럽을 제외한 미국과 기타 지역 판권은 머크가 보유하고 있다"며 "바이오젠이 머크와 계약 종료 후 판권을 요구해 그 부분은 제외하고 논의하자고 한 적은 있으나 콜옵션 행사와는 관련이 없다"고 말했다.

삼바는 오히려 바이오젠이 2015년 10월 콜옵션 행사 의사를 밝혔다고 반박했다. 에피스의 나스닥 상장 추진 당시 콜옵션 행사 의향을 질의한 결과 바이오젠이 "에피스의 가치가 충분하면 콜옵션을 행사하겠다"고 답변했다는 설명이다.

금감원은 또 삼바가 바이오젠이 보유한 콜옵션을 의도적으로 숨겼다고 판단했다. 삼바는 2012년 에피스 설립 당시 바이오젠 콜옵션을 2012~2013년 감사보고서에 기재하지 않았다.

금융당국 관계자는 "2014년 콜옵션 존재를 처음 공개했지만 구체적인 조건은 기재하지 않았다"며 "삼바 기업공개 이전까지 고의적으로 콜옵션의 존재를 숨긴 정황이 있다"고 말했다.

삼바 관계자는 "2015년 신용평가사에 콜옵션 평가를 요청했는데 오히려 가격 기간 등의 변수가 많아 평가할 수 없다는 답변을 받았다"며 "콜옵션 존재를 고의로 숨길 이유가 없다"고 말했다.

삼바는 '회계처리 위반이 확정적인 것처럼 보이게 하는 잘못된 정보가 유통되지 않도록 해달라'는 내용의 성명서를 8일 자사 홈페이지에 올릴 예정이다.

매일경제신문. 2018.5.8.
'삼바'에 애원할 땐 언제고⋯ 유망벤처 '상장엑소더스' 우려
당국 오락가락 행보에 투자자, 삼성 금융당국에 '투트랙소송' 예고

"만약 우리나라에 상장하지 않았다면 나스닥을 비롯한 해외 시장에 상장 계획도 있었고 또 상장할 여건이 됐습니다. 자. 그렇게 되면 어떻게 되는 것일까요? 우량하고 성장성 있는 기업들이 해외에 상장해서⋯"

지난해 2월 16일 임종룡 전 금융위원장이 국회 정무위원회 전체 회의에서 삼바 특혜

상장 논란에 대해 답변한 내용이다. 당시 임 전 위원장은 "우리나라 투자자에게 좋은 기업에 투자할 기회를 주고, 자본시장도 풍요롭게 하기 위한 목적에 의해 거래소가 적극적인 유치 활동을 했던 것"이라며 "어느 기업에 특혜를 주자는 것은 없었다"고 강조했다.

사정은 이랬다. 삼바의 자회사인 에피스가 미국 증시 상장을 추진한다고 밝힌 것은 2015년 7월 1일이었다. 에피스는 당시 3년 연속 적자로 국내 유가증권시장 상장 요건을 충족하지 못했다.

반면 뉴욕증권거래소는 상장요건을 이익이나 시가총액 중에 선택할 수 있었다. 나스닥도 이익, 시총, 자기자본 등으로 여건이 다양화돼 있다. 미국 테슬라가 적자 상태에서 나스닥에 상장해 수년만에 시총이 10배 이상 증가했던 사례가 화제가 됐던 시기였다.

거래소는 서둘러 그해 11월 시가총액이 6,000억원 이상이고 자기자본이 2,000억원 이상인 경우 '대형 성장 유망 기업'으로 상장할 수 있도록 규정을 바꿨고 당국은 이를 허가했다. 2016년 상장 당시 일반 공모 청약 경쟁률은 45대 1이었다. 결국 해외 증시에 상장하려던 삼바를 상장 문턱까지 낮춰주면서 국내로 되돌린 것은 거래소와 금융당국이었다는 얘기다.

이 사안은 지난해 7월 이재용 삼성전자 부회장 공판에서도 논란이 됐다. 박영수 특별검사팀은 거래소가 상장 규정을 바꾼 것은 삼성의 청탁과 청와대 압력 때문이라는 의혹을 제기했다. 이를 받아 국회 정무위원회에서도 당시 야당 의원들이 동일한 논리를 전개했던 것이다.

금융당국의 갈지자 행보가 모처럼 활기를 찾고 있는 국내 기업공개 시장에 부정적 영향을 미칠 것이란 우려가 제기되고 있다. 최근 정부는 코스닥 살리기를 주요 정책 목표로 내걸고 상장 요건 완화 등 IPO 활성화에 나선 상황이다. 한 증권업계 관계자는 "삼성바이오 입장에서는 결국 나스닥을 버리고 국내 상장을 택한 것이 악수를 둔 셈이 됐다"며 "앞으로 해외 상장과 국내 상장 사이에서 저울질하는 다수 기업들에 좋지 않은 영향을 미칠 것"이라고 말했다.

조선일보. 2018.5.8.
금감원 삼성이라서 때리나… 물증 내부 고발자 있나

1. 자회사 평가 방식 왜 바꿨나

복제약 판매 허가로 몸값 껑충
삼성 "지배력 상실 가능성에 자회사 평가 기준 바꿔"
금감원 중도에 바꾼 건 분식회계"

2. 삼성물산 합병과 연관성

시민단체 "삼바 모회사인 제일모직에 유리하게 가치 부풀려"
삼성 "합병 조건 정해진 뒤 벌어져"

3. 금감원의 이례적인 행보

"감리 문제 없다"던 입장도 바꿔

삼성그룹 계열사인 삼바의 분식회계 논란이 일파만파로 번지고 있다. 시가총액이 사흘 만에 8조 5,000억원 증발하면서 투자자들이 혼란에 빠지자, 금융위원회가 신속하게 처리하겠다고 진화에 나섰다. 사안이 복잡하고 미묘해 문제가 뭔지 정확하게 파악하기 조차 쉽지 않다. 상황 파악을 돕고자 '3대 쟁점'을 뽑아 알기 쉽게 정리했다.

1. 왜 자회사 평가방식을 갑자기 바꿨나?

최대 쟁점은 2011~2014년 4년간 적자 회사였던 삼바가 2015년말 자회사 회계 처리 방식을 바꾸면서 돌연 1조 9,000억원 흑자로 돌아선 것이 정상적 회계 처리냐 아니냐는 것이다. 금감원과 참여연대 등 시민 단체는 "중도에 회계 처리 방식을 바꾼 건 분식회계"라고 주장하고, 삼성 측은 "국제 회계 기준에 맞는다"고 반박했다.

논란의 중심에는 삼바의 신약 개발 자회사인 에피스가 있다. 2012년 미국 신약 회사 바이오젠과 함께 투자해서 만든 회사다. 그런데 이 회사 가치를 삼바는 2014년말까지 장부 가격으로 평가하다가 2015년 말 시장 가격으로 기준을 바꾼다. 이에 대해 삼바는 2015년 "에피스에 대한 지배력을 상실했기 때문"이라고 밝혔다.

회계 기준에서 볼 때 모 기업이 어떤 기업에 대해 확실한 지배력을 갖고 있고, 조만간 팔 가능성도 별로 없다면 (전문 용어로 종속회사라고 한다), 그 회사 가치를 장부가격으로 평가하고, 그 회사의 자산, 부채, 이익 등을 모기업의 재무제표에 반영한다. 반면 지배력이 없다면 (관계회사) 단순 투자를 한 것과 마찬가지여서 시장 가격으로 가치를 평가하고 자산, 부채, 이익도 재무제표에 반영하지 않는다.

그런데 에피스는 일반 자회사와 달리 관계가 복잡하다. 2012년 삼바가 에피스를 세울 때 미국 신약 회사인 바이오젠과 85대 15로 공동 투자하면서 바이오젠에 에피스 지분을 49.9%로 늘릴 수 있다는 조건으로 계약(콜옵션)을 맺었기 때문이다. 바이오젠으로선 에피스가 사업에 성공하면 적은 돈으로 지분을 49.9%로 늘릴 수 있다는 조건으로 계약(옵션)을 맺었기 때문이다. 바이오젠으로선 에피스가 사업에 성공하면 적은 돈으로 지분은 49.9% 늘릴 수 있지만, 사업에 실패하면 투자금을 모두 날릴 수 있는 상황이다.

2014년까지 별다른 이익을 내지 못하던 에피스는 2015년 하반기 복제약 판매 허가를 받으면서 실적이 크게 개선될 확률이 커진다. 이에 삼바는 콜옵션 계약으로 에피스 지배력을 상실할 수 있다는 사실을 공개하고 자회사 평가 기준을 바꿨다고 주장한다. 바이오젠이 2015년 7월 콜옵션을 행사할 의사가 있다는 편지를 보낸 사실도 공개했다. 회계 장부에 장부가격 2,900억원이었던 에피스는 시장 가격 4조 8,000억원으로 기재 내용을 바꿨다.

하지만 금감원과 참여연대는 2015년에 삼바가 실제 지배력을 상실한 것도 아니고 당시 지배력을 상실할 만한 큰 사건도 없다고 주장한다. 2017년 2월 심상정 정의당 의원과 참여연대는 "갑자기 회계기준을 바꾼 것은 분식 회계 의혹이 있다"고 문제를 제기했다. "삼바는 에피스를 만들 때부터 공동 투자하는 등 회사 구조를 설계했는데 2015년 갑자기 지배력을 잃었다고 보기 어렵다"는 것이다.

금감원도 최근 1년간 특별 감리를 한 결과 비슷한 판단을 내린 것으로 알려졌다. 지분이 50%가 넘는 상황이었고, 바이오젠이 2015년 콜옵션 행사 의사만 밝혔을 뿐 2년이 넘도록 콜옵션을 행사하지 않고 있어 삼바가 에피스에 대한 지배력을 잃었다고 보는 게 타당하지 않다는 주장이다. 다만 지난달 24일 바이오젠이 실제로 조만간 콜옵션을 행사하겠다고 발표한 바 있어 판관 역할을 맡은 금융위가 쉽게 금감원이나 삼바 손을 들어주기 어려운 상황이다.

"행정소송가면 삼성 승소할 수도"
'5조원대 평가'가 뻥튀기라면 회계법인 3곳도 같이 책임져야

"회계를 아는 사람이라면 삼성바이오의 회계 처리가 국제회계기준을 따랐다는 데 동의할 겁니다. 삼바의 지분가치를 4조 8,000억원대로 '뻥튀기'한 게 문제라면, 이 같은 평가의 근거를 제공한 회계법인 보고서부터 문제 삼아야 할 것입니다."

IFRS 전문가인 신현걸 교수는 "삼성을 옹호하려는 게 아니라 회계사기를 입증할 객관적 근거가 부족함을 지적하는 것"이라며 "행정소송까지 갈 경우 삼성이 승소할 수도 있다"고 말했다.

신교수는 삼바가 '종속회사'에서 '관계회사'로 전환한 건 회계의무 위반으로 보기 어렵다고 밝혔다. 그는 "일반적인 상식으로는 에피스는 지분을 91.2%나 들고 있던 삼바가 '실질적 지배력이 없다'고 주장하는 게 이해가 안 될지 모른다"며 "그러나 기준서 1110호는 지배력을 판단할 때 눈에 보이는 지분율뿐만 아니라 잠재적 의결권까지 보도록 하고 있다"고 말했다.

그는 이어 "바이오젠이 실제 콜옵션을 행사하기 전이라도 콜옵션을 행사할 것으로 예상되는 충분한 사정 변경이 있다면 회계처리에 반드시 반영해야 한다는 뜻"이라고 해석했다. 삼바와 바이오젠의 2012년 합작 계약서에 기재된 주총 보통결의 요건이 과반수가 아닌 '52%'라는 점도 강조했다.

신교수는 "만약 바이오젠이 에피스 지분은 50%-1주를 가진 삼성이 여전히 경영권을 쥐는 게 아니냐는 주장이 있다"며 "그러나 주총 보통결의 요건을 52%로 삼은 건 어느 한 쪽이 독주할 수 없도록 삼바와 바이오젠이 서로 손발을 묶어 놓은 것"이라고 말했다. 이어 "이사회를 구성하는 이사 수도 삼바와 바이오젠이 동수로 지명하도록 했기 때문에 한쪽이 단독으로 의사결정을 못하는 '공동 지배'구조가 된다"고 설명했다.

만약 이 같은 공동 지배가 예상되는데도 에피스를 관계회사로 전환하지 않는다면 오히려 회계의무 위반이 될 수 있다고 지적했다. 관건은 과연 2015년 바이오젠이 콜옵션을 행사할 것으로 기대할 만한 사정이 있었는지다.

그는 "2015년 회계법인의 에피스 지분평가 보고서에 따르면 바이오젠이 가진 콜옵션은 행사가격보다 지분가치가 높은 내가격(in the money) 상태로 바뀐다"며 "바이오젠이 콜옵션을 행사하면 경제적 이득이 발생하기에 행사 가능성은 충분히 높다고 볼 수 있다"

고 말했다.

또한 바이오젠이 -2015년 2월 그동안 단 한번도 참여한 적 없었던 에피스의 유상증자에 참여하고 -2015년말 미국 증권거래소에 제출한 재무보고서(10K)에서 에피스를 처음 언급하며 긍정적 리포트를 냈다는 것도 근거로 들었다. 안진이 삼바 상장을 앞두고 2015년 말 기준 에피스의 기업가치를 5조 2,726억원으로 평가한 것이 중요한 계기가 됐다. 이 기준에 따라 91.2%의 지분가치가 단숨에 4조 8,800억원에 이르게 됐기 때문이다. 그전까지는 에피스 지분에 값을 매길 마땅한 기준이 없었다.

남은 의문은 과연 이 같은 5조원대 평가가 '기업가치 부풀리기'에 해당하는지다. 이에 대해 신교수는 "제약 바이오 기업 평가에 주로 도입하는 DCF 방식은 확정되지 않은 여러 가정과 추정한 미래 현금흐름을 반영하기 때문에 10개 기관에 의뢰하면 10개의 평가가 모두 다를 수밖에 없다"면서 "그러나 안진이 5조 2,000억원대, 이듬해 한영이 5조 4,000억원대로 평가하고, 담당 외부감사인인 삼정까지 문제 없다고 봤던 이 기업가치를 이제 와서 '뻥튀기'라고 모두 부인할 수 있는가"라고 반문했다. 5조원대가 과하다는 의심만으로 섣불리 회계법인까지 사기에 공모했다고 보기에는 무리가 있다는 설명이다.

이와 같이 주관적인 평가가 개입되기 때문에 감정평가법인에 의해서 감정을 받는 경우에도 대부분 복수로 업체를 선정하고 이를 평균하게 된다. 따라서 평가보고서의 결과가 모두 상이하다는 것은 전문가들의 입장에서는 전혀 이상할 것이 없다. 예를 들어, 과학적인 분석 방법에 기초한 연구 논문에서도 동일한 질문에 대해서 어떤 기간의 표본을 사용하였는지, 어떠한 가정하에 연구가 수행되었는지, 어떠한 discounting rate를 사용하였는지 등등에 의해서 연구 결과는 크게 차이가 발생하기도 하며, 상반된 결과가 도출된다는 것도 이상할 것이 없다.

조선일보. 2018.5.10 ─────────────────────────────────

금감원이 보는 삼바 분식회계 정황근거는?

삼성바이오로직스의 분식회계 논란과 관련해, 감독원이 이 회사가 2014년 이후 최근까지 미국 바이오젠과 함께 설립한 자회사 에피스 지분을 약 95%까지 늘려온 것이 분식

회계가 있다는 점을 뒷받침할 중요한 정황 증거로 보고 있는 것으로 9일 확인됐다.

이 사건의 핵심 쟁점은 "에피스에 대해 삼성이 지배력이 있느냐"다. 왜냐하면 삼바가 자신이 보유한 에피스 지분 91.2%를 2014년까지 장부 가격(2,650억원)으로 회계에 반영하다가, 2015년 말 "에피스에 대한 지배력을 상실했다"며 지분 반영 회계 기준을 시장가격(4조 8,000억원)으로 바꿨기 때문이다. 이 영향으로 4년 연속 적자였던 삼바는 2015년 기준 1조 9,000억원 흑자 회사로 바뀌었다.

회계 기준에서 볼 때 어떤 기업에 대해 확실한 지배력을 갖고 있는 경우 그 회사 가치를 장부가격으로 평가하고, 지배력이 없다면 단순 투자로 간주해 시장 가격으로 가치를 평가한다.

그러나 금감원은 "지배력을 잃었다고 해 놓고 지분은 95%까지 늘렸다"며 도중에 회계 기준을 바꾼 것이 문제라고 본다. 지분 구조를 보면 오히려 2015년 말 이후 삼성의 에피스에 대한 지배력은 더 커졌다는 것이다.

에피스가 2012년 설립됐을 때 삼바와 바이오젠의 지분율은 85% 대 15%였다. 하지만 2014년 이후 작년 말까지 삼성이 약 7,000억원을 투자하는 동안 바이오젠은 약 60억원만 투자했다. 이에 따라 삼성과 바이오젠 지분율 격차는 2015년 말 91.2% 대 8.8%에서 작년 말 94.6% 대 5.4%까지 벌어졌다.

한국경제신문. 2018.5.11.

금융위, 삼바 심의 본격 착수… 누구 손 들어줄까

삼바 회계감리 심사의 첫 관문은 오는 17일 감리위가 될 예정이다.

감리위에선 9명의 민·관 감리위원들이 금융감독원과 삼바의 주장을 듣고 타당성을 심의해 다수의견과 소수의견을 정리한다. 이 감리위에는 처음으로 대심제를 적용할 예정이다. 대심제란 법원에서 열리는 재판과 같이 제재 대상자와 금감원 검사부서가 동석해 동등하게 진술 기회를 얻는 제도로 변호사도 대동할 수 있다. 삼바는 금감원 검사부서와 한 테이블에 앉아 회계처리의 적정성과 고의성 여부를 놓고 "대면 공방"을 벌이게 된다. 금융위는 사안의 복잡성을 감안해 민간 전문가 의견을 청취하는 소위원회도 활용할 것으로 알려졌다. 감리위와 증선위 절차를 진행하며 중간 중간 소위원회를 병행해 활용하는 방식이 될 것으로 예상된다. 이 의견들은 23일 또는 다음달 7일 증선위에 보고돼 5명의 증선위원이 최종 제재 수위를 확정한다.

• 심의과정서 결정적 증거 나올지 관심

심의과정에서 금감원과 삼바는 '벼랑 끝 공방'을 벌일 전망이다. 삼바는 회계감리 건으로 사상 최대인 60억원의 과징금과 검찰 고발 등 '최고 수위' 제재를 받을 위기에 처해 있다. 이로 인해 상대적으로 피해를 봤다고 주장하는 소액주주들의 소송 등 후폭풍도 예상된다. 금감원 역시 사진조치를 공개해 김동연 부총리 겸 재정경제부 장관과 최종구 금융위원장으로부터 절차적 문제를 지적받은 만큼 고의성을 입증하지 못하면 사태를 키운 데 대한 책임을 질 수밖에 없는 상황이다. 금감원이 그동안 삼바의 분식혐의를 입증할 '스모킹건(결정적 증거)'이 있다고 언급해온 만큼 이를 제시할지 주목된다.

• 바이오젠 콜옵션의사가 관건

핵심 쟁점은 삼바가 2015년 말 삼성바이오에피스를 종속회사에서 관계회사로 회계처리를 변경한 것이 고의적이었는지 여부다. 삼성은 이 시기 바이오젠의 콜옵션 행사 가능성이 커졌다는 점을 이유로 들고 있다. 바이오젠이 콜옵션을 행사하면 삼성바이오에피스 지분을 50%-1주만큼 확보할 수 있고 이사회 구성이 동수가 돼 단독 지배력을 상실한다는 점에서다.

금감원은 바이오젠이 콜옵션을 행사하지 않을 것을 알면서도 삼성이 의도적으로 회계를 변경했다고 보고 있다. 바이오젠이 유럽 외 판권을 주면 콜옵션을 행사하겠다고 했으나 삼성이 이를 거부해 사실상 행사 가능성이 줄었다는 지적이다. 또 삼바가 에피스 지분을 지속적으로 늘리면서 지배력을 잃었다고 주장했다는 점도 비판하고 있다.

삼성은 이 같은 의혹들이 사실이 아니라고 반박하고 있다. 삼성 관계자는 "회계 변경 목적으로 바이오젠에 콜옵션 행사를 요구한 적이 없고, 나스닥 상장 계획을 설명하는 과정에서 콜옵션 계획을 협의했고 이후 바이오젠이 문서를 보내왔다"고 설명했다. 오히려 바이오젠은 2015년 상장가격이 충분하면 콜옵션 행사 의사가 있다고 통보했다고 삼성 측은 밝혔다. 또 바이오젠과 주주간의 약정 요건에 따라 주총 결의 시 52% 지분을 확보하지 않으면 단독 경영이 불가능하다는 점도 강조하고 있다.

삼성은 바이오젠의 콜옵션 의사와 무관하게 국제회계기준에 따라 회계를 변경한 것이라고 맞서고 있다. 이에 따라 에피스의 가치 평가법과 회계법인들의 적정성 판정과 관련한 위법 등이 새로운 쟁점으로 떠오를 가능성이 있다.

금감원 '삼바 분식' 고의성 판단 근거로 본 쟁점은

금융감독원이 삼바에 대한 '고의적 분식회계'라며 강한 중징계를 내린 근거는 삼성 측이 바이오젠 주식매수청구권(콜옵션) 및 유가증권시장 상장과 관련해 거짓말을 하고 있다고 판단한 데 따른 것으로 확인됐다. 이에 대해 삼바는 "금감원이 사실과 다른 판단을 하고 있다"며 강하게 반박하고 있다.

최종 결론을 내리게 될 증선위에 앞서 오는 17일 감리위원회에 삼바 안건이 공식 상정되지만 양측의 치열한 공방으로 쉽게 결론이 나지 않을 전망이다.

13일 금감원이 금융위에 보고한 '삼바 회계감리 결과'에 따르면 금감원은 삼바의 분식회계가 고의성이 있다고 판단한 첫 번째 근거로 '2015년 말 바이오젠의 콜옵션 행사 가능성이 낮아졌다는 것을 삼바가 알고 있었다"는 점을 꼽았다. 삼바가 먼저 삼성바이오에피스의 합작 파트너인 미국 바이오젠에 콜옵션 행사를 요청했고, 에피스의 나스닥 상장이 무산된 데다 바이오젠이 후속 제품 판권 등 무리한 조건을 걸어 콜옵션 행사가 어려울 것이란 사실을 인지하고도 위법한 회계처리를 강행했다는 것이다.

금감원은 또 삼바가 2015년 말 유가증권시장 상장계획을 결정하고도 외부감사인인 삼정에 이 같은 사실을 숨긴 것이 고의적 분식의 근거라고 제시했다. 상장을 앞둔 기업은 정부로부터 지정감사를 받고 한공회로부터 감리를 받기 때문에 직전 감사인은 대부분 깐깐하게 재무제표를 들여다본다. 감사인이 상장 계획을 알았더라면 2015년 재무제표에서 급격한 회계 변동을 받아들이지 않았을 것이란 게 금감원의 판단이다.

그러나 삼성 측은 금감원의 이 같은 주장이 사실과 다르다고 맞서고 있다. 삼바 측 관계자는 "수차례 해명한 것과 같이 바이오젠에 콜옵션을 행사해달라고 요청한 것이 아니라 에피스의 나스닥 상장을 준비하며 구주 매출(상장 시 기존 주주의 지분 매각) 여부를 질의한 것"이라며 "2015년 11월 초 바이오젠은 '충분한 가치가 있으면 전환하겠다'는 콜옵션 사전의향서를 보내왔다"고 강조했다.

삼바가 상장을 앞두고 재무제표상 '몸 만들기'를 위해 감사인에게 상장 계획을 숨겼다는 지적에 대해서도 삼성 측은 강하게 부인했다. 2015년 하반기 이미 시장에 삼바의 상장 얘기가 퍼지면서 그해 11월 한국거래소에서 삼바를 코스닥에 유치하겠다는 언론 보도가 나오기 시작했기 때문이다.

회계업계 관계자는 "그동안 금감원이 고의적 분식회계로 판단한 이유가 무엇인지에 대한 추측이 많았다"며 "금감원이 삼성 측에서 거짓말하고 있다는 확증을 내놓지 않는 한 양측의 공방이 치열할 수밖에 없을 것"이라고 내다봤다.

한국경제신문. 2018.5.16. ————
'삼바 감리위'의 뜨거운 감자 '안진보고서'

17일 삼바 회계감리위원회 개최를 앞두고 회계법인 딜로이트안진이 작성한 '삼바 기업 가치 평가 보고서'가 뜨거운 감자로 떠올랐다. 금융감독원이 삼바의 분식회계혐의를 입증할 근거 중 하나로 이 보고서를 제시하면서다.

이 보고서는 2015년 삼바와 당시 자회사였던 에피스의 가치를 평가한 숫자를 담고 있다. 일부 시민단체에선 이 수치가 부풀려져 있다고 주장하는 반면 삼바는 오히려 미래 성장 가치를 충분히 담지 못한 보수적인 숫자라고 맞서고 있다.

• 안진의 평가보고서 '논란'

15일 한국경제신문이 입수한 안진의 보고서는 2015년 10월 삼성물산에 제출된 것으로 그해 9월 물산과 제일모직이 합병한 뒤 통합 법인의 재무제표 작성을 지원하기 위해 작성됐다. 보고서에선 2015년 8월 기준으로 현금흐름할인법을 적용해 삼바 가치(에피스 지분 포함)를 6조 9,502억원으로 추산했다.

삼바의 에피스에 대한 보유 지분(91.%) 가치는 '4조 8,027억원'이란 숫자가 처음으로 등장했다. 삼바는 이 수치를 근거로 그해 1조 9,000억원대 흑자 전환했다.

금감원이 금융위에 보고한 삼바 감리결과에는 안진의 보고서가 여러 차례 등장하는 것으로 전해졌다. 금감원은 삼성물산이 발주한 안진의 보고서가 결과적으로 삼성물산-제일모직 합병 당시 제일모직의 지분 가치를 높게 평가할 수 있는 사후적 근거 중 하나로 쓰였다고 판단했다.

삼성물산 용역으로 작성된 보고서가 삼바 재무제표에도 사용되면서 용도 변경에 대한 논란이 제기되고 있다. 일부 시민단체는 이 보고서가 에피스 가치 산정과 관련해 "자료 입수 제약 등으로 세부적인 분석을 수행하지 않고 회사가 제시한 사업계획을 적용했다" 고 밝힌 점을 들어 삼바가 신뢰성이 떨어지는 숫자를 재무제표에 적용해 회사 가치를 과대평가했다고 주장하고 있다.

• 과대평가 아니고 오히려 보수적 수치

삼바는 딜로이트 안진 보고서를 재무제표에 사용한 이유로 "당시 지분가치 평가를 해 줄 회계법인을 적극적으로 찾아 나섰지만 이해상충 등의 이유로 맡아 줄 곳이 없었다"고 해명했다. 2015년 말 삼바는 에피스를 종속회사에서 관계회사로 변경하기 위해 가치평가가 필요했다.

국내 4대 회계법인 중 삼일회계법인은 삼바 모회사인 삼성물산의 감사인이었고 삼정은 삼바의 감사인을 맡아 용역을 받을 수 없는 상황이었다. 한영은 물산과 분쟁을 벌였던 헤지펀드 엘리엇과의 관계 때문에 난색을 보였다. 삼바 관계자는 "유일하게 평가를 수행할 수 있는 곳은 안진뿐이었다"며 "안진으로부터 몇 개월 만에 기존 보고서와 큰 수치적 변화가 있을 여지가 없는 만큼 그대로 수치를 써도 된다는 답을 받았다"고 말했다.

삼바는 당시 재평가를 받을 수 있었다면 오히려 에피스 가치가 더 높게 나왔을 것이라고 설명하고 있다. 안진의 평가시점인 2015년 8월에는 에피스 주요 제품의 임상만 끝난 시기였고, 그 뒤 한국과 유럽의 판매 승인이 나와 시장성까지 인정받았기 때문이다. 삼바 관계자는 "안진 평가를 그대로 재무제표에 활용한 것은 과대평가가 아니라 오히려 보수적인 접근이었다"고 강조했다. 안진은 가치 산정의 적정성 등에 대한 질의에 "감리 중인 사안에 대해 답할 수 없다"고 했다.

대부분의 대기업이 감사인이 되었거나 용역을 빅4 회계법인에게 맡기기 때문에 어떠한 업무가 되었건 이해상충의 소지가 있는 회계법인을 제외하면 업무를 맡길 수 있는 빅4 회계법인은 매우 제한된다. 이러한 차원에서 빅3 중심의 신용평가업도 그렇고 빅4 회계법인에 대해서도 too big to fail이라고 과점의 문제를 자주 언급하게 된다. 즉, 더 이상으로 과점이 3, 또는 4개 회사에서 축소될 수 없다는 정책적인 난제이다. 그렇다고 정부가 나서서 대형 회계법인을 육성하는 데 개입할 수도 없고 시장 기능에 의해서 대형회계법인이 더 형성되도록 기다릴 수밖에 없다. 이러한 대형 회계법인은 국제적인 대형 법인의 형태를 띠므로 어느 한 국가만의 이슈도 아니다.

한국경제신문. 2018.5.16.

"분식 판단한 근거 공개하라" 삼바, 금감원에 요청

삼바는 지난 11일 금감원에 '조치 사전통지서 근거 사실이 언급돼 있지 않아 17일 감리위원회 심의를 앞두고 정당한 방어권을 행사하는 데 심각한 제한을 받고 있다'는 게 회사측 설명이다. 삼바는 "수차례 밝힌 대로 모든 사안을 국제회계기준에 따라 직빕하세 처리했다"며…

한국경제신문. 2018.5.17.

감리위, 삼성바이오로직스 회계 논란 오늘 첫 심의
금감원 vs 삼바 '분식혐의' 놓고 장내 격돌

증선위 의결이 금감원 조치안대로 '중징계'로 결정되면 큰 충격이 우려된다. 회계처리기준 위반 금액이 삼성바이오로직스의 자기자본 2.5% 이상이면 거래를 정지시킨 뒤 15 거래일 이내 실질심사 대상 여부를 결정한다. 한 운용사 대표는 "상장폐지 가능성은 '0'에 가깝지만 거래정지만으로도 큰 악재이자 국제적인 망신"이라고 말했다.

한국경제신문. 2018.5.18.

삼바 첫 감리위… 한밤까지 '벼랑 끝 공방'

금감원이 삼성바이오로직스에 고의성이 있다고 판단한 근거는 네 가지다. 삼바가 2015년 말 바이오젠의 콜옵션 행사 가능성이 낮다는 것을 인지하고 있었고, 2014년 콜옵션에 대한 평가가 불가능하다는 외부기관 의견서를 급조했으며, 2015년 말 상장계획을 감사인에게 숨겨 지배력 변경을 수용하게 했다는 지적이다. 또 에피스 제품 승인이 지배력이 변경될 만큼 의미 있는 사건이 아닌데도 회계처리 변경을 강행했다고 주장했다.

삼바는 반발하고 있다. 바이오젠이 2015년 11월 "충분한 가치가 있으면 행사하겠다"는 콜옵션 사전의향서를 보내왔다는 것이나.

아울러 삼바는 2015년 하반기 이미 시장에 밤사이 상장 얘기가 퍼지면서 그해 11월 한국거래소에서 회사를 코스닥 시장에 유치하겠다는 언론 보도가 나왔다는 점 등을 들어 금감원 주장이 사실과 다르다고 반박했다. 특히 2015년부터 국내와 유럽 시장의 판매 승인 절차가 본격화된 바이오시밀러 제품(엔브렐 레미케이드)은 세계 10대 매출 의약품에 포함되는 '블록버스터'로 시장성까지 인정받아 기업가치에 큰 변화를 가져올 수 있는 사안이었다고 설명했다.

매일경제신문. 2018.5.17.

삼바 감리전쟁… 바이오젠 속뜻이 최대쟁점

　금감원은 삼바의 파트너사인 바이오젠이 자회사 에피스에 대한 콜옵션 행사 의지가 없었고, 만약 있다 하더라도 경영권 지위가 위태로울 수준은 아니었다고 주장한 것으로 알려졌다.

　결국 자회사 에피스의 장부가액을 시장가치로 변경할 이유가 없었다는 지적이다. 이에 대해 삼바 측은 당시 바이오젠의 콜옵션 행사 의지가 높았고, 자회사 평가액 변경은 삼바의 의지가 아니고 다수의 회계자문사가 국제회계기준에 맞춘 권고사항이었다고 맞설 것으로 전해졌다.

　이날 감리위에서 첫 안건보고에 나선 금감원은 삼바의 자회사 에피스에 대해 미국 합작사 바이오젠이 콜옵션을 행사할 의도가 없었음을 집중적으로 설명한 것으로 알려졌다. 특히 삼성 측 주장에 따르면 금감원은 바이오젠의 콜옵션 행사가 임박했다는 주장과는 배치되는 삼바의 행동을 증거로 제시한 것으로 전해졌다. 예컨대 삼바가 바이오젠 개발비, 라이선스 비용, 위탁 생산 등 연간 1,000억원 달하는 비용을 지불한 것으로 지적됐다. 금감원 관계자는 "일반적으로 콜옵션을 염두에 둔 회사라면 합작회사에 투자를 늘리고 그 회사의 가치를 키워 지분을 확보하는 형태가 된다"며 "바이오젠이 이 같은 비용을 삼성 측에서 받는 대신 삼바의 유상증자에 참여했다면 지분이 지금처럼 5%대로 줄어드는 일도 없었을 것"이라고 전했다.

　실제 삼바는 2012년부터 에피스에 대해 10차례의 유상증자를 실시했다. 이 중 바이오젠은 5차례만 동참하면서 최근 삼성과의 지분 격차는 94.6% 대 5.4%까지 벌어진 상태다.

이에 대해 삼성 측은 금감원이 제시한 연간 1,000억원대 비용보다 훨씬 적은 비용이 바이오젠에 지급됐으며, 회계변경 당시인 2015년에는 유상증자에 참여하지 않던 바이오젠이 참여로 돌아서는 등 다른 분위기가 형성됐다고 반박했다. 실제 바이오젠의 보고서에 따르면 삼성 측에 기술지원, 위탁생산 등을 수행하고 받은 금액, 즉 매출은 2015년 6,300만 달러(약 681억원), 2016년 2,000만 달러(약 216억원), 지난해 4,200만 달러(약 454억원)인 것으로 나타났다.

한국경제신문. 2018.5.18. —————————————————————

"미 바이오젠, 콜옵션 행사" 삼바 '분식 논란' 새 국면

김태한 삼바 사장이 분식 회계 논란의 핵심 쟁점인 미국 바이오젠의 주식매수청구권 행사와 관련, "바이오젠이 다음달 콜옵션을 행사하겠다는 공식 의사를 표명했다"고 밝혔다.

바이오젠이 콜옵션을 행사하면 분식이 아니라 삼바의 주장에 힘이 실리게 돼 금감원과의 감리 다툼에서 국면 전환이 이뤄질지 주목된다.

김사장은 17일 밤 늦게까지 세종로 정부서울청사에서 열린 감리위원회에 참석해 소명을 마친 뒤 기자들과 만나 "미국 합작사인 바이오젠으로부터 콜옵션을 행사하겠다는 의향서를 이날 오전 받았다"며 "바이오젠의 콜옵션은 천재지변이 일어나지 않는 한 99.9% 행사된다"고 말했다. 행사시기는 다음달 29일 이전으로 예상된다고 설명했다.

삼바는 2015년 말 당시 지분 91.2%를 보유하고 있던 에피스를 연결 재무제표에서 제외하는 대신 관계회사 투자주식으로 분류, 보유지분을 취득가(2,905억원)가 아닌 공정가격(4조 8,806억원)으로 평가했다. 바이오젠이 콜옵션을 행사할 가능성이 높아져 에피스에 대한 지배력을 잃을 수 있다는 이유에서였다.

금감원은 삼바가 바이오젠의 콜옵션 행사가 일어나지 않은 상태인데도 고의적으로 분식회계를 했다고 지난 1일 감리 결과 조치서를 통해 중징계를 예고했다. 바이오젠의 콜옵션행사 시한은 연말까지다.

한국경제신문. 2018.5.19.

"콜옵션 행사하겠다"는 미 바이오젠…삼바 '무죄 알리바이'될까

삼성바이오로직스는 지난 17일 미국 합작회사로부터 주식매수청구권을 행사하겠다는 의사를 밝히는 서신을 받았다고 18일 공시했다. 바이오젠은 서신을 통해 "행사 기한인 다음달 29일까지 콜옵션을 행사할 예정이므로 대상 주식 매매거래를 위한 준비에 들어가자"고 밝혔다.

삼바 사태가 새로운 변곡점을 맞았다는 평가다. 바이오젠이 콜옵션을 행사하기로 결정함에 따라 삼바의 회계처리에 상당한 정당성을 확보했다는 이유에서다. 삼바가 2015년 바이오젠의 콜옵션 행사 가능성이 높아 당시 자회사였던 에피스 회계처리를 관계회사로 변경했다는 주장에 힘이 실리고 있다. 일각에선 금감원이 공언해온 '스모킹 건(결정적 증거)'에 빗대 삼바의 무죄를 입증한 '알리바이'가 제시됐다는 평가도 나온다.

• "삼바 판단 맞았다"

바이오젠의 콜옵션 행사는 삼바 분식회계 논란의 핵심 쟁점이다. 금감원은 삼바가 고의적으로 분식을 저질렀다고 판단한 근거로 '바이오젠 콜옵션 행사가 2015년 말 무산돼 가능성이 낮아졌고 그 이후 변화가 없는 것을 삼성이 인지하고 있었다'고 주장하고 있다. 이에 삼바는 "바이오젠 의사와 상관없이 국제회계기준에 따라 처리한 것"이라고 맞서고 있다. 2015년 말 제품 개발 가시화로 에피스의 기업 가치가 상승했고 바이오젠이 콜 옵션 행사 시 충분히 이득을 얻을 수 있는 상황으로 바뀌면서 회계법인들의 권고를 받아 평가 방식을 변경했다는 설명이다.

삼바 관계자는 "바이오젠의 이번 콜옵션 행사 통지로 당시 회사 판단이 옳았다는 사실이 판명됐다"고 말했다.

회계업계에서도 회사의 재량권을 인정해 주는 IFRS 취지에서 볼 때 삼바가 향후 바이오젠이 콜옵션을 행사할 가능성이 높다고 판단해 회계기준을 변경한 것 자체는 큰 무리가 없다는 게 중론이다. 종속회사와 관계회사를 구분할 때 단순히 지분율보다 '실질 지배력'을 중요하게 생각하는 것이 IFRS의 특징이기 때문이다. 회계업계 관계자는 "실질 지배력에 대한 판단은 그 상황을 가장 잘 이해하는 회사의 몫"이라며 "금감원이 삼바가 거짓말을 하고 있다는 스모킹건을 내밀지 않고 회사 판단을 부정하는 건 IFRS 취지를 무시하는 행위"라고 말했다.

• 바이오젠 공동 경영권 확보

바이오젠이 콜옵션을 행사하면 에피스의 지분 구조와 경영 구조는 완전히 바뀌게 된다. 바이오젠은 약 7,100억원을 삼바에 지급하고 에피스 지분 "50%-1"주를 확보하게 된다. 현재 에피스 지분은 삼바가 94.6%, 바이오젠이 5.4%를 갖고 있다.

바이오젠 지분율이 삼바와 대등한 수준으로 올라섬에 따라 에피스 이사회도 동수로 구성되고 대표도 합의 아래 지명해야 한다.

삼바와 바이오젠은 계약에 의해 보통 결의라고 해도 52%를 의결권 수로 정했기 때문에 에피스는 사실상 두 회사가 공동경영하게 된다. 삼바가 에피스에 대한 실질 지배력이 없어 종속회사가 아니라 관계회사로 회계 처리를 변경한 이유다.

바이오젠이 콜옵션 행사 이후 삼바에 공동경영을 요구할지는 불투명하다. 바이오젠은 삼바에 투자해 얻은 수익을 신사업에 재투자하겠다고 밝혔다. 이에 따라 공동경영보다 지분을 매각할 가능성이 크다는 게 업계 시각이다.

• 25일 2차 감리위 변곡점

바이오젠의 콜옵션 행사 소식을 접한 금감원은 "예상했던 수준"이라며 애써 담담한 표정이다. 금감원 관계자는 "감리의 쟁점은 2015년 당시 상황에 회계처리가 맞았느냐 하는 것"이라며 "큰 변수가 될지 여부는 감리위원회와 증권선물위원회에서 가리게 될 것"이라고 말했다.

위의 기사에서 '실질 지배력에 대한 판단은 그 상황을 가장 잘 이해하는 회사의 몫'이라는 표현은 합당한 표현이지만 감독원이 이러한 판단이 과도하게 회사의 임의적이고 자의적인 판단이 될 수 있다고 우려하고 있다면 이 또한 충분히 이해할 수 있다.

매일경제신문. 2018.5.19. ————————————
감리위 직후 '콜옵션 발표' 분식 논쟁 뛰어든 바이오젠

바이오젠이 에피스에 대한 주식매수청구권 행사를 기정 사실화하면서 삼바 분식 여부

를 논의하는 감리위원회 결정에 어떤 영향을 미칠지에 초미의 관심이 쏠리고 있다.

당장 시장에선 삼바에 유리한 환경이 조성됐다는 견해에 무게가 쏠린다. 하지만 반론도 만만치 않다. 콜옵션 방침이 감리위가 진행 중인 상황에서 전격적으로 발표된 만큼, 일각에서 그 배경에 의문을 제기하고 있다.

18일 삼바는 전날 미국 바이오젠으로부터 콜옵션을 행사하겠다는 의사를 표명하는 서신을 받았다고 공시했다. 바이오젠은 구체적인 행사 날짜는 밝히지 않았지만 6월 29일까지 콜옵션을 행사하겠다고 명시했다.

삼바는 그동안 바이오젠의 콜옵션 행사 가능성이 크다고 주장해왔지만, 구체적인 시점은 밝히지 못했다. 이번 바이오젠의 서신에 기한을 명시해 콜옵션 행사 여부에 대한 불확실성이 사실상 사라진 셈이다.

삼바는 2015년 말 에피스를 종속회사(연결)에서 관계회사로 변경하면서 기업 가치를 장부가액(2,905억원)에서 공정가액(4조 8,806억원)으로 바꿨다. 에피스의 바이오시밀러(바이오 의약품 복제약)가 허가권에 진입하는 등 기업가치가 상승하면서 바이오젠이 콜옵션을 행사할 가능성이 커졌다고 판단했다는 설명이다. 반면 금감원은 바이오젠의 콜옵션 행사가 실제 일어나지 않았고, 행사하지 않을 가능성이 높은 상태인데도 삼바가 에피스를 지분법 회사로 변경한 것이 고의적인 분식이라고 봤다.

매일경제신문. 2018.5.19. ─────────
바이오젠 "콜옵션" 삼바 주장 힘 받나

대신 콜옵션 행사 기한인 다음 달 말 기준으로 추가 취득 지분에 대한 금액(투자원금이자) 약 7,000억원을 삼바에 내야 한다.

한국경제신문. 2018.5.10. ─────────
'삼바 불구경'…바이오젠 수조원 챙길 듯

미국 제약회사 바이오젠은 에피스에 대한 콜옵션 행사 시 최소 1조 6,000억원에서 4조 2,000억원의 투자이익을 거둘 전망이다. 3년 전 558억원을 투자해 30~70배의 수익을 올리는 셈이다. 2015년 당시 콜옵션 행사 의사 여부가 삼바 분식회계를 판단하는 핵심 쟁점으로 지목됐지만 바이오젠은 아무런 입장을 밝히지 않고 있다. 기업 경쟁력과 상관없는 회계 이슈로 국내 바이오기업이 휘청이는 가운데 외국 회사만 수조원의 이익을 챙긴다는 지적이 나온다.

바이오젠은 2012년 2월부터 2015년 8월까지 558억원을 에피스에 투자해 5.4%의 지분을 보유하고 있다.

반면 삼바는 지금까지 9,800억원(94.6%)을 투자했다. 에피스의 연구개발 비용 대부분을 삼성이 댄 것이다. 바이오젠은 2013년과 2014년 추가 투자를 하지 않다가 에피스의 바이오시밀러(바이오 의약품 복제약) 개발이 가시화되고 성공 가능성이 보이자 2015년 2월 유상증자에 다시 참여했다. 이 시기 삼성이 바이오젠의 콜옵션 가능성이 커졌다고 판단한 이유다.

바이오젠은 다음 달 콜옵션 행사 때 삼바에 7,100억원을 한번에 지급해야 한다. 콜옵션은 에피스 지분 50%-1주를 주당 <u>5만원</u>에 매입할 수 있는 권리다. 바이오젠은 삼바가 보유한 1960만 주 중 약 930만 주를 살 수 있다. 주당 5만원으로 계산하면 4,600억원이다. 여기에 기간에 따른 이자 약 2,500억원을 추가로 지급해야 한다. 바이오젠의 입장에서는 약 600억원의 투자비를 회수하기 위해 7,100억원을 넣어야 하니 '배보다 배꼽'이 더 클 가능성이 있다. 그러나 바이오젠이 총 7,700억원의 투자로 얻을 수 있는 에피스의 지분 가치는 약 2조 3,600억원이다. 삼바가 지난해 말 5조원으로 평가한 에피스의 가치 기준이다. 시장은 에피스 가치를 13조 6,000억원으로 평가했고 같은 시기 노무라증권은 22조 6,000억원으로 평가했다.

업계 관계자는 "바이오젠이 경영 의지가 있었다면 2015년 콜옵션행사 의사에 대해 삼성 편을 들어 줬을 테지만 현 상황에서 한국 정부와 등지면서까지 그럴 이유는 없을 것"이라며 "국내 기업이 발목 잡힌 사이 외국 기업만 수익을 챙겨나가는 꼴"이라고 지적했다.

한국경제신문. 2018.5.25.

삼성바이오로직스 감리위 2라운드··· 오늘 '승부' 갈리나

바이오젠 "콜옵션 행사하겠다"··· 돌출 변수

    IFRS를 어떻게 해석하느냐도 분식회계 여부를 판단하는 중요한 변수다. IFRS 기준서 재무제표 연결에 관한 제1110호가 논쟁거리다. 가장 쟁점이 될 만한 조항은 이 중 제1110호의 "B(적용지침 부록) 23과 BC(결론도출근거) 124"이다.

    삼바는 'B23의 3항'에 근거해 2015년 회계처리를 바꿨다고 주장하고 있다. 이 조항에는 '콜옵션 보유자가 내가격(지분가치가 행사단계보다 높은 상태, 저자: in the money) 등의 이유로 효익을 얻게 될 경우 잠재적 의결권은 실질적인 권리일 가능성이 높다'고 돼 있다. 2015년 바이오젠이 콜옵션을 행사하면 이익이 생기는 상태가 확실하기 때문에 회계처리 변경이 정당하다는 설명이다.

    반면 'B124'는 삼성바이오로직스에 불리한 조항이다. 'BC124'에 따르면 자회사에 대한 지배력을 판단할 때 '시장 상황(가격 등)변화'만으로 회계 기준을 오락가락 변경하면 안 된다고 돼 있다. 바이오젠이 보유한 콜옵션 가치가 올라갔다고 해서 이를 지배력 상실로 보고 회계처리하면 안 된다는 취지로 해석될 수 있다.

한국경제신문. 2018.5.25.

회계이익 과신이 '삼바 논란'의 불씨. 이만우

    회계 책임자 공채 때 갑, 을, 병 셋이 지원했다. 회사 재무상황을 제시하고 순이익이 얼마인지 물었다. 갑이 계산기를 두드리더니 금액 하나를 적어냈다. 을은 전문가적 판단의 여지가 많다면서 상당한 편차의 하한과 상한을 제시했다. 병은 오히려 되물었다. "얼마면 되겠습니까?"

    회계분야 단골 예화인데, 변화무쌍한 회계기준을 신중하게 판단하는 을의 자세를 강조하면서 단수 초보 갑과 비윤리적 병을 경계하는 내용이다. 길이 부피 무게를 재는 도량형과 달리 회계는 전문가 합의에 의한 측정기준을 적용한다. 회계원리에서는 단순화된 예제가 쓰이지만 중급회계와 고급회계로 올라가면 판단이 복잡해진다. '삼바'라는 준말이 유행인 삼성바이오로직스 회계는 연결과 공동지배 및 파생상품이 결합된 고도의 고급회계

다. 회사 재무제표가 회계기준 허용 범위 내에 있는지를 확인하기 위해 외부감사를 맡은 삼정회계법인, 상장요건 지정 감사인 안진회계법인, 연결 주체인 삼성물산을 감사한 삼일회계법인과 전문가 의견을 요청받은 필자를 비롯한 일부 회계학 교수가 씨름했다.

엔론 사태가 돌출한 2001년부터 규칙(rule) 중심의 미국 회계기준에 대한 신뢰는 흔들렸고 원칙(principle) 중심의 유럽식 국제회계기준이 주목받기 시작했다. 한국은 2011년부터 IFRS를 도입했다. 그러나 미국 중국 일본은 도입하지 않고 있다. 필자는 1990년에 고급회계 교과서를 출판했고 매년 강의를 맡고 있다. 종전에는 한국과 미국 기준이 대부분 일치했고 내용도 명확했는데, IFRS에는 모호한 부분이 많아 저술과 강의에 어려움을 겪는다. 필자를 포함한 네 명이 중지를 모아 공저로 출판한 IFRS고급회계 교과서에는 불분명한 기준서 때문에 '필자의 견해로는' 문구가 곳곳에 등장한다.

연결 대상을 판단하는 지배력(control)에 대한 해석도 복잡하다. 삼바가 과반수 지분을 보유한 에피스에 대한 지배력 판단은 합작사인 바이오젠과 체결한 '50%-1'주까지의 콜옵션이 관건이다. 주주 간 계약에 따라 52% 이상 찬성으로 의결하는 구조여서 콜옵션 행사 가능성이 단독지배(연결 대상)와 공동 지배(공정가치 평가 허용)을 가르는 변수다. 바이오시밀러 임상시험 성공으로 에피스 기업 가치가 급등한 2015년 콜옵션 행사 가능성이 높아졌고, 이를 '지배력 상실'로 판단해 공동지배로 처리한 것이 논란의 핵심이다.

처음부터 공동 지배로 봤어야 했다는 주장도 있는데, 그렇다고 '삼성물산 합병 비율 조작'은 애당초 허구다. 공동지배가 맞는데 회사가 연결을 계속하면 '자산총액과 외형 부풀리기'로 몰린다. 2015년 회계에는 영향이 없다는 주장도 어색하다. 대우조선은 손실로 끝날 장기공사에 대해 예정 공사비를 낮게 추정, 중간에 이익을 계상했다가 적발됐다. 만약 공기 단축과 비용 절감으로 실제 공사비가 줄어 막판에 이익으로 마감했다면 감리 결과는 달라졌을 것이다. 불확실한 미래지만 대우조선 추정은 틀렸고 삼바 추정은 맞았다. 콜옵션 도입 당시 주석 공시가 불충분했다는 지적은 회사와 감사인 모두 겸허히 수용해야 할 것이다.

순이익과 주가의 연관성은 분명치 않고 실증연구 결론도 엇갈린다. 주가는 과거 회계 실적보다는 미래의 수익 전망에 따라 결정되는데, 회계이익의 주가에 대한 영향을 지나치게 과신한 것이 문제의 발단이다. 공정가치 평가로 증가된 순이익 때문에 제일모직 주가가 올랐고, 삼성물산과의 합병비율에도 영향을 미쳤다는 일부 주장은 지나친 논리적 비약이다. 금감원 감리 예고에 따른 주가 하락 책임을 거론하는 회사 대표와 증권가 일부 주장도 지나친 측면이 있다.

두 달 정도의 회계법인 현장 감사에 대한 감리를 2년 넘게 끄는 것은 횡포다. 지나친 감리는 회계에 대한 불신을 확산시켜 인식도 조사 성격인 국가 투명성 순위를 끌어내린다. 금감원 감리조직을 예방팀과 확인팀으로 나눠 예방팀은 업종별, 기업 규모별로 세분해 감사현장에서 예방감리를 수행하고 확인팀은 감리기업선진화와 감리기간 적정화를 달성해 회계투명성을 끌어올려야 한다.

조선일보, 2018.6.2. ─────────────────────────

금감원, 삼바 분식회계 결정적 증거 제시 못했다.

감리위원들은 금감원이 삼성 측 혐의로 제시한 '삼성이 자회사 에피스 가치를 너무 부풀렸다' '미국 바이오젠이 가진 콜옵션에 대해 도중에 회계 기준을 바꿨다' 등 여러 항목에 대해 각각 '무혐의' '과실' '중과실' '고의' 등으로 평가한 것으로 전해졌다. 회계 평가 기간은 2012~2017년이었는데, 연도별로 별도 평가를 한 위원도 있고 평가 기간 전체를 두고 평가한 위원도 있는 것으로 알려졌다. 다른 관계자는 "어떤 혐의는 고의부터 혐의 없음까지 의견이 극단적으로 갈리는 사례도 있었다"며 "모든 혐의에 대한 금감원이나 삼바 주장이 100% 인정되지 않았다"고 말했다.

• **자회사 가치 평가 방법이 최대 쟁점**

감리위원들이 가장 격론을 벌인 것은 미국 바이오젠의 '콜옵션' 문제였다. 삼바는 2012년 신약 개발 자회사를 세우면서 글로벌 업체 바이오젠과 85대15 비율로 공동 투자했다. 바이오젠의 투자를 끌어내기 위해 실적이 좋은 경우 바이오젠이 에피스 지분은 49.9%로 늘릴 수 있다는 내용의 콜옵션을 내세웠다. 그런데 삼성은 2015년 말 바이오에피스가 국내에서 새 복제약 판매 승인을 받은 뒤 바이오젠이 콜 옵션을 행사할 가능성이 높아졌다고 보고 바이오에피스 가치 평가 방식을 장부가격(2,900억원) 기준에서 시장가격(4조 8,000억원) 기준으로 바꿨다.

회계기준에 따르면 지배력을 갖고 있는 회사에 대해선 장부가로 평가하고, 지배력이 없는 회사는 시장 가격으로 평가해야 하기 때문이다. 자회사 가치가 높아져 이익으로 잡히자 4년 연속 적자 회사였던 삼바는 갑자기 1조 9,000억원 흑자 회사로 바뀌었다.

논란이 된 시점은 과연 어떤 근거로 지배력을 잃었다고 판단했냐는 것이다. 삼성은

"바이오젠이 콜옵션으로 지분을 늘리려고 할 가능성이 아주 높았고, 콜옵션을 행사하면 삼성과 바이오젠의 지분이 거의 똑 같아져 공동 지배하게 되기 때문에 국제회계기준에 따라 처리한 것"이라고 주장한다. 반면 감독원은 "삼성은 2015년 당시 바이오젠이 콜옵션을 행사할 것이라는 명확한 근거를 갖고 있지 않았다"고 맞서고 있다.

감리위원회에서도 콜옵션이 존재한다는 사실을 주석 등에 밝히지 않은 것은 분식이라는 점은 모든 감리위원들이 동의했던 사안이다. 기업회계기준을 차치하고 회사의 경영권에 중요하게 영향을 미치는 내용은 공시하는 것이 너무도 당연한 것이며 삼성은 이러한 비판을 겸허하게 수용해야 한다(2018.5.25.의 column에서 이만우 교수도 동일하게 주장). 특수관계자 거래, 지급보증 등은 주석 공시 사항이지만 기업의 지배구조나 위험을 측정하는 데 있어서 재무제표 본문에 계상되는 계정 과목 이외에도 매우 중요한 주석 공시 사항이다.

한국경제신문. 2018.5.26. ─────────────────
삼바 2차 감리위원회서도 '벼랑 끝 공방' 금감원 외부 감사인과 '3자 대심'도

금감원과 삼바 양자 간 대심뿐 아니라 외부감사인과의 3자 간 대심도 적용됐다. 삼바의 2015년 감사인인 삼정과 2016년 감사인인 안진이 참석했다. 감리위에선 회계법인에 대한 책임론도 제기된 것으로 전해졌다. 2015년 삼바가 에피스를 종속회사에서 관계회사로 회계처리를 변경한 것이 삼정의 권유 때문이라는 삼성 측 해명이 나온 데 따른 것이다. 감리위원 중에선 일부 정치권에서 문제를 제기하는 안진의 에피스 가치평가 보고서에 대해서도 검증할 필요가 있다고 생각하는 것으로 알려졌다.

한국경제신문. 2018.6.2. ─────────────────
감리위도 결론 못낸 삼바 분식회계 논란 무혐의부터 중징계 까지 '극과 극' 엇갈려

핵심은 지배력 변경 회계처리. 삼바가 2015년 에피스를 종속회사에서 관계회사로 바꿔 회계처리하면서 대규모 흑자로 돌아선 것이 '고의적 분식'인지 여부다. 일부 위원은 금

감원 제출 자료 등에 근거해 "고의성이 강하다"며 중징계를 요구한 반면 일부 위원은 회계처리 판단의 문제여서 무혐의라고 주장하는 등 의견이 제각각이었던 것으로 전해졌다.

삼바가 공시 의무를 위반했다는 점에는 의견이 일치했다. 삼바는 에피스에 기술개발비를 투입하겠다는 내용 등을 담은 바이오젠과의 주주 약정을 공시하지 않았고, 2012~2013년 바이오젠이 주식매수청구권을 보유하고 있다는 사실도 누락했다고 감리위원들은 지적했다.

한국경제신문. 2018.6.5. ─────────────────────
감리위 민간위원 "삼바 분식 단정은 곤란"

삼바 감리위원회의 결론을 두고 논란이 제기되고 있다. 징계 의견을 낸 위원이 다수였지만 민간 회계 전문가들을 설득하는 데 실패했고, 주요 사항에서는 논리적인 오류도 지적되고 있기 때문이다. 이에 따라 민간 전문가가 반수 이상 참여하는 증선위의 결정이 더욱 주목받을 전망이다.

4일 금융업계에 따르면 감리위는 지난달 31일 3차 회의에서 삼바 회계 문제에 대해 다수가 징계 의견을 낸 것으로 알려졌다. 위원 8명 중 4명이 금융감독원이 주장한 '고의적인 분식회계' 의견에 손을 들어준 것으로 전해졌다. 이마저도 한 위원은 중립에 가까운 의견을 냈고, 위원 1명은 금감원 임원이다.

나머지 4명은 판단 유보 의견을 낸 것으로 알려진 김학수 감리위원장과 '고의적인 분식회계는 아니었다'는 소수 의견을 낸 3명으로 전해졌다. 사실상 감리위에서는 팽팽하게 의견에 맞선 셈이다.

우선 감리위원들은 삼바 파트너사인 바이오젠이 보유한 자회사 에피스에 대한 콜옵션 보유 사실을 공시하지 않는 부문은 만장일치로 잘못됐다고 지적한 것으로 알려졌다. 콜옵션 존재가 공시를 해야 할 중요한 사안이라는데 의견이 통일된 셈이다.

문제는 징계 의견을 낸 위원들이 공시가 필요한 만큼 회계상 중요한 사항에 대해 복수의 회계법인을 통해 그 가치를 평가하고 회계에 반영한 것에 의문을 달았다는 점이다. 논리적 모순이 될 수 있다는 지적이 나온다.

한 회계업계 임원은 "중요한 공시 사항이라고 의견을 모으고도 이를 평가해 가치를 산정하는 문제를 제기하는 것은 논리적으로 의아한 부분"이라고 말했다. 이에 대해 금융당국 관계자는 "구체적으로 얘기할 수 없지만 공시 누락을 지적한 부분은 2012년, 2013년 등 초기의 문제이며, 이 사안의 핵심적인 콜옵션 가치가 평가 반영된 것은 2015년으로 시점이나 판단에서 여러 해석이 있어 논의가 필요한 것"이라고 설명했다.

매일경제신문. 2018.6.8.
삼바 "미 오바마케어 때문에 회계변경"

삼바가 에피스의 회계처리 기준 변경 배경에는 제약 바이오업계 최대 시장인 미국의 '오바마케어' 정책 가시화가 큰 몫을 차지했다고 주장한 것으로 알려졌다. 미국의 의료보험시장 개혁에 따라 일반 의약품 대비 가격이 저렴한 바이오시밀러 의약품 산업이 집중 조명을 받으면서 에피스 가치가 급상승했고, 합작사 바이오젠의 콜옵션 행사 가능성도 높아졌다는 설명이다.

삼바 측은 2014년부터 오바마케어가 본격 시작됐고 2015년 구체화하면서 바이오시밀러산업의 미래 가능성이 커졌다고 주장했다. 실제 미국은 2014년 건강보험 가입을 의무화하면서 의료보험 재정을 고려해 효과는 동등하나 가격은 30% 이상 저렴한 바이오시밀러를 주목하기 시작했다. 또 2015년에는 미국 식품의약국인 FDA가 바이오시밀러 가이던스를 만들었다. 오리지널 제품과 바이오시밀러 제품의 동등성을 입증하는 것으로 미국 내에서 바이오시밀러 생산 판매가 본격화될 수 있다는 신호나 다름 없었다. 같은 해 미국은 바이오시밀러 의약품 판매를 처음으로 승인했다.

증권업계 관계자는 "2015년 에피스 가치가 급상승한 데는 자체적인 약품 개발 성과도 있었지만 글로벌 바이오시장에서 바이오시밀러가 향후 대체 약품으로 주목받게 되는 오바마케어 효과도 있었다"며 "상대적으로 시장이 작은 유럽이 2005년 바이오시밀러 판매를 허가했고, 가장 큰 시장인 미국이 이를 받아들이면 상품 가치와 수요 상승이 물 보듯 뻔한 것으로 평가할 수 있다"고 설명했다.

한국경제신문. 2018.6.8.
삼바 논의 착수한 증선위 "모두가 납득할 결론 내겠다"

삼바는 2015년 에피스 회계처리 변경의 적절성을 강조하기 위해 바이오시밀러 산업과 당시 시장 상황에 대해 적극적으로 설명했다. 삼바 관계자는 "바이오시밀러는 원료의 단가가 1g에 평균 1만 달러, 최고 20만 달러에 달하는 등 자본력과 기술력이 필요한 산업이며 2015년 당시 판매 승인을 받은 에피스의 제품은 세계 10대 매출 의약품에 포함되는 블록버스터"라며 "회계 처리를 변경할 만한 충분한 의미 있는 사건이었다는 점을 강조했다."

한국경제신문. 2018.6.8.
글로벌 제약 바이오사 "삼바 콜옵션 회계 논란 이해할 수 없다"

삼바의 분식회계 여부를 결정하는 금융위원회 증권선물위원회가 열린 7일, 미국 보스턴 컨벤션센터에 설치된 삼바 전시관은 글로벌 제약 바이오 회사 관계자와 투자자들로 북적였다. 삼바는 창사 이후 8년 연속 세계 최대 바이오 전시 행사인 '바이오 USA'에 참가해 바이오의약품위탁생산(CMO) 사업을 홍보하고 있다. 이날 전시관을 찾은 한 외국인 투자자는 "자회사의 콜옵션 문제로 분식 회계 의혹에 휘말린 사례는 들어본 적이 없다"며 "삼성 같은 글로벌 기업이 회계 부정 혐의를 받고 있다는 사실이 놀라울 뿐"이라고 말했다.

• "삼성 경제 정치적 이슈 아니냐"

분식회계 논란에 대해선 대체로 이해하기 어렵다는 반응이다. 지분 투자, 스핀오프, 인수합병 등이 활발한 미국에서는 콜옵션 설정과 행사가 자유롭게 이뤄지고 이에 따른 회계처리도 개별 기업의 자율적 판단에 맡긴다는 점에서도.

보톡스로 유명한 글로벌 제약사 엘레간은 작년 1월 회계 처리 문제로 미국 증권위원회로부터 공문을 받고 약 1년 6개월이 지난 지금까지 공방을 벌이고 있다. 크레디트스위스에 따르면 엘레간은 2014년부터 2016년까지 3년간 비일반회계기준(non-GAAP)으로 132억 달러(약 7조원)의 순익을 거뒀다. 그러나 일반회계기준(GAAP)을 적용하면 63억

달러(약 7조원)의 손실로 바뀐다. 제약 바이오 산업 특성상 M&A, 산학연 공동연구 및 협력에 드는 비용 때문이다. 엘레간이 SEC의 지적을 받은 이후 S&P 500기업 중 72%가 GAAP을 따르지 않고 있으며 이들의 순익이 64%나 높다는 분석도 나왔다. 제약 컨설팅 회사 파마렉스의 이안 브래드너 책임자는 "미국 제약 바이오 업계에서도 회계 문제가 주요 이슈로 떠올랐지만 아직까지 분식회계로 이익을 부풀렸다는 판정을 받은 기업은 없다"며 "삼바와는 상황이 똑같지 않지만 회계 문제는 산업 특성을 반영하고 업계 의견을 충분히 수렴해 신중히 결정해야 한다고 생각한다"고 말했다.

회계의 문제가 단순히 회계의 문제에 국한하는 것이 아니라 그 산업의 이슈와도 밀접하게 연관된다는 것을 보인다.

조선일보. 2018.6.7. ─────────────────────
삼바, 오늘 증권선물위…민간위원 3명에 달렸다.

하지만 그동안 관행을 보면 증선위는 분식회계 사건 10건당 8~9건꼴로 감리위 의견을 그대로 따랐던 것으로 나타났다. 국회 정무위 소속 채이배의원이 금융위로부터 제출받은 자료에 따르면, 지난 2013년부터 올해 4월까지 감리위를 거쳐 증선위에 올라온 사건 308건 가운데 증선위가 감리위 의견을 수용한 게 262건(85%)이었다. 나머지 46건(15%)에서만 제재 종류나 수위가 바뀌었다.

이와 관련, 금융위 관계자는 "감리위가 제출한 징계 수위가 증선위에서 가중 감경되는 사례가 빈번하게 있었다"고 전했다. 작년 9월 증선위는 효성의 분식 회계 혐의에 대해 과징금 50억원 등 제재를 결정하면서 감리위가 '고의'로 판단했던 부분 중 일부를 '중과실'로 낮춰 최종 결정했다.

한국경제신문. 2018.6.7. ─────────────────────
"삼바 회계처리, 바이오젠 의도보다 판단근거 중요"

감리위에선 국제회계기준에 따라 '합작회사 등의 지배력을 판단할 때 상대방 의도를 배제해야 한다'는 의견이 많았으며 이는 증선위 보고에 포함된 것으로 알려졌다. 에피스에 대한 회계처리는 미국 합작 파트너인 바이오젠의 의도가 중요한 것이 아니라 삼바가 충분한 증거를 가지고 판단했다면 적절성을 인정받을 수 있다는 뜻이라고 회계업계 관계자는 설명했다.

삼바 관계자는 "IFRS에 따르면 콜옵션을 행사했을 때 얻을 수 있는 이득이 행사 비용보다 크면 행사를 한 것으로 간주하고 회계처리를 해야 한다"며 "합작파트너인 바이오젠이 실제로 행사를 했는지는 부차적인 문제"라고 주장했다.

삼바의 분식혐의를 심의한 감리위원 8명은 핵심 쟁점인 에피스 회계처리 변경 적절성에 대해 무혐의부터 최고 수위 중징계까지 의견 차가 컸던 것으로 나타났다. '고의적 분식'이라는 위원이 3명, '분식이 아니다'는 쪽이 3명으로 팽팽했고 1명은 '고의성이 없는 과실' 정도로 판단한 것으로 전해졌다.

에피스의 가치평가 적절성과 연구개발비를 자산으로 분류한 것에 대해서도 감리위원 간 의견이 엇갈려 결론을 내지 못한 것으로 알려졌다.

그러나 삼바가 공시의무를 위반했다는 점에선 감리위 의견이 일치했던 만큼 증선위도 이를 인정할 가능성이 높다는 분석이다. 삼바가 에피스에 기술개발비를 투입하겠다는 내용 등을 담은 미국 바이오젠과의 주주 간 약정을 공시하지 않은 점, 2012~2013년 바이오젠이 주식매수청구권을 보유하고 있다는 사실을 공시하지 않은 점 등 두 가지 공시 누락에 대해 감리위원들은 '위반'이라고 지적했다.

매일경제신문. 2018.6.7. ─────────────────────────────

'삼바 분식' 오늘 증선위 민간위원이 향방 가를 듯

분식회계 의혹의 핵심이 되는 자회사 에피스에 대한 회계처리기준 변경은 각 위원 간에 엇갈리는 견해를 확인했다. 감리위원 8명 중 4명이 과도하게 삼바에 유리하게 해석한 기준 변경이라고 지적했지만, 3명의 위원은 바이오젠의 콜옵션 행사 가능성에 따라 해석될 수도 있는 회계로 고의적인 분식회계는 아니라고 판단한 것으로 알려졌다.

회계업계에는 금융당국 위원이 아닌 복수의 민간 감리위원이 '고의적인 분식회계'에 손을 들어주지 않은 만큼 중징계 결론이 나오기는 어려울 수 있다는 전망도 나온다.

감리위가 민간 회계 전문가들을 설득하는 데는 실패했다는 점도 주목할 만하다. 업계에 따르면 복수의 민간 회계 전문가들이 삼바에 대한 중징계에 반대했다. 이른바 스모킹 건이 있다는 금감원 주장을 받아들이지 않았다는 의미다. 감리위원을 지낸 한 회계전문 가는 "감리위는 금감원이 제기한 기업의 회계 문제에 대해 각종 증거를 설명하고 만장일 치를 추구한다"며 "이번 사안처럼 큰 문제에 대해 만장일치를 보지 못하고, 또 민간 회계 전문위원이 반대표까지 던진 것은 금융당국으로서는 아주 안타까운 결과"라고 지적했다.

한국경제신문. 2018.6.11.
삼바 증선위, 내일 임시회의 연다.
금감원만 출석, '고의적 분식' 판단 근거 집중 논의

　금감원은 임시회의에서 핵심 쟁점인 삼바의 에피스 회계처리 변경을 '고의적 분식'이라 고 판단한 근거를 구체적으로 제시할 계획이다. 앞서 증선위 자문기구인 감리위원회에선 회계 처리 변경 적절성 부분에서 의견이 팽팽하게 엇갈렸다. 감리위원 3인은 '고의적 분 식'이라는 금감원 손을 들어줬고, 다른 3명은 '무혐의'라는 삼성 손을 들어줬다. 한 명은 '고의성이 없는 과실'이란 의견을 냈고, 감리위원장인 김학수 증선위원은 의견 표명을 유 보했다.

　금감원은 삼바의 '고의적 분식' 판단 근거로 바이오젠이 당시 에피스 지분에 대한 콜 옵션을 행사할 뜻이 없었다는 증거들을 제시할 계획이다. 금감원은—바이오젠의 에피스 손실 회계 처리—바이오시밀러 판권 추가 논의—신용평가업계의 콜옵션 평가 논란 등을 설명할 예정이다. 금감원 관계자는 "바이오젠은 에피스에 대한 보유 지분 가치를 매년 손실로 털어왔다"며 "회계 변경이 있던 시기에도 바이오젠은 바이오시밀러 판권을 추가 확보하지 못하면 콜옵션 행사 가치가 불투명하다고 판단했다"고 말했다. 또 당시 상황을 비춰봤을 때 바이오젠이 콜옵션 일부도 아닌 최대 수준(49.9%)을 행사할 것이라고(삼성 이) 판단할 근거가 없다고 덧붙였다.

조선일보. 2018.6.11.
IFRS가 뭐길래… 삼바 "원칙 지켰다" 금감원 "재량권 벗어났다"

"해석도 다양하지만 그 해석이 맞느냐 틀리느냐를 검증하는 과정에서 새로운 사례가 쌓이고 IFRS가 정착하는 것"이라고 말했다.

우선 금융당국과 기업, 전문가들이 사전에 IFRS 관련 논의를 할 수 있는 '재무제표 심사 제도'를 도입할 예정이다. 금융 당국이 공시된 재무제표를 신속하게 모니터링하고, 특이사항이 발견되면 기업과 대화해 오류를 시정하는 절차다.

한국경제신문. 2018.6.13.
금감원의 삼바 조치안 원점서 재검토

금감원은 이날 2015년 삼성바이오로직스가 에피스의 회계 처리를 변경해 대규모 순이익을 낸 것이 '고의적 분식'이라고 판단한 근거를 구체적으로 제시했다. 금감원이 삼바에 고의성이 있다고 판단한 근거는 세 가지인 것으로 알려졌다.

우선 삼바가 2015년 말 바이오젠의 콜옵션 행사 가능성이 낮다는 것을 인지하고 있었고, 2014년 콜옵션에 대한 평가가 불가능하다는 외부기관 의견서를 급조했다는 것이다.

또 2015년 말 상장 계획을 감사인에게 숨겨 지배력 변경을 수용하게 했고, 삼성바이오에피스 제품 승인이 아니라는 점도 지적했다.

YTN. 2018.6.13.
"삼성바이오 2015년 이전 회계처리 적정성도 검토"

삼성바이오로직스의 분식회계 혐의를 심의하는 증권선물위원회가 삼성바이오로직스의 2015년 이전 회계처리 적정성을 검토하기로 했습니다.

증선위는 감리 대상은 지난 2015년 당시 회계처리지만, 이전 회계처리 변경과 공시 과정에서 문제가 없는지 종합적 판단이 필요하다며 이같이 밝혔습니다.

증선위의 이러한 방향 선회는 삼바가 2013년 회사 설립 이후에는 에피스에 대해서 종속회사라고 지속적으로 연결재무제표를 작성하다가 2015년부터 지배권을 상실하였다고 해서 관계회사로 회계 변경을 수행한 것이 문제로 제기되었지만 더 원천적인 차원에서 2012년부터 2014년 두 해 동안 연결재무제표를 작성한 것은 옳았던 것인지에 대한 의문을 제기하고 있는 것이다.

만약에 원천적으로 2012년과 2014년에도 종속회사가 아니고 관계회사였다고 하면 문제가 되는 재무제표는 2015년의 재무제표가 아니고 2012년과 2014년의 재무제표가 된다.

이렇게 감독기관의 stance가 변한다면 문제가 되는 것은 왜 2015년에 종속회사에게 관계회사로 회계가 변경되었는지가 아니라 왜 2012년과 2014년부터 관계회사로 회계하지 않고 종속회사로 회계처리하였는지가 문제로 제기되게 되어서 조치의 관점과 시점 자체가 전환하게 된다. 감독원은 애시당초 감리가 시작되던 시점에 2015년 이전 재무제표가 문제가 있었던 것이 아닌지에 대한 고민을 하기는 하였지만 이 보다는 이를 수용하고 2015년의 변경 이슈를 문제화하는 것으로 내부적으로 정리하였다.

한국경제신문. 2018.6.14. ────────────────────────
"삼바 2015년 전 회계도 적정성 따져보겠다"
증선위 "금감원 조치안만으론 고의적 분식 입증 어려워"

삼바는 2012년 회계처리 정당성부터 소명해야 한다. 설립 초기 에피스를 종속회사로 인식해 연결재무제표를 작성한 것에 대한 당위성을 입증해야 한다. 증선위가 금감원 조치안에 대해 의문을 갖고 있는 만큼 삼바는 금감원 논리의 허점을 파고들 여지가 생긴 셈이다.

금감원 조치안에는 2015년 회계처리 변경만 문제 삼았지만, 금감원 내부에선 2012년 설립 때부터 에피스를 종속회사가 아니라 관계회사로 인식했어야 했다는 지적이 나오기도 했다. 금감원은 삼바의 회계처리가 처음부터 잘못됐다는 주장을 뒷받침할 근거 자료를 확보하고 있는 것으로 전해졌다.

──

한국경제신문. 2018.6.16.

시민단체의 이상한 고발… "삼바 감리위원은 예비 피의자"

한 시민단체가 삼바 분식 회계 혐의를 심의한 감리위원들을 '예비 피해자'로 명시해 검찰에 고발해 논란이 되고 있다. 이 시민단체는 금융위원회와 증권선물위원회도 미리 고발하겠다고 으름장을 놓고 있어, 삼바 제재 수위 결정을 앞두고 시민단체의 압박이 도를 넘었다는 지적이 나온다.

투기자본감시센터는 지난달 29일 서울중앙지방검찰청에 이재용 삼성전자 부회장 등 26명을 삼바 상장과 관련해 사기와 업무상 배임, 공무 방해 혐의 등으로 고발했다. 고발 대상엔 삼성 경영진뿐만 아니라 최경수 전 한국거래소 이사장과 거래소 상장심사 실무자, 삼정, 안진, 한영 대표 등이 대거 포함됐다. 삼성과 거래소, 회계법인이 모두 짜고 2016년 삼바를 특혜 상장시켰다는 주장이다.

참고인으로는 금융위 회계전문심의기구인 감리위의 감리위원 8명을 열거했다. 그러면서 "감리위원 중에서 분식 회계가 아니라고 표결하거나 상장폐지에 준하는 징계 요구를 하지 않는 참고인에 대해서는 피의자로 전환해 처벌해 달라"고 했다.

투기자본감시센터는 고발장을 제출한 날은 삼바의 마지막 감리위(5월 31일) 이틀 전이라 사실상 '감리위 압박용'이란 해석이 나온다. 감리위원들이 감리위에서 의견을 내기도 전에 '삼성에 유리한 의견을 내면 고발하겠다'는 문구를 명시했기 때문이다.

피의자는 범죄 혐의를 받고 있는 사람인 반면, 참고인은 범죄자의 혐의를 입증하기 위해 검찰 조사를 돕는 역할을 한다. 시민단체가 감리위원들은 범죄 혐의가 있는 '예비 피의자'로 고발장에 적시한 것은 인권 침해 소지가 있다는 게 법조인들의 의견이다. 법조계 관계자는 "전문가를 협박해 기업을 벌주려는 것은 건강한 사회 감시자로서 시민단체 본연의 역할과는 거리가 멀다"고 지적했다.

오는 20일 삼바 세제 수위를 논의할 3차 증선위를 앞두고 시민단체와 정치권의 압박은 더욱 거세지고 있다. 투기자본감시센터는 "금융위와 증선위가 삼성에 면죄부를 줄 경우 이들도 추가로 고발할 것"이라고 홈페이지에 공지했다. 여당 일부 의원들은 증선위 결과에 따라 청문회와 국정조사를 열 것이라고 밝혔다.

증선위가 삼바 회계처리 적정성을 원점에서 재검토하기로 한 것도 이 같은 압박과 무관치 않다는 해석이 나온다. 금융당국 관계자는 "증선위원들이 시민단체, 삼성, 개인 투자자 등 여러 이해관계자의 소송에 대비해 시간이 걸리더라도 최대한 신중하게 검토해 논리적 결함이 없도록 해야 한다는 의견을 제시했다"고 말했다.

시민단체의 순기능이 분명히 존재한다. 동시에 역기능도 있는 듯하다.

이번 삼바의 경우에서 보면 삼성이 감독기관에 대해서 회계분식으로 조치를 받으면 행정소송을 하겠다고 절차가 마감되기 이전부터 정부기관을 협박하는 것이나 시민단체가 개인 위원에 대해서 처벌을 운운하는 것은 매우 적절하지 않은 현상이다.

적법한 위원회의 활동에 대해서 사전적으로 영향을 미치려 한다면 이는 우리 사회를 건전한 사회로 만들기를 목표로 하는 시민단체의 취지와는 역행하는 행태라고 할 수 있다.

감리위원회나 증권선물위원회 위원들은 전문가로서의 의견을 표명한 것이다. 이들이 적법하지 않은 절차에 따라서 적법하지 않은 의사결정을 수행하였다면 이러한 행동에 대한 책임을 져야 하며 정부위원회의 활동이므로 당연히 감사원의 감사의 대상이 되어야 한다. 이러한 감사원의 감사의 대상 이외에는 위원회에서의 의사결정에 대해서는 문제가 되어서는 안 된다. 그러나 시민단체가 이들이 전문가적인 판단을 수행한 데 대해서 책임을 묻겠다고 하면 이는 이해하기 어렵다.

한국경제신문. 2018.6.21. ―――――――――――――――――――――――――
증선위, 3차 회의… '회계처리 적정성'으로 쟁점 이동

삼바 분식회계 혐의에 대한 심의 제재 절차가 막바지로 치달으면서 '고의성'보다는 '회계처리 적정성' 쪽으로 쟁점의 중심이 이동하고 있다. 삼바가 2015년 자회사인 에피스 회계처리를 변경한 것이 '고의적 분식'이라는 금융감독원 조치안에 대해 금융위원회 산하 증권선물위원회가 논리 부족을 이유로 2012년 설립 초기 회계기준의 적정성부터 따져보겠다고 선언하면서다. '고의적 분식'보다는 '중과실' 또는 '과실'로 결론날 가능성에 힘이 실리고 있다.

• 쟁점 전환 '2012년 회계처리 적정했나'

증선위원들은 에피스 설립 초기인 2012년부터 2014년까지 회계처리가 옳았는지를 먼저 따져봐야 2015년 회계 변경이 적정했는지, 미국합작사 바이오젠이 보유한 콜옵션을 감사보고서에 누락한 게 공시 위반인지를 알 수 있다고 판단했다.

증선위가 논의 범위를 확대하면서 금감원은 난처한 상황에 놓였다. 금감원 역시 삼바 감리 과정에서 2012년 설립 때부터 에피스를 종속회사가 아니라 관계회사로 인식했어야 했다는 의견을 갖고 있었던 것으로 알려졌다. 감리 막판에 '고의성' 입증을 위해 2015년 회계처리 위반으로 조치안의 방향을 튼 게 전략적 패착 아니냐는 지적이 나온다.

삼바 관계자는 "회사 설립 초기엔 직원 수 100명의 벤처회사로 기초를 닦이에 바빴던 시기"라며 "수년 뒤 상장이나 삼성물산 합병 등을 예측해 회계를 조작할 만한 여건조차 되지 않았다"고 말했다. 그는 "당시 회계사 등 전문가에게 조언을 받아 기준에 맞춰 적정하게 회계 처리했다는 점을 증선위에서 소명했다"고 설명했다.

• 과실 결론 나오나

국제회계기준의 연결기준서 제1110호(2013년부터 시행)의 전신인 1027호는 콜옵션 행사가 현재 가능하면 잠재적 의결권이 있다"고 명시했다. 에피스의 미국 합작법인 바이오젠이 언제든 콜옵션을 행사할 수 있다면 삼바는 에피스에 대한 지배력을 잃은 것으로 보고 종속회사가 아니라 관계회사로 회계처리해야 한다는 뜻이다.

회계업계 관계자는 "IFRS 기준서로 보면 삼바가 2012년부터 회계처리를 잘못했다고 볼 여지가 있다"고 해석했다.

그럼에도 삼바에 유리한 국면이란 분석이 나온다. 2012년 설립 초기 회계처리에 대해서 '고의성'을 입증하기가 어렵다는 분석이 많다. 금감원은 조치안에서 삼바에 '고의적 분식'을 이유로 60억원의 과징금과 대표이사 해임, 검찰 고발 등 중징계를 요구했다. 만약 고의성을 입증하지 못하면 검찰고발과 대표이사 해임 조치를 할 수 없게 된다. '중과실' 또는 '과실'로 결론 나면 과징금, 담당 임원 해임 등으로 제재 수위가 낮춰진다. 공시 누락에 대한 고의성이 인정되더라도 '검찰 고발'이 아니라 '검찰 통보'수준이 될 것이란 전망이 나온다.

한국경제신문. 2018.6.25.
'삼바' 보유한 글로벌 큰손, 분식회계 논란에도 안 팔았다

이들 해외 연기금과 운용사가 삼성바이오로직스를 계속 보유할 것으로 장담하기는 어렵다는 관측이 나온다. 이들 중 상당수는 '투자기업이 위법 행위로 제재를 받으면 투자금을 회수해야 한다'는 규정을 내부 투자지침에 담고 있기 때문이다.

삼성바이오로직스의 매매거래정지 가능성도 부담이다. 회계 위반 금액이 자기자본의 2.5%를 웃돌면 상장 적격성 실질심사 요건에 들어가 거래가 정지된다.

자산운용업계 관계자는 "금융위원회 산하 증권선물위원회가 삼바에 대한 회계처리를 위반했다고 결론 내리면 해외 기관투자자들이 자금을 뺄 가능성이 높다"고 말했다. 이어 "금융당국이 2016년 말 '삼성바이오로직스의 회계처리에 문제가 없다'고 했다가 손바닥 뒤집듯 뒤집어 버리면 한국 규제 리스크에 대한 우려가 해외 투자자 사이에 확산할 수 있다"고 덧붙였다.

삼바의 영향이 여러 가지로 경제에 영향을 미치고 있다.

매일경제신문. 2018.6.29.
'삼바'에 놀란 현대오일뱅크 IPO 앞두고 자회사 실적 축소
현대쉘베이스오일 영업익 100% 아닌 60%만 반영

삼바의 회계논란을 반면교사 삼아 현대오일뱅크 상장을 앞두고 오히려 영업이익을 축소하고 나섰다.

28일 현대중공업은 자회사인 현대오일뱅크가 종속기업인 현대쉘베이스오일을 관계회사로 분류하겠다고 공시했다. 종속기업에서는 영업이익을 100% 인식할 수 있었으나 관계기업에서는 지분율만큼만 인식할 수 있다. 현대쉘베이스오일의 이익을 100%가 아닌 60%만 인식함에 따라 지난해 현대오일뱅크의 영업이익은 1,227억원이 감소한다.

현대오일뱅크의 이러한 결정은 삼성바이오로직스가 적자 자회사 바이오에피스의 회계처리를 종속회사에서 관계회사로 바꿨다는 이유로 금융당국으로부터 조사를 받아 홍역을 치르고 있는 점을 참조한 것을 보인다. 금융당국은 삼바가 상장을 앞두고 에피스를

관계회사로 변경하면서 분식회계를 했다고 주장하고 있다.

한국채택국제회계기준에 따르면 지분율이 50%이면 종속회사이고, 그 미만이라도 실질적인 지배관계에 있으면 종속회사로 볼 수 있어 현대오일뱅크는 현대쉘베이스오일을 종속회사로 분류해왔다.

그러나 상장을 앞두고 지정감사인 삼정KPMG로부터 미국 쉘이 현대쉘베이스오일의 지분율 40%를 들고 있어 의사결정에 참여한다는 점을 지적받아 관계회사로 다시 분류하기로 했다. 상장을 앞두고 흑자 자회사의 지분을 줄임으로써 분식 회계 논란을 원천적으로 차단하기 위한 포석으로 보인다.

현대오일뱅크 관계자는 "회계기준상으로 볼 때 현대쉘베이스오일을 종속회사로 분류하는 데 문제가 없다고 보나 기업 공개를 앞두고 투자자들의 보호를 위해 최대한 보수적으로 회계처리를 하는 것이 낫다는 판단 하에 현대쉘베이스오일을 관계회사로 바꿨다"고 말했다.

국제회계기준의 개념체계에서 보수주의의 개념이 폐지되기는 하였지만 회계 실무에서 아직도 보수주의는 남아 있다. 위의 회계처리는 너무 과도한 보수회계 처리가 아닌가도 판단되지만 현대오일뱅크는 과도한 회계처리를 하고 이에 대해 조치를 받는데 대해서 많은 걱정을 했던 것 같다.

한국경제신문. 2018.6.29.
현대오일뱅크, 재무제표 정정, 내달 상장예심 청구
합작사 현대쉘베이스오일을 공동기업으로 분류
보수적으로 회계처리 수정, 상장작업 가속화

현대오일뱅크 상장작업에 속도를 내기 위해 자회사인 현대쉘베이스오일을 회계상 공동기업으로 분류하기로 했다. 최대한 보수적으로 재무제표를 재작성해 상장심사를 받기 위한 조치다. 이르면 다음 달 초 한국거래소에 상장예비심사를 청구할 계획이다.

현대중공업그룹 지주회사인 현대중공업지주는 28일 이사회를 열고 자회사 현대오일뱅크 재무제표에 종속기업으로 분류했던 현대쉘베이스오일을 공동기업으로 변경했다고 공시했다. 현대쉘베이스오일은 현대오일뱅크가 2012년 글로벌 에너지업체 쉘과 합작해 세운 윤활유 제조회사다. 현대오일뱅크가 지분 60%, 쉘이 40%의 지분을 갖고 있다.

현대오일뱅크는 현대쉘베이스오일 설립 당시부터 종속기업으로 분류해 회계법인 감사를 받아왔다. 현대오일뱅크의 지분율과 이 회사가 현대쉘베이스오일의 생산 경영활동에 미치는 지배력을 고려한 결정이었다.

최근 상장기업 진행 과정에서 현대쉘베이스오일 경영과 관련한 의사결정 요건 중 쉘과 공동으로 내린 사항이 있어 이 회사를 공동기업으로 분류해야 한다는 의견이 제기되자 이를 반영하기로 결정했다. 현대중공업지주 관계자는 "다수의 법무법인 및 회계법인 등과 협의한 결과 투자자보호에 문제가 없도록 보수적인 관점에서 현대쉘베이스오일을 공동기업으로 분류해 현대오일뱅크 재무제표를 다시 작성하라고 했다"고 말했다.

회계처리 방식을 바꾸면서 현대오일뱅크 실적은 다소 변경된다. 지난 1분기 4조 7,730억원이던 매출은 4조 7,780억원으로, 3,138억원이던 영업이익은 2,827억원으로 수정된다. 2017년 매출은 16조 3,873억원으로 111억원 늘고, 영업이익은 1조 1,378억원으로 1,227억원 줄어든다. 1분기말 자산 규모는 11조 666억원에서 10조 7,589억원으로 바뀔 전망이다.

현대오일뱅크는 상장 작업에 가속을 붙여 연내 유가증권시장 입성을 마무리할 계획이다. 다음달 초 상장예비심사를 청구한 뒤 오는 11월 상장을 목표로 하고 있다.

회계의사결정은 현대오일뱅크에서 자체 진행하는 것이 맞으며, 현대중공업지주는 현대오일뱅크의 모회사이며 종속회사의 과거 재무제표 수정과 관련된 회계처리가 직접 모회사의 연결재무제표에 영향을 미치므로 현대중공업지주에서도 이사회를 열고 재무제표를 수정하고 정정공시를 수행하였던 것이다. 결국 현대오일뱅크는 당사자로서 회계의사결정을 진행한 것이며, 현대중공업지주는 연결재무제표 작성책임자로서 회계의사결정을 진행한 것이다.

매일경제신문. 2018.10.8. ─────────
현대오일뱅크 경징계 가닥, 연대 상장 청신호

증선위 제재 조치 시 유가증권상장 규정

제재 수위

검찰고발	상장불가
검찰통보	상장불가
증권발행제한	상장불가
과징금부과	상장불가
경고, 주의	상장가능
시정욕구, 각서제출	상장가능

금융당국이 회계감리를 진행 중인 현대오일뱅크에 대해 상장이 가능한 경징계로 가닥을 잡았다. 다음 달 감리위원회, 증선위를 통해 절차가 끝날 전망으로 이르면 연내 유가증권시장 상장에 청신호가 커졌다. 아울러 올해 SK루브리컨트, 카카오게임즈 등 대어급 회사의 상장이 무산되면서 침체됐던 IPO시장에 활력을 불어넣을 것으로 보인다.

7일 금융당국에 따르면 증선위는 상장 전 회계감리를 진행 중인 현대오일뱅크에 대해 다음달 회의를 열고 '경고 주의' 수준의 경징계 처리를 하기로 결정한 것으로 알려졌다. 유가증권시장의 상장규정에 따르면 상장 예비심사를 통과한 기업이 감리결과를 통해 3단계 이상의 징계인 과징금 이상을 받으면 상장절차 진행이 불가능해진다. 하지만 징계를 받더라도 1단계인 시정요구, 각서제출 요구나 2단계인 경고 또는 주의 처분을 받으면 상장 절차 진행이 가능하다. 감리를 진행하는 금융감독원은 현대오일뱅크 감리 결과를 다음 달 초 감리위와 증선위에 차례로 전달해 징계 절차를 완료할 계획이다.

현대오일뱅크가 경징계를 받게 되는 이유는 자회사인 현대쉘베이스오일을 과대 계상했다는 지적 때문이다. 현대쉘베이스오일은 현대오일뱅크와 글로벌 정유 기업인 쉘이 각각 60%, 40%의 지분을 보유한 기업이다. 그동안 현대오일뱅크는 60%만 보유했음에도 연결재무제표에서 현대쉘베이스오일 이익의 100%를 모두 자사 이익으로 반영해왔다. 이것이 문제가 되자 올 6월 현대오일뱅크는 현대쉘베이스오일을 종속기업에서 공동기업으로 변경하고 수익 반영 비율도 지분율과 같은 60%로 낮추는 방향으로 정정했다. 금융당국 관계자는 "삼바와 유사한 자회사 지분가치 문제를 지적받았던 현대오일뱅크는 사전에 문제를 인식하고 회계를 자진 수정한 점을 고려해 중징계하지 않기로 했다"며 "경징계는 상장에 아무런 무리가 없는 만큼 일정상 11월 징계 완료 이후 12월에는 상장이 가능할 것으로 보인다"고 설명했다. 현대오일뱅크 91.1%를 가진 현대중공업지주는 상장에 성공하면 막대한 투자금을 회수할 수 있을 전망이다.

현대오일뱅크가 상장하면 시가총액은 최대 9조원대로 예상된다. 사업 구조가 유사한

에쓰오일의 EV/EBITDA(기업가치/세금 이자지급이전이익)의 멀티플은 6.5배인데, 이를 기준으로 계산하면 현대오일뱅크의 기업가치는 8조 5,000억원 수준이다. 앞서 상장을 시도했던 SK루브리컨트가 EV/EBITDA를 10배로 잡았다가 시장의 차가운 반응을 얻은 만큼 가급적 보수적인 가치로 결정할 것이라는 게 증권업계 전망이다.

오일뱅크가 감사인이 교체되는 시점에 이전 재무제표에 대한 책임을 인계받지 않으려는 시도의 일부라고 이해하면 된다. 오일뱅크의 감사인은 2012년부터 2017년까지 삼일이 맡았으며 2018년부터는 삼정이 금감원의 감사인 지정으로 감사를 맡게 되었다.

매일경제신문. 2018.6.30. ─────────────

바이오젠, 삼바에 콜옵션 회계논란 새 국면 맞을까

삼바는 파트너사인 미국 바이오젠이 에피스에 대한 콜옵션을 행사한다고 29일 공시했다.

바이오젠은 2012년 바이오의약품 산업에 진출하는 삼바와 에피스를 공동 설립한 회사다. 이로써 바이오젠의 에피스 지분율은 49.9%로 올라가, 삼바와 공동 경영체제에 돌입하게 된다. 기존에 에피스의 지분은 삼바가 94.6%, 바이오젠이 5.4%를 보유하고 있다. 바이오젠은 에피스 지분을 '50%-1주'까지 확보할 수 있는 콜옵션 권리를 갖고 있었지만 회사 창립 이후 6년간 행사하지 않았다.

콜옵션 계약이 최종 완료되면 삼바는 현재 보유 중인 에피스 주식 1,956만 7,921주 중 922만 6,068주를 바이오젠에 양도하고 바이오젠을 9월 28일 기준 7,486억원을 지급하게 된다.

삼바는 콜옵션에 따른 파생상품 부채로 반영된 1조 9,335억원이 완전히 사라져 부채비율이 개선될 것으로 보인다. 부채비율은 올해 1분기 기준 88.6%에서 35.2%로 떨어질 전망이다.

2015년 상장 과정에서 바이오젠이 콜옵션을 행사하면 지배력을 상실할 수 있기 때문에 자회사 에피스를 관계회사로 보고 기업가치를 공정가액(시장가)로 변경하는 과정이 적법했다는 삼바 측 주장에 힘이 실릴 것으로 기대했기 때문이다.

한국경제신문. 2018.6.30.
바이오젠, 에피스 '콜옵션' 행사 삼성바이오와 공동경영 체제로

삼바가 보유한 에피스 주식 약 923만 주를 주당 5만원에 양수하는 대가와 이자를 포함한 것이다. 바이오젠이 행사 결정 후 대금 납부 등 계약조건을 이행하는 데 주어진 3개월의 시한까지 고려하면 이자는 최대 2,873억원이다. 바이오젠이 콜옵션 행사 결정 후 대금 납부 등 계약조건을 이행하는 데 주어진 3개월의 시한까지 고려하면 이자는 최대 2,873억원이다. 바이오젠은 주식 취득과 관련한 국가별 기업결합 신고 절차 등이 남아 있어 오는 9월 28일까지 콜옵션 계약을 완료한다는 계획이다.

바이오젠은 이번 콜옵션 행사로 최소 1조 6,000억원의 투자이익을 거둘 것으로 보인다. 지난해 5월 삼바가 평가한 에피스의 지분 가치(약 2조 3,600억원)를 기준으로 했을 경우다. 3년 전 에피스에 투자한 약 600억원을 포함해 8,000여억원을 투입하는 바이오젠은 원금의 3배가 넘는 수익을 내게 된다. 마이클 보낫소스 바이오젠 대표는 "이번 콜옵션 행사로 바이오시밀러 기업의 소유권을 확대해 주주들에게 가치를 창출할 기회가 될 것"이라며 "삼바와 중요한 관계를 구축하길 기대한다"고 밝혔다.

에피스는 계약이 마무리되는 시점부터 공동경영체제로 전환된다. 2012년 설립 당시 85%의 지분을 가진 삼바의 종속회사였으나 콜옵션 행사가 완료되면 관계회사로 바뀌게 된다. 이사회도 바이오젠과 삼성바이오로직스가 동수로 구성된다.

한국경제신문. 2018.7.4.
삼바 심의만 벌써 일곱 번째 불확실성 키우는 금융당국

당초 신속한 처리를 약속했던 금융당국이 오히려 시장에 불확실성을 키우고 있다는 지적이 나온다.

3일 금융당국에 따르면 4일 증선위에선 금융감독원이 삼바 감리조치 수정안을 보고할 예정이다. 증선위가 금감원의 기존 조치안을 보완하라고 요청한 데 따른 것이다. 금감원은 2015년 삼바가 에피스를 종속회사에서 관계회사로 변경해 대규모 순이익을 낸 것이 '고의적 분식'이라는 기존 조치안에다 2012~2014년 회계 처리 적정성에 대한 판단을 추가해 수정안을 제출할 계획이다.

금감원은 수정안에서 삼바가 에피스를 함께 설립한 바이오젠과의 주주약정에 따라 공동 지배로 볼 부분이 있기 때문에 2012년부터 에피스를 종속회사가 아니라 관계회사로 인식했어야 한다고 지적할 것이라는 게 회계업계의 관측이다. 에피스가 2012년부터 관계사로 처리되면 삼바가 상장을 추진한 2016년에는 자본잠식 등으로 유가증권시장 상장요건(자기자본 2,000억원)에 미달하는 만큼 이를 감추기 위해 2015년 회계처리를 바꿨다는 논리를 추가할 것이란 예상이다.

금감원은 삼바에 수정안을 통지하지 않은 것으로 전해졌다. 이에 따라 4일 증선위가 당초 계획대로 금감원과 삼바가 모두 출석하는 대심제로 진행되더라도 수정안을 논의하긴 어렵다. 금융당국 관계자는 "금감원의 수정안이 증선위에 보고되기는 하지만 사전에 회사 측에 통보되지 않았기 때문에 기존 원안에 대한 질의응답이 이어질 것"이라고 설명했다.

증선위가 두 차례 가량 더 진행돼야 삼바 제재 수위를 확정할 수 있을 것으로 예상된다. 감리위 세 번에 증선위 여섯 번 이상을 합쳐 아홉 번 이상 심의를 거치는 초유의 기록을 세우게 된다.

지난 5월 1일 금감원이 삼바에 대한 사전 조치안을 통보한 뒤 두달여간 금융당국 심의가 거듭되는 사이 바이오주들의 주가는 출렁이고 기업공개 시장도 차질을 빚는 등 자본시장 곳곳으로 불똥이 튀고 있다. 회계업계 고위 관계자는 "금융당국이 소송을 의식해 신중한 태도를 보이는 것이 오히려 기업엔 부담을 주고 시장 불확실성을 키우고 있다"고 말했다.

애당초 에피스의 출범 시점부터 종속회사가 아니고 관계회사라고 한다면 2015년 분식 혐의의 원인행위가 소멸되는 것은 아닌지에 대한 의문을 갖게 된다.

모든 정부 위원회의 의사결정이 신중한 것은 좋은 것이지만 그렇다고 무한정적으로 의사결정을 늦추는 것이 능사인 것은 아니며, 시장에서의 불확실성을 해소해 주는 것이 감독기관의 임무이기도 하다.

한국경제신문. 2018.7.5.
'바이오젠 공동 경영권 처음부터 있었나' 삼바 분식회계 논란 새 쟁점으로 부상

2012년 에피스 설립 때부터 미국 바이오젠에 공동 경영권이 있었는지 여부가 핵심 쟁점으로 떠올랐다. 증선위가 바이오젠이 처음부터 공동 경영권을 갖고 있었던 것으로 판단하면 삼바는 2012년부터 지난해까지 재무제표를 모두 고쳐야 한다. 회계처리 위반에 따른 제재도 피할 수 없다.

증선위원 일부는 삼바가 2012년부터 삼바의 종속회사가 아니라 관계회사로 인식했어야 한다고 지적한 것으로 전해졌다.

삼바가 에피스를 함께 설립한 바이오젠과 주주약정에 따라 공동지배로 볼 부분이 있다는 것이다. 국제회계기준에 따르면 합작법인(조인트벤처) 파트너에 공동 지배권이 있다면 종속회사로 연결하지 않고 관계회사 지분법으로 인식해야 한다.

이에 대해 삼바는 바이오젠이 에피스에 대해 공동 경영권이 아니라 <u>주주방어권</u> 정도의 '<u>낮은 수준의 동의권</u>'을 갖고 있었다고 주장했다. 따라서 종속회사로 분류한 것이 적정했다는 얘기다.

삼바관계자는 "자산 처분, 청산, 사업 확장 등 주주이익과 관계되는 것에만 동의를 받도록 주주약정이 돼 있다"며 "합작을 하되 주요의사결정 권한은 삼성에 있었다"고 말했다. 이어 "삼성에피스 설립 초기 <u>CFO가 겸직</u>을 하고 두 회사가 하나처럼 운영되는 등 종속회사로 분류한 충분한 이유가 있었다"고 강조했다.

에피스는 2012년 삼바 85%, 바이오젠 15%의 지분으로 출범한 합작사다. 바이오젠이 지난달 말 콜옵션을 행사해 '50%-1주'까지 지분율을 늘렸다. 이사회도 두 회사에서 동수로 구성해 지금은 확실한 공동 경영 체제로 전환했다.

이날 증선위에서 바이오젠 콜 옵션 및 주주약정에 대한 공시누락에 대해서도 집중적인 질의응답이 이어졌다. 삼성 측은 "국제회계기준 상 반드시 공시해야 할 사항이 아니다"며 "<u>콜옵션 공시를 하지 않을 땐 비상장사였기 때문에 공시 의무도 없었다</u>"고 반박했다.

증선위에서 삼바가 2012년부터 회계처리를 잘못했다고 결론 내리면 6개 연도에 대한 재무제표 수정이 불가피하다. 다만 2012년 설립 초기 회계처리에 대해서 '고의성'을 입증하기가 어렵다는 분석이 많다. '고의적 분식'이 아니라 '중과실' 또는 '과실'로 결론 나면 과징금, 담당임원 해임 등으로 제재 수위가 낮아진다. 일각에서는 공시 누락에 대한 고의성이 인정되더라도 '검찰 고발'이 아니라 '검찰 통보' 수준에 그칠 것이라는 전망도 나온다.

바이오젠은 초기에는 기업 경영에 있어서도 매우 소극적으로 관여되어 있었기 때문에 낮은 수준의 동의권이라는 단어도 잘못된 표현은 아니다. 바이오젠 측 이사가 매우 소극적으로 이사회나 주주총회에 참여하였으니 이사회 및 주주총회에 참여 여부 등을 보아서도 이렇게 판단할 수 있다.

한국경제신문. 2018.7.6. ───────────────────────
금감원, 수정 조치안 사실상 거부

삼바가 분식회계를 했는지 판단하는 증선위의 심의 작업이 차질을 빚고 있다. 증선위가 요청했던 새로운 조치안 제출을 금융감독원이 사실상 거부하면서 논의가 진척되지 못하고 있기 때문이다.

증선위와 금감원이 엇박자를 보이면서 사태가 장기화하는 사이, 불확실성이 높아진 바이오업종에 대한 투자심리가 악화되는 등 부작용도 커지고 있다는 지적이다.

• 금감원, 새 조치안 대신 검토안

5일 관련업계에 따르면 금감원은 지난 4일 열린 증선위에 삼바 분식회계 혐의에 대한 별도의 수정 조치안을 제출하지 않은 것으로 전해졌다. 대신 "검토안" 수준의 추가 의견만 제시했다.

증선위는 지난달 20일 금감원에 삼바의 2012~2014년 회계처리 적정성에 대한 판단을 추가해 기존 조치안을 보완하라고 요청했다. 이날 증선위에선 금감원이 새로 내놓은 수정 조치안이 논의될 예정이었다.

그러나 이날 금감원은 회계처리 위반 범위와 제재 수위는 수정하지 않고 삼바가 2012~2014년 에피스를 관계회사로 회계처리할 경우에 대한 재무제표 효과를 설명하는 정도의 수정안만 작성해 온 것으로 알려졌다. "증선위에 금감원의 수정안이 보고는 됐지만 새로운 조치안이라고 할 수 없는 검토안 수준에 그쳤다"며 "사실상 금감원의 요청을 거부한 것으로 보인다"고 해석했다.

금감원은 정밀한 조사와 검토를 해야 하는 회계감리 조치를 짧은 시간 안에 새로 내놓기 쉽지 않은 데다 기존 조치안과의 논리적인 상충, 절차적인 문제 등을 이유로 새 조치안을 마련하지 않은 것으로 전해졌다.

• 삼성 측에 수정안 통지도 안돼

아직 삼바에 금감원의 수정안이 통지되지 않은 것도 증선위 논의가 제대로 이뤄지지 않았기 때문이라는 분석이 나온다. '외부 감사인에 대한 법률' 규정에 따르면 조치안은 증선위 의결 10일 전(영업일 기준) 제재 대상자에게 통지해야 한다.

오는 18일 증선위에서 삼바의 징계를 내리기 위해선 4일까지 통지됐어야 한다는 얘기다. 그러나 금융위는 4일 증선위가 끝난 직후 "18일 증선위 정례회의에서 삼바 논의를 계속하기로 했다"고만 밝혔다.

감독원이 주장하였다는 기존 조치안과의 논리적인 상충의 내용이 무엇인지는 알 수 없지만 기존의 조치안은 2015년에 종속회사였다가 관계회사로 전환한 것에 대한 문제를 제기하였는데 2012~2014년의 회계처리가 관계회사였다고 하면 2015년의 관계회사로의 회계처리는 원천적으로 문제가 소멸되게 된다. 감독원의 입장에서는 2012~2014년의 재무제표에 대해서는 감리의 초반 시점에는 문제가 있는 것은 아닌지에 대한 고민을 하다가 궁극적으로는 문제가 없는 것으로 정리하였는데 이러한 판단이 근본부터 흔들리게 되었다.

한국경제신문. 2018.7.10. ──────────────

금감원 "삼바 중징계 원안 고수"

윤석헌 금융감독원장이 삼바의 분식회계 논란에 대해 고의적 분식으로 판단하고 중징계를 내린 '원안'을 고수할 방침이라고 밝혔다. 수정 조치안을 제출하라는 증선위의 요구에 대해 거부 방침을 공식화한 것이다.

윤원장은 9일 '금융감독혁신 과제'를 발표하는 기자간담회에서 "증선위에서 조치안 수정 요구를 해 온 것은 사실이지만 일단 원안 고수가 저희 생각"이라고 말했다.

증선위가 삼바의 2012~2014년 회계처리 적정성에 대한 판단을 추가해 수정 조치안을 마련하라고 요청한 것을 받아들이지 않겠다는 뜻으로 해석된다. 금감원의 원안은 삼바가 2015년 자회사인 에피스의 회계처리를 변경해 대규모 순이익을 낸 것이 고의적 분식이며 과징금 60억원, 검찰고발, 대표이사 해임 등 중징계가 필요하다는 것이다.

그는 "원안의 경우 2015년 이슈에 집중돼 있고 증선위에선 그 이전 문제에 대해 검토해 달라는 요구인데, 절차적으로 2015년 이전까지 검토하는 것은 부담스럽다"며 "경우에 따라서는 2015년 이슈 자체가 흔들릴 가능성이 있어 원안에 집중해 심의해 달라고 부탁하는 입장"이라고 설명했다. 다만 "증선위에서 수정 요구가 있었을 때는 나름대로 견해가 있는 것이기 때문에 도움을 주는 차원에서 참고형식으로 자료를 작성해 제출할 계획"이라고 덧붙였다.

증선위가 금감원의 수정조치안 없이 자체 수정 의견을 통해 삼바의 최종 제재 수위를 결정하면 추후 법적 소송에서 책임 부담이 커질 것으로 전망된다. 금감원은 물론 회계전문심의 기구인 감리위원회에서도 2015년 이전 내용에 대해서는 심의하지 않았기 때문에 증선위가 전적으로 판단에 대한 부담을 질 수 있기 때문이다.

위에서도 기술하였듯이 금감원은 애시 당초 2012~2014년의 삼바의 재무제표에는 문제가 없다고 판단을 했던 것이고 그렇기 때문에 2012~2014년의 종속회사의 회계처리에 대해서 문제를 삼지 않고 이러한 종속회사의 회계처리가 관계회사로 전환되면서 이러한 판단이 잘못되었다는 판단을 수행한 것인데, 2012~2014년의 회계처리가 잘못되었다고 하면 기존의 조치안이 자충수가 되게 된다.

한국경제신문. 2018.7.12.
'삼바 수정 의결' 여부 놓고 금융위 금감원 또 대립각

삼바 회계부정 혐의의 제재 수위 결정을 앞두고 금융위원회와 금융감독원 간 갈등의 골이 깊어지고 있다. 금융위 산하 증선위가 삼바의 2015년 회계처리 기준 변경만 문제 삼은 금감원 조치안을 지적하며 수정안 제출을 요구했지만 금감원이 이를 거부하면서다. 금융위와 금감원은 증선위 내 수정 의결 여부를 놓고서도 이견을 표출하며 다시 대립각을 세우고 있다.

정부 고위관계자는 11일 "금융위와 금감원이 기존 조치안에 대해 증선위 내에서 수정의결을 할 수 있는지를 놓고 장기간 회의했지만 견해차를 좁히지 못하고 있다"고 밝혔다. 금융위는 증선위 자체적으로 새로운 혐의를 추가해 제재를 내리기는 어렵다는 의견인 반

면 금감원은 기존 조치안만으로도 수정 의결이 가능하다고 맞서고 있다는 전언이다.

이 같은 논쟁은 금감원이 '삼바 조치안을 고칠 수 없다'는 원안 고수 입장을 표명하면서 비롯됐다. 증선위가 삼바의 2012~2014년 회계처리 적정성에 대한 판단을 추가해 수정 조치안을 내달라고 요청했지만, 금감원은 2015년 회계처리 변경 문제를 지적한 원안대로 상정해 달라는 입장을 고수했다.

금융위가 이달 18일까지 삼바에 대한 결론을 내리겠다고 공표한 가운데 혐의 범위 자체를 증선위가 수정해 제재할 수 있느냐가 논란거리가 되고 있다. 금융위 관계자는 "최종 조치를 내리는 증선위는 절차적 타당성을 확보해야 한다"며 "금감원이 조치안을 고치지 않아도 수정 의결이 가능한지 다각적으로 검토했으나 현재 상황에선 어렵다고 판단했다"고 말했다. 반면 금감원 관계자는 "기존 조치안과 추가로 제출한 검토자료에 증선위 지적사항에 대한 내용이 포함돼 있는 만큼 수정 의결이 가능하다"고 주장했다.

금융위와 금감원이 수정 의결 여부를 놓고 갈등을 보이는 이유는 추후 법적 소송 등에 책임소재가 걸려 있기 때문이란 분석도 나온다. 회계업계 관계자는 "갈등의 이면에는 증선위가 제재 결과의 부담을 단독으로 지느냐, 금감원과 분담하느냐는 이해관계가 작용하고 있다"고 해석했다.

윤석헌 금감원장이 검사, 조사, 감리 과정에서 발견된 정보를 최종 확정 전이라고 대외 공개할 수 있는 기준을 마련하겠다고 밝힌 것에도 금융위는 반대 목소리를 내고 있다. 금감원이 지난 5월1일 삼바의 감리 결과 사전 통지 사실을 공개한 것을 사후적으로 정당화하려는 작업이란 주장이다.

조선일보. 2018.7.13.

증선위 '삼바, 고의로 공시 누락"

삼성의 핵심 바이오 계열사인 삼바가 자회사 회계 처리 기준을 어겨 분식 회계를 했다는 금감원의 지적에 대해 분식 회계 여부에 대한 판단 권한을 가진 증선위가 금감원에 다시 조사할 것을 명령했다. 금감원의 지적이 명확하지 않아 분식 회계 여부를 판단하지 못하겠다며 퇴짜를 놓은 것이다.

다만 증선위를 삼바가 미국 파트너사인 바이오젠이 삼바 자회사인 에피스의 공동 지분을 확보할 수 있다는 사실을 공시하지 않은 것에 대해선 고의로 공시를 누락했다며 담당 임원 해임 권고, 검찰 고발 등 중징계를 결정했다. 증선위는 12일 임시 회의를 열고 이 같은 내용을 의결했다.

삼바 측은 이날 증선위가 분식회계에 대한 판단을 유보하자 "명백한 위법 행위가 아니라는 방증"이라고 했지만 공시를 하지 않았다며 중징계를 의결한 부분에 대해서는 "행정소송 등 법적 수단을 강구할 예정"이라고 반발했다.

삼바의 분식 회계 혐의는 지난 2017년 2월 심상정 정의당 의원과 참여 연대가 "분식회계를 했다"며 금감원에 특별 감리를 요청하면서 불거졌다. 2015년 삼바가 자회사 에피스에 대한 지배력을 상실했다며 회계처리 방식을 바꾸면서 장부가격 2,900억원짜리 회사를 시장 가격 4조 8,000억원으로 평가했고, 그에 따라 4년 간 적자를 보던 회사가 1조 9,000억원의 흑자 회사로 탈바꿈했다는 지적이었다. 금감원은 1년여 감리를 벌여 고의로 분식회계를 했다는 조사 결과를 지난 5월 증선위에 보냈다.

조선일보. 2018.7.13.

두 달 심의하고도… '삼바 분식회계' 판단 또 미뤘다

증선위가 삼바 분식회계 의혹에 대해 금감원에 재조사를 명령하면서 사태가 장기화하게 됐다. 금감원이 새 보고서를 증선위에 제출하고 증선위가 이를 심의하려면 최소 1~2개월은 걸린다는 전망이 금융 당국 안팎에서 나온다. 작년 2월 심상정의원과 참여연대가 금감원에 특별 감리를 요청한 지 1년 5개월이 지났지만 또 결론이 미뤄졌다.

이와 별도로 증선위가 이날 삼성 측이 고의로 공시를 누락했다며 검찰 고발과 담당 임원 해임을 권고하자 당분간 투자자 혼란도 불가피할 것으로 보인다. 12일 삼바 주가는 주식시장에서 전날보다 3.37% 오른 42만 9,000원에 장을 마쳤다. 하지만 오후 4시 증선위 발표 이후 시간외 거래에서 주가는 가격 제한 폭(9.91%)까지 떨어진 38만 6,500원으로 주저앉았다.

• 2015년 왜 회계 기준 바꿨나… 핵심 쟁점 판단 안 해

증선위가 재조사를 명령한 사건의 핵심 쟁점은 2011~2014년 4년간 적자 회사였던 삼바가 2015년 말 자회사인 에피스에 대한 회계 처리 방식을 바꿔 1조 9,000억원 흑자 회사로 탈바꿈한 것이 정상적인 회계 처리냐는 것이다.

삼성그룹은 바이오젠과 2012년 85대 15로 공동 투자해 에피스를 설립하면서 바이오젠이 원할 때 에피스 지분은 49.9%까지 늘릴 수 있다는 계약(콜옵션)을 따로 했다. 삼성 측은 "2015년 에피스가 개발한 복제약의 시판 가능성이 높아지면서 회사 가치가 오르자 바이오젠이 이 콜옵션을 행사할 가능성이 커지면서 국제 기준에 따라 회계 처리한 것"이라고 줄곧 주장해왔다. 반면 금감원은 "(회사 가치 변동은) 회계 처리 기준은 바꿀 사유가 안 된다"고 맞섰다.

증선위는 양측 주장에 대해 지금까지 드러난 사실만으로는 판단할 수 없다고 결론을 내렸다. 증선위의 논리는 2012년 설립한 회사에 대한 회계 처리가 2015년에 달라졌고, 이게 잘못인지 판단을 하려면 2012년부터 2015년 이전까지 회계 처리가 올바르게 됐는지부터 우선 판단해야 한다는 것이다. 이 때문에 증선위는 6월 말 금감원에 2012~2014년의 삼성 회계 처리에 대한 판단을 추가로 보고해 달라고 요구했다.

하지만 금감원은 "삼성이 2015년에 회계 처리를 갑자기 바꾼 것 자체를 문제 삼아야지 그 이전의 회계처리가 어땠는지 판단하는 것은 쟁점에서 벗어난다"며 이를 사실상 거부했다. 결국 증선위는 상급 기관으로서 금감원에 이 점을 고치라고 명령한 셈이다.

금감원은 내부적으로 증선위가 삼성측이 2015년 회계 처리를 바꾼 것이 고의적 분식회계가 아니라 과실이었다고 보고 있다고 의심한다. 이 때문에 금감원에선 증선위 명령에 대해 반발하는 기류가 있는 것으로 알려졌다.

• "삼성 고의로 공시 누락"

증선위는 그러나 삼성이 2012년 바이오젠과 에피스를 공동 설립하면서 콜옵션을 준 사실을 2015년 감사보고서에야 제대로 공시한 것에 대해서 "명백한 회계 기준을 중대하게 위반했고, 위반 가능성을 알면서도 고의로 공시를 누락한 것"이라고 판단했다. 에피스가 삼성의 자회사이지만 바이오젠이 콜옵션을 행사하면 지분 49.9%를 확보해 에피스를 공동 경영할 수 있는 상황이라는 걸 투자자들에게 투명하게 공개하지 않았다는 것이다. 다만 증선위는 삼성이 왜 고의로 콜옵션의 존재를 숨겼는지에 대해서는 밝히지 않았다. 김용범 증선위원장은 "검찰에 고발된 사안이라 공개하기 어렵다"고 말했다.

증선위는 삼바 분식회계 논란이 2015년 삼성물산과 제일모직의 합병에 영향을 미쳤는지 논의는 있었지만 판단 대상은 아니었다고 했다. 삼성물산과 제일모직이 합병하기 전 삼바는 제일모직의 자회사였다. 참여연대 등은 그동안 "삼바의 회사 가치가 부풀려지면서 모회사 제일모직의 가치가 올랐고, 제일모직에 유리하게 합병비율이 정해졌다"고 주장해왔다. 그러나 김용범 증선위원장은 이날 "분식 회계, 공시 의무 위반 여부에 중점을 두고 심의했지 이차적인 거래에 미친 영향까지 판단하지는 않았다"고 했다.

조선일보 2018.7.13.

삼성바이오 "국제 회계기준 따라 적법하게 이행… 공시 위반 결정 유감"

삼바 12일 증선위가 미 바이오젠과의 합작 계약 관련 약정 사항을 공시하지 않은 것을 회계 기준 위반이라고 결론 내리자 "행정 소송 등 가능한 법적 구제 수단을 강구할 예정"이라며 반발했다. 바이오젠은 2012년 에피스를 공동 설립한 회사다. 삼바는 바이오젠이 에피스 지분을 5.4%에서 올 6월 29일까지 49.9%까지 늘릴 수 있는 콜옵션 계약을 맺었다. 다만 논란의 핵심이었던 자회사 에피스의 지배 구조 변경에 대해서는 증선위가 판단을 유보하자 "명백한 위법 행위가 아니라는 방증"이라고 안도하는 모습을 보였다.

삼바는 이날 오후 발표한 입장문에서 "그동안 금감원의 감리, 감리위 증선위의 심의 등 모든 절차에 성실히 임하며 회계 처리의 적정성이 납득될 수 있도록 최선을 다해 소명해 왔다"며 "그럼에도 오늘 이런 결과가 발표된 것에 대해 매우 유감으로 생각한다"고 밝혔다.

이어 "IFRS에 따라 모든 회계 처리를 적법하게 이행했다"며 "향후 투자자 등 이해관계자의 이익 보호를 위해 행정 소송 등 가능한 법적 구제 수단을 강구할 예정"이라고 밝혔다. 삼바 관계자는 "증선위가 공시 누락을 지적한 시기인 2012~2014년은 삼바가 상장사가 아니어서 콜옵션과 주주 간 약정 사항을 공시하지 않아 피해를 입은 일반 투자자가 없었다"고 말했다.

삼바는 또 일부에서 제기한 상장 폐지 가능성에 대해 "오늘 발표한 '합작 계약 약정 사항 주석 공시 누락에 대한 조치'는 상장 적격성 실질 심사(상장 폐지) 대상에 해당되지 않는다는 사실을 확인했다"고 밝혔다.

삼바 관계자는 "금감원은 회사가 에피스를 종속회사에서 관계사로 바꾼 것을 가장 문제 삼았는데 증선위가 이 부분에 판단을 보류한 것은 그만큼 명백한 위법 행위 아님을 방증한다"며 "행정소송 전에 증선위가 내린 담당 임원 해임 권고 등에 대한 효력 정지 가처분 신청을 먼저 하겠다"고 밝혔다.

한국경제신문. 2018.7.13.
"삼바, 고의적 공시 누락"

증선위는 삼바에 회계 및 대표이사 검찰 고발, 담당임원 해임 권고, 감사인 지정 3년의 조치를 내렸다.

삼정도 감사 절차를 소홀히 했다는 이유로 검찰 고발과 함께 감사업무 제한 4년, 담당 공인회계사 업무 제한 1년의 중징계를 받았다.

한국경제신문. 2018.7.13.
삼성바이오 "행정소송으로 무죄 입증"

12일 법무법인 한결에 따르면 지금까지 삼바를 상대로 한 소송에 참여 의사를 밝힌 투자자는 260여 명이다. 증선위가 콜옵션 공시 누락이 고의적이라고 판정하면서 소송 인원은 1,000여 명 규모로 커질 것으로 법조계는 예상한다. 한결은 투자자의 의뢰를 받아 집단 소송을 준비 중이다.

위의 신문에서는 한누리법무법인이 집단소송을 준비하고 있다는 기사도 인용되었다(한국경제신문. 2018.5.7.).

매일경제신문. 2018.7.13.
최대 쟁점 '에피스 지분 가치' 분식 결론 못내… 투자자들 멘붕

기존 조치안에 대한 수정 의결도 어렵다고 밝혔다. 김부위원장은 "증선위가 직접 사실 관계를 조사해 조치안을 수정하는 방안은 법령에서 정한 기관 간 업무 배분을 고려할 때 논란의 여지가 있다"며 "논의 과정에서 알게 된 회계처리 기준 위반 혐의를 엄격하게 밝히고 처분 내용을 구체적으로 특정하기 위해 재감리를 명령했다"고 설명했다.

아울러 분식회계 혐의도 아닌 공시 위반 수준으로 검찰 고발을 결정하는 것이 과도한 조치라는 지적도 나오고 있다. 일반적인 공시 위반은 대부분 중과실로 처리되고 고의성

이 인정되더라도 검찰 통보 수준에 그치는 경우가 많기 때문이다.

시민단체와 정치권에선 글로벌 의결권 자문사 ISS가 에피스 지분가치를 1조 5,000억 원대로 평가한 점을 들어 과대평가라고 지적했다. ISS 기준대로면 2015년 삼바 당기순이익은 1조 9,000억원대에서 적자로 돌아선다. 이에 대해 삼바는 최대 8조원대까지 평가받은 점을 들어 과대평가라는 지적을 일축하고 있다.

한국경제신문. 2018.7.13. ————————————————————
강경한 삼성바이오로직스, "국제회계기준 따랐을 뿐 소송 등 법적 수단 강구"

회사측은 최악의 상황은 면했지만 글로벌 바이오업계에서 세계 1위 의약품 위탁생산 (CMO) 기업으로 자리매김해 온 6년여의 노력은 물거품이 됐다.

삼바에 바이오의약품 위탁 생산을 맡긴 글로벌 제약사들도 이번 상황을 예의 주시하고 있다. 아직 구체적인 계약 취소 문의 등이 들어오지는 않고 있지만, 계약에서 납품까지 2~3년이 소요되고 제때 의약품을 공급하는 것이 생명인 CMO기업으로서는 큰 타격을 입었을 것으로 업계 관계자들은 보고 있다.

한국경제신문. 2018.7.13. ————————————————————
'삼바' 투자자 소송 기름 부은 격, 엘리엇 ISD<투자자 국가간 소송>에 영향 줄 수도

엘리엇은 2015년 삼성물산과 제일모직의 합병 과정에서 손해를 입었다며 ISD에 나섰다. 핵심 논리 중 하나는 합병 당시 제일모직이 삼바 지분 46%를 들고 있는데 분식회계에 따라 삼바 가치가 높아졌고, 이에 따라 합병 비율이 제일모직에 유리하게 산정되었다는 것이다.

ISD(Investor-State Dispute)의 약자이다.

조선일보. 2018.7.14.
삼바, 상장폐지는 피했지만, 주가 6.3% 급락

상장 당시엔 삼바의 회계가 적정하다고 판단했던 금감원도 소송 대상으로 삼을지를 검토 중인 것으로 알려졌다.

전문가들은 분식회계로 결론 나도 상장폐지 가능성은 희박한 것으로 보고 있다. 진흥국 한국투자증권 연구원은 "분식 회계로 결론이 났지만 상장폐지 되지 않은 대우조선해양, 한국항공우주 등 전례가 있다"며 "거래소가 상장 폐지를 심사할 때 기업의 계속성, 경영 투명성, 기타 공익과 투자자 보호 등을 종합적으로 고려하기 때문"이라고 말했다.

매일경제신문. 2018.7.14.
계속되는 '삼바회계' 혼란… 금감원 우왕좌왕

"모범 회계 답안은 없이 회계 처리 기준을 변경했다는 이유만으로 분식이라고 단정할 수는 없다"

삼바의 분식회계 의혹을 심의했던 증선위 한 위원이 13일 한 말이다. 그는 "삼바가 자회사 에피스에 대해 계열사로 회계 처리를 해오다 2015년 갑자기 관계사로 바꿔 수조원대 기업 가치를 장부에 반영했는데, 이 행위가 잘못이라면 옳은 방향은 무엇이냐"면서 "증선위원들의 이 같은 질문에 금융감독원은 정답을 내놓지 못했다"며 재감리 결정 배경을 설명했다.

증선위에 따르면 금감원이 삼바에 대해 2015년 분식회계 의혹을 제기하면서 삼성 측이 어떤 방식으로 회계 처리를 했어야 했는지에 대한 명쾌한 답을 주지 못한 것으로 전해졌다. 즉 에피스를 계속 계열사로 유지하는 것이 적절한 회계처리였느냐에 대해 금감원이 적절한 답을 내놓지 못했다는 것이다. 증선위가 2012~2014년 회계 처리 변경 이전 부분에 대한 감리 자료를 요구한 것도 이와 맞닿아 있다.

문제는 금감원이 증선위 요청을 거부하면서 '재감리'라는 초유의 결론을 맞이한 셈이다. 증선위 관계자는 "일각에선 증선위가 '고의 분식회계'에서 중과실 등으로 감경하기 위해 금감원 조치안에 대한 수정 요청을 했다고 주장하지만 이는 전혀 사실과 다르다"며 "처음 기초적인 논리 구조를 묻는 질문이 해결되지 않으면서 2차적인 질문인 자회사 에피스의 가치 평가 등은 아예 논의가 제대로 진행되지도 않았다"고 설명했다. 그는 이어 "핵심 지적 사항이 평행선을 달리는데 중징계나 경징계 등 처벌 수위를 논했다고 주장하는 것은 어불성설일 수밖에 없다"고 덧붙였다.

실제 지난 12일 증선위는 회계 처리 방법 부당 변경 의혹에 대해 설명하면서 명확성과 구체성이 미흡하다고 강조했다.

김용범 금융위 부위원장은 "금감원이 2015년 회계처리를 A에서 B로 변경한 것을 지적하면서 변경 전후 A와 B 중 어느 방법이 맞는지 제시하지 않았다"고 말했다. 이에 따라 증선위는 대법원 판례를 들어 행정 처분은 구체적으로 명확하게 특정되지 않으면 위법하기 때문에 재감리 결정을 내렸다고 설명한 바 있다.

한국경제신문. 2018.7.14.
"콜옵션 공시 의무 없었는데… 삼성바이오, 행정소송 준비 착수

삼바는 이날 법률 대리인인 김앤장과 긴급 회의를 열고 소송 절차와 대응 방안을 논의했다. 삼성 측은 콜옵션을 알리지 않은 2012년, 2013년에는 공시 의무가 없었기 때문에 회계 위반이 아니라는 입장이다. 국제회계기준에 따르면 일반 대출 약정, 우발 채무나 확정부채 발생 등의 사안이 발생했을 때 합작 계약 약정 사항에 대한 콜옵션 내용을 주석으로 공시하고 있다. 그러나 삼바는 이 요건에 해당되지 않는다고 해명했다.

참여연대는 2015년 삼성물산과 제일모직의 합병을 염두에 두고 삼바가 일부러 콜옵션 공시를 누락해 이재용 삼성전자 부회장 일가가 1조원 이상 이득을 봤다고 주장했다. 삼성 측은 합병 전인 2014년 IFRS 기준에 따라 콜옵션을 공시해 숨기려는 의도가 없었고 콜옵션 부채 등을 인식해 회사 가치를 산정하고 판단하는 주체는 국민연금과 회계법인이므로 회사의 위법사항은 없다고 맞서고 있다.

삼바의 입장은 비상장기업이므로 콜옵션 계약을 공시할 의무가 없다고는 하지만 선진 기업이라고 하면 이러한 공시에 전향적이고 적극적으로 응해야 한다고 사료된다.

한국경제신문. 2018.7.14.
"상장 전 공시 위반에 검찰 고발이라니" 기업들 '삼바쇼크'

법 위반으로 지적된 2012~2015년은 삼바가 상장하기 전 기간으로, 재무제표에 대한 주요 정보이용자(주주)는 삼성전자, 삼성물산, 제일모직 등 그룹계열사와 외국인투자자인 퀸타일즈였다. 삼바는 "당시 비상장사였고 바이오젠의 콜옵션 행사 여부가 확실하지 않은 상황이었기 때문에 이를 공시에 반영하지 않은 것은 회계 처리 위반이 아니다"고 소명해왔다.

에피스처럼 합작으로 설립된 기업들의 회계처리에도 불똥이 튀고 있다. 증선위가 합작사 회계변경과 관련해 분식회계 여부 판단을 미뤘지만 합작사의 연결재무제표 문제가 감리 대상에 들어갈 수 있다는 사실이 이번 사태를 통해 드러났기 때문이다. 한국회계기준원에는 삼바 사태 이후 합작회사의 회계처리와 관련한 문의가 잇따르는 것으로 전해졌다.

고의적 회계 부정에는 기본 과징금을 법률 상한(위반 금액의 20%)의 30% 이상으로 설정해 더욱 무거운 금액을 물도록 했다.

회계업계 관계자는 "IFRS는 회사의 판단을 존중하는 유럽식 기준이면서 금감원의 감리와 제재는 규칙대로 지켜야 하는 미국식을 따르는 구조적 문제가 있다"면 "삼바 사태를 계기로 금감원의 감리제도를 정비할 필요가 있다"고 강조했다.

2017년 2월 심상정의원과 참여연대의 요청으로 감리가 발단이 된 것이고 금융위원회가 공시 위반으로 일단락을 지은 시점이 2018년 7월 12일 시점이므로 1년반 정도의 시간이 걸린 것이다. 물론, 2015년의 종속회사에서 관계회사로 전환한 것이 분식회계인지에 대한 공시누락과는 다른 건에 대해서는 금감원의 재감리 조사가 진행되었다.

정부의 행정 기관은 시의적절하게 조치를 내려 주는 것이 중요하다. 삼바와 관련된 혼란이 2018년 5월 금감원의 사전 통지서를 공개한 이후에 가중되고 있고, 감리위원회를 통과한 안건 내용이 적법하게 증선위에 보고된 이후에도 증선위가 사건을 매듭짓지 못하고 있다.

증선위는 5인의 회의체 의사결정 기구이다. 당연히 의사결정은 다수결로 내려지는 것이 합당하며 감리위원회의 의사결정도 회계 전문가라고 할 수 있는 위원들 각자의 각 안건에 대한 의견이 모두 상이하였다. 상이한 것이 너무도 당연한 것이며 그렇기 때문에 법원의 판단도 단독심이 아니라 삼심제도인 경우 세 판사가 의견을 모아야 한다. 특히나 고등법원의 삼심제는 완전한 합의체로 진행된다고 한다. 사실여부 판단이 미흡하다고 하면 의사결정을 미룰 수 있고 신중한 의사결정이 내려져야 하는 것이라면 더더욱 그러하지만 의사결정이 어려워서 무한정으로 의사결정을 미루는 것은 시장에 불확실성이 개입될 확률이 더 높아진다.

감리위도 어느 정도 사실 파악을 한 이후에는 각 선을 위원 별로 의견을 표명하고 이를 취합하는 과정이 있었듯이 증선위도 동일하게 의사결정이 수행되었어야 한다. 또한 감리위의 경우도 공무원이자 감리위원장인 증선위 상임위원은 유보적인 의견을 표명하였다고 하는데 회의체이므로 증선위 위원장인 금융위 부위원장도 또한 증선위 상임위원도 5인 위원 중 1인이니 당연히 개인의 의견을 표명하여야 한다.

저자의 개인적인 의견은 2015년 종속회사에서 관계회사로 회계처리를 변경한 것에 대해서 전문가들인 감리위원들의 의견이 나뉘어졌으므로 이 건이 분식회계라고 의사결정한다는 것은 매우 위험한 것이라고 생각한다.

한국경제신문. 2018.7.16. ──────────────────────

상장 전 공시 누락에 중징계… 정치 논리 휘둘린 '삼바 사태'

"이해 관계자 모두가 납득할 수 있는 균형된 결론을 내리겠다"

삼바 분식회계 혐의에 대한 제재 수위를 결정하는 증선위를 지난달 7일 시작하며 김용범 금융위 부위원장이 이같이 발언했다. 그로부터 한 달여 뒤인 지난 12일 증선위는 '고의적 공시 누락' 혐의로 삼바의 대표이사를 검찰에 고발하는 중징계를 내렸다. 핵심 쟁점인 분식회계 혐의에 대해선 금융감독원에 재감리를 요청하며 판단을 미뤘다.

법 위반으로 지적된 2012~2015년은 삼바가 상장하기 전 기간으로, 재무제표에 대한 주요 정보 이용자(주주)는 삼성전자, 삼성물산, 제일모직 등 그룹 계열사와 외국인 투자자인 퀸타일즈뿐이었다. 그 당시로 돌아가서 살펴본다면 주주들이 이미 콜옵션 존재를 알고 있는 상태에서 고의로 공시를 누락할 이유가 없었다는 게 삼바의 주장이다.

회사 상장 전 공시 누락에까지 고의적이었다는 혐의를 씌어 검찰에 고발한 것에 기업들은 큰 충격을 받고 있다.

기업들이 받은 충격과 별개로 이 건에 연관된 이해 당사자들은 "증선위가 묘수를 냈다"는 반응을 보이고 있다.

증선위는 우선 시가총액 26조 5,983억원짜리 대형주인 삼바의 재무제표 손익 정정과 상장폐지를 막아 개인투자자들이 정권에 등을 돌릴 가능성을 제거했다. 일찌감치 고의분식을 주장한 금감원엔 퇴로를 마련해 주고, 고의성을 판단하는 부담은 검찰과 국회로 넘겼다. 증선위의 이번 결정이 "고도의 정무적 판단 결과"라는 평가가 나오는 이유다.

일각에선 기업의 회계처리에 대한 판단이 정치적 논리에 휘둘리는 선례를 남겼다는 점에서 우려의 목소리를 내고 있다.

참여연대와 심상정 정의당 의원의 문제 제기로 시작된 삼바 회계감리는 심의 도중 여야 국회의원들의 성명이 잇따라 발표되는 등 정치적 압박이 강하게 가해졌다. 금감원이 정치권의 삼바 공격 논리를 감리조치 안에 대폭 적용했다는 분석도 많았다.

공정한 심의를 위해 엄격하게 보호돼야 할 감리위원들의 신상 명세가 공개되는가 하면 어떤 시민단체는 결론이 나기도 전에 감리위원들을 '예비 피의자'로 검찰에 고발하는 코미디 같은 일도 벌어졌다. 삼바가 삼성그룹 계열사가 아니었다면 벌어지지 않았을 일이라는 게 금융투자업계 안팎의 시각이다.

'금융감독기구 설치 등에 관한 법률'에 따르면 금감원 설립 목적은 건전한 신용질서와 공정한 금융거래관행을 확립하고 금융수요자를 보호함으로써 국민경제 발전에 기여하는 것이다. 금융위는 관련 법률에 따라 그 권한에 속하는 사무를 독립적으로 수행해야 한다.

하지만 금융당국은 이번 사건을 처리하면서 정무적 판단을 개입시켜 조직의 존립 기반을 스스로 훼손시켰다는 평가를 받는다.

회계업계 고위 관계자는 "한국항공우주산업(KAI), 삼성바이오로직스 등 기업들의 회계처리가 정치적 목적으로 활용되는 사례가 잇달아 나옴에 따라 회계 감리가 기업 길들이기를 위한 정권의 칼로 굳어지는 것은 아닌지 우려된다"고 지적했다.

시민단체가 제도권에 과도한 영향을 미치는 것, 기업이 금감원이나 금융위의 의사결정이 수행되기 이전에 이들 기관을 행정소송 등으로 압박하는 것, 정치권에서 행정기관에 영향력을 행사하려는 것 모두 옳지 않다.

증선위의 판단은 순수한 회계적인 판단의 대상이어야 한다. 위의 신문 기사에서와 같이 금융위가 정무적인 판단을 수행하였는지는 명확하지 않지만 그럼에도 혹시 위 기사의 정무적인 판단이라는 내용이 사실이라고 하면 이는 매우 바람직하지 않은 행정 기관의 판단이다.

위의 기사에도 인용되었듯이 일부 언론에서 비공개로 유지되는 감리위원의 명단을 공개하는 것도 옳지 않다. 언론은 正道를 걸어야 한다. 감리위원 명단을 공개하지 않아도 알 만한 사람은 누가 감리위원을 맡고 있는지를 다 알고 있지만 다만 이를 공개하지 않을 뿐이다.

조사 대상이 되는 기업이 삼성이 되었거나 아니면 어떤 기업이 되었거나 이익을 받아서도 안 되고 불이익을 당해서도 되지 않는다. 삼바 건이 이다지도 크게 증폭된 이유 중에 하나는 조치의 대상이 삼성이기 때문이라고 하면 이는 매우 불공평하다. 기업가들은 고용을 창출하고 자본주의에서 경제를 이끌어 가는 주체이다. 물론, 과거에 기업인들과 재벌이 공모하여 범법을 범하기도 하여서 사회와 언론의 질타의 대상이었던 것도 사실이지만 동시에 자본주의에서 고용을 창출하고, 국민경제활동의 場이 되는 기업들이 매도되어서는 안 된다.

매일경제신문. 2018.7.17. ─────────────────

증선위, 삼바 공시 누락 2014년에만 '고의' 판단

2012~2013년 누락은 과실처리

삼바 "사실기재 불구 고발 억울"

금융위원회 산하 증선위가 2014년 회계에서만 삼바의 고의적인 공시 누락을 지적한 것으로 전해졌다. 2014년 삼바 감사보고서에는 바이오젠의 자회사 에피스 콜옵션 내용이 처음으로 주석에 기재돼 고의성 여부를 두고 논란이 일 전망이다.

16일 금융당국에 따르면 증선위는 지난 12일 삼바의 바이오젠 콜옵션 계약 사실 및 투자약정 내용 공시 누락 부분에 대해 자회사 에피스 설립 초기인 2012년과 2013년은 과실로 처리하고 2014년에만 '고의적인 공시 누락'으로 판단해 검찰 고발을 결정한 것으로 알려졌다.

증선위 관계자는 "삼성 측이 검찰에 고발된 주요인은 2014년 보고서에 바이오젠 골옵션의 중요성을 알고도 지배력 상실 가능성 등을 충분히 기술하지 않은 점이 반영된 결과”라며 “2012년과 2013년 보고서에 공시 내용이 누락된 것은 고의성이 입증되지 않아 증거 불충분 등으로 과실 처리됐다”고 설명했다.

회계업계에서는 당시 삼바 비상장사로서 주요 주주가 삼성전자, 옛 제일모직, 삼성물산, 퀴타일스아시아 등으로 한정돼 있었던 점과 2014년은 보고서에 콜옵션 존재 사실을 주석 기재로 처음 알린 해인 점 등에 따라 증선위의 해석이 다소 과도한 것 아니냐는 목소리가 나온다. 실제 삼바의 2014년 감사보고서에 따르면 ‘바이오젠은 당사와의 주주 간 약정에 따라 종속기업인 에피스 지분을 49.9%까지 매입할 수 있는 권리를 보유하고 있다’는 주석을 2012년 에피스 설립 이후 처음으로 기재했다.

하지만 증선위는 삼성 측이 단순히 주석에 콜옵션 사실만 알렸을 뿐 <u>향후 콜옵션 행사 가능성에 따라 지배력을 상실할 수 있고 이 경우 계열사가 관계사로 지분법에 의해 회계처리된다는 등 구체적인 기술을 하지 않았다</u>고 지적한 것으로 전해졌다. 삼성 측은 주주가 4곳밖에 없는 상황에서 <u>이들에 자회사 계약 부분은 모두 알렸고</u>, 비상장사 시절이라 크게 문제될 게 없다는 판단이었다는 입장이다. 삼바 관계자는 “주주도 4곳뿐인 비상장사 시절 공시 여부로 검찰에 고발까지 당하는 건 과도한 부분이 있다”며 “2014년 주석에 콜옵션 사실을 기재하고도 불충분한 점에 따라 고의적이라 하는 건 억울한 측면이 크다”고 설명했다. 그는 이어 “미국 상장사인 바이오젠은 2012년 에피스 설립부터 콜옵션 존재를 공시했지만 우리와 같은 수준이었다”고 덧붙였다.

조선일보. 2018.7.17. ————————————————————

삼바, 콜옵션 2년간 숨겼다가 증권선물위 중징계 맞았다

금융위원회 산하 증선위가 지난 12일 ‘고의적 공시 누락’으로 삼바에 대해 검찰 고발 및 담당 임원 해임 권고라는 중징계를 내린 것은 “삼성이 공시하지 않은 내용이 기업 경영권과 직결되는 중대한 사안”이라고 판단했기 때문으로 16일 확인됐다. 증선위는 또 삼성이 2014년 감사보고서에서 처음 미국 바이오젠에 준 콜옵션에 대해서 밝히면서 한 줄로 간략하게 언급한 것이 고의 공시 누락을 뒷받침하는 중요 정황 증거라고 판단했다.

• “경영권 관련 중요 내용인데 공시 안 했다”

이 사건의 핵심은 삼성이 미국 제약 회사 바이오젠에 준 ‘콜옵션’이다. 삼바는 2012년

2월 바이오젠과 85대15로 공동 투자해 에피스를 설립하면서 바이오젠이 원할 때 에피스 지분을 49.9%까지 늘릴 수 있다는 계약(콜옵션)을 따로 했다. 문제는 삼성이 이 콜옵션의 존재를 2015년 4월 공개했다는 것이다. 증선위는 "바이오젠이 콜옵션을 행사하면서 회사 경영권 절반이 넘어가는데 수년간 알리지 않은 것은 심각한 문제"라고 의견을 모았다. 삼성 측은 증선위에 "당시 바이오로직스 주주는 삼성전자, 삼성물산, 제일모직, 합작사인 퀸타일스 등 4사로 모두 콜옵션 정보를 공유하고 있었고, 바이오로직스가 비상장사여서 공시 누락으로 피해를 볼 만한 일반 투자자가 없었다"며 중징계 사안이 아니라고 주장했다. 그러나 증선위는 삼성전자, 삼성물산 등은 상장사라, 투자가들이 에피스의 경영권에 대한 사안을 알 권리가 있다고 판단했다.

• 일부만 공개해 '의심'

증선위가 삼성의 공시 누락을 '고의'라고 본 것은 2014년 감사보고서 내용이 절대적이었다. 삼성은 이 감사보고서에서 처음으로 "바이오젠은 주주 간 약정에 따라 에피스 지분을 49.9%까지 매입할 수 있는 권리를 보유하고 있다"고 언급했다. 하지만 이 내용이 단 한 줄밖에 없었던 것이 문제였다. 콜옵션이 기업 가치에 어떤 영향을 끼치는지 등의 상세 내용은 1년 뒤 삼성이 2015년 에피스에 대한 회계 기준을 다 바꾼 다음에야 외부에 공개했다. 금융 당국 관계자는 "삼성 측이 2012~2013년에는 콜옵션을 공시해야 하는 줄 몰랐다고 가정하더라도, 2014년 감사보고서에 콜옵션 내용을 담은 것을 보면 적어도 그 시점에는 이 내용이 공시 사안이라는 걸 알았을 것"이라며 "그런데도 상세한 내용 대신 단 한 줄로만 처리한 것은 의도가 담긴 행위라는 게 감리위원회, 증선위의 다수 의견이었다"고 말했다.

또 미국 바이오젠은 2013년 초부터 콜옵션 내용을 알렸는데 삼성은 상대적으로 공시에 소홀했다는 점도 징계 수위 결정에 반영됐다.

이런 점을 감안해 증선위는 콜옵션 공시 누락에 대해 2012~2013년은 '중과실' 처분을 했고, 2014년은 '고의'로 더 세게 제재했다. 다만 증선위는 "당시 삼성 측의 의도가 뭔지, 그로 인해 무슨 이득을 봤는지 등은 검찰이 밝힐 일"이라는 입장이다.

한편 증선위는 5차례 회의에서 "바이오에피스는 삼성과 바이오젠이 애초부터 공동 지배를 전제로 만든 회사"라는 의견을 모았다. 그래서 금감원에 2012년 바이오에피스가 설립될 때부터 삼성 측 회계처리에 대해 다시 감리를 해오라고 명령한 것이다. 금융 당국 관계자는 "에피스를 보는 시각 자체가 달랐기 때문에 증선위로선 스모킹건 없이 2015년 회계만 문제 삼아 제재하려던 금감원 판단이 미흡하다고 볼 수밖에 없었다"고 말했다.

삼성 측의 의도가 뭔지, 그로 인해 무슨 이득을 봤는지 등은 검찰이 밝힐 일이라고 증선위가 언급하는 것도 어떻게 보며 무책임하다. 책임을 검찰에 전가하는 것은 아닌지라는 생각을 하게 되며 금융과 관련된 최고의 전문성을 가진 기관들인 금융위와 금감원이 이 전문적인 판단을 검찰로 이전하는 모습이다.

증선위가 삼바의 주주들인 삼성전자, 물산 등은 상장회사라 삼성전자, 삼성물산의 주주들에게 삼바의 지배구조에 대한 내용이 공유되어야 한다는 점은 이해가 된다. 삼바도 2012, 2013년에도 비상장 기업 여부에 무관하게 조금 더 전향적으로 주석 공시에 응했어야 했다.

미국 바이오젠이 2013년부터 콜옵션 내용을 알렸다는 것과 삼바가 2013년부터 이를 공시해야 하는 것과는 크게 연관성을 찾기 어렵다. 기업이 공시를 할 때, 공동 지배하는 회사가 어떠한 공시를 하는지에 대해서 모두 확인을 하고 공시를 수행해야 하는 것은 아니다. 그럼에도 불구하고 기업지배구조에 대한 중요한 정보이니 주석에 전향적으로 또한 적극적으로 공시해야 했음이 옳다.

한국경제신문. 2018.7.17. ────────────────────────
'삼바 사태' 자충수 둔 금감원

한 금감원 전직 간부는 기자와 만나 "금감원이 삼바 분식회계 판정을 무리하게 밀어붙이면서 자충수를 둔 결과"라고 지적했다. 무슨 얘기일까.

금감원 전직 관계자는 "금감원 내부에서도 분식회계 행위 시점을 2012년으로 설정하면 고의성 입증이 어렵다는 것을 알고 있었다"고 털어놨다. 회계 기준 위반 혐의를 적발한다고 하더라도 '과실'에 그칠 뿐 고의성 입증은 사실상 불가능하다는 관측이 지배적이다. 재감리를 거쳐 고의를 과실로 바꾸면 금감원 감리에 대한 신뢰성 타격이 불가피하다. 금감원 일각에선 대기업 지배구조 개편을 원하는 정부와 시민단체 분위기에 편승해 면밀한 작업 없이 문제를 제기한 여파라는 분석도 내놓고 있다.

고의 분식회계는 중대한 사건이다. 사실이라면 엄벌에 처해야 한다. 하지만 심증만 갖고 분식회계를 했다고 주장해선 안된다. 재감리 요구를 받았다면 충실히 재감리해야 한다. 그 결과 아무 문제가 없거나, 고의가 아니라 과실이었다면 그것까지 명백히 밝히는 것이 금감원의 의무다.

위의 논의에서 매우 흥미로운 점은 이 모든 것이 주석 공시와 관련된 논의시항이며, 이러한 미흡한 주식 공시 때문에 검찰고발이라는 엄청난 결과가 초래된 것이다. 우리가 흔히 갖게 되는 잘못된 판단 중 하나가 주석은 재무제표의 일부가 아니라고 생각할 수 있는데 주석은 명백한 재무제표의 일부이며 주석 공시 누락이 이러한 파문을 유발한다.

주석에는 특수관계자 거래, 지급보증과 같은 기업 존속과 관련된 매우 중요한 정보가 포함되는데 재무제표의 본문에 올라가는 정보에 비해서 덜 중요해서 주석에 공시되는 것이기도 하지만 수치화할 수 없고 서술적으로 기술해야 하는 것도 주석 공시사항의 대상이다. 회계정보라고 해서 모두 수치화될 수 있는 것만이 가치가 있는 것이 아니다. 위의 콜옵션도 기업 지배구조에 있어서 매우 중요한 정보이며 지급보증과 같은 정보도 잘못하면 기업의 사활에까지도 영향을 미칠 수 있는 매우 소중한 정보이다. 금감원의 분식회계에 대한 양정규정에 있어서도 주석공시 사항은 가장 경미한 분식으로 분류되고 있기는 하지만 그럼에도 단순히 주석이라는 것보다는 그 내용을 검토해 보아야 한다.

조선일보. 2018.7.20.

증선위, 삼바 재조사 명령 때 법 조항 적은 공문까지 보냈다
"금감원의 재조사 거부가 훨씬 심각한 문제" 판단

금융위 산하 증선위가 삼바 분식 회계 의혹에 대해 금감원에 재조사를 명령하면서, 명령의 근거가 되는 법 조항을 구체적으로 적은 공문까지 보낸 것으로 19일 확인됐다.

지난 12일 증선위원장인 김용범 금융위원회 부위원장은 "재조사는 감리 주체이자 권한을 가진 증선위의 엄정한 요구이자 명령"이라고 말했다. 여기에 그치지 않고 공문까지

보냈다는 것은 증선위가 금감원의 재조사 거부가 훨씬 더 심각한 문제라고 판단했다는 뜻이다.

증선위가 명령서에 담은 법 조항은 '금융위원회 설치에 관한 법률' 제61조인 것으로 알려졌다. 이 조항에는 "증선위는 자본시장의 불공정 거래에 관한 조사, 기업 회계 감리에 관한 업무 등에 대해 금감원의 처분이 위법하거나 매우 부당하다고 인정할 때에는 처분을 취소하거나 집행을 정지시킬 수 있다"는 내용이 담겨 있다.

이 조항을 적용한다는 것은 사실상 증선위가 금감원에 대해 내릴 수 있는 가장 강력한 조치 가운데 하나를 행사한 것으로 해석된다.

금융위 한 관계자는 "특정 사안에서 법조항까지 적시해가며 명령을 내리는 공문을 보낸다는 것은 지극히 이례적인 것으로, 2008년 금융위와 금감원이 금융감독위원회에서 분리된 이후 처음 있는 일인 듯하다"고 말했다.

이 사건의 핵심 쟁점은 2011~2014년 적자 회사였던 바이오로직스가 2015년 자회사인 에피스에 대한 회계 처리 방식을 바꿔 1조 9,000억원 흑자 회사로 탈바꿈한 것이 정상적인 회계 처리인지 여부다. 금감원은 "삼성이 2015년 특별한 이유 없이 회계 처리 방식을 바꾼 것은 분식 회계"라고 주장해왔다. 반면 증선위는 지난 6월말 금감원에 "2015년 회계 처리 방식이 잘못됐다는 점을 입증하기 위해서는 자회사 바이오에피스를 설립한 2012~2014년 이전까지의 회계가 맞는지 틀리는지부터 다시 살펴봐야 한다"고 요구했다. 하지만 금감원이 재조사 요구를 거부하면서 양측이 보름 이상 대치하는 상황이 생겼고, 지난 12일 증선위가 '명령'이라는 강경책을 꺼내게 된 것이다.

원래 2008년 금융위와 금감원이 금융감독위원회에서 분리되기 이전에는 감리위원회, 회계제도심의위원회와 자본시장조사위원회(당시는 증권조사심의원회)는 금감원 소속 위원회로 활동하였다가 이들 위원회의 성격이 증권선물위원회에 대한 자문기구이므로 이 위원회의 소속을 금감원에서 금융위로 이관하는 것이 옳다는 판단에 따라 금융위원회 소속 위원회로 옮기게 된 것이다.

공시 깐깐하게… 삼바 후 폭풍?

금융감독원은 22일 기업이 합병이나 자사주 매각, 잦은 공시 정정 등을 할 경우 상세한 정보를 제공하도록 '기업 공시서식 작성 기준'을 개정했다고 밝혔다. 기업들이 주요 경영 사안을 결정할 때마다 작성하는 주요 사항 보고서에 해당되며, 오는 30일부터 적용된다. 기업이 투자자들에게 더 많은 정보를 제공하도록 유도하는 '금융 소비자 보호' 조치이다.

이번 기준 개정에 따라 합병을 진행하는 기업들은 합병가액과 그 산출 근거, 투자 위험 요소, 주식매수청구권 규모 등을 공시해야 한다. 주식매수청구권은 합병에 반대하는 주주가 소유 주식을 회사로 하여금 일정 가격에 되사도록 요구하는 권리를 말한다.

기업들은 또 합병 상대방 회사의 재무 사항과 감사의견, 이사회 주주 임직원 계열사 등의 사항도 공시해야 한다. 기업이 자사수를 매각할 때에도 매각 대상자를 비롯해 최대 주주와의 관계, 선정 경위 등을 올려야 한다. 자금 조달을 위한 제3자 배정 유상 증자나 특정인 대상의 전환사채, 신주인수권부사채 발행을 결정할 때에도 발행 일정이나 배정 대상자 등을 5차례 이상 바꿀 때 정정 사유와 향후 계획을 상세히 적어야 한다. 서재완 금감원 기업공시국 팀장은 "기업의 자금 조달 계획이 5차례 정도 변경되면 투자자 혼선을 초래할 수 있다고 판단했다"고 말했다.

금감원은 지난달 말에도 기업들이 정기적으로 작성하는 사업보고서의 작성 기준을 개정한 바 있다. 이에 따르면 기술력은 우수하지만 수익성 여부가 불확실한 기업들에 상장 기회를 주는 특례 상장 기업의 경우 상장 전후 영업실적 추정치와 실적치를 비교 공시해야 한다.

비정기적으로 작성되는 증권신고서에도 기업들이 신용평가사와 계약을 끊을 경우 평가사 이름과 계약일 해지일 사유 등을 기재토록 했다. 기업이 신용평가사 여러 곳과 계약한 뒤 자기 회사를 불리하게 평가한 신용평가사와 계약을 해지하는 폐단을 막기 위해서다.

한국경제신문. 2018.7.25.

회계감리 받은 기업들 '시련의 가을' 예고

금융당국이 올 3분기 안에 SK(주)와 바이오 기업 등 그동안 묵혀온 회계감리 대상 기업들에 대한 제재에 나설 예정이다. 오는 11월 외부감사에 관한 법률 개정 등을 통한 '회계개혁안' 시행을 앞두고 회계 부정으로 판정받은 기업들에 대한 무더기 '철퇴'가 불가피할 전망이다.

증선위가 재감리를 요청한 삼바에 대한 감리도 '속전속결'로 진행될 것으로 예상된다. 증선위는 지난 12일 삼바의 공시 누락 혐의에 대해 회사 및 대표이사 검찰 고발 등 중징계를 내렸다. 다만 회계처리 적정성에 대해선 금융감독원에 재감리를 요청하고 판단을 미뤘다.

• SK(주) 합병 회계감리 결과 나올 듯

금감원은 올 3분기 중 SK(주)에 대한 회계 감리를 마무리하고 조치안을 확정할 계획이다. 금감원은 2015년 8월 SK(주)와 SK C&C가 합병하기 전 회계처리의 적정성에 대해 1년 넘게 감리를 진행해왔다. (EY한영)

당시 최태원 SK그룹 회장이 최대주주로 있던 SKC&C가 합병 과정에서 평가 이익을 보기 위해 SK(주)를 연결재무제표에서 배제했다는 혐의다. SK C&C는 SK(주)지분 31.8%를 보유한 최대주주였지만 종속회사가 아니라 관계회사로 회계 처리했다.

회계업계 관계자는 "SK(주)는 삼성보다 먼저 합병을 했고 감리도 더 길게 진행돼 왔다"며 "삼바와 마찬가지로 국제회계기준상의 자회사 지배력 판단 문제가 걸려 있어 제재 결과에 따라 논란이 커질 수 있을 것"이라고 말했다.

이에 대해 SK관계자는 "여러 회계법인이 당시 회계 처리에 대해 적정하다고 인정했다"며 "금감원에 회사 입장을 충분히 소명하고 있다"고 설명했다.

금감원은 현대오일뱅크가 지분 60%를 가진 현대쉘베이스오일이 회계처리를 적정하게 했는지에 대한 감리에도 최근 착수했다. 현대오일뱅크는 현대쉘베이스오일을 종속기업으로 분류하다가 지난달 말 관계기업으로 바꾸면서 사업보고서를 정정 공시했다. 그러나 자발적인 사업보고서 정정에 대해선 제재 감경 사유가 적용돼 중징계 가능성은 높지 않은 것으로 알려졌다. 이 때문에 이번 감리가 현대오일뱅크 상장에 미치는 영향도 크지 않을 것으로 전망된다.

• 바이오 기업 감리도 11월 마무리

금감원은 지난 4월부터 진행한 바이오기업에 대한 테마감리 결과도 3분기 중에 내놓을 방침이다. 바이오 기업들이 연구개발비를 과도하게 자산으로 인식했는지가 집중 조사됐다. 금감원은 바이오 기업 10여 곳에 대해 감리를 벌여 상당수 업체에서 혐의를 포착한 것으로 전해졌다.

금융당국이 3분기 중 감리를 끝내려고 하는 것은 오는 11월 회계개혁안이 시행되기 때문이다. 회계개혁안이 본격 시행되기 전에 기업들에 회계부정에 대한 심각성을 환기시키는 동시에 제재에 따른 부담을 덜어주자는 취지다. 금융당국 관계자는 "2018년 이후 재무제표의 회계 부정에 대해선 제재가 대폭 강화돼 과징금 폭탄을 맞을 수 있다"며 "기업들이 미리 재무제표를 정정할 수 있게 3분기 중 주요 감리 안건을 끝내려고 한다"고 설명했다.

회계개혁안에 따르면 분식회계와 부실감사에 대한 과징금 부과 한도가 폐지되고, 현행 5~7년인 징역 기간은 '10년 이하'로 늘어난다. 과징금 부과와 손해배상 시효도 현행 각각 5년과 3년에서 최대 8년으로 연장된다.

한국경제신문. 2018.7.28. ─────────────
'삼바 수사' 특수부가 직접 맡은 까닭은

참여연대가 고발한 삼바 분식회계 의혹 사건을 서울 중앙지검 특수 2부에서 수사하는 배경에 관심이 쏠리고 있다. 박영수 특별검사팀에서 이재용 삼성전자 부회장 구속을 공을 세운 한상훈 중앙지검3차장 검사가 사건을 진두지휘하기 때문이다.

27일 법조계에 따르면 삼바 관련 사건이 '금융 증권' 관련 범죄 중점 검찰청으로 지정된 서울 남부지검에 재배당되지 않고 3차장 산하인 특수2부에 배당된 것으로 삼성에 대한 검찰의 적극적인 수사 의지를 보여주는 것이라는 해석이다. 회계 관련 사건을 쭉 맡아왔던 서울남부지검에 관련 사건을 넘기지 않고 중앙지검 특수부가 직접 사건을 맡았기 때문이다.

한 현직 부장검사는 "특수2부는 대기업을 중점적으로 수사해오며 총수 여럿을 재판에 넘긴 곳"이라며 "관심을 받는 삼성바이오로직스 사건인 만큼 중앙지검이 직접 하겠다는 의지가 반영된 것 같다"고 설명했다.

특수2부를 지휘하는 한 차장 검사는 '최순실 특검'에서 이 부회장을 구속하는 데 가장 큰 역할을 했다. 한 차장은 이 공을 인정받아 지난해 8월 다섯 기수를 뛰어넘어 3차장 검사로 파격 발탁됐다.

지난 2월 이 부회장이 석방된지 3일 만에 '다수 소송 대납 의혹'과 관련해 삼성전자 서초 사옥을 비롯한 사업장 여러 곳을 압수 수색하도록 지휘한 것도 한 차장검사다. 한 차장 검사가 검찰 내 '삼성 킬러'로 꼽히는 이유다. 한 검찰 내부 관계자는 "이 부회장이 2심에서 풀려났을 때 한 차장 검사가 화를 굉장히 많이 냈다"고 전했다.

법조계 일각에서는 검찰 내에서 '삼성 잡기' 경쟁을 벌이는 것 아니냐는 시각도 있다. 삼성 노조 관련 의혹 사건은 박찬호 서울중앙지검 2차장 검사 산하인 공공형사수사부에서 맡고 있다. 공공형사수사부는 이 사건과 관련해 올해만 삼성에 대해 10번의 압수수색을 했다.

한 검사장 출신 변호사는 "중앙지검 2, 3차장 검사는 성과 경쟁을 벌이기도 하는 자리"라며 "과도한 수사는 기업의 경쟁력 하락을 야기할 수 있는 만큼 중앙지검장(윤석렬)의 속도 조절 능력이 중요하다"고 말했다.

매일경제신문. 2018.8.17.
금감원, 검찰과 공조 '삼바 분식' 조사

금융감독원이 검찰과의 공조로 분식회계 의혹을 받고 있는 삼성바이오로직스에 대한 압박 수위를 한층 강화한다. 삼성바이오로직스 측은 금감원에서 검찰로까지 넓어진 전선 방어에 운명을 걸어야 할 처지가 됐다.

16일 금융당국에 따르면 금감원은 삼성바이오로직스 공시 위반 사건을 맡은 검찰과의 공조 방안을 검토하고 있다. 강제수사의 상징과도 같은 압수 수색 등 현장 조사권을 비롯해 최첨단 디지털포렌식 장비 등을 갖춘 검찰이 본격적인 수사에 나설 경우 그간 금감원이 확보한 삼성바이오로직스에 대한 자료보다 방대한 회계 관련 서류가 뭉치째 확보될 수 있기 때문이다. 금감원은 향후 업무 협조를 통해 검찰이 확보한 자료를 받아 재감리에 활용할 수 있다. 검찰로까지 확대된 전선을 십분 활용해 재감리 효과를 극대화하겠다는 전략으로 비친다.

금융당국 관계자는 "재감리 일정을 조율하면서 검찰의 수사 과정을 지켜보지 않을 수 없다"며 "특히 검찰이 금감원에 없는 자료를 확보하게 될 경우 재감리에 이를 반영하고, 증권선물위원회가 요구한 삼바 설립에서부터 문제가 된 에피스의 합작 과정과 공시 여부, 가치 평가 등에 관한 회계처리와 그 배경 등을 집중 추궁하게 될 것"이라고 전했다.

실무적인 조치안에서는 2012년 제약 개발 자회사인 에피스 합작사 설립 시점부터 회계 문제가 제기될 전망이다. 증선위가 에피스를 종속회사에서 관계회사로 변경하면서 회사 기치가 급성승한 2015년 회계뿐만 아니라 이전 사안에 대해서도 검토가 필요하다는 지시를 내렸기 때문이다. 특히 김용범 증선위원장이 재감리를 '명령'이라고 강도 높게 언급하면서 금감원의 감리 집행을 촉구하는 모양새다. 금융당국 고위 관계자는 "일부에서는 삼바에 대한 재감리가 '삼성 봐주기' 결정이라는 비판 비난을 하기도 하는데 재감리 결정은 일반적인 심사감리가 아니라 혐의감리"라며 "행정적으로 보다 엄격히, 제대로 처리하자는 취지"라고 전했다.

조치안이 나온 뒤에는 절차를 최소화하는 패스트트랙 방식으로 증선위 직상장이 예상된다. 감리위원회를 한 번만 거치거나 생략하는 식이다. 금융위 측은 지난 5월부터 7월까지 2개월 여간 감리위원들과 증선위원들이 수차례 삼성바이오로직스 회계 부분을 검토한 점을 고려해 최대한 신속한 결론을 유도할 계획이다. 금융당국 관계자는 "12월에는 결론에 이를 수 있을 것"이라며 "시장의 혼란을 최소화하기 위해 노력할 것"이라고 전했다.

한편 윤석헌 금융감독원장은 이날 기자 간담회에서 "2012년에서 2014년 적정성을 다시 보지 않고 2015년만 보는 게 정확하다는 게 우리 입장이지만 그것만 고수할 수 없고, 어떻게 그림을 그릴지 폭 넓게 살펴볼 예정"이라며 "가능한 빨리 처리하겠다"고 밝혔다.

검찰의 조사는 일반적으로 증선위의 조사 결과, 검찰통보나 검찰고발하는 시점에 시작되는 것이 일반적이다. 이번과 같이 금감원이 조사하는 시점에 동시에 검찰과 공조하는 경우는 매우 이례적이다.

최근 논의되고 있는 외감 규정 중, 조금 이해하기 어려운 내용을 기술한다.
- 외감규정상 지정 감사계약의 수임협의 실패시 지정배제 위험
- 외감법 - 외감법시행령 - 외감규정의 hierarchy상 외감법 개정에 따라 외감규정의 개정을 금감원이 준비중인 사항으로 이해되는데,
- 최근 관련 회의를 통해 외감규정 개정사항 중 "지정통보를 받은 날부

터 2주 이내에 타당한 사유없이 감사계약을 체결하지 않는 경우” 또는
지정대상회사에 과도한 감사보수를 요구하는 경우”에는 1년간 지정감
사인의 자격을 제한하는 논의가 진행되고 있는 것으로 이해된다.

규정에 포함될지는 아직 불투명하지만 포함되지 않는다고 해도 이러한
논의 자체도 매우 위험하다. 감사계약은 피감기업과 감사인간의 자유
의사에 의해서 진행된다. 물론 지정일 경우에는 자유수임에 대한 예외
사항으로 진행된다. 지정대상회사에 대해서 과도한 감사보수를 요구하
는 것도 어느 정도가 과도한 감사보수인지를 판단한다는 것이 매우 주
관적인 판단의 영역이다. ‘2주 이내에’ 감사계약을 체결하지 않는 것은
감사인과 피감기업간에 절충이 되지 않았기 때문인데 이에 대한 모든
책임을 감사인이 지라는 것도 이해하기 어렵다.

– 특히, 지정감사통보일로부터 보수협의가 원만하게 진행되지 않는 경우
 (“과도한 감사보수 요구”가 주관적일 수 있음) 지정감사계약 체결이 지연될
 수 있는바, 이로 인해 계약체결기한을 초과하였을 경우 지정감사인 배
 제의 불이익을 고려하면, 협상에 있어서 감사인의 충분한 감사보수를
 제안하고 협의하는 데 한계가 발생할 수 있다는 우려가 있다.

감사보수를 정부가 정해 주는 것이 1999년 카르텔일괄처리법에 의해서
불가해 져서 한공회가 정하는 감사보수도 일종의 가이드라인에 불과한
데 어느 누가 ‘과도한 수임료’인지를 판단할 수 있는지가 매우 불투명
하다. 한공회가 2018년 말 준비하고 있는 수임료 가이드라인도 가이드
라인에 불과하다.

물론, 양자간에 조정이 되지 않아서 계약을 못하는 경우, 이를 감독기
관이 수수방관하는 것이 옳은 것인지에 대한 반문이 있을 수 있다. 단,
지정 대상이 된다는 것은 감독기관이 유심히 관찰할 필요가 있다는 것
을 의미하는데 이런 식으로 감사인을 압박하는 것이 공정한 감독인지
에 대한 의문이 있다.

– 아직 최종 확정된 사항은 아니므로, 관련 협의를 통해 관련 외감규정
 개정시 외감법 개정의 취지에 부합하는 충분한 고려가 필요함을 공유
 할 필요가 있다고 생각된다.

한국경제신문. 2018.10.17.

삼바 재감리도 '중징계' 결론

금융감독원이 삼바에 대한 회계 재감리를 해 '회계기준을 중대하게 위반했다'고 결론 내렸다. 이르면 이번 주 중징계를 담은 조치안을 회사 측에 통보할 계획이다. 이에 따라 다음 달 열리는 금융위원회 산하 증권선물위원회에서 금감원의 공격과 삼바의 방어 논리 가 다시 한번 격돌할 전망이다.

16일 국회와 관련 업계 등에 따르면 금감원은 최근 삼바의 2012년 이후 회계 처리와 2015년 회계변경의 적정성을 검증하는 재감리를 마무리했다. 증선위가 지난 7월 12일 삼 바 주식매수청구권과 관련한 공시 누락은 고의성을 인정해 검찰에 고발했지만, 분식회계 부분은 판단을 보유한 채 금감원에 재감리를 요청한 데 따른 것이다.

금감원은 재감리 결과 삼바가 미국 바이오젠과 합작 설립한 삼성바이오에피스를 설립 초기인 2012년부터 종속회사가 아니라 관계회사로 인식했어야 한다고 판단했다. 삼바가 2015년 에피스를 종속회사에서 관계회사로 변경한 것은 '고의적 분식회계'라는 기존 주 장을 유지했다. 삼바가 상장 전 기업가치를 부풀리기 위해 종속회사였던 에피스를 관계 회사로 전환했다는 것이다. 금감원 조치안이 증선위에서 그대로 통과되면 삼바는 7월 공 시누락에 따른 제재와 별도로 추가 검찰 고발과 과징금 등 행정조치를 받을 수 있다.

한국경제신문. 2018.10.17.

삼바 분식회계 논란 2라운드, 금감원 재감리도 '쟁점'은 여전

삼바의 에피스에 대한 회계처리

2012	종속회사	연결회사
2013	종속회사	연결회계
2014	종속회사	연결회사
2015	관계회사로 변경	지분법 인식
2016	관계회사	지분법
2017	관계회사	지분법

삼바를 둘러싼 '회계처리 논란'이 2라운드에 들어갔다. 금융감독원이 삼바에 대한 재감리 결과 '중대한 회계기준 위반이 있다'고 판단해 추가 중징계를 예고했기 때문이다. 삼바 회계처리 위반 여부와 고의성을 놓고 증선위에서 다시 치열한 공방이 벌어질 것으로 예상된다.

• 금감원, 원안 고수 위한 '확장판'

금감원은 삼바의 회계처리와 관련해 2012~2014년 에피스를 종속회사로 인식한 것이 회계기준을 위반한 것으로 결론 내렸다. '고의가 없는 중과실'로 조치안이 결정될 것이라는 게 관련업계의 관측이다. 2015년 에피스를 관계사로 변경한 것에 대해서 '고의적 분식'판단을 유지한 것으로 전해졌다. 지난 7월12일 증권선물위원회가 2015년 에피스를 종속회사에 관계회사로 변경해 순이익이 급증한 것만 문제 삼았다. 이 조치안에선 2012~2014년 회계처리에 대한 판단이 없어 증선위로부터 논리적 결함이 있다는 지적을 받았다.

금감원의 이번 재감리에선 삼성바이오로직스의 2012~2014 회계처리도 잘못됐다는 판단이 더해졌다. 에피스 설립 초기인 2012년부터 합작파트너사인 미국 바이오젠이 보유한 주식매수권을 고려해 관계회사로 인식했어야 한다는 것이다. 바이오젠과의 공동 경영 여지가 있는데도 에피스를 단독 경영하는 것처럼 종속회사로 인식한 것은 회계처리 위반이란 주장이다. 삼바에 정통한 회계업계 관계자는 "금감원이 1년 넘게 작업한 원안'을 포기하기 어렵기 때문에 재감리를 통해 절충안을 내기보다 단순히 추가 판단을 더한 '확장판'을 마련한 것"이라고 말했다.

금감원은 이르면 이번 주, 늦어도 다음 주 삼바와 외부 감사인인 삼정, 안진에 재감리 조치안을 통보할 예정이다. 금감원이 삼바의 2012~2014년 회계처리도 기준을 위반한 것으로 판단함에 따라 무더기 사업보고서 정정과 과징금 제재가 불가피할 것으로 예상된다.

• "논리적 결함" 여전 공방 예고

금융당국은 삼바 재감리 결과를 다음달 증선위에 상정, 심의할 예정이다. 핵심 쟁점은 다시 '2015년 회계처리 변경'이 될 전망이다. 금감원의 2012~2014년 판단이 2015년의 것과 논리적으로 상충되는 측면이 있어서다.

회계업계 관계자는 "금감원이 2012년 에피스 설립 당시부터 관계회사로 인식하는 게 맞다는 판단을 했다면, 삼바가 2015년 에피스를 관계회사로 변경한 것은 오히려 잘못된 회계를 바로잡은 것을 볼 수 있다"며 "일부 증선위원도 이 같은 생각을 갖고 있는 것으로 안다"고 말했다.

지난 증선위 의사록에 따르면 일부 증선위원은 금감원의 논리적 결함을 질타하기도 했다. 금감원 관계자가 "삼바가 2012~2014년 에피스를 연결보다는 지분법(관계회사)으로 회계처리하는 것이 타당하다고 판단한다"고 발언하자, 한 증선위원이 "기본적인 부분에 오류가 있고 논리상 일관성이나 정합성에 문제가 있다"고 지적했다.

2015년 회계처리 변경의 고의성을 입증할 사실관계를 두고 증언이 엇갈리는 점도 추가 공방을 예고하는 대목이다. 금감원은 삼바가 외부감사인에 2015년 말 나스닥 상장 중단과 바이오젠의 콜옵션 조기 행사 무산 사실을 숨겼다고 주장하지만, 감사인은 이런 사실을 알고 있었다고 증선위에서 증언했다.

한국경제신문. 2018.10.18. ———————————————
"증선위 처분 취소해 달라"

삼바가 금융위원회 산하 증선위를 상대로 행정소송을 제기했다. 지난 7월 증선위가 '고의적 공시 누락' 혐의로 삼바에 검찰 고발 등 조치를 내린 것을 취소해 달라는 내용이다. 회계처리 위반에 대해 중징계를 예고한 금융감독원의 재감리와는 별개로, 공시 누락과 관련한 법정 다툼이 진행될 것으로 예상된다.

삼바는 지난 8일 서울 행정법원에 증선위 처분 취소를 위한 소송을 제기했다고 17일 밝혔다. 증선위가 7월 12일 고의적으로 공시를 누락했다며 삼바 회사 및 대표이사 검찰 고발, 담당 임원해임 권고, 감사인 지정 3년의 조치를 내린 데 따른 대응이다.

삼바는 2012년 2월 미국 바이오젠과 삼성바이오에피스를 지분 85대 15 비율로 설립하고, 바이오젠이 에피스 지분을 '50%-1주'까지 늘릴 수 있는 주식매수권(콜옵션) 계약을 맺었다. 증선위는 삼바가 2012~2014년 콜옵션의 존재를 주석에 명시하지 않은 데 대해 중징계를 내렸다. 삼바는 "국제회계기준상 반드시 공시할 사항이 아니다"며 "콜옵션 공시를 하지 않을 땐 비상장사였기 때문에 공시의무로 없었다"고 반박해왔다.

삼바주가는 재감리에서도 중징계 결론이 났다는 소식에 전일 대비 1만 7,500원(3.74%) 하락한 45만원으로 마감했다.

한국경제신문. 2018.10.20.

'삼바' 심의 증선위, 31일 대심제로 개최

재감리서 과징금 60억 → 80억 상향

삼바 분식회계 혐의를 심의하는 증선위가 감리위원회를 거치지 않고 오는 31일 바로 열린다.

김용범 금융위원회 부원장 겸 증선위 위원장은 19일 "시장의 불확실성을 빠르게 해소할 필요성 등을 고려해 감리위원회 심의를 생략한다"며 "31일 증선위에 곧장 안건을 상정할 것"이라고 말했다.

김 부위원장은 이날 금융감독원으로부터 삼바 재감리 결과를 보고받았다.

이번 증선위는 금감원 감리부서와 삼바가 동석한 가운데 삼성 측에 소명 기회를 주는 대심제를 적용할 계획이다. 금감원의 공격과 삼바의 방어 논리가 다시 한 번 격돌할 전망이다.

증선위는 지난 7월12일 삼바를 고의적 공시 누락 혐의로 검찰에 고발했다. 하지만 분식회계 부분은 판단을 보류한 채 금감원에 재감리를 요청했다. 금감원은 재감리 결과 삼바가 '회계기준을 중대하게 위반했다'는 결론을 최근 내리고, 회사와 외부감사인에 조치안을 통보한 것으로 알려졌다.

이 같은 혐의로 과징금이 기존 60억원에서 80억원으로 상향된 것으로 전해졌다. 회사와 대표이사에 대한 검찰 고발, 대표이사 해임 건의도 조치안에 포함됐다.

금감원 조치안이 증선위에서 그대로 통과하면 삼바는 7월 공시 누락에 따른 제재와 별도로 추가 검찰 고발과 과징금 행정 조치를 받을 수 있다.

한국경제신문. 2018.10.31.

징계수위 높아진 재감리 조치안 놓고

삼바 분식회계 혐의를 심의하는 증권선물위원회가 석 달 반만에 다시 시작된다. 금융감독원은 재감리를 통해 삼바의 회계처리 기준 위반 기간을 늘리고, 과징금을 올리는 등 징계 수위를 높였다. 하지만 삼바는 위반 혐의를 전면 부인하고 있어 이번에도 '벼랑 끝 공방'이 불가피할 전망이다.

30일 금융당국에 따르면 31일 증선위에 삼바 회계처리기준 위반에 대해 재감리 조치 안이 상정된다.

증선위는 지난 7월12일 삼바에 대해 '고의적 공시누락'으로 검찰고발 등 제재를 결정 했다. 당시 증선위는 삼바의 회계처리 기준 위반에 대해선 판단을 유보하고 금감원에 재 감리를 요청했다.

금감원은 재감리 조치안에서 삼바가 에피스를 미국 비이오젠과 합작 설립한 2012년부 터 종속회사가 아니라 관계회사로 인식했어야 한다(회계처리 위반 중과실)는 것과 삼바 가 2015년 에피스를 종속회사에서 관계회사로 변경한 것은 '고의적 분식회계'라는 지적 사항을 담은 것으로 전해졌다. 이 같은 혐의로 과징금은 기존 60억원에서 80억원으로 높 아졌고, 회사와 대표이사에 대한 검찰고발 및 대표이사 해임 건의도 조치안에 포함됐다.

삼바는 대심제가 적용되는 이번 증선위에서 금감원의 두 가지 지적에 대해 모두 무혐 의를 주장할 계획인 것으로 알려졌다. 대심제는 피감 회사가 금감원 감리부서와 동석해 동등하게 소명 기회를 얻는 제도다. 삼바 관계자는 "에피스가 설립된 2012년 2월부터 그 해 12월까지 10개월 동안 합작 계약서, 이사회 회의록, 자금조달 등은 회계처리가 적정했 다는 것을 보여준다."며 "이후의 기록을 보고 당시 상황을 유추해 기준을 위반했다고 하 는 것은 받아들이기 힘들다"고 말했다.

증선위가 최종 결론을 내리기까지는 시간이 걸릴 것으로 예상된다. 회계업계에선 두세 차례 추가 증선위를 거쳐 연말게 마무리될 것으로 전망하고 있다.

조선일보. 2018.10.31.
삼바 2라운드, 금감원 말 바꾸기 논란

금융위 산하 증선위가 31일부터 삼바의 분식회계 의혹 사건 심의를 다시 시작한다. 지난 5~6월에 이은 2차 심의다. 앞서 증선위는 "삼성이 고의로 공시를 누락한 것이 인 정된다"며 일부 혐의에 대해 검찰 고발 및 담당 임원 해임 권고라는 중징계를 내렸다. 2차 심의에서는 삼바의 자회사 에피스에 대한 2012~2015년 회계처리의 적정성에 대해 다룬다. 금감원이 혐의를 제기하며 내세운 논리가 미흡하다며 증선위가 재조사를 명령 한 사안이다.

금감원은 재조사 명령까지 받으며 자존심에 금이 갔고, 삼성은 1차 심의에서 이미 검찰 고발이라는 중징계를 맞아 충격이 큰 상황이다. 증권가에서는 "삼바는 실적보다 증선위 결과가 더 중요한 상황"이라는 반응이 나올 정도라, 2차 심의에서도 양측이 첨예하게 대립할 전망이다.

2차 심의는 31일부터 삼성과 금감원 관계자들이 함께 증선위에 나와 쟁점별로 공방을 벌이는 대심 방식으로 진행된다. 향후 1~2차례 더 추가 심의를 할 가능성이 높아 최종 결론은 이르면 11월말이나 12월초에 나올 것으로 예상된다.

특히 증선위 심의에서는 금감원의 '모순'을 둘러싼 공방이 펼쳐질 전망이다. 증선위 안팎에서는 "금감원이 말을 바꿨다"는 삼성 측 공세를 증선위가 얼마나 인정할지가 관건이란 전망이다.

이 사건의 핵심 쟁점은 삼바의 자회사 에피스에 대한 회계 처리가 적정했는지 여부다. 삼바는 지난 2015년 말 에피스 가치를 장부에 반영하면서 회계 처리 기준을 '종속회사'에서 '관계회사'로 바꿨다.

회계 기준에서 볼 때 A기업이 B기업에 대한 확실한 지배력을 갖고 있다면 B기업을 A회사의 종속회사로 보고 그 회사 가치를 '장부 가격'으로 평가한 후 A기업 재무제표에 반영한다. <u>반면 지배력이 없다면 관계 회사로 분류하고 단순 투자 대상처럼 간주해 시장에서 평가하는 가격으로 가치를 매겨 올린다(시가 평가).</u>

금감원은 지난 5월 1차 증선위 심의 때 2015년 에피스가 종속 회사에서 관계 회사로 바뀐 결과, 적자 회사였던 삼바가 1조 9,000억원 돌연 흑자로 전환한 것은 고의적 분식 회계라 주장했다. 그러나 지난 7월 증선위가 제동을 걸었다. 증선위는 "2015년 회계기준을 바꾼 것이 문제라면, <u>회계처리를 제대로 하다가 틀리게 바꾼 것인지, 틀린 것을 올바르게 바꾼 것인지</u> 확인해야 한다"며 금감원에 재조사를 명령했다. 그러자 금감원은 3개월 후인 지난 19일 "삼성이 에피스를 2012년부터 관계회사로 처리했어야 했다"고 주장을 고쳐 증선위에 제출했다. 금감원은 또 "삼성이 이 과정에서 에피스 가치를 지나치게 부풀려 계산한 것도 잘못"이라는 주장도 제기하면서, 중과실 고의에 해당하는 중징계를 내려야 한다는 기존 방침을 고수한 것으로 알려졌다.

반면 삼성은 금감원의 앞뒤 주장이 모순된다며 무혐의를 주장할 방침인 것으로 알려졌다. "금감원 주장대로라면 2015년 종속회사에서 관계회사로 회계 처리 기준을 바꾼 것은 그전까지 잘못됐던 회계 처리를 맞게 바로잡은 것인데, 왜 지난번 증선위 때는 2015년 회계처리가 문제라고 했느냐"는 것이다.

금융위 관계자는 "현재로서는 2015년 전후의 회계처리가 가장 중대한 이슈로 보이지만, 증선위가 열렸을 때 금감원이 새로운 카드를 꺼낼 수도 있기 때문에 증선위 논의가 어떻게 진행될지 쉽게 예측할 수 없는 상황"이라고 말했다.

매일경제신문. 2018.8.1. ─────────────

삼바분식회계 의혹 이달 중순 이후 결론

삼바 분식회계 의혹에 대한 2라운드 심의가 시작됐다. 금융위원회 산하 증권선물위원회는 1~2차례 추가 회의를 거쳐 11월 중순 이후 징계 여부를 최종 결정할 계획이다. 31일 금융위는 증선위 정례회의를 열고 삼바에 대한 징계안을 심의했다.

이날 오전 10시부터 시작한 심의는 13시간이 넘는 마라톤 논쟁에도 결론을 내지 못했다. 증선위는 결국 오는 14일 2차 회의를 열기로 했다.

김용범 증선위원장은 회의에 앞서 "그래도 (시간이) 많이 걸릴 것이다. (임시 회의 개최 여부 등) 회의를 해봐야 한다"고 밝혔다. 두 번째 심의지만 심도 있는 분석을 통해 추가 회의가 필요하다는 입장이다.

이날 오전부터 이어진 증선위 정례회의는 금융감독원 측의 조치안 설명에 이어 삼바의 해명, 감사를 맡았던 삼정, 안진의 의견 청취 순으로 진행됐다. 이어 모든 관계자가 합석해 의견을 주고 받는 대심제 형태로 진행됐다. 이날 회의에서 금감원은 1차 징계조치안과 달리 삼바 분식회계의 이유와 목적을 변경한 것으로 전해졌다. 앞서 1차 감리에서는 자회사 가치를 부풀리는 방법으로 삼성물산과 제일모직의 합병 비율 정당성을 강화하기 위한 '합병 사후 지원' 명목으로 분식회계를 저질렀다고 지적한 바 있다. 하지만 이번 감리에서는 삼성물산 합병 부분은 빠진 채 삼바의 증시 상장을 유리하게 하기 위해 적자기업을 흑자기업으로 바꾸기 위한 분식회계였다고 지적한 것으로 전해졌다.

회계업계 관계자는 "이번 2차 조치안에서 적자기업을 상장하기 위한 분식회계였다고 주장하는데, 당시 이미 적자기업도 상장할 수 있도록 규정이 바뀐 뒤라 굳이 고의적으로 흑자로 바꿀 개연성은 떨어지는 것 같다"고 분석했다.

적자기업에 대한 상장특례가 신설된 것은 2015년 11월의 일이다. 당시 한국거래소는 '성장 유망기업 등 기업의 다양한 경영 성과를 수용한다'는 명분 아래 2015년 10월 코스피 상장 규정을 개정했고, 삼바는 이듬해 11월 코스피에 상장됐다. 소위 유망기업은 상장할 수 있게 지원한다는 취지로, 대표 바이오주 중 하나인 신라젠은 600억원 적자에도 코스닥 성장에 성공한 바 있다.

이에 대해 금감원 측은 "큰 틀에서 삼바가 콜옵션 존재를 숨기고, 당시 흑자 전환을 위해 고의적으로 분식회계를 했다는 것에는 변함이 없으며, 지난 증선위 회의의 의견을 받아 재감리를 진행했을 뿐"이라고 설명했다.

이날 항변에 나선 삼바 측은 2015년 바이오시밀러 사업이 전환점을 맞으면서 회계기준을 변경했다고 재차 강조한 것으로 전해졌다. 2015년 국내 판매 승인과 유럽 판매 승인으로 바이오시밀러 개발사인 에피스의 가치가 급상승했고, 합작사인 미국 바이오젠의 지분 확대 콜옵션 행사 가능성이 높아졌기 때문에 종속회사에서 지배력을 상실한 관계회사로 전환했다는 주장이다. 또 관계회사 전환 시 투자가액만 반영한 가치를 시장공정가치로 재평가하는 것은 회계기준 변경에 따른 당연한 과정이라는 것이다.

다만 시장에서는 에피스가 당시 공정가치평가에서 4조 8,000억원의 시장가치를 인정받고, 이를 삼바 2015년 회계에 일시에 반영해 만년 적자에서 1조 9,000억원대 흑자로 둔갑한 것에는 의문을 제기한다. 장부가액 3,000억원 회사 가치가 너무 부풀려진 게 아니냐는 시각이다. 삼바 측은 다수 회계법인이 가치 평가를 했고, 당시 한국공인회계사회의 위탁감리에서도 통과한 사안이라는 입장이다.

회계업계 관계자는 "이번에는 어떤 식으로든 결론이 나겠지만 결국에는 1차 증선위 결과와 같이 삼성 측이 행정소송에 나설 가능성이 높다"며 "최종 결론은 증선위가 아닌 대법원에서 판단하게 될 것으로, 최소 3년여의 시간이 지나야 할 것으로 보인다"고 전했다. 그는 이어 "시장에서는 검찰 수사와 증선위 감리 등으로 불확실성이 다시 커지고 있는 만큼 조속한 결론을 원하고 있다"고 덧붙였다.

한국경제신문. 2018.11.1.

증선위, 삼바 재감리 첫 심의 '2015년 공정가치 평가' 공방

석달 반 만에 다시 열린 증권선물위원회에서 금융감독원과 삼바가 분식회계 혐의에 대한 재감리 결과를 놓고 팽팽히 맞섰다. 양측의 공방 속에 결론을 내리지 못한 증선위는 다음달 추가 회의를 열어 심의를 이어갈 예정이다.

금융위원회 산하 증권선물위원회는 31일 삼바 재감리 안건 심의를 시작했다. 이날 증선위에선 2015년 삼바의 회계처리 변경과 함께 2012~2014년 회계처리 적정성에 대한 안건이 추가돼 양측의 날 선 공방이 벌어졌다. 금감원은 삼바에 대한 공격의 초점을 '공정가치 평가 적용의 적정성'으로 변경했다.

금감원은 그동안 삼바가 2015년 에피스를 종속회사에서 관계회사로 바꾼 것이 적절하지 않았다는 것을 집중 지적해 왔다. 그러나 이번에는 '2012년부터 잘못 인식해온 회계처리로 인해 공정가치(시가)로 평가할 수 있는 회계변경 기회를 만들어 가치를 부풀렸다'는 데 무게를 뒀다. '2015년에 잘못된 회계를 바로잡은 것 아니냐'는 일각의 지적에 대응하기 위한 전략으로 분석된다.

삼바는 금감원에 맞서 무혐의를 주장했다. 2012~2014년 종속회사 인식뿐 아니라 2015년 회계변경 모두 기준에 맞게 처리한 것이라고 소명했다. 삼바 관계자는 "2015년은 에피스가 '블록버스터 신약'을 상용화하기 위한 준비 단계를 마친 의미 있는 해"라며 "바이오젠이 주식매수선택권(콜옵션)을 행사할 가능성이 높았기 때문에 에피스가 양사의 '공동 지배' 아래 있다고 판단하는 게 타당하다고 강조했다.

금감원은 재감리 조치안에서 삼바가 2015년 회계처리를 변경한 목적에 대한 의견도 바꾼 것으로 전해졌다. 당초 삼성물산과 제일모직의 합병을 사후 지원하기 위해 '고의적 분식'을 했다는 내용이 있었지만 이 대목을 제외시켰다. 대신 상장과 자금 조달을 유리하게 하기 위해 고의적 분식을 했다고 금감원은 지적한 것으로 알려졌다.

문화일보. 2018.11.1.
'삼바 재감리' 금감원 참여연대 사전 교감?

금융감독원의 삼바 대상 재감리 내용이 이전과 달라졌지만 제재 수위는 높아져 판단 배경을 놓고 관심이 높은 가운데, 이를 판단할 금융위원회 산하 증권선물위원회 개최 전날 참여연대에서 금감원의 판단 배경을 설명해 주는 자료를 배포하고 금감원은 똑같은 내용을 증선위에서 주장해 논란이 되고 있다. 조치사전통지서 외부 공개가 금지되고 판단 근거 등 내용에 대한 언급 자체를 피해왔던 금감원이 참여연대와는 재감리결과를 놓고 사전에 교감한 것이 아니냐는 의혹이 나온다.

1일 금융당국에 따르면 전날 진행된 삼바 대상 증선위 1차 회의에서 금감원은 삼바가 미국 제약사 바이오젠과 합작해 만든 에피스를 2012년 설립 당시부터 '종속회사'가 아닌 '관계회사'로 반영했어야 한다고 주장했다. 바이오젠의 동의권(지분 15%)과 콜옵션 행사

가능성을 그 이유로 댔다. 그러면서 삼바가 회계기준 변경 시 가능한 공정가치평가(시장가치평가)를 위해 2015년 지배력 등을 이유로 에피스를 관계사로 전환했고, 이 평가로 에피스 가치가 크게 오르면서 삼바가 상장 및 자금조달에 유리했다고 설명했다. 회사 설립 시 회사 가치는 현재가치인 장부가치로 평가하는 데 처음부터 에피스를 관계사로 인식했으면 2015년 별 다른 지배력 등에 변화가 없어 회계 기준을 변경할 필요가 없었던 만큼 변경된 에피스 가격도 장부가로 인식했어야 한다는 논리다. 이는 하루 전 참여연대가 배포한 '삼바 분식회계 관련 2차 Q&A' 자료에 자세히 설명돼있는 내용이다. 참여연대가 이 자료를 내기 전까지 금감원의 구체적인 판단 배경 등은 알려지지 않았다. 이로 인해 공정해야 할 금감원이 특정 집단과 의사결정을 공유하는 것 아니냐는 의혹이 나온다.

특히 참여연대는 이 문제를 가장 처음 제기한 장본인이다. 참여연대 측은 "금감원과 관련해 논의한 적이 없다"면서 "원래부터 문제 삼고 있었던 부분이었다"고 해명했다. 금감원 담당자도 "참여연대 쪽엔 전혀 아는 사람이 없다"며 의혹을 부인했다. 하지만 첫 감리 때부터 금감원과 참여 연대가 같은 주장을 해왔다는 점에서 회계업계 등에서도 여전히 의심의 눈길을 보내고 있다.

이코노미스트. 2018.11.5. ───────────────────

공격 논리 바꾼 금감원, 증선위 판단은…

그러면 순대가 콜옵션을 행사할 가능성이 크다는 것을 어떻게 판단할 수 있을까. 천국의 기업가치를 평가해야 한다. 김밥이 천국의 기업가치를 평가해보니 400만원이다. 발행주식수가 100주라면 주당가치는 4만원이다. 지분 분류변경 즉 '종속기업 → 관계기업' 또는 '관계기업 → 종속기업'으로의 전환은 막대한 당기순이익 또는 당기순손실을 초래할 수 있다. 일반인들이 보기에 좀 특이한 회계처리를 해야 하기 때문이다. 김밥이 가진 천국 지분 90%는 이제 신분이 바뀐다고 했다. 종속기업 주식에서 관계기업 주식으로 전환한다. 이때 김밥은 종속기업 주식을 매각하고 관계기업 주식을 취득하는 것처럼 회계처리한다. 매각하는 종속기업(천국)의 지분가치는 얼마인가. 천국의 재무제표에 나타난 순자산이다. 이것을 100억원이라고 하자. 새로 취득하는 관계기업(이것 역시 천국이다) 지분의 가치는 얼마인가. 이것은 이른바 '공정가치'로 평가한다. 천국이 상장사라면 주가를 기준으로 하겠지만 비상장사라면 적절한 기업가치평가법(일반적으로 현재가치법)을 동원해 새로 평가해야 한다. 1,000억원으로 산출됐다고 하자. 결국 종속기업 100억원을 매각하는 대신 관계기업 900억원(기업가치 1,000억원×지분 90%)을 얻는 셈이 됐다. 우리는 이를 두고 "김밥이 종속기업 주식 처분이익으로 800억원(900억원-100억원)을 얻었다"고 말한다.

김밥이 평가한 천국 기업가치는 100% 객관적일까? 일반적으로 비상장사 가치평가방법으로 선택하는 현금흐름할인법에는 많은 가정이 들어간다.

콜 옵션 행사가격, 즉 지분거래 가격은 별도의 공식에 따라 산정하기로 했다.

콜옵션 행사 가능성이 커졌다는 주장의 근거는 에피스 가치의 급상승이었다. 안진회계법인이 수행한 가치 평가액은 5조 2,700억원, 2015년 바이오시밀러 2종 임상 성공에 따른 국내 판매 허가 및 유럽 판매 승인신청 등이 반영된 수치였다. 삼성이 보유한 지분 91% 해당액은 4조 8,000억원이다. 이에 비해 에피스 순자산액은 2,900억원, 지분 91%를 일단 종속기업 주식에서 관계기업 주식으로 신분 전환시켜야 한다. 앞에서 설명했듯 종속기업을 매각해 관계기업을 얻는 것으로 회계처리를 해야 하므로 4조 5,000억원(4조 8,000억원-2,900억원)이 넘는 종속기업 주식 처분이익을 얻게 된 셈이다.

바이오젠이 넘겨줘야 할 에피스 지분 41%의 가치는 2조 1,700억원이다. 이에 비해 삼바가 그 대가로 바이오젠으로부터 받는 돈(콜옵션 행사가격)은 3,500억원으로 산출됐다. 3,500억원에 2조 1,700억원 가치의 지분을 넘겨줘야 하니 삼바는 그 차액인 1조 8,000억원의 콜옵션 평가손실을 본다. 반대로 바이오젠은 그만큼의 이득을 보는 것이 되므로 삼바는 콜옵션 행사 가능성이 커졌다고 본 것이다. 콜옵션평가손실보다 종속기업 주식 처분이익이 훨씬 더 크기 때문에 삼바는 결과적으로 회계상 2조원 이상의 남는 장사를 했다. 2015년 당기순이익 1조 8,000억원은 이렇게 탄생했다.

에피스 설립 당시 지분율은 삼성 측(85%)이 압도적이었다. 이사회 구성(삼성 4명, 대바이오젠 1명)도 그랬다. 언뜻 보면 종속기업이 맞을 것 같다. 그런데도 금감원이 재감리에서 관계기업으로 결론 내린 이유는 무엇일까. 삼성은 2012~2014년에는 콜옵션 가치가 너무 낮아 바이오젠이 행사할 가능성을 크게 볼 수 없었다고 주장한다. 삼성에피스의 기업가치가 그만큼 낮았다는 이야기다. 하지만 금감원은 재감리 과정에서 당시에도 콜옵션 행사가격과 행사에 따른 이득을 따져봤을 때 바이오젠이 행사할 가능성이 큰 편이었다는 결론을 내린 것으로 추측된다.

조선일보. 2018.11.7.

삼바, 바이오젠과 삼성바이오에피스 공동 경영

바이오 위탁 생산 기업 삼바의 미국 파트너사인 바이오젠이 삼성의 바이오 핵심 계열사인 에피스의 지분 49.9%를 획득하는 권리를 행사했다. 이에 따라 바이오 복제약 개발사인 에피스는 삼바와 바이오젠의 공동 경영 체제로 전환된다. 삼바는 지난 2012년 에피스를 설립하는 과정에서 합작사인 바이오젠에 에피스 주식 49.9%를 확보할 수 있는 권한을 줬다.

삼바는 "7일 바이오젠에 에피스 주식 922만 6,068주를 양도하고, 그 대가로 주식 인스금과 이자를 더해 총 7,595억원을 받을 예정"이라고 6일 밝혔다. 삼바 관계자는 "이번 계약으로 현금 자산이 4,779억원에서 1조 2,374억원으로 늘어났고, 부채 비율은 94.6%에서 50.1%로 바뀌고, 바이오젠의 지분은 5.4%에서 49.9%로 늘어난다. 또 에피스 이사회는 삼바와 바이오젠 측 인사 각 3명씩 동수로 구성이 바뀔 전망이다.

한국경제신문. 2018.11.7.

삼성바이오에피스 콜옵션 행사 삼바 바이오젠 공동 경영 체제로

거래가 완료되면 삼바의 재무제표에 반영된 매각 예정자산(약 2조 2,478억원)과 파생상품부채(약 1조 9,336억원)는 삭제된다. 또 올해 4분기 손익계산서에는 관계기업처분이익 약 4,413억원이 영업외이익으로 반영된다.

매일경제신문. 2018.11.8.

"삼바, 승계 위해 고의로 분식회계"

박용진 더불어민주당 의원이 7일 삼바가 2015년 삼성물산 제일모직 합병 과정에서 고의로 분식회계를 한 정황이 발견됐다고 주장하며 증선위의 신속한 심사와 금융감독원의 감리 착수를 촉구했다.

이에 대해 최종구 금융위원장은 "(감리가 필요하다는 지적에) 일리가 있다고 생각한다"면서도 "감리는 금감원과 증선위가 판단할 문제"라고 선을 그으며 즉답을 회피했다.

박 의원은 국회 예산결산특별위원회 경제부처 부별심사와 국회 기자회견을 통해 삼성 내부 문건을 공개하며 "삼성 내부 문건을 통해 드러난 것은 삼성물산과 삼바가 제일모직 주가의 적정성 확보를 위해 고의로 분식 회계를 한 것"이라며 "이는 제일모직과 삼성물산 합병을 정당화하기 위한 것"이라고 밝혔다.

박의원은 "2015년 8월12일 내부 문서에는 삼바 가치를 저평가하면 합병 비율 이슈가 생기고 합병 비율 검토 보고서와 불일치해 사후 대응이 필요하다는 표현도 등장한다"며 "삼성은 삼정과 안진회계법인이 제일모직이 보유하고 있는 삼바 가치를 자체 평가 금액 3조원보다 거의 3배인 8조원 이상으로 평가한 것이 엉터리 자료임을 알고도 국민연금에 보고서를 제출했음을 의미하는 것"이라고 강조했다.

그는 "고의 분식회계는 자본시장 근간을 흔드는 중대 범죄 행위"라며 "증선위 심의가 진행 중인 삼바 고의 분식 사건뿐만 아니라 삼성물산 회계처리에 대해서도 금융감독원이 신속히 감리를 착수해 분식회계 여부를 밝혀낼 것을 촉구한다"고 말했다.

한편 이날 예결위에 출석한 최 금융위원장은 "감리 여부는 금감원과 증선위가 판단해야 한다"면서 "증선위가 (재심의를) 오래전부터 진행해 왔는데 금융위원장으로서 심의가 공정하게 진행되도록 어떠한 의견도 제시하지 않았고 보고도 안 받고 있다"고 말했다.

그는 금융당국이 삼성을 감싸고 있다는 지적에 대해선 "전혀 근거 없는 의혹"이라고 일축하고 "박의원이 어제 공개한 자료는 이미 증선위에 제출돼 증선위원들이 심도 있게 검토하고 있으리라 생각한다"며 "일부러 시간을 끌 이유가 없는데 사안이 복잡해 시간이 걸리고 있다. 최대한 이른 시일 내에 객관적 논의를 거쳐 최대한 공정한 결론이 내려지리라 기대한다"고 답했다.

한국경제신문. 2018.11.12. ─────────────────
증선위 '삼바 분식 혐의 논쟁' 14일 매듭짓는다
삼바 내부문건 '변수'

삼바의 분식회계혐의에 대한 최종 결론이 오는 14일 증선위에서 내려질 전망이다.

최대 쟁점은 회계처리 변경의 고의성 여부다. 증선위가 지난 7월 공시 누락으로 검찰에 고발한 데 이어 회계처리에 대해 '고의적 분식'으로 결론을 내리면, 삼바는 회계위반으로 사상 최대 과징금을 부과 받을 뿐 아니라 재차 검찰에 고발된다. 유가증권시장 시가총액 4위인 삼바 주식은 즉시 매매정지와 함께 상장폐지 실질심사 대상에 올라 주식시장에 타격이 클 것이란 관측이 노온다.

• 14일 최종 결론날 듯

금융당국 관계자는 11일 "14일 열리는 증선위에서 삼바의 분식회계 안건에 대한 결론을 내릴 가능성이 높다"고 말했다. 금융감독원이 지난달 재감리 조치안을 제출한 뒤 두 번째 심의인 이번 증선위에서는 삼바와 외부 감사인인 삼정, 안진이 의견을 진술할 것으로 전해졌다. 이 과정에서 대심제가 필요하면 즉석에서 금감원과 대질 심문이 진행될 것이다.

금감원은 재감리 조치안에 두 가지 지적사항을 담았다. 삼바가 2015년 에피스를 종속회사에서 관계회사로 변경한 것은 고의적 분식회계라는 기존안에 에피스를 미국 바이오젠과 합작 설립한 2012년부터 종속회사가 아니라 관계회사로 인식했어야 한다는 지적을 추가했다. 이 같은 혐의로 과징금은 60억원에서 80억원으로 높아졌고, 회사와 대표이사 검찰 고발 및 대표이사 해임 건의도 조치안에 포함됐다.

• 내부 문건 최대 변수로

지난달 31일 증선위에서 금감원이 삼바가 옛 삼성그룹 미래전략실에 보고한 내부 문건을 '스모킹 건(결정적 단서)'으로 제출한 것이 최대 변수로 떠올랐다. 2015년 하반기 작성된 이 문건을 내부 고발자가 금감원에 전달한 것으로 알려졌다.

문건에는 삼바가 회계 처리 변경을 하기 앞서 통합 삼성물산(삼성물산+제일모직)이 옛 제일모직 주가의 적정성 확보를 위해 바이오사업 가치를 6조 9,000억원으로 평가해 장부에 반영했다는 대목이 있다. 금감원은 이 대목이 삼바가 에피스의 가치를 부풀리게 된 목저을 입증하는 것이라고 주장했다.

반면 삼성의 내부 문건은 기존 삼성 측의 주장을 뒷받침하는 대목 역시 존재하기 때문에 아직 고의성을 확정짓기엔 이르다는 반론도 제기된다. 문건에는 회계처리 변경이 미전실이 아니라 외부감사인의 요구로 협의안을 도출했다고 명시돼 있다. '대규모 이익이 발생하더라도 대외적으로 회사의 실질가치에는 변동이 없다고 설명할 것'이란 대목은 의도적 가치 부풀리기가 아니라는 점을 시사한다는 분석이다.

회계업계 관계자는 "증선위에서 가려야 할 것은 국제회계기준 위반 여부인데 정치적 압박으로 본질이 왜곡된 측면이 있다"며 "회사가 위법성을 사전에 인지했다는 증거가 없다는 점도 고의적으로 위법한 회계처리를 했다고 확정짓기 어려운 대목"이라고 말했다.

• 상장폐지 가능성 있나

증선위가 삼바가 고의로 분식했다고 판단하면 삼바 주식 거래는 즉시 정지되고 상장폐지 실질심사 대상에 오르게 된다. 유가증권 상장 규정에 따르면 증선위의 검찰 고발조치와 함께 회계처리 기준 위반액이 자기자본의 2.5% 이상일 때는 상폐 대상이 된다. 금감원 조치안에서 산정된 삼바의 연도별 최대 위반 금액은 4조원 수준으로 지난 6월말 현재 자기자본(자본총계) 3조 8,000억원을 넘어선다.

시장에선 삼바가 상장폐지까지 가지는 않을 것이라는 예상이 많다. 한국거래소 관계자는 "상장폐지 심사에서는 회사의 실적, 영업 지속성 등을 종합적으로 고려한다"고 말했다. 지난해 말 기준 삼바 소액주주는 8만 175명에 달한다. 이들이 보유한 주식 물량은 1,424만 주로 9일 종가 환산 총 5조 2,398억원 규모이다.

문화일보. 2018.11.12. ─────────────────────
증선위 결정 앞두고… 삼바 내부문건 잇달아 유출

오는 14일 삼바의 고의 분식회계 혐의에 대한 증선위의 최종 결론이 예정된 가운데 중요 증거 문건이 사전 유출되면서 그 배경에 관심이 쏠리고 있다. 대외 유출이 법(외감법 등으로)의 금지된 문건이 유출된 데다, 일방적 주장의 근거로 악용되면서 공정한 결과를 내야 할 증선위의 결정을 압박하고 있어서다. 금융위도 문제의 심각성을 인식해 심의 종료 후 이에 대한 진상조사 진행을 검토하고 나섰다.

12일 금융당국과 회계업계 등에 따르면 최근 박용진 더불어민주당 의원과 일부 매체는 삼바의 내부 문건을 잇달아 공개했다. 해당 문건은 삼바에 대한 재감리를 진행한 감독원이 금융위와 증선위원에게 제출한 자료 중 일부다. 공개된 문건이 삼바의 고의적 회계 분식 혐의를 뒷받침하는 용도로 활용되면서 삼바의 주식은 급락했고, 결론을 내야 할 증선위에도 부담 요인으로 작용하고 있다.

최근 공개된 삼바 내부 문건 유출 경위에도 관심이 쏠리고 있다. 이 문건들은 금감원이 금융위와 증선위원에게 보낸 안건 자료와 형식이 다른 것으로 확인됐다. 공개된 자료엔 삼성 내부에서 유출된 그대로의 페이지 숫자가 기재돼 있는 반면, 금융위와 증선위가 받은 자료에는 안건 보고서 순서에 따라 재조정된 페이지 숫자가 적혀있다. 또 공개된 문건 일부에는 페이지 숫자가 없다. 한 회계법인 관계자는 "페이지에 숫자가 없다는 것은 정리되지 않은 내부 문서 자체라는 것"이라면서 "이런 문서가 그대로 나왔다는 건 증거를 수집한 금감원에서 유출됐을 가능성이 크다는 뜻"이라고 말했다.

이에 대해 금감원은 "있을 수 없는 일"이라고 일축했지만, 문건의 사전 유출 경위에 대한 조사 필요성을 지적하는 목소리가 커지고 있다.

매일경제신문. 2018.11.13.
폭풍전야 삼바… 하루새 시총 5.4조 증발

거래소 기업 심사팀 관계자는 "경영지배구조의 안정성이나 재무건전성, 영업지속성 등을 종합적으로 검토한다"고 말했다.

한국경제신문. 2018.11.13.
'삼바 사태' 판단 법적 안정성 해쳐선 안돼

금감원은 바이오젠이 보유한 계약상 권리들이 방어권이 아닌, 경영 참여권이라고 주장하고 있으나 이것 역시 당사자 의사와 주장을 존중하는 것이 맞다.

매일경제신문. 2018.11.15.
증선위 "삼바 고의분식"… 삼성은 반박

감사를 했던 삼정회계법인은 과징금 1억 7,000만원에 당 회사 5년간 감사금지 등의 처분을 내렸다.

김위원장은 과거 회계위법에 대해서는 "증선위에 제출된 삼성 내부자료를 검토한 결과 삼성은 콜옵션에 대한 공정가치 평가가 불가하다는 사전 논리를 마련해 외부 기관에 평가불능을 유도해 과거 재무제표를 수정하지 않았다"고 지적했다.

종속회사에서는 장부가치가 3,000억원에 불과했지만 경영지배력을 잃은 관계회사로 기준을 변경하고, 자산가치를 반영하는 방식으로 만년 적자회사를 1조 9,000억원대 흑자회사로 둔갑시켰다는 지적이다.

매일경제신문. 2018.11.15.

증선위 "고의성 있다" 삼바 "정상 회계" ··· 최종 결론은 법원 몫

다만 증선위는 에피스가 4조 8,000억원에 이른다는 당시 가치평가 부분은 들여다보지 않았다. 회계처리 기준 변경이 옳았어야 한다는 데 집중한 셈이다. 종속으로 가치를 판단하는 데 반해 경영권이 없는 관계사는 지분투자로 해석해 회사의 당해 시장가치로 판단할 수 있기 때문이다.

특히 당시 회계법인이 평가한 에피스의 시장가치는 4조 8,000억원으로 삼바는 2015년에만 영업이익 외 수익으로 2조 642억원을 반영했다. 이는 바이오젠의 콜옵션 행사 시 지분가치 약 1조 8,200억원 및 기존 장부가액 3,000억원, 예상 법인세 등을 제한 금액이다. 결국 2015년 삼바는 2,036억원의 영업손실에도 1조 9,049억원의 당기순이익을 기록했다.

조선일보. 2018.11.15.

삼바 22조 주식 '거래정지'

증선위의 이번 결정은 이재용 삼성그룹 부회장의 승계 구도에도 영향을 끼칠 가능성이 크다. 참여연대 등은 삼성이 이부회장의 승계 구조에 핵심적인 삼성물산 제일모직 합병 (2015년)을 합리화하기 위해 삼바의 가치를 부풀렸다고 주장해 왔다. 합병 전 삼바는 제일모직의 자회사였는데, 삼바의 가치를 끌어올려 (제일모직 지분이 많은) 이 부회장에게 유리하게 합병 비율을 만들었다는 것이다.

'고의 분식'을 인정한 증선위의 판단은 이런 시민단체들의 주장에 힘을 실어줌으로써 삼성물산 제일모직 합병이라는, 이부회장 승계의 '핵심고리'를 흔들 수 있다. 증선위 결정으로 삼바는 2012~2015년 재무제표를 수정해야 하는데 최악의 경우 합병 당시 제일모직 기업 가치까지 수정해야 할 수도 있기 때문이다.

조선일보. 2018.11.15.

증선위 "자의적으로 회계기준 해석" 삼바 "국제회계원칙을 따랐다"

제일모직과 삼성물산은 당시 1대 0.35비율로 합병했다. 제일모직 가치가 삼성물산의 약 3배로 책정된 것이다. 삼성물산 지분은 없었지만 제일모직 지분이 많았던 이 부회장은 이 합병으로 통합 삼성물산 지분이 많아져 최대 주주가 됐다. 삼성에서 가장 중요한 회사인 삼성전자는 1, 2대 주주가 삼성생명과 삼성물산이다. 이 부회장은 합병으로 삼성생명에 이어 통합 삼성물산 최대주주까지 되면서 삼성전자에 대한 지배력을 키울 수 있었다.

증선위는 바이오젠이 언제든 에피스 경영에 영향을 끼칠 만큼 중대한 계약 내용이며, 에피스를 만든 2012년부터 삼바가 회계장부에 바이오젠에 갚아야 할 빚으로 공시를 통해 외부에 알렸어야 했는데 숨기고 있다가 2015년에 뒤늦게 공개한 것이 문제라고 봤다. 삼성은 이런 시각이 현실을 무시한 것이라고 반박한다. 2012년 생긴 에피스가 계속 적자를 보고, 성공 확률이 낮을 때 바이오젠이 에피스 지분을 확보할 의사가 강하지 않았는데, 신약 개발 가능성이 가시화된 이후엔 바이오젠이 49% 지분을 확보할 가능성이 커졌다. 일각에서는 2012~2015년 삼바 재무제표가 달라지면서 회사 가치가 바뀔 경우 현재의 삼성물산뿐 아니라, 2015년 합병 전 제일모직의 기업가치에 대한 판단에도 영향을 줄 수 있다는 의견이 나온다. 한 회계학과 교수는 "손해를 봤다고 하는 옛 삼성물산 주주들이 제일모직의 가치 판단 문제를 들고 나오면 합병 적절성이 도마에 오를 것"이라고 말했다.

재조사 과정에서 이 사건의 '스모킹건(결정저 근거)이 된 삼바 측 내부 문건이 금감원 손에 들어왔다. 이 문건은 내부 보고 문서와 삼성 미전실 보고 문서 등 총 20쪽 정도 분량으로 모두 삼바 재경팀에서 작성한 것이다. 문건에는 "미국 바이오젠이 갖고 있는 콜옵션을 삼바 회계 장부에 반영할 경우 1조 8,000억원의 부채가 늘면서 바이오로직스가 자본 잠식에 빠질 수 있고, 그러면 신규 자금 조달이 어렵고 상장도 불가능하다"는 내용이 담겨 있다.

한국경제신문. 2018.11.15.
"합법이라더니 이제와 분식"… 삼바 8만 소액주주 "정부가 사태 키웠다"

  기존 단일 기업으로는 최대 분식회계(검찰 추산 5조 7,000억원 분식) 사건으로 기록된 대우조선해양 때보다 과징금이 많고 대표이사 해임권고도 포함됐기 때문이다.

  삼바에 고의 분식 판정을 내린 증선위가 스스로 검찰 조사 대상으로 전락할 가능성도 있다. 박상기 법무부 장관은 지난 12일 삼바 상장 과정에서 증선위가 상장 요건을 완화해 특혜를 제공했다는 의혹에 대해 "구체적인 단서가 확인되면 수사할 것"이라고 답했다.

  엘리엇이 제기한 ISD도 이번 삼바 사태와 연결돼 있다. 엘리엇은 전임 정부와 국민연금이 삼성물산 합병에 개입해 피해를 봤다고 주장하고 있다. 엘리엇이 한국 정부에 청구한 배상액은 7억 7,000만 달러에 달한다. 일각에선 삼바에 대한 증선위 결과가 엘리엇 주장에 힘을 실어주는 빌미가 될 것이란 분석이 나온다.

한국경제신문. 2018.11.15.
삼바 "누명 벗겠다"… 정부 상대 행정소송 준비

  투자자들과 법정 공방도 불가피할 전망이다. 삼바를 상대로 소송을 준비하고 있는 법무법인 한결은 소송 참여 의사를 밝힌 투자자가 276명에 달한다고 밝혔다. 외국인 투자자가 개별적으로 회사와 회계법인에 민사소송을 제기할 가능성도 거론된다.

한국경제신문. 2018.11.17.
삼성바이오로직스, 금융위에 강력 반발

  금융위는 오는 21일 정례회의를 열어 증선위 결정을 최종 의결한다. 형식적 절차여서 증선위 결정이 바뀔 가능성은 거의 없다는 게 금융위 설명이다. 삼바는 금융위의 최종 결정이 내려지면 다음주 서울 행정법원에 행정 소송을 제기할 예정이다. 대표이사 해임권고와 재무제표 정정에 대한 행정집행정지 가처분 신청도 같이 낼 계획이다. 행정소송이 마무리되기까지는 2~3년이 걸릴 것으로 보고 있다. 삼바는 "행정소송 결과에 따라 재무제표를 재차 수정하는 일이 생길 수 있는 데다 경영 연속성 등을 감안해 두 사안에 대해 가처분신청을 내기로 한 것"이라고 설명했다.

삼성 바이오로직스의 내부 문건이 결정적 증거가 됐다. 바이오젠의 콜옵션을 반영하면 부채가 1조 8,000억원 늘어나 자본잠식 우려가 있고, 이렇게 되면 신규 자금 조달은 물론 상장도 어려워질 것이라는 내부 검토 문서였다. 증선위는 이를 불순한 의도를 드러내는 증거로 봤다. 이런 내부 검토에도 불구하고 외부 회계법인을 통한 기업가치를 평가해 회계에 반영했기 때문이다.

조선일보. 2018.11.16.

소액주주 8만명 분노 "정권 바뀌었다고 다른 결론, 이게 나라냐"

해당 소송 사건을 맡은 한결의 김광중 변호사는 15일 "이미 300여 명의 개인 투자자들로부터 위임을 받았고 이달 중 소송을 제기할 계획"이라면서 "일단은 삼바와 외부감사를 맡았던 삼정회계법인이 대상이고 삼성의 행정 소송 결과에 따라 금융감독원에 대한 소송도 준비하고 있다"고 말했다.

매일경제신문. 2018.11.16.

금감원장 "삼성물산 합병 특별감리 계획 아직 없다"

금융당국에서는 이번 삼바 분식회계 사건이 2015년 삼성물산 합병 사건과 별개의 사건이라는 데 입을 모으고 있다. 다른 금융당국 관계자는 "당시 삼성물산과 제일모직의 합병 건은 상장사끼리 주가, 시가총액의 흐름을 보고 시장에서 비율을 정한 것으로 당국이 개입할 필요가 없다"며 "당시 비율 적정성 여부는 시장에서 해당 회사의 가치를 고려해서 하면 되는 사안으로 비상장사였던 삼바의 회계기준 변경 등과는 상관이 없다.

실제 삼성물산은 올해까지도 삼바의 가치를 장부가격 기준으로 사업보고서에 작성하고 있다. 올해 3분기 삼성물산 보고서에 따르면 삼성물산이 보유한 삼바 지분은 43.44%로 장부가액은 8,529억원이다. 전날 거래정지 시점에서 삼바의 시가총액이 22조원이 넘는 점을 감안하면 지분 가치는 10조원에 이르지만 보고서에는 10분의 1에도 못 미치는 투자금만 기재돼 있는 셈이다.

삼성물산 합병은 2015년 5월 26일 이사회 결의를 거쳐 계약이 체결됐다. 당시 옛 삼성물산과 제일모직은 양사 모두 상장사다. 자본시장법에는 합병가액 선정 기준이 명문화돼 있다. 이사회 결의일 전날 기준 최근 1개월 가중산술평균종가, 최근 일주일 종가 등 세 가지 가격을 두고 산술평균해 합병가액을 산정했다. 합병가액은 옛 삼성물산이 5만 5,767원, 제일모직이 15만 9,294원으로 책정됐다.

이에 대해 제일모직 주가가 실제 기업 가치 대비 고평가됐고 옛 삼성물산 주가는 저평가됐냐는 논란이 일며 미국계 펀드엘리엇매니지먼트 등의 반대에 직면한 바 있다.

이 같은 논란이 이번 삼바 분식회계 건과 엮이는 가장 큰 이유는 고평가 논란이 인 제일모직이 삼바 지분을 보다 많이 갖고 있기 때문이다. 합병 당시 제일모직은 삼바지분 46.3%를 보유한 반면 옛 삼성물산은 지분 4.9%만 갖고 있다. 결과적으로 삼바 회계가치를 고의로 과대평가했다는 금융당국의 결론이 제일모직 고평가를 뒷받침할 논거로 쓰일 가능성이 있는 셈이다. 그러나 이는 합병 전후 시간 관계를 고려할 때 맞지 않는다는 지적이다.

삼성그룹 관계자는 "삼성물산 합병 비율은 2015년 5월 이사회 결의시점에 결정된 반면 삼성바이오로직스 회계기준 변경은 2015년 말 결산 시점에 반영된 건"이라고 설명했다.

아울러 회계상 평가가치와 기업의 경제적 실질에 대한 혼논이 일어나고 있다는 점도 삼성물산 합병과 삼성바이오로직스 분식회계 간 연결 논리의 취약성을 드러내고 있다. 회계업계 관계자는 "회계는 회계일 뿐 회계가치 평가로 인해 경제적 실질 가치가 바뀐다는 것은 견강부회에 불과하다"고 지적했다.

한국경제신문, 2018.11.16. ─────

법조계서 '삼바 수사' 우려하는 이유

"결론을 정해 놓은 수사나 다름 없어 보이는데 이를 공정하다고 할 수 있을까요?

한 검사장 출신 변호사가 삼바에 대한 검찰 수사를 앞두고 15일 기자에게 건넨 얘기다. 서울중앙지검 특수2부가 삼바 수사를 맡는다는 게 문제가 있다는 것이다.

증권선물위원회는 지난 14일 삼바의 2015년 회계처리 과정상 고의 분식회계가 있었다고 결론 내리고 검찰 고발을 예고했다. 지난 7월 참여연대는 김태한 삼바 대표와 삼정

안진회계법인 대표 등을 검찰에 분식회계 혐의로 고발했다. 당시 검찰은 이 사건을 특수2부에 배당했지만 사건 수사는 미뤄 났다. 증선위 결론을 기다려야 한다는 이유에서다. 특수부 칼날은 사법부 사법행정권 남용 의혹 수사를 마무리하는 대로 삼바를 향할 전망이다.

특수2부를 맡고 있는 한동훈 3차장 검사는 윤석열 서울중앙지검장과 함께 박영수 특별검사팀의 핵심 인력이었다. 당시 특검은 이재용 삼성전자 부회장이 승계 작업을 위해 뇌물을 공여하고, 그 대가로 '삼바 유가증권시장 상장'을 했다고 공소장에 적었다. 이 부회장이 2016년 2월 박근혜 전 대통령을 독대할 당시 바이오 사업을 이야기했다는 것이다. 이후 삼바가 한국거래소에 특혜상장했다는 게 특검 판단이었다. 하지만 이 부회장 1, 2심, 박 전 대통령 1, 2심에서 모두 삼바에 대한 특검 주장은 받아들여지지 않았다.

특수2부가 삼바가 상장 요건을 충족시키기 위해 분식회계를 했다는 수사 결과를 내놓으면 그 자체로 특검 논리가 한층 강화될 수 있다. 자기 논리를 자기 수사 결과로 뒷받침하게 되는 상황이다. 한 현직 부장검사는 "수사 지휘자가 특검 출신인데, 특검 논리를 흔드는 반대 수사 결과를 내놓을 수 있겠냐"고 말했다.

벌써부터 검찰 수사 결과가 정해졌다는 얘기가 법조계 인사들 사이에서 나오고 있다. 이런 의구심을 지우기 위해서라도 아예 금융 증권 범죄 전문인 서울남부지검에 사건을 맡기는 것은 어떨까.

조선일보. 2018.11.21. ───────────────
삼바 "회계기준 안 바꿨어도 상장 조건 다 갖췄다"

삼바는 이에 대해 "바이오젠 동의권은 바이오에피스가 경쟁 제품을 출시하는 것을 막기 위한 방어권으로 경영 의사결정을 위한 지배권이 아니있으므로 에피스 설립 낭시 시문법을 적용하지 않고 종속회사(자회사)로 회계처리한 게 타당하다"고 밝혔다.
"이사회 구성도 삼성4명, 바이오젠 1명으로 구성돼 있었다"

"삼바 가치보고서 내부용 금융당국 감리대상 아냐"

금융위원회 삼성그룹의 2015년 5월 삼바 가치평가보고서에 대해 "회사 내부 참고용으로 감리 대상이 아니다"고 밝혔다. 일부 정치권과 시민단체에서는 해당 보고서가 의도적으로 부풀린 이른바 '가치 뻥튀기 보고서'로 당시, 삼성물산 합병 찬반 여부에 영향을 미쳤다면서 사실상 특별 감리를 해야 한다고 주장하고 있다.

금융위원회는 21일 보도 참고자료를 통해 "2015년 5월 안진회계법인이 작성한 삼성물산, 삼바와 관련된 가치산정보고서는 회사 내부 참고 목적으로 자율적으로 작성돼 증권선물위원회나 금융감독당국의 감리대상이 아니다"고 선을 그었다. 그는 특히 "해당보고서는 이번 삼바와 관련해 증선위 심의 대상이 아니었으며, 보고서 자체가 조사감독 대상이 아닌 만큼 별도로 당국이 확보할 수 있는 권한도 없을뿐더러 당국이 알고도 묵인하거나 방조했다는 지적은 사실과 다른 무리한 억측"이라고 일갈했다. 금융위는 해당 보고서 작성방법이나 국민연금의 당시 옛 제일모직과 옛 삼성물산의 합병 찬반 여부도 당국이 관여하지도 않았고 관여할 사항도 아니라고 밝혔다.

금융당국 관계자는 "민간 기업에서 단순 내부 참고용 자료를 어떤 식으로 작성하거나 참조하는 것은 그 회사 자율로, 공시되는 내용 등에 관련이 없다면 당국 보고나 제재 대상이 아니다"며 "해당 자료가 국민연금으로 넘어가 어떤 결정이 있었는지는 국민연금이 자체적으로 판단하는 영역으로 당국이 관여할 부분도 아니다"고 밝혔다.

앞서 정치권과 시민단체에서는 삼성이 마련한 해당 보고서가 국민연금으로 전달돼 국민연금이 옛 제일모직과 옛 삼성물산이 지금의 삼성물산으로 합병하는 데 결정적인 기여를 했다고 주장한 바 있다. 이날 박용진 더불어민주당 의원은 국회 정론관에서 기자회견을 열어 "금융위가 이미 엉터리 평가 방법을 알고 있었고, 즉시 조사에 착수했어야 했는데 수수방관한 것은 있을 수 없는 일"이라고 말했다.

최종구 금융위원장은 삼바의 감리와 관련해 향후 법원에서 절차를 지켜보자는 견해를 피력했다. 최위원장은 먼저 "(금융위가 삼바의 엉터리 평가를 알고도 묵인했다는) 일부 보도는 굉장히 악의적이며 명백하게 왜곡됐다"며 "사실과 다른 주장을 하는 것은 유감"이라고 강조했다.

한편 삼바는 21일 증선위로부터 지난 14일 부정 회계조치 결정과 관련해 공식 조치통지서를 받았다고 밝혔다. 삼바는 통지서 내용을 검토한 뒤 이르면 이번주 행정소송 및 집행정지 신청을 법원에 제출할 예정이다.

한국경제신문. 2018.11.22.
'삼바 스모킹 건' 문건 살펴보니… "IFRS 원칙 따랐다는 증거 넘친다"

금융당국이 삼바의 회계처리를 고의적 분식으로 판정한 스모킹 건은 삼바 재경팀에서 작성한 문건들이다. 이 문건을 면밀히 따져보면 원칙 중심의 국제회계기준을 따랐다는 회사 측 주장을 뒷받침하는 내용도 담겼다는 분석이 나오고 있다. 금융당국이 고의성을 입증하는 단서로 제시한 사례들은 단순 실수나 오해에서 비롯됐다는 지적도 나온다.

• 11차례 주간회의 문건 분석해 보니

금융감독원이 증선위에 제시한 삼바의 내부 문건은 삼성물산과 제일모직 합병 발표 직 후인 2015년 6월 8일부터 11월 18일까지 11차례 열린 주간회의에 활용된 자료다. 삼바 재경팀에서 작성했고 실제 회의에서 사용됐다. 증선위원장인 김용범 금융위 부위원장은 지난 14일 삼바에 대한 제재 결과 발표 때 "내부 문건은 증선위에서 중요한 증거로 활용됐다"고 강조했다. 금감원과 삼바 측도 이 문건으로 인해 징계 수위와 폭이 지난 6월 1차 감리 때보다 높아졌다고 보고 있다.

이 문서에서 가장 문제가 된 대목은 삼성물산 제일모직 합병과 관련한 내용이다. 문건엔 "물산 TF가 삼바의 송도 본사를 방문한 뒤 물산과 모직 합병 후 삼바의 적정한 기업가치 평가를 위해 안진회계법인과 인터뷰를 했다"는 대목이 나온다. 자체 평가액(3조원)과 시장평가액(평균 8조원)의 괴리에 따른 시장 영향을 예방하기 위한 목적이라는 설명도 있다. 시장 영향의 사례로 합병 비율의 적정성과 주가하락을 예시했다.

시민단체와 금감원은 이 대목을 근거로 물산과 모직의 합병 결정을 사후 정당화하기 위해 회계기준을 고의적으로 바꿨다고 주장한다. 이재용 삼성전자 부회장이 대주주로 있던 제일모직의 가치를 부풀려 합병 과정에서 이 부회장이 이득을 챙겼다는 게 시민단체들의 논리다.

• 시장 가치보다 보수적으로

하지만 문건을 보면 삼바의 기업가치가 당시 실제 가치보다 보수적으로 책정됐다는 사실이 곳곳에 나온다. 문건에 나온 시장평가액 8조원은 당시 증권사들이 예상한 삼바의 기업가치 평균이다. 회계법인(안진)이 물산 합병과정에서 평가한 삼바의 기업가치 6조 8,000억원을 뛰어 넘는다.

문건에 등장하는 자체 평가액 3조원은 6조 8,000억원의 51%인 3조 5,000억원을 잘못 적은 숫자로 해석됐다. 삼바의 기업가치는 2016년 10월 상장 당시 9조 5,000억원으로 합병 후 1년 만에 무려 40% 올랐다. 회계분식 혐의로 금감원 조사를 받기 전까진 40조원에 육박했다.

금감원이 고의적 분식이라고 판단한 또 다른 결정적 근거는 합작사인 미국 바이오젠이 보유한 콜옵션을 처리하는 문제다. 2015년 삼성 측과 바이오젠의 삼바 지분율은 각각 91%와 9%였다. 당시 바이오젠은 2018년 이후 삼바 지분 41%를 추가로 인수할 수 있는 콜옵션을 갖고 있었다. 내부 문건에 이처럼 바이오젠의 콜옵션 행사 가능성이 높아진 데 따른 대응 방안이 담겼다. 특히 콜옵션 행사 가능성 확대로 1조 8,000억원의 부채 평가 손실을 반영해야 한다는 내용이 문제가 됐다. 이로 인해 부채가 자산보다 커지면서 자본 잠식을 당할 위기에 처한 삼바가 회계 기준을 고의로 변경했다는 게 금감원의 판단이다.

• 회계 변경은 통합 삼성물산 기준 따른 것

하지만 이 같은 회계기준 변경은 모기업인 삼성물산의 기준을 따른 것이다. 내부 문건엔 물산이 9월 합병 당시 자회사안 삼바 가치를 재평가하면서 바이오젠의 콜옵션 가치를 1조 8,000억원으로 추산해 실제 가치에서 차감했다는 내용이 담겨 있다. 이렇게 해서 나온 삼바 지분 51%의 장부가가 3조 5,000억원이다. 문건은 "물산과 삼바의 감사법인인 삼일회계법인과 삼정회계법인이 삼바에도 동일한 방식으로 자산 재평가를 하도록 요구했다"고 설명하고 있다. 국제회계기준과 회계법인의 조언에 따라 회계 기준을 바꿨다는 삼바의 주장을 뒷받침하는 내용이다.

회계 기준 변경으로 인해 발생하는 장부상 이익에 대한 설명도 담겨 있다. 문건엔 "대규모 이익 발생에 대한 대외 설명은 에피스 관련 회계처리로 회사의 실질가치는 '변동 없음'으로 설명할 예정"이라고 명시돼 있다.

한국경제신문. 2018.11.22.

삼바, 이르면 이번주 행정소송 가처분

    삼바 분식회계 의혹을 둘러싼 공방이 다시 불붙고 있다. 금융위원회 산하 증선위가 '고의적 분식'으로 결론을 내리고 검찰에 고발하자 삼바가 해명을 내놓고 맞대응에 나서면서다. 법적 공방의 초점은 '2012년 삼바 회계처리의 위법성'에 맞춰질 것이란 관측이 나온다.

    21일 관련업계에 따르면 삼바는 이르면 이번주 '증선위 조치를 받아들일 수 없다'는 행정소송 및 집행정지 가처분 신청을 제기할 계획이다. 법원이 삼바의 가처분신청을 인용하면 증선위가 내린 대표이사 해임, 과징금 부과, 재무제표 정정 등은 집행이 정지된다. 주식 매매거래정지도 풀릴 수 있다.

    전문가들은 삼바의 2012년 회계처리가 위법했는지 여부가 최대 쟁점이 될 것으로 예상했다. 논란의 핵심이 된 '2015년 회계처리 변경'에 대한 결론이 2012년 위법 여부 판단에 따라 뒤집힐 수 있어서다.

    삼바는 2012년 미국 바이오젠과 합작 설립한 에피스를 종속회사로 처리했다. 당시 에피스 지분율은 삼바와 바이오젠이 각각 85대 15로 삼성이 압도적으로 많았던 데다 이사회 역시 삼성 측이 4명, 바이오젠 측이 한 명으로 삼바가 실질적 경영권을 갖고 있었기 때문이다.

    그러나 증선위 판단은 달랐다. 애초 바이오젠이 에피스에 대한 공동지배력을 갖고 있었기 때문에 2012년부터 종속회사가 아니라 관계회사로 봐야 했다고 판단했다. 다만 국제회계기준을 도입(2011년)한 지 얼마되지 않았고 회사 설립 초기라는 점을 감안해 2012년 당시 회계처리는 '과실'로 판정했다.

    회계업계에서 주목하는 대목은 증선위가 2012년 위법성을 근거로 2015년 회계처리를 고의 분식으로 판단한 부분이다. 증선위 발표 지료에는 '2012~2014년 시분법(관계회사)의 올바른 회계처리라고 판단하는 경우에는 2015년 에피스 주식에 대해 대규모 평가차익을 인식한 것은 잘못이므로 취소해야 함'이라고 명시돼 있다. IFRS에 따르면 기업이 자회사를 종속회사에서 관계회사로 변경하면 그 보유 지분가치를 공정가치(시가)로 평가해 회계장부에 반영한다.

    삼바가 2012년부터 에피스를 종속회사로 잘못 인식하는 바람에 2015년 관계회사로 변경, 시가 평가해 기업 가치를 부풀릴 수 있었다는 게 증선위의 논리다.

한 회계학자는 이에 대해 "증선위는 2012년 회계처리가 잘못됐다는 판단 아래 2015 년에 분식이 이뤄진 것이라고 봤다"며 "2012년 회계처리가 적절했다는 게 입증된다면 2015년의 고의 분식은 성립 자체가 안 된다"고 설명했다.

증선위가 판단한 삼바 회계기준 위반 사항

연도	삼사의 에피스 회계처리	증선위 판단
2012	종속회사	"관계회사가 맞다"= 과실
2013	종속회시	"관계회사가 맞다"= 과실
2014	종속회사	"삼성바이오가 바이오젠의 콜옵션 중요성 인지"=중과실
2015	관계회사로 변경	"삼바 위법인지하고 자의적 해석"=고의

한국경제신문. 2018.11.23 ─────────────

'삼성 봐 주기 논란'에 엄벌로 돌아선 증선위… 검, 내년초 대대적 수사 별러

검찰이 지난 21일 삼바 회계분식 의혹 사건을 서울중앙지방검찰청 특수2부에 배당하 자 검찰과 삼성을 둘러싼 긴장감이 한껏 높아지고 있다. 특수2부를 지휘하는 한동훈 제3 차장은 '최순실 국정농단' 사건을 계기로 촉발된 이재용 삼성전자 부회장의 뇌물 공여죄 수사를 야전에서 진두지휘한 핵심 인물이다. 지난 2월 이 부회장의 항소심 집행유예 판결 에 대해 한 차장이 강력히 반발한 전례가 있어 삼성 측이 곤혹스러워하고 있다. 이 부회 장의 집행유예 판경 이후 사회 전반에 퍼져 있는 여론몰이식 '삼성 특혜 논란'도 삼성 경 영진에 작지 않은 부담이 되고 있다.

• 증선위 민간위원, 중징계 주도

22일 금융위원회와 삼바, 검찰 등에 따르면 삼바 회계 분식 사건이 증선위에서 대표이 사 해임 권고 등 최고 수준의 제재로 결론이 난 데는 민간 증선위원들의 역할이 컸던 것 으로 알려졌다.

이들 민간 위원은 대체로 '금융감독원이 제시한 삼바 내부 문건 등을 볼 때 회계분식 의 근거가 명확하다"는 판단을 내린 것으로 알려졌다. 다만 이들 증선위원은 제재 결정 뒤 증선위에 쏟아질 비판 여론과 정치적 압력 등을 크게 부담스러워 했을 것이라는 관측이 나온다.

정부의 한 관계자는 "회의 당시 한 증선위원이 삼바 대표가 당시 복잡한 회계 실무 내용을 잘 알았겠느냐, 대표이사 해임 권고는 징계 수위로 과도하다"고 의견을 냈더니, '삼성 봐주기'가 나올 수 있다는 반론이 곧바로 제기됐다"고 전했다. 이 관계자는 "증선위원들이 결국 대표이사 해임권고와 관련한 발언은 속기록에서 없애기로 했다"고 덧붙였다.

• 막판에 돌아선 금융위

금감원이 압수한 삼바 내부 문건에 대해 강경한 목소리를 낸 이들도 민간 증선위원들이었다. 삼바 내부 직원이 작성한 것으로 추정되는 이 문건은 회계 분식의 고의성을 입증하는 스모킹 건으로 활용됐다.

하지만 당초 금융위는 금감원에 비해 상대적으로 이 자료의 신뢰성에 대해 보수적 입장이었다는 얘기도 흘러나온다. 자료의 정확성과 신빙성 등이 통상적인 삼성 측 내부자료와 비교할 때 부실하다는 점 때문이다. 일각에선 금감원의 징계 폭과 수위에 다소 부정적이던 금융위가 마지막 단계에 중립적으로 돌아선 게 '삼성 봐주기 논란'에 대한 반감이 커지고 있는 상황과 무관하지 않다는 분석도 내놓는다.

삼바 사태에서 이런 분위기를 감지한 삼성그룹 경영진은 앞으로 벌어질 강도 높은 검찰 수사 때문에 긴장하고 있다. 삼성의 한 관계자는 "사회 안팎의 분위기가 현재 진행 중인 이부회장의 뇌물공여죄에 대한 상고심(대법원)에 영향을 주지 않을까 노심초사하고 있다"고 전했다.

• 대법원 선고 직전 수사 본격화

검찰의 삼바 수사가 이 부회장의 재판에 어떤 영향을 미칠지에 대해선 의견이 엇갈린다. 법조계에선 법리를 따지는 상고심은 공소장 변경을 통해 범죄 사실을 추가할 수 없기 때문에 재판에 미치는 영향이 크지 않을 것이라는 전망이 우세하다. 하지만 대법원 선고가 예정된 내년 초 수사가 본격화하면 삼성에 대한 부정적인 여론이 조성될 수 있다는 관측도 나온다.

검찰의 한 관계자는 "삼바 사건은 중앙지검 특수부의 내년 수사 가운데 가장 중요한 사안 중 하나가 될 것"이라고 예상했다. 검찰 특수통 출신인 한 변호사는 "김태한 삼바 사장은 물론 삼성 핵심 경영진을 소환할 가능성에도 대비해야 할 것"이라고 말했다.

매일경제신문. 2018.11.23. ───────────────────────────
증선위원장 "삼바 불확실성 오래가지 않을 것"

  김부위원장은 또 삼성바이오가 4조원대 분식회계 금액을 반영해 재무제표를 수정하면 자본잠식 사태에 빠지지 않느냐는 질문에는 "자기자본이 2017년 말로는 자본 잠식 상태가 아니다"며 "상장 유지 조건에 부족하지는 않을 것"이라고 밝혔다.

  그는 삼성물산 감리가 필요하다는 김병욱 민주당 의원 질의에 "현시점에서 감리 착수에 한계가 있다"면서도 "검찰의 수사 과정에서 삼성물산이 공정 가치를 부풀린 무엇인가 나온다면 감리를 해야 할 것"이라고 지적했다. 김 부위원장은 "이와 관련해 증선위와 금융감독원이 긴밀히 소통하고 있다"고도 덧붙였다.

  김부위원장은 삼바의 2015년말 회계처리 변경을 고의 분식회계로 결정한 배경과 관련해 "삼바가 2012년부터 자회사인 에피스의 변경에 대해 검토하고 기록을 남겼어야 했지만 약했다"고 설명했다.

  증선위 입장은 삼바가 2015년 에피스 합작회사인 바이오젠사의 주식매수청구권 행사 가능성을 고려해 자회사를 종속회사에서 관계회사로 회계처리 기준을 변경했다면 그 이전부터 검토 기록을 남겼어야 한다는 의미다.

───

한국경제신문. 2018.11.28. ───────────────────────────
"에피스 경영권, 삼바에 있다"…바이오젠, 2012년부터 수차례 공시
2012~2014년 사업보고서에 삼성 지배력 공식 인정
합작사가 경영권 인정했는데, 증선위는 반대되는 판정
"85대 15 지분율 외에 추가 투자할 의무없다" 적시도

  Samsung will retain the contractual power to direct the activities of the entity which will most significantly and directly impact its economic performance. We will account for this investment under the equity method of…

  미국 바이오젠이 2012년부터 2014년까지 사업보고서에 에피스에 대한 삼바의 지배력을 공식 인정한 것으로 확인됐다. 삼바가 바이오젠과 합작 설립한 에피스를 2012년부터

자회사가 아니라 관계사로 회계처리했어야 한다는 증선위의 판정과는 반대되는 것이다. 실질적 이해당사자인 바이오젠이 삼성의 경영권을 명시하고 있음에도 회계감독당국이 이를 뒤집은 조치안을 내놓은 것이어서 논란이 예상된다.

미국 나스닥시장에 상장된 바이오젠은 2012년 사업보고서부터 삼바가 에피스에 대해 단독 지배력이 있음을 명시하고 있다. 삼바와 바이오젠은 2012년 85대 15의 지분율로 합작회사인 에피스를 설립했다.

양측은 합작 계약서에 2012년부터 2013년 말까지 3,300억원의 초기 출자를 조건으로 이 같은 지분율을 유지하는 의무 조항을 뒀다. 삼성은 85% 지분을 보유하는 대신 <u>대표이사 지명권</u>을 갖도록 했다. 이사회 멤버는 삼성이 4명, 바이오젠이 1명을 선임할 수 있도록 했다. 이와 함께 바이오젠은 '50%+1주'까지 에피스 주식을 살 수 있는 콜옵션을 부여받았다.

바이오젠은 사업보고서에도 계약 조항에 따라 85대 15의 지분율 외에 추가적으로 투자할 법적인 의무가 없다는 내용을 적시했다. 에피스가 출범한 이후 2014년에 실시된 증자에 바이오젠은 참여하지 않았다. 삼성의 바이오사업이 실패할 것을 우려해 투자를 최소화한 것으로 해석된다.

하지만 증선위는 양사의 합작계약에 따라 2012년부터 바이오젠이 에피스를 공동 지배해왔다고 판단했다. 바이오젠이 50%+1주까지 지분을 늘릴 수 있는 콜옵션을 보유하고 있고 에피스가 개발한 제품을 판매하거나 판매권을 매각할 권리를 가지고 있다는 점에서다. 증선위가 고의적인 분식회계로 결론 내리면서 삼바는 에피스와 관련한 재무제표를 전면 수정해야 하는 처지에 놓았다.

삼성은 2015년 이전에는 콜옵션 행사 가능성이 희박했고 판매권 관련 조항은 사업 중복과 이해충돌을 피하기 위한 것이라고 설명했다. 당시 에피스로 파견된 바이오젠 임직원은 없었다. <u>이사회에도 화상회의로 참여해</u> 삼바가 에피스 이사회를 주도했다.

삼바 관계자는 "에피스의 연구개발용 시설이 2012년 말 준공돼 2013년 초반까지 임상시험이 시작된 개발 품목이 전무했다"며 "바이오젠이 거액을 부담하고 콜옵션을 행사할 가능성이 낮았던 2012년부터 바이오젠에 실질적 권리가 있었다고 보는 것은 무리가 있다"고 말했다.

업계에서는 합작 당사자도 부인한 지배력을 증선위가 인정한 것은 모순이라고 지적하고 있다. 삼성 관계자는 "통상적으로 합작사를 세울 때는 1988년 삼성과 프랑스 토탈그룹이 합작해 설립하나 <u>삼성토탈</u>처럼 사명을 같이 넣는다"며 "삼성바이오에피스에 바이

오젠의 이름이 들어가지 않은 것은 삼성이 독자적 경영권을 갖고 있었다는 방증"이라고
했다.

한국경제신문. 2018.11.28. ————————————
"삼바 사태 본질은 분식회계 아닌 삼성 때리기"

삼바 분식회계 판정에 대한 비판 여론이 확산되고 있다. 지난 23일 한국회계학회가 회계 감독 시스템의 문제점을 진단하는 특별세미나를 연데 이어 26일 바른사회시민회의가 정책 토론회를 하고 증선위의 분식 회계 결정을 반박하고 나섰다. 이날 토론회에 참석한 경제 경영학계 학자와 법학 전문가들은 삼바가 자회사인 에피스를 2015년 관계회사로 회계처리를 변경한 것이 "적법하다"고 판단했다. 그러면서 에피스 설립 때부터 관계사로 분류했어야 한다는 증선위의 재감리 결과에 "삼바가 에피스 지분을 85% 보유하고 경영진 임명권이 있었기 때문에 관계사로 처리하라는 것은 회계법상 모순"이라고 꼬집었다.

이날 토론회는 '증선위의 삼바 판단 적절한가'라는 주제로 열렸다. 조동근 명지대 경제학과 명예교수는 주제발표에서 "국제회계기준에는 콜옵션 행사 가능성을 염두에 두고 효력이 있으면 행사한 걸로 간주하라는 조항이 있다"며 "2015년말 에피스의 회계 변경은 편법이 아니다"고 말했다.

조교수는 삼바가 자본잠식을 피하기 위해 고의로 회계를 변경했다는 지적에 "삼바는 적자 상태임에도 미래 가치 때문에 높은 주가를 유지했고 자본잠식 상태였더라도 주가가 폭락하지는 않았을 것"이라고 주장했다. 자본잠식이 문제였다면 분식회계보다 증자를 통해 해결하는 길을 선택했을 것이라는 분석이다.

문화일보. 2018.11.28. ————————————
삼바, '분식회계 처분 취소' 행정 소송

삼바가 회계처리의 정당성을 입증하기 위해 법적 대응에 나섰다. 행정처분 외 검찰고발에 따른 수사와 상장 폐지 실질 심사 처분 등은 그대로 진행된다.

삼바는 28일 증선위 의결 조치에 대한 행정소송 및 집행정시 신청을 진날 서울행정법원

에 제기했다고 밝혔다. 삼바는 "증선위 결정은 지난 14일에 났지만, 공식 통보가 21일 이뤄지고 이에 따른 법무검토 작업 등을 거치게 되면서 소송 진행이 늦어졌다"고 설명했다.

삼바는 이번 소송에서 이러한 처분을 모두 취소해 달라고 청구했고, 이와 함께 해당 취소 청구 사건의 판결 이후까지 처분 효력을 정지해달라는 집행정지도 함께 신청했다. 삼바는 집행정지 신청과 관련, "투자자와 고객의 혼란을 최소화하고 소송이 진행되는 동안 발생할 수 있는 손해를 예방하기 위한 차원"이라며 "행정소송을 통해 회계처리 정당성을 입증하겠다"고 밝혔다.

통상 행정소송이 2~3년 걸린다는 점을 고려하면 최종 결론까지는 상당한 시일이 걸릴 전망이다. 다만 이와 별개로 검찰고발에 따른 수사 등은 계속 진행되는 만큼 고의 분식회계의 진위와 별개로 삼성승계 구조와 연결하려는 정치권과 참여연대의 압박은 계속될 전망이다.

고의 분식회계가 있었는지에 대한 최종 결론은 통상의 행정소송 기간을 고려하면 3년 안팎의 시일이 걸릴 전망이다. 집행 정지 신청에 관한 결과는 한 달 가량 소요될 것으로 보인다. 일반적으로 집행정지 신청 인용률이 60% 가량 돼 인용 가능성이 상대적으로 높지만, 회계 관련 이슈로 신청한 경우는 이례적이어서 결과를 예측하기 힘든 상황이란 게 전문가들의 견해이다.

조선일보. 2018.11.29. ——————————————————————

삼바, 행정소송 내고 본격 반박… 학계서도 초미의 관심

태평양법무법인 김동현 회계사는 "콜옵션 계약은 경영권이 없는 회사가 향후 경영권을 확보하기 위해 맺는 계약인데, 이 계약을 했다는 것은 2014년 이전에는 삼성이 회사를 주도하고 있었다는 뜻"이라고 주장했다.

법원이 제기한 집행정지 가처분 신청이 받아들여지면 삼성은 소송에만 집중할 수 있지만 만약 기각되면 당장 재무제표를 다시 쓰고 경영진도 해임해야 한다.

한국경제신문. 2018.12.12.

금감원, 삼바 이어 셀트리온 겨냥, 회사 측 "회계부정 없었다"

금융감독원이 코스닥 '대장주' 셀트리온 헬스케어에 대한 감리에 착수했다. 국내 최대 바이오기업 셀트리온의 판매 계열사인 셀트리온헬스케어가 회계기준을 위반했다는 혐의다. 금감원이 삼바에 이어 또 다른 대형 바이오기업을 정조준하면서 주식시장과 바이오업계에 큰 파장이 일고 있다.

• 정치권서 불거진 회계의혹

11일 금융업계에 따르면 금감원은 셀트리온헬스케어의 매출 관련 회계 위반 정황을 포착하고 최근 감리에 들어간다. 올초 셀트리온 감리에서는 아무런 혐의가 드러나지 않았다. 이번에는 계열사 셀트리온헬스케어가 한 특정 거래의 회계기준 위반 혐의를 집중적으로 보고 있는 것으로 알려졌다.

우선 셀트리온과의 국내 판매권 거래 회계처리가 쟁점이 되고 있다. 셀트리온헬스케어는 지난 6월말 셀트리온에 국내 판매권을 218억원에 되팔고, 이를 매출로 인식했다. 이 거래에서 회계처리 기준을 위반한 소지가 있다는 게 금감원 판단이다. 지난 10월 국정감사에서 이학영 더불어민주당 의원은 이 기래기 영업손실을 숨기기 위한 분식 회계일 수 있다는 의혹을 제기했다. 셀트리온헬스케어는 올 2분기에 152억원의 영업이익을 기록했는데 국내 판매권 거래로 적자를 면했다는 것이다.

금감원은 계열사 간 판매권 거래를 매출로 인식한 것 자체가 문제의 소지가 있다고 보고 있다. 회사 측은 즉각 반발했다. 셀트리온헬스케어 고위 관계자는 "사업 목적에도 판매권 거래가 포함돼 있고, 판매권 반환 의무가 없는 거래는 매출로 잡는다"며 "유럽 파트너에 판권을 넘길 때도 기타 매출로 인식한다"고 말했다. 이어 "그동안 국내 판매는 셀트리온에서 제품을 받아 셀트리온이 직접 지배하는 셀트리온제약에 공급하는 '삼각 거래'여서 부적절하다는 지적이 있었다"며 "국내 거래 구조를 단순화하고 해외 시장에 판매역량을 집중하기 위한 거래일 뿐"이라고 설명했다.

• 상장 1년여 만에 또 감리

금감원은 셀트리온헬스케어의 매출채권 회수 기간이 길어진 부분에 대해서도 가상 매출이 있는지 등을 살펴볼 예정이다. 셀트리온은 바이오시밀리 연구개발(R&D)과 생산을 맡고, 셀트리온헬스케어는 국내외 제품 판매를 전담한다. 떼려야 뗄 수 없는 관계지만 두 회사를 각각 서창진 회장이 지배하고 있는 독특한 구조 때문에 연결 재무제표를 작성할 의무가 없다.

셀트리온헬스케어는 셀트리온 의약품을 재고로 쌓아두고 해외 거래처에 판다. 3분기 말 기준 재고자산은 1조 7,510억원에 이른다. 하지만 램시마 등에 대한 해외 판매가 본격적으로 이뤄지면서 수년 전 불거졌던 실적 논란은 가라앉은 상태다. 특히 지난해 7월 코스닥시장 상장에 앞서 한국공인회계사회 감리를 받으면서 시장 우려를 떨쳐냈다.

하지만 상장 1년 6개월도 지나지 않아 금감원이 감리에 나서면서 시장의 걱정이 커지고 있다. 금융당국 관계자는 "의심가는 부분이 있지만 아직 확인하는 단계여서 공개할 수는 없다"며 "혐의가 있는 부분이 상장 전부터 이뤄졌는지 등도 현재로선 말할 단계가 아니다"고 말했다.

이에 대해 셀트리온헬스케어는 '가상 매출'은 존재할 수 없다고 주장했다. 회사 관계자는 "상장하면서 안정적으로 자금을 수혈받았기 때문에 수익성 관리 등을 위해 일부 유통사와 계약 조건을 변경하는 과정에서 매출채권의 회수 기간을 연장한 것"이라며 "최근 5년 동안 파트너사로부터 회수되지 못한 채권이 단 한 건도 없고, 연체가 발생하거나 회수되지 못한 채권도 없다"고 말했다.

• 다시 움츠려든 바이오주 투자 심리

시장과 바이오업계는 잔뜩 움츠러들었다. 공교롭게 삼바가 거래 재개된 날 초대형 악재가 터졌다.

조선일보. 2018.12.14.
삼바 이어 셀트리온도 감리, 악몽의 바이오업계
셀트리온 "판권 매각도 매출"

• 일감 몰아주기 논란에서 시작된 금감원 감리

금감원이 조사하고 있는 주요 사안은 지난 6월 셀트리온헬스케어가 셀트리온의 바이오의약품 국내 판매권을 셀트리온에 되팔고 218억원을 받은 뒤, 이 돈을 매출로 처리한 것이 분식 회계에 해당하는지 여부다. 셀트리온헬스케어가 지난 2분기 152억원의 영업이익을 기록했는데, 셀트리온에 국내 판권을 넘기면서 받은 금액 덕분에 적자를 면했다는 것이다. 지난 10월 국정감사에서 이학영 더불어민주당 의원도 셀트리온헬스케어에 대해 "영업손실을 숨기기 위한 회계처리 의혹이 있다"고 지적했다. 제품이 아닌 무형자산에 해당하는 판권을 매각한 것이 기업의 영업 활동으로 볼 수 있느냐는 것이다.

금감원이 셀트리온헬스케어에 대해 감리에 나선 것에는 셀트리온 그룹의 독특한 계열사 간 경영 구도도 한 요인이 됐다. 셀트리온은 다른 제약사들과 달리 셀트리온헬스케어에 램시마 등 자사 바이오 복제약의 세계 판매를 독점적으로 위탁하고 있다. 셀트리온이 생산한 판매 제품을 셀트리온헬스케어로 일단 넘기고 셀트리온헬스케어가 전 세계 제약사와 대형 병원에 파는 구조다. 이 탓에 2~3년 전부터 '일감 몰아주기'라는 비판이 제기됐다.

김형기 셀트리온헬스케어 부회장은 "복잡한 거래 구조를 단순화한다는 취지로 지난해부터 셀트리온에 판권을 되파는 안을 논의해왔다"며 "당사는 원래 셀트리온 제품에 대한 세계 독점 판매권을 활용해 수익을 올리고 있기 때문에 판권 매각으로 올린 수익도 매출로 판단했다"고 말했다.

문화일보. 2019.1.2. ────────────────────────

미회계기준엔 '삼바, 에피스 단독지배' 증선위 '고의분식회계' 결론 뒤집혀

미국 기업 바이오젠이 2018년까지 삼성바이오에피스를 삼바의 단독지배회사로 인식하고 있었다는 국회입법조사처의 분석이 나왔다. 이는 에피스 설립 초기부터 단독지배가 아닌 공동 지배로 봐야 한다며 삼바에 고의 분식회계 처분을 내린 금융위원회 산하 증권선물위원회의 결정과 배치되는 것이라서 논란이 예상된다.

2일 문화일보가 국회 정무위원회 김선동 자유한국당 의원실로부터 단독입수한 국회입법조사처의 '미 바이오젠의 미국 회계 및 공시의무 위반 여부 관련 조사' 자료에 따르면 미국 바이오젠은 삼성에피스 설립 초기부터 2018년 6월까지 에피스에 대한 공동 지배란 표현 없이 '상당한 영향력'을 보유하고 있는 관계회사로 공시했다. 미국은 공동 지배가 인정되면 '합작회사', 공동지배가 인정되지 않지만 상당한 영향력을 행사할 수 있으면 '관계회사', 완전한 지배 상태면 '종속회사'로 규정한다. 또 바이오젠은 2017년까지 "삼성바이오는 삼성에피스의 성과에 큰 영향을 줄 수 있는 지배력을 보유하고 있다"고 공시했다가 2018년 초가 돼서야 이 문구를 삭제했는데, 이는 바이오젠이 삼바가 에피스를 단독지배한 것으로 인식한 것이라는 게 국회입법조사처 판단이다.

실제, 바이오젠의 적용한 미국 회계기준에 따르면 공동 지배에 대한 판단은 '투자지분율'로 판단할 뿐 <u>동의권을 가지고 보유하고 있다고 공동지배로 보지 않는다.</u> 동의권이 있으면 공동지배로 봐야 한다는 증선위 주장과 배치되는 부분이다. 바이오젠은 또 콜옵션(주식 매수 청구권) 관련 공시를 실제 행사한 2018년 6월에서 한 달 후인 7월부터 했다. 미국 규정상 콜옵션 공시 및 반영 여부는 원칙적으로 회사 자율에 맡겨져 있기 때문이다.

이 역시 공시누락으로 고의분식회계로 결론 낸 증선위 주장과 상반되는 부분이다. 김의원은 "같은 회사를 두고 단독지배, 공동지배로 다르게 인식되는 게 말이 되냐"며 "증선위 결정에 대한 타당성이 의실되는 이유"라고 말했다.

문화일보. 2019.1.2. ─────────────────────────
회계부정 엄격한 미서도 "문제 없다" … 증선위 결론 논란 확산

미국 바이오젠은 삼바의 '단독 지배'로 본 반면, 증선위는 설립 초기부터 '공동 지배'로 봐야 한다며 고의 분식회계 처분을 내렸기 때문이다.

기업 자율을 강조하는 국제회계기준 도입 취지에 어긋날 뿐만 아니라 회계부정에 엄격한 미국에서도 문제가 없다고 보고 있다는 점에서 증선위 처분 집행정지 신청이 받아들려져야 한다는 목소리에 힘이 실리고 있다.

국회입법조사처가 정무위원회 소속 김선동 자유한국당 의원실에 회신한 자료에 따르면 삼바와 동일하게 에피스를 삼바의 '단독지배'로 인식한 미국 바이오젠 회계엔 전혀 문제가 없다. 또 바이오젠은 실제 콜옵션(주식매수선택청구권)을 행사하기 전까지 콜옵션에 대한 공시를 하지 않았지만 이것 역시 회계기준을 위반한 것이 아니다.

한국은 국제회계기준이 적용되고 미국은 자체 회계기준이 적용된다는 차이가 있지만, 기업 자율성을 강조하는 국제회계기준 취지에 맞지 않고 회계부정에 엄격한 미국에서조차 문제가 없다고 본 부분을 고의 분식회계로 결론을 냈다는 점에서 증선위의 결정에 대한 논란은 더 커질 것으로 보인다.

chapter 38 | 감사위원회(지원)센터

수년 전부터 대형 회계법인 중심으로 감사위원회를 지원하기 위한 부서가 구성되어서 활발하게 활동을 진행하고 있다. 이러한 활동을 삼정회계법인이 4년 전부터 처음으로 시작하게 되었다. 삼정은 삼정회계법인 감사위원회 지원센터(ACI: Audit Committee Institute)라는 별도의 부서를 조직하여 감사위원회 활동과 관련된 교육/계몽사업과 정기 간행물들을 간행하고 있다.

감사위원회 위원 중에는 회계와 관련 제도 등에 익숙한 전문가들도 있지만 그렇지 않고 감사위원회 활동을 하는 감사위원들도 다수 있기 때문에 이들에 대한 교육은 매우 중요하며 위에서도 기술되었듯이 2017년 외감법 개정의 핵심이 감사위원회일 수 있다.

삼일회계법인도 감사위원회센터를 발족하고 2015년과 2017에 감사위원들을 대상으로 세미나를 개최하였으며 한영회계법인은 품질관리실 중심으로 2016년과 2018년에 감사위원 대상으로 제도 변경 등에 대한 교육을 시행하는 세미나를 개최하고 있다.

동시에 KB금융지주와 신한금융지주 등은 지주사의 감사실 중심으로 계열사의 상근감사위원과 감사위원들을 대상으로 이들 감사위원회 지원센터 관계자를 초빙하여 교육세션을 진행하기도 한다.

물론, 이러한 교육 세션을 진행하려면 일단, 교육을 받는 감사위원이 critical mass가 되어야 하므로 많은 계열사를 둔 금융지주나 일반 지주사 또는 재벌그룹에서 가능할 듯하다.

이러한 회계법인의 감사위원회 센터 이외에도 상장회사협의회 감사회, 이사협회 등과 같은 기관에서 사외이사/감사위원에 대한 교육과정을 진행 중이다.

사외이사 또는 감사위원의 자격조건으로 전문성과 독립성이 있다. 독립성은 교육에 의해서 제고될 수 없지만 전문성은 교육과 학습에 의해서 제고될 수 있다.

현재 법에 의해서 감사위원 중 1인은 회계 및 재무전문가라야 한다. 그러나 기업이 회계 및 재무 전문가로 분류하는 경우라고 하여도 기업지배구조원의 기업지배구조 수준의 평가 과정에서는 전문가가 아니라고 분류하는 경우가 있다.

일부 기업은 감사위원 중, 1인의 경영학 교수에 대해서 회계/재무전문가로 분류하고 있으나 이를 비판하는 입장에서는 경영학 교수라고 모두 회계/재무 전문가는 아니라는 점이 대립된다.

기업지배구조원의 감사위원회 모범규준은 상법에서의 전문성을 더욱 상징적으로 강화하여 회계 및 재무전문가를 2인으로 제안하고 있다.

chapter 15에도 기술되어 있듯이 KAM(핵심감사제도)이 점진적으로 모든 상장기업에 도입된다. 핵심감사제도의 도입이 회계 및 감사의 전문성이 더욱 강조되어야 하는 이유이기도 하다.

2018년 10월 17일에는 한국공인회계사회, 기업지배구조원 등이 중심이 되어 감사위원회 포럼을 창립하여 활동을 시작하여서 이러한 종류의 활동이 많이 활성화되고 있다.

회계감독기구의 협의체인 IFIAR은 2006년 구성되어 현재(2017년 6월)에는 52개 국가의 기구가 회원으로 활동을 하고 있다.

Carson et al.(2017)은 감독기관의 인적투입과 금전적 투자에도 cost/benefit 관계 분석이 수행되어야 하며 미국에서 PCAOB를 운영하는 데 투입되는 자금도 무한대로 지출될 수는 없는 것이므로 감독기관은 optimal level of audit quality를 생각해야 한다고 발표하였다. audit quality를 항공사의 안전 수준과 비교하면서 항공사도 안전을 위해서 더 많은 투자를 할 수 있지만 어느 정도 수준의 투자를 초과하면 더 많은 투자를 한다고 해도 사고율을 0으로 만들 수는 없을 것이니 이러한 투자의 효과를 극대화하는 optimal한 투자 규모가 있을 것이다. 항공기에 아무리 고도의 장치를 설치한다고 해도 인간의 실수를 완전히 통제할 수는 없는 것이니 한계효용이 한계비용과 일치하는 점에서 감독당국의 감독 수준이 결정되어야 하는 것이지 이상적이라고 해도 한계 비용을 무한대로 늘려 나갈 수는 없다.

이러한 외국의 경우를 우리나라의 감독당국의 현실에도 적용해 볼 수 있다. 감독기관의 감리 개선의 이슈가 나올 때마다 감독기관은 감리 인원 확충과 감리기간을 현재의 30년 만에 평균적인 1회 감리에서 적어도 평균 10년에 한 번은 감리를 수행하는 것으로 개선책을 내 놓고 있다. 감독기관의 분식을 방지하고 제도를 개선하기 위한 단골 메뉴 중 하나이다. 그러나 10년에 한 번 감리를 수행한다고 분식회계/회계부정이 어느 정도 해결될 것인지에 대해서는 어느 누구도 확정적인 답을 하기 어렵다.

ideal하게는 어느 정도 감리를 수행하여야지 분식이 존재할 확률을 어느 수준 이하로 낮출 수 있다는 논리가 전개될 수 있어야 한다. 이러한 것이 감독기관에서 판단한 optimal level에서의 회계 감리 수준이다. 이러한 분석이 없이 무한정적으로 많은 자원을 투입하는 것은 매우 비효율적이고 또한 비생산적이다.

감독기관에 이러한 연구를 해서 제공해 줄 수 있다고 하면 이는 매우 생산적으로 의미 있는 연구결과일 수 있다. 분식이 완전히 없어지는 것은 아니고 분식회계와 관련해서 marginal한 개선을 개선하기 위해서 많은 재원을 투자하는 것은 바람직하지 않을 수 있다.

과도하게 감독을 하지 않도록 예산으로 control하여야 한다. 'who audits auditor's audit'의 표현이 사용되기도 한다. 기업 내부의 감사기능에 대해서도 이러한 논지가 가능하지만 감독기관의 감사에 대해서도 동일한 논리의 적용이 가능하다.

물론, 감리 인원이 어느 정도 추가될 때 어느 정도, 적발할 수 있는 가능성이 높아지는 것은 사실일 것이지만 그럼에도 적발 위주로 감리가 진행된다면 주관적인 판단의 영역에 있는 내용에 대해서도 적발을 할 가능성이 높아진다.

이러한 영역의 연구는 금융감독원에 대해서도 회계감리에 어느 정도의 input을 투입하여야 최고의 수준의 output을 효과적으로 달성할 수 있는지에 대한 고민할 정책적인 이슈를 제공해 준다.

이러한 고민을 공유하기 위해서 IFIAR라는 기구의 존재의 의미가 있는 것이며 미국은 엔론사태 이후에 PCAOB라는 별도의 회계 감독기구를 출범시켰고 그 시점에 우리나라에서도 별도의 회계감독기구에 대한 고민이 있었지만 우리는 기구의 독립의 이슈라기보다는 기존의 기구의 효과적인 운용에 의해서도 회계 감독이 개선될 수 있다는 결론을 도출한 듯하다.

Carson et al.(2017)에서는 "Although considerable resources go into these inspection regimes, very little is known about their effect on audit quality"" As benefits of public oversight are not uncontested, its effect on audit quality has become the subject of further academic research."

라고 기술하고 있다.

이들 국제적인 기구가 공동으로 해결해야 할 과제라고 할 수 있는 것이, 예를 들어, potential consequences of deficient inspection 등이 있을 수 있다. 즉, 감독기관이 감리를 수행하였는데 재무제표에 포함된 분식을 발견하지 못하였을 경우의 문제 해결의 경우이다.

감독기구 차원에서도 감리의 결과에 대한 공개 등등 아직도 해결해야 하는 많은 이슈들이 남아 있다. 예를 들어 감사인의 회계감사가 완벽할 수 없듯이, 감독기관의 감리과정도 완벽할 수 없다.

우리는 기업이나 감사인인 회계법인에 대해서는 많은 연구를 수행하지만 감독기관의 감독을 어떻게 개선할지에 대한 연구는 미진하다. 이도 그러할 것이 많은 경우의 회계학 연구가 기업이나 감사인을 대상으로 한 archival data에 근거한 분석인데 감독기관은 국제간 연구가 아닌 이상, 회계 감독 기관, 한 기관밖에 없으니 모집단에 근거한 연구를 수행할 수 없다. 물론, 전 세계 국가들의 감독기관들을 대상으로 한 연구를 수행할 수도 있지만 감독기관의 자료는 접근 가능한 자료가 아닐 경우가 많다.

다음과 같은 내용은 감독기관 차원에서 고민할 부분이다.

한국경제신문. 2014.10.14. ────────────────────────────
한국 경제신문, 구멍난 금감원 '감리 그물망'

금융감독원이 한 차례 감리를 실시하고 분식회계를 찾아내지 못한 사례가 8건에 이르는 것으로 나타났다. 금감원이 연간 시행한 감리 건수도 최근 5년간 73% 줄어들어 금융당국의 회계감독 기능에 큰 구멍이 뚫렸다는 지적이 나온다.

13일 김기식 새정치연합 의원에게 제출된 국정감사 자료에 따르면 금감원이 최근 10년간 실시한 감리에서 '문제가 없다'고 판명한 회사 중 사후 분식회계가 발견된 경우가 8개로 나타났다.

금감원은 2005년 말부터 작년까지 1조 3,350억원대 분식회계를 한 효성에 대해 2007년 감리를 실시했지만 아무런 문제점을 발견하지 못했다.

올해 초 국세청 세무조사 과정에서 회계의혹이 불거지면서 진행한 2차 감리에서 비로서 회계분식 사실을 적발했다. 한솔제지가 2003년부터 8년간 2,350억원 상당의 매도 가능 채권을 과도하게 부풀린 것도 찾아내지 못하다가 검찰 통보에 의해 실시한 2차 감리에서 발견했다. 이 밖에 삼우이엠씨, 희훈이앤지, 엑사이엔씨, 인성정보, 파캔오피씨, 신텍 등도 1차 감리는 무사히 통과했으나 국세청 통보와 외부 제보 등을 계기로 수년간의 분식회계가 드러났다.

금감원이 최근 5년간 상장사 감사보고서 감리에서 분식회계 등 위반 사항을 적발한 비율은 17% 정도다. 657개사 감리에서 117개 위반사항을 지적했다. 그러나 '위반 사항 없다'고 처리한 회사 중 8곳에서 검찰이나 국세청 조사 등에 의해 분식회계가 드러나면서 나머지 무혐의 처리된 회사의 감리 결과도 신뢰를 잃게 됐다.

김의원은 "기업의 회계투명성 제고는 자본시장 발전의 전제조건이고 이를 관리 감독하는 것이 금감원"이라며 "금감원이 감리하고도 분식회계를 발견하지 못한 것은 당국의 무능함을 여실히 드러낸 것"이라고 비판했다. 금감원 관계자는 "감사보고서와 공시자료를 위주로 하는 심사감리는 검찰 수사처럼 한 회사만 집중적으로 들여다보는 게 아니기 때문에 분식회계를 적발하기 쉽지 않다"고 어려움을 호소했다.

감리 그물망도 갈수록 허술해 지고 있다. 금감원이 지난해 시행한 상장사 감리는 61건으로 2009년의 229건보다 73% 감소했다. 1,700여 개 상장사가 한 번 감리를 받은 다음 또 다시 감리받을 때까지 주기를 따지면 기존 7년에서 27년으로 급증한 셈이다. 같은 기간 한국공인회계사회가 위탁받아 실시하는 비상장법인 감리 건수도 219건에서 56건으로 줄면서 감리 주기가 8년에서 30년으로 늘어났다.

금감원 회계감독국 관계자는 "최근 동양그룹 대우건설 등 대형 혐의감리에 인력이 집중되면서 일반 감리는 상대적으로 덜 진행됐다"며 "50명의 검사 인력으로 1,700여 개 상장사를 촘촘히 감리하는 것이 무리한 측면이 있다"고 말했다.

전문가들은 분식회계 근절을 위해선 회계법인이 감사보고서 생산 단계부터 품질관리를 엄격히 하고, 금감원은 회계법인의 품질관리 감리를 강화해야 한다. 현재는 회계법인의 조직 운영상 문제가 드러나도 금감원은 제재할 수 있는 법적 근거가 없다.

이에 금융위원회는 금융당국이 회계법인의 감사 품질을 평가하고, 분식회계 규모에 따라 과징금을 부과할 수 있도록 하는 내용의 관련법 개정안을 지난 7일 입법 예고했다.

chapter 24에서도 외부감사의 한계와 관련된 통계 수치를 보였지만 감독기관의 감독에도 한계가 있는 것은 동일하다.

회계법인의 감사도 완벽할 수 없듯이 감독기관의 감리도 완벽할 수 없다.

아마도 감독기관에서 가장 민감하게 외부로 유출하기를 꺼리는 자료가 위의 신문기사에서 보도된 자료일 것이다. 감독기관이 감리를 너무 tight하게 진행하면 회계법인들이 자주 하는 얘기가 있다. 감독기관이 부실감사를 하지 않을 정도로 그렇게 자신이 있다면 본인들이 직접 감사를 수행하라고 얘기하기도 한다.

인원만 가지고 모든 것을 해결할 수는 없다. 예를 들어, 기업지배구조원에는 약 40명의 연구원이 있고, 이들이 거의 모든 기업의 지배구조에 대한 평가를 수행하여야 한다. 국민연금도 상장회사 주총에서 상정되는 안건에 대해서는 안건을 분석하고 이에 대해서 의결권을 행사하여야 하는데 이러한 국민연금에 대해서 의결권 자문을 해 주는 기관은 기업지배구조원, 대신지배구조연구소, 서스틴베스트 및 좋은기업지배연구소 등인데 이들 기관도 2,000여 개의 모든 상장 기업의 안건을 분석할 수 있는 충분한 인원을 확보하고 있는지에 대한 확신을 갖기 어렵다.

이는 외국의 의결권 자문 기구에 대해서도 동일한 비판을 할 수 있다. 우리나라의 기업에도 의결권 관련 의견을 표명하는 ISS와 글래스루이스 같은 기관도 어느 정도 인원을 우리나라 기업의 분석에 배정하여서 분석을 수행하고 있는지에 대해서는 의문이며 외국의 분석기관이라고 우리의 자문 기관보다 우월한 분석 능력을 갖추었다고 할 수는 없다.

매일경제신문. 2014.12.5. ─────────────────────────
분식회계 75% 감사서 적발 안 돼

평균 소송 청구액은 10억 2,800만원이었고, 회계법인은 57%가 패소해 약 6,200만원의 손해 배상 판결을 받았다. 소송까지 간 44건 중 약 66%는 상장폐지 등 거래소의 제재를 받았다.

chapter 40 단기/장기업적

한국경제신문 2016.7.23.
미 기업들 "분기마다 내 놓는 실적 전망치 없애야"

미국을 대표하는 최고경영자들이 "분기 실적을 전망하고 이를 투자자에게 제공하는 관행을 중단해야 한다"고 주장했다. 기업을 단기성과에 집착하도록 함으로써 장기적인 기업가치를 떨어뜨린다는 것이다.

'투자의 귀재'로 불리는 워런 버핏 벅셔해서웨이 회장과 제이디 다이먼 JP모건 체이스 회장 등 13명의 CEO는 바람직한 기업 경영과 지배구조에 대한 최근 1년간의 토론 결과를 담은 성명서를 파이낸셜타임스 등 주요 일간지에 전면 광고 형태로 21일 게재했다.

성명서에서는 세계 최대 자산운용사 블랙록의 래리 핑크 회장과 세계 최대 채권펀드 회사 뱅가드의 빌 맥넙 회장을 비롯해 제프리 이멜 GE회장, 메리 바라 GM회장에 이르기까지 제조와 금융을 아우르는 거물급 CEO가 대거 참여했다.

이들은 "분기 실적 전망치가 경영진의 부담을 높여 오히려 잘못된 결정을 내리는 경우가 많으며 기업 가치 손실로 이어진다"고 지적했다.

미국 상장사들은 분기 실적을 발표하면서 향후 매출과 순익 전망치(가이던스)를 함께 제공한다.

버핏은 이날 CNBC에 나와 월가의 '수익률 맞히기 게임'을 비판하며 "가이던스를 충족시키기 위해 기업이 잘못된 결정을 내리고 있는 나쁜 결과로 이어지고 있다"고 주장했다. 실적이 가이던스에 못 미치면 CEO가 이를 맞추기 위해 불필요한 시도를 하게 된다는 설명이다.

핑크회장도 "기업이 장기적 관점에 집중할 수 있도록 분기실적 전망을 폐기해야 한다"고 주장했다. 다이먼 회장도 FT에 "토론자 대부분 분기실적 전망을 제공하는 것에 반대했다"며 "이번 성명이 분기실적 전망을 중단하려는 기업에 도움이 되기를 바란다"고 지적했다. 다이먼 회장은 지난 4월 CNBC에 보낸 이메일에서 분기 실적이 애널리스트 전망치와 비교돼선 안 된다고 주장하기도 했다.

이날 성명서에 참여한 13명 중 유일한 행동주의 투자자인 제프 우벤 밸류액트 캐피탈 CEO는 "이사회가 단기실적 전망에 지나치게 지배당하고 있다"며 "기업의 장기적 성과가 떨어진다"고 지적했다. 이들은 최근 1년간 기업 경영과 지배구조 개선을 논의하기 위해 만났다며 이사회의 독립성을 강화해야 한다는 내용의 원칙도 함께 발표했다.

월가의 투자자들은 그러나 가이던스가 기업 경영의 투명성과 주수가치 보장 차원에서 필요하다는 반론도 제기했다. 주가는 기업의 미래가치를 반영하는 만큼 투자자에게도 과거 실적보다 향후 매출과 수익전망이 더 중요하다는 것이다.[1]

미국에서도 재무분석가들의 이익 예측은 meet 또는 beat하기 위해서 이익 조정을 수행한다는 기사가 빈번하게 언론에 나타난다.

한국경제신문. 2018.8.20. ─────────────────────────
트럼프 "기업 실석 공시 1년에 두 번만 하자"…SEC에 검토 요청

도널드 트럼프 미국 대통령이 3개월에 한 번 하는 상장사 실적 발표를 6개월에 한 번으로 축소하는 방안을 검토할 것을 미국증권거래위원회에 요청했다. 분기별 연간 4회 발표를 반기별 연간 2회 발표로 줄이는 방안을 고려해보자는 것이다. 실적 발표 횟수 축소는 7일 트럼프 대통령과 만찬을 한 기업 경영인들이 "분기별 실적 발표에 따른 상장사 부담이 너무 크고 단기 성과주의가 만연하는 등 부작용이 심각하다"며 제안했다.

트럼프 대통령은 17일 트위터를 통해 "세계 최고 기업의 리더들과 대화한 자리에서 6개월 단위 실적 발표 시스템을 도입하자는 제안이 나왔다"며 "유연성이 더 커지고 비용도 절약할 수 있어 SEC에 검토를 요청했다"고 밝혔다. 실적을 너무 자주 공개하게 한 탓에 상장기업 경영진이 단기 목표에만 매달린다는 불만은 그동안에도 제기됐다. 하지만 투자자 보호를 위해 실적 등 기업공개를 축소해서는 안 된다는 반대론도 상당하다. 파이

---

1) 손성규(2018) chapter 21을 참조한다.

낸셜타임즈는 이 같은 논란과 관련해 "헤지펀드 주주 등 무책임한 금융 기술자들이 기업 경영을 좌지우지하면서 경영인의 부담이 커진 것은 사실"이라고 보도했다.

미국은 1930년대부터 증권가에서 상장사에 분기 실적보고를 요구하는 관행이 있었고 SEC가 1970년 이를 공식화해 규제하기 시작했다. 유럽연합은 기업들이 6개월에 한 번만 실적을 공개하고 나머지 분기는 매출 등 간략한 사항만 발표하고 있다. 다만 글로벌 기업은 대부분 미국 기준에 맞춰 분기마다 한 번씩 실적을 발표한다.

미국 기업들은 실적 발표 횟수를 줄이는 데 찬성하는 분위기다. 미 상공회의소 관계자는 "21세기에 어울리지 않는 1930년대 공시 제도가 기업에 부담만 주고 있다"고 비판했다. 트럼프 대통령과 만난 자리에서 이를 제안한 인드라 누이 펩시 콜라 최고경영자는 과거 수차례 단기 성과주의의 부당함을 지적했다.

상장사들은 SEC의 규제가 완화되면 매 분식 실적 전망(실적 가이던스)을 내도록 강요하는 관행도 없어져야 한다고 목소리를 높이고 있다. 기업들이 영업 상황과 관계없이 미리 내놓은 숫자에 실적을 끼워 맞춰야 하는 등 부작용이 크다는 이유에서다.

워런 버핏 빅셔해서웨이 회장과 제이미 다이먼 JP모건 회장 등이 이끄는 200여 명의 미국 CEO 그룹은 지난 6월 "단기 실적주의가 미국 경제에 해를 끼치고, 지난 20여 년간 미국 상장사 숫자가 줄어든 데도 영향을 미쳤다"는 성명을 내놓기도 했다. 최근 엘론 머스크가 주주들의 압박으로 테슬라 상장 폐지를 추진하는 등 기업들이 상장을 회피하는 부작용도 함께 지적한 것이다.

그러나 트럼프 대통령의 발언이 즉각적인 규제 완화로 이어질지에 대해서 전망이 엇갈린다. SEC는 독립위원회로 트럼프 대통령의 지시를 받는 기관이 아니다. 여전히 일부 투자자는 기업들이 더 많은 정보를 투명하게 공개해야 한다고 주장하고 있다. 또 분기 실적 공시는 글로벌 표준으로 굳어졌고, 시스템을 바꾸는 게 주주에게는 직접적인 혜택을 주지 않는다.

이날 월스트리트저널은 트럼프 대통령의 트윗과 관련, 금융당국이 상장기업과 투지지늘이 장기적인 기업 발전에 집중하도록 촉진하는 방안에 대한 의견을 수렴하는 문서를 다음 주께 발표할 예정이라고 보도했다. 제이 클레이턴 SEC 위원장은 성명을 통해 "위원회 차원에서 실적 발표 횟수를 연구하고 있다"고 밝혔다.

분기 재무제표에 대한 인증이 강화되면서 과거에는 2조원이 넘은 기업에만 분기 재무제표에 대한 검토 인증이 강제되다가 최근에 오면서 1조, 지금은

5,000억원이 넘는 기업에 대해 검토가 강제되고 있는 점에 비추어 봐서는 위의 주장은 뭔가 그 추세와는 역행한다고 판단된다. 특히나 단타 위주의 투자자들은 반기 재무제표도 그들의 투자 pattern에 비해서는 충분한 정보를 제공하지 못하고 있다고 판단되는데, 위의 견해에 대해서는 앞으로도 상당한 논란이 진행될 듯하다. 정부가 투자 관련된 정책 방향을 설정할 때 가장 중요한 잣대는 투자자 보호이다. 국내의 많은 투자자의 특정 주식에 대한 투자 기간이 2~5개월이라고 하며 이들은 연차 재무제표보다는 분반기 재무제표에 더 많은 관심을 둘 수 있다. 그들의 투자 pattern에 비하여 연차 재무제표는 별 도움이 되지 않는다고도 할 수 있다.

단, 동시에 중간 재무제표에는 가치를 두지 않는 장기투자자들도 있으니 투자자들 간의 관심도 모두 상이하다. 단기 투자자들에게 가장 timely한 회계 정보라고 할 수 있는 분기 재무제표가 폐지된다며 이들 투자자들에게서 사용되던 회계정보는 투자의사 결정 시 사용될 수 있는 회계 정보가 그나마 사라지게 되는 것이므로 투자의사 결정에 유용한 정보를 제공함에 있는 재무회계의 목적에 대한 의문이 제기된다.

한국경제신문. 2018.10.22. ─────────────────────────
'1년 임기' 농협금융 CEO들… "장기계획 못 짜"

농협 금융이 자회사 최고경영자의 짧은 임기를 두고 손질 방안을 고심하고 있다. 농협금융 자회사 CEO의 임기는 1년으로 국내 금융회사를 통틀어 가장 짧다. 중장기 경영전략을 세우고 추진하는데 상대적으로 힘이 떨어질 수밖에 없다는 지적이 나온다.

• 중장기 전략 세우기 힘든 자회사 CEO

21일 농협금융에 따르면 이대훈 농협은행장과 오병관 농협손해보험 사장은 각각 올해 선임됐지만 내년 1월이면 임기가 끝난다. 금융계에서 CEO임기가 1년인 것은 드문 일이다. 금융업은 단기 실적보다는 중장기 리스크까지 고려한 경영전략을 중요하게 여기는 분위기여서다. 신한 KB 하나 금융은 자회사 CEO에 대해 기본 2년 임기 후 1년 단위로 연임할 수 있도록 했다.

반면 농협금융은 기본 임기가 1년이며 연임은 1년 단위로 가능하다. 농협금융지배구조 내부규범(제3장 38조)상으로는 최초 선임 시 임기는 2년 이내로 하되 연임할 수 있다는 대목이 나오지만 실상은 1년씩 임기를 두고 있다. 고태순 농협캐피탈 대표와 서기봉 농협생명대표도 지난해 1년씩 기본 임기를 마치고 올해 1년 연임됐다.

이런 '초단기 임기'는 김용환 전 농협금융회장 시절 실적을 끌어올리기 위한 지침이었다. 느슨해지지 말고 실적에 신경 쓰라는 취지였다 하지만 최근 들어 농협 금융 내부에서 이런 인사 정책에 대한 문제 제기가 이어지고 있다. 중장기 전략을 세우기 어렵고 리스크 관리에 상대적으로 소홀해지는 부작용이 있다는 지적이다.

현업을 파악하고 전문성을 발휘할 만한 시간적 여유가 부족한 것도 한계점으로 꼽는다. 취임후 사업장을 다니며 현장 점검을 하면서 2~3개월을 보내고 나면 임기의 4분의 1이 끝나는 식이다. 달라지는 경영환경을 분석하고 시뮬레이션을 하려면 최소 반 년 이상은 걸린다는 전언이다. 농협금융 관계자는 "초단기 임기로는 직전 CEO가 추진해오던 업무를 이어받아 추진하는 데 그치는 수준이 될 수밖에 없다"며 "이런 게 반복될수록 경영 환경 변화에 대응할 수 있는 경쟁력을 쌓을 기회도 사라질 것이란 우려가 많다"고 말했다.

• 해외 대형은행은 CEO 평균 임기 5.8년

2005년부터 13년째 JP모건체이스 회장 겸 CEO를 맡고 있는 제이미 다이먼의 사례도 눈여겨볼 필요가 있다는 의견도 있다. 다이먼은 JP모건을 자산 시가총액 기준 미국 최대 은행으로 키워냈다는 평가를 받고 있다. 올해 초에는 5년 연임이 확정됐다. 국내 은행장의 임기가 3년도 채 안 되는 국내 사정과는 확연히 다르다는 얘기다. 자본시장연구원에 따르면 JP모건체이스, 골드만삭스, 모건스탠리, 메릴린치, 뱅크오브어메리카, 씨티은행 등 미국 5개 대형 투자은행 CEO의 평균 재임 기간은 5.8년이다.

김광수 농협금융회장이 지난 4월 취임 직후 경영체질 개선 방안 중 하나로 CEO 장기 성장동력 평가 시스템을 제시한 것은 이런 점을 고려해서다 김회장은 다음달 CEO 장기 성장동력 평가 시스템을 확립해 내년부터 적용할 계획이다. 그동안 농협금융 CEO 평가에선 당기순이익 및 내년도 실적 목표평가, 추진 현황이 위주였다.

내년부터 CEO를 평가할 때는 3~5년 중장기 전략 수립 및 추진 상황이 반영될 예정이다. 향후 이 같은 중장기 전략에 대한 비중을 절반까지 점진적으로 늘려가겠다는 목표다. 회사면 최우수고객(VVIP)의 평가도 CEO 평가 때 중요지표로 활용할 계획이다.

김회장을 비롯한 경영진은 자회사 CEO 기본 임기 연장을 추진할 방안도 고민 중인 것으로 전해졌다. 하지만 자회사 CEO의 임기는 이사회 통과가 필요한 사안이어서 추진 과정이 쉽지만은 않을 것이란 관측이 나온다.

농협금융 고위 관계자는 "당장 CEO 임기를 늘리는 것은 절차상 어려움이 있어 평가 체계라도 먼저 바꾸는 것"이라며 "갈수록 중장기 전략을 얼마나 고민하고 추진하는가가 중요해질 것"이라고 말했다.

1년 동안에 업적을 내라고 요구하는 것 그 자체가 전혀 설득력이 없는 기대이다. 우리나라는 모든 것이 '빨리 빨리' 문화이다. 대학의 총장을 보아도 외국의 선진 대학은 장기간 재임하는 총장들이 있는 반면 우리의 경우는 4년 임기를 초과하여 연임되는 총장은 보기 어렵다. 적임자에게 일단 맡기고 결과가 나오기를 기다리는 그런 문화 자체가 아닌 듯하다.

농협 자회사의 임기가 1년이라는 1년이라는 기간은 기관장으로 온 이후에 업무 파악에 걸리는 시간 정도일 것이다. 하물며 사외이사의 임기도 대부분의 경우, 3년이고 2년인 기업들도 있는데 CEO의 임기가 1년이라는 것은 믿기 어렵다.

최근 필자가 몸담고 있는 대학이 미국의 AACSB라는 기관으로부터 평가를 받은 적이 있다. 평가단으로 온 외국 경영대학의 학장들이 보고서를 검토한 이후, 이 경영대학은 어떠한 이유에서 중장기 계획은 없는지를 질문했고 경영대학 측은 학장 임기가 2년이고 연임하는 경우가 거의 없어서 중장기 계획이라는 것은 있기 어렵다는 답변을 하니 이해된다고 답했다고 한다. 고민할 문제이다.

외부감사법에 의해서 직전 사업연도 말의 자산 총액이 120억원 이상인 주식회사는 감사 또는 감사위원회에 의한 내부감사 외에 주식회사로부터 독립된 회계의 전문가인 회계법인 등에 의하여 회계감사를 받아야 한다.

다만 외부감사법 개정으로 2019년 11월부터 외부 감사 대상이 확대되어, 원칙상 모든 회사가 외부감사 대상이며, 4개의 기준(자산, 부채, 종업원 수, 매출액) 중 3개를 충족하는 경우(소규모 회사)는 예외가 인정된다. 자산 120억원 미만, 부채 70억원 미만, 매출액 100억원 미만, 종업원 수 100인 미만인 회사이다.

매일경제신문. 2018.9.7. ─────────────────────────
외감법 대상 기업 축소, 회계 투명성 후퇴

최중경 한국공인회계사회 회장이 외부감사법 대상 기업 축소에 강한 불만을 표했다.

외감대상 기업 기준을 첫 입법예고 당시 100억원 이상에서 120억원 이상으로 상향 조정하면서 기업의 회계투명성을 강화하려는 취지가 자칫 역행할 수 있다는 우려에서다. 최 회상은 지난 5일 저녁 서울 여의도에서 열린 한공회 세미나에서 "기업 회계투명성을 강화하고자 외감법을 개정했지만 시행령에서 자산 기준이 완화되면서 개정 철학, 취지와 달리 외감법이 후퇴하고 있다"고 비판했다.

최회장은 "감사 대상 기준 선정을 중소기업을 고려해 규제 완화와 기업 부담이라는 측면에서 보는 것은 잘못됐다"며 "회계감사 강화는 장기적으로 기업을 도와 주는 것으로 제고 노력이 더욱 필요하고, 그저 기업의 비용만으로만 인식하는 것은 전근대적인 것"이라고 꼬집었다. 금융당국 등에 따르면 외감법 대상 자산 기준을 120억원 이상으로 할 경우 외부 감사를 받아야 하는 대상 법인이 현행 2만 8,900개에서 300개가 줄어들게 된다.

회계 개혁을 추진하며 만든 지난 4월 입법 예고안에 따른 대상 예상 기업 총 3만 3,100개에 비춰보면 4,500개 기업이 감사 대상에서 빠지는 셈이다.

최근 논란이 됐던 금융당국의 제약 바이오 기업 감리와 회계사 증원 검토와 관련해서도 각각 찬성과 반대라는 입장을 내 놓았다. 최회장은 먼저 개발비 자산 기준 완화안에 대해 "국제회계기준은 전문가의 판단을 존중한다는 전제에서 출발한다"며 "회계 전문가의 판단이 잘못됐으면 보완을 하면 되지 강한 처벌이 앞서서는 안 된다"고 설명했다.

그는 이어 "회계사는 자격이 생기면 40~50년간 활용하는 점으로 볼 때 미래 50년 수요를 감안해야 한다"며 "당장 수요 문제로 증원을 결정하는 것에 반대한다"고 말했다. 금융감독원이 6일 발표한 '2017년도 회계법인 사업보고서 분석'자료에 따르면 공인회계사가 처음으로 2만명을 넘어섰다. 올 3월 말 기준 등록회계사는 2만 59명으로 지난해보다 3.9% 증가했다. 같은 기간 금융위원회에 등록된 회계법인은 총 175곳으로 지난해 165개보다 10곳 늘었다.

지난해 회계법인 전체 매출액은 2조 9,839억원으로 집계됐다. 2016년(2조 6,734억원)보다 3,105억원(11.6%) 증가한 규모다. 세무(9,539억원) 경영자문(8,953억원) 등이 주를 이뤘다. 이 중 경영자문 부문은 매출이 17% 성장했다. 4대 회계법인 매출은 총 1조 4,998억원으로 전체 시장의 절반 이상을 차지했다. 4대 회계법인 회계사는 5,191명으로 전체의 4분의 1 수준이다.

외감대상 기업을 선정하는 기준은 수년 동안 많은 변화를 겪어 왔다.

매출을 외감대상 기업을 선정하는 잣대로 두어야 한다는 내용은 과거에 한공회에서 주장하던 내용과 동일한 논지이며 매출은 자산, 종업원수, 부채 등에 비해서는 가장 늦게 외감대상 기업 선정 기준에 도입되었다.

조세일보. 2010.7.13. —————————————————
권오형 한공회장 인터뷰

"지난번에 부채규모 70억원, 종업원 수 300명으로 됐는데, 종업원 수 대신 매출액을 넣어야 합니다. 국회의원들도 바꿔야 한다는 데 인식을 같이 하고 있기 때문에 분위기는 마련됐다고 봅니다."

"매출이 많으면 채권채무 이해관계자가 많게 되는데, 이해관계자가 많은 곳이 투명해지려면 감사를 받아야 합니다."

부채규모가 포함된 이유가 부채가 많은 기업의 경우, '채무' 이해관계자가 많다는 이유였을 것인데 매출이 많다는 것은 채권 이해관계자가 많은 것으로 제도를 이렇게 운영한다면 채권 채무가 모두 포함될 것이다.

또한 이러한 논의가 있을 때, 종업원 수로 외감법 대상 기업을 정한다는 것이 정부의 고용창출 정책과 배치된다는 의견도 있었다. 즉, 종업원 수를 100명 이하로 고용하면 외감법을 피해갈 수 있다는 단점이 존재한다.

chapter 42 ㅣ **상장폐지/재감사**

한국경제신문. 2018.9.27. ─────────────────────

역대 최대 무더기 상장폐지

　　코스닥시장에서 사상 최대 규모의 일괄 상장폐지가 단행된다. 전체 시가총액 1조 2,500억원에 이르는 12개 코스닥 기업이 회계법인 재감사에서도 적정의견을 받지 못해 일시에 퇴출될 예정이다. 상장폐지의 근거가 되는 회계법인 재감사를 둘러싸고 공정성시비가 불거지면서 주주들이 집단행동에 나서고 있다.

　　거래소 관계자는 "지난 사업연도 회계법인 재감사에서 '적정의견'을 받았다는 자료를 기한(21일) 내 제출받지 못했다"며 "특별한 사정이 없는 한 28일부터 상장폐지를 위한 정리매매가 시작된다"고 말했다.

　　결산 재감사를 받은 코스닥 기업 15곳 가운데 12곳(80%)이 감사인 '의견거절'을 받았다. 이들 기업은 자회사 자료 등을 제출하지 못해 내부통제 미비점이 발견됐다는 '감사범위 제한' 등을 이유로 의견거절 판정을 받았다. 오는 11월 부실회계감사에 대한 처벌이 강화되는 외부감사법 시행을 앞두고 회계법인의 외부감사가 깐깐해졌기 때문이란 평가가 나온다. 작년에는 재감사 기업 15곳 가운데 6곳(40%)만 퇴출됐다.

　　정리매매 첫날 시총 1조원 가량이 '휴지 조각'이 될 전망이다. 한 주주는 "회계법인이 재감사로 폭리를 취하면서도 책임 회피를 위해 소액주주를 희생시키고 있다"고 주장했다.

　　상장 폐지에 직면한 기업들은 "충분한 소명 기회를 얻지 못했다"며 퇴출의 부당성을 주장하고 있다. 주주들은 "부도나 대규모 횡령 같은 일도 없는데 감사 범위 제한을 이유로 즉각 퇴출시키는 것은 지나치다"며 "회계법인들은 20억원 안팎의 재감사 수임료를 받고도 재감사 보고서 조차 내지 않는 사례가 있다"고 목소리를 높였다.

　　상장사들은 결산 외부감시에서 '의견거절'을 받으면 자동 퇴출된다. 한국거래소는 의견

거절을 받은 기업에 5개월 가량 유예기간을 부여해 재감사를 받을 기회를 준다.

회계법인들의 공통된 의견거절 사유는 '감사범위 제한'이었다. 상장사가 자회사 관련 자료 등을 제출하지 못해 내부통제 미비점이 발견됐다는 내용이 대다수다. 파티게임즈 감사인인 삼정회계법인도 "경영진의 법인 인감 사용과 그 기록에 대한 적절한 내부통제가 이뤄지지 않는다는 사실을 발견했다"며 "이런 내부통제상의 미비점으로 인해 부외부채의 존재 가능성 및 우발상황과 관련해 충분하고 적합한 감사 증거를 확보할 수 없었다"고 밝혔다. 파티게임즈는 '주주 여러분에게 드리는 글'을 통해 "재감사를 받는 동안 우량 계열사인 비엔엠홀딩스의 120억원 채권을 전액 회수하는 등 각종 우발채무 문제를 해소했음에도 삼정회계법인이 감사의견을 거절했다"며 "비상장 계열사인 비엔엠홀딩스 아이템베이 아이엠아이 등은 적정의견을 받아 더욱 이해하기 어렵다"고 반박했다.

재감사는 기존 감사인이 맡는 구조여서 본감사 때 고의로 '의견거절'을 주면서 돈벌이에 나서는 것 아니냐는 의혹까지 제기하고 있다. 한 주주는 "회사당 20억원 안팎에 이르는 막대한 재감사 비용을 받으면서 재감사 보고서를 내지 않는 회계법인도 적지 않다"며 "재감사 보고서를 내더라도 구체적으로 무엇이 문제인지 알 수 없는 게 허다하다"고 목소리를 높였다.

———————————————————————————————————

2018년 사업연도 재무제표에 대해서는 아시아나항공의 재무제표가 감사범위 제한 한정을 받았다가 적정으로 의견이 변경되는 일이 2019년 3월에 있었다.

한국경제신문. 2018.9.27. ————————————————————————
재감사 부작용 논란

상장폐지 관련 재감사 제도는 원래 소액주주를 위해 한국거래소가 5년 전 도입한 것이다. 일본거래소 제도를 벤치마크해 감사인 '의견거절' 상장기업에 5개월 가량 유예기간을 부여하는 식으로 기회를 준다.

하지만 취지와 달리 기업의 비용 부담이 커지는 부작용이 발생했다. 시장에서 '재감사에서 살아남더라도 거액의 보수를 대느라 망한다'는 말까지 있다. 재감사 보수는 부르는 게 값인데 매년 오르는 추세다. 올해 상폐 위기에 처한 기업들은 각각 20억원 안팎을 재감사 수임료로 지급했다. '디지털포렌식(PC, 모바일데이터 복구) 감사' 비용만 10억원을 훌쩍 넘는다. 법무법인 비용까지 합치면 30억원가량 들인 것으로 알려졌다.

회계법인은 재감사와 관련해선 어떠한 규제도 받지 않았다. <u>재감사는 외부감사법 적용 대상이 아니어서 금융당국의 감독 사각지대</u>에 있기 때문이다. 현재로선 일반 감사와 달리 수임료에 대한 가이드라인이 없고, 재감사에서 회계부정 및 부실감사가 적발되더라도 회계사를 처벌할 수 없다.

위의 기사에서 일반 감사와는 달리 수임료에 대한 가이드라인이 없다는 내용은 사실과는 차이가 있다. 2018년 9월 현재, 한공회 차원에서 감사시간과 관련된 가이드라인을 작성하고는 있지만 감사 수임료에 대한 가이드라인은 작성할 수 없도록 되어 있다. 지정일 경우에 대해서는 수임료 가이드라인을 제정할 수는 있도록 제도는 되어 있지만 작성되지 않았다.

조선일보. 2018.9.28. ————————————————

재감사 보고서 못 낸 코스닥 10여개사 상장 폐지 논란

27일 한국거래소 코스닥시장본부는 코스닥에 상장된 11개사에 대해 정리매매를 거쳐 다음달 11일 상장폐지 한다고 공시했다. 상장 폐지 사유는 외부 감사인으로부터 '적정' 의견을 받지 못했기 때문이다.

앞서 거래소는 지난 19일 기업심사위원회를 열어 재감사 기업 15개사에 대해 '조건부 상장폐지'를 결정하고 '적정' 의견을 받은 재감사 보고서를 제출할 것을 요구했고, 기한 내에 보고서를 제출하지 못한 11개사에 대해 예정대로 상장폐지 절차를 밟기로 했다.

상장폐지 대상 기업 경영진과 주주들은 "재감사 절차가 까다로워졌는데 이를 거래소에서 반영해 주지 않았다"며 거세게 반발하고 있다. 올해부터 재감사 과정에 컴퓨터나 휴대폰 등에 남은 디지털 정보를 분석하는 '디지털 포렌식' 절차가 도입됐고, 이 때문에 재감사 기간이 늘어 나면서 기한에 맞춰 보고서를 제출할 수 없었다는 주장이다. 그러나 거래소는 "지난 4월부터 9월까지 소명 기회를 충분히 줬다"며 예정대로 상장 폐지 절차를 진행하겠다는 방침이다. 디지털 포렌식에 대해서는 "이전에도 외부 회계법인이 필요하다고 판단한 경우 실시했던 절차"라고 설명했다. 거래소 관계자는 "해당 기업들의 주장과 달리 오히려 기업심사위원회에서 유예 기간을 예년보다 15일 더 줄 수 있도록 규정을 완화했다"며 "이번에 상폐 대상이 된 기업들은 지난달 상장폐지된 기업보다 개선 기간을 1개월 더 받았음에도 재감사 보고서를 제출하지 못했다"고 강조했다.

상장폐지라는 의사결정은 거래소의 차원에서 기업의 상장을 승인하는 과정보다도 더 어려운 과정이다. 어떻게 보면 상장폐지라는 어려운 의사결정의 주된 역할을 감사인에게 이관하였다고도 할 수 있다. 감사인에게도, 거래소에게도 하물며 감독기관에게도 어느 기업이 상장폐지가 되어야 하는지의 의사결정은 매우 힘든 결정이다. 따라서 이러한 의사결정을 수행할 수 있는 첫 단추가 감사인에게 주어졌다는 것이 감사인에게는 엄청난 권한을 부여 받은 것이기도 하지만 동시에 큰 부담을 안는 것이기도 하다. 오히려 부담 때문에 이러한 의사결정을 내리기 어렵기도 하다. 감사가 종료되는 시점에 회계법인이 위치하는 건물 앞에서 소액주주들이 집회를 하는 경우가 있으며 또한 최대주주가 조직폭력배를 동원하여 공인회계사들을 위협하기도 한다.

재감사라는 과정은 기업으로 보아서는 절대절명의 위기에 처한 상황에서 기존의 감사인에게서 감사를 받아야 한다. 아무런 상황의 변화가 없고 기존의 감사가 잘못된 감사가 아니라고 하면 감사의견이 변경된다는 것도 오히려 예외적일 수 있고 위의 신문기사에서의 경우와 같이 동일한 감사의견이 반복된다는 것이 정상적일 수 있다. 재감사 과정에서 감사인 변경을 허용하지 않는 이유가 아마도 opinion shopping 때문에 다른 감사인을 선임할 가능성을 배제할 수 없기 때문일 수 있다. 그러나 위의 신문 기사는 높은 수임료를 받으면서 감사의견을 적정으로 변경해 준다면 또 하나의 opinion shopping이 될 수 있음을 암시한다.

반면 2018년 12월의 한국감사인협회 재감사 관련된 세미나에서 한 내형 회계법인의 파트너는 어느 감사인도 재감사를 기꺼이 수용할 사람은 없는 듯하다고 토론하였다.

감사인 지정 이후에 감사인과 피감기업의 수임료 등에 있어서 절충하는 과정은 자유수임에 의한 과정에 비해서는 더 힘든 과정이다. 이는 누가 감사를 맡을지가 이미 정해진 상태에서 수임료에 합의를 봐야 하므로 감사인이 낮은 수임료를 수용하지 않으려 하기 때문이다.

동일한 환경이 재감사에서 발생할 수 있다. 피감기업은 재감사를 받으면서 감사인이 요구하는 재감사 수임료를 거부하기 어려운 환경에 몰리게 된다. 더더구나 감사인으로부터 개선된 감사의견을 받아야 하는 입장이 되므로 감사인이 '갑'의 위치에 서게 되며 요구하는 수임료를 거부하기 어렵게 된다.

의견은 나중에 표명되므로 이러한 높은 수임료가 그나마 적정의견에 대한 대가인지도 명확하지 않다(물론 높은 수임료가 적정의견에 대한 대가가 되어서는 안되는 것은 당연하며 감사의견은 수임료와는 무관하여야 한다).

이러한 기업과 감사인간의 이해상충을 감독기관이 이헤하기 때문에 지정제하에서 수임료에 대한 불합치가 이슈가 되지 않도록 이미 오래전에 정부는 자유수임제하에서의 수임료에 대한 가이드라인을 정해주는 것에는 반대하고 이러한 가이드라인이 1999년에 폐지되었지만, 지정제하에서는 수임료에 대한 가이드라인을 정할 수 있도록 허락해 주었다. 이러한 정책 방향은 수임료 가이드라인 책정에 반대해 온 공정거래위원회도 인정한 정책 방향이다.

그럼에도 수임료 가이드라인을 정해 준다는 것은 어느 기관이 되었거나 어려운 일이라서 이러한 수임료 가이드라인은 정해진 적이 없다.

지정제하에서 이와 같이 수임료 결정이 어려워지면서 최근에 와서는 피감기업에게 지정된 감사인을 한 번 거부할 수 있는 권한을 부여하기도 하였고, 이 제도 이후에는 복수로 감사인을 추천하여서 피감기업이 이 두 감사인 중, 한 감사인을 선택하도록 하는 제도가 채택되기도 하였다.

누구를 선임할지와 수임료를 어떻게 정할지 모두가 매우 어려운 문제였다.

지정제에도 이러한 경우가 발생하고 이에 따른 고민을 수행하였는데 재감사의 경우에 대해서는 제도권에서 큰 고민을 하지 않았던 것 같다. 아마도 재감사의 경우가 지정제의 경우보다도 빈도수가 적었기 때문인 듯도 하다. 그러나 재감사의 결과 상폐가 될 수도 있으므로 어떻게 보면 지정제보다도 기업들이 느끼는 부담은 훨씬 더 크다고도 할 수 있다,

재감사의 경우는 이미 감사인은 변경하지 않는 것으로 제도가 되어 있으므로 이에 대해서는 고민을 할 필요가 없으며, 단지 수임료가 이슈가 될 수 있다. 위의 신문 기사의 경우와 같이 본 감사 수임료의 10배를 청구한다고 하면 이는 누가 보거나 과도하다.

재감사보수 부분은 내표적으로 1억원을 받고 업무정지된 화인경영회계법

인 사례를 들 수 있고 재감사 결과 감사의견이 의견거절에서 적정으로 바뀌었던 사안이다. 재감사 과정에서 과도한 수임료를 받았고 이 수임료 때문에 감사의견이 영향을 받았다고 하면 심각한 문제가 있는 것이다.

지금 이슈가 되었던 건에서 그칠 것이 아니고 앞으로도 지속적으로 문제가 될 수 있다. 특히나 위의 신문기사에서 인용되었듯이 재감사는 외감법의 규제 대상이 아니라고 하면 재감사에서의 피감기업과 감사인간의 분쟁에 감독기관이 개입할 수도 없는 상황이다.

한국경제신문. 2018.10.12. ───────────────────────────
"거래소, 코스닥사 무더기 상폐는 규정 위반"

한국거래소가 지난달 코스닥 상장 11개사에 대해 무더기 상장폐지 결정을 내린 것은 상장 규정을 위반한 것이라는 주장이 국회에서 제기됐다.

국회 정무위원회 소속 이태규 바른미래당 의원은 11일 열린 금융위원회 국정감사에서 "상장 규정 제38조에 따르면 상장폐지가 결정된 11개 종목은 시장위원회의 심의 의결을 거쳐 상장 폐지 여부를 결정해야 하지만 거래소는 하위 규정인 시행세칙에 따라 형식적 상장폐지라는 명목으로 기업심사위원회의 심의 의결로 상장폐지를 확정했다"고 지적했다.

또 "행정절차법은 국민에게 불편을 주는 공공기관의 정책과 제도 변경에 대해 행정예고를 하도록 하고 있지만 상장폐지 절차를 간소화한 시행세칙 개정이 거래소 법규 서비스 규정 제 개정 예고에서 누락했다"고 꼬집었다.

실질 심사로 인한 상장폐지는 기업심사위원회를 거쳐 시장위원회에서 최종 결정하지만, '감사의견 거절'과 같은 형식적 상장폐지는 기업심사위원회에서 최종 결정된다.

이 같은 상장폐지 절차 관련 시행세칙이 상위 규정인 상장 규정과 맞지 않다는 게 의원들의 주장이다. 이에 대해 정지원 거래소 이사장은 "이번 코스닥시장 대책에 따르면 형식적 상장폐지는 기업심사위원회 의결과 처리하게 돼 있으며 시행세칙은 예고 대상이 아니다"고 반박했다.

"거래소가 상장 관련 시행세칙 변경을 남용하고 있다"는 지적도 나왔다. 김성원 자유한국당 의원은 "상장 관련 규정은 금융위 권한이고 그 아래 시행세칙은 거래소 권한인데 거래소가 금융위와 충분한 협의 없이 시행세칙을 변경하고 있는 것은 문제"라며 "법원이 일부 기업의 상장폐지 효력을 정지하는 가처분신청을 인용한 것을 두고 거래소의 권력 남용으로 보는 관점도 있다"고 주장했다.

최종구금융위원장은 이와 관련, "(거래소가) 시행세칙을 만들 때(금융위와) 협의하는 절차를 공식화하는 방안을 강구하겠다"고 말했다.

앞서 거래소는 지난달 감사보고서상 감사의견 거절 등을 이유로 코스닥 11개사의 상장폐지를 결정했다. 그러나 법원이 파티게임즈 감마누 모다 에프티이엔이 등 일부 기업의 상장폐지 결정 효력정지 가처분 신청을 인용하면서 거래소는 11개사 가운데 6개사의 정리매매를 중단했다.

매경이코노미 2018.10.3.-10.9
한계기업 재감사 회계법인 틈새시장 부각
'빅4' 부르는 게 값, 재감 컨설팅 경쟁도 치열

사정이 이렇다 보니 한계기업을 상대로 지나치게 높은 보수를 받는 것 아니냐는 볼멘소리가 터져 나온다. 통상 정기감사 때 수수료는 모든 감사를 마치고 난 뒤 감사 시간 등을 근거로 확정한다. 재감사 때는 다르다. 계약 전 회계법인과 상장사가 서로 '합의해' 정하는 것이 대부분이다. 재감사 보수 총액이 정해지면 계약서 체결 당일 착수금 명목으로 서너 차례 나눠 지급하는 식이다.

한 예로 2017년 회계연도 재무제표에 대해 한영회계법인에 의견거절을 받은 성지건설은 재감사 보수로 7억 3,500만원을 지급했다. 성지건설은 감사보수로 2015~2016 회계연도 기준 7,500만원, 2017 회계연도 기준 1억 5,000만원을 각각 한영 측에 지급했다. 이에 비춰보면 이 회사는 2015년, 2016년 대비 10배 수준을 재감사 보수로 지급한 셈이다. 비단 한영뿐 아니라 이른바 빅4는 재감사 때 비슷한 수준의 감사보수를 받는 것으로 파악된다. 금융감독원 전자공시에 따르면 특수프린터 전문업체인 제이스테판은 2015년, 2016년에는 삼일회계법인에 감사보수로 4,300만원을 냈지만 2017년에는 11억 9,000만원을 지불했다.

빅4 회계법인이 재감사 시장에서 고액 보수로 쏠쏠한 재미를 보는 사이 중소 회계법인은 재감사에서 적정의견을 받도록 도와주는 컨설팅 영업에 뛰어들었다. 실제 최근 모 상장사가 중소 회계법인으로부터 재감사 관련 컨설팅을 받았는데 보수로만 2~3억원 가량

낸 것으로 알려진다.

지배구조가 복잡하고 해외 사업장이 많은 회사일수록 관련 수요가 많다는 것이 업계 전언이다. 보수 수준은 회사 상황에 따라 천차만별이지만 대부분 한계기업인 탓에 억대 보수를 지불하는 것으로 파악된다. 익명을 요구한 중소 회계법인 소속 회계사는 "재감사 컨설팅 자체가 이전에 전혀 없던 비즈니스는 아니다. 다만 예전에는 비적정의견을 받는 경우가 거의 없었기에 돈벌이가 안 됐지만 최근에는 상황이 다르다. 회계리스크에 노출된 기업이 갈수록 늘고 있어 재감사 통과를 위한 컨설팅 수주 경쟁이 생겨나고 있다"고 귀띔 했다.

이렇듯 재감사 비용이 워낙 많이 들다 보니 감사품질을 두고 상장사와 회계법인 간 갈 등의 골이 더욱 깊어지기도 한다. 한 예로 한영회계법인이 작성한 성지건설 재감사 실시 내역서를 보면 울산, 여수, 오창 공장 등의 재고자산에 대해 실사를 했다는 내용이 담겨 있다. 하지만 건설사는 공장이나 재고자산이 없다. 울산, 여수, 오창 공장 등의 재고자산 실사 관련 내용은 한영 측이 감사했던 동성코퍼레이션의 외부 감사 실시내역서 일부를 그대로 베껴 쓴 것이다.

특히 국내에서는 동일한 회계법인이 수년간 특정 기업의 감사를 도맡는 경우가 대부분 인데 정기감사와 재감사 때 감사의견이 뒤바뀌는 것은 회계법인 스스로 신뢰를 무너뜨리 는 것이라는 지적이 들끓는다.

물론 회계법인 입장에서도 할 말이 많다. '감사 실시 내역서 상 오탈자나 베껴 쓰기 등 은 회계법인 업계의 공공연한 관행으로 이를 트집 잡는 것은 본질을 호도한 처사'라거나 '회계처리가 불투명한 상장사를 나무라는 것이 먼저'라는 게 회계법인의 주장이다. '재감 사는 회계법인 입장에서도 큰 리스크를 감사하는 것이기에 보수가 비싼 것은 당연하다' 는 반박도 뒤따른다. 실제 국내 감사보수는 아직 미국 대비 3분의1 수준에 불과하다. 외 감법 개정 등으로 감사보수가 정상화되는 과정에서 나타나는 과도기적 현상의 측면도 있 다. 자칫 주주들에게 집단소송에 휘말릴 수 있어 한계기업의 재감사를 적극적으로 맡으 려는 회계법인이 드문 것도 사실이다.

그럼에도 회계법인이 한계기업을 상대로 정기감사 대비 많게는 10배 이상 많은 재감 사 수수료를 받아 가는 것은 문제의 소지가 있다는 것이 금융당국의 판단이다. 한번 한 계기업으로 낙인 찍혀 재감사에서 높은 보수를 지불하면 향후 회계법인이 변경되더라도 그에 준하는 수준의 수수료가 책정될 수밖에 없다. 금융감독원 회계심사국 관계자는 "회 계법인의 수수료 자체에 왈가왈부할 사안은 아니지만 한계기업 대상 높은 재감사 수수료 관련 사례를 현재 취합 중이며 모니터링하고 있다"고 밝혔다.

	의견거절	부적절	한정
2013	8	1	7
2014	12	0	7
2015	10	0	2
2016	11	0	10
2017	25	0	7

중소회계법인이 재감사에서 적정의견을 받도록 컨설팅을 해 준다는 것도 이해가 어렵다. 감사의견은 감사인의 고유권한이기 때문이다. 이사회가 감사위원회가 업무를 수행하다가 외부 전문가의 도움이 필요한 경우, 회사의 비용으로 자문을 받을 수 있도록 되어 있는데 이러한 맥락에서 이를 이해할 수 있다.

상장기업을 퇴출은 누가 수행하여도 매우 어려운 의사결정인 동시에 이러한 부담을 누구도 떠안고 싶지 않은 의사결정이다. 지금 현재의 제도는 많은 부담을 감사인이 안고 있다. 감사의견이 부적정이거나 의견거절, 코스닥 상장기업일 경우에 감사범위 제한 한정의견도 퇴출에 해당된다. 유가증권상장기업일 경우, 감사범위 한정으로 연속적으로 두 번 의견을 받게 되면 퇴출에 해당된다.

엄밀하게 따지만 이러한 의사결정은 상장의사결정을 하고 퇴출의 최종적인 의사결정을 수행하는 한국거래소의 몫이라고도 판단된다.

미국의 경우도 다음과 같이 규정이 되어 있다.[1]

"Delisting will be considered when: Most recent independent public accountant's opinion on the financial statements contains a: a. qualified opinion; b. adverse opinion; c. disclaimer opinion; or d. unqualified opinion wi a "going concern" emphasis

---

1) 전규안(2018), 외부감사 의견과 상장폐지결정의 연계상 문제점과 개선방향. 감사인포럼, 한국감사인협회.

어떻게 보면 아무도 이러한 부담을 안고 가고 싶지 않다고 하면 기관들간에 폭탄돌리기를 하고 있다고도 할 수 있다.

감사의견만 가지고 자동으로 퇴출되는 것이 아니라고 하면 단지 감사의견은 상폐를 결정할 때, 의사결정시 고려 사항일 수 있다.

재감사에 대한 논란에는 다음과 같이 내용이 가장 중요하다. 감사는 과거 진행된 건에 대해서 감사를 수행하는 것이기 때문에 감사를 다시 한다고 해서 감사의견이 변경된다고 하면 이미 진행된 감사가 잘못된 것 아닌지에 대한 의문이다. 이미 진행된 감사가 잘못된 감사가 아니라고 하면 재감사에서 감사의견이 변경된다는 것 자체도 감사인이 본인의 잘못을 인정하는 결과일 수도 있다.

재감사제도는 외부감사법에 근거하지 않는다는 점도 문제로 제기된다. 외부감사법에 근거하지 않는다면 재감사과정에서 문제가 있다고 해도 감독기관에서 조치를 할 수 있는지라는 의문을 갖게 한다. 중간재무제표에 대한 검토도 동일한 것이, 인증의 수준이 감사가 아니고 검토이기 때문에 외감법으로 조치를 할 수는 없고 자본시장법으로 조치를 하게 된다.

전규안(2018)은 재감사시에 동일한 감사인에게 감사를 다시 수행토록 한다는 것도 이해하기 어려우니 재감사시 감사인 변경도 고려할 수 있고 이러한 경우에는 별도의 보수규정을 제정할 수도 있다고 주장하였다. 재감사를 수행할 경우에 감사수임료는 원감사[2]의 평균 159%에 이른다고 한다.

재감사시에 감사인을 변경해야 한다는 논리는 다음과 같다.[3]

사법부의 재판도 다른 심급에서 이루어지고, 세법에서 이의신청과 심사청구, 심판청구는 다른 부서에서 담당하므로 재감사도 다른 감사인이 담당할 수 있어야 한다는 의견이 있을 수 있다. 위에서도 기술하였듯이 동일한 감사 건을 동일 감사인에게 맡긴다는 것이 무슨 의미가 있는지의 이슈이다.

미국의 경우는 재감사시 감사인을 변경하는 것이 가능하지만 일본은 재감사시 감사인을 변경하는 것이 불가하다.

동일감사인이 계속해서 맡아야 한다는 논리는 다른 감사인에게 재감사를

---

2) 원감사라는 별도의 명칭은 없으나 재감사라는 표현과 구분하기 위해서 사용한다.
3) 전규안(2018)

받는 경우에 어느 감사인의 책임인지에 대한 법적인 책임 문제가 있다. 즉, 기존 감사인과 신규 감사인의 책임 구분 문제이다.

재감사의 성격: 외부감사법과의 관계 검토[4]

(갑) 외부감사법에 의한 원감사 종료 후 재감사를 한국거래소가 상장폐지 여부 결정을 위한 추가 감사로 보는 견해: 일종의 "임의 감사"의 성격. 외부감사법과 무관하게 진행 → 외부감사법 개정 불필요

위의 임의 감사의 내용은 법정감사에 대비되는 의미이며, 회사가 희망해서 감사를 받는 것이니 강제되는 감사의 의미가 아니다.

2017년 4월 분사한 한 회사의 예를 들어 임의감사에 대해 설명한다. 분사하여 상장한 이후 첫 회계 결산인 상반기 재무제표의 경우 첫 분기 재무제표인 동시에 반기 재무제표이므로 '검토' 대상이었지만, 그 회사는 자금조달을 위한 회사채 공모시 증권신고서에 첨부될 감사보고서가 필요하게 됨에 따라 '감사'로 진행되었다. 또한 동 감사보고서는 이후 유상증자 시 증권신고서에 첨부서류로 사용하게 된다.

(을) 외부감사법에 의한 외부감사의 연장선의 외부감사로 보는 견해: 외부감사법에서는 사업연도 개시 후 45일 이내(감사위원회를 설치하여야 하는 회사의 경우에는 매 사업연도 개시일 이전[5]) 감사인 선임. 외부감사법 감사인 선임규정을 준수하지 못하는 문제 발생 → 외부감사법(제10조 제1항) 개정 필요

사업보고서와 감사보고서 제출의 분리 허용

또 하나의 대안으로는 현재는 사업보고서에 감사보고서가 첨부되어야 하는데(자본시장법 시행령 제168조 제2항) → 분리 제출을 허용할 수 있다. 즉, 사업

---

4) 이 내용은 전규안의 보고서 내용에서 인용한다.
5) 매 사업연도 개시일 이전에 외부 감사인을 선임해야 함은 2017년 10월 외감법이 개정되면서 적용되는 제도이다.

보고서는 현행대로 제출, 감사보고서는 추후 제출할 수 있도록 하는 것이다.

사업보고서와 감사보고서의 분리 제출을 허용하면 사업보고서상 재무제표는 '감사미필'로 표시되게 된다.

코스닥시장의 상장폐지 규정 개정에 대해서 생각해 본다. 코스닥시장의 경우에 감사범위 제한으로 인해서는 한정의견을 받을 경우 상장폐지 사유가 된다. 유가증권시장처럼 감사범위 제한으로 인한 한정의견의 경우는 관리종목으로 지정되는 시장 간 차이가 있다. 유가증권시장도 다음 연도에 다시 감사범위 제한으로 인한 한정의견(2년 연속 감사범위 제한으로 인한 한정의견)이면 상장폐지 사유가 되는 차별적인 정책을 가지고 있는데 양 시장 간에 이렇게 제도를 달리 가져가는 것이 옳은지에 대한 검토가 필요하다.

결언

작년에 두 권의 저술을 간행한 이후, 금년에 다른 저술을 간행할 수 있어서 매우 기쁘다. 수년 전부터 회계업계와 감독기관이 마련한 외감법 개정안이 본격적인 시행을 앞두고 있다. 새로운 제도가 회계업계에 연착륙하여 우리나라의 회계 수준이 한 단계 업그레이드될 수 있는 기회가 되기를 기대한다.

주기적 지정제 등 매우 획기적인 대안이 오랜 논란 끝에 채택된 것이니 이러한 제도가 잘 정착되기를 희망한다.

무엇보다도 회계제도의 운영에 참여하고 있는 기업의 사내이사, 회계담당자, 상근감사, 감사위원, 사외이사들이 투명하고 공정한 회계 정보의 전달에 대한 사명감과 소명감을 가지고 기업 내부에서 역할을 해 주어야 한다. 기업 내부에서의 협조가 없다면 감사인과 감독기관만이 역할을 하면서 회계가 한 단계 업그레이드되기를 기대하는 것은 공염불이 된다.

외감법 개정 이후, 2018년에 외감법 시행령이 통과되었으며 또한 회계감사 영역에서는 내부회계관리제도가 감사라는 인증으로 격상되고 표준감사시간이 채택되는 등 회계와 회계감사의 품질을 높일 수 있는 여러 가지 제도가 도입되었다. 핵심감사 제도도 2020년이 되면 모든 상장기업에 적용되게 된다. 그러나 항상 느끼는 것이지만 우리가 희망하는 수준의 회계와 회계감사가 꼭 제도의 이슈인가라는 생각을 하게 된다.

chapter 24에 기술하였지만 감사위원회 모범 규준도 만족스럽게 작성이 되었다. 그러나 이제까지의 감사위원회가 모범규준이 없어서 잘 작동이 안 되었던 것인가라는 생각을 하게 된다. 결국은 이러한 업무에 참여하는 각 개인 개인의 마음가짐과 업무에 대하는 태도 및 성실성이 가장 중요한 것 아닌가라는 너무도 당연한 생각을 해 본다.

저자가 1990년대 중반 교수생활을 시작할 때와 비교해 본다면 우리의 회계 인프라는 매우 많은 발전이 있어왔다. 그 이전에 회계 감독기관에서 특정 기업의 분식회계를 지적하려고 하자 국가 정보기관에서 국민 경제가 있고 회계가 있는 것인데 당신들 국가 경제를 어떻게 하려고 해당 기업에 대해서 분식을 지적하려고 하는지라고 개입했다고 한다. 정말로 호랑이 담배 먹던 시절 얘기가 되었지만, 제도의 개선은 시간이 걸리는 일인 듯하다.

우리가 흔히 듣고 익숙한 표현인 기업지배구조라는 표현이 사용된 것이 1990년대 후반부터이다. 그 이전에는 기업은 최대주주가 희망하는 대로 경영되는 것이고 감사라 함은 최대주주의 친인척이 맡는 것이 너무도 당연한 시절이 있었다. 기업과 무관한 외부의 전문가가 경영에 참여하여 "감놔라 배놔라"라고 요구하는 것이 전혀 와 닿지 않던 시절이 불과 20년 전이었다.

미국도 감사위원회 제도가 1940년대 도입되어서 오늘에 이르면서 정착되었듯이 우리나라도 20년이 경과되어서 점진적인 제도와 실행의 발전이 있어왔다. 감사라는 것은 기업이 영업과 경영활동을 수행하는 데 있어서 회사의 발목을 잡는 것이라는 인식까지도 있어왔다.

외감법, 시행령과 규정의 개정으로부터 동반되는 회계제도의 변화가 우리의 회계와 감사실무가 한 단계 up되는 기회가 되기를 희망하며, 저자의 저술도 이러한 변화에 계몽적인 역할을 수행하였으면 하는 바람이 있다.

2019년 4월
저자

참고문헌

권재열. 2017.3. 외부 감사인의 책임 – 민사 책임과 행정 처분에 따른 책임을 중심으로. 한국회계학회 '회계와 감사의 부정에 관련된 법제적 접근' 세미나.

교수신문. 2018.5.28. 대학평의원회 구성 두고 교수단체 반대 여전…교수 개인의 자유 침해 소지도.

권수영, 김문철, 손성규, 최관, 한봉희. 회계정보의 유용성. 신영사. 2판. 2010

김영규, 김범준. 2018.3.9. 조직론 차원에서 본 회계법인의 지배구조 비교. 한국감사인연합회. 제2회 감사인 연합회

김준철. 감사위원회 포럼 창립식 및 세미나. 2018.11.29.

내일신문. 2018.3.23. "대우조선 감사위원 무혐의 의견, 봐주기 수사"

매경이코노미. 2012.2.15. 한국거래소 직무유기 비난 빗발

매경이코노미. 2018.10.3. – 10.9 한계기업 재감사 회계법인 틈새시장 부각

매경이코노미. 2018.3.21. – 27.

매경이코노미. 2018.4.11. – 17. 주가 실적 고공행진에도 시름 깊어가는 삼성바이오로직스. 분식 의혹 에피스 특혜 논란 등 '첩첩산중'

매경이코노미. 2018.4.11. – 17. 감사 전쟁 불붙은 회계법인 업계

감사인 지정제 앞두고 회계법인 간 갈등 고조

매일경제신문. 1995. 12. 23. 각국 회계법인 손해배상무한책임 큰 부담, 유한, 주식회사 전환 러시.

매일경제신문. 2010.4.21. 회계법인 감사보고서 못 믿겠네. '적정의견' 반년새 '의견거절'로 뒤집기도.

매일경제신문. 2010. 12. 17. 케이엔디티(6월상장 새내기주) 분식회계설 진실은

매일경제신문. 2010.12.18. 원전 관련주 케이엔디티 분식회계 부인에도 급락.

매일경제신문. 2011.8.2. 상장사 30% IFRS에 우발채무 기재 안 해. 금감원 1분기 보고서 점검

매일경제신문. 2011.10.25. 현대車 불성실공시 논란[1]

매일경제신문. 2014.12.5. 분식회계 75% 감사서 적발 안 돼

매일경제신문. 2015.1.12. '불성실한 사외이사'도 분식회계 책임 있다.

매일경제신문. 2017.1.5. 금감원, 부실감사 첫 점검… 상장사 40%만 감사위 설치

매일경제신문. 2017.4.20. 상장사 내부정보 통제 5단계로 강화

매일경제신문. 2017.5.2. 감정평가사 평가지표 만든다

매일경제신문. 2018.2.1. "삼성 등 금융그룹 7곳, 자본금 더 쌓아라"

매일경제신문. 2018.2.2. 주총 전자 투표 땐 상품권 드려요.

매일경제신문 2018.2.13. 김앤장 국내로펌 최초 1조 클럽 시대 열었다.

매일경제신문. 2018.2.19. 여유롭네, 올해 '주총 위크'

매일경제신문. 2018.3.1. "표준감사시간, 기업 규모별 차등해야"

매일경제신문, 2018.3.16. 회계법인 '부실감사' 공방 가열

매일경제신문. 2018.3.16. 금융사 대주주 심사 규정 강화… 삼성 롯데 겨누나

매일경제신문. 2018.3.20. 심영. 감사 선임 실패 없도록 상법 개정해야

매일경제신문. 2018.3.24. 행남자기 등 코스닥 20곳 퇴출 공포

매일경제신문. 2018.3.26. 무작정 섀도보팅 폐지에… 주총 파행 속출

매일경제신문. 2018.3.29. 포스코 '최저가 낙찰제' 폐지

매일경제신문. 2018.3.29. 한솔 PNS 감사의견 '한정'… 관리종목 행

매일경제신문. 2018.4.4. 섀도보팅 제도 폐지에도 96%는 주총 정상 개최

매일경제신문. 2018.4.30. 아파트 부실감사 막자더니… 회계사회에 칼날 들이댄 공정위

매일경제신문. 2018.5.1. 김상조의 모순, 회계개혁 재뿌리나

매일경제신문. 2018.5.2. 당국 '상장 전 지분가치 부풀려' vs 삼성바이오 '법 지켰다'

매일경제신문. 2018.5.3. 시총 5.5조 날린 삼성바이오 "행정소송 불사"

매일경제신문. 2018.5.3. '삼바 분식회계' 공개 논란

매일경제신문. 2018.5.4. 종속 관계회사 모두 해석 가능… 삼비 회계 문세 없어

매일경제신문. 2018.5.7. 금감원 발표 앞두고… 삼성바이오 '수상한 공매도'

매일경제신문. 2018.5.8. "행정소송가면 삼성 승소할 수도"

매일경제신문. 2018.5.8. '삼바'에 애원할 땐 언제고… 유망벤처 '상장엑소더스' 우려

매일경제신문. 2018.5.17. 삼바 감리전쟁… 바이오젠 속뜻이 최대쟁점

---

1) 손성규(2012) chapter 27. 조회공시 관련된 이슈를 참조하면 된다.

매일경제신문. 2018.5.19. 바이오젠 "콜옵션" 삼바 주장 힘 받나

매일경제신문. 2018.5.19. 감리위 직후 '콜옵션 발표' 분식 논쟁 뛰어든 바이오젠

매일경제신문. 2018.5.21. '뜨거운 감자' 연구비 회계처리 해외선 임상 막판에 자산 반영.

매일경제신문. 2018.6.4. 검, 고발되면 거래정지… 상장폐지될까

매일경제신문. 2018.6.7. '삼바 분식' 오늘 증선위 민간위원이 향방 가를 듯

매일경제신문. 2018.6.8. 삼바 "미 오바마케어 때문에 회계변경"

매일경제신문. 2018.6.29. '삼바'에 놀란 현대오일뱅크 IPO 앞두고 자회사 실적 축소

매일경제신문. 2018.6.30. 바이오젠, 삼바에 콜옵션 회계논란 새 국면 맞을까

매일경제신문. 2018.7.2. '금융통합감독'..삼성 현대차 비상

매일경제신문. 2018.7.2. 현대차 금융계열사 자본비율 127%로 추락… 미래에셋은 '반토막'

매일경제신문. 2018.7.2. 삼성금융사 자본 비율 329 → 110%대… 삼성전자 매각 압박

매일경제신문. 2018.7.2. '금융통합감독'… 삼성 현대차 비상

매일경제신문. 2018.7.7. 금타에 대기업 첫 노동이사… 재계, 우려 섞인 시선

매일경제신문 2018.7.10. 현대글로비스, 해외 설명회에 주주권익 보호 사외이사 참여

매일경제신문. 2018.7.13. 최대 쟁점 '에피스 지분 가치' 분식 결론 못내.. 투자자들 멘붕

매일경제신문. 2018.7.14. 계속되는 '삼바회계' 혼란… 금감원 우왕좌왕

매일경제신문. 2018.7.17. 증선위, 삼바 공시 누락 2014년에만 '고의' 판단

매일경제신문. 2018.7.31. 이사 선임 해임도 국민연금 손에… '경영간섭' 길 트였다.

매일경제신문. 2018.7.31. 뾰족수 없는 재계 "연금 통한 정치 외풍 우려"

매일경제신문. 2018.7.31. 결국 노동계 요구대로 국민연금 경영참여 허용

매일경제신문. 2018.7.31. '5% 이상 지분 룰' 2020년까지 완화

매일경제신문. 2018.8.17. 금감원, 검찰과 공조 '삼바 분식' 조사

매일경제신문. 2018.8.31. "제약 바이오사 회계, 중징계 없다"

매일경제신문. 2018.9.7. 외감법 대상 기업 축소, 회계 투명성 후퇴

매일경제신문 2018.9.20. 제약 바이오주, R&D비용 자산 처리 땐 '깨알 주석' 달아야

매일경제신문. 2018.9.20. 제약 바이오 회계오류 수정 땐 제재 않기로

매일경제신문. 2018.10.8. 현대오일뱅크 경징계 가닥… 연대 상장 청신호

매일경제신문. 2018.10.30. 노동이사제 첫 발… "근로자참관제 <노동자 대표가 이 사회 배석> 시범 실시"

매일경제신문. 2018.11.8. "삼바, 승계 위해 고의로 분식회계"

매일경제신문. 2018.11.13. 폭풍전야 삼바.. 하루새 시총 5.4조 증발

매일경제신문. 2018.11.15. 증선위 "삼바 고의분식"… 삼성은 반박

매일경제신문. 2018.11.15. 증선위 "고의성 있다" 삼바 "정상 회계" …최종 결론은
　　법원 몫

매일경제신문. 2018.11.16. 금감원장 "삼성물산 합병 특별감리 계획 아직 없다"

매일경제신문. 2018.11.22. "삼바 가치보고서 내부용 금융당국 감리대상 아냐"

매일경제신문. 2018.11.23. 증선위원장 "삼바 불확실성 오래가지 않을 것"

매일경제신문. 2018.12.7. 자산 2조 넘는 대기업 내년 감사시간 2배로

머니투데이. 2005.9.23. 코오롱, 삼일회계법인에 216억 배상 청구

문화일보. 2018.3.16. 국민연금공단 '의결권행사전문위' 권한 강화

문화일보. 2018.11.1. '삼바 재감리' 금감원 참여연대 사전 교감?

문화일보. 2018.11.12. 증선위 결정 앞두고.. 삼바 내부문건 잇달아 유출

문화일보. 2018.11.28. 삼바, '분식회계 처분 취소' 행정 소송

문화일보. 2019.1.2. 미회계기준엔 '삼바, 에피스 단독지배' 증선위 '고의분식회계' 결
　　론 뒤집혀

문화일보. 2019.1.2. 회계부정 엄격한 미서도 "문제 없다"… 증선위 결론 논란 확산

아시아경제. 2013.10.15. 우리나라 직장인 최고월급 50위 명단 공개

연강흠, 이호영. 손성규. 2018. 기업지배구조의 모든 것. 클라우드나인.

이코노미스트. 2018.11.5. 공격 논리 바꾼 금감원, 증선위 판단은…

삼일회계법인. 2017.9.8 감사위원회 현안. 삼일감사위원회센터.

삼정회계법인. 2018.11. 감사위원회 매뉴얼

삼정회계법인. 2018.1. Depth Interview 핵심감사제 도입과 감사위원회의 역할. 감
　　사위원회 저널.

서울경제신문. 2008.2.22. 외감법개정안 통과

손성규. 회계감사이론, 제도 및 적용. 박영사. 2006

손성규. 수시공시이론, 제도 및 정책. 박영사. 2009

손성규. 금융감독, 제도 및 정책－회계 규제를 중심으로. 박영사. 2012

손성규. 회계환경, 제도 및 전략. 박영사. 2014

손성규. 금융시장에서의 회계의 역할과 적용. 박영사. 2016

손성규. 전략적 회계 의사결정. 박영사. 2017.

손성규. 시사적인 회계이슈들. 박영사. 2018

손성규. 핵심감사제도(KAM)의 적용 확대와 감사(위원회)의 대응. Auditor Journal. 상장회사감사회. 2018. 8.

연강흠, 이호영, 손성규. 기업지배구조의 모든 것. 클라우드나인. 2018

연합뉴스. 2018.3.2. 공무원 소신 있게 일할 여건 조성…'위법명령 불복종' 조항 신설

연합뉴스. 2018.3.27. 대법 "부정한 회계처리 알고도 묵인"…회계법인도 벌금형

윤용희, 2017.1. 외부감사제도 개선 방안의 법적 검토. 법무법인 율촌

윤현철, 2013. 적정의견이란 표현에 유감(有感)… 6월 공인회계사

이상돈, 부실감사론. 이론과 판례 2007. 박영사.

이상돈, 부실감사판례연구. 2006. 법문사

이투데이. 2018.1.13. 페이스북 샌드버그·트위터 도시, 디즈니 사외이사 물러나… IT· 미디어 산업 경계 사라져

전규안, 외부감사 의견과 상장폐지결정의 연계상 문제점과 개선방향. 2018.12.4. 감사인포럼. 한국감사인협회.

정남철, 정석우. 2018. 감사시간의 불일치, 감사인 대응, 그리고 감사품질. 2018년 한국회계학회 하계학술대회.

조선일보 2015.8.28. 재판결과 좌우하는 鑑定… 편파 시비 단골손님

조선일보 2017.2.13. 연봉 9억 이상, 삼성전자 151명·김앤장 119명 順

조선일보. 2012.2.4. 한화 지주회사 주식거래 정지

조선일보. 2012.2.6. "일부에선 기소만 돼고 상장폐지 심사… 제도 자체에 문제"

조선일보. 2012.2.7. 대주주 횡령 배임 혐의로 기소되면 상장폐지 심사 대상되는 규정 유지

조선일보. 2017.4.5. 최저가 낙찰제 개선했다는 종합심사제… 원성 자자한 까닭

조선일보, 2017.11.17. 해외 주총 의결정족수는 영(?), 2명만 와도 과반이면 의결

조선일보 2017.11.27. 의결권 빌려주는 '그림자 투표' 연말 폐지

조선일보. 2017.12.7. 소액주주의 반란

조선일보. 2018. 2.2. '수퍼 주총데이' 사라질까… 주총 4월에도 가능

조선일보. 2018.2.12. 바이오 붐, 그 뒤엔 '자산 뻥튀기' 가능성

조선일보. 2018.3.10. '섀도보팅' 폐지에..주총 대란 현실화

조선일보, 2018.3.21. "주총 정족수 모자란다" 102개 기업 SOS

섀도보팅 폐지에 비상 걸리자

조선일보. 2018.4.4. 계열사 부실 위험 커지면 금융그룹 명칭 사용 못해

조선일보. 2018.4.21. 어? 변호사 성공보수 안 없어졌네.

조선일보. 2018.5.3. 삼바 회계, 그때는 맞고 지금은 틀리다?

조선일보. 2018.5.7. 삼바 대 금감원, 둘 중 하나는 치명타

조선일보. 2018.5.8. 금감원 삼성이라서 때리나… 물증 내부 고발자 있나

조선일보. 2018.5.8. 삼바의 반격

조선일보. 2018.5.10. 금감원이 보는 삼바 분식회계 정황근거는?

조선일보, 2018.5.14. 공정위 vs 회계사회 '아파트 회계감사' 정면 충돌

조선일보, 2018.6.2. 금감원, 삼바 분식회계 결정적 증거 제시 못했다.

조선일보. 2018.6.7. 삼바, 오늘 증권선물위… 민간위원 3명에 달렸다.

조선일보. 2018.6.11. IFRS가 뭐길래… 삼바 "원칙 지켰다" 금감원 "재량권 벗어났다"

조선일보 2018.7.13. 삼성바이오 "국제 회계기준 따라 적법하게 이행… 공시 위반 결정 유감"

조선일보. 2018.7.13. 두 달 심의하고도… '삼바 분식회계' 판단 또 미뤘다.

조선일보. 2018.7.13. 증선위 '삼바, 고의로 공시 누락'

조선일보. 2018.7.14. 삼바, 상장폐지는 피했지만… 주가 6.3% 급락

조선일보. 2018.7.17. 삼바, 콜옵션 2년간 숨겼다가 증권선물위 중징계 맞았다.

조선일보. 2018.7.20. 증선위, 삼바 재조사 명령 때 법 조항 적은 공문까지 보냈다.

조선일보. 2018.7.31. 국민연금 관치… 오너 갑질 일감 몰아주시 땐 임원 해임 요구

조선일보. 2018.7.31. '사회적 가치 훼손' 명목으로… 국민연금, 경영참여 길 열렸다.

조선일보. 2018.9.20. 제약 바이오 기업, R&D 비용 자산 처리 기준 강화

조선일보. 2018.9.28. 재감사 보고서 못 낸 코스닥 10여 개사 상장 폐지 논란

조선일보. 2018.10.31. 삼바 2라운드… 금감원 말 바꾸기 논란

조선일보. 2018.11.7. 삼바, 바이오젠과 삼성바이오에피스 공동 경영

조선일보. 2018.11.15. 증선위 "자의적으로 회계기준 해석" 삼바 "국제회계원칙을 따랐다"

조선일보. 2018.11.16. 소액주주 8만명 분노 "정권 바뀌었다고 다른 결론, 이게 나라냐"

조선일보. 2018.11.21. 삼바 "회계기준 안 바꿨어도 상장 조건 더 깃췄나"

조선일보. 2018.11.29. 삼바, 행정소송 내고 본격 반박… 학계서도 초미의 관심

조선일보. 2018.12.14. 삼바 이어 셀트리온도 감리… 악몽의 바이오업계 셀트리온 "판권 매각도 매출"

조세일보. 2010.7.13. 권오형 한공회장 인터뷰

조세일보. 2018.3.27. 대우조선 분식회계, 회계사에겐 징역형…감사위원은 무혐의?

중앙선데이 2017.9.17.−9.18. 노동소송 없어도 회계 장부엔 충당부채 미리 올려야.

중앙선데이. 2017.11.12.－11.13 주가 폭락할 경우 손실 처리 기준 필요성

중앙선데이. 2018.2.11.－2018.2.12. 매년 수백억 적자 내는 시가 총액 7조 기업 건 강할까.

한국경제신문. 2011.1.25. 코오롱, 삼일회계 '부실감사' 소송서 패소 확정

한국경제신문. 2012.10.3 롯데쇼핑 "고객을 사외이사로"

한국경제신문. 2013.3.7. 토요타, 사외이사에 마크호건 GM 전 부회장 선임

한국경제신문. 2014.10.14. 한국 경제신문, 구멍난 금감원 '감리 그물망'

한국경제신문. 2015.9.23. 대우증권－한영회계법인 '중국 고섬 분식' 놓고 법정다툼

한국경제신문. 2016.4.18. 배당 100% 늘려도 '반대' 상장사 "국민연금 판단기준 뭐냐"

한국경제신문. 2016.7.8 분식회계 기업에 수백억 과징금 물린다.

한국경제신문 2016.7.23. 미 기업들 "분기마다 내 놓는 실적 전망치 없애야"

한국경제신문. 2016.8.3. "임원 보수 공개도 연결기준으로" 여러 계열사서 급여 받는 오너 '비상'

한국경제신문. 2017.4.13. 회계법인도 두손 등 도시바

한국경제신문, 2017.4.21. CJ제일제당, 영구채 조기 상환… '무늬만 영구채' 다시 도 마에

한국경제신문. 2017.5.19. "상장기업 44%, 기업공개 후 IR 한 번도 안했다.

한국경제신문. 2017,5.30. '징벌적 손해배상제' 속도내는 정부… 해외에선 신중

한국경제신문. 2017.8.3. 김상조 "징벌적 손해배상액 '최대3배'서 '무조건 3배'로"

한국경제신문. 2017.8.17. 섀도보팅, 언제까지 땜질 처방만 할 것인가.

한국경제신문. 2017.8.29. "모금액 10억 넘는 비영리법인 외부 감사"

한국경제신문, 2017.12.2. 사실상 이사의 책임

한국경제신문, 2017.12.8. 금융위 '섀도우보팅 폐지' 피해 최소화 방안 마련

한국경제신문, 2017.12.29. 금융투자사 '내부통제 품앗이' 준법감사협의회 역할 커졌다.

한국경제신문. 2018.1.25. 불성실 회계기업, 세무조사 받는다. 금융당국 '회계성실도' 따지기로

한국경제신문. 2018.1.26. '책임 없고 권한 막강' 의결권 전문위… 기업 경영권 침해 우려

한국경제신문. 2018.1.26. 국민연금 의결권 행사, 민간 위원회에 넘긴다

한국경제신문. 2018.1.26. "찬성표 받아드려요"… 섀도보팅 폐지로 의결권 위임 대 행업체 활기

한국경제신문. 2018.1.27. 국민연금 '9인의 공룡 위원회'… 상장사 270여 곳 핵심 안

건 좌지우지'

한국경제신문 2018.1.29. 제약 바이로기업 연구개발비 논란에 금감원, 회계처리 적정성 논란

한국경제신문. 2018.2.2. 상장시 주총 분산 개최 유도… 금융위, 하루 200개로 제한

한국경제신문. 2018.2.14. 금감원, 한국 GM 회계 의혹 점검 나섰다.

한국경제신문. 2018.3.1. '표준 감사시간에 기업 규모 업종 등 고려'

한국경제신문. 2018.3.9. "목소리 커진 주주 눈높이 맞춰라"… 투명경영 배당확대 '잰걸음'

한국경제신문. 2018.3.9. 직원 총동원… 소액주주 찾아 삼만리

한국경제신문. 2018.3.16. 금융 CEO는 전문 공정 도덕성 등 모두 갖춰야

한국경제신문. 2018.3.17. 국민연금, 민간위에 의결권 행사 이관 확정

한국경제신문. 2018.3.23. 우리기술, 주총 정족수 마달 이사 감사 보수 한도 못 정해

한국경제신문. 2018.3.24. 시총 1.7조 차바이오텍 '감사의견 한정' 충격

한국경제신문. 2018.3.28. "연구비, 비용처리 땐 무더기 적자"… 바이오기업 '증자 M&A' 총력전

한국경제신문. 2018.3.28 거래소, 한솔피엔에스, 한솔인티큐브에 '감사의견 비적정설' 조회요구

한국경제신문. 2018.3.29. 현대로템 "최저가 입찰이 부실공사 부추긴다"

한국경제신문. 2018.3.30. 공모시장까지 덮친 바이오주 '회계쇼크'

한국경제신문. 2018.3.30. "감사의견 공시 전 지분매각"… 금감원, 상장사 28곳 점검

한국경제신문. 2018.4.9. 주총의결 정족수 20%로 낮춘다. <지금은 발행주식의 25%> 당정, 무더기 부결사태 대책 마련

한국경제신문. 2018.4.13. "R&D 비용 자산 인식 지나치다"… 금감원, 10여 곳 감리 착수

한국경제신문. 2018.4.13. "R&D 비용 자산 인식 지나치다"… 금감원, 10여 곳 감리 착수

한국경제신문. 2018.4.27. 아파트 회계감사 '복마전'

한국경제신문. 2018.4.30. 공정위 '아파트 감사' 회계사회 검찰 고발 논란

한국경제신문. 2018.5.3. "자의적 회계처리" vs "회계법인 거래소 금감원까지 문제 없다 판단"

한국경제신문. 2018.5.4. 삼성바이오 겨냥한 금감원의 자충수

한국경제신문. 2018.5.5. 삼성바이오, 회계변경과 상관 없이 상장 요건 충족… "특혜

없었다"

한국경제신문. 2018.5.7. 기관들 "'삼바' 처리에 재벌개혁 적폐청산 논리 개입" 금융 당국이 공포 키웠다.

한국경제신문. 2018.5.7. 금감원, 초강경 '삼바 제재안'

한국경제신문. 2018.5.8. 금감원–삼바 '고의적 회계 위반' 증거 놓고 진실 공방

한국경제신문. 2018.5.10. '삼바 불구경'… 바이오젠 수조원 챙길 듯

한국경제신문. 2018.5.11. 금융위, 삼바 심의 본격 착수… 누구 손 들어줄까

한국경제신문. 2018.5.14. 금감원 '삼바 분식' 고의성 판단 근거로 본 쟁점은

한국경제신문. 2018.5.16. "분식 판단한 근거 공개하라" 삼바, 금감원에 요청

한국경제신문. 2018.5.16. '삼바 감리위'의 뜨거운 감자 '안진보고서'

한국경제신문. 2018.5.17. 감리위, 삼성바이오로직스 회계 논란 오늘 첫 심의

한국경제신문. 2018.5.18. "미 바이오젠, 콜옵션 행사" 삼바 '분식 논란' 새 국면

한국경제신문. 2018.5.19. "콜옵션 행사하겠다"는 미 바이오젠… 삼바 '무죄 알리바이'될까

한국경제신문. 2018.5.25. 회계이익 과신이 '삼바 논란'의 불씨

한국경제신문. 2018.5.25. 삼성바이오로직스 감리위 2라운드… 오늘 '승부' 갈리나

한국경제신문. 2018.5.26. 삼바 2차 감리위원회서도 '벼랑 끝 공방' 금감원 외부 감사인과 '3자 대심'도

한국경제신문. 2018.6.2. 감리위도 결론 못낸 삼바 분식회계 논란 무혐의부터 중징계까지 '극과 극' 엇갈려

한국경제신문. 2018.6.5. 감리위 민간위원 "삼바 분식 단정은 곤란"

한국경제신문. 2018.6.7. "삼바 회계처리, 바이오젠 의도보다 판단근거 중요"

한국경제신문. 2018.6.8. 글로벌 제약 바이오사 "삼바 콜옵션 회계 논란 이해할 수 없다"

한국경제신문. 2018.6.13. 금감원의 삼바 조치안 원점서 재검토

한국경제신문. 2018.6.20. 임시 주총까지 열었지만… 상장사들, 감사 선임 실패 잇따라

한국경제신문. 2018.6.29. 현대오일뱅크, 재무제표 정정… 내달 상장예심 청구

한국경제신문. 2018.6.30. 바이오젠, 에피스 '콜옵션' 행사 삼성바이오와 공동경영 체제로

한국경제신문. 2018.7.4. 삼바 심의만 벌써 일곱 번째 불확실성 키우는 금융당국

한국경제신문. 2018.7.5. '바이오젠 공동 경영권 처음부터 있었나' 삼바 분식회계 논란 새 쟁점으로 부상

한국경제신문. 2018.7.6. 금감원, 수정 조치안 사실상 거부

한국경제신문. 2018.7.10. 금감원 "삼바 중징계 원안 고수"

한국경제신문. 2018.7.10. 국민연금 의결권 과반 위탁 운용사에 맡긴다.

한국경제신문. 2018.7.12. '삼바 수정 의결' 여부 놓고 금융위, 금감원 또 대립각

한국경제신문. 2018.7.13. '삼바' 투자자 소송 기름 부은 격… 엘리엇 ISD<투자자
국가간 소송>에 영향 줄 수도

한국경제신문. 2018.7.13. 강경한 삼성바이오로직스, "국제회계기준 따랐을 뿐 소송
등 법적 수단 강구"

한국경제신문. 2018.7.13. 삼성바이오 "행정소송으로 무죄 입증"

한국경제신문. 2018.7.13. "삼바, 고의적 공시 누락"

한국경제신문. 2018.7.14. "콜옵션 공시 의무 없었는데… 삼성바이오, 행정소송 준비
착수

한국경제신문. 2018.7.14. "상장 전 공시 위반에 검찰 고발이라니"… 기업들 '삼바쇼'

한국경제신문. 2018.7.14. "대주주 의결권 제한하는 '3% 룰' 완화해야

한국경제신문. 2018.7.17. '삼바 사태' 자충수 둔 금감원

한국경제신문. 2018.7.25. 회계감리 받은 기업들 '시련의 가을' 예고

한국경제신문. 2018.7.28. '삼바 수사' 특수부가 직접 맡은 까닭은

한국경제신문. 2018.7.31. 이사 선임 해임권까지 거머쥔 국민연금… "거대한 행동주
의 펀드됐다"

한국경제신문. 2018.7.31. '수탁자책임위' 14일에 맡겨진 기업의 운명

한국경제신문. 2018.7.31. 외부에 맡긴 60조 의결권 위탁 운용사에 넘기지만…

한국경제신문. 2018.8.16. R&D 비용처리 늘리자…

한국경제신문. 2018.8.16. 금감원 서슬에… 고개 숙인 바이오주

한국경제신문, 2018.8.17. "R&D 위축… 만성적자 기업 양산"

한국경제신문. 2018.8.20. "3상 개발비만 자산 인정 땐 적자 늪"… 걸음마 K바이오
'발목'잡아

한국경제신문. 2018. 8. 20. "신약 2상까지 비용처리하라"… 비상 걸린 K바이오

한국경제신문. 2018.8.20. 트럼프 "기업 실적 공시 1년에 두 번만 하자"… SEC에 검
토 요청

한국경제신문. 2018.9.12. "2018년을 1900년대 틀로 들여다보는 꼴"

한국경제신문. 2019.9.20. 최악은 피했지만.. 엄격해진 R&D 비용 회계처리 잣대

한국경제신문, 2018.9.20. 금융위 "신약 3상 전 개발비는 비용처리하라"

한국경제신문. 2018.9.21. 회계처리 지침 발표로 제약 바이오 주 차별화되나

한국경제신문. 2018.9.27. 재감사 부작용 논란

한국경제신문. 2018.9.27. 역대 최대 무더기 상장폐지

한국경제신문. 2018.10.12. "거래소, 코스닥사 무더기 상폐는 규정 위반"

한국경제신문. 2018.10.17. 삼바 분식회계 논란 2라운드… 금감원 재감리도 '쟁점'은 여전

한국경제신문. 2018.10.17. 삼바 재감리도 '중징계' 결론

한국경제신문. 2018.10.18. "증선위 처분 취소해 달라"

한국경제신문. 2018.10.20. '삼바' 심의 증선위, 31일 대심제로 개최

한국경제신문. 2018.10.22. '1년 임기' 농협금융 CEO들… "장기계획 못 짜"

한국경제신문. 2018.10.31. 징계수위 높아진 재감리 조치안 놓고

한국경제신문. 2018.11.1. 증선위, 삼바 재감리 첫 심의 '2015년 공정가치 평가' 공방

한국경제신문. 2018.11.3. '분식 묵인' 딜로이트안진 업무정지 불복 소 이겼다.

한국경제신문. 2018.11.7. 삼성바이오에피스 콜옵션 행사 삼바 바이오젠 공동 경영 체제로

한국경제신문. 2018.11.12. 증선위 '삼바 분식 혐의 논쟁' 14일 매듭짓는다

한국경제신문. 2018.11.13. '삼바 사태' 판단 법적 안정성 해쳐선 안돼. 최준선

한국경제신문. 2018.11.15. "합법이라더니 이제와 분식"… 삼바 8만 소액주주 "정부 가 사태 키웠다"

한국경제신문. 2018.11.15. 삼바 "누명 벗겠다"… 정부 상대 행정소송 준비

한국경제신문, 2018.11.16. 법조계서 '삼바 수사' 우려하는 이유

한국경제신문. 2018.11.17. 삼성바이오로직스, 금융위에 강력 반발

한국경제신문. 2018.11.22. '삼바 스모킹 건' 문건 살펴보니… "IFRS 원칙 따랐다는 증거 넘친다"

한국경제신문. 2018.11.22. 삼바, 이르면 이번주 행정소송 가처분

한국경제신문. 2018.11.23. '삼성 봐 주기 논란'에 엄벌로 돌아선 증선위… 검, 내년 초 대대적 수사 별러

한국경제신문. 2018.11.28. "에피스 경영권, 삼바에 있다"… 바이오젠, 2012년부터 수차례 공시.

한국경제신문. 2018.11.28. "삼바 사태 본질은 분식회계 아닌 삼성 때리기"

한국경제신문. 2018.12.12. 금감원, 삼바 이어 셀트리온 겨냥… 회사 측 "회계부정 없었다"

한국기업지배구조원. 감사위원회 운영 모범 규준 제정을 위한 정책토론회. 2018.2.7

한국회계학회. 2018.4.5. 신기업보고서 심포지움.

한종수, KB 금융지주 Best practice 사례 발표. 감사위원회 운영 모범규준 정책토론회. 2018..2.7

한영회계법인 2018.6.5. 제2회 회계투명성 제고 방안 세미나

Carson, E., R. Simnett, U. Thurheimer, and A. Vanstraelen, The Effect of National Regimes on Audit Quality.

Ellifsen, A., Knechel W.R., and P. Wallage. 2001. Application of the Business Risk Audit Model: A Field Study. Accounting Horizon. 193 − 207

Kinney, W. 2000. Information Quality Assurance and Internal Control for Management Decision Making. McGraw − Hill Irvin.

Malcolm Gladwell, Outlier: The Story of Success, 2008)

Lev, B., and F. Gu. The End of Accounting and the Path forward for Investors and Managers, Wiley. 2016.

Livatino, M, A. Pecchiari, and A. Pogliani. 2011. Auditing: Il manuale operativo per la revisione legale dei conti. Milan: EGEA.

Ribstein, L. 2004. "Limited Liability of Professional Firms after Enron" Journal of Corporation Law, University of Iowa, Winter, pp. 427 − 47

Wallace, W. 1980. *The Economic Role of the Audit in Free and Regulated Markets*, Touche Ross Foundation.

YTN. 2018.6.13. "삼성바이오 2015년 이전 회계처리 적정성도 검토"

저자약력

손성규

경력:
연세대학교 경영학과 졸업
University of California-Berkeley, MBA
Northwestern University, 회계학박사
뉴욕시립대학교 조교수
미국공인회계사
한국회계학회 상임간사
한국경영학회 상임이사
기획예산처 정부투자/산하기관 경영평가위원
한국전력 출자회사/발전자회사 평가위원
금융감독원 감리위원회 위원
한국회계학회 회계학연구 편집위원장
KT재무회계자문단위원
YBM시사닷컴 감사
롯데쇼핑 사외이사/감사위원
회계기준위원회 비상임위원
STX엔진 사외이사
한국거래소 유가증권시장 공시위원회 위원장
한국CFO협회 운영위원
한국회계학회 부회장
기획재정부 공공기관 국제회계기준 도입 자문단
금융위원회 증권선물위원회 비상임위원
국가보훈처 기금운영위원
국제중재재판소 expert witness
국가회계기준센터 자문위원
한국연구재단 전문위원
유니온스틸 사외이사/감사위원
삼일저명교수
서울보증보험 사외이사/감사위원장
KB생명보험 사외이사/감사위원장
한국지방재정공제회 지방회계통계센터 제도연구심의위원회 위원
연세대학교 기획실 정책부실장
연세대학교 재무처장
연세대학교 감사실장
연세대학교 상남경영원장
한국경영학회 이사
한국회계학회장
미국회계학회 Global Engagement Committee member
국회예산정책처 사업평가 포럼 자문위원
한국조세재정연구원, 국가회계재정통계센터 자문위원
제주항공 사외이사/감사위원장

현,
연세대학교 경영대학 교수
기업지배구조원, 기업지배구조위원회 위원
기업지배구조원, 등급위원회 위원장
서울의과학연구소(SCL)재단이사회 감사
하나로의료재단 이사
한국공인회계사회 심의위원회 위원
현대건설기계 사외이사/감사위원장
삼성자산운용 사외이사/감사위원
삼정회계법인 감사위원회 지원센터 자문교수
한국경영학회 부회장

보고서/용역:
기획재정부, 금융감독원, 한국공인회계사회. 코스닥증권시장, 상장회사협의회,
한국거래소, 한국회계기준원, 삼정회계법인, 아이에이취큐, 삼일회계법인, 금융위원회,
리인터내셔널법률사무소, 김앤장, 에머슨퍼시픽, 안진회계법인, 삼성바이오로직스, 법무법인 지평,
서울중앙지법 전문가 의견 등

저서:
회계감사이론, 제도 및 적용. 박영사. 2006
수시공시이론, 제도 및 정책. 박영사. 2009
회계정보의 유용성. 권수영, 김문철, 최관, 한봉희와 공저. 신영사. 2판. 2010
금융감독, 제도 및 정책-회계 규제를 중심으로. 박영사. 2012
회계환경, 제도 및 전략. 박영사. 2014
금융시장에서의 회계의 역할과 적용. 박영사. 2016
전략적 회계 의사결정. 박영사. 2017.
회계원리. 이호영과 공저. 법문사. 14판. 2018
기업지배구조의 모든 것. 연강흠, 이호영과 공저. 클라우드나인. 2018
시사적인 회계이슈들. 박영사. 2018

논문:
Journal of Accounting and Economics, 회계학연구, 회계저널, 회계·세무와 감사연구, 경영학연구,
증권학회지 외 다수.

수상:
상경대학 우수업적 교수상
한국공인회계사회 최우수논문상
한국공인회계사회 우수논문상
한국경영학회 우수논문상
2008년 학술원 사회과학부문 우수도서 선정
2010년 학술원 사회과학부문 우수도서 선정
2013년 한국회계정보학회 최우수논문상

회계문제 대응과 해법

초판발행	2019년 5월 15일
지은이	손성규
펴낸이	안종만·안상준
편 집	전채린
기획/마케팅	손준호
표지디자인	조아라
제 작	우인도·고철민
펴낸곳	(주) 박영사
	서울특별시 종로구 새문안로3길 36, 1601
	등록 1959. 3. 11. 제300-1959-1호(倫)
전 화	02)733-6771
f a x	02)736-4818
e-mail	pys@pybook.co.kr
homepage	www.pybook.co.kr
ISBN	979-11-303-0587-5 93320

정 가   34,000원